高等学校应用型本科创新人才培养计划指定教材

高等学校金融与财务外包专业“十三五”课改规划教材

金融企业经营学

青岛英谷教育科技股份有限公司　编著

西安电子科技大学出版社

内 容 简 介

金融企业分为商业银行机构和非银行金融机构两大类，本书重点介绍商业银行机构的业务知识，内容包括商业银行总论、负债业务、现金资产业务、贷款业务、证券投资业务、表外业务和国际业务等，其中对资产业务(包括现金资产业务、贷款业务、证券投资业务)、表外业务和国际业务进行了详细介绍。对于非银行金融机构，则主要介绍了证券公司、期货公司、保险公司和金融信托与租赁公司的相关业务知识。

本书结构合理，语言精练，内容务实创新，每章都精心安排了多个与内容相关的经典案例导入、知识链接以及练习等内容。

本书既可作为高等院校财经管理类相关专业的教材，也可以作为广大金融从业人员自学及实务操作的参考用书。

图书在版编目(CIP)数据

金融企业经营学/青岛英谷教育科技股份有限公司编著.

—西安：西安电子科技大学出版社，2015.8(2017.7 重印)

高等学校金融与财务外包专业“十三五”课改规划教材

ISBN 978-7-5606-3785-3

Ⅰ. ① 金…　Ⅱ. ① 青…　Ⅲ. ① 金融企业—企业经营管理—高等学校—教材　Ⅳ. ① F830.2

中国版本图书馆 CIP 数据核字(2015)第 171231 号

策　　划　毛红兵

责任编辑　毛红兵　孙雅菲

出版发行　西安电子科技大学出版社(西安市太白南路 2 号)

电　　话　(029)88242885　88201467　　邮　　编　710071

网　　址　www.xduph.com　　电子邮箱　xdupfxb001@163.com

经　　销　新华书店

印刷单位　陕西天意印务有限责任公司

版　　次　2015 年 8 月第 1 版　2017 年 7 月第 2 次印刷

开　　本　787 毫米×1092 毫米　1/16　印　张　30

字　　数　715 千字

印　　数　3001～6000 册

定　　价　69.00 元

ISBN 978-7-5606-3785-3/F

XDUP 4077001-2

高等学校金融与财务外包专业“十三五”课改规划教材编委会

❖❖❖ 前　言 ❖❖❖

近年来，随着民营银行兴起的热潮以及利率市场化改革的推进，“银行”吸引了越来越多人的关注。以银行为主体的金融机构，包括商业银行、证券公司、保险公司、信托投资公司、基金公司、租赁公司、期货公司等面临着前所未有的发展机遇。由于金融行业的蓬勃发展，金融人才炙手可热。为了适应社会发展的新形势，适应当前教育体制改革的新要求，大力培养应用型本科人才，我们结合高等财经院校专业教学的需要和金融企业的人才需求，精心编写了本书。在编写本书的过程中，我们听取了多所高校一线专家的意见，立足于我国现状，融入金融行业最新行业管理办法和相关理论，详细、清晰、全面地阐述了实际工作中必备的专业知识与技能。

本书共 11 章，主要介绍了商业银行机构和非银行金融机构，重点介绍商业银行模块的相关业务知识，包括商业银行总论、负债业务、现金资产业务、贷款业务、证券投资业务、表外业务和国际业务。其中，现金资产业务、贷款业务、证券投资业务三部分统称为资产业务，书中分别对其进行了详细的讲述；表外业务部分主要讲解了常用的金融服务类、担保类表外业务。另外，在国际业务部分重点讲解了国际结算与贸易融资业务。此外，本书还详细介绍了证券公司、期货公司、保险公司和金融信托与租赁公司等非银行金融机构的相关业务知识。在证券公司业务中，讲解了证券公司的主要业务和证券的投资分析，旨在使读者了解证券公司的业务经营范围，掌握证券投资的基本分析和技术分析方法，为实际操作打下基础。在期货公司业务中，主要讲解了期货合约和期货交易制度、期货市场上常见的套利交易和套期保值操作等。在保险公司业务中，主要讲解了保险合同和保险公司的业务经营范围等内容。在金融信托与租赁公司业务中，讲解了金融信托的相关概念、信托公司和金融租赁公司的相关业务等知识。

本书在结构上分为理论篇与实践篇。理论篇每章开头设有本章目标、重点难点，引导学生进行针对性的学习；每章中都穿插了大量案例、知识链接、练习等，旨在提高学生的学习兴趣。实践篇是在理论篇的基础上，精心选取的实践案例，通过实践训练，可加强学生对理论的理解，提高学生的动手实操能力。

通过本书的学习，学生可以从总体上认识金融企业，了解金融企业具体的经营业务，掌握业务的办理流程，从而理解商业银行、证券公司、期货公司、保险公司和金融信托与租赁公司的经营模式。

本书由青岛英谷教育科技股份有限公司编写，参与编写工作的有王燕、朱仁成、王莉莉、刘明燕、宁孟强、于志军、杜继仕、张孟等。本书在编写期间得到了各合作院校专家及一线教师的大力支持与协作，在此，衷心感谢每一位老师与同事为本书出版所付出的努力。

由于水平有限，书中难免有不足之处，欢迎大家批评指正！读者在阅读过程中发现问题，可以通过邮箱(yujin@tech-yj.com)联系我们，以期进一步完善。

本书编委会

2015 年 4 月

❖❖❖ 目　录 ❖❖❖

理　论　篇

实 践 篇

理论篇

第1章　商业银行总论

本章目标

■ 了解商业银行的起源与发展
■ 掌握商业银行的性质与职能
■ 了解商业银行的类型
■ 了解我国现行的银行体系
■ 理解商业银行经营管理的内容
■ 掌握商业银行经营管理的原则
■ 了解商业银行经营管理理论

重点难点

重点：
◈ 商业银行的性质
◈ 商业银行的职能
◈ 商业银行经营管理原则
难点：
◈ 我国现行的银行体系
◈ 商业银行的信用创造职能
◈ 商业银行的资本管理

案例导入

2014 年 3 月 11 日，中国银行业监督管理委员会主席尚福林在十二届全国人大二次会议记者会上表示，第一批 5 家民营银行的试点工作将分别在天津、上海、浙江和广东开展，此次试点的民营银行将采取共同发起人的制度，每家试点银行的发起人不得少于两家民营资本，在适用同等国民待遇、接受相同监管的前提下，将有四大特点：

第一，突出市场机制的决定性作用，试点银行要建立完全由资本说话的公司治理机制，依法建立董事会、监事会、经营班子，并开展业务，独立自主地去经营。

第二，突出特色化业务、差异化经营，重点是服务小微、服务社区等，以完善多层次的银行业的金融服务体系。

第三，突出风险和收益自担的商业原则，重点是要依法做好风险管控和损失承担的制度安排，防止银行经营失败后侵害消费者、存款人和纳税人的合法权益。

第四，突出股东行为监管，重点是要依据现行的法律和法规，监管银行和股东的关联交易、股东对银行的持续注资能力和它的风险承担能力，防止试点银行成为股东的融资工具。

2014 年 7 月 25 日，银监会党委书记、主席尚福林在银监会 2014 年上半年全国银行业监督管理工作会议上披露，银监会近日已正式批准三家民营银行的筹建申请。

此次批准筹建的三家民营银行分别是：腾讯、百业源、立业为主发起人，在广东省深圳市设立的深圳前海微众银行；正泰、华峰为主发起人，在浙江省温州市设立的温州民商银行以及华北、麦购为主发起人，在天津市设立的天津金城银行。

1.1 商业银行的起源与发展

商业银行是在商品生产与市场交易的过程中逐步发展起来的，是商品经济和金融发展的必然产物，是经济体系中最为重要的金融机构之一。其职能是许多非银行金融机构所不能替代的。本节主要介绍商业银行的起源与发展。

1.1.1 商业银行的起源

商业银行作为金融体系中最古老的金融机构，从最初的货币兑换业、货币保管业、货币经营业到现代银行业，其发展始终与经济社会的发展紧密相连。

1. 西方银行业的起源

商业银行的原始形态可以在古希腊、古罗马史中找到记载。据大英百科全书记载，早在公元前 6 世纪，古巴比伦有一家“里吉比”银行，这是西方商业银行的原始状态。

公元前 4 世纪，希腊的寺院、公共团体、私人商号开始从事货币兑换业务。公元前 200 年，罗马出现货币兑换、贷放和信托业务。目前公认的早期银行，起源于文艺复兴时期的意大利。“银行”一词源于意大利语“Banca”，意思为“长板凳”。最初的银行家均为祖居在意大利北部伦巴第的犹太人，由于各国贸易的需要，他们以专门为别人提供兑换、保管贵重物品、汇兑等为业，都在港口或集市上坐着长板凳，于是他们有了一个统一的称呼——“坐长板凳的人”。

知识链接

罗斯柴尔德家族

罗斯柴尔德家族(Rothschild Family)是欧洲著名的金融家族，对欧洲经济的影响长达两百年，被认为是用金钱征服世界的“第六帝国”。

罗斯柴尔德家族从 16 世纪起定居德国法兰克福的犹太区，发迹于 200 多年后的 19 世纪初，其创始人是梅耶•罗斯柴尔德。他 20 岁时便开始买卖古董，同时也兼兑换钱币。后来，逐步经营棉制品、烟酒，并开始从事银行业。随后，他和他的 5 个儿子即“罗氏五虎”先后在法兰克福、伦敦、巴黎和维也纳、那不勒斯等欧洲著名城市开设银行，并建立了先进的战略情报收集和快递系统，利用他们分布在欧洲各国的分支获取政治、经济情报，从而迅速了解各地的政治经济动向，以便采取行动。为了保密，他们通过自己专门的信使，彼此用密码进行联系。其内部的信息传递系统迅速又可靠，以至于英国维多利亚女王有时也用其信使来传递信件，而不用英国的外交邮袋。

拿破仑战争时期，英国和欧洲大陆贸易中断，罗斯柴尔德家族获得英国政府委托，负责在战争中运送货币，开始涉足官方银行业和债券业，随后建立了国际债券交易市场。战争之后，罗斯柴尔德家族以贷款人的身份向欧洲各战争国提供军事贷款，战后又为战败国提供赔款，在各地开办银行，从事证券、股票交易和保险业务，投资工商业、铁路和通信业，后又发展到钢铁、煤炭、石油等行业，先后控制了英国、法国、俄国、普鲁士、奥地利的金融市场，成为“犹太人之王”。19 世纪中叶，罗斯柴尔德庞大的金融帝国形成。至今以色列尚有为数众多的以罗斯柴尔德命名的街道和城镇。

尽管罗斯柴尔德家族拥有巨大的财富，并跻身欧美上流社会，但他们始终坚持着犹太人的传统，把维护犹太人的利益看得比做生意和赚钱更重要。罗氏家庭大多数人坚持族内通婚，家族下属企业都按犹太教安息日的规矩，在星期六估算，当天不做任何生意。作为经济世界中的金融舵手，罗斯柴尔德家族的成功史是一部典型的“犹太商道”活教材。

资料来源：中国广播网

早期银行业的产生与国际贸易的发展有着密切的联系。中世纪的欧洲，由于优越的地理环境，各国、各地区之间商业往来日益密切，尤其是地中海沿岸，意大利的威尼斯、热那亚等城市是著名的国际贸易中心，商贾云集，交易频繁。由于不同国家、地区商人携带的货币在名称、成色上存在较大差异，因此产生了专门进行货币鉴定和兑换的货币兑换业。随着异地交易和国际贸易的进一步发展，来自各地的商人为避免长途携带而产生的麻烦和可能带来的风险，开始把货币交存在专业的货币经营者处，委托其办理汇兑与支付。此时的专业货币经营者已呈现出银行萌芽的最初职能——货币的兑换与款项的拨付。随着货币经营者聚集的货币日益增多，他们注意到货币存款总保持在一个相对稳定的余额，便开始将一部分货币贷放给社会上的资金需求者，到期收回并加收一定的利息。当存放款业务逐渐成为货币经营者的主要业务时，就意味着货币经营业转化为银行业了。

1580 年，世界商业中心意大利建立的威尼斯银行成为最早出现的近代银行，也是历史上首先以“银行”为名的信用机构。

16 世纪，西欧开始迈进资本主义时期，随着欧洲的商业和贸易中心从意大利向荷兰及北欧迁移，相继出现了米兰银行(1593)、阿姆斯特丹银行(1609)、汉堡银行(1619)、纽伦堡银行(1621)、鹿特丹银行(1635)等，他们都是欧洲早期著名的银行。

在英国，早期银行是通过金匠业发展而来的。17 世纪中叶，英国的金匠业极为发达。这是由于发现美洲大陆后，大量的金银流入英国，人们为了防止盗窃，将金银委托给金匠保存。当时金匠业设有坚固的保险柜和其他安全设施，他们不仅代为保管金银、签发保管凭条，还可按照顾客的书面要求，将金银划拨给第三者。同时，金匠业还利用自有资本发放贷款，以谋取利息。此外，金匠们签发的凭条可代替现金流通，称为“金匠券”。这便是英国早期银行的雏形。

随着资本主义经济的产生和发展，银行业也逐步得到发展和完善。

2．中国银行业的起源

中国银行业产生较晚。关于银行业的记载，较早的是南北朝时期的典当业，到了唐代出现了类似汇票的“飞钱”，这是我国最早的汇兑业务。北宋真宗时期，四川富商发行的交子成为我国早期的纸币。明末，一些较大的经营银钱兑换业的钱铺发展成为银庄。银庄除了兑换银钱外，还办理存款、汇兑，从事贷放，但最终受限于当时的社会条件而逐渐衰落。清末也曾出现过票号这一信用机构，但都没能实现向真正的现代银行的转型。

1845 年，英国在中国开设的丽如银行是中国的第一家现代商业银行，此后外国银行不断入侵我国。为了摆脱外国银行的支配，1897 年，清政府在上海成立了中国通商银行，标志着中国现代银行业的开始。

3．现代商业银行的起源

17 世纪，随着资本主义经济的发展，近代商业银行已经形成，但并非现代意义上的商业银行，主要原因有：

第一，放款带有明显的高利贷性质。

第二，贷款的对象主要是政府和封建贵族，而不是工商业者。

第二，银行业的生存基础还不是社会化大生产的生产方式。

社会化大生产和工业革命的兴起，改变了人们对现代商业银行经营模式的需求。现代化商业银行的形成途径大体有两种：一是资产阶级按股份制原则组建自己的银行；二是高利贷性质的旧银行逐步改变自己的经营方针和组织形式，以便与新兴的股份制商业银行展开竞争。

1694 年，在英皇威廉三世的支持下，由英国商人集股建立起来的英格兰银行是公认的第一家现代商业银行。它成立之初就宣布以较低的利率向工商企业提供贷款，动摇了高利贷性质的银行业在社会信用领域的垄断地位，标志着现代化商业银行的产生。从此，现代商业银行体系开始在世界范围内普及，英格兰银行也因此成为现代商业银行的鼻祖。

1.1.2 商业银行的发展

作为最古老的金融机构，商业银行在经济、金融的发展变化中不断调整自己的业务类型和组织架构，业务范围不断扩大，业务类型不断创新。

1．商业银行发展的原因

纵观商业银行的发展历程，其发展的原因主要有以下几点：

(1) 为了规避政府管制，商业银行在业务方面进行了多种创新。20 世纪 70 年代以来，商业银行的经营环境发生了巨大的变化，在布雷顿森林体系崩溃和金融创新浪潮的冲击下，汇率、利率的多变加大了商业银行经营的难度和风险。在上述情况下，当政府管制措施不适应经济的发展时，金融机构纷纷采取各种创新措施来规避管制，如 1961 年花旗银行为规避美国 Q 条例对存款利率的限制而开创了大额可转让定期存单业务。

知识链接

美国 Q 条例

Q 条例是指美国联邦储备委员会按字母顺序排列的一系列金融条例中的第 Q 项。1929 年之后，美国经历了一场经济大萧条，金融市场随之也开始进入了一个管制时期，与此同时，美国联邦储备委员会颁布了一系列金融管理条例，并且按照字母顺序为这一系列条例进行排序，如第一项为 A 条例，其中对存款利率进行管制的规则正好是 Q 项，因此该项规定被称为 Q 条例。后来，Q 条例成为对存款利率进行管制的代名词。

Q 条例的内容是：银行对于活期存款不得公开支付利息，储蓄存款和定期存款的利率也设定了最高限度，即禁止联邦储备委员会的会员银行对它所吸收的活期存款(30 天以下)支付利息，并对上述银行所吸收的储蓄存款和定期存款规定了利率上限。

Q 条例规定不得向活期存款支付利息，但没有对商业银行、储蓄和信贷协会、存款互助银行的服务收费水平加以限制。因此催生了市场主体规避 Q 条例限制的一系列创新，如可转让支付命令账户(Negotiable Order of Withdrawal account，NOW account)和大额可转让存单。

Q 条例的实施，对 20 世纪 30 年代维持和恢复金融秩序，40 至 50 年代初美国政府筹措战争资金，战后美国经济的迅速恢复，起到了一定的积极作用。

(2) 金融业竞争的加剧，促使商业银行不断创新。20 世纪 80 年代以来，随着经济全球化和金融自由化的发展，银行与银行之间、银行与非银行金融机构之间的竞争更加激烈，商业银行为了保持其在市场中的竞争力，必须通过业务领域的创新来吸引客户，并扩大其经营，获取利润。

(3) 现代信息技术为银行业带来了新的变革。随着现代信息技术的发展，新型的信息技术逐渐被运用到商业银行经营之中，使商业银行传统的存款、取款、汇兑等业务的金融服务电子化程度逐渐提高，使其降低了经营成本，节省了人力资源，提高了处理业务的效率，为向客户提供全方位、多层次的服务创造了物质条件。

2．商业银行发展的特点

商业银行在不断的发展过程中，呈现出新的特点，主要表现在：

(1) 商业银行经营的多元化，形成复合型的金融机构。20 世纪 80 年代以来，金融机构的经营模式逐渐由分业经营转向综合性、多元化经营的模式，商业银行经营的业务种类与其他非银行金融机构的业务不断融合。同时，有些国家一直实行德国式综合银行模式，允许经营存贷业务、证券业务和其他金融机构业务。

(2) 商业银行的业务更趋向国际化。第二次世界大战以后，国际贸易逐渐增长，世界各国之间的经济联系逐渐紧密，以美国为代表的跨国公司迅猛发展，带动了为国际贸易和海外跨国公司服务的银行海外分支机构的扩张。商业银行国际化的发展促进了世界各国金融市场之间的联系，同时也促进了资本的国际流动。

(3) 风险管理在商业银行业务管理中的比重逐渐增加。随着市场经济的不断发展，商业银行经营过程中面临的风险也呈现出多样化特征。为了更好地应对各种风险，实行稳健化的经营，商业银行实施全面的风险管理日益重要，商业银行在风险管理方面的方法与举措也在不断调整和完善。

3. 商业银行业务的发展方向

随着商业银行的不断发展，其发展方向主要有以下几类。

1) 种类创新化

目前商业银行的业务创新大体有以下几类：

(1) 为了规避金融管制而产生的业务创新，如大额可转让定期存单的产生。

(2) 通过有效的风险管理获得与风险相匹配的收益的业务创新，如资产证券化。

(3) 为了开拓利润来源渠道而进行的业务创新，如电子银行。

商业银行的业务创新，促进了商业银行业务由传统业务向多元化转变，优化了业务结构，拓展了业务发展空间。

2) 业务电子化

随着信息技术的不断发展，银行业务的电子化程度不断提高，尤其是各大银行前台的综合业务核算系统和后台的清算支付系统的优化升级，极大地降低了银行的运营成本，而优质的电子银行服务和便捷的网上银行已逐渐成为商业银行在竞争中获胜的有力手段。

3) 以客户为中心

传统的银行业务秉承的是以产品为中心的理念，将设计好的产品推荐给目标客户，客户选择适合自己的产品。随着市场经济的发展，客户的需求日趋多样化与个性化，通过树立以客户为中心的服务理念，以客户个性化的需求作为产品设计的基础，提供针对投资者的特色金融产品，从而获得客户的信任与满意。以客户为中心是在现今银行面临的买方市场中提高其市场竞争力的有力武器。

4. 我国商业银行发展简述

我国商业银行的发展历程如下：

(1) 1897 年，中国通商银行作为中国人自办的第一家银行开始营业。

(2) 20 世纪 30 年代，国民党政权建立了中央银行、中国银行、交通银行、中国农民银行、中央信托局、邮政储金汇业局、中央合作金库，简称“四行二局一库”。

(3) 1948 年 12 月 1 日，中国人民银行在石家庄成立，并开始发行人民币，标志着中国银行体系的诞生。

(4) 新中国成立至 1979 年，只有单一的中国人民银行，经营中央银行和商业银行的所有业务。

(5) 1983 年，中国人民银行拆分，中国人民银行为中央银行，同时从中分离出 4 家国有专业银行，进行商业贷款和政策贷款，中国的中央银行和国有银行两级银行体系正式确立。

(6) 1986 年，我国第一家股份制商业银行交通银行成立，代表着中国银行业开始存在不同类型的银行。

(7) 1993 年，一些国有企业被允许设立小型股份制银行和地区银行。

(8) 1994 年，创立了 3 家政策性银行，同时 4 家国有专业银行转型为大型商业银行。

(9) 1995 年，发布《中华人民共和国人民银行法》和《中华人民共和国商业银行法》，中国银行业的商业化进程加快。

(10) 2001 年 12 月，加入 WTO，确立放松银行管制和外资银行准入的时间表。

(11) 2005 年开始，各大银行争相上市。

(12) 2007 年，三家大型商业银行上市成功。

(13) 2010 年，四家大型商业银行全部完成 A 股、H 股上市。

目前，我国发展到上万家法人性质的银行业金融机构，形成了政策性银行、大型商业银行、股份制商业银行、城市信用社、城市商业银行、农村信用社、农村商业银行和合作银行的格局。部分商业银行上市时间表如表 1-1 所示。

表 1-1　部分商业银行上市时间表

商业银行	上交所	港交所
中国银行	2006.07.05	2006.06.01
中国工商银行	2006.10.27	2006.10.27
中国农业银行	2010.07.15	2010.07.16
中国建设银行	2007.09.25	2005.10.27
交通银行	2007.05.15	2005.06.23
中信银行	2007.04.27	2007.04.27
招商银行	2002.04.09	2006.09.22
民生银行	2000.12.19	2009.11.26
光大银行	2010.08.18	2013.12.20
兴业银行	2007.02.05	—
华夏银行	2003.09.12	—

1.2　商业银行的性质与职能

从商业银行起源和发展的历史可以看出，商业银行是以追求利润为目标，以金融资产和负债为经营对象，以为客户提供综合性服务为经营手段的金融企业。

根据《中华人民共和国商业银行法》(2003 年修订)的规定，商业银行是指依照《中华人民共和国商业银行法》和《中华人民共和国公司法》设立的吸收公众存款、发放贷款、办理结算等业务的企业法人。

商业银行可以经营下列部分或者全部业务：

(1) 吸收公众存款。

(2) 发放短期、中期和长期贷款。

(3) 办理国内外结算。

(4) 办理票据承兑与贴现。

(5) 发行金融债券。

(6) 代理发行、代理兑付、承销政府债券。

(7) 买卖政府债券、金融债券。

(8) 从事同业拆借。

(9) 买卖、代理买卖外汇。

(10) 从事银行卡业务。

(11) 提供信用证服务及担保。

(12) 代理收付款项及代理保险业务。

(13) 提供保管箱服务。

(14) 经国务院银行业监督管理机构批准的其他业务。

经营范围由商业银行章程规定，报国务院银行业监督管理机构批准。

1.2.1 商业银行的性质

商业银行是经营货币的特殊金融企业，既有一般的企业的共性，又有其特性，具体表现在以下几个方面。

1．商业银行是一种企业

商业银行与一般的企业一样，具有现代企业的基本特征：

(1) 把追求利润最大化作为自己的经营目标。获取最大限度的利润是商业银行产生和发展的基本前提，也是商业银行经营的内在动力。

(2) 在经营管理方面实行企业化管理。即在追求利润的过程中坚持独立核算、自负盈亏、自担风险；必须具备业务经营所需的自有资本；必须依法纳税等。

2．商业银行是一种特殊的企业

商业银行与一般的企业不同，其经营的特殊性表现在：

(1) 经营对象的特殊性。一般企业经营普通商品，创造有使用价值的商品，而商业银行经营的是货币资金，创造的是能充当一般等价物的存款货币。

(2) 经营关系的特殊性。一般企业活动于商品生产和流通领域，体现的是等价交换的商品买卖关系，而商业银行活动于货币信用领域，表现为以还本付息为条件的借贷信用关系。

(3) 经营风险的特殊性。一般企业的经营风险多表现为商品滞销和积压，而商业银行的经营风险多体现为信用风险和市场风险。

3．商业银行是一种特殊的金融企业

商业银行与一般的金融机构不同，其特殊表现在：

(1) 与中央银行相比，中央银行是金融体系的核心，不以营利为目的，不办理具体的信用业务，是监管者与政策制定者。而商业银行面向工商企业、公众及政府机构，办理具体的存放款业务。

(2) 商业银行与其他金融机构相比，其业务经营具有广泛性与综合性，有别于其他金融机构特定的经营界限，并且随着金融自由化的发展，现代商业银行的业务与其他非银行金融机构已在逐步融合，经营范围越来越广。

(3) 商业银行具有其特有的职能，即信用创造职能，将在下节中详细介绍。

1.2.2 商业银行的职能

商业银行作为社会经济生活的重要组成部分，作为一种特殊的金融企业，其职能如图 1-1 所示。

1. 信用中介职能

信用中介是商业银行最基本的职能，是指商业银行通过负债业务把社会上各种闲散的货币资金动员、集中起来，再通过资产业务，贷放或投资到各个经济部门。在此过程中，商业银行充当贷出者和借入者之间的中介，实现资金的融通。

商业银行的信用中介职能克服了直接信用在授信规模、方向、时间上的局限性，有助于充分利用现有的货币资本，优化资源配置，促进经济发展。

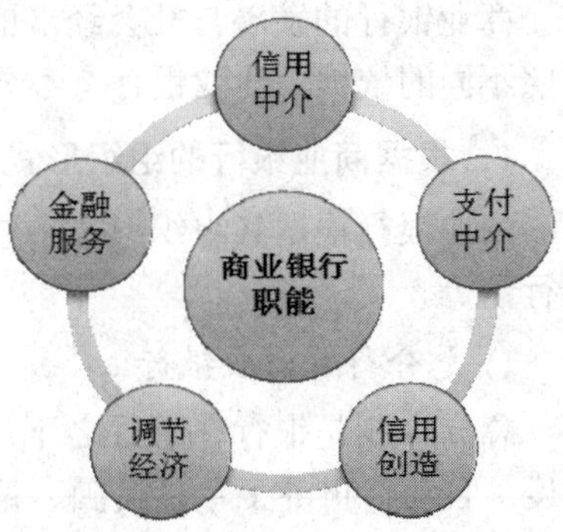

图 1-1 商业银行的职能

2. 支付中介职能

支付中介职能是商业银行作为货币经营业的传统职能，是指商业银行通过存款在其账户上的转移、代理支付和兑现等，充当储户或委托人的保管者和支付者，从而成为经济过程中支付链条的核心。

商业银行为客户进行非现金结算，减少了现金的使用，节约了流通费用，尤其是电子支付系统和银行卡的使用，进一步加速了结算和货币资金周转的效率，促进了再生产规模的扩大，对经济稳定和经济增长发挥着重要的作用。

3. 信用创造职能

信用创造职能是从商业银行信用中介职能派生出来的主要职能之一，实质是商业银行利用吸收的存款发放贷款，在支票流通和转账结算的基础上，贷款又转化为派生存款，在这种存款不提现或不完全提现的情况下，增加了商业银行的资金来源，创造出数倍于原始存款的派生存款，而活期存款又是构成货币供给量的主要部分，从而使整个经济的货币供给扩张，信用膨胀。相反，商业银行也可以通过收缩活期存款来消灭货币。

4. 调节经济职能

调节经济职能是基于信用创造职能产生的，是指商业银行通过其信用中介活动，调剂社会各部门的资金短缺，通过放款或投资引导资金流向，同时在央行货币政策和其他国家宏观政策的指引下，成倍地创造或消灭存款货币，达到扩张或收缩社会信用量，从而刺激或控制经济增长速度，实现经济结构、产业结构等方面的调整。同时，还通过在国际金融市场上的融资活动调节本国的国际收支。

5．金融服务职能

金融服务职能是商业银行综合性、多功能性的体现，实质是商业银行利用其信息优势，尤其是电子计算机的广泛运用等独特优势，为客户提供信托、租赁、咨询、保管等服务。

金融服务职能不仅使更多的融资者或投资者获得了服务便利，还拓宽了商业银行的业务领域，增加了商业银行的业务收入，在促进社会经济发展方面起到了积极的作用。

1.2.3 商业银行的类型

商业银行的发展与社会经济的发展密切相关，其自身的类型也呈现出多样化的特征，按照不同的依据，商业银行有不同的分类，主要有以下几种。

1．根据商业银行的组织形式划分

商业银行根据其组织形式不同，可以分为总分行制、单一银行制、控股公司制、连锁银行制等。

1) 总分行制商业银行

总分行制是银行在总行之下不同区域(包括国外)设立分支机构并形成庞大银行网络的制度。目前，世界上包括英国、德国、法国等大多数国家都采用这种制度。

总分行制经营规模大、分工细，有利于筹集、调剂资金，提高资金利用效率，同时有利于分散风险，提高竞争力，但可能导致过分集中和垄断，经营管理不灵活。

通常，总分行制的组织架构如图 1-2 所示。

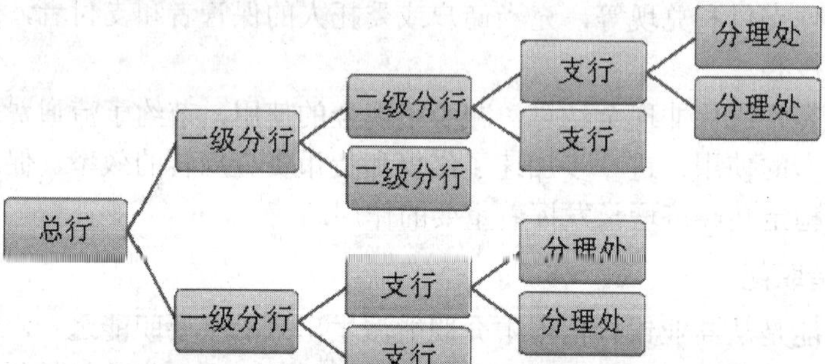

图 1-2　总分行制组织架构图

2) 单一制商业银行

单一制也称单元制，是指一家银行只在一个地区设立一个营业机构进行独立经营，不允许设立任何分支机构的银行制度。历史上美国是最为典型的采用单一制的国家。

实行单一制有利于防止银行垄断，立足本地，有助于与地方政府的关系维护，促进地方经济发展，且经营自主灵活。但由于经营范围受地域的限制，难以在大范围内调配资金，风险防御能力较弱。

1994 年，美国国会通过《瑞格-尼尔跨州银行与分支机构有效性法》，允许商业银行跨州建立分支机构。

3) 控股公司制

控股公司制也称集团制，是指由少数大企业或财团设立控股公司，再由控股公司控制或收购若干家商业银行。控股公司制包括两种类型：

(1) 非银行性控股公司，即通过企业集团控制某一银行的主要股份，其持有一家银行的股份的同时，也可以持有多家非银行企业的股份。如山东电力集团、海尔集团等。

(2) 银行性控股公司，即大银行直接控制一个控股公司，并持有若干其他小银行的股份。

控股公司制是美国银行业为规避政府对设立分支机构管制进行的创新，通过设立子公司来实现业务多元化。目前，美国银行的兼并大都采用这一形式，如美国花旗集团，其组织架构如图 1-3 所示。

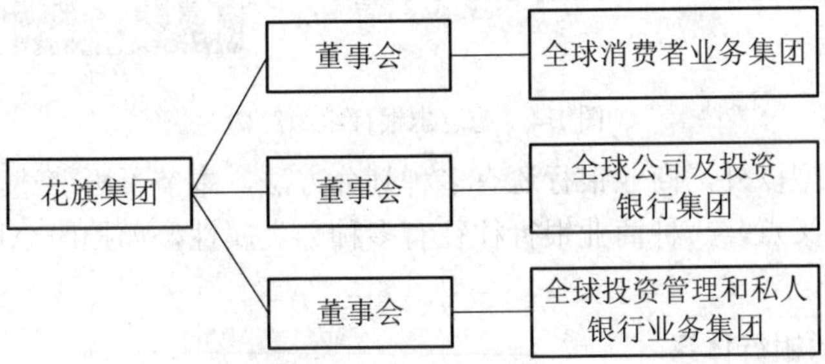

图 1-3　花旗集团组织架构

4) 连锁银行制

连锁银行制又称联合制，是指由某一个人或某一个集团购买若干家独立银行的多数股票，从而控制这些银行的组织形式。这些银行的法律地位仍然是独立的，但实际上其业务和经营政策因控股而被某一个人或某一集团所控制，其业务和经营管理由控制方决策控制。

连续银行制与控股公司制一样，都是为了在连锁范围内发挥分行的作用，弥补单一银行制的不足，规避法律对设置分支机构的限制。而与控股公司制不同的是，连锁银行制不必成立控股公司。

2．根据商业银行的业务运营范围划分

商业银行根据其业务运营范围不同，可以分为职能分工型商业银行和全能型商业银行。

(1) 职能分工型。职能分工型又称为分业经营模式，是指在金融体系中，各个金融机构从事的业务均分工明确，商业银行主要经营银行业务，其中大部分是短期信贷业务。其理论依据是“真实票据理论”，历史上，英国、美国、日本等国家长期实行这种银行体制。

职能分工型银行有助于减少混业经营带来的连带影响，有利于资金的安全，但同时也限制了银行的经营范围，不利于银行市场竞争力的提高。

(2) 全能型。全能型又称为混业经营模式，源于德国，在这种模式下的商业银行可以经营一切银行业务，包括各种期限的存贷款业务，以及证券业务、保险业务、信托业务等。其本质特征是利用一个综合业务平台为客户提供高效、一站式、全面的金融服务。

全能型银行模式有利于商业银行业务范围的扩展，有利于商业银行通过各项业务的开展与融合分散风险，提高经营效率。但其内部各业务部门间关联度较大，风险传染性也较大，风险扩散比较迅速，增加了风险管理的难度。

德意志银行是全能银行模式的代表，其组织结构如图 1-4 所示。

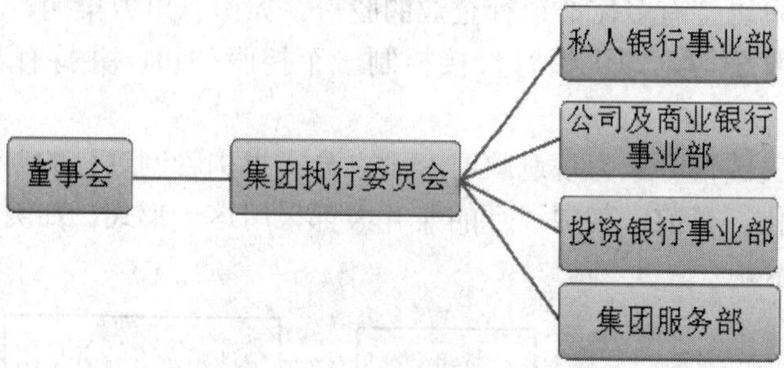

图 1-4　德意志银行组织结构

除以上两大类型以外，商业银行还有多种划分方法，本节不再赘述。只是这些不同的依据并不是没有交叉点，一种商业银行往往有多种分类属性，如控股公司制银行有可能也是职能分工型银行。

3. 我国现行的银行体系

从组织形式上看，我国商业银行实行的是总分行制；从业务运营范围上看，我国商业银行属于职能分工型商业银行。我国金融机构体系按照地位和功能大致可分为四大类，如表 1-2 所示。

表 1-2　我国金融机构体系分类

分　类	金 融 机 构
中央银行和金融监管机构	中国人民银行、中国银行业监督管理委员会、中国证券监督管理委员会、中国保险监督管理委员会
银行	政策性银行、商业银行
非银行金融机构	保险公司、证券公司、信托公司、企业集团财务公司、投资基金机构及其他非银行金融机构
外资、侨资、合资金融机构	外资、侨资、合资的银行，财务公司、保险机构等在我国境内设立的业务分支机构及驻华代表处

本节主要介绍银行体系。

1) 中国人民银行

1904 年，清政府户部银行的成立，通常被视为中国最早的中央银行的雏形。

1948 年 12 月 1 日，在合并华北银行、北海银行、西北农民银行的基础上，在河北省石家庄市成立了中国人民银行，并同时发行全国统一的人民币，标志着中华人民共和国金融机构体系的建立。

1983 年 9 月，国务院决定中国人民银行单一行使中央银行职责。

1984 年 1 月，中国工商银行正式成立，四大国有专业银行基本形成，中国的两级银行体系正式确立。

1995 年 3 月 18 日，第八届全国人民代表大会第三次会议通过了《中华人民共和国中国人民银行法》，以法律的形式确立了中国人民银行。

根据《中华人民共和国中国人民银行法》，中国人民银行履行下列职责：

(1) 依法制定和执行货币政策。

(2) 发行人民币，管理人民币流通。

(3) 按照规定审批、监督管理金融机构。

(4) 按照规定监督管理金融市场。

(5) 发布有关金融监督管理和业务的命令和规章。

(6) 持有、管理、经营国家外汇储备、黄金储备。

(7) 经理国库。

(8) 维护支付、清算系统的正常运行。

(9) 负责金融业的统计、调查、分析和预测。

(10) 作为国家的中央银行，从事有关的国际金融活动。

(11) 国务院规定的其他职责。

2) 中国银行业监督管理委员会

中国银行业监督管理委员会简称中国银监会，是依法对中国银行业金融机构及其业务活动进行监督管理的机构，是国务院直属的事业单位。

1984 年起，中国人民银行履行对银行业、证券业、保险业、信托业的综合监管。

2003 年，根据第十届全国人民代表大会第一次会议批准的国务院机构改革方案和《国务院关于机构设置的通知》(国发〔2003〕8 号)，设立中国银行业监督管理委员会。

2003 年 4 月 25 日，中国银行业监督管理委员会成立。

2003 年 4 月 28 日起正式履行职责。

根据中华人民共和国第十届全国人民代表大会常务委员会第六次会议于 2003 年 12 月 27 日通过的《中华人民共和国银行业监督管理法》，中国银监会的主要职责有：

(1) 依照法律、行政法规制定并发布对银行业金融机构及其业务活动监督管理的规章、规则。

(2) 依照法律、行政法规规定的条件和程序，审查批准银行业金融机构的设立、变更、终止以及业务范围。

(3) 申请设立银行业金融机构，或者银行业金融机构变更持有资本总额或者股份总额达到规定比例以上的股东，银监会对股东的资金来源、财务状况、资本补充能力和诚信状况进行审查。

(4) 审批银行业金融机构业务范围内的业务品种或备案。

(5) 对银行业金融机构的董事和高级管理人员实行任职资格管理。

(6) 对银行业金融机构的业务活动及其风险状况进行非现场监管与现场检查。

(7) 对银行业金融机构实行并表监督管理。

(8) 统一编制全国银行业金融机构的统计数据、报表，并按照国家有关规定予以公布。

(9) 对银行业自律组织的活动进行指导和监督。

(10) 开展与银行业监督管理有关的国际交流、合作活动。

3) 大型商业银行

大型商业银行是由国家专业银行演变而来的，包括中国工商银行、中国农业银行、中国银行、中国建设银行。

1979 年 2 月，国务院批准恢复组建中国农业银行，专门从事农业金融业务。

1979 年 3 月，中国银行从中国人民银行中分离出来，专营外汇业务。

1979 年 8 月，中国人民建设银行从财政部分设出来，专门从事固定资产贷款和中长期投资业务，后更名为“中国建设银行”。

1983 年 9 月，中国工商银行成立，经营工商信贷和储蓄业务。

随着金融体制改革的不断深化，专业银行的传统分工开始被逐步打破，各行的业务交叉进一步扩大。

4) 股份制商业银行

随着金融体制改革的深入，我国陆续成立了一批股份制商业银行。1986 年交通银行成立，标志着股份制银行的出现。随后相继成立了中信实业银行、深圳发展银行、广东发展银行、福建兴业银行、上海浦东发展银行、中国民生银行等股份制商业银行。这些银行的产权关系较明确，实行董事会领导下的行长负责制，依照国际通行规则和市场原则，开展各项银行业务。

5) 城市商业银行和农村商业银行

城市商业银行是在对城市信用社清产核资的基础上，通过吸收地方财政、企业入股组建而成的，也属于股份制商业银行。

2001 年 11 月，江苏省成立张家港市、常熟市、江阴市 3 家农村商业银行，这是在农村信用合作社的基础上改制组建的股份制商业银行，标志着新型农村金融机构的诞生。

6) 政策性银行

政策性银行是由政府投资设立的以贯彻国家产业政策、区域发展政策为目的，不以营利为目标的金融机构。1994 年，根据“把政策性金融和商业性金融相分离”的要求，将原来由四家国有专业银行承担的政策性金融业务分离出来，相继成立了国家开发银行、中国进出口银行和中国农业发展银行。

1994 年 3 月 17 日成立了国家开发银行，其主要任务是建立长期稳定的资金来源，确保重点建设资金需要；办理政策性重点建设贷款和贴息款业务；对固定资产投资总量及结构进行调节等。

1994 年 4 月 26 日成立了中国进出口银行，主要执行国家产业政策和外贸政策，为扩大机电产品和成套设备等资本性货物出口提供政策性服务。

1994 年 11 月 18 日成立了中国农业发展银行，以国家信用为基础，筹集农业政策性资金，承担国家规定的农业政策性金融业务，为农业和农村经济发展服务。

表 1-3　中国银行业机构划分

机构类别	机构范围
银行业金融机构	包括政策性银行及国家开发银行、大型商业银行、股份商业银行、城市商业银行、农村商业银行、农村合作银行、农村信用社、新型农村金融机构、邮政储蓄银行、外资银行和非银行金融机构
商业银行	包括大型商业银行、股份制商业银行、城市商业银行、农村商业银行和外资银行
政策性银行及国家开发银行	包括国家开发银行、中国进出口银行、中国农业发展银行
大型商业银行	包括中国工商银行、中国农业银行、中国银行、中国建设银行和交通银行。
股份制商业银行	包括中信银行、中国光大银行、华夏银行、广东发展银行、平安银行、招商银行、上海浦东发展银行、兴业银行、中国民生银行、恒丰银行、浙商银行、渤海银行
农村金融机构	包括农村商业银行、农村合作银行、农村信用社和新型农村金融机构
非银行金融机构	包括信托投资公司、企业集团财务公司、金融租赁公司、货币经纪公司、汽车金融公司、消费金融公司
其他类金融机构	包括政策性银行及国家开发银行、外资银行和邮政储蓄银行

资料来源：中国银行业监督管理委员会网站

注：2008 年 12 月 16 日国家开发银行股份有限公司正式揭牌，简称国家开发银行。

1.2.4　商业银行的内部组织结构

商业银行的内部组织结构是指就单个银行而言，银行各部门内部及各部门之间相互联系、相互作用的组织管理系统。商业银行内部组织结构一般可分为三个系统，即决策系统、执行系统和监督系统，其权力机构、执行机构和监督机构相互分离、相互制衡。

1. 决策系统

商业银行的决策系统主要由股东大会和董事会组成。

现代商业银行多是股份制银行，股东大会是商业银行的最高权力机构，每年定期召开股东大会和股东例会。股东大会的主要内容和权限包括：

(1) 选举和更换董事、监事并决定有关的报酬事项。

(2) 审议批准银行各项经营管理方针和对各种重大议案进行表决。

(3) 修改公司章程等。董事会由股东大会选举产生的董事组成，代表股东执行股东大会的决议，对股东大会负责。董事会的职责包括：制定银行目标、确定银行政策模式、选举管理人员、建立委员会、提供监督和咨询等。

2. 执行系统

商业银行的执行系统由行长(或总经理)和副行长(或副总经理)及其领导的各业务部门组成。

行长是商业银行的最高行政负责人，主要职权是执行董事会的决议，组织领导银行的整体业务经营活动，负责银行具体业务的组织管理。

3．监督系统

商业银行的监督系统由监事会和稽核部门组成。

监事会由股东大会选举产生，其职责是代表股东大会对全部经营管理活动进行监督和检查。

商业银行的稽核部门是董事会或管理层领导下的一个部门，负责核对银行的日常账务，核查银行会计、信贷及其他业务是否符合当局的有关规定等。

1.3 商业银行的经营管理

商业银行是以货币资金为经营对象的特殊金融企业，具有高负债率、高风险和管制严格等特征。商业银行的经营管理必须以科学的理论为指导，采用有效的管理方法。

1.3.1 商业银行经营管理的内容

由于商业银行有不同类型，其经营管理中会呈现出不同的特点，但就其经营管理的主要内容而言，基本都是围绕业务运营展开，包括资本管理、资产负债管理、风险管理、营销管理、内部控制及绩效评价等方面，本节着重介绍资本管理。

1．资本管理

商业银行资本管理是其经营管理的重要内容，资本筹集决定着资本的来源与成本，对商业银行的发展与盈利水平起着至关重要的作用，而资本的有效配置则与其业务发展和风险管理密切相关。

1) 资本的构成

银行资本主要有两个来源：一是商业银行成立时筹集的资本；二是商业银行在经营过程中通过各种方式不断补充的资本。根据其自身的性质和不同的管理需要，资本可以分为账面资本、经济资本和监管资本。

账面资本是指商业银行持股人的永久性资本投入，是资产负债表上银行总资产减去总负债后的部分，其构成如图 1-5 所示。

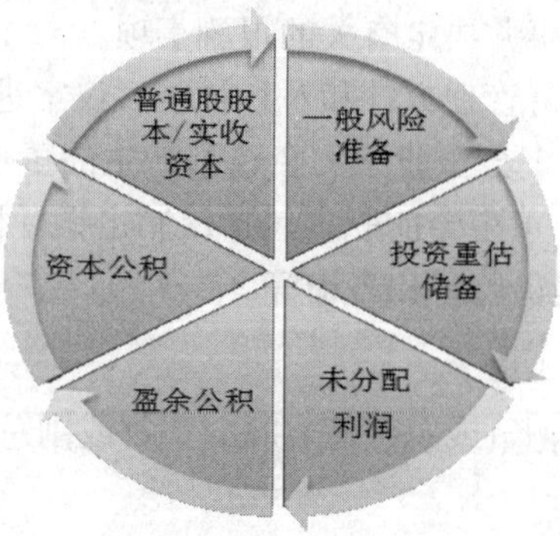

图 1-5 账面资本的构成

经济资本又称风险资本，是指“银行决定持有用来支持其业务发展和抵御风险并为债权人提供‘目标清偿能力’的资本，在数量上与银行承担的非预期损失相对应”。简单地说，就是根据银行所承担的风险计算的最低资本需要，用以衡量和防御银行实际承担的、超出预期损失的那部分损失，是防止银行倒闭风险的最后防线，是一种虚拟资本。

经济资本管理包括两方面内容：

(1) 计算出能够覆盖银行风险所要求的资本额度。

(2) 进行有效的资本配置，即将一定比例的虚拟资本金分配到不同的业务和业务部门，通过资本覆盖与匹配非预期损失来平衡风险和收益。

经济资本管理可以充分实现资本与风险的匹配，释放闲置资本，提高资本创造价值的能力，是对资本充足性监管的合理修正与有益补充，能够更好地将业务发展与风险管理有机结合，提高风险管理的质量。

监管资本是监管部门规定的商业银行必须持有的与其业务总体水平相匹配的资本，通常指商业银行自身拥有的或能长期支配使用的资金，以备非预期损失出现时随时可用。

根据 2010 年 9 月 12 日出台的《巴塞尔资本协议III》，监管资本包括一级资本和二级资本，一级资本又包括核心一级资本和其他一级资本。根据我国 2013 年 1 月 1 日起正式开始施行的《商业银行资本管理办法(试行)》的规定，核心一级资本构成如图 1-6 所示。

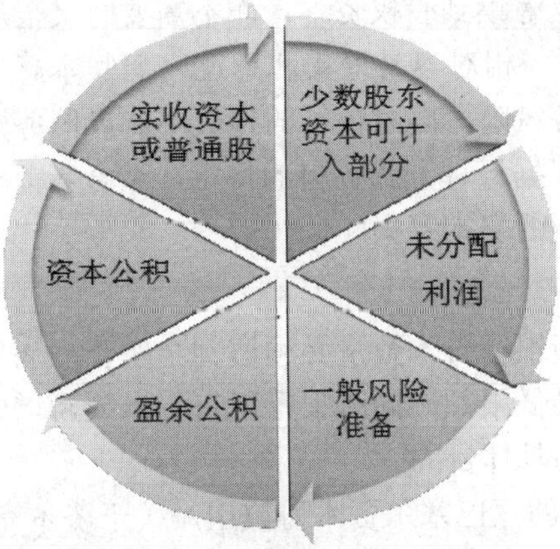

图 1-6　核心一级资本构成

其他一级资本包括其他一级资本工具及其溢价和少数股东资本可计入部分。

二级资本包括二级资本工具及其溢价、超额贷款损失准备和少数股东资本可计入部分。

账面资本、经济资本与监管资本三者都反映了银行的资本水平，但又有一定的区别。

在衡量角度方面，账面资本是银行资本金的静态反映，是根据会计准则的要求体现出的银行资本；经济资本是从风险管理角度所要求的银行资本；监管资本是从监管当局角度所要求的资本。

在数量上，账面资本应该不小于经济资本。账面资本是商业银行可以利用的资本，风险所造成的任何损失都会反映在账面上。经济资本是银行抵补风险所要求拥有的资本，是一种虚拟资本，在经济资本配置过程中并不发生实质性的资本分配。而监管资本是外部监管当局要求商业银行根据自身业务及风险特征，按照统一的风险资本计量方法计算得出的资本，是商业银行必须在账面上实际持有的最低资本。

2) 资本的功能

商业银行资本有多种功能，主要包括：

(1) 经营性功能，主要表现在商业银行创建或者扩张规模时的固定资产投资。

(2) 保护性功能，主要表现在盈利时银行对债权人还本付息的义务和清算时作为补偿亏损的来源。

(3) 盈利性功能，主要表现在为股东赢得收益。

(4) 管理性功能，主要表现在利于银行经营者遵守法律法规，限制银行资本的无限膨胀。

3) 资本的筹集

商业银行筹集资本主要通过两个途径：一是内源资本的筹集；二是外源资本的筹集。

商业银行内源融资主要是通过银行内部的留存收益获得，也可以通过资本溢价、股本溢价等渠道获得。通过内源融资，资本成本较低，不会影响原股东的控股权和收益，风险较小，不受外部市场波动的影响。但是留存收益的多少依赖银行的盈利能力，所以内源融资受银行自身规模的限制，且受股利分配政策的影响。

外源融资主要包括股权融资和债权融资。

(1) 股权融资可以为银行带来长期稳定的资本来源，但股本成本较高，在资本需求发生变化时，短期内很难迅速筹集到股权资本，而不需要时又很难将其返还。

(2) 债权融资成本较低，相对容易筹集和返还，但其本息偿还具有强制性，存在流动性压力，会加大银行的债务风险，同时银行的损失不能以债务资本来抵消。

在实际经营中，应该根据每种方式各自的特点，结合当前客观环境进行两种融资途径的有机结合，以此实现最佳的资本筹集。

4) 资本充足性

银行的资本充足性是指银行资本数量必须达到金融管理当局所规定的能够保障正常营业并足以维持充分信誉的最低限额，同时银行现有资本或新增资本的构成，应该符合银行总体经营目标或所需资本的具体目的。

2010年9月12日出台的《巴塞尔资本协议III》关于资本充足率的主要内容有：

(1) 普通股比例最低要求从2%提升至4.5%，一级资本充足率的下限从4%提升至6%。

(2) 增设总额不得低于银行风险资产2.5%的资本防护缓冲资金，一旦银行的资本留存比率达不到该要求，监管机构将限制银行回购股份和发放红利等。

(3) 提出0～2.5%逆周期资本缓冲区间，由各国根据情况自行安排。

根据《巴塞尔协议III》，我国制定了《商业银行资本管理办法(试行)》，于2013年1月1日起正式开始施行，其中对资本充足率的监管要求如下：

(1) 核心一级资本充足率不得低于5%，一级资本充足率不得低于6%，资本充足率不得低于8%。

(2) 商业银行应在最低资本要求的基础上计提储备资本，储备资本要求为风险加权资产的2.5%，由核心一级资本满足。

(3) 特定情况下，商业银行应当在最低资本要求和储备资本要求之上计提逆周期资本。逆周期资本要求为风险加权资产的 0～2.5%，由核心一级资本来满足。

(4) 系统重要性银行应当计提附加资本。国内系统重要性银行附加资本要求为风险加权资产的 1%，由核心一级资本满足。

(5) 除相关规定外，银监会有权在第二支柱框架下提出更审慎的资本要求，确保资本充分覆盖风险，包括：根据风险判断，针对部分资产组合提出的特定资本要求；根据监督检查结果，针对单家银行提出的特定资本要求。

资本充足率监管从监管者的视角对商业银行资本管理产生了多方面的影响：

(1) 使商业银行意识到资本管理在其经营管理中的重要性。

(2) 促进商业银行将资本管理与风险管理结合起来。

(3) 通过对资本充足率的计算要求为商业银行提供了资本管理的具体策略和思路。

2013 年商业银行资本充足率指标情况(法人)如表 1-4 所示。

表 1-4　商业银行资本充足率指标情况表(法人)

时间 / 项目	2013 年			
	一季度	二季度	三季度	四季度
核心一级资本净额/亿元	68 847	70 366	72 600	75 793
一级资本净额/亿元	68 847	70 366	72 600	75 793
资本净额/亿元	85 855	87 450	89 607	92 856
信用风险加权资产/亿元	643 351	658 238	679 386	696 583
市场风险加权资产/亿元	6254	6658	6304	6067
操作风险加权资产/亿元	49 492	49 625	49 714	59 124
核心一级资本充足率	9.85%	9.85%	9.87%	9.95%
一级资本充足率	9.85%	9.85%	9.87%	9.95%
资本充足率	12.28%	12.24%	12.18%	12.19%

资料来源：中国银行业监督管理委员会网站

2．资产负债管理

资产负债管理是一种全方位的管理方法，从资产和负债两方面，综合运用表内表外工具、动态化调整资产负债表内及表外各项业务的品种、数量和期限，以实现银行利润的最大化。资产负债管理由总体管理、具体管理、目标与政策三个层次的内容组成。

3．风险管理

银行是经营风险的金融企业，经营过程中所面临的风险包括信用风险、市场风险、流动性风险、操作风险、国家风险、声誉风险、法律风险、战略风险等，商业银行经营管理的核心就是如何通过科学有效的风险管理使商业银行获得持续的发展。风险管理主要包括风险识别、风险计算、风险监测、风险控制、风险管理机构的组织设计、职能定位以及相关技术方法的创新与应用。风险管理的目标是通过主动的风险管理过程实现风险与收益的平衡。

4．营销管理

营销管理是将可盈利的金融产品和服务引入到客户群中，通过营销手段的组合以最协调的状态来满足客户的需要。营销管理的内容涉及分析客户消费行为、动机并进行市场细分、确定目标市场、进行促销、开发新产品与服务、制定产品价格等。在金融竞争日趋激烈的形势下，营销管理越来越重要。

5．内部控制

一方面，商业银行经营过程中所面临的风险多样化、复杂化，使其经营环境的不确定性进一步增强；另一方面商业银行面临的监管也不断加强，建立不断完善的内部控制体系，是商业银行在追求自身经济利益过程中能够安全稳健运行的可靠保证。商业银行内部控制主要包括内部控制环境、风险识别与评估、内部控制措施、信息交流与反馈、监督评价与纠正。

6．绩效评价

绩效评价不仅能够说明商业银行前期经营管理的基本状况，而且能够反映商业银行过去经营中存在的问题与不足，同时也有利于激励机制的形成和发挥作用。绩效评价内容要体现考评的全面性、系统性与完整性，力求涵盖商业银行业务经营和内部管理的主要方面。

在经营管理诸多内容中，资产负债的业务管理是基础，资本管理是保障，风险管理是核心，营销管理和内部控制是支持，绩效管理则是判断与自省。这些内容相互联系，共同推动商业银行的运营与持续发展。

1.3.2 商业银行经营管理原则

根据《中华人民共和国商业银行法》(2003 年修正)第四条，商业银行以安全性、流动性、效益性为经营原则，实行自主经营，自担风险，自负盈亏，自我约束。商业银行经营管理原则为安全性、流动性和效益性，简称“三性”原则。

1．安全性原则

安全性原则是指商业银行在经营过程中，必须保持足够的清偿能力，尽量避免各种不确定因素的影响，保证银行的正常经营与发展。

商业银行经营过程中会面临信用风险、流动性风险等各种风险，影响着商业银行的经营安全，资产的安全性是银行正常运营的保障。

根据安全性原则，商业银行在经营过程中，首先需要合理发展资产业务规模、注意调整业务结构，注重资产质量。对于高风险的投资需要谨慎处理，应注意资产负债业务种类与期限的匹配，通过合理的资产配置提高银行自身的抗风险能力。其次，强化自有资本实力。自有资本是商业银行清偿力的根本保障，也是银行信誉的基础。

2．流动性原则

流动性原则是指商业银行在经营活动中，能够随时满足客户提取存款和必要的贷款需求。流动性是由银行这种特殊金融企业的性质所决定的，包括资产流动性和负债流动性两方面的内容。

资产流动性是指商业银行所持有的资产能够随时得以偿付或在不受价值损失的条件下变现的能力，这是通过一级准备金和二级准备金实现的。

负债流动性是指商业银行能够以较低的成本随时获取资金的能力，主要通过创造主动负债的方式实现，如同业拆入资金、直接向中央银行借款、发行可转让定期存单、从国际金融市场借入资金等，成本相对较低，不会使银行因增加流动性而减少贷款和投资。通常我们所说的流动性指资产流动性。

3. 效益性原则

效益性原则是指商业银行作为一个企业，会尽可能地追求利润最大化，这是商业银行经营活动的主要动力和最终目标，是由其性质决定的。

利润是收入与成本的差额，商业银行的收入包括利息收入与非利息收入，成本包括利息支出和其他费用等支出。因此，影响商业银行利润的因素有三个方面：一是资产收益和资产损失。资产收益取决于资产的规模、资产收益率等；资产损失是由经营过程中所面临的风险和风险控制能力决定的。二是经营成本。主要包括利息支出、费用支出和资产折旧等。三是其他营业收支。

商业银行提高利润率要通过提高收益、降低经营成本等方式实现。

4. “三性”原则的内在联系

商业银行经营管理的“三性”原则既统一，又存在一定的矛盾。流动性越强，安全性越高，流动性与安全性是相辅相成的，而高收益性通常伴随着高风险，为了获取较高的收益，商业银行往往必须承受较大的风险，从而降低资产的流动性；为了获取较大的流动性，保全银行的某些资产，就必须放弃一些收益，效益性与安全性往往存在着冲突。

如何在保持安全性、流动性的前提下，实现效益性的最大化是商业银行经营管理的核心内容。

1.3.3　商业银行经营管理理论

伴随着金融环境的变化，商业银行自身的发展以及人们对商业银行认识的不断深化，商业银行经营管理理论不断更新，由传统的资产管理、负债管理到资产负债综合管理及全面风险管理，其经营管理方法与手段在不断地拓展与创新。

1. 资产管理理论

资产管理理论又称流动性管理理论，是商业银行传统的管理方法，强调资产的流动性和安全性。20 世纪 60 年代以前，金融市场不发达，商业银行在金融体系中占有绝对优势，且当时并不存在经常性、长期性的通货膨胀，利率等经济变量较稳定，商业银行可以获取稳定的资金来源，其经营管理的重点是优化资产结构，使资产与负债在期限上相匹配。资产管理理论经历了三个不同的发展阶段。

1) 商业贷款理论

在美国称为商业贷款理论，在英国称为真实票据论，其观点认为银行的资金来源主要是与商业流通有关的闲散资金，均为临时性存款，由于有真实的商业票据为抵押的短期贷款，有自动清偿的性质，故银行发放以真实商业行为为基础的短期贷款最合适。

根据这种理论，长期投资的资金应来源于留存收益、发行新股以及长期债券，银行不能发放不动产贷款、消费贷款和长期设备贷款等。随着资本主义的发展，银行长期资金的增加，发放中长期贷款能力的增强，这一理论的缺陷也逐步显现。

2) 可转换性理论

可转换性理论又称资产转移理论，基本思想是为了应付提存所需保持的流动性，银行可将资产运用范围从短期贷款扩大到可转换性强的短期证券上。

在这种理论的影响下，商业银行的业务范围显著扩大，资产运用效率得到提高，其效益也得到了提高。但同时也带来了一些问题：商业银行短期证券最适合的持有量如何确定？当所有的银行都出售短期证券时，谁来购买？若中央银行不采取相应的手段来解决，商业银行就会面临流动性风险。

3) 预期收入理论

预期收入理论是关于资产选择的理论，基本思想是银行不仅能发放短期商业性贷款，投资于短期证券，在贷款预期收入有保证的情况下，还可以根据借款人预期收入或现金流量而制定的还款计划为基础来发放贷款。

资产管理理论的发展反映了商业银行在经营管理上关注流动性的同时也更加注重市场占有与收益的获得。在这种理论的影响下，第二次世界大战后，中长期设备贷款、住房贷款、消费贷款等迅速发展，成为了支持经济发展的重要因素。同时，收入的预期与经济周期有密切的联系，而资产的膨胀与收缩也影响着资产的质量。因而，这一理论带来的问题是银行危机一旦爆发，波及范围会越来越广。

2. 负债管理理论

商业银行负债管理理论可以分为传统的负债管理理论和现代的负债管理理论。前者是关于商业银行通过发行银行券和吸收存款形成资金来源的古老负债理论；后者是通常说的负债管理理论，包括购买理论和销售理论。

20 世纪 60 年代开始，西方金融管制盛行，商业银行开展资产业务受限于各种利率管制，于是商业银行开始通过负债业务创新来吸引客户，扩大资金来源。购买理论的核心思想是变被动存款为主动借款，变消极的付息负债为积极的购买负债，商业银行应该以借入资金的方法来保持流动性，从而增加资产业务和银行收益，如可转让大额定期存单与欧洲美元存单的发行，被称为“银行业的革命”。

20 世纪 80 年代开始，金融创新层出不穷，销售理论的核心思想是商业银行不应只着眼于资金，而应立足于服务，努力适应市场需求，创造各种金融产品，提供各种金融服务，从中获取所需资金和应有报酬。负债管理理论给商业银行带来了新的管理思想和方式，提高了银行的盈利水平，同时也加大了商业银行的经营风险。

负债管理理论给银行业带来了新的思想，提高了银行的盈利水平，同时也带来了新的问题：增加了银行的融资成本、增加了银行的经营风险、不利于银行的稳健经营。

3. 资产负债综合管理理论

20 世纪 70 年代末，市场利率剧烈波动，商业银行的净利息收入受存贷款利率变化的影响，单一地从资产角度和负债角度强调防范流动性风险已经不能满足商业银行的发展需求，便产生了资产负债综合管理。

资产负债综合管理的基本思想是商业银行应当时刻关注市场利率的变化，通过资产结构、负债结构的共同调整，实现安全性、流动性、收益性之间的均衡，为股东谋取更大利润。资产负债管理遵循资产负债的对称原则，强调规模对称、结构对称，要求资产负债业务在时间、种类和数量上的匹配。

资产负债业务作为商业银行运营的基础，资产负债管理仍是商业银行经营管理的重要内容。

4. 全面风险管理理论

商业银行经营管理的目标可以简述为：在风险最小化的前提下，实现利润最大化或者在利润最大化的前提下实现风险最小化。资产负债管理是商业银行经营管理的基础，风险管理是资产负债管理的核心。

全面风险管理是指商业银行在筹集和经营资金的过程中，对商业银行风险进行识别、衡量和分析，并在此基础上有效地控制和处理风险，用最低的成本来实现最大安全保障的科学方法，其实质是控制风险。

商业银行面临的风险包括流动性风险、利率风险、投资风险、汇率风险等各种风险，其全面风险管理必须遵循对称、分散、转移、择优和制约五大基本原则。

(1) 对称原则是指资产的分配应当与负债的偿还期限、利率档次及币种保持一致。

(2) 分散原则是指在进行证券投资和放款业务时，应尽量将证券和放款的种类多样化，避免将资金集中于某一证券或某一种放款上。

(3) 转移原则是指商业银行在经营过程中，将风险转嫁给对手从而控制自身的风险损失。

(4) 择优原则是指商业银行在遵守国家宏观政策的前提下，根据市场趋向区分优劣，选择具体的资产对象，优化资金投向。

(5) 制约原则是指商业银行在办理业务时必须采取严格的内部制约措施，加强对各项业务的监督和管理，提高业务质量，减少商业银行的风险。

1.3.4　我国商业银行经营管理的发展历程

新中国成立以后，我国商业银行经营管理主要经历了以下几个阶段：

1. 1949—1978 年

新中国成立后，我国在计划经济体制下形成了由中国人民银行“大一统”的银行体系，即银行不划分专业系统，各个银行都作为中国人民银行内部的一个组成部分，从而使中国人民银行兼营中央银行与一般性银行的双重业务，同时又隶属财政。对银行的资产负债管理，实行集中统一的综合信贷计划管理体制，实行“存贷分离、统存统贷”的管理办法，形成了中国人民银行统揽一切金融业务的“大一统”格局。

2．1979—1983年

相继设立了四家国有专业银行，各自有明确的分工，中国人民银行开始单一行使中央银行的职责。1980年将统存统贷的管理方法改为信贷差额包干制度，实行统一计划、分级管理、存贷挂钩、差额包干的信贷资金管理办法。

3．1984—1993年

1985年银行信贷资金管理体制由“差额包干”改为“实存实贷”，财务体制也由“统收统支”改为各银行单独核算、利润留成，逐步实行独立核算、自主经营、自负盈亏。1989年实行“限额管理，以存定贷”，实行的是贷款增量的规模控制。

4．1994—1997年

1994年，将原来由四家国有专业银行承担的政策性金融业务分离出来，相继成立了三家政策性银行，建立了以中央银行为核心、国有商业银行为主体、其他商业银行和政策性银行并存的银行体制，实行“总量控制、比例管理、分类指导、市场融通”的银行信贷资金管理办法，中国人民银行制定了商业银行资产负债比例管理办法，初步形成了关于资产负债管理的框架文件。

5．1998年至今

1998年1月1日起，中国人民银行取消了对国有商业银行贷款限额的控制，在推行资产负债比例管理和风险管理的基础上，实行“计划指导、自求平衡、比例管理、间接调控”的管理体制，中国商业银行开始进入资产负债比例管理的新时期。随着中国加入WTO及中国银行业全面对外开放，中国商业银行市场化程度不断提高，各家商业银行在经营管理模式上不断探索，资产负债表外管理、全面风险管理等被多家商业银行运用到日常的经营管理中。

小　结

通过本章的学习，可以掌握以下内容：

(1) 商业银行是一种特殊的金融企业，具有信用中介、支付中介、信用创造、调节经济、金融服务五大职能。

(2) 根据商业银行的组织形式划分，商业银行可以分为总分行制、单一银行制、控股公司制、连锁银行制等。

依据商业银行的业务运营范围，商业银行可以分为职能分工型商业银行和全能型商业银行。

(3) 中国人民银行行使中央银行职责，中国银行业监督管理委员会依法对中国银行业金融机构及其业务活动进行监督管理。

(4) 商业银行内部组织结构一般可分为三个系统，即决策系统、执行系统和监督系统，其权力机构、执行机构和监督机构相互分离、相互制衡。

(5) 商业银行经营管理的内容包括：资本管理、资产负债管理、风险管理、营销管理、内部控制、绩效评价六方面。

(6) 经济资本又称风险资本，是指“银行决定持有用来支持其业务发展和抵御风险并为债权人提供‘目标清偿能力’的资本，在数量上与银行承担的非预期损失相对应”。

(7) 监管资本是监管部门规定的商业银行必须持有的与其业务总体水平相匹配的资本，通常指商业银行自身拥有的或能长期支配使用的资金，以备非预期损失出现时随时可用。

(8) 银行的资本充足性是指银行资本数量必须达到金融管理当局所规定的能够保障正常营业并足以维持充分信誉的最低限额，同时银行现有资本或新增资本的构成，应该符合银行总体经营目标或所需资本的具体目的。

(9) 商业银行经营管理原则为安全性、流动性和效益性，“三性”原则既是统一的，又存在一定的矛盾。

(10) 商业银行经营管理理论由传统的资产管理、负债管理发展到资产负债综合管理及全面风险管理。

练　习

一、单项选择题

1. 商业银行清偿力的根本保障是(　　)。
   A. 向中央银行借款　　B. 向同业借款
   C. 自有资本　　D. 发行债券
2. 银行的(　　)能力具体体现为商业银行的资产流动性和负债流动性。
   A. 流动性　　B. 效益性
   C. 以人为本　　D. 经营性
3. 现代商业银行的鼻祖是(　　)。
   A. 英格兰银行　　B. 威尼斯银行
   C. 米兰银行　　D. 鹿特丹银行
4. 商业银行最基本的职能是(　　)。
   A. 信用中介职能　　B. 支付中介职能
   C. 信用创造职能　　D. 调节经济职能
5. 全能银行模式的代表是(　　)。
   A. 花旗银行　　B. 渣打银行
   C. 荷兰银行　　D. 德意志银行
6. 根据我国的相关规定，核心一级资本充足率不得低于(　　)。
   A. 2.5%　　B. 5%
   C. 6%　　D. 8%

二、多项选择题

1. 商业银行经营的特殊性表现在(　　)。
   A. 经营对象的特殊性　　B. 经营关系的特殊
   C. 经营环境的特殊性　　D. 经营风险的特殊

2．商业银行的职能有(　　)。

A．信用中介　　B．支付中介

C．信用创造　　D．调节经济　　E．金融服务

3．中国的金融监督管理机构有(　　)。

A．中国人民银行　　B．银监会

C．证监会　　D．保监会

4．商业银行经营管理的原则是(　　)。

A．安全性原则　　B．流动性原则

C．风险性原则　　D．效益性原则

5．资产管理理论经历了三个不同的发展阶段，分别是(　　)。

A．超货币供给理论　　B．商业性贷款理论

C．可转换理论　　D．预期收入理论

6．全面风险管理理论中商业银行风险管理主要包括(　　)内容。

A．风险识别　　B．安全性

C．风险衡量　　D．风险控制

三、简答题

1．简述商业银行发展的特点。

2．论述商业银行的职能。

3．论述商业银行经营管理的原则与相互关系。

第2章　商业银行负债业务

本章目标

- ■ 理解商业银行负债业务的概念
- ■ 掌握商业银行负债业务的作用
- ■ 了解商业银行存款业务的种类
- ■ 理解常见存款业务的特点
- ■ 理解存款业务的风险及防范
- ■ 了解商业银行存款定价方法
- ■ 掌握商业银行其他负债业务

重点难点

重点：

◈ 负债业务的作用
◈ 几种常见的存款类型
◈ 商业银行非存款性负债的来源

难点：

◈ 存款的清偿性风险防范
◈ 存款的成本管控

案例导入

1998 年 6 月 21 日，中国人民银行发表公告，宣布关闭刚刚诞生两年十个月的海南发展银行(以下简称海发行)。这是新中国金融史上第一次由于闹“钱荒”、出现支付危机而关闭的一家省政府背景的商业银行。

1995 年，为了加速海南地方经济的发展，妥善处理停业信托机构的债权债务问题，海南省政府决定成立海发行。海发行于 1995 年 8 月 18 日开业，注册资本 16.77 亿元人民币。海南省政府以出资 3.2 亿元人民币成为其最大股东，此外还有中国北方工业总公司、中国远洋运输集团公司、北京首都国际机场等 43 个股东。

1997 年之前，随着海南省被设立为经济特区，房地产大规模扩张，带动了以银行为主体的金融机构的发展。据报道，当时进入海南的资金有 70%投资于房地产，而投资于房地产的资金有 70%来自银行贷款和信托资金。90 年代中后期，房地产泡沫开始破灭，许多高息揽存的信用社出现了大量的不良资产。1997 年 12 月 16 日，中国人民银行宣布，关闭海南省 5 家已经实质破产的信用社，其债权债务关系由海发行托管，其余 29 家海南省境内的信用社，有 28 家被并入海发行。

被兼并以后，原信用社高息揽存的储户只能得到合法的利息，且市场开始出现各种传闻，公众恐慌开始蔓延，海发行开始面临严重的挤兑，一直持续了好几个月。同时，由于新增存款量少，发放的贷款又无法收回，海发行于 1998 年 5 月在深圳设立分行，试图借助岛外力量缓解经营压力，但没有起到任何作用。为了帮助海发行走出困境，央行曾急调人民币 34 亿元资金，但仍然无法控制局面。同时，海发行向股东发放大量无合法担保贷款的违规经营问题也逐渐浮现，大量的股东通过股东贷款抽逃资本金，极大地影响了海发行资本的稳定性。在严重的内忧外患之中，海发行始终没能走出困境。

1998 年 3 月 22 日，央行在陆续给海发行提供了 40 亿元人民币的再贷款后，决定不再给予资金支持。1998 年 6 月 21 日，央行发出公告：由于海发行不能及时清偿到期债务，根据《中华人民共和国中国人民银行法》、《中华人民共和国公司法》和央行《金融机构管理条例》，央行决定关闭海发行，停止其一切业务活动，由央行依法组织成立清算组，对海发行进行关闭清算；指定中国工商银行托管海发行的债权债务，对其境外债务和境内居民储蓄存款本金及合法利息保证支付，其余债务待组织清算后偿付。

2.1 商业银行负债业务概述

商业银行的业务包括资产业务、负债业务和表外业务，商业银行通过负债业务和资产业务筹措资金并加以运用以谋求利润，同时履行其信用中介职能。商业银行负债业务形成商业银行的资金来源，是商业银行发挥社会资金融通功能的起点，是其业务的重要组成部分。

2.1.1 负债业务的定义

1. 负债的定义

商业银行的负债业务是指形成其资金来源的业务，列在资产负债表的右边，有广义负债和狭义负债之分。

狭义负债是指银行存款及其他借入的非资本性债务，如各种银行存款、同业拆借和发行金融债券等。

广义负债是指银行自有资本以外的一切资金来源，是在狭义负债的基础上，加上银行的债务性资本，如资本期票和长期债务资本等二级资本。

通常银行负债是指狭义负债。

2. 负债的特点

商业银行的负债业务是在其经营活动中产生的、尚未偿还的经济义务，其特点主要表现为：

(1) 这些经济义务必须是现实存在且尚未了结的，不包括那些已经发生并已了结，或者将来有可能发生但尚未形成现实存在的经济义务。

(2) 这些经济义务必须能用货币计量，即其数量必须能够用货币计量。

(3) 这些经济义务必须在偿付之后才能消失，以债抵债只是原有负债的延期，不构成新的负债。

2.1.2　负债业务的作用

商业银行最基本的职能是信用中介职能，这一职能使商业银行既是债权人又是债务人。负债业务是其他业务的基础，负债业务的作用主要表现为：

1. 负债业务是银行经营的先决条件

(1) 根据《中华人民共和国商业银行法》的规定，贷款余额与存款余额的比例不得超过 75%，故负债业务的规模决定了资产业务的规模。

(2) 负债业务的期限结构、利率结构和币种结构等负债结构决定了商业银行资产运用的方向和结构特征。

(3) 负债业务是银行开展表外业务的基础，若没有吸收的各种存款，商业银行就难以开展信贷业务，尤其是贸易融资业务等。

2. 负债业务是银行保持流动性的手段，也影响着银行的盈利水平

(1) 从流动性角度看，负债业务为商业银行聚集大量的可用资金，使其在自有资本的基础上，能够满足合理的贷款、提现、支付等需要，满足商业银行经营的流动性要求。

(2) 从效益性角度看，在资产价格水平一定的情况下，负债业务成本的高低决定了银行的盈利水平。

3. 负债业务是社会经济发展的强大推动力

商业银行负债业务可以聚集社会上的闲散资金，再通过商业银行的资金运用投放到经济生活的各个领域，从而可以在社会资金总量不变的情况下，扩大社会再生产的资金总量，促进社会经济的发展。

4. 负债业务是流通中货币量的组成部分

流通中的货币量包括现金和银行存款，现金是中央银行的负债，银行存款是商业银行的负债，稳定银行的负债对社会经济中货币流通量具有决定性的作用。

5．负债业务是银行与社会各界联系的主要渠道

(1) 商业银行通过吸收存款获得广泛的资金来源，从而可以掌握生产经营企业的资金流向及运营情况、各类事业单位及社会团体的现金收支状况。

(2) 商业银行根据掌握的信息，抓住市场需求，有针对性地提供各种金融服务，合理调剂资金，从而进行有效地资源配置。

2.1.3 负债业务的种类

依据不同的划分标准，商业银行的负债业务主要有以下几种分类：

1．根据负债的类型，可分为存款性负债与非存款性负债

存款性负债是指商业银行所吸收的各种活期存款、定期存款和储蓄存款，占银行资金来源的75%～80%，是银行最主要的资金基础。

非存款性负债是商业银行的各种借入资金，如发行金融债券、同业拆借、再贴现或再贷款以及在国际金融市场上的借款等。

2．根据商业银行对负债的调控性行为，可分为被动负债与主动负债

被动负债是指银行被动吸收的各种活期存款、定期存款和储蓄存款，其特点为银行只能以债务人的身份被动地接受存款人存入的资金，对吸收资金的时间长短、数量的多少难以控制。

主动负债是指银行主动发行金融债券、同业拆借、回购协议、向中央银行借款和转贴现等业务。其特点为银行能够以债务人的身份，主动地调控吸收资金的时间和数量，并决定以哪种方式借入资金来满足其自身的流动性需要。

3．根据负债的偿还期限，可分为短期负债、中期负债和长期负债

短期负债是指商业银行负债的偿还期限在1年(含)以下的债务。

中期负债是指商业银行负债的偿还期限在1年(不含)以上，10年以下(含)的债务。

长期负债是指商业银行负债的偿还期限在10年以上(不含)的债务。

2.1.4 负债业务的构成

商业银行的负债业务构成，可以根据负债的内容和负债的流动性两方面进行划分，如图2-1、图2-2所示。

(1) 各项存款根据不同的依据，可以划分为不同的种类，具体内容将在本章第二节介绍。

(2) 各项借款包括同业借款、中央银行借款、回购协议和欧洲货币市场借款等。

(3) 其他负债主要包括发行债券和结算占用他人资金等。

(4) 流动负债是指商业银行在1年内偿还的债务，包括活期存款、1年以内的定期存款、向中央银行借款、票据融资等。

(5) 应付债券是指商业银行发行的债券。

(6) 其他长期负债包括长期存款、长期借款和长期应付款等。

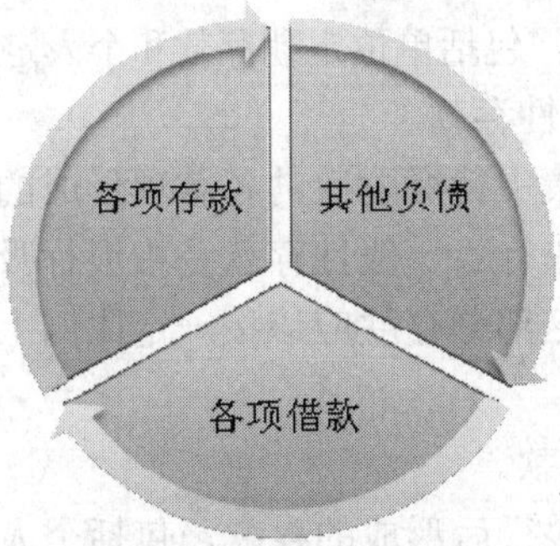

图 2-1　根据负债内容划分

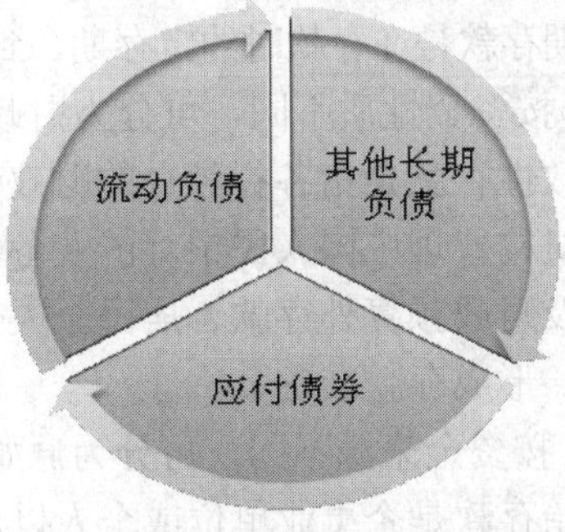

图 2-2　根据负债流动性划分

本章主要是对"根据负债的内容划分"进行介绍。鉴于存款在商业银行负债业务中的重要性，本章主要介绍存款业务，各项借款和其他负债将合并到非存款性负债介绍。

中国银行 2012 年和 2013 年负债构成如表 2-1 所示。

表 2-1　中国银行 2012 年和 2013 年负债构成

负债	2013 年 12 月 31 日		2012 年 12 月 31 日	
	金额/百万元	占比(%)	金额/百万元	占比(%)
客户存款	10 097 786	78.20%	9 173 995	77.62%
同业存拆入及对央行负债	2 020 468	15.65%	1 926 757	16.30%
其他借入资金	254 274	1.97%	233 178	1.97%
其他负债	540 294	4.18%	485 143	4.11%
负债合计	12 912 822	100.00%	11 819 073	100.00%

资料来源：中国银行年报

2.2　商业银行的存款业务

存款是商业银行以信用方式吸收社会暂时闲置资金的筹资活动。

从商业银行角度来说，存款是收受客户交来的现款、票据或本行贷款的转账，并由此产生即期或定期偿付一定金额义务的受信行为。

从客户角度来说，存款是以现款、票据或贷款的转账寄存于银行，并由此获得即期或定期一定金额的付款请求权的授信行为。

从其性质来说，存款是社会商品价值的一种货币表现，是商品和货币在转换过程中货币的暂时闲置，是社会再生产过程中间歇的货币资金。

2.2.1　存款业务的种类

商业银行存款的分类方法比较多，比较常见的分类方法有以下几种：

(1) 按存款期限的不同，可分为活期存款和定期存款。

活期存款是存入时不约定存期、可以随时存取的存款，包括单位活期存款与个人活期存款。定期存款是在存款时约定存期、到期支取的存款，包括单位定期存款和个人定期存款。

(2) 按资金性质不同，可分为财政性存款与一般性存款。

财政性存款是指各行经办的财政预算内存款及集中待缴财政的各款项形成的存款，属于金融机构代理中国人民银行的业务，应全部上缴央行。一般性存款是指银行吸收的各单位存款及财政预算外存款、居民个人储蓄存款等，这部分存款应该按一定比例上缴中国人民银行，形成存款准备金。

(3) 按资金来源不同，可分为原始存款和派生存款。

原始存款是企事业单位或个人以现金形式存入银行后形成的存款，包括个人存款、单位存款和同业存款，以及中央银行对商业银行贷款所形成的存款。派生存款是指银行以贷款、贴现和投资等方式创造的存款。

(4) 按存款币种不同，可分为人民币存款与外币存款。

人民币存款是单位或个人存入人民币款项而形成的存款。外币存款是单位或个人将外汇资金存入银行而形成的存款。

根据商业银行存款经营过程中的特点，本节将重点介绍以下几种常见的存款类型。

1．活期存款

活期存款是指存款客户可随时存取或支付使用的存款。对于存入的款项，客户与银行之间没有明确的时间限制，客户事先可以不通知银行即可提现。

1) 特点

活期存款的特点主要表现在：

(1) 活期存款流动性高，大多是用于结算和交易用途。

(2) 支付方式多样，可以用支票、本票、汇票等方式转账。

(3) 对开户对象一般没有限制，个人、企事业单位、社会团体、政府机构等均可以开立活期存款账户。

2) 作用

从银行角度看，活期存款是商业银行的主要资金来源之一，运用活期存款的稳定余额发放贷款或进行投资，是提高银行盈利水平的有效手段。

从货币供给的角度看，活期存款具有货币支付手段和流通手段职能，有很强的派生能力，能够提高银行的信用创造能力，是各国金融监管当局调控货币供应量的主要操作对象。

3) 计息

从 2005 年 9 月 21 日起，我国对活期存款实行按季度结息，每季度末月的 20 日为结息日，次日付息。

随着利率市场化的推进，各商业银行在计算存款利息时，可能存在差异。利息差异主要来源于三个方面：

(1) 商业银行在政策允许范围内可对存款利率上浮，各商业银行存款利率可能不同。

(2) 计结息规则不同，因复利因素造成利息差异。

(3) 利息计算方法不同也会导致利息的差异，如定期存款按整年整月加零头天数计算与按存期实际天数计算，利息就会有差异。

4) 活期储蓄存款

活期储蓄存款是一种不受存取款时间约束，可随时存取，没有存取金额限制的一种存款。

储蓄业务必须遵循“存款自愿、取款自由、存款有息、为储户保密”的原则，同时，银行办理储蓄业务应遵循《个人存款账户实名制规定》，凭个人有效身份证件办理业务。

人民币活期储蓄存款的基本规定是：一元起存，多存不限，随时存取，不定期限。客户可开立活期储蓄存折或借记卡办理人民币活期储蓄存款业务。

5) 单位活期存款

单位活期存款是指单位类客户在商业银行开立结算账户，办理不规定存期、可随时转账、存取的存款类型。

单位活期存款账户又称为单位结算账户，按用途可分为基本存款账户、一般存款账户、专用存款账户和临时存款账户。

(1) 基本存款账户是存款人办理日常转账结算和工资、奖金等现金收付业务的账户。

(2) 一般存款账户是存款人因借款或其他结算需要，在基本存款账户开户银行以外的银行营业机构开立的银行结算账户。

(3) 专用存款账户是存款人按照法律、行政法规和规章，对其特定用途资金进行专项管理和使用而开立的银行结算账户，该账户用于办理各项专项资金的收付。

(4) 临时存款账户是存款人因临时需要并在规定期限内使用而开立的银行结算账户。

2．定期存款

定期存款是指存款客户与银行事先商定取款期限并以此获取一定利息的存款。

1) 特点

定期存款的特点表现在：

(1) 期限固定，通常存期为 3 个月、6 个月、一年、二年、三年、五年等。

(2) 存款期限越长，存款利率越高，给存款人带来的收益越大。

(3) 银行签发的定期存单一般不能转让，但可以抵押。

2) 作用

从客户角度看，定期存款是一种收益稳定且风险较小的投资方式，并且存单可以作为动产质押从银行取得贷款。

从银行角度看，定期存款利率高于活期存款利率，资金利用率高于活期存款，是银行稳定的资金来源。

3) 计息

对于逾期支取的定期存款，超过原定存期的部分，除约定自动转存外，按支取日挂牌公告的活期存款利率计息。

对于提前支取的定期存款，支取部分按活期存款利率计息，提前支取部分的利息同本金一并支取。存期内遇有利率调整，仍按原存单开户日挂牌公告的相应定期存款利率计息。

4) 定期储蓄存款

定期储蓄存款的种类如表 2-2 所示。

表 2-2　四种储蓄存款的比较

存款种类	存款方式	取款方式	起存金额/人民币	存取期类别	特　点
整存整取	整笔存入	到期一次支取本息	50 元	三个月、六个月、一年、二年、三年、五年	长期闲置资金
零存整取	每月存入固定金额	到期一次支取本息	5 元	一年、三年、五年	利率低于整存整取定期存款，高于活期存款
整存零取	整笔存入	固定期限，分期支取	1000 元	存款期分为一年、三年、五年 支取期分为一个月、三个月或六个月一次	本金可全部提前支取，不可部分提前支取。利息于期满结清时支取，利率高于活期存款
存本取息	整笔存入	约定取息期，到期一次性支取本金、分期支取利息	5000 元	存期分为一年、三年、五年 可以一个月或几个月取息一次	本金可全部提前支取，不可部分提前支取。取息日未到不得提前支取利息，取息日未取息，以后可随时取息，但不计复利

5) 单位定期存款

单位定期存款是由存款单位约定存款期限，到期支取本息的一种存款。

财政拨款、预算内资金及银行贷款资金不得作为单位定期存款存入银行，该项存款实行账户管理。

单位定期存款的起存金额为 1 万元。

单位定期存款可以全部或部分提前支取，但只能部分提前支取一次，支取时只能以转账方式将存款转入其基本户，不得将定期存款用于结算或从定期存款账户中提取现金。

3. 通知存款

通知存款是指存款人存入时不约定存期，支取时需提前通知金融机构，约定支取存款日期和金额才能支取的存款。

通知存款不论实际存期多长，按存款人提前通知的期限长短分为一天通知存款和七天通知存款两种。一天通知存款必须提前一天通知约定支取存款，七天通知存款必须提前七天通知约定支取存款。

(1) 个人通知存款。

人民币个人通知存款，一次存入本金，起存金额 5 万元，多存不限。最低支取金额为 5 万元。

(2) 单位通知存款。

单位通知存款最低起存金额为人民币 50 万元，最低支取金额为 10 万元。

存款人需一次性存入，可以一次或分次支取。单位通知存款利率按中国人民银行规定的同期利率执行。

单位通知存款实行账户管理，其账户不得做结算账户使用。

4. 教育储蓄存款

教育储蓄是为了鼓励城乡居民以储蓄存款方式，为其子女接受非义务教育(指九年义务教育之外的全日制高中、大中专、大学本科、硕士和博士研究生)积累资金，促进教育事业。

教育储蓄具有客户特定、存期灵活、总额控制、利率优惠、利息免税等特点。优惠对象为在校小学四年级(含四年级)以上学生。教育储蓄为零存整取定期储蓄，存期分为一年、三年和六年。

教育储蓄存款最低起存金额为人民币 50 元，本金合计最高限额为 2 万元。

5. 定活两便储蓄存款

人民币定活两便储蓄存款，不确定存期，随时可取，50 元起存。利息按支取日挂牌的同档次存期整存整取定期利率打六折计息，具体如下：

(1) 三个月以下的按支取日挂牌的活期利率计息。

(2) 存期三个月以上(含)不满半年的，整个存期按支取日定期整存整取三个月利率打六折计息。

(3) 存期半年以上(含)不满一年的，按支取日定期整存整取半年利率打六折计息。

(4) 存期一年以上(含)的，无论存期多长，整个存期一律按支取日定期整存整取一年期利率打六折计息。

中国工商银行 2012 年与 2013 年存款构成如表 2-3 所示。

表 2-3　中国工商银行 2012 年与 2013 年存款构成

存款	2013 年 12 月 31 日		2012 年 12 月 31 日	
	金额/百万元	占比(%)	金额/百万元	占比(%)
公司存款	7 503 497	51.30%	6 908 245	50.70%
定期	3 464 625	23.70%	2 915 072	21.40%
活期	4 038 872	27.60%	3 993 173	29.30%
个人存款	6 895 839	47.20%	6 554 287	48.00%
定期	3 901 098	26.70%	3 754 118	27.50%
活期	2 994 741	20.50%	2 800 169	20.50%
其他存款	221 489	1.50%	180 378	1.30%
合计	14 620 825	100.00%	13 642 910	100.00%

资料来源：中国工商银行年报

2.2.2　存款业务的风险及防范

商业银行的经营与宏观微观经济环境紧密相连，随着经营环境的变化，以及商业银行经营范围、经营领域的不断扩大，其面临的风险也不断增加。作为商业银行生命线的存款业务，也面临着各种各样的风险。

1. 存款业务的风险

存款的风险是指银行在吸收存款业务方面所面临的风险，主要包括清偿性风险、利率风险和电子网络风险。

(1) 清偿性风险。清偿性风险是指商业银行因负债规模过大、自有资金比重过小及经营过于扩张，不够稳健引起的总体风险，包括实际清偿性风险和绝对清偿性风险。

实际清偿性风险是指商业银行的总资产足够偿还所有债务，但不能按时偿还目前所需清偿的债务，是由流动性欠佳引起的清偿性风险，是商业银行因没有足够现金满足客户提取存款的需要，而使银行蒙受信誉损失甚至被挤兑倒闭的可能性。

挤兑是指银行因信用度下降、传闻破产等原因，大量的储户到银行集中兑现，从而造成银行流动性及清偿力出现危机的一种现象。挤兑一旦发生，除非采取某些措施恢复公众的信心，否则很容易导致银行倒闭。

绝对清偿性风险是指商业银行总资产低于总负债，不能立即而且在任何情况下都不能全部偿还所有债务，即资不抵债。

(2) 利率风险。利率风险是指因市场利率的波动给银行带来损失的可能性。商业银行传统的利润来源于存贷款利差，当市场利率上升时，借款人的融资成本上升，使其需求受到抑制，商业银行的贷款业务会减少，从而导致银行收益随之减少。

(3) 电子网络风险。电子网络风险是指联网计算机遭遇断电停机、电脑黑客攻击、电脑犯罪等造成数据资源损失和款项丢失的风险。随着电子网络的发展，电子网络风险也呈现出增大的趋势。

经典案例

不法分子利用黑客程序盗取储户资金

2013 年 3 月 10 日，马先生发现自己银证通账户的两个账户共计人民币 10 万余元被盗窃。后来警方侦查发现，2013 年 1 月，犯罪嫌疑人白某攻击了一些网站，植入了网页木马。受害人马某在浏览了被白某攻击的网页后，其电脑被自动植入了黑客程序。后来犯罪嫌疑人白某使用木马程序远程控制被害人的电脑，窃取了其网上银行的账号、密码和电子证书。随后犯罪嫌疑人白某用虚假身份证开户，将网银账户中的钱款转入自己新开的账户中。

资料来源：中国信息主管网

2. 存款业务风险的防范

商业银行存款业务风险防范的方式很多，如制定存款业务操作规程，规范操作行为；建立完善的风险防范与内部控制机制，加强内部审计等。本节主要介绍对清偿性风险的防范。

清偿性风险的防范在制度上主要通过存款准备金制度与存款保险制度两种方式。

1) 存款准备金制度

存款准备金是为限制金融机构信贷扩张和保证客户提取存款及资金清算需要而准备的资金。法定存款准备金率是金融机构按规定向中央银行缴纳的存款准备金占其存款总额的比率。

将存款准备金集中于中央银行的做法起始于 18 世纪的英国，最初的主要功能是政府变相地向商业银行征税。20 世纪 70 年代以来，随着西方主要国家货币政策目标的调整以及金融创新活动的兴起，存款准备金率普遍下降，逐步演变成货币政策工具的辅助性工具。我国的存款准备金制度建立于 1984 年，直到 20 世纪 90 年代末，我国存款准备金制度的主要功能不是调控货币总量，而是集中资金用于央行再贷款。

存款准备金率变动对商业银行的作用过程如下：当中央银行提高法定存款准备金率时，商业银行提供放款及创造信用的能力就下降。因为准备金率提高，货币乘数就变小，从而降低了整个商业银行体系创造信用、扩大信用规模的能力，其结果是银根偏紧，货币供应量减少，利率提高，投资及社会支出都相应缩减，故通货膨胀时，中央银行可提高法定存款准备金率，反之，则降低法定存款准备金率。当中央银行降低法定存款准备金率时，作用过程与提高法定存款准备金率的原理相同。

由于活期存款在银行资产中所占的比重一般较大，在庞大的基数和存款乘数的作用下，准备金率的微小变动都会对货币供给量产生巨大影响，收效也较快，同时不易形成选择性货币政策效果，因而存款准备金制度成为中央银行实施货币政策的一项有效工具。

近期央行存款准备金的调整情况如表 2-4 所示。

表 2-4　近期央行存款准备金率调整表

日期	调整前		调整后		调整幅度
	大型金融机构	中小型金融机构	大型金融机构	中小型金融机构	
2014.6.16	对符合审慎经营要求且“三农”和小微企业贷款达到一定比例的商业银行(不含 2014 年 4 月 25 日时已下调过准备金率的机构)下调人民币存款准备金 0.5 个百分点。下调后的存款准备金率为 20%。此外，为鼓励财务公司、金融租赁公司和汽车金融公司发挥好提高企业资金运用效率及扩大消费等作用，下调其人民币存款准备金率 0.5 个百分点				
2014.4.25	下调县域农村商业银行人民币存款准备金率 2 个百分点，下调县域农村合作银行人民币存款准备金 0.5 个百分点。调整后县域农商行、农合行分别执行 16%和 14%的准备金率，其中一定比例存款投放当地考核达标的县域农商行、农合行分别执行 15%和 13%的准备金率				
2012.5.18	20.50%	17.00%	20.00%	16.50%	-0.50%
2012.2.24	21.00%	17.50%	20.50%	17.00%	-0.50%
2011.12.5	21.50%	18.00%	21.00%	17.50%	-0.50%
2011.6.20	21.00%	17.50%	21.50%	18.00%	0.50%
2011.5.18	20.50%	17.00%	21.00%	17.50%	0.50%
2011.4.21	20.00%	16.50%	20.50%	17.00%	0.50%
2011.3.25	19.50%	16.00%	20.00%	16.50%	0.50%
2011.2.24	19.00%	15.50%	19.50%	16.00%	0.50%
2011.1.20	18.50%	15.00%	19.00%	15.50%	0.50%

资料来源：中国人民银行网站、新浪网

2) 存款保险制度

存款保险制度是指银行等存款类金融机构按照所吸收的存款的一定比例，向特定机构缴纳一定保险金，当其发生支付危机时，由存款保险机构通过资金援助、赔偿保险金等方式，保障其清偿能力的一项制度。

这一制度于 1933 年首先在美国建立，是在第一次世界经济危机爆发并导致西方国家大批商业银行破产后出现的。这个制度是基于对存款人的利益加以保护、恢复和确保存款人对银行的信心而建立的。

从目前已经实行该制度的国家来看，主要有三种组织形式：第一，由政府出面建立，如美国、英国、加拿大；第二，由政府与银行共同建立，如日本、比利时、荷兰；第三，在政府的支持下由银行同业联合建立，如德国。

从全球范围来看，存款保险制度大致可以分为四种类型，如图 2-3 所示。

纯粹的“付款箱”型	存款保险机构主要负责对受保存款的赔付，如英国、澳大利亚。
“强付款箱”型	存款保险机构除负责对受保存款赔付外，还适度参与风险处置，包括向高风险银行提供流动性支持，为其重组提供融资等，如荷兰。
损失最小化型	存款保险机构积极参与处置决策，并可运用多种风险处置工具和机制，实现处置成本最小化，如法国、日本和俄罗斯。
风险最小化型	存款保险机构具有广泛的风险控制职能，既有完善的风险处置职能，又有一定的审慎监管权，如美国、韩国和中国台湾。

图 2-3　存款保险制度的类型

2006 年 9 月 25 日，香港正式实行存款保险制度，规定除特殊豁免外，所有持牌银行均须无条件参加存款保障计划。若银行倒闭，每位存户将可得到最多 10 万港币的补偿。根据当年规定，香港存款保障委员会向持牌银行收取供款，以建立存保基金，基金目标水平是有关存款总额的 0.3%，约为 13 亿元港币，各银行的供款额度根据银行的监管评级评估。

2008 年，面对全球金融危机，为恢复市场信心，避免金融危机波及银行机构，香港和澳门政府相继宣布为市民提供存款保障：

2008 年 10 月 14 日，香港特区政府公布了两项措施，确保银行体系的稳定性：第一项是扩大香港的存款保障范围，运用外汇基金，为香港所有银行客户的存款提供全面担保，目的是向存款人保证其存款受到全面保障。第二项是设立备用银行资本安排，为所有在香港注册的银行提供紧急资本。两项措施实时生效，直到 2010 年底。

澳门特区政府也宣布对澳门银行所有客户存款提供全面保障，在有需要时，特区政府会为获得许可在澳门经营的银行提供充分的流动资金乃至资本支持，有关政策实时生效，直至 2010 年底。

我国存款保险制度的发展经历了一个较为复杂的演变过程：

(1) 1993 年，《国务院关于金融体制改革的决定》提出要建立存款保险基金。

(2) 1997 年底，央行成立了存款保险课题组，此后的几年间，存款保险制度一直处于理论研究状态。

(3) 2004 年 4 月，人民银行金融稳定局存款保险处挂牌。

(4) 2004 年 8 月，《存款保险条例》的起草工作开始提上日程。

(5) 2004 年 12 月，《存款保险条例》起草工作正式展开。

(6) 2005 年 1 月，金融稳定局透露，存款保险制度已有初步方案，待成熟后报国务院审批。

(7) 2005 年 3 月，国务院原则性批准方案。

(8) 2007 年中，央行行长周小川在会见美国联邦存款保险公司主席希拉·拜尔时重提：中国正在考虑筹建存款保险公司。

(9) 2008 年 3 月，两会《政府工作报告》中提出，今年将“建立存款保险制度”。

(10) 2013 年 11 月 12 日，中国共产党第十八届中央委员会第三次全体会议通过的《中共中央关于全面深化改革若干重大问题的决定》明确提出，要建立存款保险制度，完善金融机构市场化退出机制。

(11) 2014 年 11 月 30 日，《存款保险条例》(征求意见稿)出台。

(12) 2015 年 5 月 1 日起，《存款保险条例》正式实施。

长期以来，我国虽然没有建立显性的存款保险制度，但政府一直都在实行“隐性的存款保险制度”，无论是剥离商业银行不良贷款还是向银行注资，任何金融机构出现风险，最终都是政府来“埋单”，中央银行和地方政府承担退出机构的债务清偿。这种隐性存款保险制度的最大缺陷是：隔断了金融机构资金运用收益和资金筹集成本之间的制衡关系，蕴含着金融风险和财政风险。因而在我国深入推进经济体制、金融体制改革的过程中，建立存款保险制度是十分必要的。存款保险制度是金融安全网的重要组成部分之一，建立我国的存款保险制度对我国存款人保护和银行业发展均具有重要意义。

截至 2014 年 11 月底，中国大陆存款保险制度尚处于设计和论证过程中，《存款保险条例》征求意见稿已经出台，尚未形成最终的结论，但从有关方面达成的初步共识并结合当前全球金融危机的有关启示来看，基本的制度框架包括四个方面内容：

(1) 建立功能完善的存款保险制度，存款保险制度应成为金融风险市场化处置的平台，对潜在问题金融机构采取早期纠正措施，防范和化解金融风险，通过多种方式进行市场化救助或处置。

(2) 实行限额赔付。存款保险实行限额偿付，最高偿付限额为人民币 50 万元。中国人民银行会同国务院有关部门可以根据经济发展、存款结构变化、金融风险状况等因素调整最高偿付限额，报国务院批准后公布执行。

(3) 存款保险费率由基准费率和风险差别费率构成。费率标准由存款保险基金管理机构根据经济金融发展状况、存款结构情况以及存款保险基金的累积水平等因素制定和调整，报国务院批准后执行。各投保机构的适用费率，由存款保险基金管理机构根据投保机构的经营管理状况和风险状况等因素确定。

(4) 存款保险基金来源于投保金融机构缴纳的存款保险费、从投保金融机构清算财产中受偿所得、存款保险基金管理机构运用存款保险基金获得的收益和其他合法收入。

知识链接

金融稳定理事会发布的存款保险同行评估

2009 年 6 月，巴塞尔银行监管委员会和国际存款保险协会(IADI)联合发布《有效存款保险制度核心原则》(以下简称《核心原则》)。2010 年 12 月，巴塞尔委员会和国际存款保险协会正式发布《核心原则》合规性的评估方法。2011 年 4 月，金融稳定理事会启动存款保险制度同行评估，并于 2012 年初发布评估报告。报告的主要结论如下：

第一，绝大多数金融稳定理事会成员国(地区)都建立了统一的存款保险。金融稳定理事会的 24 个成员国(地区)中，只有南非、沙特阿拉伯和中国还没有建立存款保险制度，其中南非已计划在 2012 年建立由中央银行负责运作的存款保险制度。已经建立存款保险制度的 21 个成员国(地区)中，大多数采取统一体制，只有个别国家对不同类型的存款类金融机构分别建立了几套制度体系。

第二，金融稳定理事会成员国(地区)的存款保险职能有拓展趋势。国际金融危机后，金融稳定理事会成员国(地区)存款保险制度的职能有进一步拓展的趋势。部分成员国(地区)在危机后拓展存款保险制度功能时，更加强化存款保险制度在金融机构处置机制中的作用。

第三，设立事前存款保险基金，实行风险差别费率是主流做法。评估显示，大多数成员国(地区)都通过事前收集保费的做法来筹集资金。在实行事前收取保费的成员国(地区)中，超过一半采取基于风险的差别费率机制，这一机制的优点在于有助于减轻道德风险，但也存在一定的顺周期问题，应通过制度设计予以避免。

第四，总体上各国(地区)的制度安排与《核心原则》的精神保持一致，但仍需加强制度评估，并参考《核心原则》不断完善。

资料来源：中国人民银行网站

2.2.3 存款业务的影响因素

由于商业银行存款业务所面临风险的多样性，影响商业银行存款业务的因素很多，包括内部因素与外部因素，如图 2-4 所示。

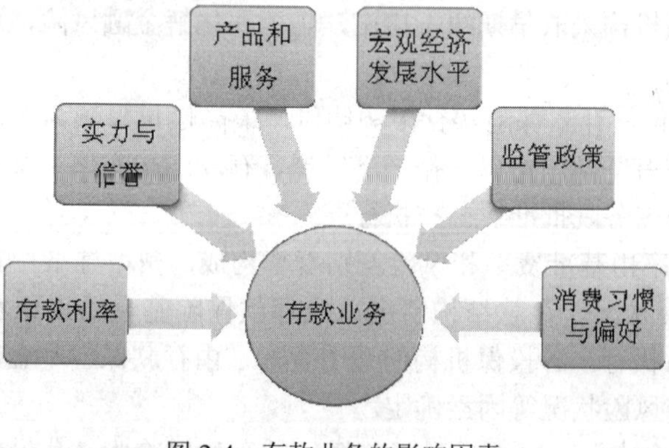

图 2-4　存款业务的影响因素

1. 内部因素

(1) 存款利率。

2013 年 7 月 20 日，中央银行全面放开了贷款利率的下限管理，由金融机构根据商业原则自主确定贷款利率，但仍然保留对存款利率的上限管理。商业银行的存款利率在基准利率与利率上限之间自主确定，存款利率作为资金的价格直接影响到存款人银行存款的收益性。

(2) 银行的实力与信誉。

在利率市场化还未完全放开的情况下，各大银行的存款收益并没有显著差别，因而，银行存款的安全性成为影响存款业务的重要因素。从存款者角度来说，对于存款安全性的预期主要受到银行实力与信誉的影响，实力强的银行其雄厚的资本作为发生亏损的缓冲器可以对存款者起到一定的保护作用，而信誉好的银行意味着其资产流动性、盈利性较强，银行抗风险的能力也越强，存款的安全性也更高。

(3) 银行的产品和服务。

随着全球经济一体化进程加速，中外资商业银行之间的竞争也日趋激烈，贴近客户需求的个性化产品是吸引客户的另一因素。同时，服务是商业银行最重要的无形资产，高品质的服务能够提升客户的满意度，增加产品附加值，从而推动银行存款业务的增长。

1．外部因素

(1) 宏观经济发展水平。

银行业的经营与整个宏观经济发展息息相关，经济平稳、增长较快会催生大量的信贷融资和其他需求，同时客户需求的转变也为银行提升金融创新能力、有效满足客户需求开辟了新的途径，而银行又可以通过信用创造功能创造出派生存款，从而推动存款业务的增长。

(2) 监管当局相关的政策。

通过对中央银行货币政策的传递，商业银行已经成为国家调节经济的重要手段。扩张性或紧缩性货币政策的实施，商业银行成倍地创造或消灭存款货币，达到扩张或收缩社会信用量、从而刺激或控制经济增长速度的目的，进而影响商业银行的存款业务。

(3) 消费习惯与偏好。

在收入一定的情况下，居民消费支出越多，用于储蓄的存款数量就会相应减少，反之，则会增加。此外，从消费支出的时效性分析，即期消费支出旺盛，则当期居民储蓄意愿不足，反之，则会促使储蓄存款增加；而远期消费支出受未来不确定因素及预期支出影响，即期消费欲望不足，远期消费支出需求强烈，会促使个人当期选择较高的储蓄率以应付未来支出需要，因此会对当期储蓄存款增长产生有利的正效应。

2.3　商业银行存款的经营管理

尽管我国商业银行的业务已经超出了传统的存贷范围，但存款业务仍然是商业银行的基础性业务，存款业务是银行负债业务的重要组成部分，是银行信贷资金和利润的主要来源，具有稳定性强、成本低的特点，是开展资产业务、表外业务的基础。

2.3.1　吸收存款的策略

在激烈的市场竞争环境中，商业银行存款业务要保持持续、稳健发展，就必须采取适当的存款业务拓展策略。通常，商业银行在吸收存款过程中，主要围绕以下几个方面：

1. 创新存款品种

近年来，我国商业银行不断地进行着存款产品的创新，根据客户的差异化需求设计相应的产品，如为代发工资客户提供代理缴费业务，把为客户代收和代付的各种资金款项变成银行的存款资金，或为公司客户提供现代化的结算网络、结算工具和结算服务，吸收大量的结算资金，尤其是非贷款客户的结算资金，既拓展了银行存款的来源，又为客户提供了优质服务。

2. 为存款产品合理定价

银行经营的货币本身就是商品，而在市场经济中，产品价格的高低是决定商品市场竞争力的重要因素。银行产品的定价要结合银行与客户的利益关系，考虑费用的支出、贷款利率水平、物价指数的变化、与其他投资工具的比价关系和存款结构本身的变化因素等，制定出适合市场、易于被客户接受的价格，从而更好地实现银行存款业务的增长。

3. 提供优质服务

重视客户关系管理，提供高品质的服务是银行吸引客户的重要手段。通过每一次与客户的沟通与交流，充分了解并分析客户的需求与偏好，制定出适合客户自身特点的方法，进行客户关系维护。同时，结合客户的资金需求，运用专业化服务为客户设计相应的理财方案，实现客户满意与银行存款增长的有机结合。

4. 做好存款产品宣传

积极做好存款产品的宣传工作，通过信息传递，能够引导客户识别存款产品，提高客户对存款产品认知度，有助于银行吸收存款。

2.3.2 存款的成本管控

商业银行存款的成本直接影响到商业银行的经营利润，因而存款的成本管控在其经营管理的过程中起着至关重要的作用，本节主要分析存款的成本管控。

1. 存款成本的构成

存款成本是指银行为吸收存款而进行的必要开支，包括利息成本和非利息成本。

利息成本是指银行按约定的存款利率，以货币形式支付给存款人的报酬。

非利息成本又称经营成本，是指除利息以外的所有开支，包括员工工资、折旧费、办公费用、广告宣传费等。

除利息成本与非利息成本外，银行在成本管理时会用到以下几个相关的成本概念：

(1) 资金成本。

资金成本是指为吸收存款而支付的一切费用，包括利息成本和营业费用。

$$资金成本 = 利息成本 + 营业费用$$

$$资金成本率=\frac{利息成本+营业费用}{吸收的存款额}\times 100\%$$

(2) 可用资金成本。

银行吸收的存款资金扣除法定存款准备金和必要超额准备金后才可作为盈利性资产的来源。可用资金成本是指银行可用资金所负担的全部成本，通常称之为转移价格，是确定银行可用资金价格的基础，决定了银行盈利性资产的收益率。

$$可用资金成本率=\frac{利息成本+营业费用}{吸收的存款额-法定存款准备金-必要的超额准备金}\times 100\%$$

(3) 相关成本。

相关成本是指吸收存款的相关因素可能带来的支出，包括风险成本和连锁反应成本。风险成本是指因利率敏感性存款增加而带来的利率风险。连锁反应成本是指银行为吸收存款所增加的服务和利息支出，而相应对原有存款增加的开支。

(4) 加权平均成本。

加权平均成本是指所有存款资金每单位的平均借入成本。

$$加权平均成本=\frac{\sum 每种存款的资金来源总量\times 吸收该种存款的每单位平均成本}{各种存款资金来源总量之和}\times 100\%$$

(5) 边际存款成本。

边际存款成本是指银行在吸收的存款达到一定规模后，再新增一个单位的存款所要增加的成本。

$$边际存款成本=\frac{新增利息+新增经营成本}{新增存款数量}\times 100\%$$

相应的，如果新增资金中有一定比例用于现金准备，不能用于盈利资产，则新增可用资金边际成本率为

$$新增可用资金边际成本率=\frac{新增利息+新增经营成本}{新增资金\times (1-非盈利资金使用的比例)}\times 100\%$$

2. 存款成本的管控

商业银行存款的成本与存款总量、存款结构和经营成本密切相关。

1) 存款总量与成本

存款总量是影响存款成本变动的最直接因素，二者的关系有以下四种组合：

(1) 同向组合模式，即存款总量增长，成本随之上升。

(2) 逆向组合模式，即存款总量增长，成本随之下降。

(3) 总量单向变化模式，即存款总量增长，成本不变。

(4) 成本单向变化模式，即存款总量不变，成本增加。

这些组合表明，存款成本不但与存款总量有关，而且与存款结构、利息成本和营业成本占总成本的比重、单位成本内固定成本与可变成本的比例等有密切的关系。

银行在经营过程中，应该努力实现逆向组合模式和总量单项变化模式，在不增加货币投入、不增加开支的情况下尽可能组织更多的存款，避免单纯依靠使用增加营业网点、增加员工等办法来扩大存款市场。

2) 存款结构与成本

(1) 活期存款利率比定期存款利率低，相应支付的利息较少，在不扩大存款成本总量的情况下，吸引更多的客户参加活期存款，提高活期存款的比例，能够降低存款的整体利

息成本。但活期存款稳定性差，信贷能力也相对较差，银行的信贷能力也随之削弱，进而影响商业银行的盈利。

(2) 从成本控制角度来说，增加定期存款目的在于创造更多的活期存款，从而扩大银行的收益。因此，合理地控制存款利息成本，要结合商业银行信贷能力与银行存款的派生能力，合理地调整活期、定期存款结构。

3) 经营成本与成本

分析存款成本中非利息成本的影响因素，采取有效的措施降低单位存款成本中的费用含量，如充分发挥银行自身的结算优势、网络优势等，提高业务处理的效率，降低经营成本，节省人力资源，从而降低存款成本。

3. 存款的规模控制

存款对商业银行经营固然很重要，但并不是存款越多对商业银行经营越好。

从宏观角度看，一国存款的供给量主要取决于该国国民经济发展的总体水平，存款总量的增减也取决于多方面主客观因素的变化。

从微观角度看，一家银行的存款量，应限制在其贷款可发放程度及吸收存款的成本和管理负担能承受能力的范围内。

因此，商业银行应该结合其业务发展的需要，合理控制存款业务的规模。

2.3.3 存款的定价

在完全竞争市场上，单个银行不能决定价格，银行要吸收存款，必须支付市场确定的价格。若银行支付的价格低于市场价格，将不利于吸收存款；若银行支付的价格高于市场价格，又会提高存款成本。因此，银行存款必须合理的定价。银行存款的定价方法主要有以下几种。

1. 成本加利润定价法

$$\text{每单位存款服务的价格} = \text{每单位存款服务的经营支出} + \text{每单位银行存款的管理费用} + \text{单位存款服务的预期利润}$$

成本加利润定价法要求精确地计算每种存款服务的成本，计算方法如下：

(1) 计算每种资金的成本比率。

(2) 每一成本比率乘以每种资金来源占银行资金的相对比例。

(3) 加总各项乘积，得出银行资金的加权平均成本。

经典案例

银行资金的加权平均成本

假定某银行需筹资人民币5000万元，包括2000万元的活期存款，其利息和非利息成本占存款额的8%，可用比例为85%；2000万元的储蓄存款，其利息和非利息成本占其总额10%，可用比例为95%；500万元的货币市场借款，其相关成本占其总额的10%，可用比例为98%；500万元的权益资本，其成本占所筹新股的20%。

则该银行的加权平均税前资金成本为：

$$\frac{2000}{5000}\times\frac{8\%}{85\%}+\frac{2000}{5000}\times\frac{10\%}{95\%}+\frac{500}{5000}\times\frac{10\%}{98\%}+\frac{500}{5000}\times\frac{20\%}{100\%}=11\%$$

成本加利润定价法有利于经营者计算银行筹资成本或存款价格变化的影响。但这种方法试图将存款的价格与银行服务成本直接结合起来，要求精确计算每项存款业务的成本。但在实际业务操作中，每项吸收存款的成本准确计算比较困难。

2. 边际成本定价法

边际成本定价法是通过比较存款的边际成本与边际资产回报来决定是否吸引新的存款，只有当边际成本小于边际回报时，才应当吸引新的存款。

边际成本=总成本的变动额

$$=\text{新利率}\times\frac{\text{以新利率筹}}{\text{集的总资金}}-\text{旧利率}\times\frac{\text{以旧利率筹}}{\text{集的总资金}}$$

$$\text{边际成本率}=\frac{\text{总成本变动额}}{\text{筹集的新增资金额}}\times100\%$$

若新增资金中有一部分用于补充现金资产，不能当作盈利资产，则新增可用资金的边际成本为

$$\text{边际成本率}=\frac{\text{总成本变动额}}{\text{筹集的新增资金额}-\text{非盈利资产额}}\times100\%$$

经典案例

边际成本定价法

某银行若对存款人提供 3%的利率，则可吸收人民币 1000 万元的存款；若提供 3.5%的利率，则可筹集 1500 万元的存款；若提供 4%的利率则可筹集 2000 万元的存款；提供 4.5%的利率可筹集 2500 万元的存款；若提供 5%的利率则可筹集 3000 万元的存款。假设银行管理层预计吸收的新资金能按 7%的收益率进行投资，贷款利率不随贷款数量的增加而增加，则银行应向客户提供怎样的存款利率可获得最大收益？

解析：

利率从 3%到 3.5%：

总成本的变化=1500 万×3.5% − 1000 万×3%=22.5 万元

$$\text{边际成本率}=\frac{22.5\text{万}}{500\text{万}}\times100\%=4.5\%$$

利率从 3.5%到 4%：

总成本的变化=2000 万×4% − 1500 万×3.5%=27.5 万元

$$\text{边际成本率}=\frac{27.5\text{万}}{500\text{万}}\times100\%=5.5\%$$

利率从 4%到 4.5%：

总成本的变化=2500 万×4.5% − 2000 万×4%=32.5 万元

$$边际成本率 = \frac{32.5万}{500万} \times 100\% = 6.5\%$$

利率从 4.5%到 5%:

总成本的变化=3000 万×5% − 2500 万×4.5%=37.5 万元

$$边际成本率 = \frac{37.5万}{500万} \times 100\% = 7.5\%$$

总利润的变化:

1000 万×(7% − 3%)=40 万元

1500 万×(7% − 3.5%)=52.5 万元

2000 万×(7% − 4%)=60 万元

2500 万×(7% − 4.5%)=62.5 万元

3000 万×(7% − 5%)=60 万元

结合以上分析，存款的利率与银行的利润变化关系如图 2-5 所示。

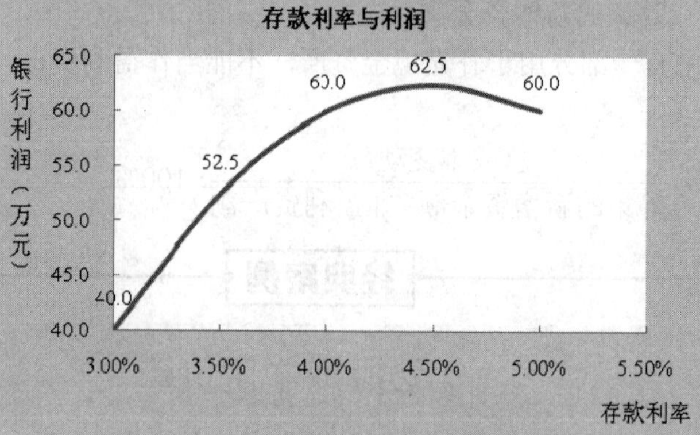

图 2-5　存款利率与银行利润的变化关系

通过图 2-5，结合经济学基本原理可以得知，以 4.5%的利率吸收存款，再以 7%的收益进行投资，银行利润达到最大。

此方法有利于银行经营者合理确定存款利率，决定存款规模扩大的程度，并作为贷款定价的基础。

3. 市场渗透定价法

市场渗透定价法是一种至少在短期内不强调利润对成本的弥补，而主要以迅速扩大存款市场份额为目标的一种定价方法。主要通过提供明显高于市场水平的高利率，或向客户收取远远低于市场标准的费用来吸引更多的客户。一般银行在实行扩张性经营战略时使用此方法，但通常以利润的严重损失为代价。

4. 上层目标定价法

上层目标定价法是针对高存款余额客户设计的，利用精心设计的宣传方案，向事业有成的专业人员、业主及其他高收入家庭提供全方位的金融服务并收取较高的费用，而对其他存款账户，尤其是那些低余额高进出的账户按照盈亏平衡原理定价。此种定价方法有利于控制成本，获取较高盈利，但对银行的社会形象有一定的负面影响。

除上述几种存款定价方法外，存款定价方法还有很多，如根据客户与银行的关系定价、价格表定价法等。

2.4　商业银行的非存款性负债

除了存款业务外，商业银行还有非存款性负债业务，具体包括借款性负债与结算性负债。

借款性负债是指商业银行通过金融市场或直接向中央银行融入资金的主动负债，包括向中央银行借款、向银行同业借款和从金融市场借款。

结算性负债是指商业银行结清由商品交易、劳务供应和资金调拨引起的债权债务关系的一种货币收付行为。如支票结算在票据未交换之前，支票圈存资金就可被存款行视为短期负债加以运用，形成结算性负债。

本节主要介绍借款性负债。

非存款性负债的构成如图 2-6 所示。

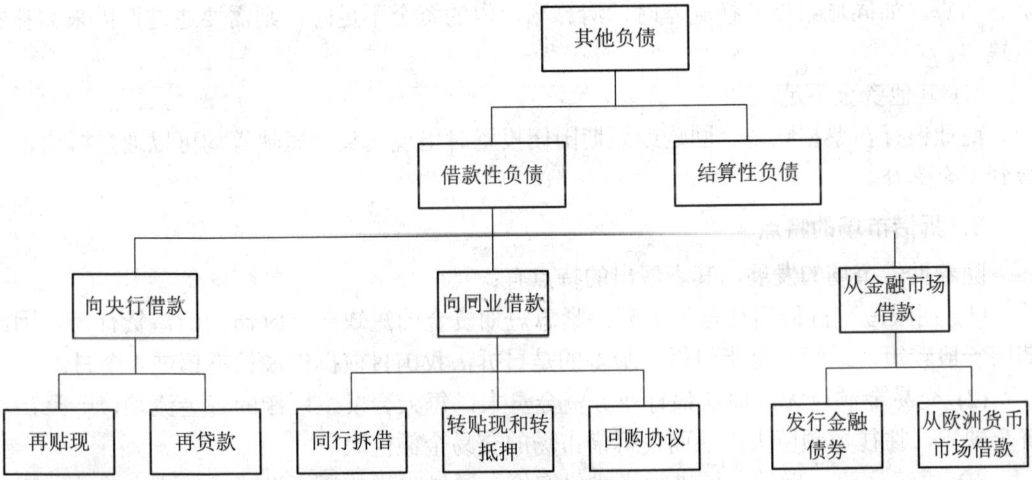

图 2-6　其他负债的构成

2.4.1　同业拆借

近年来，我国同业拆借市场交易比较活跃：

2012 年，我国银行间市场同业拆借累计成交 46.7 万亿元，同比增长 39.7%。其中隔夜拆借成交 40.3 万亿元，占拆借成交总量的 86.2%。

2013 年，我国银行间市场同业拆借累计成交 35.5 万亿元，成交期限以短期为主，7 天内同业拆借成交 33.4 万亿元，占拆借成交总量的 94%。

1. 定义

同业拆借是指商业银行之间利用资金融通过程中的时间差、空间差和行际差调剂资金头寸的短期借贷活动。

2. 拆借发生的原因

同业拆借市场最早出现在美国，最初原因是为了缴存足够的法定存款准备金。目前，拆借发生的原因主要有以下几种：

(1) 法定存款准备金不足。

按中央银行的管理规定，各金融机构都必须按照吸收的存款额和法定存款准备金率向中央银行上缴法定存款准备金。如果一家银行因吸收的存款额的上升而使在中央银行头寸户上的准备金出现不足，而另外一家银行因吸收的存款额的下降而使在中央银行头寸户的准备金出现盈余形成超额准备金，中央银行的监管会对法定存款准备金不足的金融机构实施严厉的处罚，此时准备金不足的银行就可以向准备金盈余的银行借款，弥补准备金的不足。对中央银行法定存款准备金的余额进行短期借贷是拆借市场的起源。

(2) 备付金不足。

商业银行为了应付日常客户提取现金的需求，通常会保留一定额度的现金资产。当遇到取款高峰或特殊情况时，就有可能出现库存不足，从而需要拆借。

(3) 结算资金不足。

各商业银行为了支付结算需要，都会在中央银行开立专用清算账户，处理各类业务的资金清算。如同城票据交换轧差时，清算账户内的资金不足时，则需要通过拆借来弥补资金缺口。

(4) 其他资金不足。

商业银行在票据贴现、回购或短期国债投资时出现的头寸短缺等均可以通过拆借市场得到资金弥补。

3. 拆借市场的特点

随着拆借市场的发展，其表现出的特点有：

(1) 期限短。拆借活动是为了解决紧急短期资金的短缺而临时调剂的借贷行为，因此期限一般较短，最短的是半日拆，最多的是日拆，我国目前拆借最长不超过 4 个月。

(2) 交易金额巨大。商业银行业务资金量大，每天会发生巨额的资金流动，一旦出现资金缺口，往往数额巨大，从而使拆借市场的交易金额巨大。

(3) 手续简捷。拆借市场进行格式化询价，通过先进的通讯设施进行成交确认，用票据交换的方式进行交割，大多使用“今日货币”，在一些紧急情况下还可以先划款再签约。

(4) 利率相对较低。拆借一般是金融机构间的融资活动，期限短，故拆借利率一般比普通贷款利率低，也低于同业借款利率。

(5) 市场无形化程度高。拆借市场运用先进的通讯网络将众多的金融机构联结在一起，通过网络终端进行报价、询价和成交确认，大大节约了交易成本，提高了交易效率。

(6) 基本上是信用拆借。拆借活动在金融机构之间进行，市场准入条件较为严格，金融机构主要以其信誉参与拆借活动。

4. 拆借的程序

拆借市场的交易者在取得会员资格后，可以通过市场网络进行自主报价和格式化询价，找到合适的对手后双方进行成交确认，并根据成交通知单进行双边直接清算。

资金拆借双方都在中央银行开设准备金账户，当发生资金拆借时，拆出行通知中央银行将款项从其准备金账户转到拆入行的账户，中央银行借记拆出行的账户，贷记拆入行的账户。

拆借按日计息，同业拆借利率一般采用市场自由利率，根据市场需求自由浮动。国际市场上广泛使用的三种利率是伦敦银行同业拆放利率(LIBOR)、新加坡银行同业拆放利率(SIBOR)和香港银行同业拆放利率(HIBOR)。目前我国银行间拆借利率用的是上海银行间同业拆借利率(SHIBOR)。

知识链接

SHIBOR 与 LIBOR

伦敦银行间同业拆借利率(LondoninterbankOfferedRate)是英国银行家协会(BBA)根据其选定的银行在伦敦金融市场上报出的同业拆借利率，进行取样并计算出的伦敦银行间同业拆借市场基准利率。它是伦敦金融市场上银行之间相互拆放英镑、欧洲美元及其他欧洲货币资金时计息用的一种利率。目前，LIBOR 已成为国际金融市场中利率定价的主要参考。该利率一般分为贷款利率和存款利率，两者利差即为银行的利润。

2007 年 1 月 4 日，我国在借鉴 LIBOR 等国际主要货币市场基准利率相关经验的基础上，推出了上海银行间同业拆借利率(ShanghaiInterbankOfferedRate)，是由信用等级较高的银行组成报价团报出的人民币同业拆出利率计算确定的算术平均利率，并作为货币市场基准利率进行培育。

SHIBOR 与 LIBOR 有以下共同点：

第一，从报价品种看，二者都采用由信用等级较高的优质银行组成报价团自主报出的同业拆借利率，属于单利、无担保、批发性利率。

第二，从报价行的选择标准看，都要求报价行满足一系列标准，主要包括信用等级较高、货币市场交易活跃以及具有较强的利率定价能力等。

第三，从报价生成和发布方式看，都由报价行在每个交易日按时报价，在剔除若干最高和最低报价后，对剩余报价进行算术平均生成报价利率，并由第三方机构作为指定发布人对外发布。

SHIBOR 与 LIBOR 的不同之处主要表现在对报价行的监督管理机制方面。

LIBOR 的管理机构是 BBA，BBA 作为自律组织，对报价行没有监管权力，LIBOR 公信力的确立主要依靠报价行的自律管理。

在对 SHIBOR 的监管上，中国人民银行成立了 SHIBOR 工作小组，依据《上海银行间同业拆放利率实施准则》确定和调整报价银行团成员、监督和管理 SHIBOR 运行、规范报价行与指定发布人行为。全国银行间同业拆借中心受权 SHIBOR 的报价计算和信息发布。

资料来源：中国人民银行网站

清算的一般手续是拆入行开出本票，拆出行开出支票。支票包括两种，一种是本行付款的支票，需要经过票据交换次日才能抵用，被称为“明日货币”。另一种是用中央银行存款账户资金支付，称为“今日货币”。对于存款准备金不足的紧急情况，拆入行一般会要求对方行开出“今日货币”。

拆借方式主要有隔夜拆借和定期拆借。隔夜拆借一般不需要抵押，拆借资金必须在次日偿还。定期拆借一般有书面协议。

2.4.2 证券回购

证券回购与同业拆借相似，我国的回购市场交易也比较活跃：

2012 年，我国债券回购累计成交人民币 141.7 万亿元，其中 1 天质押式回购成交 110.9 亿元，占回购成交总量的 81.2%。

2013 年，我国银行间市场债券回购累计成交人民币 158.2 万亿元，其中 7 天以内质押式回购成交 139.8 万亿元，占质押式回购成交总量的 92%。

1. 定义

证券回购是指商业银行在出售证券等金融资产时签订协议，约定在一定期限后按约定价格购回所卖证券，以获得即时可用资金的交易方式。

在此过程中，最先将证券卖出的一方称为正回购或回购，而最初买进证券的一方则是逆回购。因此回购交易实际是先由回购方将证券卖给逆回购方以取得资金融通，而到期则由逆回购方将证券卖给回购方以取得资金的回笼，其实质是一种以证券为抵押的融资形式。

2. 参与者

回购市场的参与者比较广泛，包括中央银行、商业银行、非银行金融机构和地方政府等。

证券回购多数是在银行同业之间进行，通过回购交易增强融资的安全性，实施有效的流动性管理。而中央银行参与回购市场主要是公开市场业务，通过正回购与逆回购实现回笼货币和投放基础货币的目的，进而影响市场资金的供求状况，实现货币政策目标。

回购市场一般是无形市场，交易双方通过电话进行操作，但也有少数交易通过市场专营商进行，此类市场专营商大多为政府证券交易商。因而，政府证券交易商、实力雄厚的非银行金融机构、地方政府也是回购市场的参与者。

3. 期限

回购的期限分为隔夜回购、定期回购和连续性回购。

(1) 隔夜回购是指卖出和买回证券相隔 1 天，类似于日拆。

(2) 定期回购是卖出和买回相隔若干天，一般不超过 30 天。

(3) 连续性回购则是指每天按不同利率连续几天进行的交易。

4. 利息与利率

回购协议的利息由双方事先商定，通过买卖差价来体现。利息的确定与作为交易对象的证券本身的利率无关，交易双方也不确定回购的利率水平，而是确定回购方卖出和买回的价格，两者的差价即为逆回购方的利息收入。由于回购协议的期限一般较短，且有证券作为抵押，所以风险相对较小，其利率比同业拆借率要低。

回购市场中，影响利率的因素主要有：

(1) 回购证券的信用等级，证券的信誉度越高，流动性越强，回购利率越低。

(2) 回购的期限长短，回购期限越长，不确定因素越多，回购的利率越高。

(3) 交割条件，如果采用实物交割，则回购利率较低，采用其他交割方式，则回购利率相对较高。

(4) 货币市场其他工具的利率水平，回购利率一般参照同业拆借市场利率确定，两者大致呈同方向变动的趋势。

5. 风险

回购协议的风险主要来源于信用风险和利率风险，其中利率风险发生的概率较高。当利率上升时，证券价格下降，可能低于回购价格，逆回购方就面临价格损失的风险；当利率下降时，证券价格上升，可能高于回购价格，这是回购方面临的风险。

由于逆回购方是资金的借出者，是主要的风险回避方，为了规避交易风险，一般要求回购方支付保证金，保证金一般为 1%～3%之间，最高可达 10%。在协议期间若遇到证券价格变动，逆回购方还可要求回购方追加保证金。

2013 年拆借和回购市场利率走势如图 2-7 所示。

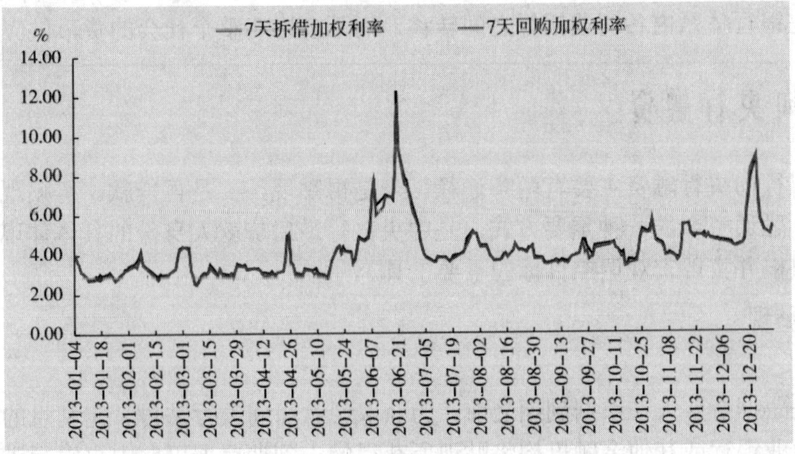

图 2-7　2013 年拆借和回购市场利率走势

数据来源：中国人民银行网站

2.4.3　转贴现和转抵押

转贴现与转抵押也是商业银行在遇到临时性资金短缺时筹集资金的途径之一。

1. 转贴现

1) 定义

转贴现是商业银行为了融通资金，在票据到期日之前将票据权利转让给其他商业银行或贴现机构，由其收取一定利息后，将约定金额支付给持票人的票据行为。

转让票据权利的持票人为转贴现行为的贴出人，接受持票人转让票据权利的金融机构为转贴现行为的贴入人。

2) 分类

转贴现业务包括买断式转贴现和回购式转贴现。

买断式转贴现的贴入人在转贴现后即可转让或行使票据权利。

回购式转贴现应注明赎回开放日及赎回截止日，回购式转贴现的贴出人应在赎回开放日到赎回截止日间赎回票据，但该赎回申请由贴入人发出。

3) 期限

转贴现的期限一律从贴现之日起至票据到期日止，按实际天数计算，利率可由双方协定，也可以贴现率为基础参照再贴现率来确定。

2. 转抵押

转抵押是指商业银行把自己对客户的抵押贷款再转让给其他银行以融通资金的行为。

用于抵押的资产，大部分是客户的抵押资产，包括动产和不动产。抵押资产必须由评估事务所进行评估，按评估金额的一定比例贷款，当借款方不能按期还款时，贷款方有权处理转抵押品，以维持整个社会信用关系运行。银行也可将所持有的票据、债券、股票等金融资产作为质押品，向其他银行取得借款。

转贴现和转抵押的手续和涉及的关系都比较复杂，受金融法规的约束比较大，只是将信贷资金在银行体系内各商业银行之间转移，而不会影响整个社会的货币供应量。

2.4.4 向央行融资

商业银行向央行融资主要有两条途径：一是再贴现，二是再贷款。再贴现是中央银行对商业银行融通资金的一种重要方式，是中央银行最后贷款人身份的具体体现，也是中央银行调节银根并实现宏观调控目标的重要工具。

1. 再贴现

1) 定义

贴现是票据持票人在票据到期之前，为获取现款而向银行贴付一定利息的票据转让。再贴现是商业银行或其他金融机构将贴现所获得的未到期票据再向中央银行进行的票据转让，是商业银行向中央银行取得资金的最主要途径。

再贴现政策包括再贴现率的确定和再贴现的资格条件。

2) 再贴现率

再贴现率具有以下特点：

(1) 再贴现率是一种短期利率，再贴现的票据其期限一般不超过 3 个月，最长不超过 1 年。

(2) 再贴现率是一种官定利率。它是根据国家信贷政策制定的，在一定程度上反映了中央银行的政策意向。

(3) 再贴现率是一种标准利率或最低利率。

3) 再贴现政策

再贴现率工具主要着眼于短期政策效应。中央银行根据市场资金供求状况调整再贴现率，以影响商业银行的借入资金成本，进而影响商业银行对社会的信用量，从而调整货币供给总量。而再贴现资格条件的规定则着眼于长期的政策效用，以发挥抑制或扶持作用，并改变资金流向。

2. 再贷款

在我国，再贷款是指中央银行向商业银行提供的信用贷款，是一种带有较强计划性的数量型货币政策工具，具有行政性和被动性。

中央银行通过调整再贷款利率，影响商业银行从中央银行取得信贷资金的成本和可使用额度，使货币供应量和市场利率发生变化。如中央银行实行扩张性货币政策时，它可以降低再贷款利率，增加基础货币的投放量，减少商业银行向中央银行的贷款成本，刺激商业银行向中央银行的贷款。

同时，再贷款利率的调整是中央银行向商业银行和社会宣传货币政策变动的一种有效方法。中央银行提高再贷款利率，表明中央银行对通货膨胀的进展发出了警告，使厂商慎重进行进一步的投资扩张；中央银行降低再贷款利率，则表示在中央银行看来通货膨胀已经缓和，这样就会刺激投资和经济增长，在一定程度上起到调整产业结构和产品结构的作用。

2.4.5　发行金融债券

金融债券是银行及其他金融机构为筹集长期资金，按照法律规定的条件和程序向社会公开发行的、约定在一定时期内还本付息的有价证券。

1. 作用

金融债券作为金融机构中长期借款的一种形式，在其业务发展过程中具有不可替代的作用。

(1) 金融债券能够较有效地解决金融机构的资产和负债期限不匹配的矛盾。金融机构发行债券可以灵活规定期限，比如为了一些长期项目投资，可以发行期限较长的债券，从而可以使金融机构筹措到稳定且期限灵活的资金，从而有利于优化资产结构。

(2) 金融债券促使金融机构的负债来源多样化，增强了存款的稳定性。金融债券是一种主动负债方式，在到期之前，一般不能提前兑付，不存在挤兑风险，因而保证了存款的稳定性。

(3) 发行金融债券是金融机构获得长期资金来源的主要方式。一般来说，银行等金融机构的资金有三个来源，即吸收存款、向其他机构借款和发行债券。存款具有不稳定性，在经济发生动荡时易发生储户争相提款等现象；向其他机构借款主要是短期借贷；金融机构要获得长期资金来源主要通过发行金融债券。

2. 金融债券的类型

按照金融机构发行债券的直接目的或资金用途划分，可将金融债券分为资本性债券和一般性债券。

资本性债券是为补充金融机构资本的不足而发行的。它是介于一般性负债和股东权益之间的债券，对收益和资产分配的要求权仅次于银行存款人和其他客户，《巴塞尔资本协议》中将这种长期性债务划入附属资本，实际上是以债的方式筹集资本。

一般性债券是直接为满足某些资金运用项目需要而发行的，目的主要是用于长期贷款、投资等业务需要。其形式很多，比如按有无担保可分为担保债券和信用债券；按利率固定与否分为固定利率债券和浮动利率债券；按利息的支付方式可分为附息金融债券和贴现金融债券等。

目前我国的金融债券如图 2-8 所示。

(1) 央行票据。

央行票据是央行为调节基础货币而直接面向公开市场业务一级交易商发行的短期债券，是一种重要的货币政策日常操作工具，期限通常在 3 个月到 3 年。

(2) 政策性银行金融债券。

该债券的发行主体为三大政策性银行，发售对象主要是商业银行、保险公司、信用社等，目前其流通主要通过中国国债登记结算公司的交易进行。

图 2-8　我国目前的金融债券

(3) 商业银行债券。

商业银行债券包括商业银行金融债券、商业银行次级债券和混合资本债券。

① 商业银行金融债券是指依法在中国境内设立的金融机构法人在全国银行间债券市场发行的、按约定还本付息的有价证券。

② 商业银行次级债券是指商业银行发行的、本金和利息的清偿顺序位于商业银行其他负债之后、先于商业银行股权资本的债券。

③ 混合资本债券是指商业银行为补充附属资本发行的、清偿顺序位于股权资本之前但列在一般债务和次级债务之后、期限在 15 年以上、发行之日起 10 年内不可赎回的债券。

(4) 证券公司债券。

证券公司债券是指证券公司依法发行的、约定在一定期限内还本付息的有价证券。

(5) 保险公司次级债务。

保险公司次级债务是指保险公司经批准定向募集的、期限在 5 年以上(含 5 年)、本金和利息的清偿顺序列于保单责任和其他负债之后、先于保险公司股权资本的保险公司债务。

(6) 财务公司债券。

2007 年中国银监会下发通知，明确规定企业集团财务公司发行债券的条件和程序，并允许财务公司在银行间债券市场发行财务公司债券。

3．金融债券的特点

金融债券与传统的存款相比，有其自身的特点：

(1) 筹资的目的不同。吸收存款在一定意义上是全面扩大银行资金来源的总量，而发行金融债券则着重增加长期资金来源和满足特定用途的资金需要。

(2) 筹资的机制不同。吸收存款取决于存款者的意愿，属于银行的被动负债，而发行金融债券主动权掌握在发行者手中，属于银行的主动负债。

(3) 筹资的效率不同。金融债券的利率高于同期存款利率，因而其筹资效率一般高于存款。

(4) 筹集资金的稳定性不同。存款的稳定性相对较差，而金融债券一般具有明确的偿还期，资金的稳定性较强。

(5) 资产的流动性不同。金融债券一般不记名，有广泛的二级市场，可以流通转让，有较强的流动性，而存款大多都是记名式的，不能转让。

(6) 资金的利用率不同。吸收存款受准备金率的影响，而发行金融债券获得的资金则不受其影响。

银行间债券市场主要品种发行量变化情况如图 2-9 所示。

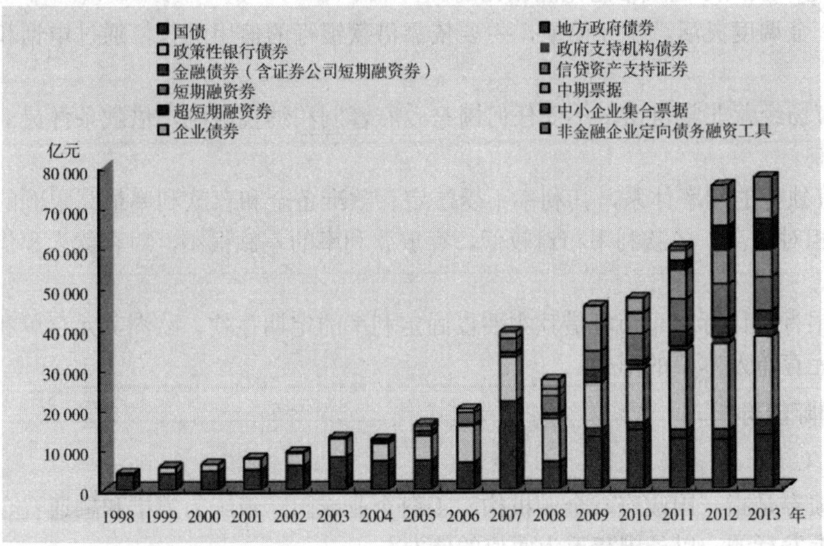

图 2-9 银行间债券市场主要债券品种发行量变化情况

资料来源：中国人民银行网站

2.4.6 国际金融市场借款

国际金融市场，是指资金国际借贷、货币相互买卖及其他国际金融业务活动的场所。在严格意义上，国际金融市场是指国际资金借贷市场，广义的国际金融市场包括国际货币市场、国际资本市场、国际黄金市场、国际外汇市场和金融衍生工具市场。按国际金融市场的类型划分，国际金融市场可分为国际货币市场和国际资本市场。商业银行一般通过国际货币市场和发行债券的方式从国际资金市场借款。

1. 欧洲货币市场

1) 定义

欧洲货币是指在某种货币发行国境外的银行存贷的这种货币，所以也称为境外货币。这种在货币发行国境外流通的境外货币最早起源于欧洲，其中大多数为美元，故又称为欧洲美元。

欧洲货币市场是利用货币发行国境外的欧洲货币进行存贷活动的银行业市场，即经营非居民欧洲货币的市场。

20 世纪 60 年代，由于美国国内资金市场利率较高，监管机构对银行准备金的限制、利率管制等没有放松，使美国商业银行存款大量流失，大量的美元流到美国境外，成为“欧洲美元”，伦敦成为最大的欧洲美元市场。随后，出现了欧洲英镑、欧洲德国马克、欧洲法国法郎，欧洲美元市场演变并发展为欧洲货币市场。

2) 特点

欧洲货币市场的特点主要有：

(1) 资金规模大，交易币种多。欧洲货币市场的交易币种来自世界各地，数额庞大，市场规模是一般国际金融市场无法相比的。

(2) 资金调度灵活，手续简便，主要依靠借款银行的信用进行，通过电话和电传就可以完成。

(3) 市场经营非常自由，不受任何国家政府管制和纳税限制，借款条件灵活，借款用途不受限制。

(4) 有独特的利率体系，其利率不受法定存款准备金和存款利率最高限额的控制，其存款利率相对较高，放款利率相对较低，存放款利率的差额很小，对存款人和借款人都具有吸引力。

商业银行从国际货币市场借款主要以固定利率的定期存款、欧洲美元存单和浮动利率的欧洲美元存单及本票的形式。

2．国际债券

1) 定义

国际债券是指一国政府、金融机构、工商企业或国际组织为筹措和融通资金，在国外金融市场上发行的，以外国货币为面值的债券。

2) 分类

国际债券按发行债券所用货币与发行地点的不同，分为外国债券和欧洲债券。

外国债券是发行人或国际机构在外国债券市场上以发行国货币面值发行的债券。在美国发行的外国债券称为扬基债券，在日本发行的外国债券称为武士债券，在中国发行的外国债券称为熊猫债券。

欧洲债券是指一国发行人或国际机构同时在两个或两个以上的外国债券市场上，以发行国货币以外的一种可自由兑换的货币发行的债券。

外国债券与欧洲债券的区别如表 2-5 所示。

表 2-5　欧洲债券与外国债券的区别

特征	外国债券	欧洲债券
发行方式	由发行地所在国的证券公司、金融机构承销	由一家或几家大银行牵头，组织十几家或几十家国际性银行在一个国家或几个国家同时承销
发行法律	受发行地所在国有关法规的管制，须经官方主管机构批准	不需官方主管机构的批准、不受发行国有关法律管制，相对比较宽松
发行纳税	受发行地所在国的税法管制	预扣税一般可以免，投资者利息收入一般也可以免税。

3) 特点

国际债券是一种跨国发行的债券，涉及两个或两个以上的国家，同国内债券相比，具有以下特点：

(1) 资金来源广，国际债券是在国际金融市场上筹资，发行对象为众多国家投资者，故其资金来源比较广。

(2) 发行规模大，发行国际债券主要是为了利用国际金融市场资金来源的广泛性和充足性。

(3) 存在汇率风险，发行国际债券筹集到的是外国货币，汇率波动对发行人和投资者有重要影响。

(4) 国家主权保障，在国际债券市场上筹集资金，有时可以得到一个主权国家政府最终付款的承诺保证，从而使得国际债券市场具有较高的安全性。

(5) 计价货币是国际通用货币，一般以美元、英镑、日元为主，发行人筹集到的是一种可以通用的自由外汇资金。

商业银行进行欧洲美元借款与欧洲货币借款的工具有大额可转让定期存单、商业票据、债券等。

知识链接

国际货币市场

芝加哥国际货币市场是最早的有形货币期货市场，成立于 1972 年 5 月。它是芝加哥商业交易所的一个分支。最初主要交易品种是六种国际货币的期货合约，即美元、英镑、加拿大元、德国马克、日元、瑞士法郎，后又增加了上述货币的期权交易。

在芝加哥商业交易所正式成立国际货币市场分部，推出了七种外汇期货合约之后，由此揭开了期货市场创新发展的序幕。自 1976 年以来，外汇期货市场迅速发展，交易量激增了数十倍。1978 年纽约商品交易所也增加了外汇期货业务，1979 年，纽约证券交易所宣布，设立一个新的交易所来专门从事外币和金融期货。1981 年 2 月，芝加哥商业交易所首次开设了欧洲美元期货交易。随后，澳大利亚、加拿大、荷兰、新加坡等国家和地区也开设了外汇期货交易市场，从此，外汇期货市场便蓬勃发展起来。

伦敦国际金融期货期权交易所是另一家重要的货币交易所，它成立于 1982 年，主要交易品种有英镑、瑞士法郎、德国马克、日元、美元的期货合约及期权。此后，澳大利亚、加拿大、荷兰、新加坡等国又陆续成立了多家货币期货交易所开展期货交易，但仍以芝加哥、伦敦两家交易所交易量最大。

小　结

通过本章的学习，可以掌握到以下内容：

(1) 商业银行的负债业务是指形成其资金来源的业务，狭义负债是指银行存款及其他借入的非资本性债务，广义负债是指银行自有资本以外的一切资金来源，是在狭义负债的基础上，加上银行的债务性资本。通常银行负债是指狭义负债。

(2) 商业银行负债业务是商业银行经营的先决条件；是银行保持流动性的手段，也影响着银行的盈利水平；是社会经济发展的强大推动力；是流通中货币量的组成部分；是银行与社会各界联系的主要渠道。

(3) 根据负债的内容，商业银行负债业务可以分为各项存款、各项借款和其他负债。

(4) 存款是商业银行以信用方式吸收社会暂时闲置资金的筹资活动。

活期存款是指存款客户可随时存取或支付使用的存款。对于存入的款项，客户与银行之间没有明确的时间限制，客户事先可以不通知银行即可提现。

定期存款是指存款客户与银行事先商定取款期限并以此获取一定利息的存款。

通知存款是指存款人存入时不约定存期，支取时需提前通知金融机构，约定支取存款日期和金额才能支取的存款。

(5) 存款的风险是指银行在吸收存款业务方面所面临的风险，主要包括清偿性风险、利率风险和电子网络风险。

(6) 清偿性风险是指商业银行因负债规模过大，自有资金比重过小及经营过于扩张，不够稳健引起的总体风险。清偿性风险的防范在制度上主要通过存款准备金制度与存款保险制度两种方式。

(7) 存款成本是指银行为吸收存款而进行的必要开支，包括利息成本和非利息成本。

(8) 借款性负债是指商业银行通过金融市场或直接向中央银行融入资金的主动负债，包括向中央银行借款、向银行同业借款和从金融市场借款。

(9) 同业拆借是指商业银行之间利用资金融通过程中的时间差、空间差和行际差调剂资金头寸的短期借贷活动。具有期限短、交易金额巨大、手续简捷、利率相对较低、市场无形化程度高、基本上是信用拆借等特点。

(10) 证券回购是指商业银行在出售证券等金融资产时签订协议，约定在一定期限后按约定价格购回所卖证券，以获得即时可用资金的交易方式。

(11) 商业银行向央行融资主要有两条途径：一是再贴现，二是再贷款。

再贴现是商业银行或其他金融机构将贴现所获得的未到期票据再向中央银行进行的票据转让，是商业银行向中央银行取得资金的最主要途径。

再贷款是指中央银行向商业银行提供的信用贷款。

(12) 金融债券是银行及其他金融机构为筹集长期资金，按照法律规定的条件和程序向社会公开发行的、约定在一定时期内还本付息的有价证券。

(13) 欧洲货币是指在某种货币发行国境外的银行存贷的这种货币，所以也称为境外货币。这种在货币发行国境外流通的境外货币最早起源于欧洲，其中大多数为美元，故又称为欧洲美元。

欧洲货币市场是利用货币发行国境外的欧洲货币进行存贷活动的银行业市场，即经营非居民欧洲货币的市场。

(14) 国际债券是指一国政府、金融机构、工商企业或国际组织为筹措和融通资金，在国外金融市场上发行的，以外国货币为面值的债券。按发行债券所用货币与发行地点的不同，分为外国债券和欧洲债券。

练 习

一、单项选择题

1．我国《商业银行法》规定，贷款余额与存款余额的比例不得超过(　　)。

A．70%　　B．75%

C．80%　　D．85%

2．以下四个选项中和其他三个所指业务不同的是(　　)。

A．同业拆借　　B．贴现

C．“今日货币”　　D．“明日货币”

3．以(　　)为依据，可将商业银行负债分为存款性负债与非存款性负债。

A．负债的类型　　B．商业银行对负债的调控　　C．负债的偿还期限

4．单位通知存款最低起存金额为(　　)元。

A．10 万　　B．5 万

C．50 万　　D．100 万

5．从 2005 年 9 月 21 日起，我国对活期存款实行按(　　)结息。

A．月　　B．季

C．半年　　D．年

6．目前我国银行间拆借利率用的是(　　)。

A．LIBOR　　B．SIBOR

C．SHIBOR　　D．HIBOR

7．(　　)是指一国发行人或国际机构同时在两个或两个以上的外国债券市场上，以发行国货币以外的一种可自由兑换的货币发行的债券。

A．外国债券　　B．欧洲债券

C．国际债券　　D．熊猫债券

二、多项选择题

1．商业银行负债的作用是(　　)。

A．是银行经营的先决条件

B．是银行保持流动性的手段，影响着银行的盈利水平

C．是社会经济发展的强大推动力

D．是流通中货币量的组成部分

E．是银行与社会各界联系的主要渠道

2．单位结算账户按用途可分为(　　)。

A．基本存款账户　　B．一般存款账户

C．专用存款账户　　D．临时存款账户

3．存款业务的风险主要有(　　)。

A．清偿性风险　　B．利率风险

C．电子网络风险　　D．流动性风险

4．向银行同业借款包括(　　)。

A．同业拆借　　B．证券回购

C．再贴现　　D．转抵押

5．回购的期限分为(　　)。

A．隔夜回购　　B．定期回购

C．逆回购　　D．连续性回购

6．转贴现业务包括(　　)。

A．买断式转贴现　　B．再贴现

C．转抵押　　D．回购式转贴现

7．再贴现率是一种(　　)。

A．短期利率　　B．官定利率

C．标准利率　　D．最低利率

三、简答题

1．简述商业银行负债业务的作用。

2．论述存款业务的风险及清偿性风险的防范措施。

3．简述拆借发生的原因及拆借市场的特点。

4．以往每到岁末年初，各大银行为了存款达标，纷纷通过各种方式高成本揽储，请分析商业银行的存款是否越多越好？为什么？

第3章　商业银行现金资产业务

本章目标

- 掌握现金资产的构成
- 掌握现金资产的管理原则
- 了解流动性需求与供给
- 掌握资金头寸的内容
- 了解流动性的度量
- 了解流动性管理的作用
- 理解库存现金的管理

重点难点

重点：

◈ 现金资产的构成

◈ 资金头寸的内容

◈ 流动性管理的原则

难点：

◈ 流动性的度量

◈ 库存现金的管理

案例导入

2014 年 3 月 24 日下午，江苏射阳农村商业银行设在盐城环保产业园的一个网点，遭遇近千群众挤兑现金，到当晚七八点钟，其所在盐城环保产业园营业网点外还有人群在排队。该行迅速调集资金兑付。24 日晚上，排队取款的人逐渐稀少。25 日又出现了排队现象，而且蔓延到北边的黄尖镇等地方。经了解，这是由一则“射阳农商银行将要倒闭”的谣言被民众一传十，十传百，而引发的挤兑风潮。

江苏射阳农村商业银行股份有限公司位于丹顶鹤的第二故乡——江苏省射阳县，是在原射阳县农村信用合作联社的基础上，经中国银行业监督管理委员会批准成立的地方股份制金融机构。

据报道，遭到挤兑时，江苏省迅速成立由银监局、地方政府和中国人民银行总行共同组成的联合工作组，积极稳妥地处置有关事态。临时安装在醒目位置的电视大屏幕反复播放射阳县长的电视讲话，强调农商行是国家批准设立的合法金融机构，任何时候都能保证储户存款及时足额兑付到位。银行网点则按照工作流程启动应急对应机制，当日傍晚射阳农商行董事长亲自押着“运钞卡车”赶到分理处，带来约 4000 万现金。射阳当地的金融稳定宣传工作也相继展开，针对“谣言”，当地贴出监管系统颁发的金融许可证，强调农商行的“合法性”，是“国家的”，不存在存款兑付不出的情况。在各方强有力的协调应对下，截至 2014 年 3 月 26 日下午，集中取款情况基本平息。目前，江苏射阳农村商业银行营业已恢复正常。

3.1 商业银行现金资产的概念

商业银行是高负债经营的金融企业，现金资产作为银行流动性需求的第一道防线，是商业银行资产中最富流动性的部分，是银行资产的必要组成部分。

3.1.1 现金资产的构成

现金资产是指银行持有的库存现金及与现金等同的随时可用于支付的银行资产。现金资产的构成如图 3-1 所示。

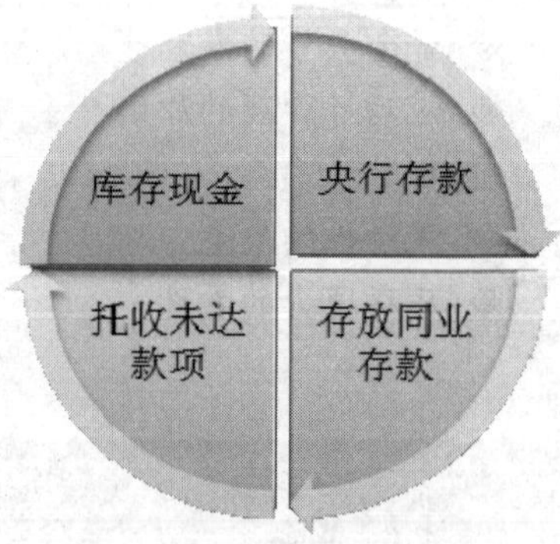

图 3-1 现金资产的构成

1. 库存现金

库存现金是银行金库中的现钞和硬币，主要是银行用于应付客户提现和银行自身日常零星开支。其数量的多少与生产流通的季节性波动、社会结算制度和支付系统、银行业务的电子化程度有关。

由于库存现金是无息资产，且需要一定的保管费用，因此，现金资产要保持适度的规模，以减少不必要的费用和风险。

知识链接

第五套人民币

1999 年 10 月 1 日，在中华人民共和国建国 50 周年之际，中国人民银行陆续发行第五套人民币(1999 年版)。结合实际流通的需要，第五套人民币取消了 2 元面额，增加了 20 元面额，共有 1 元、5 元、10 元、20 元、50 元、100 元 6 种面额，其中 1 元有纸币、硬币 2 种。各面额货币正面均采用毛泽东主席建国初期的头像，底衬采用了中国著名花卉图案，背面主景图案通过选用有代表性的寓有民族特色的图案。此次发行采取“一次公布、分次发行”的方式：

1999 年 10 月 1 日，首先发行了 100 元纸币、1 元和 1 角硬币；

2000 年 10 月 16 日，发行了 20 元纸币；

2001 年 9 月 1 日，发行了 50 元、10 元纸币；

2002 年 11 月 18 日，发行了 5 元纸币、5 角硬币；

2004 年 7 月 30 日，发行了 1 元纸币。

为提高第五套人民币的印刷工艺和防伪技术水平，经国务院批准，2005 年 8 月 31 日，中国人民银行发行了第五套人民币 2005 年版 100 元、50 元、20 元、10 元、5 元纸币和不锈钢材质 1 角硬币。2005 年版主图案与 1999 版保持一致，但变光数字、面额水印位置有所调整，增加了凹印手感线、防复印标记、背面面额数字加后缀“ YUAN ”等。第五套人民币 1 角硬币材质由铝合金改为不锈钢，色泽为钢白色，正面为“中国人民银行”、“1 角”和汉语拼音字母“YIJIAO”及年号。

2005 年版第五套人民币发行后，与现行 1999 年版第五套人民币等值流通。

资料来源：中国人民银行网站

2．在中央银行的存款

在中央银行的存款是指商业银行存放在中央银行的资金，即存款准备金。根据法律规定，商业银行必须在中央银行开立准备金账户，商业银行之间的同业拆借、回购、向中央银行借款、同城票据清算等均通过该账户完成。

存款准备金包括法定存款准备金和超额存款准备金。

法定存款准备金是按照法定比率向中央银行缴存的存款准备金，具有强制性，商业银行必须按规定缴存，在正常情况下一般不得动用，并要定期按银行吸收存款额的增减而进行相应的调整。

缴纳存款准备金的最初目的是为了使银行备有足够的资金，以应付存款人的提存，避免因流动性不足而引发偿付危机。目前，它已演变成为中央银行进行宏观调控的一般性货币政策工具之一。

超额存款准备金有广义和狭义之分。

(1) 广义的超额存款准备金是指商业银行吸收的存款中扣除法定存款准备金后的余额，即商业银行的可用资金。

(2) 狭义的超额存款准备金是指商业银行在中央银行的存款准备金账户中超过了法定

存款准备金的那部分存款，具有自愿性，随时可以支用，可用于随时补充法定存款准备金不足、银行同业清算、保证应付存款的提取和正常的贷款请求。其数量的多少直接影响商业银行的流动性供给和信贷扩张能力。

通常所说的超额存款准备金是指狭义的超额存款准备金。

知识链接

商业银行的第一准备金和第二准备金

商业银行的第一准备金是银行应付客户提取存款的第一道防线，即流动性最强的准备金，包括库存现金、在中央银行的存款、存放同业存款和托收未达款项。

商业银行的第二准备金是商业银行的第二道防线，包括短期贴现、同业拆放与短期投资，它们可以随时或者短期内变现，在第一准备金不足时予以及时补充。

3. 存放同业存款

存放同业存款是指商业银行存放在其他银行和非银行金融机构的存款。它是为了便于票据清算以及代理收付等往来业务的需要而形成的存款，具有活期存款的性质，可以随时支用，是商业银行营运资金的一部分。

4. 托收未达款项

托收未达款项也称为浮存，是指本行通过同业向外地付款单位或个人收取的票据。这部分款项在收妥之前是一笔占有的资金，收妥之后或增加存放同业的存款余额，或增加本行在中央银行准备金账户上的余额，所以视同现金资产。

3.1.2 现金资产的作用

商业银行现金资产的作用主要表现在以下两个方面：

1. 保持清偿力

商业银行是经营货币资金的特殊金融企业，其经营资金的主要来源是客户的存款，属于银行的被动负债，其存与不存、存多少、存多久等都掌握在客户手中。银行要保持自身的信誉，防范支付风险，在追求盈利的同时，必须保持一定数量的高流动性现金资产，以保持银行的清偿力。

2. 保持流动性

商业银行经营的过程中要保持安全性、流动性、效益性三者的有机统一。现金资产是非盈利性资产，贷款和证券投资是银行最主要的盈利资产。商业银行在确保原有贷款和投资的盈利性的同时，应该持有一定数量的流动性准备资产，以便及时抓住新的贷款和投资机会，为增加盈利、吸引客户提供条件。

3.1.3 现金资产的管理原则

现金资产是商业银行维持其流动性而必须持有的资产，是银行信誉的基本保证。现金资产的管理是为了预测与满足流动性需求，解决效益性与安全性之间的矛盾。基于商业银行经营的流动性、安全性、效益性原则，其管理原则如图 3-2 所示。

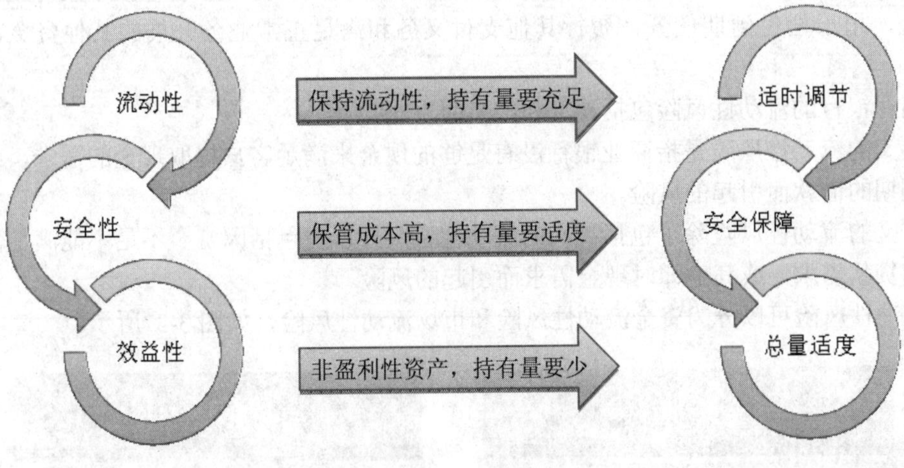

图 3-2　现金资产的管理原则

1. 总量适度原则

总量适度原则是指银行现金资产的总量必须保持在一个适当的规模上。适当的规模是指银行现金资产在保证流动性需要的前提下，为保持现金资产所付出的机会成本最低时的现金数量。

现金资产存量过大，会使银行的机会成本增加，从而影响银行的盈利水平；现金资产存量过小，流动性需求得不到满足，则会引发流动性风险。因此，将现金资产的总量控制在一个适当的规模上是现金资产管理的首要目标。

2. 适时调节原则

随着商业银行各项业务的进行，其资金也不断发生动态变化，原资金总量适度的均衡就会不断被打破。商业银行必须根据业务发展过程中现金流量的变化，及时调整资金头寸，以确保现金资产的规模适度。

3. 安全保障原则

安全保障原则是指银行要加强现金资产的管理，尤其是唯一以现金形态存在的库存现金的管理，建立健全安全保卫制度，严格业务操作规程，确保资金的安全无损。

库存现金的风险主要来自两方面：一方面是工作人员清点现金过程中的清点、整理差错；另一方面是现金保管过程中的盗、抢、挪用等。银行必须严格库存现金的管理，在现金清点、捆扎、入库、出库、运送等环节采取严密的责任制度、监测制度和保卫制度，确保资金的安全。

3.2　商业银行的流动性管理

从本质上说，流动性是指当银行需要资金时能够以合理的成本获得，以满足存款人提取现金、支付到期借款、为借款人提供正常贷款以及为资产增长提供必要的资金保障的能力。其中商业银行满足存款人提取现金和支付到期借款的需求称为“基本流动性”，基本流动性加上正常的贷款需求和资产增长的保障资金称为“充足流动性”。

商业银行流动性风险是指商业银行虽然有清偿能力，但无法以合理成本及时获得充足的资金，用于偿付到期债务、履行其他支付义务和满足正常业务开展的其他资金需求的风险。

商业银行的流动性风险包括狭义和广义两方面。

狭义的流动性风险是指商业银行没有足够的现金来满足客户提取现金的需求，或无法支付到期的借款而引起的风险。

广义的流动性风险除了包括狭义的流动性风险外，还包括因资金不足不能满足借款人合理的贷款需求，或其他即时现金需求而引起的风险。

流动性风险可以分为资金流动性风险和市场流动性风险，如图 3-3 所示。

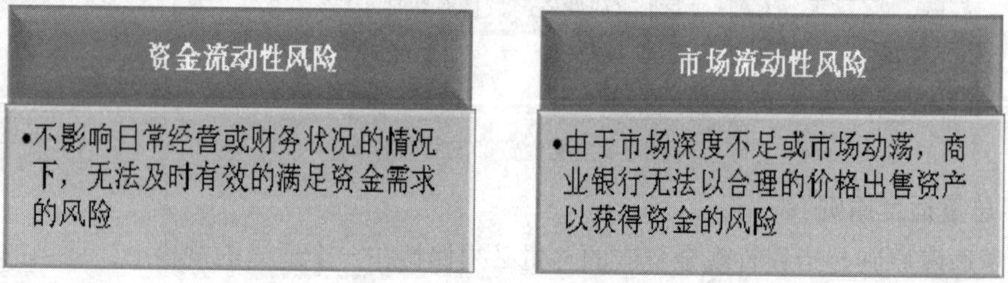

图 3-3　流动性风险的种类

3.2.1　流动性需求与供给

1. 流动性需求

流动性需求是客户对银行提出的必须立即兑现的资金需求。从资金运作形式来看，流动性需求对应银行资金的流出项目，主要包括：

(1) 客户提取存款。

(2) 支付到期借款。

(3) 合格贷款客户的贷款需求。

(4) 偿付拆借及向中央银行缴存的存款准备金。

(5) 长期性投资需求。

(6) 向股东派发现金红利。

(7) 提供服务过程中产生的费用和税收等。

2. 流动性供给

商业银行的流动性供给来源于两个方面：在资产负债中“存储”的流动性和从金融市场上“购买”的流动性。

从资金运作形式来看，流动性供给对应资金流入的项目，主要包括：

(1) 客户存款。

(2) 客户偿还贷款。

(3) 向中央银行或同业拆借的资金。

(4) 提供各类服务获得的收入。

(5) 出售银行资产。

(6) 发行新股等。

商业银行流动性需求与流动性供给决定了商业银行每一时点的净流动性头寸。

用公式表示如下：

商业银行净流动性头寸=流动性供给－流动性需求

商业银行的流动性需求与流动性供给如表 3-1 所示。

表 3-1　商业银行的流动性需求与流动性供给

流动性需求	流动性供给
客户提取存款	客户存款
合格贷款客户的贷款需求	客户偿还贷款
偿付拆借、向中央银行缴存存款准备金	向中央银行或同业拆借的资金
长期性投资需求	出售银行资产
向股东派发现金红利	发行新股
提供服务过程中产生的费用和税收	提供各类服务获得的收入
支付到期借款	—

知识链接

SLO 与 SLF

2013 年 1 月 18 日，中国人民银行宣布启用公开市场短期流动性调节工具(SLO)，作为公开市场常规操作的必要补充，在银行体系流动性出现临时性波动时相机使用。同时，2013 年 1 月，中国人民银行创设“常备借贷便利”(SLF)，对金融机构开展操作，提供流动性支持。

公开市场短期流动性调节工具(Short-term Liquidity Operations，SLO)以 7 天期以内短期回购为主，遇节假日可适当延长操作期限，采用市场化利率招标方式开展操作。中国人民银行根据货币调控需要，综合考虑银行体系流动性供求状况、货币市场利率水平等多种因素，灵活决定该工具的操作时机、操作规模及期限品种等。该工具原则上在公开市场常规操作的间歇期使用，操作对象为公开市场业务一级交易商中具有系统重要性、资产状况良好、政策传导能力强的部分金融机构，操作结果滞后一个月通过《公开市场业务交易公告》对外披露。

受国际经济金融形势不确定性增强以及各种影响流动性的因素波动较大的影响，近年来我国银行体系短期流动性供求的波动性有所加大，尤其是当多个因素相互叠加或市场预期发生变化时。自从 2013 年 1 月份宣布启用以来，中国人民银行以利率招标方式开展了一系列短期流动性调节工具(SLO)操作，具体情况如表 3-2 所示。

表 3-2 短期流动性调节工具(SLO)操作情况表

操作日期	操作方向	期限	交易量(亿元人民币)	中标利率
2013 年 10 月 28 日	投放流动性	2 天	410	4.5%
2013 年 10 月 30 日	投放流动性	2 天	180	4.5%
2013 年 11 月 18 日	投放流动性	3 天	700	4.7%
2013 年 12 月 18 日	投放流动性	2 天	1000	4.2%
2013 年 12 月 19 日	投放流动性	4 天	600	4.7%
2013 年 12 月 20 日	投放流动性	4 天	1500	4.7%
2013 年 12 月 23 日	投放流动性	3 天	1800	5.0%
2013 年 12 月 24 日	投放流动性	1 天	300	4.2%
		3 天	1030	4.3%
2013 年 12 月 30 日	回笼流动性	3 天	1500	3.0%
2013 年 12 月 31 日	回笼流动性	2 天	1000	3.0%
2014 年 02 月 27 日	回笼流动性	5 天	1000	3.4%

常备借贷便利(StandingLendingFacility，SLF)是中国人民银行正常的流动性供给渠道，主要功能是满足金融机构期限较长的大额流动性需求。对象主要为政策性银行和全国性商业银行。期限为 1～3 个月。利率水平根据货币政策调控、引导市场利率的需要等综合确定。常备借贷便利以抵押方式发放，合格抵押品包括高信用评级的债券类资产及优质信贷资产等。

从国际经验看，中央银行通常综合运用常备借贷便利和公开市场操作两大类货币政策工具管理流动性。常备借贷便利的主要特点有：一是由金融机构主动发起，金融机构可根据自身流动性需求申请常备借贷便利；二是常备借贷便利是中央银行与金融机构“一对一”交易，针对性强；三是常备借贷便利的交易对手覆盖面广，通常覆盖存款金融机构。

全球大多数中央银行具备借贷便利类的货币政策工具，但名称各异，如表 3-3 所示。

表 3-3 各国央行借贷便利类货币政策工具

央行	借贷便利类货币工具名称
美联储	贴现窗口(DiscountWindow)
欧洲央行	边际贷款便利(MarginalLendingFacility)
英格兰银行	操作性常备便利(OperationalStandingFacility)
日本银行	补充贷款便利(ComplementaryLendingFacility)
加拿大央行	常备流动性便利(StandingLiquidityFacility)
新加坡金管局	常备贷款便利(StandingLoanFacility)
俄罗斯央行	担保贷款(SecuredLoans)
印度储备银行	边际常备便利(MarginalStandingFacility)
韩国央行	流动性调整贷款(LiquidityAdjustmentLoans)
马来西亚央行	抵押贷款(CollateralizedLending)

借鉴国际经验，中国人民银行在银行体系流动性出现临时性波动时，通过常备借贷便

利向符合条件的商业银行提供短期流动性支持，具体情况如图 3-4 所示。

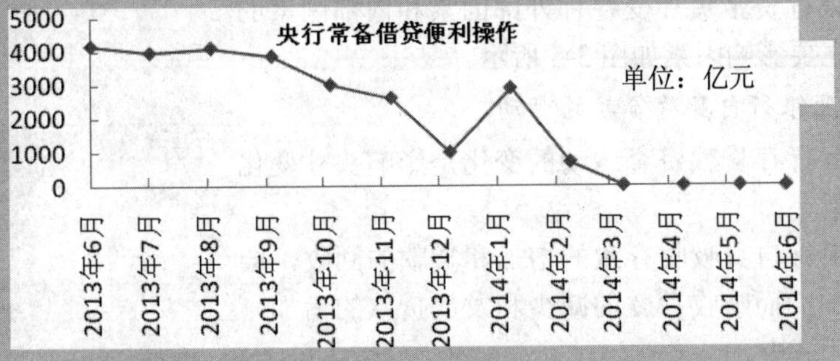

图 3-4　2013 年 6 月至 2014 年 6 月央行常备借贷便利余额

资料来源：中国人民银行网站

3.2.2　资金头寸

资金头寸是指可供商业银行直接、自主运用的资金，简称头寸。

头寸包括时点头寸和时期头寸。时点头寸是指商业银行在某一时点上的可用资金，而时期头寸则是指银行在某一时期的可用资金。

根据层次划分，商业银行的资金头寸可以分为基础头寸和可用头寸。

1. 基础头寸

基础头寸是商业银行存放在中央银行的超额存款准备金和库存现金之和。用公式表示为

基础头寸 = 在中央银行的超额存款准备金 + 库存现金

在数量上，库存现金与超额存款准备金是此消彼长的关系。商业银行从其在央行的存款准备金账户中提取现金，超额存款准备金减少，库存现金增加，反之亦然。

库存现金与超额存款准备金本质上并无区别，只是流通的渠道不同。库存现金是为客户提现保持的备付金，在银行与客户之间的流通；而在中央银行的超额存款准备金是为有往来的金融机构保持的备付金，在金融机构之间流通。

基础头寸是商业银行可以随时运用的资金，是对客户存款的资金清算、商业银行间的资金清算、与中央银行之间的资金清算的最终支付手段。

2. 可用头寸

可用头寸是商业银行可以动用的全部资金，包括基础头寸和银行存放同业的存款。用公式表示如下：

可用头寸 = 基础头寸 + 存放同业存款

可用头寸又可以分为支付准备金和可贷头寸。

支付准备金是指可用于应付客户提存和满足债权债务清偿需要的头寸，一般称为备付金。

可贷头寸是指可以用来发放贷款和进行新的投资的资金。可贷头寸是构成盈利性资产的基础。

从数量上来看，可贷头寸 = 可用头寸 − 规定限额的支付准备金

3．影响头寸变化的因素

商业银行资金头寸受各种外部因素和内部因素的影响，其主要影响因素如图3-5所示。

1) 商业银行自身存贷款的变动

商业银行存贷款资金运动的变化是影响头寸变化的主要因素。

商业银行自身吸收存款的增加和贷款的回收，会使头寸增加；而吸收存款的减少和发放贷款的增加，则会使头寸减少。

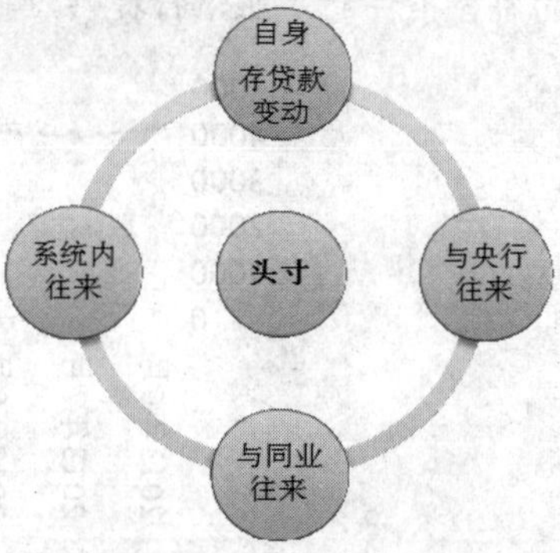

图3-5 影响头寸的因素

2) 与中央银行资金往来

商业银行与中央银行资金的往来也是影响头寸变化的因素之一。

中央银行主要通过货币政策工具调节商业银行的可用头寸，主要表现在：

(1) 法定存款准备金率提高，法定存款准备金相应增加，超额存款准备金则被动地减少，头寸减少；反之，则头寸增加。

(2) 再贷款率或再贴现率提高，商业银行借入资金的成本增加，头寸减少。反之，则头寸增加。

此外，商业银行代理中央银行业务，可占用代理资金时头寸增加，需要垫付资金时头寸减少。

3) 与同业之间业务往来

(1) 同业往来通过影响同业存款来影响头寸。同业存款增加时，头寸增加，反之减少。拆放同业增加时头寸减少，反之增加。

(2) 同业往来通过办理客户跨系统资金汇划来影响头寸。跨系统资金汇划差额为正数时，头寸增加；跨系统资金汇划差额为负数时，头寸减少。

4) 系统内资金往来

系统内资金往来对头寸的影响主要表现在：

(1) 向上级行申请借款时，头寸增加；归还借款时，头寸减少。

(2) 系统内二级存款准备金调增时，头寸减少；反之，头寸增加。

(3) 其他内部资金的清算，如信贷资金调拨、结售汇资金等的调整和收付，也相应地影响头寸的增减。

3.2.3 流动性的度量

商业银行的流动性风险是最古老的风险，尤其是面对金融危机时，流动性对整个金融市场和银行业的平稳运行都有重要影响。流动性的度量指标一般有以下几个。

1．存贷比

$$存贷比=\frac{贷款余额}{存款余额}\times 100\%$$

存贷比是最常见的流动性衡量指标。

商业银行的存贷比应该不高于 75%。从银行的盈利角度看，该比率越高越好；然而从抵抗流动性风险的角度看，该比率越低，越能够保障流动性的充足。

存贷比的高低与银行的规模、经营管理水平息息相关，但由于它并不能反映存贷款的质量、期限以及除贷款以外的其他资产的性质，故该比率并不适用于横向比较。

2．流动性比例

$$流动性比例=\frac{流动性资产余额}{流动性负债余额}\times 100\%$$

流动性资产是指期限不超过一年、变现能力强的资产，主要包括现金、存放同业、超额存款准备金存款、债券投资以及一个月内到期的贷款等。

流动性负债包括活期存款、一个月内到期的定期存款和借款以及同业存放等。

流动性比例既可以衡量银行支付流动性负债的能力，也可以衡量银行流动性的供给能力，该比例越高，表示短期流动性风险越低。商业银行的流动性比例应当不低于 25%。

3．流动性覆盖率

$$流动性覆盖率=\frac{合格优质流动性资产}{未来30天现金净流出量}\times 100\%$$

合格优质流动性资产是指在流动性覆盖率所设定的压力情景下，能够通过出售或抵(质)押方式，在无损失或极小损失的情况下在金融市场快速变现的各类资产。

现金净流出量是指在流动性覆盖率所设定的压力情景下，未来 30 天的预期现金流出总量与预期现金流入总量的差额。

预期现金流出总量是在流动性覆盖率所设定的压力情景下，相关负债和表外项目余额与其预计流失率或提取率的乘积之和。

预期现金流入总量是在流动性覆盖率所设定的压力情景下，表内外相关契约性应收款项余额与其预计流入率的乘积之和。可计入的预期现金流入总量不得超过预期现金流出总量的 75%。

商业银行的流动性覆盖率应当不低于 100%。除特殊情况外，商业银行的流动性覆盖率应当不低于最低监管标准。

4．核心存款比例

$$核心存款比例=\frac{核心存款}{总资产}\times 100\%$$

核心存款又称为“懒钱”，是指银行存款中相对比较稳定，对利率变化不太敏感，且不随经济条件和周期性因素的变化而变化的存款。

核心存款不一定是定期存款。与商业银行的其他存款相比，核心存款具有成本低、长期稳定的特征。

由于核心存款到期前被提取的可能性很小，该比例越高，表明商业银行有更强的抗风险能力，可以灵活的运用资金获取更多的收益，商业银行的流动性压力越小。

5．核心负债依存度

$$核心负债依存度=\frac{核心负债}{总负债}\times 100\%$$

核心负债依存度也称为核心负债比例，是衡量商业银行流动性的指标之一。

核心负债指距到期日三个月(含)以上的定期存款、发行的债券及活期存款的 50%。

总负债是指按照金融企业会计制度编制的资产负债表中总负债的余额。

商业银行的核心负债依存度不得低于 60%。

6．人民币超额备付金率

$$人民币超额备付金率=\frac{(库存现金+中央银行存款)-法定存款准备金}{存款总额}\times 100\%$$

人民币超额备付金率是指保证存款支付和资金清算的货币资金占存款总额的比率。

备付金是超过法定存款准备金要求数量外保留的准备金，其应达到的数量用其占存款总额的比率来衡量，是为了保证银行体系的正常支付能力和限制贷款过度扩张而设立的流动性指标之一。

7．流动性缺口率

流动性缺口 = 90 天内到期的表内外资产 − 90 天内到期的表内外负债

$$流动性缺口率=\frac{流动性缺口}{90天内到期的表内外流动性资产}\times 100\%$$

若流动性缺口为正值，则表明银行在未来一定时期内资金的供给不能满足资金的需求。此时，银行需要动用现金储备、变现流动资产或在金融市场上获得新的资金来填补缺口。若流动性缺口为负值，则表明储备的流动性过剩，此时，商业银行需考虑过多持有流动性的机会成本。

流动性缺口是衡量银行流动性的常用指标，衡量的是在未来一定时间内，银行能变现的资产是否能够偿还到期的债务。流动性缺口率不应低于 −10%。

8．净稳定资金比率

$$净稳定资金比率=\frac{可用的稳定资金}{业务所需的稳定资金}\times 100\%$$

稳定资金是指在持续存在的压力情景下，一年内能够保证稳定的权益类和负债类的资金来源。

中国银监会将该比率译为净稳定融资比例，它是用于度量较长期限内可使用的稳定资金来源对其表内外资产业务发展的支持能力。

提高净稳定资金比率能鼓励银行减少短期资金的期限错配、增加长期稳定资金来源，也有助于应对流动性覆盖率的迅速下降。该比率应大于 100%。

在以上的常用指标中，流动性覆盖率(LCR)和净稳定资金比率(NSFR)是《巴塞尔协议III》新提出的指标，二者的区别如表 3-4 所示。

表 3-4　LCR 与 NSFR 的比较

区别	目的	内　容	角度	时间范围
LCR	强化短期流动性风险状况的监控	确保单个银行在监管当局设定的流动性严重压力情景下，能够将变现无障碍且优质的资产保持在一个合理的水平	从现金流量的角度出发	30 天
NSFR	促进银行业机构的资产和业务资金更趋中长期化	根据银行在一个年度内资产和业务的流动性特征设定可接受的最低稳定资金量	从资产负债的角度出发	一年

根据监管信息，2013 年商业银行主要监管指标情况如表 3-5 所示。

表 3-5　2013 年商业银行主要监管指标情况表(法人)

时间	一季度	二季度	三季度	四季度
(一) 信用风险指标				
不良贷款率	0.96%	0.96%	0.97%	1.00%
其中：次级类贷款	0.41%	0.42%	0.41%	0.43%
可疑类贷款	0.44%	0.43%	0.43%	0.43%
损失类贷款	0.12%	0.12%	0.13%	0.14%
拨备覆盖率	291.95%	292.50%	287.03%	282.70%
(二) 流动性指标				
流动性比例	45.36%	43.68%	42.80%	44.03%
存贷比	64.68%	65.17%	65.63%	66.08%
人民币超额备付金率	2.58%	2.63%	2.45%	2.54%

资料来源：中国银行业监督管理委员会网站

3.2.4　流动性管理的作用

有效的流动性管理是商业银行精细化管理的重要组成部分，是在保证支付的前提下，使现金资产保持在合适的水平，提高银行盈利水平的重要手段。其作用表现在以下几个方面。

1．保持银行经营的良好信誉

流动性是银行经营管理的重要内容。客户对流动性的需求具有极大的不确定性，一旦出现流动性危机，严重的情况下会引发银行倒闭。充足的流动性能够使银行向市场展示出良好的经营管理能力和偿债能力，增强投资者和债权人对银行的信心，从而维护银行的良好信誉。

2．扩大经营业务的手段

有效的流动性管理通过资金头寸的调度来实现，使商业银行能够通过各种内部调度、外部融资的方法，加快资金的周转速度，扩大业务规模。同时，还能加强存款的信用创造能力，提高商业银行的实力。

3. 降低融资成本，提高盈利水平

通过有效的流动性管理，能够使银行在一定时间内以合理的价格筹集所需要的资金，减少银行筹资时所需要付出的额外风险溢价和出售一些非盈利资产所带来的折价损失，降低其融资成本，提高盈利水平。

4. 健全商业银行的经营机制

商业银行是经营货币资金的特殊金融企业，其经营面临着各种风险。有效的流动性管理能够通过及时灵活的资金调度，协调流动性需求与流动性供给的关系，有助于提升商业银行自身的风险管理水平，提高其抵抗风险能力和市场竞争力。

3.2.5 流动性管理的原则

商业银行在进行流动性管理时，其流动性管理原则主要有：

1. 进取型原则

进取型原则是指当出现流动性缺口时，银行主要通过主动负债管理来满足流动性需求，关键在于权衡借入资金的成本与运用其所获得的收益。

进取型原则的优点是有利于扩张银行业务，降低其经营成本，提高经营效率。但资金的筹集力度易受到市场心理因素的影响。因此，一般实力雄厚、信誉良好的银行多采用进取型原则。

2. 保守型原则

保守型原则是指出现流动性缺口时，银行管理者主要采用自身资产转换、出售的方式来满足流动性需求，关键在于资金需求淡季时必须加大资金储备力度，为资金需求高峰准备充足的流动性资金。

保守型原则的优点是银行资金的筹集受市场供求关系影响较小，但银行付出的成本代价较高。因此，一般规模较小、实力不够雄厚的银行多采用保守型原则。

3. 成本最低原则

成本最低原则是指流动性缺口的满足以筹资成本最低为原则。

成本最低原则可以降低银行的经营成本，提高资金的利润率，适用于经营管理水平较高，具有丰富的市场预测与把握能力的银行。

经典案例

华盛顿互惠银行倒闭事件

2008年9月25日晚，美国联邦存款保险公司(FDIC)宣布了美国历史上最大的银行倒闭案，总部位于华盛顿州的华盛顿互惠银行资不抵债立即停业，由摩根大通以19亿美元的超低价收购这家有119年历史、曾经拥有3000亿美元资产和1880亿美元存款的银行的部分业务和分支机构。同时，美国储蓄机构监理局(OTS)也宣布“鉴于华盛顿互惠银行流动性不足，无法满足公司债务的支付要求，因而该行不能安全、稳定地进行业务”，于

2008 年 9 月 25 日晚勒令华盛顿互惠银行停业。这是自 1984 年伊利诺伊州大陆国民银行倒闭以来，美国历史上最大的银行倒闭案。

华盛顿互惠银行(Washington Mutual)建立于 1889 年，总部位于西雅图，是美国最大的储蓄银行。其资产额远高于 1984 年遭关闭的伊利诺伊州大陆国民银行和 2008 年 7 月被政府接管的印地麦克银行，这两家银行的资产额分别为 400 亿美元和 320 亿美元。同时是全美第四大居民住房抵押服务供应商，也是一家区域性的金融服务公司，为消费者和中小业户提供多样化的产品和服务。其经营范围包括保险、住房抵押、金融服务。

华盛顿互惠银行积极发展次贷及其他风险抵押贷款业务，在快速扩张的同时，也将自己置于遭受信贷危机冲击的风险当中。华盛顿互惠银行在次贷危机中损失惨重，其住房贷款业务自 2006 年开始出现问题。当年，其房贷部门损失 4800 万美元，而 2005 年该部门净收入则达 10 亿美元。2008 年 7 月，华盛顿互惠银行宣布当年第二季度损失 30 亿美元，这是其历史上最大的季度亏损额。其股价在 2008 年的股市中大跌 87%，信用度也随着股价大幅降低，公司严重亏损。自 2008 年 9 月 15 日美国第四大投资银行雷曼兄弟公司申请破产保护、美国第三大投资银行美林公司被美国银行收购后，华盛顿互惠银行一直在急切地寻找买主或新的资金。2008 年 9 月 24 日，美国储蓄管理局表示，自 9 月 15 日以来，华盛顿互惠银行已有 167 亿美元存款被提取，令其没有足够的流动资金来偿还债务，并无法开展业务。当日，信用评级机构标准普尔公司降低了其信用级别。

2008 年 9 月 25 日晚间，据美国联邦存款保险公司(FDIC)发表的一份声明称，由摩根大通以 19 亿美元的成本收购华盛顿互惠银行的存款业务、分支机构以及其他业务。尽管华盛顿互惠银行旗下的数千亿资产瞬间蒸发，但这笔收购对华盛顿互惠银行现有的储蓄客户以及其他客户都不会造成任何影响，华盛顿互惠银行将照常营业。

资料来源：中国新闻网

3.2.6　流动性风险管理的体系

为了全面控制流动性风险，商业银行不仅需要在监管当局的监管要求下各项流动性监管指标达标，而且需要建立与其业务规模、性质和复杂程度相对应的流动性风险管理体系，这是其风险防控的核心。

通常，商业银行流动性风险管理体系中各部门的职责如表 3-6 所示。

表 3-6　商业银行流动性风险管理体系框架

部门	职　责
董事会	制定集团总体风险偏好，审议和批准流动性风险管理的目标、战略 通过行长提供的流动性报表，定期审阅流动性风险框架体系
专门委员会	处理流动性危机的管理和与有关单位的沟通 风险管理措施与计量的决策 风险测量的实施
高管层	制定和实施流动性战略 制定风险偏好 为风险管理安排与调动相关资源

续表

部门	职　　责
风控相关部门	每日限额监控和早期预警指标的监测 为流动性分析、压力测试、情景分析等设计模型并验证
资金部	管理短期流动性和资金 制定资金策略，进行资金测算 遵守流动性风险限额 市场准入、监管市场
财务部	编制与报送监管报表和内部管理用报表
内部审计	定期审计流动性风险管理框架

3.3 商业银行现金资产的管理

现金资产的管理在商业银行稳健经营中有至关重要的作用，其库存现金、存款准备金、同业存款的管理与其经营息息相关。

3.3.1 库存现金的日常管理

库存现金是商业银行资产中唯一以现金形态存在的资产。作为商业银行资产中流动性最强的部分，它是保障商业银行日常经营的前提，其日常管理在商业银行的经营过程中有重要作用。

1. 库存现金的影响因素

库存现金的影响因素有很多，主要有以下几种，如图 3-6 所示。

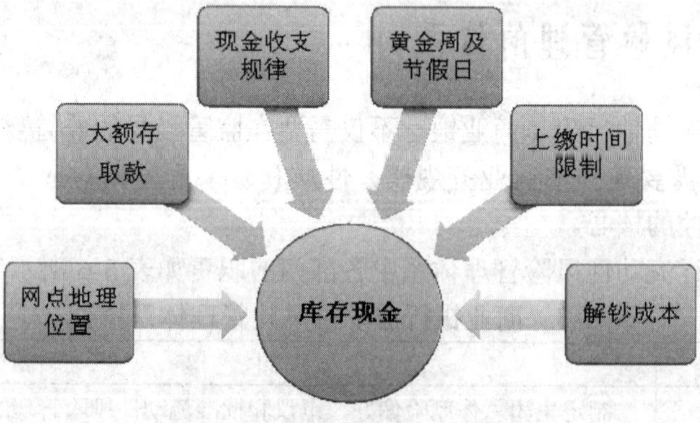

图 3-6　库存现金的影响因素

1) 网点地理位置

网点地理位置对商业银行库存现金有重要影响。如私营业主较多的小商品交易市场和大型批发市场附近、交易电子化程度不高的经济欠发达地区多采用现金交易方式；或者大型商务中心、大型购物中心附近，现金流量也相对较大。

2) 大额存取款业务

商业银行为了合理控制风险，一般都会设置网点库存现金限额，以应付日常现金收付的需要。一些客户非经常性的大额存取款业务，如存款人民币 30 万元以上、取款 20 万元以上，而一般股份制商业银行普通分支网点的人民币库存限额一般在 300 万元左右。若大额存取现金不能及时上缴入库或出库，则对网点库存现金有很大影响。

3) 现金收支规律

库存现金受现金收支规律的影响主要体现在：

(1) 当商业银行发行高收益理财产品时其存款会大量增加，而理财产品到期时若无相应的高收益理财承接产品，取款客户会相对比较多，从而引起库存现金大量减少。

(2) 对于转账业务，中老年人比较倾向于用现金存取，而年轻人倾向于转账。

(3) 大多数客户还信用卡和还贷款在月底，导致月底存款比较多。

(4) 单位客户存现金一般在下午，而取现金一般在上午等。

4) 黄金周及节假日

一般来说，黄金周及节假日前，客户由于出行或消费需要，其现金需求会增大，取款会相对比较多，而休假结束后，存款客户会相对比较多。

此外，由于节假日期间，为了防范风险，银行金库不能出库或入库。为了应付客户的提现需要，一般会备足库存。而即使节假日期间现金净收入超限，也不能入库，从而增加了库存现金量。

5) 人民银行发行库上缴时间限制

一些地区人民银行发行库对现金上缴的时间作出了规定，如每周只能在特定的时间上缴现金，且对上缴现金的券别、新旧程度等有相应的要求，在一定程度上加大了商业银行上缴现金的难度，增加了库存现金量。

6) 解钞成本

目前大多数商业银行委托金融押运公司押运现金，而金融押运公司除了早晚尾箱接送收费外，如中途需要临时调度，则需按里程、小时收费，而且价格相对比较高。

此外，一些商业银行在同业机构开立解现专户，由于解现也按次收费，在一定程度上增加了银行解钞的成本，也影响了库存现金量。

2. 库存现金规模的确定

1) 网点库存现金需要量的匡算

库存现金需要量 = 库存现金周转天数 × 即期库存现金支出水平

库存现金周转天数是指库存现金周转一次需要的天数。

即期库存现金支出水平是指每天库存现金的支出量。

根据以上公式可以看出，库存现金需要量与网点库存现金周转天数和即期库存现金支出水平有关。

2) 网点最适送钞量的测算

根据存货模型的原理，可以得出：

$$T = C \times Q/2 + P \times A/Q$$

其中，T 表示总成本；

　　C 表示现金占有费率，

Q 表示每次运钞数量；

Q/2 表示平均库存现金量；

C × Q/2 表示库存现金全年平均占用费用；

P 表示每次运钞费用；

A 表示一定时期内的现金收入(或支出)量；

A/Q 表示运钞次数；

P × A/Q 表示全年运钞总费用。

对每次运钞数量 Q 求导，运用微分法计算得出：

$$Q = \sqrt{\frac{2A \times P}{C}}$$

知识链接

存货模型

存货模型跟踪的是原材料、产成品，还有一些在产品等存货的数据。其理论核心是：企业的存货是顺周期的。经济处于上升周期时，企业存量增加，促进生产；经济处于下行周期时，企业存量减少，抑制生产。经济处于下行阶段时，存货调整体现在进出口上，主要有三个效果：首先是大幅度地减少进口的原材料；其次是使上游生产企业的产成品存货被动增加；最后是上游重工业的调整幅度和压力要远远大于轻工业。存货调整基本结束时，意味着企业恢复正常经营，全国工业生产也随之进入了比较正常的阶段。

企业现金库存的所有量在一定程度上与存货相似，因此一定程度上也可用存货经济订货批量模型来确定目标现金所有量。这一模型最早由美国学者鲍默儿 1952 年提出，因此又称鲍默儿模型。

存货模型假设企业的现金收入每隔一段时间发生一次，现金支出则是在一定时期内均匀发生。在此期间，企业可通过销售有价证券获得现金。

在存货模型下，持有现金资产的总成本包括两个方面：一是持有成本，即机会成本，是持有现金所放弃的收益，这种成本通常是有价证券的利息，它与现金余额成正比。二是转换成本，即交易成本，是指现金与有价证券的转换成本，与现金持有量成反比。

存货模型的基本原理是将企业现金库存所有量和有价证券联系起来衡量，即将现金的机会成本同转换成本进行权衡，以求得两者相加的总成本最低的现金余额，从而得出目标现金库存所有量。现金库存所有量越大，则持有现金的机会成本越高，但可减少转换成本；现金库存所有量越小，则持有现金的机会成本越低，但转换成本增大。最佳现金库存所有量就是求出二者之和为最小的总成本。如图 3-7 所示。

用公式表示如下：

总成本=机会成本＋转换成本

$$TC = \frac{N}{2}i + \frac{T}{N}b$$

式中，TC 表示总成本，b 表示现金与有价证券的转换成本，T 表示特定时间内的现金需要量总额，N 表示现金余额，i 表示短期有价证券利息率。

要使总成本最小，可对上式求一阶导数，即

$$TC' - \left(\frac{N}{2}i + \frac{T}{N}b\right)' - \frac{i}{2} - \frac{Tb}{N^2}$$

令 TC′ = 0，则有

$$\frac{i}{2} = \frac{Tb}{N^2}$$

$$N^2 = \frac{2Tb}{i}$$

因此，可以求出：

最佳现金余额

$$N = \sqrt{\frac{2Tb}{i}}$$

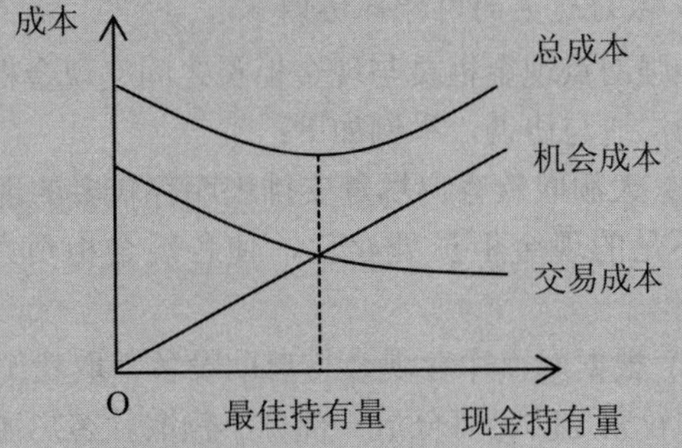

图 3-7　现金的成本构成

存货模式确定最佳现金所有量是建立在未来现金流量稳定均衡且呈周期性变化的基础上的，因此，只有在现金支出较为稳定的情况下才能使用。

3. 加强库存现金管理的措施

在商业银行日常经营过程中，影响库存现金的各种不确定性因素还有很多，总体来说，加强库存现金管理，使库存现金保持在适度水平的措施主要有：

1) 大额取款预约

严格执行中国人民银行、中国银行业监督管理委员会的有关现金管理的相关规定，落实大额取款预约制度，强化客户大额现金取款预约意识。

商业银行库存现金有限，为了保证日常经营需要，支付其他客户的提现需求，一般来说 5 万元以上的人民币取款，应提前致电银行预约。银行营业网点提前备足库存，不仅方便了客户取款，也便于网点库存现金的控制。尤其是节假日或周末，网点不能出库，值班现金柜员库存相对来说比日常网点库存少，大额取现预约尤为重要。

2) 推广电子银行

目前大多数商业银行网上银行的功能都相对比较全面，如查询余额、查询明细、理财购买与查询、还贷款、信用卡还款、转账汇款、修改或重置密码、短信通知签约与撤销、挂失等均可办理，一些银行电子渠道特色业务还享受费率优惠等。

加强电子化渠道宣传，引导客户使用网上银行、电话银行、手机银行、刷卡支付等电子化支付结算方式，减少现金的流通与使用，也便于合理的控制库存现金。

3) 掌握现金收支规律

结合网点的业务结构、地理位置、客户存取款习惯等，合理预测现金的需要量。比较可行的方式有：

(1) 对经常来办理大额现金存款或取款的客户，可以建立大额存取款联系登记簿，根据其存取款的周期性特征，相应的调整网点的库存现金量。

(2) 对于周期性的现金存取波动，结合其周期性的特征，相应的增加或减少库存现金量。

(3) 对于非预约大额取款客户，可事先留下其联系方式，待存款客户较多，库存较充足时可通知客户前来取款，既服务了客户又合理地压缩了库存。

4) 做好现金的内外部协调

加强网点现金柜员与现金柜员之间、现金柜员与自助设备之间、银行网点与外部客户之间的沟通与协调，举例如下：

(1) 大额取款客户尽量安排去库存较多的现金柜员处取款，现金存款业务尽量安排去库存不足的现金柜员处存款，使各现金柜员之间保持均衡，有利于在客户较多时开展业务。

(2) 根据网点库存现金与自助设备存取状况，合理地分配存取款客户，如自助设备钞箱余额较充足时，可分流一部分小额取款客户通过自助设备办理。

(3) 遇小面额存款较多，而又暂时无法上交时，可联系周边大型购物超市、个体工商户等前来办理兑换，降低库存。

5) 制定相应的考核制度

为了更好地控制库存，强化库存现金管理，一般商业银行都结合网点现金业务结构、现金收付量综合核定一个库存限额，将库存现金纳入网点考核，与网点经济效益挂钩，加强目标管理。

3.3.2 存款准备金的管理

存款准备金是金融机构为保证客户提取存款和资金清算需要而准备的资金，是现金资产的重要组成部分，包括法定存款准备金和超额存款准备金。

法定存款准备金 = 法定存款准备金率 × 存款总额

超额存款准备金 = 存款准备金 − 法定存款准备金

因此，存款准备金的管理包括满足中央银行法定准备金的要求和适度控制超额存款准备金的规模。

1. 法定存款准备金的管理

法定存款准备金管理的原则是在满足中央银行法定要求的前提下，使准备金账户存款最小化。法定存款准备金的计算方法主要包括滞后准备金计算法和同步准备金计算法。

1) 滞后准备金计算法

滞后准备金计算法是根据前期存款负债的余额确定本期准备金的需要量，适用于非交易性账户存款，如定期存款等。

具体计算方法为：将两周前的 7 天作基期，以基期的实际存款余额为基础，来确定准备金保持周的准备金余额。

例如，某商业银行在 2014 年 8 月 3 日至 2014 年 8 月 9 日期间，非交易性存款账户平均余额为 15 亿元，存款准备金率为 17%，那么该行在 2014 年 8 月 17 日至 2014 年 8 月 23 日这一周应保持的准备金余额为 2.55 亿元。

滞后准备金计算法如图 3-8 所示。

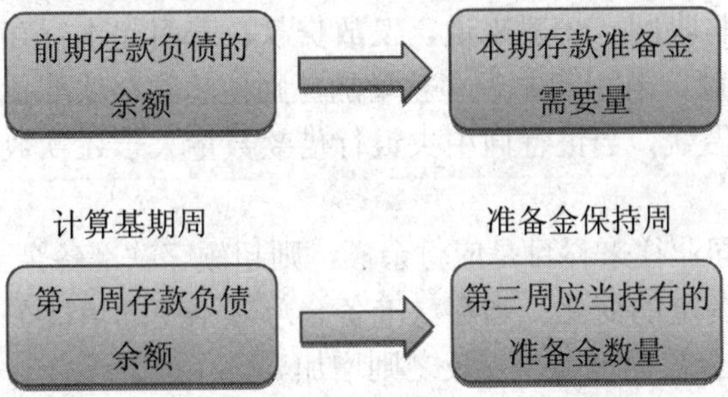

图 3-8　滞后准备金的计算方法

2) 同步准备金计算法

同步准备金计算法是以本期的存款余额为基础，计算本期准备金需要量，适用于交易性账户存款，如活期存款。

具体计算方法为：确定两周为一个计算期，计算这两周银行交易性账户存款的日平均余额。从本计算周期的第三天起算，到计算周期结束后的第二天为准备金的保持期。保持期应上缴的存款准备金平均余额以计算期存款的平均余额为基础来计算。

同步准备金计算法如图 3-9 所示。

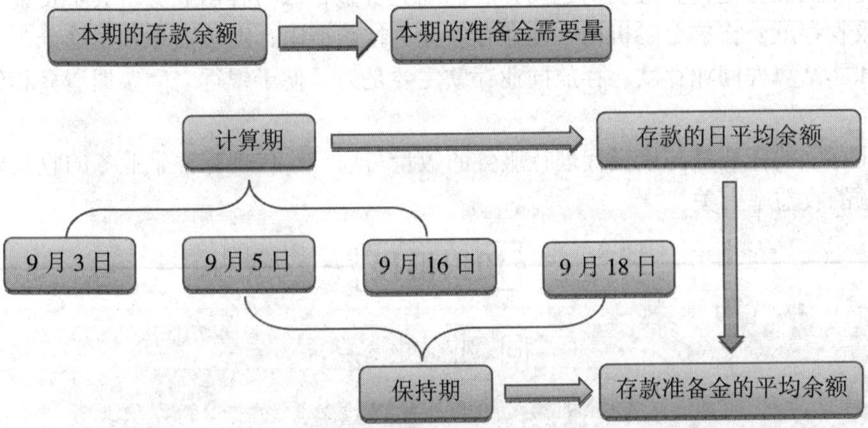

图 3-9　同步准备金计算法

银行在一定时期需交纳的全部存款准备金为按照滞后法与按照同步计算法计算出来的准备金需要量之和。银行将已缴纳的存款准备金余额与实际需要量进行比较，若不足则补足，若多余则及时调减。

2. 超额存款准备金的管理

超额存款准备金是商业银行可动用的资产，可用于随时补充法定存款准备金不足、银行同业清算、保证应付存款的提取和正常的贷款请求。其管理的重点是在准确预测超额存款准备金需要量的前提下，适当控制超额存款准备金的规模。

1) 影响超额存款准备金需要量的因素

超额存款准备金需要量的影响因素主要有：

(1) 存款的波动。超额存款准备金的需要量与预期存款流出量呈正相关关系。当预期存款流出增加时，超额存款准备金的需要量增加，以补充商业银行的流动性。

(2) 贷款的发放与收回。一般来说，发放贷款，若引起本行存款减少，则使超额存款准备金减少；收回贷款，若引起本行存款增加，则使超额存款准备金增加。

(3) 向中央银行借款。当银行向中央银行借款数量大于还款数时，超额存款准备金增加，反之则减少。

(4) 同业往来。同业往来科目是应付余额，则超额存款准备金会减少，反之则增加。

(5) 法定存款准备金的变化。当存款准备金总额不变的情况下，若法定存款准备金增加，则超额存款准备金被动地减少，反之则增加。

2) 超额存款准备金头寸的管理

当超额存款准备金不足时，应拆入头寸；反之则拆出头寸。

银行调剂头寸的渠道和方法主要有：

第一，同业拆借；第二，短期债券回购；第三，银行系统内的资金调度；第四，中央银行融资；第五，出售其他资产。

3.3.3 同业存款的管理

同业存款业务是指金融机构之间开展的同业资金存入与存出业务，其中资金存入方仅为具有吸收存款资格的金融机构。同业存款业务按照期限、业务关系和用途分为结算性同业存款和非结算性同业存款。存放同业存款主要是为了便于银行之间票据清算和代理收付等往来。

同业存款的需要量与接受代理行服务的数量与项目、代理行往来业务的收费标准、可投资余额的收益率有关。

知识链接

同业业务

金融机构同业业务是指金融机构之间开展的以投融资为核心的各项业务，主要业务类型包括同业拆借、同业存款、同业借款、同业代付、买入返售(卖出回购)、同业投资等相关业务。

2009 年初至 2013 年末，银行业金融机构纳入存放同业、拆出资金和买入返售金融资产项下核算的同业资产从人民币 6.21 万亿元增加到 21.47 万亿元，增长 246%，是同期总资产和贷款增幅的 1.79 倍和 1.73 倍；纳入同业存放、拆入资金和卖出回购金融资产项下核算的同业负债从 5.32 万亿元增加到 17.87 万亿元，增长 236%，是同期总负债和存款增幅的 1.74 倍和 1.87 倍。

资料来源：中国人民银行网站

小　结

通过本章的学习，可以掌握以下内容：

(1) 现金资产是银行持有的库存现金及与现金等同的随时可用于支付的银行资产。包括库存现金、在中央银行的存款、存放同业存款和托收未达款项。

(2) 在中央银行的存款是商业银行存放在中央银行的资金，即存款准备金。商业银行之间的同业拆借、回购、向中央银行借款、同城票据清算等均通过该账户完成。存款准备金包括法定存款准备金和超额存款准备金。

(3) 商业银行现金资产的作用是保持清偿力和保持流动性。

(4) 现金资产的管理原则包括总量适度原则、适时调节原则、安全保障原则。

(5) 商业银行流动性风险是指商业银行虽然有清偿能力，但无法以合理成本及时获得充足的资金，用于偿付到期债务、履行其他支付义务和满足正常业务开展的其他资金需求的风险。

(6) 资金头寸是指可供商业银行直接、自主运用的资金。根据层次划分，商业银行的资金头寸可以分为基础头寸和可用头寸。基础头寸是商业银行存放在中央银行的超额存款准备金和库存现金之和。可用头寸是商业银行可以动用的全部资金，包括基础头寸和银行存放同业的存款。

(7) 商业银行资金头寸的主要影响因素有：商业银行自身存贷款的变动、与中央银行资金往来、与同业之间业务往来和系统内资金往来。

(8) 流动性度量指标有存贷比、流动性比例、流动性覆盖率、核心存款比例、核心负债依存度、人民币超额备付金率、流动性缺口率以及净稳定资金比率等。

(9) 流动性管理的作用有：保持银行经营的良好信誉；扩大经营业务的手段；降低融资成本，提高盈利水平；健全商业银行的经营机制。

(10) 流动性管理原则有进取型原则、保守型原则、成本最低原则。

(11) 库存现金的影响因素有：网点地理位置；大额存取款业务；现金收支规律；黄金周及节假日；人民银行发行库上缴时间限制；解钞成本。

(12) 加强库存现金管理的措施有：大额取款预约；推广电子银行；掌握现金收支规律；做好现金的内外部协调；制定相应的考核制度。

(13) 法定存款准备金管理的原则是在满足中央银行法定要求的前提下，使准备金账户存款最小化。法定存款准备金的计算方法主要包括滞后准备金计算法和同步准备金计算法。

(14) 超额存款准备金是商业银行可动用的资产，可用于随时补充法定存款准备金不足、银行同业清算、保证应付存款的提取和正常的贷款请求，其管理的重点是在准确预测超额存款准备金需要量的前提下，适当控制超额存款准备金的规模。

练　习

一、单项选择题

1．根据层次划分，商业银行的资金头寸可以分为基础头寸和(　　)。

A．可贷头寸　B．时点头寸　C．时期头寸　D．可用头寸

2．现金资产中唯一以现钞形态存在的资产是(　　)。

A．库存现金　B．在中央银行存款　C．存款准备金　D．托收未达款项

3．流动性资产余额与流动性负债余额的比例为(　　)。

A．存贷比　B．流动性比例　C．存贷变动比　D．流动性覆盖率

4．下列哪项不属于流动性需求(　　)。

A．客户提取存款　B．支付到期借款

C．合格贷款客户的贷款需求　D．发行新股

5．流动性比例越高，表示短期流动性风险(　　)。

A．越高　B．越低　C．不变　D．无法确定

6．法定存款准备金率提高，超额存款准备金则(　　)。

A．增加　B．减少　C．不变　D．无法确定

7．商业银行的核心负债依存度不得低于(　　)。

A．50%　B．60%　C．75%　D．80%

二、多项选择题

1．现金资产包括(　　)。

A．库存现金　B．在中央银行存款　C．存款准备金　D．托收未达款项

2．从资金运作形式来看，流动性供给包括(　　)。

A．客户存款　B．客户偿还贷款

C．向同业拆借的资金　D．向股东发放红利

3．现金资产的管理原则包括(　　)。

A．总量适度原则　B．成本最低原则

C．适时调节原则　D．安全保障原则

4．库存现金的影响因素有(　　)。

A．网点地理位置　B．大额存取款

C．解钞成本　D．现金收支规律

5．法定存款准备金的计算方法主要包括(　　)和(　　)。

A．滞后准备金计算法　B．同步准备金计算法　C．分步准备金计算法

6．流动性缺口为正值，则银行需要(　　)填补缺口。

A．动用现金储备　B．变现流动资产

C．发行票据　D．在金融市场上获得新的资金

7．(　　)是《巴塞尔协议Ⅲ》新提出的指标。

A．核心负债依存度　B．流动性覆盖率

C．流动性缺口率　D．净稳定资金比率

三、简答题

1．简述现金资产的作用。

2．论述头寸变化的影响因素。

3．论述加强库存现金管理的措施。

4．简述流动性管理原则。

第 4 章　商业银行贷款业务

本章目标

■ 掌握商业银行贷款的分类

■ 了解商业银行的贷款政策

■ 理解商业银行贷款的发放程序

■ 掌握担保贷款的要点

■ 掌握票据贴现的要点

■ 掌握流动资金贷款的要点

■ 理解固定资产贷款的程序

■ 了解贷款定价的方法

■ 了解不良贷款的监测与处理

重点难点

重点：

◈ 贷款的分类

◈ 几种常见的贷款操作要点

难点：

◈ 贷款的定价方法

◈ 不良贷款的监测与处理

案例导入

2005 年 1 月 4 日，东北高速股份有限公司有关人员和吉林省高级人民法院法官在中国银行哈尔滨河松街支行对东北高速存款余额进行核对时发现，账户上 2.9 亿元人民币资金不知去向，其在该行的两个账户中仅余 7.31 万元。而之前的银行询证函显示，两账户中共有存款余额 2.93 亿元。同时，东北高速子公司黑龙江东高投资开发有限公司亦发现其在河松街支行的 530 万元资金不知去向。东北高速随后向警方报案，“中行高山案”由此浮出水面。

后经查账，黑龙江辰能风险投资有限责任公司存于中行河松街支行的资金约 3.2 亿元去向不明。还有黑龙江社会保险事业管理局等数家单位，共计 10 亿元的资金“蒸发”。据悉，其中数亿元资金被该案主要嫌疑人高山、李东哲转移至海外。

案发后，中国银行黑龙江省分行哈尔滨河松街支行原行长高山因涉嫌采取不法手段，骗取多家受害单位的巨额资金，涉嫌票据诈骗犯罪，被警方通缉。不久后，又爆出李东哲利用其控制的汽车行从农行黑龙江省分行昆仑支行骗贷 1.98 亿元的案件。2007 年 2 月 16 日，加拿大警方在温哥华逮捕了高山夫妇。同年 2 月 23 日，李东哲、李东虎在加拿大被捕。

事发后，东北高速原董事长张晓光因贪污受贿、挪用公款、为亲友非法牟利以及巨额财产来源不明等五项犯罪事实被判死缓。中行 13 名内部人员被处分。农行副行长冯小强被哈尔滨市检察院反贪局以涉嫌职务犯罪刑拘。

4.1 商业银行贷款业务概述

根据《贷款通则》，贷款指贷款人对借款人提供的并按约定利率和期限还本付息的货币资金。

商业银行贷款，是商业银行作为贷款人，按照一定的贷款原则和政策，以还本付息为条件，将一定数量的货币资金提供给借款人使用的一种借贷行为。

4.1.1 贷款的分类

商业银行贷款合同包括贷款种类、借款用途、金额、利率、还款期限、还款方式、违约责任等要素，故由于这些要素的不同，贷款形成了不同种类。

1. 按贷款的用途分类

贷款用途本身也可以按照不同的标准进行划分，通常有两种分类方法：

1) 按照贷款对象的部门来分类

(1) 工业贷款。工业贷款是指商业银行对工业企业发放的贷款，包括生产、交通运输、物资供销、手工业等企业。

(2) 商业贷款。商业贷款是用于补充工业和商业企业的流动资金的贷款，一般为短期贷款，也有少量中长期贷款。

(3) 农业贷款。农业贷款是指商业银行针对农业生产的需要，提供给从事农业生产的企业和个人的贷款。

(4) 科技贷款。科技贷款是指商业银行对科技型企业发放的用于支持其开展正常经营活动的贷款。

(5) 消费贷款。消费贷款是指银行对消费者个人发放的用于满足其对耐用消费品的购买以及其他费用支付的贷款。

2) 按照贷款的具体用途来分类

(1) 流动资金贷款。流动资金贷款是指贷款人向企(事)业法人或国家规定可以作为借款人的其他组织发放的，用于借款人日常生产经营周转的本外币贷款。

(2) 固定资金贷款。固定资金贷款是指银行为解决企业固定资产投资活动的资金需求而发放的贷款，主要用于固定资产项目的建设、购置、改造及其相应配套设施建设的中长期本外币贷款。

2. 按贷款的期限分类

按贷款的期限，商业银行贷款可以分为活期贷款、定期贷款和透支。

1) 活期贷款

活期贷款又称为通知放款，在贷款时不确定偿还期限，可以随时由银行通知收回。其特点是灵活性强，流动性好，银行可根据资金头寸的松紧或放或收。

2) 定期贷款

定期贷款是有固定偿还期限的贷款，又可分为短期贷款、中期贷款和长期贷款。

(1) 短期贷款是指贷款期限在 1 年以下(含)的贷款。

(2) 中期贷款是指贷款期限在 1 年以上(不含)5 年以下(含)的贷款。

(3) 长期贷款是指贷款期限在 5 年以上(不含)的贷款。

3) 透支

透支是指活期存款的存户依据约定可以提取超过其存款账户余额的款项，从性质上说这种透支款是商业银行发放的一种贷款。

3. 按贷款的保障程度划分

按贷款的保障程度划分，商业银行贷款可以分为信用贷款、担保贷款和票据贴现。

1) 信用贷款

信用贷款是指银行完全依据借款人的资信度，即借款人的品德、财务状况、预期收益及过去的偿债记录、无须任何担保或第三者保证而发放的贷款。

2) 担保贷款

担保贷款是指以一定的财产或信用作为还款保证的贷款。

按还款保证的不同，担保贷款又可以分为抵押贷款、质押贷款和保证贷款。

(1) 抵押贷款是指按《中华人民共和国担保法》规定的抵押方式以借款人或第三者的财产作为抵押发放的贷款。

(2) 质押贷款是指按《中华人民共和国担保法》规定的质押方式以借款人或第三者的动产或权利作为质物发放的贷款。

(3) 保证贷款是指按《中华人民共和国担保法》规定的保证方式以第三人承诺在借款

人不能偿还贷款时，按约定承担一般保证责任或者连带责任而发放的贷款。

3) 票据贴现

票据贴现是指银行应客户的要求，以现款或活期存款买进客户持有的未到期的商业票据的方式发放的贷款。

贴现利率一般比贷款利率低，且贴现办理手续比贷款简单，是一种特殊的贷款。

4. 按贷款的偿还方式分类

按贷款的偿还方式分类，商业银行贷款可以分为一次性偿还和分期偿还。

1) 一次性偿还

一次性偿还是指借款人在贷款到期日一次性还清贷款本金的贷款，其利息可以分期支付，也可以在归还本金时一次性付清。

短期贷款通常采用一次性偿还的方式。

2) 分期偿还

分期偿还是指借款人按规定的期限分次偿还本金和支付利息的贷款。

中长期贷款采用分期偿还的方式。

5. 按贷款的质量或风险程度分类

按贷款的质量或风险程度分类，商业银行贷款可以分为正常贷款、关注贷款、次级贷款、可疑贷款、损失贷款五类，如图 4-1 所示。

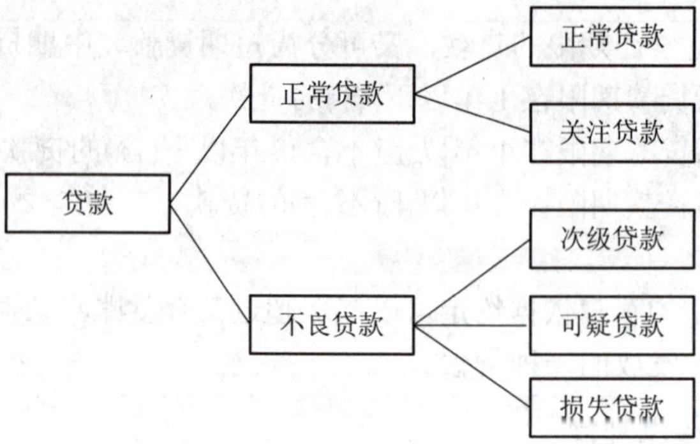

图 4-1　贷款五级分类

1) 正常贷款

正常贷款是指借款人能够履行合同，有充分的把握按时足额偿还本息。

2) 关注贷款

关注贷款是指尽管借款人目前有能力偿还贷款本息，但存在一些可能对偿还产生不利影响的因素。如宏观经济出现对借款人不利的变化，或借款人的关联企业发生重大不利变化，可能会影响贷款的偿还，故银行需要对其进行关注或监控。

3) 次级贷款

次级贷款是指借款人的还款能力出现明显问题，依靠其正常经营收入已无法保证足额偿还本息。即使执行担保，也可能会造成一定损失。

4) 可疑贷款

可疑贷款是指借款人无法足额偿还本息，即使执行抵押或担保，也肯定要造成一部分损失。可疑贷款比次级贷款程度更严重，如借款人资不抵债等。

5) 损失贷款

损失贷款是指在采取所有可能的措施和一切必要的法律程序之后，本息仍然无法收回，或只能收回极少部分。

使用贷款风险分类法对贷款质量进行分类，实际上是判断借款人及时足额归还贷款本息的可能性，考虑的因素主要包括：借款人的还款能力、借款人的还款记录、借款人的还款意愿、贷款的担保、贷款偿还的法律责任、银行的信贷管理等因素。贷款分类划分时，应该注意以下几点。

(1) 借款人的还款能力是一个综合概念，包括借款人现金流量、财务状况、影响还款能力的非财务因素等。

(2) 对贷款进行分类时，要以评估借款人的还款能力为核心，把借款人的正常营业收入作为贷款的主要还款来源，贷款的担保作为次要还款来源。

(3) 需要重组的贷款应至少归为次级类。重组后的贷款(简称重组贷款)如果仍然逾期，或借款人仍然无力归还贷款，应至少归为可疑类。

(4) 借款人利用合并、分立等形式恶意逃废银行债务，本金或者利息已经逾期的至少归为次级类。

(5) 逾期(含展期后)超过一定期限、其应收利息不再计入当期损益，至少归为次级类。

6. 按银行发放贷款的自主程度分类

按银行发放贷款的自主程度分类，商业银行贷款可以分为自营贷款、委托贷款和特定贷款。

1) 自营贷款

自营贷款是指银行以合法方式筹集的资金用来自主发放的贷款。这是银行贷款的最主要形式。

2) 委托贷款

委托贷款是指由政府部门、企事业单位及个人等委托人提供资金，由银行根据委托人确定的贷款对象、用途、金额、期限、利率等代为发放、监督使用并协助收回的贷款。银行只收取于续费，不承担贷款风险。

3) 特定贷款

特定贷款是指经国务院批准并对可能造成的损失采取相应的补救措施后，责成银行发放的贷款。

7. 按银行发放贷款的利率约定方式不同分类

按银行发放贷款的利率约定方式不同分类，商业银行贷款可以分为固定利率贷款和浮动利率贷款。

1) 固定利率贷款

固定利率贷款是指在贷款期限内，不论银行利率如何变动，借款人都将按照合同约定的固定利率支付利息，不会因利率变化而改变还款数额。

短期流动资金贷款通常为固定利率贷款，执行合同约定的利率。

2) 浮动利率贷款

浮动利率贷款是指在整个贷款期限内，利率随市场利率或法定利率等变动定期调整的贷款，调整周期和利率调整基准的选择，由借贷双方在借款时议定。

4.1.2 贷款的组织管理

贷款业务是商业银行传统的资产业务，其营销与管理的组织形式主要有以下几种：

1. 直线职能制

直线职能制是在各级行领导下，设置相应的营销职能部门，即营销部门只对公司信贷部门起指导作用，而无领导权。

直线职能制的基本组织架构如图 4-2 所示。

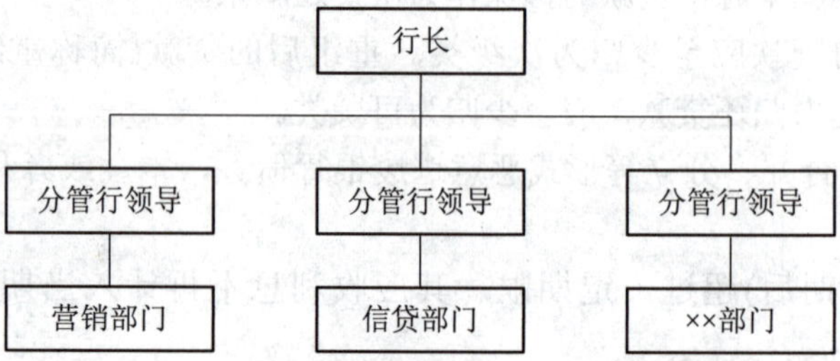

图 4-2 直线职能制的组织架构图

直线职能制的优点表现为：保证了集中统一指挥，能发挥营销专家对信贷业务的指导作用。

其缺点表现为：营销部门与信贷业务部门之间没有横向沟通，容易出现不和谐与矛盾，导致效率低下。

2. 矩阵制

矩阵制是在直线制的基础上，将以产品为中心的组织叠加到纵向结构之上，从而在原有的组织垂直权限链上产生了一个水平的权限链，以对象原则和工作原则来构成的组织结构之间的结合就使这两种权限系统相互交叉了起来，由此产生的组织形式与矩阵类似，其基本组织架构如图 4-3 所示。

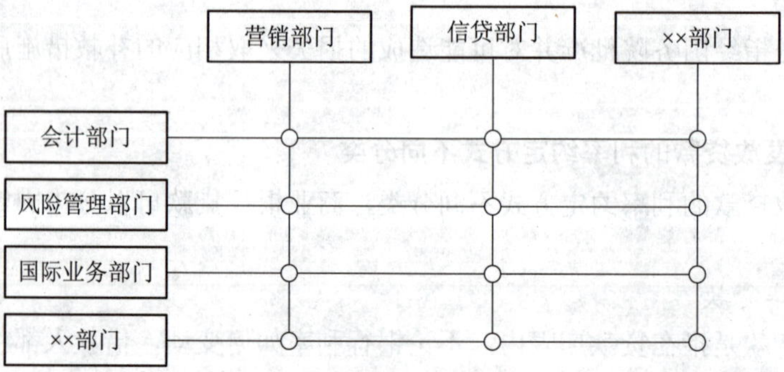

图 4-3 矩阵制组织架构图

矩阵制的优点表现为：加强了营销部门与信贷部门的横向沟通，同时也克服了会计部门、风险管理部门、国际业务部门和其他职能部门之间的相互交叉，使各种专业人员可以得到充分利用，具有较大的机动性。

其缺点表现为：成员不固定，有临时性观念。

3. 事业部制

事业部制是指在银行内部，分别设立各自的信贷营销组织，对具有独立的信贷产品市场、承担独立责任和利益的部门实行分权管理的一种组织形式。

事业部制的基本组织架构如图 4-4 所示。

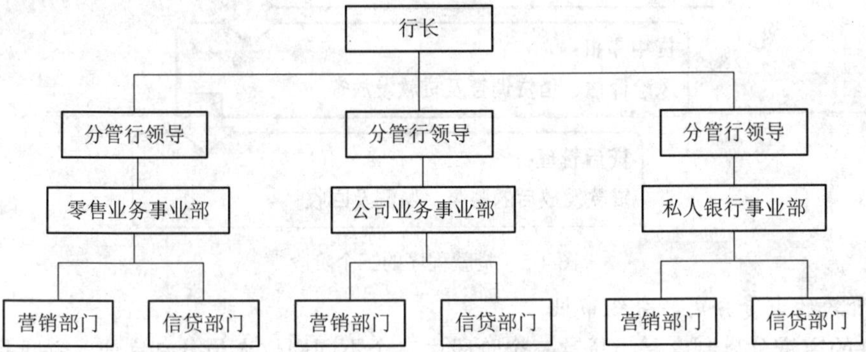

图 4-4　事业部制的组织架构图

事业部制的优点表现为：能够将统一管理与专业分工有效地结合起来，有利于培养更多管理人才，同时也有利于获得较稳定的利润。

其缺点表现为：对业务较强的专业人员的需要求较大，同时，各部门之间的协调相对较难。

4．客户经理制

客户经理制是在商业银行的营销人员与客户，尤其是重点客户之间建立一种明确、稳定、长期的服务关系。客户经理的工作目标是全面把握服务对象的整体信息和需求，在控制和防范风险的前提下，组织相关部门设计相应的产品，并对其实施全方位的金融服务。

客户经理制的优点表现为：打破了传统的以产品为导向的组织形式，向以客户为中心的导向的组织架构转变。

其缺点表现为：对体制和制度的完善性要求比较高，对相关部门之间的协调和交叉合作的要求较高。

4.1.3　贷款政策

贷款政策是指商业银行指导和规范贷款业务，管理和控制贷款风险的各项方针、措施和程序的总称，其基本内容主要包括以下几个方面。

1．贷款业务发展战略

贷款业务的发展必须符合银行稳健经营的原则，并对银行贷款业务开展的指导思想、发展领域等进行战略性的规划。由于贷款是商业银行的传统业务，是其利润的主要来源，因此商业银行在制定贷款政策时，应当遵循自身的发展战略，包括重点开展业务的行业、区域、业务品种和规模等。

2. 贷款工作规程及权限划分

1) 贷款工作规程

贷款的工作规程是指贷款业务操作的规范。通常贷款程序包含三个阶段，如图 4-5 所示。

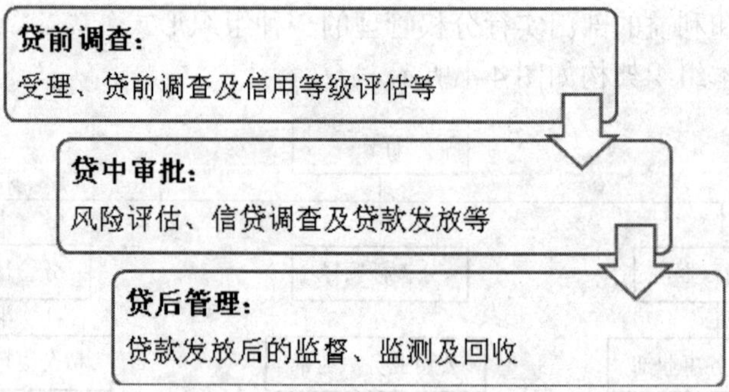

图 4-5　贷款程序的三个阶段

2) 贷款的审贷分离、分级审批

贷款的审贷分离制度是指贷款三个阶段由三个不同岗位人员分别完成，并承担相应的责任，即贷前调查评估人员承担调查失误、评估失准的责任，贷中审查人员承担审查失误的责任，贷后管理人员承担检查清收不力的责任。

分级审批制度是指贷款人根据业务量大小、管理水平和贷款风险度确定各级分支机构的审批权限，超过审批权限的贷款，应当报上级审批。各级分支机构应当根据贷款种类、借款人的信用等级和抵押物、质物、保证人等情况确定每一笔贷款的风险度。

3. 贷款的规模和比率控制

商业银行贷款规模和结构是否合理可以用以下几个指标来衡量，如图 4-6 所示。

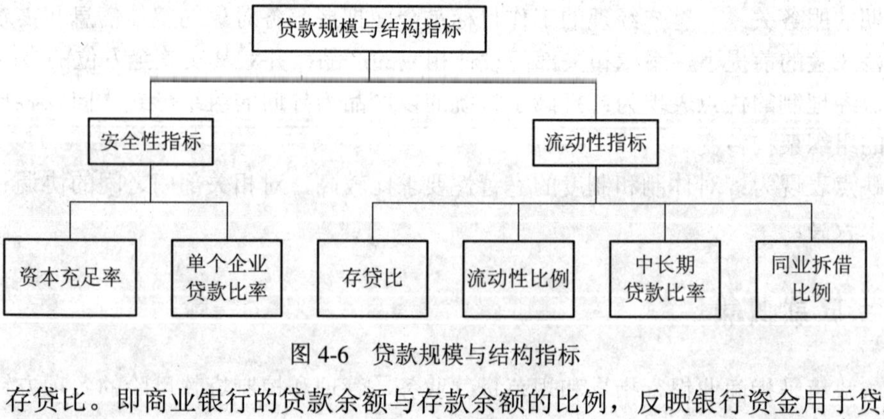

图 4-6　贷款规模与结构指标

(1) 存贷比。即商业银行的贷款余额与存款余额的比例，反映银行资金用于贷款的比重以及贷款能力的大小，这一比例不得超过 75%。

(2) 流动性比例。即商业银行流动性资产期末余额与流动性负债期末余额的比，这一比例不得低于 25%，该比例越高，表明资产的流动性越好，资产运用的效率就越高。

(3) 资本充足率。根据《巴塞尔协议Ⅲ》规定的国际标准，我国规定商业银行核心一级资本充足率不得低于 5%，一级资本充足率不得低于 6%，资本充足率不得低于 8%。

(4) 单个企业贷款比率。即商业银行给最大一家客户或最大 10 家客户的贷款占银行资本金的比率，反映了银行贷款的集中程度和风险状况。其中，商业银行对最大客户的贷款余额不得超过银行资本金的 10%，最大 10 家客户的贷款余额不得超过银行资本金的 50%。

(5) 中长期贷款比率。即 1 年期以上贷款余额与 1 年期以上各项存款余额的比率，这一比率必须低于 120%，反映银行贷款总体流动性。比率越高，流动性越差，反之，流动性越强。

(6) 同业拆借比例。即一定时期内拆借资金额占各项存款余额的比例，拆入金额与存款余额的比例不得超过 4%，拆出资金额与存款余额的比例不得超过 8%。同业拆借比例是衡量商业银行流动性风险的指标之一。

以上指标中，资本充足率、单个企业贷款比率为安全性指标，存贷比、流动性比例、同业拆借比例、中长期贷款比率为流动性指标。

2014 年商业银行主要监管指标情况表(法人)如表 4-1 所示。

表 4-1　商业银行主要监管指标情况表(法人)(2014 年)

项目＼时间	一季度	二季度	三季度
(一) 信用风险指标			
正常类贷款占比	96.46%	96.38%	96.05%
关注类贷款占比	2.50%	2.55%	2.79%
不良贷款率	1.04%	1.08%	1.16%
拨备覆盖率	273.66%	262.88%	247.15%
贷款拨备率	2.84%	2.83%	2.88%
(二) 流动性指标			
流动性比例	46.29%	47.52%	48.53%
存贷比	65.89%	65.40%	64.17%
人民币超额备付金率	2.53%	2.50%	2.39%
(三) 效益性指标			
资本利润率	20.80%	20.66%	19.78%
净息差	2.58%	2.62%	2.68%
非利息收入占比	24.38%	23.34%	22.01%
(四) 资本充足指标			
核心一级资本充足率	10.04%	10.13%	10.47%
一级资本充足率	10.04%	10.13%	10.47%
资本充足率	12.13%	12.40%	12.93%

资料来源：中国银行业监督管理委员会网站

4．关系人贷款政策

关系人是指商业银行的董事、监事、管理人员、信贷业务人员与其近亲属，以及上述人员投资或者担任高级管理职务的公司、企业和其他经济组织。

商业银行不得向关系人发放信用贷款，向关系人发放担保贷款的条件不得优于其他借款人同类贷款的条件。

5. 贷款期限及种类

贷款期限根据借款人的生产经营周期、还款能力和商业银行的资金供给能力共同协商决定，并在借款合同中载明。如自营贷款期限最长一般不得超过 10 年，超过 10 年应当报中国人民银行备案。

商业银行贷款的种类对贷款的结构有重要影响，进而直接影响到商业银行经营的安全性、流动性和效益性。而贷款地区是指银行控制贷款业务的地域范围，一般来说，大型银行因其分支机构众多，一般不对贷款地区做出限制，中小银行则往往将其贷款区域限制在银行所在地。商业银行接受异地贷款或接受异地存款，应当报中国人民银行当地分支机构备案。

6. 贷款的担保

贷款的担保政策一般应包括以下内容：明确担保的方式、规定抵押品鉴定和评估的方法、确定抵押率和担保人的资格及还款能力的评估等。

7. 贷款定价

贷款的定价是一个复杂的过程，通常由银行的贷款委员会或信贷管理部门确定。贷款定价的过程中，银行必须考虑资金成本、贷款的风险程度、贷款的期限、贷款的管理费用等多种因素。

8. 贷款档案管理政策

贷款档案是银行贷款管理过程的详细记录，体现银行经营管理水平和信贷人员的素质。贷款档案管理制度一般包括以下内容：贷款档案的结构及其应包括的文件；贷款档案的保管责任；贷款档案的保管地点；档案存档；借阅和检查制度等。

9. 贷款的日常管理和催收

贷款的日常管理对保证贷款的质量尤为重要，同时，银行应制定有效的贷款回收催收制度。

10. 不良贷款的处理

对不良贷款的管理是商业银行贷款政策的重要组成部分，贷款政策应当明确规定不良贷款的处理程序和基本的处理方式。

4.1.4 贷款的发放程序

商业银行贷款是个较复杂的过程，其一般程序如下：

1. 贷款申请受理

符合借款条件的借款人与银行建立了信贷关系之后，可以向银行申请办理贷款。贷款申请受理时，借款人需在银行开立结算账户，并提交单位的相关证明材料和《借款申请书》。

单位相关材料包括营业执照、组织机构代码证、税务登记证、机构信用代码证、法人身份证、验资报告、公司章程、近期财务报表、贷款卡、抵质押物清单和同意抵质押的声明等。

《借款申请书》的内容包括借款人名称、性质、经营范围、申请贷款的种类、期限、金额、用途、还款方式等。

知识链接

借款人的条件

借款人应当是经工商行政管理机关(或主管机关)核准登记的企(事)业法人、其他经济组织、个体工商户或具有中华人民共和国国籍的具有完全民事行为能力的自然人。借款人申请贷款，应当具备产品有市场、生产经营有效益、不挤占挪用信贷资金、恪守信用等基本条件，并且应当符合以下要求：

(1) 有按期还本付息的能力，原应付贷款利息和到期贷款已清偿；没有清偿的，已经做了贷款人认可的偿还计划。

(2) 除自然人和不需要经工商部门核准登记的事业法人外，应当经过工商部门办理年检手续。(自 2014 年 3 月 1 日起，企业年度检验制度改为企业年度报告公示制度。

(3) 已开立基本账户或一般存款账户。

(4) 除国务院规定外，有限责任公司和股份有限公司对外股本权益性投资累计额未超过其净资产总额的 50%。

(5) 借款人的资产负债率符合贷款人的要求。

(6) 申请中期、长期贷款的，新建项目的企业法人所有者权益与项目所需总投资的比例不低于国家规定的投资项目的资本金比例。

资料来源：某商业银行网站

2. 贷前调查

贷前调查主要是进行贷款合规性调查、安全性调查和效益性调查。主要审核申请材料的真实性、贷款用途的合法性、企业的整体经营状况、信用状况、抵质押物的基本情况、盈利情况及还贷现金流是否充足等。

贷前调查的方法有现场调查与非现场调查两种。

(1) 现场调查是贷前调查最常用的方法，通常包括实地考察和现场会谈。

(2) 非现场调查包括搜寻调查、委托调查和其他方法，如通过客户的关联企业、竞争对手、行业协会等获取相关信息。

3. 借款人信用评估

对借款人信用评估主要采用国际上通用的“6C”原则或“5W”要素分析法，“6C”即品质、能力、资本、担保、环境和控制，“5W”即借款人品德、经营能力、资本、资产抵押和经济环境。进行信用评估后，划分信用等级。

通常情况下，信用评级完成后，结合客户的贷款申请和贷前调查，需要形成书面授信报告。

知识链接

商业银行信用审查的“6C”原则

商业银行信用审查是对违约风险的分析，主要是评估借款申请人的还款意愿和还款能力。主要包括以下六个方面内容：

(1) 品质(Character)，是指借款人的诚实守信、还款意愿和承担还款义务的责任，包括借款人的背景、年龄、经验、不良记录、经营管理观念等。借款人的品质无法计量，只能根据以往的信用纪录和专业的征信机构了解。

(2) 能力(Capacity)，是指借款人具有申请借款的资格和相应的偿债能力。对借款人能力的评估可以从以下几个角度考察：借款人的生产成本、产品质量、销售收入、生产竞争力、决策能力、组织协调能力等。

(3) 资本(Capital)，借款人的资本反映了借款人的财力和风险承受力，也反映了企业经营者的经营成果。从经济意义上说，借款人的偿还能力可以用借款者的预期现金流量来测量。

(4) 担保(Collateral)，借款人应提供一定的、合适的有价物作为贷款担保，它是借款者在违约情况下的还款保证。

(5) 环境(Condition)，包括借款人自身经营状况和外部环境。自身经营状况包括经营范围、经营方向、销售模式、生产受季节性影响的程度等。外部环境是指借款者的行业在整个经济中的经济环境及趋势等。

(6) 控制(Control)，主要是指法律法规的更改、监管机构的要求及银行贷款的质量要求等。政策的变化往往影响着一个行业和一个企业的借款条件。

4．贷款审批

授信前调查及准备工作完成之后，送审人将单位相关材料、借款申请书、授信调查报告、同意抵质押相关声明、评估报告等提交至贷款审批相关人员。

商业银行按照“分级审批”的原则，在各自的权限内逐级审批。审查人员应当对调查人员提供的资料进行核实、评定，复测贷款风险程度，对授信对象、贷款用途、授信品种、贷款金额、贷款期限、贷款利率、贷款币种、担保方式、发放条件、支付要求、贷后管理要求等进行审核，并提出审批意见。

通常情况下，贷款的最终审批由贷审会决定。

5．借款合同的签订

贷款审批通过以后，银行与借款人双方签订借款合同。

借款合同应该明确约定借款种类、借款用途、金额、利率、借款期限、还款方式，借贷双方的权利、义务及其他需要约定的事项。

采用保证方式的，保证人与银行需签订保证合同，也可由保证人在借款合同上载明与贷款人协商一致的保证条款加盖其公章和法人章；采用抵押或质押方式的，抵押人、出质人需与银行签订抵押或质押合同。

需办理公证或登记的，还应依法办理公证或登记手续。

6．贷款发放与支付

借款合同签订后，借款人应填写借款借据，借据包括借款人名称、借款期限、借款金额、利率、还本付息方式等要素。借款借据需要与借款合同相关内容一致，并加盖借款人财务预留印鉴，交相关审核人员审批。审核人员根据放款的要求，视情况不同采取受托支付方式或自主支付方式。采用受托支付方式的，需明确规定起点金额和支付管理要求。审核通过后，按相应的流程，最后交由会计部门，会计经办人员依照借款合同将款项划至指定账户。

知识链接

受托支付与自主支付

贷款人受托支付是指贷款人在确认借款人满足贷款合同约定的提款条件后，根据借款人的提款申请和支付委托，将贷款资金通过借款人账户支付给符合合同约定用途的借款人交易对象。

自主支付是指贷款人在确认借款人满足合同约定的提款条件后，根据借款人的提款申请，将贷款资金发放至借款人账户后，由借款人自主支付给符合合同约定用途的借款人交易对象。

流动资金贷款中，符合以下情形之一的，原则上应采用贷款受托支付方式。

(1) 与借款人新建立信贷业务关系，且借款人信用状况一般。

(2) 支付对象明确且单笔支付金额较大。

(3) 贷款人认定的其他情形。

在固定资产贷款中，必须采用受托支付方式的情形为：对单笔金额超过项目总投资5%或超过 500 万元人民币的贷款资金支付。

受托支付是贷款支付的主要方式，是国际通行的做法。自主支付是受托支付的补充。

7．贷款检查

贷款发放后，需要对借款人的资金流向和用途进行监测，借款人必须按照借款合同规定的用途使用，不得违规使用。同时，还需要关注借款人的法律地位、财务状况、抵押品状况、经营状况和还款能力等，及时掌握有关情况，以便及时采取必要措施。

知识链接

借款人信贷资金流向的限制

(1) 不得将贷款从事股本权益性投资，包括注册资本金、注册验资或股本收购等，国家另有规定的除外。

(2) 不得将贷款在有价证券、期货等方面从事投机经营。

(3) 除依法取得经营房地产资格的借款人以外，不得用贷款资金经营房地产业务；依法取得经营房地产资格的借款人，不得用贷款从事房地产投机。

(4) 不得套取贷款用于借贷牟取非法收入。

(5) 不得违反国家外汇管理规定使用外币贷款。外汇贷款资金(出口押汇除外)不得结汇。

(6) 不得采取欺诈手段骗取贷款。

8. 贷款收回

借款人应该按照借款合同规定的还本付息方式按时足额归还贷款本息。贷款人对不能按借款合同约定期限归还贷款的，应当按规定加罚利息；对不能归还或者不能落实还本付息事宜的，应当督促归还或者依法起诉。

9. 贷款档案整理

贷款收回后，应该按照贷款档案管理的规定进行整理并保管。信贷档案是确定借贷双方法律关系和权利义务的重要凭证，是贷款管理情况的重要记录。

4.2 商业银行几种常见的贷款

商业银行贷款按不同的分类标准，可以有多种分类，本章第一节已详细介绍。本节主要介绍商业银行日常经营中几种常见的贷款。

4.2.1 担保贷款

担保，又称债的担保、债权担保或债务担保，是指以债务人或第三人的一定财产为基础的、能够用以督促债务人履行债务、保障债权实现的手段和方法。

贷款担保是指以借款人或第三人的财产为基础、能够督促借款人履行贷款债务、保障贷款债权实现的手段和措施。

担保方式有保证、抵押、质押、留置和定金，根据贷款债权金钱性的特点，贷款只适用保证、抵押、质押三种担保形式。相应的，担保贷款包括保证贷款、抵押贷款和质押贷款。

以中国建设银行和中信银行为例，2013 年 12 月 31 日担保贷款的构成如图 4-7、图 4-8 所示。

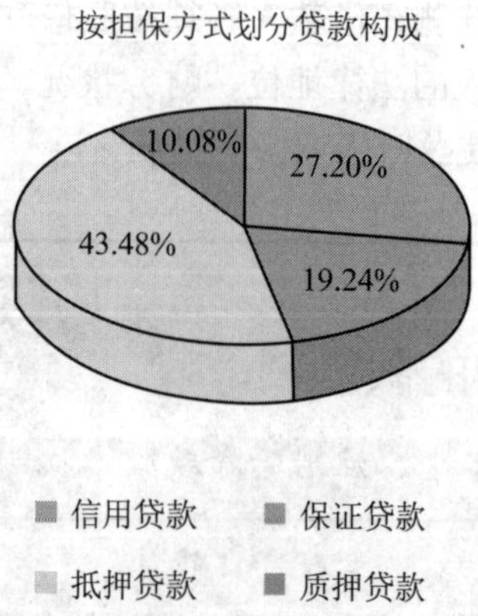

图 4-7　中国建设银行 2013.12.31 日贷款构成

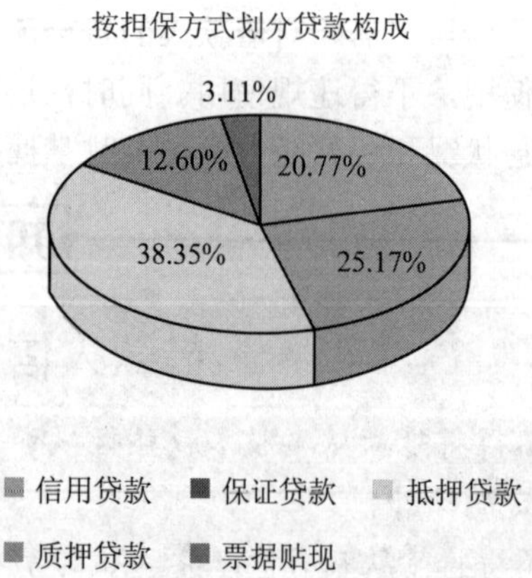

图 4-8　中信银行 2013.12.31 日贷款构成

注：各行统计口径不一，中国建设银行将票据贴现单列

1. 保证贷款

1) 保证的概念

保证是指保证人和债权人约定，当债务人不履行债务时，保证人按照约定履行债务或者承担责任的行为。

依据保证人数额的多少，保证可分为独立保证和共同保证。保证人与债权人可以就单个主合同分别订立保证合同，也可以协议在最高债权额限度内就一定期间连续发生的借款合同或某项商品交易合同订立一个保证合同。

保证贷款是指按《中华人民共和国担保法》规定的保证方式以第三人承诺在借款人不能偿还贷款时，按约定承担一般保证责任或者连带责任而发放的贷款。

2) 保证方式

根据《中华人民共和国担保法》的规定，保证方式有一般保证和连带责任保证。

(1) 一般保证是指当事人在保证合同中约定，债务人不能履行债务时，由保证人承担保证责任。

(2) 连带责任保证是指当事人在保证合同中约定保证人与债务人对债务承担连带责任。

一般保证与连带责任保证的区别表现在以下两个方面：

(1) 一般保证是在被保证人客观上不能履行债务时才承担责任；连带责任保证是在被保证人没有履行债务时，即承担保证责任，不论被保证人是客观上不能履行还是主观上不愿意履行。一般保证承担的是一种补充责任，而连带责任保证则与被保证人承担同一责任。

(2) 一般保证享有“先诉抗辩权”，即保证人在主合同纠纷未经审判或者仲裁，并就债务人财产依法强制执行仍不能履行债务前，对债权人可以拒绝承担保证责任，《担保法》另有规定的除外。而连带责任保证则不得享有“先诉抗辩权”。

由于连带责任保证充分保护债权的特征，贷款合同担保一般采用连带责任担保方式。

3) 保证贷款的操作要点

保证贷款体现的是多边信用关系，其关键环节是严格审查保证人的情况，主要包括以下几个方面：

(1) 借款人找保。贷款保证人应该是具有代为清偿债务能力的法人、其他组织或者公民。保证人承担了贷款保证责任后，应开具《贷款保证意向书》，交借款人转送贷款银行。

(2) 银行核保。即银行需对保证人的保证资格和承保能力进行审核。首先，保证人应该具备独立的民事行为能力，能够独立地支配一定财产，并以此对外承担民事责任；其次，保证人必须具有足够的代为清偿债务的能力。

关于保证人的资格，有几点规定：① 国家机关不得为保证人，但经国务院批准为使用外国政府或者国际经济组织贷款进行转贷的除外；② 学校、幼儿园、医院等以公益为目的的事业单位、社会团体不得为保证人；③ 企业法人的分支机构、职能部门不得为保证人，企业法人的分支机构有法人书面授权的，可以在授权范围内提供保证。

(3) 银行审批。即根据银行核保的结果，贷款审批通过以后，银行与借款人、保证人三方签订借款合同和保证合同。

保证合同的主要条款应包括六项：一是被保证的主债务的种类、数额；二是债务人履行债务的期限；三是保证的方式；四是保证担保的范围；五是保证的期间；六是其他约定事项。

保证担保的范围包括主债权及利息、违约金、损害赔偿金和实现债权的费用。

保证期间由双方在保证合同中约定，未约定保证期间的，保证期间为主债务履行期届满之日起 6 个月，即一般保证的债权人未在此期间将被保证人起诉或申请仲裁、连带责任保证债权人未在此期间内向保证人主张权利，则保证人可免除责任。最高额保证未约定保证期间的，保证人可以随时书面通知债权人终止保证合同。但保证人对于通知到债权人前所发生的债权，承担保证责任；这种保证承担责任的期间，无论是一般保证还是连带责任保证，均为债务履行期届满之日起 6 个月。

(4) 贷款发放与回收。借款合同、保证合同签订之后，银行应按合同约定将贷款发放至指定账户。银行与保证人应共同监督借款人的贷款资金流向，并按期收回贷款。若借款人按时还本付息，借款合同和保证合同随即失效；否则，银行应通知保证人承担还本付息责任。

(5) 贷款保证的风险。贷款保证存在的主要风险及其防范措施如图 4-9 所示。

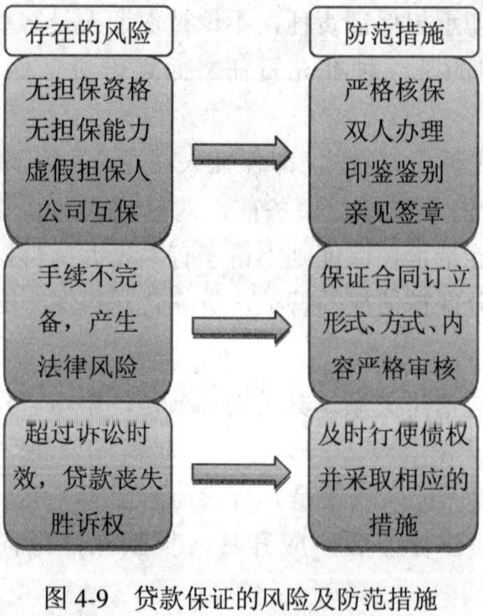

图 4-9 贷款保证的风险及防范措施

2. 抵押贷款

1) 抵押的概念

抵押是指债务人或者第三人不转移对财产的占有，将该财产作为债权的担保。债务人不履行债务时，债权人有权依法以将该财产折价或以拍卖、变卖该财产的价款优先受偿。

抵押分为单个抵押和最高额抵押。

(1) 单个抵押是指以抵押物对某一个具体的债权做出担保。

(2) 最高额抵押是指抵押人与抵押权人协议在最高债权额限度内以抵押物对一定期间内连续发生的债权作担保，它适用于一定期间的债权人与债务人连续发生的某项商品交易或借款的合同的担保。

抵押贷款是指按《中华人民共和国担保法》规定的抵押方式以借款人或第三者的财产作为抵押发放的贷款。

抵押与保证的不同之处如表 4-2 所示。

表 4-2　保证与抵押的区别

特征	保　证	抵　押
担保方式	信用担保	财产担保
担保主体	债权人、债务人以外的第三人	债务人自己的财产或在第三人的财产上设置
担保财产	保证人事先不确定的财产担保全部债权的实现	抵押人事先确定的抵押物对担保债权承担责任

2) 抵押贷款的操作要点

抵押素有“担保之王”的称誉，抵押贷款关键在于抵押的生效，主要包括以下几个方面：

(1) 抵押物的选择。借款人向银行申请抵押贷款时，应向银行提交抵押物清单。抵押权能否实现关键在于抵押物是否合法有效。

① 抵押物应是抵押人依法能够处分的财产。抵押人所有或依法有权处分的国有土地使用权、房屋、机器、交通运输工具，其他地上定着物和其他财产，抵押人依法承包并以发包方同意抵押的荒山、荒丘、荒沟、荒滩等荒地的土地使用权均可以抵押。

② 抵押物是法律允许流通的物。国家和集体的土地所有权、耕地、宅基地、自留地、自留山等集体所有的土地使用权均不得买卖、流通，因此也不能作抵押物。

③ 抵押物应是能强制执行的物。依法被查封、扣押、监管的财产，以公益为目的的教育设施、医疗卫生设施和其他社会公益设施，以及所有权、使用权或有争议的财产均不得作抵押物。

(2) 抵押物的估价及抵押率的确定。抵押人所担保的债权不得超出其抵押物的价值，因而需对抵押物进行价值评估。抵押物估价是对抵押物将来处分时的市场价格的估算，主要包括对不动产及机器设备的估价，一般由专业的评估公司进行评估，并出具相应的评估报告。同时，商业银行为了贷款资金的安全，通常将抵押品的价格折低一部分，留下一定的安全价值，即设置抵押率。确定抵押率主要考虑借款人的资信状况、抵押物的品种、抵押物估价的准确度、贷款期限等因素。

(3) 抵押合同的签订。贷款审批通过后，银行与借款人签订借款合同的同时还需签订抵押合同。

抵押合同应包括以下内容：一是抵押担保的主债权种类、数额；二是债务人履行债务的期限；三是抵押物的名称、数量、状况、所在地、产权归属；四是抵押担保的范围；五是其他约定事项。

同时，抵押人应该出具相关的抵押物权属证明材料及相关的评估价值报告。

(4) 抵押物的登记。为了防止抵押人重复抵押等欺诈行为，保障抵押的有序进行，抵押物需进行抵押登记。

抵押登记分为强制登记和自愿登记。

① 强制登记是指以法定的某些财产作为抵押物的，必须到指定的有关主管部门办理抵押登记，合同自登记之日起生效。

② 自愿登记是指当事人以法定必须办理登记的抵押物之外的财产抵押的，可自行约定是否办理登记的一种制度，抵押合同自签订之日起生效。自愿登记的部门为抵押人所在地的公证部门。

办理抵押物登记的部门如下：

① 以无地上定着物的土地使用权抵押的，为核发土地使用权证书的土地管理部门。

② 以城市房地产或者乡(镇)、村企业的厂房等建筑物抵押的，为县级以上地方人民政府规定的部门。

③ 以林木抵押的，为县级以上林木主管部门。

④ 以航空器、船舶、车辆抵押的，为运输工具的登记部门。

⑤ 以企业的设备和其他动产抵押的，为财产所在地的工商行政管理部门。

抵押物登记的当事人应向登记部门提交下列文件或复印件：

① 主合同和抵押合同。

② 抵押物的所有权或使用权证书。

③ 抵押人的身份证明。

④ 抵押物已设定抵押权的有关资料等。登记部门的登记资料应当允许查阅、抄录或复印。

关于抵押的效力，需要明确的是：

第一，抵押权是为担保债权实现设立的，抵押所担保的范围包括主债权及利息、违约金、损害赔偿金、实现抵押权的费用。

第二，抵押不破租赁，即抵押人将已出租的财产抵押的，应当书面告知承租人，原租赁合同继续有效。

第三，抵押权是一种他物权，故所有权人在行使其所有权、转让抵押物时，必然要受到限制，根据《担保法》，有如下规定：

① 抵押人在抵押期间转让已办理抵押登记的抵押物所有权时，应当通知抵押权人，并告知受让该抵押物的人该物上已设定抵押权的情况。

② 抵押人在处分抵押物时，如其转让抵押物的价款明显低于抵押物应有的价值的，抵押权人可以要求抵押人提供相应的担保。

③ 抵押人合法转让抵押物所得之价款，应当向抵押权人提前清偿所担保的债权或向与抵押权人/约定的第三人提存。超过部分，归抵押人所有，不足部分由债务人清偿。

④ 抵押权不得与债权分离而单独转让或为其他债权担保。

第四，当抵押人对于抵押物价值的减少无过错时，抵押权人只能在抵押人因损害而得到的赔偿范围内要求提供担保。因抵押人对抵押物的不法侵害而导致抵押物价值减少时，抵押权人有权要求抵押人停止其行为，恢复抵押物的价值或提供与减少的价值相当的担保。

第五，在债务履行期届满，债务人未能清偿债务，抵押权人申请法院扣押抵押物，法院裁定扣押后，抵押权的效力及于抵押物的孳息。

(5) 抵押物的占管和处分。贷款到期，若借款人不能履约还款或抵押期间借款人宣告解散或破产的，银行有权以抵押物折价抵冲债权或以拍卖、变卖该抵押物的价款优先受偿。程序是先协商后实施。协议不成的，可向法院起诉，请求法院依法处理抵押物。抵押物折价或拍卖、变卖所得的价款，当事人没有约定的，按照实现抵押权的费用、主债权的利息、主债权的顺序清偿。

几种特殊情形下抵押权的实现：

① 同一财产设定数个抵押权的，抵押合同以登记生效的，按照抵押物的登记顺序清偿，顺序相同的，按照债权比例清偿；抵押合同自签订之日起生效的，该抵押物已登记的，按照上述规定清偿，未登记的，按抵押合同生效时间的先后顺序清偿，顺序相同的，按债权比例清偿。抵押物已登记的先于未登记的受偿。

② 根据房地不分离原则，以城市房地产抵押的，该房屋占用范围内的国有土地使用权同时抵押。但土地上新增房屋不在抵押合同约定的抵押物范围内，在实现抵押时，新增房屋拍卖所得价款，抵押权人没有优先受偿权。

③ 抵押人以依法承包的荒地使用权及乡(镇)、村企业的土地使用权抵押的，在实现抵押后，未经法定程序不得改变土地集体所有和土地用途。

④ 以国有划拨土地使用权作抵押的，在拍卖该划拨土地使用权后，首先应以拍卖价款依法缴纳相当于应缴纳的土地使用权出让金的数额后，抵押权人有优先受偿权。

⑤ 抵押物因抵押人自身的行为而灭失的，抵押权虽然消失，但抵押权人可以要求抵押人另行提供担保；抵押物因抵押人以外的原因而灭失时，如有保险金、赔偿金或补偿金，抵押权人有权就这些保险金、赔偿金或补偿金优先受偿。

(6) 贷款抵押的风险。贷款抵押的风险及其防范措施如表 4-3 所示。

表 4-3　贷款抵押的风险及其防范

存在的风险	风险防范措施
抵押物虚假或严重不实	抵押物的真实性、合法性严格审查
未办理抵押登记	按规定进行相应的抵押登记
将共有财产抵押未经共有人同意	共有财产抵押应取得共有人的同意
以第三方财产作抵押未经财产所有人同意	取得第三方同意
资产评估不实	保证抵押物足值
证件未抵押或不齐全	抵押权人控制抵押物的有效证件
抵押关系无效	对法律规定需登记的合同进行登记

3．质押贷款

1) 质押的概念

质押是指债务人或者第三人将其动产或权利移交债权人占有，将该动产作为债权的担保。债务人不履行债务时，债权人有权依法以该财产折价或者以拍卖、变卖该动产的价款优先受偿。质押依据质物性质的不同，可以分为动产质押和权利质押。

质押贷款是指按《中华人民共和国担保法》规定的质押方式以借款人或第三者的动产或权利作为质物发放的贷款。

抵押与质押的区别如表 4-4 所示。

表 4-4 抵押与质押的区别

特 征	抵 押	质 押
标的物	不动产、特别动产(车、船等)	动产、权利
标的物的占有权是否转移	不转移标的物的占有，由标的所有权人占有	出质人必须转移质物的占有，占有权归质权人
担保效力	担保效力	担保效力和留置效力
重复担保	同一抵押物可设立数个抵押权，并依法按一定顺序清偿债务	质物只允许设立一个质押权，一物一质
担保范围	主债权、利息、违约金、损害赔偿金和实现抵押权的费用	主债权、利息、违约金、损害赔偿金、实现质权的费用和质物保管费用

2) 质押贷款的操作要点

质押贷款与押抵贷款类似，其关键在于质物的合法性、易保管性、流动性以及质物的数量和质量。

本节主要介绍以下两个方面：

(1) 质物的选择。质押属于物之担保，包括动产质押和权利质押。

动产是指虽经移动并不改变或影响其使用价值和价值的财产，如原材料、半成品、产成品商品等生产资料和生活资料。而船舶、运输工具从性质上虽属动产范围，但其价值高，保管不易，一般视为不动产。

确定动产质物的原则有：① 出质的动产必须具有流动性，但法律限制的动产不能作为质物，如禁止流通的毒品、爆炸品及保护文物等。② 出质的动产必须具有交换价值，因为它是贷款债权的担保。③ 出质的动产必须是特定的物。④ 出质的动产必须是独立的物，且出质人对该物享有处分权。

权利质押的质物为出质人向质权人交付的权利凭证，包括汇票、支票、本票、债券、存款单、仓单、提单、依法可转让的股份、股票、依法可转让的商标专用权、专利权、著作权中的财产权、依法可转让的其他权利等。需注意的是，用于质押的权利必须是财产性的权利，具有可转让性，如人身权就不能出质。

(2) 质押合同及其生效。贷款审批通过后，需签订借款合同、质押合同。

质押合同须包括以下内容：一是被担保的主债权种类、数额；二是债务人履行债务的期限；三是质物的名称、数量、质量、状况；四是质押担保的范围；五是质物移交的时间；六是当事人认为需要约定的其他事项。

质押合同的生效分为交付生效和登记生效。

交付生效又分为单纯交付生效和背书交付生效。以动产和不记名的汇票、本票、支票、存款单、仓单、提单、债券和股票等有价证券作质物的，质押合同以质物的单纯支付即移交给质权人占有时生效。以记名的汇票、本票、支票、仓单、提单、债券等作质物的，质押合同的生效，须以设质背书为条件。设质背书是指出质人在有价证券背面或其粘单上记载质押事项并签章，交付给质权人的行为。

登记生效是以记名的存款单、依法可转让的股份、股票、知识产权作质物的质押合同，以登记生效。

① 以记名存款单出质，须在存款银行办理质押登记手续，我国商业银行业务中称为“对保”，质押合同方能生效。

② 以有限责任公司股份出质的，须经全体股东过半数同意，不同意的股东应购买出质的出资，如不购买视为同意出质。质押合同自股份出质记载于股东名册之日起生效。

③ 以股份有限公司股票出质的，应在证券登记机构办理登记，质押合同以登记生效。

④ 以商标权中的财产权出质的，须在商标主管部门办理登记。

⑤ 以专利权中的财产权出质的，须在专利主管部门办理登记。

⑥ 以著作权出质的，须在版权主管部门办理登记，质押合同均以登记生效。

3) *单位定期存单质押贷款*

单位定期存单质押贷款是一类常见的质押贷款。

单位定期存单质押贷款是指借款人以本身或第三人持有的、合法的、未到期的人民币单位定期存单作质押担保，从银行取得贷款，并按约定归还贷款本息的一种贷款。

单位定期存单是指借款人为办理质押贷款而委托银行依据《单位定期存款开户证实书》向接受存款的金融机构申请开具的人民币定期存款权利凭证。开户证实书如为第三人向借款人提供的，应同时提交第三人同意由借款人为质押贷款目的而使用其开户证实书的协议书。

质押存单的到期日应在单位定期存单质押贷款的到期日之后，单位定期存单质押贷款金额一般不超过经确认的质押存单的存款金额。质押存单应该妥善保管，一般由商业银行会计人员办理入库。质押期间，除法律另有规定外，任何人不得动用质押款项。开户证实书不得作为质押的权利凭证。单位定期存单质押贷款流程如图 4-10 所示。

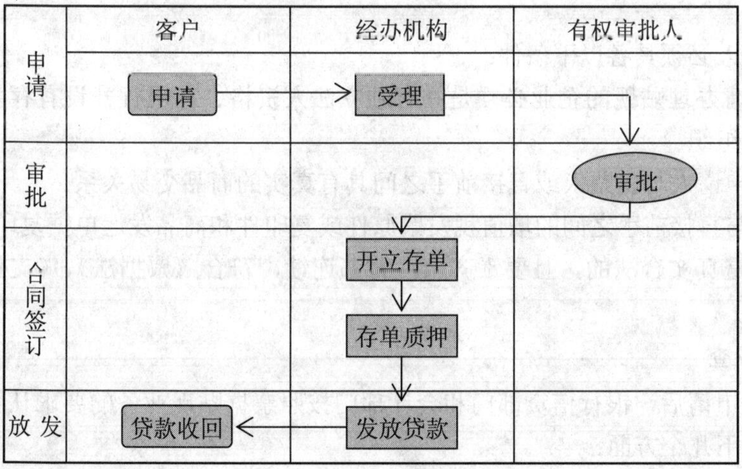

图 4-10　单位定期存单质押贷款流程图

4.2.2　票据贴现

1. 票据贴现的概念

票据贴现是指银行以购买借款人未到期的商业票据的方式发放贷款。票据贴现是商业银行的主要资产业务之一。

从持票人的角度讲，贴现是以手持未到期的票据向银行贴付利息取得现款的经济行为。票据在贴现之前体现为票据承兑人对票据持有人的一种债权债务关系，票据贴现之后体现为票据承兑人对银行的一种债权债务关系。

票据贴现实质上是一种债权债务关系的转移，因而票据贴现是一种特殊形式的贷款。与其他贷款方式相比，票据贴现具有如下特点：

(1) 普通贷款体现的是银行与借款人之间的借贷行为，而票据贴现体现的是票据买卖的交易行为。

(2) 票据贴现的流动性和安全性大于一般贷款。票据贴现期较短，通常不超过一年。到期后，承兑人必须无条件支付，如果承兑人不能支付，银行可以行使追索权，向背书人、贴现人、出票人及其他票据债务人追索。同时，银行在经营过程中资金紧缺可以随时办理转贴现或再贴现。而一般贷款期限较长，且流动性较差。

(3) 票据贴现的当事人有银行、出票人、承兑人及贴现申请人，而贷款的当事人有银行、借款人和保证人等。

(4) 一般贷款的利息是按期收取，或还清本金时一并计算并收取，而票据贴现是贴现时就预先扣收。

2. 票据贴现的程序

1) 贴现申请

贴现申请人向银行提出贴现申请。需要提供相关材料，包括贴现申请人的营业执照、法人身份证、银行承兑汇票、贴现申请审批表、最近一期的财务报表、商品购销合同、增值税发票等。

贴现申请人必须具备以下条件：

(1) 凡申请办理贴现的企业必须是具有独立法人资格、在银行开设有存款账户的企业法人以及其他组织。

(2) 贴现申请人与出票人或直接前手之间具有真实的商品交易关系。

(3) 提供与直接前手之间的增值税发票原件或复印件和商品发运单据复印件。

(4) 汇票是真实合法的，且要素齐全，背书连续，符合《票据法》、《支付结算办法》等要求。

2) 银行审查

受理贴现申请后，银行信贷部门和会计部门按照票据贴现业务的要求认真审核，审核的内容包括以下几个方面：

(1) 持票人是否是依法从事经营活动的企业法人以及其他经济组织。

(2) 持票人与出票人或其直接前手之间具有真实的商品交易关系，是否符合贴现的条件，是否提供有该笔交易的增值税发票和商品发运单据复印件。

(3) 贴现的银行承兑汇票交易合同是否合法，要素是否齐全。

(4) 银行承兑汇票的真伪，与承兑行查询是否相符，票据的要素是否齐全。

(5) 企业的经营状况和资信状况。

3) 批准并放款

贴现银行信贷部门经过审核后，填写《银行承兑汇票贴现审批书》，写明初审意见，按照贴现审批流程，报各有权人审批，审批通过后交由会计部门放款。会计部门审核无误后，根据相关的贴现期限和贴现利息的计算规定及约定的贴现利率计算出贴现利息和实付贴现金额后放款。

贴现期限是从其贴现之日起至汇票到期日止。实付贴现金额按票面金额扣除贴现息计算。其计算方法为：

贴现利息 = 汇票金额 × 贴现天数 × 月贴现率 ÷ 30

实付贴现金额 = 汇票金额 − 贴现利息

同步练习

贴现息的计算

一张无息银行承兑汇票的票面金额为人民币 1000 万，还有 90 天到期，月贴现率为 5‰，则该张银行承兑汇票实付贴现额的计算为

贴现利息 = 1000 万 × 90 × (5‰ ÷ 30) = 15 万

实付贴现额 = 1000 万 − 15 万 = 985 万

4) 贴现到期

票据贴现到期前，付款人应事先将票款备足并缴存其开户银行。票据到期时，开户银行根据贴现银行发出托收的票据，将款项从付款人结算账户划至应解汇款专户，从应解汇款专户划至贴现银行账户。

若票据到期，付款人账户不足以支付票款，银行承兑汇票的承兑行除凭票付款外，应对承兑申请人执行扣款。对于尚未扣回的承兑金额，视同逾期贷款，按对应档次利率计收利息。2013 年我国商业汇票签发情况及贴现情况如图 4-11、图 4-12 所示。

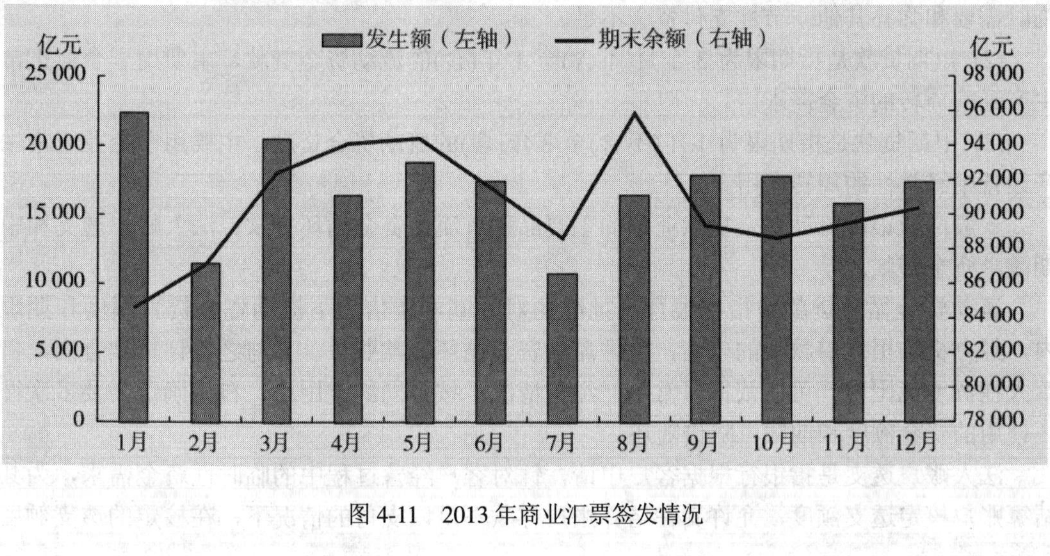

图 4-11　2013 年商业汇票签发情况

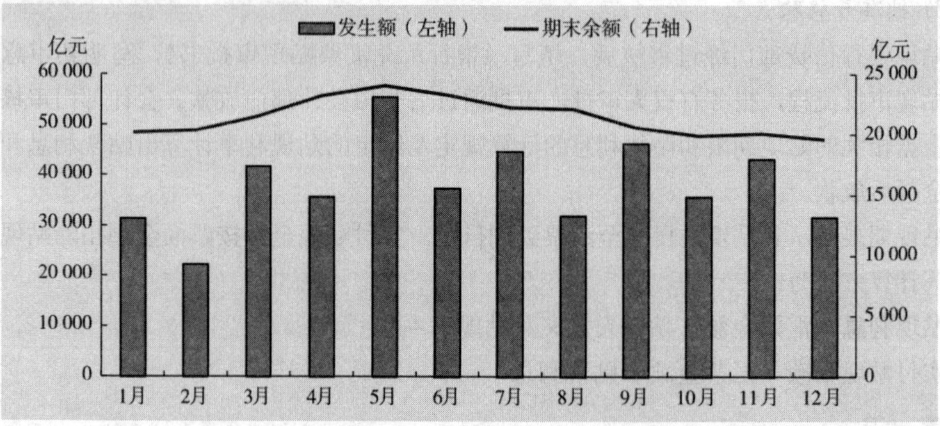

图 4-12　2013 年商业汇票贴现情况

数据来源：中国人民银行网站

4.2.3　流动资金贷款

1. 流动资金贷款的概念

流动资金贷款是贷款人向企事业法人或国家规定的可以作为借款人的其他组织发放的用于借款人日常生产经营周转的本外币贷款。

流动资金贷款适用于有中、短期资金需求的工商企业客户。其中，中期流动资金贷款适用客户为生产经营正常、成长性好、产品有市场、经营有效益、无不良信用记录且信用等级较高的客户。

2. 流动资金贷款的分类

流动资金贷款按贷款期限可分为临时贷款、短期贷款和中期贷款。

(1) 临时贷款是期限在 3 个月(含)以内的流动资金贷款，主要用于企业一次性进货的临时需要和弥补其他季节性支付资金不足。

(2) 短期贷款是指期限为 3 个月(不含)至 1 年(含)的流动资金贷款，主要用于企业正常生产经营周转的资金需求。

(3) 中期贷款是指期限为 1 年(不含)至 3 年(含)的流动资金贷款，主要用于企业正常生产经营中经常性的周转占用。

一般商业银行流动资金贷款业务的主要品种有流动资金循环贷款、法人账户透支和中期流动资金贷款。

流动资金循环贷款是指在银行已批准的对外基本授信项下流动资金贷款额度和期限内，经办机构根据借款人的申请，受理流动资金循环贷款业务，并与之签订贷款合同，借款人在额度范围内，可以依据日常生产经营情况，按合同约定用途，自主确定需要多次循环使用的资金额度和期限，随借随还。

法人账户透支是指银行根据客户申请，针对客户经营过程中的临时性资金需求，为其结算账户核定透支额度，允许其在结算账户存款不足以支付的情况下，在核定的透支额度内直接取得信贷资金、保证支付的便利性资金融通业务。

3. 流动资金贷款的程序

1) 提出申请

企业提出贷款申请时，需要提供相应的材料，主要包括借款人的营业执照、组织机构代码证、税务登记证、法人身份证、公司章程、验资报告、近期财务报表、贷款申请书、贷款卡、关联企业信息、董事会同意借款的文件。申请临时性流动资金贷款的还需要提供采购合同、订单合同等相关合同或证明材料等。如有担保人，还需提供提保人董事会同意为借款人提供担保的文件和抵(质)押物的权属证明文件及评估报告等。

流动资金贷款申请人应具备以下条件：

(1) 借款人依法设立。

(2) 借款用途明确、合法。

(3) 借款人生产经营合法、合规。

(4) 借款人具有持续经营能力，有合法的还款来源。

(5) 借款人信用状况良好，无重大不良信用记录。

(6) 贷款人要求的其他条件。

2) 贷款审核

贷款审核包括贷前调查和额度确定两个方面。

贷款人应采取现场与非现场相结合的形式履行尽职调查，形成书面报告，并对其内容的真实性、完整性和有效性负责。尽职调查包括但不限于以下内容：

(1) 借款人的组织架构、公司治理、内部控制及法定代表人和经营管理团队的资信等情况。

(2) 借款人的经营范围、核心主业、生产经营、贷款期内经营规划和重大投资计划等情况。

(3) 借款人所在行业状况。

(4) 借款人的应收账款、应付账款、存货等真实财务状况。

(5) 借款人营运资金总需求和现有融资性负债情况。

(6) 借款人关联方及关联交易等情况。

(7) 贷款具体用途及与贷款用途相关的交易对手资金占用等情况。

(8) 还款来源情况，包括生产经营产生的现金流、综合收益及其他合法收入等。

(9) 对有担保的流动资金贷款，还需调查抵(质)押物的权属、价值和变现难易程度，或保证人的保证资格和能力等情况。

根据借款人的生产经营状况，合理地测算借款人的营运资金需求，确定借款人的流动资金授信总额及具体贷款的额度。再根据借款人生产经营的规模和周期特点，合理设定流动资金贷款的业务品种和期限，以满足借款人生产经营的资金需求，实现对贷款资金回笼的有效控制。

审批环节需要注意的是：流动资金贷款应纳入对借款人及其所在集团客户的统一授信管理，并按区域、行业、贷款品种、银行内部风险限额管理制度开展限额管理。同时，按照相关信用评级制度和授信业务管理办法，评定客户信用等级，建立客户资信记录。此外，流动资金贷款额度不得超过借款人的实际需求。

3) 合同签订

贷款审批通过后，借款人与银行签订借款合同，如有担保，还应签订抵(质)押合同等。借款合同中应该明确约定流动资金贷款的金额、期限、利率、用途、支付、还款方式等条款。其中，支付条款应包括贷款资金的支付方式和受托支付的金额标准、支付方式变更及触发变更的条件、贷款资金支付的限制、禁止行为等。

银行应在借款合同中约定由借款人承诺以下事项：

(1) 向银行提供真实、完整、有效的材料。

(2) 配合银行进行贷款支付管理、贷后管理及相关检查。

(3) 进行对外投资、实质性增加债务融资，以及进行合并、分立、股权转让等重大事项前征得银行同意。

(4) 银行有权根据借款人资金回笼情况提前收回贷款。

(5) 发生影响偿债能力的重大不利事项时及时通知银行。

4) 贷款发放和支付

贷款审批通过后，根据信贷业务审批流程，提交相关材料进行逐级审批，审批完成后交由会计部门审核并放款。

放款审批时应确认流动资金贷款用途合法性，即不得用于固定资产、股权等投资，不得用于国家禁止生产、经营的领域和用途；借款人满足合同约定的提款条件，支付方式符合银行流动资金贷款相关规定。

贷款资金支付方式及贷款人受托支付的金额标准的影响因素主要有借款人的行业特征、经营规模、管理水平、信用状况等。

采用借款人自主支付的，银行应按借款合同约定要求借款人定期汇总报告贷款资金支付情况，并通过账户分析、凭证查验等方式核查贷款支付是否符合约定用途。

贷款支付过程中，借款人信用状况下降、主营业务盈利能力不强、贷款资金使用出现异常的，贷款人应与借款人协商补充贷款发放和支付条件，或根据合同约定变更贷款支付方式、停止贷款资金的发放和支付。

5) 贷款回收

贷款发放后，银行通过动态关注借款人经营管理状况、财务及资金流向等信息，及时了解借款人的还款能力。贷款到期若未能及时还款，则采取相应的措施追偿。

4.2.4 固定资产贷款

1. 固定资产贷款的概念

固定资产贷款是指贷款人向企事业法人或国家规定可以作为借款人的其他组织发放的，用于借款人固定资产投资的本外币贷款。

2. 固定资产贷款的程序

1) 提出申请

企业提出贷款申请时，需要提供相应的材料，主要包括借款人的营业执照、组织机构代码证、税务登记证、法人身份证、公司章程、验资报告、近期财务报表、贷款申请书、贷款卡、关联企业信息、董事会同意申请授信的文件、采取抵质押担保方式的固定资产贷款需提供抵质押权属证明材料和评估报告、项目资本金和其他建设资金筹措方案的材料、具备相应资质的机构提供的可行性研究报告、环境影响评价报告及批准文件、特殊行业企业须有权批准部门颁发的特殊行业生产经营许可证、涉及用地的提供建设用地合法手续证明材料等。

贷款人受理的固定资产贷款申请应具备以下条件：

(1) 借款人依法经工商行政管理机关或主管机关核准登记。

(2) 借款人信用状况良好，无重大不良记录。

(3) 借款人为新设项目法人的，其控股股东应有良好的信用状况，无重大不良记录。

(4) 国家对拟投资项目有投资主体资格和经营资质要求的，符合其要求。

(5) 借款用途及还款来源明确、合法。

(6) 项目符合国家的产业、土地、环保等相关政策，并按规定履行了固定资产投资项目的合法管理程序。

(7) 符合国家有关投资项目资本金制度的规定。

(8) 贷款人要求的其他条件。

2) 贷款审核

贷款审核包括贷前调查和风险评价与审批。借款人符合银行固定资产贷款的基本条件的，开展贷前调查。贷前调查的主要内容包括：

(1) 借款人及项目发起人等相关关系人的情况。

(2) 贷款项目的情况。

(3) 贷款担保情况。

(4) 需要调查的其他内容。

依据贷前调查的企业相关情况，结合银行固定资产贷款风险评价制度，从借款人、项目发起人、项目合规性、项目技术和财务可行性、项目产品市场、项目融资方案、还款来源可靠性、担保、保险等角度进行贷款风险评价。风险评价完成后，按照相应的固定资产贷款审批流程，交由审批人分级审批。

与流动资金贷款类似，固定资产贷款应纳入对借款人及其所在集团客户的统一授信额度管理，并按区域、行业、贷款品种等维度建立固定资产贷款的风险限额管理制度。

3) 合同签订

贷款审批通过后，借款人与银行签订借款合同，并办理抵押、保险等手续。借款合同应明确约定具体的贷款金额、期限、利率、用途、支付、还贷保障及风险处置等要素和提款条件以及贷款资金支付接受银行管理和控制等与贷款使用相关的条款，提款条件应包括与贷款同比例的资本金已足额到位、项目实际进度与已投资额相匹配等要求。

银行可以对借款人相关账户实施监控，必要时可约定专门的贷款发放账户和还款准备金账户。同时，银行可以要求借款人在合同中对与贷款相关的重要内容做出承诺，承诺内容应包括：

(1) 贷款项目及其借款事项符合法律法规的要求。

(2) 及时向银行提供完整、真实、有效的材料。

(3) 配合银行对贷款的相关检查。

(4) 发生影响其偿债能力的重大不利事项及时通知银行。

(5) 进行合并、分立、股权转让、对外投资、实质性增加债务融资等重大事项前征得银行同意等。

4) 贷款发放和支付

贷款审批通过后，根据信贷业务审批流程，提交相关材料进行逐级审批，审批完成后交由会计部门审核并放款。

与流动资金贷款不同的是，固定资产贷款单笔金额超过项目总投资 5%或超过 500 万元人民币的贷款资金支付，应采用贷款人受托支付方式。

采用贷款人受托支付的，银行应在贷款资金发放前审核借款人相关交易资料是否符合合同约定条件。银行审核同意后，将贷款资金通过借款人账户支付给借款人交易对手，并应做好有关细节的认定记录。采用借款人自主支付的，银行应要求借款人定期汇总报告贷款资金支付情况，并通过账户分析、凭证查验、现场调查等方式核查贷款支付是否符合约定用途。

需注意的是：在固定资产贷款发放和支付过程中，银行应确认与拟发放贷款同比例的项目资本金足额到位，并与贷款配套使用。

在贷款发放和支付过程中，借款人出现以下情形的，银行应与借款人协商补充贷款发放和支付条件，或根据合同约定停止贷款资金的发放和支付：

(1) 信用状况下降。

(2) 不按合同约定支付贷款资金。

(3) 项目进度落后于资金使用进度。

(4) 违反合同约定，以化整为零等方式规避银行受托支付。

5) 贷款回收

贷款发放后，银行通过动态关注借款人和项目发起人的履约情况及信用状况、项目的建设和运营情况、宏观经济变化和市场波动情况、贷款担保的变动情况等信息，对固定资产投资项目的收入现金流以及借款人的整体现金流进行动态监测，及时了解借款人的还款能力。贷款到期若未能及时还款，则采取相应的措施追偿。

4.2.5 项目贷款

1. 项目贷款的概念

项目贷款是指为某一特定工程项目融通资金发放的贷款，如用于建造一个大型生产装置、基础设施、房地产项目或其他项目。

项目贷款一般是中长期贷款，主要有以下几种贷款：

(1) 基本建设贷款。基本建设贷款是指用于经国家有权部门批准的基础设施、市政工程、服务设施和以外延扩大再生产为主的新建或扩建生产性工程等基本建设而发放的贷款。

(2) 技术改造贷款。技术改造贷款是指用于现有企业以内涵扩大再生产为主的技术改造项目而发放的贷款。

(3) 科技开发贷款。科技开发贷款是指用于新技术和新产品的研制开发、科技成果向生产领域转化或应用而发放的贷款。

(4) 商业网点贷款。商业网点贷款是指商业、餐饮、服务企业，为扩大网点、改善服务设施，增加仓储面积等所需资金，在自筹建设资金不足时向银行申请的贷款。

(5) 并购贷款。并购贷款是指商业银行向并购方或其子公司发放的，用于支付并购交易价款的贷款。并购贷款是一种特殊形式的项目贷款。

(6) 房地产贷款。房地产贷款是指与房地产开发、经营、消费活动有关的贷款。包括土地储备贷款、房地产开发贷款、个人住房贷款、商业用房贷款等。

(7) 项目融资。项目融资是指符合以下特征的贷款：

① 贷款用途是用于建造一个或一组大型生产装置、基础设施、房地产项目或其他项目，包括对在建或已建项目的再融资。

② 借款人通常是为建设、经营该项目或为该项目融资而专门组建的企事业法人，包括主要从事该项目建设、经营或融资的既有企事业法人。

③ 还款资金来源主要依赖该项目产生的销售收入、补贴收入或其他收入，一般不具备其他还款来源。

2. 项目评估

项目评估是银行客观地了解、评价项目，提高信贷决策效率的一种有效的途径，是从银行角度对项目的可行性、存在的问题和发展前景等进行判断，为贷款决策提供科学依据的方法。

1) 项目评估的内容

项目评估涉及的内容比较多，具体如表 4-5 所示。

表 4-5　项目评估主要内容

评估事项	主 要 内 容
项目建设的必要性评估	● 项目的所属行业目前的整体状况、发展趋势分析 ● 项目的产业政策分析，是否符合相关的法律规定、是否与国家经济产业布局相吻合、是否需要审批 ● 项目市场竞争力分析，项目产品的市场需求分析、产品的市场竞争力及相关的销售渠道分析
项目建设的配套条件评估	● 项目建设所需的资源是否能满足、原材料的供应是否充足 ● 项目选址是否合理、土地使用权是否经过审批 ● 项目的是否符合相关的环保要求 ● 项目的配套设施是否同步建设
项目技术评估	● 项目所采用的技术是否先进、是否与其他达成条件相配套 ● 项目所选择的设备是否合理，是否与采用的技术相协调
借款人及股东情况	● 借款人通常是为建设、经营该项目或为该项目融资而专门组建的企事业法人，包括主要从事该项目建设、经营或融资的既有企事业法人 ● 项目股东的经济实力、风险承受能力以及生产经营状况

续表

评估事项	主 要 内 容
项目财务评估	● 项目投资的估算与资金筹措方案是否合理 ● 项目的财务数据是否符合国家相关规定 ● 项止的盈利能力和还款能力评估
项目担保评估	● 项目所提供的担保是否合法、有效及足额 ● 项目风险在借款人、出资人、承包方、施工方间是否合理分配项目所面临的风险是否得到有效控制
项目融资方案	● 根据有关法律法规，结合项目的风险水平，合理确定贷款的金额、期限、利率、还款方式等要素
银行效益性评估	● 银行通过项目贷款的效益性评估

2) 项目评估方法

项目评估方法主要有静态分析法与动态分析法。

静态分析法是在初步审查贷款项目、测定其经济效益时采用的一种相对简单的分析方法。该方法不考虑项目的经济寿命和货币的时间价值。其主要指标有投资利润率、投资纯收入率、投资回收期和贷款偿还期。

动态分析法是对大型项目进行评估的主要方法。基本方法是把项目寿命周期内所有投资和逐年收益，放在项目开始时的起点上，用复利方法折算现值进行比较，分析项目投资的回收年限和盈利能力，以及能够承受各种风险的最大限度，用以判断项目是否可行。动态分析法预测的准确度较高，实用性较强，分析的主要指标是净现值、净现值率和内部报酬率等。

3) 所需资料

项目前期评级需要提供的资料有营业执照、税务登记证、组织机构代码证、法人身份证、公司章程、验资报告、公司简介、近三年审计报告、最近一期的财务报表等。

项目评估时需要提供的资料包括：项目立项批复、涉及土地的，需提供土地使用证、用地规划许可证、工程规划许可证、施工许可证、用地批准意见书(简称四证一书)，环境影响评价报告及批准文件、特殊行业批准文件、项目可行性分析报告、土地购买合同、规划图、相关缴费证明、拟提供的抵押物资料及其他和项目相关材料等。

3. 项目融资

1) 项目融资的概念

项目融资，是指符合以下特征的贷款：

(1) 贷款用途通常是用于建造一个或一组大型生产装置、基础设施、房地产项目或其他项目，包括对在建或已建项目的再融资。

(2) 借款人通常是为建设、经营该项目或为该项目融资而专门组建的企事业法人，包括主要从事该项目建设、经营或融资的既有企事业法人。

(3) 还款资金来源主要依赖该项目产生的销售收入、补贴收入或其他收入，一般不具备其他还款来源。

2) 项目融资的风险评价

项目融资业务面临的风险包括建设期风险和经营期风险，主要包括政策风险、筹资风险、完工风险、产品市场风险、超支风险、原材料风险、营运风险、汇率风险、环保风险和其他相关风险。

项目融资风险评价体系以偿债能力分析为核心，重点从项目技术可行性、财务可行性和还款来源可靠性三个方面评估项目风险，并结合政策变化、市场波动等不确定因素对项目的影响，合理预测项目的未来收益和现金流。

3) 项目融资操作要点

根据项目融资在不同阶段的风险特征和水平，银行可以采用不同的贷款利率。

银行可以要求将符合抵质押条件的项目资产或项目预期收益等权利为贷款设定担保，并可以根据需要，将项目发起人持有的项目公司股权为贷款设定质押担保。

银行可以要求成为项目所投保商业保险的第一顺位保险金请求权人，或采取其他措施有效控制保险赔款权益。

多家银行业金融机构参与同一项目融资的，原则上应当采用银团贷款方式。

贷款资金发放与支付、重大违约事项等项目融资合同条款，与固定资产贷款类似。

知识链接

授信调查报告的写作

授信调查的深度和客观程度与信贷人员的尽职责任与豁免成正相关关系。内容充实完整的授信报告不仅是授信审批时的重要参考，还是外部监管、贷后管理的重要依据。

授信报告写作的一般要求有如下几点：

(1) 遵循格式，灵活运用。一般来说，各大商业银行授信业务都有相应的授信报告模板，信贷人员上交的授信报告要遵循其格式要求。同时，也要灵活深入的说明业务信息。

(2) 措辞严谨，要素齐全。授信报告作为内部管理、外部监管审计的重要资料，其措辞要严谨，用语要准确，相关的信息要披露齐全。

(3) 表述客观，分析深入。对于客户相关信息的表达要客观公正，不能为了顺利审批通过，避重就轻，相关的分析要深入透彻。

(4) 简明扼要，突出重点。调查报告不必过于详尽，例如企业经营范围、法人简介等，突出重点描述即可。

(5) 把握政策，确保合规。业务要紧跟行业政策管理的要求、监管机构的要求和行内相应政策的要求，重点分析。如房地产开发贷款的资本金与四证的基本要求、信用等级的风险管理要求等。

授信调查报告的内容一般分为以下几个部分：

(1) 申请人的基本情况。本部分包括申请人的基本信息、经营范围、业务资质、公司性质、历史沿革、股东构成、主营业务简介、主要负责人情况简介、关联企业情况介绍、与银行合作的情况等。其中，与银行合作的情况主要包括与申请授信银行的合作情况和与其他商业银行的合作情况。

与申请授信银行的合作情况方面，如果申请人是银行的存量授信客户，则需要说明上一轮授信的时间、授信业务基本情况与授信使用情况、现有业务余额、在授信银行的风险等级及结算情况等。

如果是银行的潜在客户，则需要说明银行介入的背景。

与其他商业银行的合作情况方面：

(1) 首先需要通过征信系统查询企业目前未结清的贷款、承兑汇票、贴现、贸易融资、对外保证担保的情况和是否存在不良、欠息、诉讼等。其次说明申请人与其他银行的合作情况，列明授信银行、金额、期限、利率、担保方式等。同时，说明申请人对外担保的情况及关联企业银行融资情况。若有其他需要说明的事项，如企业获得的荣誉等也可以说明。

(2) 申请人所属的行业分析。一方面从行业整体的角度分析行业的经营状况、发展前景、受国家政策支持的程度、行业的周期性、行业盈利能力、行业依赖性和对行业的监管等；另一方面从申请人本身的角度分析申请人及所属集团在行业内的市场占比、经济实力、行业地位等，同时简要介绍其主要竞争对手的基本情况。此部分需要注意的是，行业分析要客观，面临的优势与弱势、风险与风险化解能力要阐明。

(3) 申请人的经营情况。其经营情况主要包括企业整体的经营情况、生产分析、供应分析、销售分析、管理分析及其他需要说明的情况。

企业整体经营情况应该包括主营业务及产品特点、经营方式、市场地位等。

生产分析应分析主体设备的先进性、设备的折旧情况、生产工艺的流程化程度、土地厂房是否自有、订单情况等。

供应分析要说明生产过程中的主要原材料及其占比，结合经营数据分析企业采购渠道的稳定性、供应价格的变动、结算方式等。这部分可以查看供货合同、供货单据、付款单据。

销售分析主要是分析主要产品的营销方式、销售模式、定价能力、上下游客户及主要销售量及其变化情况分析。

管理分析着重分析企业的管理模式、组织架构、决策层的领导风格等，可以结合主要决策层的从业经历、行业经验、业务水平等进行分析。

在说明企业的经营情况时，需要说明企业的竞争优势及劣势。

(4) 申请人的财务分析。为了确保报表数据的真实性，信贷人员应尽量到企业实地查账并抽查原始凭证。一般要求企业出具近三年的、完整的、经审计的财务报表，包括正文和附注。

① 对重要科目及附注进行分析，着重分析其变化的原因和对企业的影响程度，对主要科目进行明细分析。

② 结合相应的指标，重点进行偿债能力分析、盈利能力分析、营运能力分析、现金流分析。其中偿债能力分析的过程中，需要对流动资产的构成、流动负债的构成等进行分析；盈利能力分析过程中，需要对收入和利润的构成和盈利能力的增长性进行分析；营运能力分析的过程中，需要对应收账款和存货的构成、期限，结合季节性因素等进行分析；现金流分析的过程中，需要根据现金结构、变化趋势等，对大幅变动或异常的情况进行解释并说明。

财务分析要突出申请人在财务层面的主要风险点和优势、劣势，并综合整体情况得出判断意见。

(5) 风险调查与评估。

① 需要说明授信用途及资金需求，根据相应测算方法测算其资金需求，并根据实际情况进行适当的调整。

② 进行担保分析，重点分析担保能力及担保意愿。分析担保人的担保动机、担保背景、担保人与申请人的关系；说明保证人及关联方的基本情况，分析保证人经营情况、净资产情况、现金流量、银行融资情况及对外担保情况。需要特别注意的是：对于互保企业，应充分考虑其可能带来的不良影响与风险。说明抵(质)押物基本情况，结合抵押品的地理位置、使用年限、土地性质、建设结构及周边参照物等分析抵(质)押物价值评估及变现能力。若担保单位的担保能力和抵(质)押物近期有变动，则需要说明其变动的原因及采取的措施。

③ 进行还款来源分析。还款能力的分析是一项重点内容，企业现金流量表是分析还款来源的重要依据。企业的还款来源一般有主营业务现金流、自偿性资金来源、非经常性项目现金流入、外部资金注入和其他。若还款来源是企业日常经营收入，则应对其还款能力进行分析；若还款来源是企业特定回款，则需要明确具体的回款或还款途径，分析还款的保障性。

④ 进行风险评估。根据以上综合分析授信业务面临的主要风险及其解决方案或建议。

(6) 综合结论及授信安排。根据以上的分析得出授信方案的部分总结性意见，确定授信额度、申请人的评级及授信安排。

资料来源：报告百科

4.3　商业银行贷款定价

合理的贷款定价不但能使银行获得较高的利润，又能被客户所接受，并能够使银行保持较强的竞争力，是商业银行贷款管理的重要内容。

4.3.1　贷款价格的构成

贷款价格的构成包括贷款利率、贷款承诺费、补偿余额和隐含价格。

贷款利率是一定时期客户向贷款人支付的贷款利息与贷款本金的比率，包括年利率、月利率、日利率、优惠利率、惩罚利率等。贷款利率是贷款价格的主体，贷款利率的确定应以收取的利息足以弥补支出并取得合理利润为依据。

贷款承诺费是指银行对已承诺给客户而客户又没有使用的那部分资金收取的费用。这是因为银行为了应付承诺贷款的要求，必须保持一定数额的流动性资产，从而产生一定的机会成本，为了弥补这部分损失，因而收取贷款承诺费。

补偿余额是银行与客户协商，借款人保持在银行账户上的一定数量的活期存款或定期存款。补偿余额的计算分为两部分：一部分是按实际贷款余额计算的补偿余额，另一部分是按已承诺而未使用的限额计算的补偿余额。

隐含价格是贷款定价中的一些非货币性的内容，主要是银行为了保证客户能够偿还贷款，在贷款协议中加的一些附加性条款，如规定融资限额及各种禁止事项等。

4.3.2 影响贷款价格的因素

商业银行传统的利润来源是利差收益。贷款的价格是商业银行利润来源的重要影响因素，影响贷款价格的因素主要有：

1. 资金供求状况

从供求角度看，在竞争性的借贷市场中，银行是贷款产品的供给者，贷款客户是贷款产品的需求者，利率即为贷款产品的价格。贷款利率由供求双方的供求关系决定，供求是影响贷款定价的最根本因素。一般来说，当贷款供大于求时，贷款价格应当降低；当贷款供不应求时，贷款价格应当适当提高。

2. 资金成本

资金的成本包括资金平均成本和资金边际成本。在市场利率条件下，以资金边际成本作为贷款定价的基础更加合理。贷款定价应实行“高进高出，低进低出”原则。

3. 业务费用

业务费用是指银行为开展贷款业务所投入的人力、物力、财力等消耗进行的补偿，包括开展业务有关的所有开支，如员工工资、办公用品、交通费等。

4. 借款人的信用状况

借款人的信用状况主要指借款人的偿还能力和偿还意愿，是影响每笔贷款的具体因素。一般来说，借款人的信用等级越高，贷款人的风险越小，贷款利率越低；反之，借款人信用等级低，贷款人的风险越大，从而贷款利率越高。

5. 银行贷款的目标收益率

由于各项资金来源不同，商业银行开展资产业务的资金成本也不同，从而资金运用时设定的目标收益率也有所差别。商业银行贷款的目标收益率也是影响贷款定价的因素之一。

6. 贷款的风险程度

贷款的风险成本是指银行为承担贷款风险而花费的费用，其受多种因素影响，如贷款的种类、贷款的期限、用途、借款人财务状况、客观经济环境的变化等。

7. 贷款期限及种类

短期贷款其流动性高，面临的不确定因素相对较少，从而风险相对较小，利率通常低；而中长期贷款的利率通常高于短期贷款利率。

此外，贷款的种类也是影响贷款定价的因素之一，通常担保贷款的利率低于信用贷款的利率。

8. 通货膨胀

实际利率 = 名义利率 – 通货膨胀率

银行的实际贷款利率为名义贷款利率扣除通货膨胀率后的利率。银行为保证目标收益率，当通货膨胀率高时，贷款利率就越高；反之，则贷款利率越低。

9．央行基准利率

央行基准利率的变化直接引起商业银行融资成本的变化，从而影响商业银行的贷款定价。

10，管理政策

相关的政策法规，如利率管理政策、贷款法规等，是影响贷款定价的法律环境因素，一定条件下甚至对贷款定价有决定性影响。

4.3.3　贷款的定价方法

银行贷款的定价方法主要有成本加成定价法、价格先导定价法和客户盈利分析法。

1．成本加成定价法

这是一种较为传统的定价模式，是指贷款的利率由四部分组成，即资金成本、贷款管理费用、风险补偿和目标收益率，用公式表示如下：

贷款利率=负债资金成本率+贷款管理费用率+风险补偿率+目标收益率

同步练习

成本加成定价法计算贷款价格

银行向某钢铁企业发放一笔人民币 1000 万元的 1 年期流动资金贷款，设定银行的筹资成本为 2.5%，发放贷款产生的管理费用为 2%，这笔贷款的违约风险损失为 3%，目标收益率为 2%，计算这笔贷款的利率。

根据公式，贷款利率 = 2.5% + 2% + 3% + 2% = 9.5%

成本加成定价法的前提条件为：

(1) 商业银行能够准确地测算各种成本，如资金成本、管理费用、风险补偿等。

(2) 商业银行能够精确地将这些成本分摊到每一项具体业务，即商业银行需要有一套完善的成本管理系统。

(3) 商业银行能够预测出贷款的违约风险、期限风险和其他风险，即商业银行要有一套完善的风险管理系统。

成本加成定价法的优点在于计算方法简便，有利于商业银行明确办理贷款时的各项成本，从而有利于确保目标利润的实现。其缺点在于未充分考虑市场竞争因素，仅从自身角度考虑贷款定价，且未考虑不同客户给银行带来的不同贡献。

2. 价格先导定价

价格先导定价是国际上银行广泛采用的一种定价模式。其具体操作程序是首先选择某种基准利率作为基价，然后对客户贷款风险程度的不同确定风险溢价(加点数或乘数)，根据基准利率和风险溢价来确定该笔贷款的实际利率，用公式表示如下：

贷款利率 = 基准利率 + 风险溢价点数

或贷款利率 − 基准利率 × 风险溢价乘数

价格先导定价方法的前提条件为：

(1) 有可供商业银行选择的基准利率，一般以银行对最值得信赖的客户发放的短期流动资金贷款时所给予的最低利率(也称优惠利率)为基准利率。随着货币市场的发展，同业拆借利率、商业票据利率等也逐渐成为基准利率的选择对象。

(2) 商业银行要准确预测出贷款的违约风险，以确定风险溢价。

与成本加成法相比，价格先导模型的优点在于不用计算资金成本，只需要选择一个合适的基准利率，再根据风险溢价确定贷款价格。同时，以市场利率水平为基础确定贷款价格，更贴近市场水平。其缺点在于未考虑商业银行自身贷款的实际成本，不利于目标利润的实现。

3. 客户盈利分析法

客户盈利分析法是将贷款定价纳入客户关系整体定价的一个组成部分，银行对贷款定价时，应综合考虑银行与客户的全面业务关系中的成本与收入，以此来确定贷款价格，用公式表示如下：

客户整体的净收入 = 总收入 − 总成本 − 目标利润

目标利润 = 资本 ÷ 总资产 × 资本的目标收益率 × 贷款额

银行为客户提供所有服务的总成本包括资金成本、所有的服务费和管理费以及贷款的违约成本。

银行获得的总收入包括客户存款的投资收入、中间业务收入和贷款的利息收入。

如果客户整体净收入大于零，则该客户的贷款申请可以批准。如果客户整体净收入小于零，则表示以现有利率水平放款，银行的目标利润无法实现，有可能导致亏损。

客户盈利分析法的优点在于体现了以客户为中心的经营理念，通过差异化的定价方法，有利于提高银行整体的盈利水平。其缺点在于需要精确测算出为每个客户服务的总成本与总收入，要求商业银行有一套完善的成本收益核算体系。

4.4 不良贷款的处理

不良贷款是指借款人未按原定的贷款协议偿还商业银行贷款本息，或有迹象表明借款人不可能按原定的贷款协议按时偿还商业银行的贷款本息而形成的贷款。

我国曾按照四级分类的标准，将不良贷款分为“一逾两呆”，即呆账贷款、呆滞贷款和逾期贷款的总和。2002 年起，按照国际通用的五级分类法，按贷款的风险程度，将贷款分为正常、关注、次级、可疑、损失五类，其中次级、可疑、损失类贷款称为不良贷款。

4.4.1 不良贷款的监测

银行发放出去的贷款在正式成为不良贷款前会有一段时间，这段时间企业的有些特征会出现异常，银行相关人员可以从以下几个特征中发现问题：

1. 财务方面的特征

借款人财务方面的特征主要有：企业存货大量积压、借款人借入资金过多、借款人未能按期支付贷款本息、应收账款金额突然增加且期限延长、流动资产占总资产的比例下降且经常不足、借款人发生经常性亏损等。

2. 非财务方面的特征

非财务方面的特征主要有：借款人突然出现重大人事变动、借款人业务性质发生重大变化、借款人劳资关系出现危机、借款人产品大规模退货、借款人陷入诉讼纠纷、借款人担保出现问题、贷款用途不符等。

4.4.2 不良贷款的处理

不良贷款的主要处理方式如图 4-13 所示。

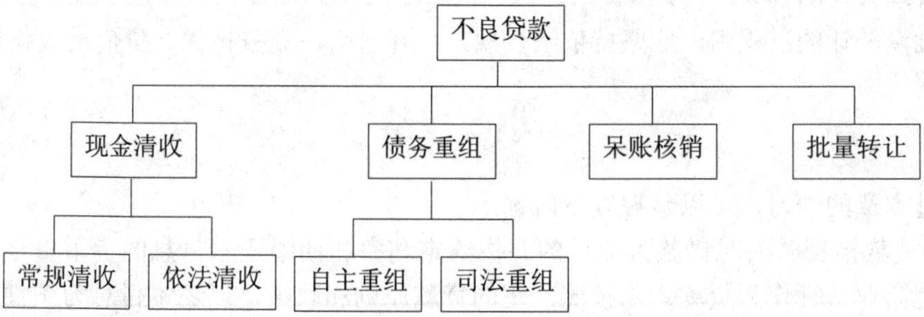

图 4-13　不良贷款的处理方式

1. 现金清收

根据是否诉诸法律，可以将现金清收分为常规清收和依法清收两种。

常规清收包括直接追偿、协商处置抵质押物和委托第三方清收等方式。在常规清收的过程中，要通过分析债务人短期和长期的偿债能力，分析债务人欠款的真正原因，利用政府、主管机关等向债务人施压，引导其还款。

依法清收的一般程序是：向人民法院提起诉讼或向仲裁机关申请仲裁，胜诉后向人民法院申请强制执行。在提起诉讼和强制执行的过程中，要注意其时效性。

2. 债务重组

债务重组是指借款企业由于财务状况恶化等原因出现还款困难，银行在充分评估贷款风险并与借款企业协商的基础上，修改或重新制订贷款偿还方案，调整贷款合同条款，控制和化解贷款风险的行为。

根据贷款银行在重组过程的地位和作用，可以将债务重组分为自主型重组和司法型重组。

自主型贷款重组的方式主要有：

(1) 变更担保条件，如将抵押或质押担保方式转换为保证。

(2) 调整还款期限，根据企业的还款能力适当地延长还款期限。

(3) 调整利率，适当的调低利率，减轻企业的还款压力。

(4) 变更借款企业，在借款企业发生合并、分立等情况时，同意将债务转移到第三方。

(5) 债务转资本，即债务人将债务转为资本，债权人将债权转为股权。

(6) 以资抵债，即将符合以资抵债条件的借款人的资产偿还债务。

司法型债务重组是指债务人不能清偿债务时，启动的破产重整。

3．呆账核销

呆账核销是指银行内部审核确认后，动用呆账准备金将无法收回或长期难以收回的贷款从账面上冲销，以使账面反映的资产和收入更加接近实际。

在呆账核销时，对于呆账的认定、呆账核销的申报与审批、核销后的管理均应符合相关的规定。

4．批量转让

商业银行不良贷款批量转让是指商业银行将一定规模的不良贷款进行打包，定向转让给资产管理公司的行为。

在批量转让的过程中，应坚持依法合规、公开透明、竞争择优、价值最大化等原则。

小　结

通过本章的学习，可以掌握以下内容：

(1) 贷款指贷款人对借款人提供的并按约定利率和期限还本付息的货币资金。商业银行贷款是商业银行作为贷款人，按照一定的贷款原则和政策，以还本付息为条件，将一定数量的货币资金提供给借款人使用的一种借贷行为。

(2) 按贷款的质量或风险程度分类，商业银行贷款可以分为正常贷款、关注贷款、次级贷款、可疑贷款、损失贷款五类。其中，正常贷款和关注贷款称为正常贷款，次级贷款、可疑贷款、损失贷款属于不良贷款。

(3) 贷款担保是指经借款人或第三人的财产为基础、能够督促借款人履行贷款债务、保障贷款债权实现的手段和措施。

(4) 保证贷款是指按《中华人民共和国担保法》规定的保证方式以第三人承诺在借款人不能偿还贷款时，按约定承担一般保证责任或者连带责任而发放的贷款。

(5) 保证方式有一般保证和连带责任保证。由于连带责任保证充分保护债权的特征，贷款合同担保一般采用连带责任担保方式。

(6) 抵押贷款是指按《中华人民共和国担保法》规定的抵押方式以借款人或第三者的财产作为抵押发放的贷款。

(7) 质押贷款是指按《中华人民共和国担保法》规定的质押方式以借款人或第三者的动产或权利作为质物发放的贷款。

(8) 单位定期存单质押贷款是指借款人以本身或第三人持有的、合法的、未到期的人民币单位定期存单作质押担保，从银行取得贷款，并按约定归还贷款本息的一种贷款。

(9) 票据贴现是指银行以购买借款人未到期的商业票据的方式发放贷款。

(10) 流动资金贷款是贷款人向企事业法人或国家规定的可以作为借款人的其他组织发放的用于借款人日常生产经营周转的本外币贷款。

(11) 固定资产贷款是指贷款人向企事业法人或国家规定可以作为借款人的其他组织发放的，用于借款人固定资产投资的本外币贷款。

(12) 固定资产贷款单笔金额超过项目总投资 5%或超过 500 万元人民币的贷款资金支付，应采用贷款人受托支付方式。

(13) 贷款价格的构成包括贷款利率、贷款承诺费、补偿余额和隐含价格。

(14) 银行贷款的定价方法主要有成本加成定价法、价格先导定价法和客户盈利分析法。

(15) 不良贷款是指借款人未按原定的贷款协议按照偿还商业银行贷款本息，或有迹象表明借款人不可能按原定的贷款协议按时偿还商业银行的贷款本息而形成的贷款。

练　　习

一、单项选择题

1．按贷款的期限，商业银行贷款可以分为活期贷款、定期贷款和(　　)。

A．通知　　B．透支　　C．定活两便　　D．协定

2．按贷款的(　　)划分，商业银行贷款可以分为信用贷款、担保贷款和票据贴现。

A．具体用途　　B．期限　　C．保障程度　　D．风险程度

3．(　　)是指银行以合法方式筹集的资金用来自主发放贷款。

A．委托贷款　　B．特定贷款　　C．项目贷款　　D．自营贷款

4．1 年期以上贷款余额与 1 年期以上各项存款余额的比率必须低于(　　)。

A．75%　　B．25%　　C．120%　　D．50%

5．根据《中华人民共和国担保法》的规定，保证方式有一般保证和(　　)。

A．独立保证　　B．共同保证　　C．最高额保证　　D．连带责任保证

6．不良贷款不包括以下哪一项(　　)。

A．关注贷款　　B．次级贷款　　C．可疑贷款　　D．损失贷款

7．抵押登记部门的登记资料不允许(　　)。

A．查阅　　B．复印　　C．带走原件　　D．抄录

二、多项选择题

1．商业银行对最大客户的贷款余额不得超过银行资本金的()，最大 10 家客户的贷款余额不得超过银行资本金的(　　)。

A．50%　　B．25%　　C．10%　　D．30%

2．保证担保的范围包括(　　)。

A．主债权及利息　　B．违约金

C．损害赔偿金　　D．实现债权的费用

3．流动资金贷款按贷款期限可分为(　　)。

A．临时贷款　　B．短期贷款　　C．中期贷款　　D．长期贷款

4．贷款价格的构成包括(　　)。

A．贷款利率　　B．贷款承诺费　　C．补偿余额　　D．隐含价格

5．抵押合同应包括以下内容(　　)。

A．抵押担保的主债权种类、数额

B．债务人履行债务的期限

C．抵押物的名称、数量、状况、所在地、产权归属

D．抵押担保的范围

E．其他约定事项

6．以下指标为流动性指标的有(　　)。

A．存贷比　B．流动性比例　C．资本充足率　D．同业拆借比例

7．关系人是指商业银行的(　　)。

A．董事　B．监事　C．信贷人员　D．配偶

三、简答题

1．简述贷款的五级分类标准。

2．简述抵押与质押的区别。

3．论述抵押贷款的风险及其防范措施。

4．简述流动资金贷款尽职调查的内容。

5．简述贷款价格的影响因素。

第5章　商业银行证券投资业务

本章目标

- 理解证券投资的作用
- 掌握证券投资的对象
- 理解证券投资的特点
- 了解证券投资的发展历程
- 掌握证券投资的风险
- 掌握证券投资的收益与风险的关系
- 掌握证券投资的政策
- 理解证券投资对象的影响因素
- 了解证券投资的策略

重点难点

重点：

- 证券投资的对象
- 证券投资的特点
- 证券投资的风险
- 证券投资的政策

难点：

- 证券投资的收益与风险的关系
- 证券投资的策略

案例导入

巴林银行是英国历史最悠久的银行之一，是世界首家“商业银行”，于 1762 年在伦敦开业，创始人是弗朗西斯·巴林，因从事国际贸易融资而致富。20 世纪初，英国女王成为其客户，素有“女王的银行”之美称。由于其卓越的贡献，巴林家族先后获得了五个世袭爵位。20 世纪 90 年代开始向海外发展，在新兴市场开展广泛的投资活动。截至 1993 年底，巴林银行的全部资产总额为 59 亿英镑，1994 年税前利润高达 15 亿美元，在世界 1000 家大银行中按核心资本排名第 489 位。

1995 年 2 月 26 日，英国中央银行英格兰银行宣布：巴林银行不得继续从事交易活动并将申请资产清理。1995 年 3 月 5 日，荷兰国际集团(ING)以 1 美元的象征价格，宣布完全收购巴林银行。

巴林银行的倒闭，其原因是 28 岁的交易员尼克·里森(Nick Leeson)在衍生性金融商品的超额交易投机失败。

里森于 1989 年 7 月 10 日正式到巴林银行工作。之前，他是摩根斯坦利银行清算部的一名职员。进入巴林银行后，由于工作出色，里森被视为期货与期权结算方面的专家。1992 年，他便出任新加坡分行期货与期权交易部门的总经理。

巴林银行原来有一个账号为“99905”的“错误账户”，这是个正常的错误账户，专门处理交易过程中因疏忽所造成的错误。1992 年夏天，伦敦总部要求里森另外设立一个“错误账户”，记录较小的错误，并自行在新加坡处理，以免麻烦伦敦的工作。受新加坡华人文化的影响，账号为“88888”的“错误账户”便诞生了。几周之后，伦敦总部要求所有的错误记录仍由“99905”账户直接向伦敦报告。“88888”错误账户已成为一个真正的“错误账户”存于电脑之中。

1992 年 7 月 17 日，里森手下一名交易员误将买进 20 手日经指数期货合约操作成了卖出，里森当晚清算时发现了这个错误，种种考虑下，里森决定利用错误账户“88888”承接这个 2 万英镑的错误。由此，一笔代理业务便衍生出了一笔自营业务，并形成了空头敞口头寸。其后在不到半年的时间里，该账户就吸收了 30 次差错。1993 年 1 月，里森手下又有一名交易员出现了两笔大额差错，亏损数额也日趋增长至 600 万英镑，以致无法用个人收入予以填平，里森被迫尝试以自营收入来弥补亏损。到 1993 年 7 月“88888”账户由于自营获利而转亏为盈。后来，他又用该账户继续吸收其他差错。结果，随着行情的不利变化，到 1994 年 7 月，亏损额增至 5000 万英镑。1994 年下半年起，尼克·里森在日本东京市场上做了日经指数期货。1995 年 1 月 26 日里森用了 270 亿美元进行日经指数期货投机。不料，日经指数从 1 月初起一路下滑，又发生了日本神户大地震，股市因此暴跌，里森所持的多头头寸遭受重创。为了反败为胜，他继续从伦敦调入巨资，增加持仓。所有这些交易均进入“88888”账户。2 月中旬，巴林总部转至新加坡 5 亿多英镑，已超过了其 47000 万英镑的股本金。1995 年 2 月 23 日，日经股价指数急剧下挫 276.6 点，收报 17885 点，里森持有的多头合约已达 6 万余份，面对日本政府债券价格的一路上扬，持有的空头合约也多达 26000 份。由此造成的损失则激增至 8.6 亿英镑，最终导致了巴林银行的倒闭。

在英国央行及有关方面的协助下，1995 年 3 月 2 日，巴林银行所有未平仓期货合约几乎全部平掉。至此，巴林银行由于金融衍生工具投资失败导致的亏损高达 9.16 亿英镑，约合 14 亿多美元。1995 年 3 月 6 日，荷兰荷兴集团(International Neder Lander Group 简称 ING)与巴林达成协议，愿出资 7.65 亿英镑(约 12.6 亿美元)现金，接管其全部资产与负债，使其恢复运作，将其更名为“巴林银行有限公司”。3 月 9 日，此方案获得英格兰银行及法院批准，ING 收购巴林银行的法律程序完成，巴林全部银行业务及部分证券、基金业务恢复运作。

5.1 证券投资的概念

证券投资是商业银行的一项重要资产业务，是资产负债表中除贷款外最大的资产，是商业银行的盈利性资产业务之一，也是银行保持流动性的重要手段。

商业银行证券投资是指商业银行将手中的货币资金用于购买股票、债券等有价证券以获取投资收益的行为。

《中华人民共和国商业银行法》规定，商业银行在中华人民共和国境内不得从事信托投资和证券经营业务，不得向非自用不动产投资或者向非银行金融机构和企业投资，但国家另有规定的除外。可以买卖政府债券、金融债券。

自 2005 年 12 月中国人民银行对商业银行投资公司债券解禁以后，我国商业银行可以投资的债券主要有政府债券、金融债券和公司债券。

5.1.1 证券投资的作用

商业银行的证券投资业务，对商业银行自身的经营管理、中央银行的宏观调控和证券市场的运行都具有重要意义。

1. 有利于商业银行自身的经营管理

商业银行进行证券投资业务，有利于其自身的经营管理，表现在以下几个方面：

1) 获取收益

获取收益是商业银行进行证券投资的首要目标。贷款业务是商业银行的主要收入来源，但在经济萧条或银行业竞争激烈的时候，通常难以找到合适的贷款对象，而进行证券投资业务，既可以充分利用暂时闲置的资金，又可以获取收益。

证券投资的收益主要来源于两部分：利息收益和资本损益。

(1) 利息收益是指银行购入一定数量的有价证券后，按照有价证券发行时确定的利率从发行者处获得的收益，如债券的票面利息收益。

(2) 资本损益也称为资本利得，是指商业银行持有的有价证券，一定期限或持有至到期以后，在出售或偿还时获得的高于购买价格的差额部分。由于证券市场的波动性，商业银行证券投资的溢价收益是不稳定的，在某种证券行情下跌时，通常会产生跌价损失。

2) 分散风险

(1) 证券投资为银行分散资产提供了贷款之外的新途径，促进了银行资产的多元化。证券投资的低风险可以分散贷款的高风险，有利于银行资产风险的均衡。

(2) 证券投资的独立性比贷款更强，贷款对象的多寡受经济形势等多种因素的影响，而银行购买证券的种类与数量由银行自主决定。此外，相较于贷款受地域限制，证券投资的范围更广，银行可以根据自身的需要投资不同期限、不同种类、不同地区的有价证券，从而实现风险分散。

3) 保持流动性

证券投资是商业银行流动性的重要保障。短期证券，尤其是短期国债是商业银行不可或缺的第二准备金，其安全性与流动性几乎与现金无异。一旦银行面临挤兑或有大量贷款需求，如果现金储备不足以应付，就可以在公开市场上变卖短期证券以满足流动性需求。

证券的流动性主要来自两部分：一部分是证券的内含流动性，是由证券的期限长短决定的；另一部分是证券的市场销售能力，是由证券能否在市场上及时变现决定的。因此，银行投资一般合理分布在不同期限的证券上，证券投资本身也做到了分散化和多样化。

4) 合理避税

商业银行证券投资大部分分布于国债和地方政府债券上，而国债和地方政府债券通常都有免税或低税率等优惠。

2. 有利于中央银行的宏观调控

商业银行作为货币市场的主要参与者，是贯彻中央银行货币政策的重要主体，其投资行为对货币政策的传导和实施至关重要。允许商业银行根据自身负债情况进行证券投资，中央银行可以改变单一依靠“再贷款”业务供给资金的方式，利用公开市场操作来调节货币供应，尤其是通过证券回购协议，灵活地对经济及货币供应量进行微调，有利于货币政策的实施。

3. 有利于证券市场的管理与稳定

商业银行作为资本市场的重要机构投资者，其资金雄厚，交易量大，是证券市场的主力军。机构投资者有一定的示范作用，监管机构对其通过适当方式引导和管理，就能够对整个市场产生较强的约束力，从而有利于对证券市场的管理。

此外，银行作为理性的机构投资者，进入证券市场能够改善证券市场的投资者结构，熨平证券市场波动，有利于证券市场的稳定。

5.1.2 证券投资的对象

通常投资工具可以分为两大类：货币市场工具和资本市场工具，如图 5-1 所示。

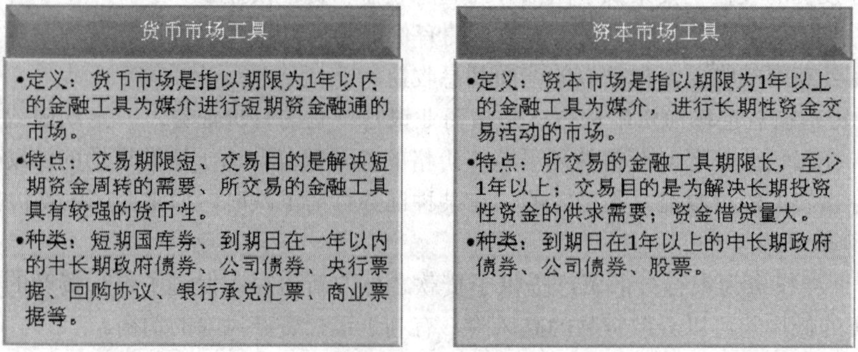

图 5-1　货币市场工具与资本市场工具

知识链接

货币市场基金

货币市场基金是指以现金、协议存款、1 年以内(含 1 年)的银行定期存款，剩余期限在 397 天以内(含 397 天)的债券，剩余期限在一年以内(含 1 年)的债券回购，剩余期限在一年以内(含 1 年)的中央银行票据，中国证监会、中国人民银行认可的其他具有良好流动性的货币市场工具为投资对象的基金。

主要具有以下特点：

(1) 部分产品通过相关机构垫资实现 T+0 赎回，投资者在一定额度内可以实现当日赎回。

(2) 开通支付和还款功能，通过第三方支付平台等，可以实现货币市场基金产品与多家银行还款账户、指定网络购物商户或生活支付平台的对接，为投资者增加生活消费的便利。

(3) 绑定银行账户，增加客户黏性。

资料来源：中国人民银行网站

商业银行证券投资与其他机构投资者的证券投资业务是有区别的。银行作为经营货币的金融机构，它的负债具有较强的流动性，且其信用状况对全社会具有影响力，如 19 世纪 30 年代美国的经济大危机，商业银行的证券投资行为起到了推波助澜的作用，因此各国对商业银行的证券投资业务有所限制，主要表现在对投资证券的范围和种类上，如美国不允许商业银行持有公司股票、从事风险过大的证券买卖等。

我国商业银行证券投资品种主要有中央政府债券、地方政府债券、政府机构债券和信誉良好、盈利状况良好的公司债券等。

1. 政府债券

政府债券包括中央政府债券、地方政府债券和政府机构债券。

1) 中央政府债券

中央政府债券是指由中央政府(一般为财政部)发行的债券。其基本特点有：

(1) 安全性较高。由于发行主体是中央政府，以国家信用为支撑，其风险较低，因而又被称为“金边债券”。

(2) 流动性较强。中央政府债券风险小，安全性较高，是各大商业银行进行流动性管理的重要工具。

(3) 作为抵押品或金融市场回购业务的对象。

(4) 收益率较高。世界上大多数国家为了吸引投资者，一般都规定投资中央政府债券免缴所得税，其实际收益率较高。

按照期限的长短，中央政府债券可以分为短期国家债券和中长期国家债券。

短期国家债券又称为国库券，是指中央政府发行的短期债券，期限一般在 1 年以内，主要用于中央财政预算平衡后的临时性开支。一般以贴现方式发行，有 1 个月、3 个月、6 个月、9 个月、12 个月等不同期限，商业银行可以从财政部或中央银行直接购买，也可以在二级市场上购买。短期国家债券是商业银行证券投资业务的主要组成部分。

知识链接

中国的国库券

中国发行国库券的历史不长，只有50多年的历史。

1950年国家发行了最早的国家债券“人民胜利折实公债”，单位定名为“分”，第一期公债总额为1亿分。第二期因国家财政经济状况好转，停止发行。公债票面分为：一分、十分、一百分、五百分四种。1950年公债的发行拉开了中国发行国库券的序幕。早期公债的发行，是新中国成立初期为了支援解放战争、统一全国、安定民生、发展经济重要措施。

1954年至1958年之间又发行了“国家经济建设公债”。1958年，国债被迫暂停。1981年，国家恢复国债的发行。

1981年以后至1996年的十多年内，发行的国库券都是实物券，面值有1元、5元、10元、50元、100元、1000元、1万元、10万元、100万元等。

1992年，国家开始发行少量的凭证式国库券。

1997年，开始全部采用凭证式和证券市场网上无纸化发行。

自1998年开始，我国停止了票面式国库券的发行。

资料来源：百度

中长期国家债券又称为公债，是指中央政府发行的中长期债务凭证，主要用于弥补中央财政预算赤字。其中，1～10年为中期债券，10年以上为长期债券。一般平价发行，为含息票证券，由财政部定期付息，到期归还本金。

由于中长期债券期限比较长，其收益率比国库券高。

2) 地方政府债券

地方政府债券又称为市政债券，是指中央政府以下的各级地方政府发行的债券，一般用于地方基础设施建设和公益事业(如教育)的发展。

按其偿还的保障，可以分为一般义务债券和收益债券。

一般义务债券通常用于提供基本的政府服务，如教育等，不与特定项目相联系，其本息偿还由地方政府税收作保证。

收益债券通常用于政府所属企业的项目，与特定的项目或部分特定税收相联系，其本息偿还以所筹资金投资项目的未来收益或政府特定的税收或补贴作保证。

地方政府债券大部分集中在本地，流通性不如国家债券。

3) 政府机构债券

政府机构债券是指除中央财政部门以外的其他政府机构所发行的证券。

政府机构债券一般可以分为以下四种：

(1) 政府各行政部门如住房建设和城市开发部、住房建筑管理局等发行的债券，其偿还的责任由中央政府完全承担。

(2) 中央政府所属的各种机构，如政策性银行、政府房地产抵押协会等所发行的债券，由中央政府间接担保

(3) 由中央政府创办但已不属于政府的各种组织、机构、企业等发行的债券，中央政府不予担保。

(4) 某些特殊地区机构发行的债券，中央政府给予担保。

目前我国将政府机构债券区分为政府支持债券和政府支持机构债券。铁道部(2013 年 3 月，铁道部实行政企分开，组建国家铁路局和中国铁路总公司)发行的铁路建设债券为政府支持债券；中央汇金公司发行的债券为政府支持机构债券。

政府机构债券通常以中长期债券为主，流动性不如国库券，但由于通常受政府担保，因此信誉较高，风险相对较低，且投资收益通常要缴中央所得税，不用缴地方政府所得税，其收益也相对较高。

2．公司债券

公司债券是指公司对外筹集资金而发行的一种债务凭证，是发行者筹集生产资金的一个重要手段。

根据公司债券的保障程度，可以分为抵押债券和信用债券。

(1) 抵押债券是指公司以不动产或动产做抵押而发行的债券。

(2) 信用债券是指公司不以公司任何资产作担保，仅凭其信用发行的债券，属于无担保证券。

由于公司债券的发行人为公司，比政府债券的安全性较低。同时，它没有像中央政府债券那样发达的二级市场，故其流动性也较低，有可能使商业银行投资于公司债券的资金被长期占用，并且公司债券大多数都需要缴纳中央和地方政府所得税，从而使公司债券的实际收益率较低。

由于公司的经营状况差异很大，且面临市场多变的风险，故公司债券的违约风险较大。许多国家为了保障商业银行证券投资的安全，会对发行债券的公司资格做出明确规定，或仅允许商业银行购买信用等级在投资级别以上的公司债券。

3．金融债券

目前，欧美很多国家将金融债券归类于公司债券，我国金融债券的管理受制于特别法规，先后制定了《全国银行间债券市场金融债券发行管理办法》和《全国银行间债券市场金融债券发行管理操作规程》，对金融债券的发行进行了规范。金融债券可以在全国银行间债券市场公开发行或定向发行，可以采取一次足额发行或限额内分期发行的方式。金融债券的发行应由具有债券评级能力的信用评级机构进行信用评级。

金融债券主要有政策性金融债券、商业银行债券、特种金融债券、非银行金融机构债券、证券公司债和证券公司短期融资券等。

4．其他种类

1) 央行票据

我国的央行票据由中国人民银行发行，期限从 3 个月到 3 年不等，以 1 年期以下的短期票据为主。我国的央行票据在银行间债券市场发行和交易，是央行进行公开市场操作的主要工具之一，主要用于央行调节基础货币供应量与市场流动性，如调剂商业银行超额存款准备金。

2) 回购协议

回购协议是指商业银行在出售证券等金融资产时签订协议，约定在一定期限后按原定价格或约定价格购回所卖证券，以获得即时可用资金；协议期满时，再以即时可用资金作相反交易。银行出售预先购回的证券的协议，买卖的价差为银行的收益。

3) 银行承兑汇票

银行承兑汇票是银行对企业提供的一种信用担保，经承兑的票据由承兑银行承担到期兑付的责任，银行收取一定的承兑手续费，可以增加银行的资产流动性，并增加银行的收益。

4) 股票

股票是一种有价证券，是股份有限公司签发的证明股东所持股份的凭证。股票与债券最主要的区别是股票没有到期日，收益不稳定，风险相对较大，故银行较少将股票作为银行的证券投资对象。

此外，商业银行还可以投资创新的金融工具，如金融期货、金融期权、资产证券化等，随着金融市场的发展及金融管制的放松，商业银行证券投资的范围将逐步扩大。

据相关统计，2012 年主要债券发行情况如表 5-1 所示。

表 5-1　2012 年主要债券发行情况

债券品种	发行额（亿元）	同比增长（%）
国债	16 860	-3.1
其中：地方政府债券	2 500	25.0
国家开发银行及政策性银行债	21 399	7.1
金融债券	4 034	14.3
公司信用类债券	35 648	60.5
其中：短期融资券	8 356	4.1
超短期融资券	5 822	159.9
中期票据	8 453	16.3
集合票据	71	36.5
中小企业区域集优票据	29	109.9
非公开定向债务融资工具	3 759	318.2
非金融企业资产支持票据	57	—
企业债券①	6 499	162.8
上市公司债券	2 550	102.1
中小企业私募债	94	—

注：①不包括铁道部发行的政府支持债券。

数据来源：中国人民银行网站

5.1.3 证券投资的特点

商业银行在经营过程中，把资金投放在各种长、短期的证券上，以获取资产收益，并保持相应的流动性。与贷款业务相比，证券投资业务具有主动性、独立性、参与性三大特点。

1. 主动性

在贷款业务中，贷款由借款人主动向银行提出申请，而贷款的批准与否、贷款额度的确定以及授信额度是否使用，主要取决于客户自身的生产经营情况，商业银行处于被动地位。

在证券投资中，投资于哪种证券、证券期限的长短以及购买的数量完全由商业银行根据自身的经济实力等因素来决定，商业银行处于主动地位。

2. 独立性

在贷款业务中，商业银行决定贷款与否，不仅需要考虑企业自身的生产经营状况，有时还需要考虑客户关系管理层面，如战略客户或集团客户，需要从业务的多元化角度来衡量。

在证券投资业务中，由于商业银行投资的是债券，需要通过债券的票面要素、债券的用途、债券的发行主体等来判断是否进行债券投资，具有较强的独立性。

3. 参与性

在贷款业务中，商业银行一般是企业的主债权人，特殊情况下，商业银行是少数债权人其中的一个，如银团贷款，商业银行贷款对企业的生产经营有一定的影响。

在证券投资业务中，由于证券可以在证券市场上自由买卖，具有较高的流动性，因而证券投资业务的参与者十分广泛，商业银行只是众多债权人中的一个，对债务人的作用十分有限。

5.1.4　证券投资的发展历程

随着金融业务的发展，证券投资业务与商业银行的发展有着密不可分的关系。

1. 西方国家商业银行证券投资的发展历程

在证券投资业务发展的初期，商业银行同时经营传统的存贷业务和证券投资业务。从 20 世纪 30 年代经济大危机爆发之后，美国、日本和英国等发达国家对商业银行的业务进行严格管制，采取分业经营的制度，而德国、瑞士等国家仍然实行混业经营。到了 20 世纪 90 年代，美国结束了分业经营，标志着西方发达国家又进入了混业经营的时代。

1) 20 世纪 30 年代以前：混业经营

在 1929—1933 年资本主义经济大危机以前，西方国家在法律上对商业银行证券投资的对象没有明确限制，商业银行经营着传统的存贷业务的同时，也经营着新兴的证券投资业务。1928 年，美国从事证券投资业务的商业银行将近 600 家，股市暴跌之前商业银行的证券投资业务的市场份额占整体市场份额 50%以上。

随着华尔街股市崩盘、大量银行和企业倒闭、无数人破产、美国的失业率达到 25%、银行信用几乎丧失，对整个世界的银行体系造成了毁灭性打击。1929—1933 年的经济大危机爆发以后，宣告着这种自由的混业经营模式的结束。

知识链接

美国 1929 年的股灾

股灾前的美国经济一派繁荣，股市交易异常活跃。1929 年夏，股票价格的增长幅度超过了以往所有年份。9月5日，股市出现了一次严重的下挫。10月21日，开市即遭恐慌性抛售，全天抛售量高达600多万股。10月24日，股价一路下滑，全天换手1289.5万股，这是史上著名的“黑色星期四”。10月29日，股价指数从386点跌至298点，跌幅达22%。当天收市，股市创造了1641万股成交的历史最高纪录。这就是史上最著名的“黑色星期二”。11月，股指跌至198点，跌幅高达48%。

著名的经济学家费雪在几天之间亏损几百万美元，从此负债累累，直到1947年去世。

1929年10月发生的纽约股灾，是美国历史上影响最大、危害最深的经济事件。

大批企业破产、银行倒闭、工业生产持续3年下降。1929—1933年，美国破产的银行达10500家、近4000美国人跳楼自杀。影响还波及英国、德国、法国、意大利、西班牙等国家，最终引发了西方资本主义国家的经济大危机。此后，全球进入了10年的经济大萧条时期。

资料来源：凤凰网

2) 20世纪30年代至20世纪80年代：分业经营

20世纪30年代的金融危机引起的世界性经济危机以后，以美国为首的西方国家吸取教训，普遍推行了极其严格的金融管制政策，明确划定了商业银行与其他金融机构之间的界限。

1933年美国总统罗斯福签署了由格拉斯参议员和亨利·斯蒂格尔众议员牵头制定的《格拉斯-斯蒂格尔法案》，限制了商业银行的业务经营范围、业务发展区域、银行与企业的关系等，如银行不能参与国债以外的证券承销、不能跨州设分行等，确立了商业银行与证券投资的分业经营制度，在二者之间设立了一道防火墙。

在此期间，除了德国全能型模式下的商业银行可以从事股票投资外，大多数国家禁止商业银行参与股票业务。

在最初的几十年间，分业经营对稳定金融体系、促进经济复苏产生了重要的影响。

知识链接

格拉斯-斯蒂格尔法案

《格拉斯-斯蒂格尔法案》又称《1933年银行法》，其主要内容有：

(一) 商业银行与投资银行分业经营的原则

《格拉斯-斯蒂格尔法案》确立了将商业银行和投资银行业务明确分开的原则。根据这一原则，所有证券代理发行、证券包售、证券分销、证券经纪人业务都属于投资银行的业务范围，由投资银行专门经营。任何以吸收存款为主要资金来源的商业银行，除了可以进行投资代理、经营指定的政府债券、用自有资金有限制地买卖股票债券以外，不能同时经营证券投资等长期性投资业务。同时，经营证券投资业务的投资银行也不能经营吸收存款等商业银行业务。从商业银行的角度讲，禁止其经营的投资银行业务主要包括：

(1) 任何商业银行不得进行代理证券发行、证券包售、证券分售、证券经纪等属于投资银行的经营活动。同时，投资银行也不得在经营证券投资活动的同时开展支票存款、存单存款等商业银行活动；

(2) 任何商业银行的职员不得同时在投资银行任职。禁止商业银行和投资银行之间成立连锁董事会;

(3) 任何商业银行不能设立从事证券投资的子公司；商业银行可以经营的证券投资活动主要是联邦政府公债、国库券和部分州政府公债以及在一定范围内的股票买卖，具体的规定有:

① 商业银行可以对美国政府和其他联邦政府机构发行的债券进行投资和买卖。经过批准，也可以投资于一些州市政府债券;

② 在不超过银行自有资本和盈余总额 15%的数量范围内，商业银行可以用自有资金进行股票、债券投资并进行买卖。但是商业银行持有、买卖的证券，必须属于证券评级标准中较高等级，即 AAA 级、AA 级、A 级和 BBB 级。这表明商业银行只能在一定比例限制内用一部分自有资金从事质量可靠的证券投资和交易，而不能动用它的存款负债去从事投资;

③ 商业银行可以通过信托业务，作为客户的代理，帮助客户进行证券投资和证券交易。

(二) 建立存款保险制度

为了保护存款人的利益，维持金融稳定，许多西方国家都通过法律形式建立存款强制保险制度，要求吸收存款的银行和其他金融机构参加存款保险，并服从存款保险制度的管理。美国根据《格拉斯-斯蒂格尔法案》建立的存款保险制度是世界上最早建立的存款保险制度。美国联邦存款保险公司就是根据《格拉斯-斯蒂格尔法案》建立的一个美国联邦政府的独立的金融管理机构。联邦存款保险公司用存款保险的方式为商业银行经营提供安全性保证，并对商业银行行使监督、管理的职能。《格拉斯-斯蒂格尔法案》把建立联邦存款保险公司的目的表述为:

(1) 重建公众对银行体系的信心;

(2) 保护存款者利益;

(3) 监督并促使银行在保证安全的前提下进行经营活动。

(三) 对存款利率实行限制

《格拉斯-斯蒂格尔法案》规定，商业银行对活期存款不支付利息，即利息为零，后改为实行利率最高限额控制。从 20 世纪 30 年代初到 1980 年公布实行《放松管制法》以前，美国一直都实行存款利率最高限额管理。利率最高限额管理的主要内容是:

(1) 所有联邦储备体系的成员银行和在联邦存款保险公司投保的非会员银行以及其他吸收存款的金融机构都是存款利率最高限额的管理对象;

(2) 由联邦储备委员会、联邦存款保险公司和联邦住房放款银行委员会共同商议，决定各项存款利率的最高限额;

(3) 联邦储备委员会负责管理监督所有会员银行的存款利率，不得超过规定的限额；联邦存款保险公司和联邦住房放款委员会负责管理监督所有参加保险的非会员银行和其他金融机构的存款利率。

资料来源：当代经济科学，1997 年第 2 期，

《美国二十年代的经济危机与格拉斯-斯蒂格尔法》，马俊起

3) 20世纪80年代以后：混业经营

自20世纪60年代开始，分业经营的商业银行出现了前所未有的困难，如美国没有经营网络遍布全美的商业银行，在全球同行按资产规模排名中，美国的商业银行进不了前十名，其资产规模甚至比不上美国制造业集团下属的财务公司。

进入20世纪80年代以后，金融创新的迅速发展和计算机信息技术的突飞猛进，越来越多的公司通过发行股票和债券等证券工具在资本市场上获取发展资金。然而，由于分业经营的限制，商业银行的客户不断流失，利润大幅下降。此外，随着金融自由化和经济全球化的浪潮席卷全球，分业经营的商业银行更是面临着非银行金融机构和其他全能型商业银行的双重压力，要求放松金融管制的呼声越来越高。西方发达国家先后恢复了混业经营模式：

(1) 1986年，英国首先恢复了混业经营模式。

(2) 1993年1月，正式实施欧盟《第二号银行指令》，欧盟内相互承认的商业银行可以直接或通过子公司经营包括证券承销与买卖、衍生金融工具交易等十三类业务。

(3) 90年代中期，日本恢复了混业经营。

(4) 1999年，美国议会表决通过了《金融服务现代化法案》，以法律形式确定了商业银行可以以混业经营的方式从事证券投资业务，标志着实行了六十多年的分业经营制度彻底结束。

2. 我国商业银行证券投资的发展历程

新中国成立以后至改革开放前，我国实行大一统的金融体系，中国人民银行同时经营着中央银行和商业银行的所有业务。1983年开始，中国人民银行拆分，相继成立了中国银行、中国农业银行、中国建设银行、中国工商银行四家专业银行，中国人民银行转变为中央银行，建立了金融机构二元体系。随着金融市场的不断发展，证券公司等非银行金融机构的设立及相关法律法规的颁布与实施，我国商业银行的经营业务也在不断变化与发展。

改革开放以后，我国商业银行证券投资业务的发展大致可以分为以下几个阶段：

1) 20世纪80年代—20世纪90年代初期：混业经营的初期

1979年到1984年是我国金融制度变迁的起步阶段，四大专业银行的成立以及中国人民银行中央银行的职能转变，使我国进入资本市场探索的初期。

(1) 1979年10月，中国国际信托投资公司成立。

(2) 1980年7月，《国务院关于推动经济联合的暂行规定》表示：银行要试办信托业务。

(3) 1980年9月，中国人民银行总行下发《关于积极开办信托业务的通知》，要求各分行利用银行网点多开办信托业务。

(4) 1982年4月，国务院《关于整顿国内信托投资业务和加强更新改造资金管理的通知》规定，除国务院批准和国务院授权单位批准的投资信托公司以外，各地区、各部门都不得办理信托投资业务。

(5) 1985年12月，中国人民银行下发《金融信托投资机构资金管理暂行办法》。

(6) 1986年4月，中国人民银行下发《金融信托投资机构管理暂行规定》。

(7) 1987 年，中信集团成立中信实业银行(现为中信银行)。

(8) 1992 年，邓小平南巡讲话，强调发展资本市场。

随着相关政策的制定和实施，我国金融管制的进一步放松，股票和房地产市场迅速扩张，股份制银行和非银行金融机构迅速增加，商业银行证券投资业务开始蓬勃发展，如中信集团分别成立了中国国际信托投资公司、中信实业银行，以金融控股集团的模式开展混业经营。

2) 20 世纪 90 年代中后期：分业经营

20 世纪 90 年代初期，由于监管缺失，商业银行通过信托公司将客户的存款用于证券投资，造成严重脱媒，也给商业银行带来了巨大的风险。1990 年，上海证券交易所和深圳证券交易所分别成立，为金融市场的发展奠定了基础。随着 1992 年的金融过热，金融秩序比较混乱，1993 年，国务院明确提出分业经营和管理的原则。随后颁布了一系列的法律，把分业经营的框架构建起来：

(1) 1992 年 10 月，中国证监会成立，依法对全国证券期货市场进行集中统一监管。

(2) 1995 年 5 月，第八届全国人大常委会通过《中华人民共和国商业银行法》。

(3) 1995 年 6 月，第八届全国人大常委会通过《中华人民共和国保险法》。

(4) 1998 年 12 月，第九届全国人大常委会通过《中华人民共和国证券法》。

(5) 1998 年 11 月，成立中国保监会，依法统一监督管理全国保险市场。

(6) 2003 年 4 月，成立中国银监会，依法统一监督管理银行业金融机构。

在此阶段，我国商业银行的证券投资业务纷纷剥离出来，并相继成立了一些证券公司，证券公司成了证券投资业务的主体。同时，金融控股集团模式一直存在并快速发展，中信集团是典型代表，旗下中信银行和中信证券分别通过不同的法人主体经营商业银行和证券投资业务。此外，中国银行的子公司——中银国际、中国建设银行和摩根斯坦利等多家金融机构合资成立的中国国际金融有限公司分别从事证券投资业务等。

分业经营有效控制了商业银行的经营风险，对稳定金融市场起到了促进作用。

3) 21 世纪初期至今：混业经营趋势

进入 21 世纪以后，一方面，随着证券市场的发展，商业银行传统业务的利润空间逐步缩小，由于分业经营的限制，商业银行金融创新能力较低；另一方面，中国加入 WTO，金融市场逐步对外开放，商业银行将面临外部商业银行的冲击。因此，顺应经济全球化的浪潮，逐步放松金融管制，是中国金融业发展的迫切问题。

2005 年 2 月，中国人民银行、中国银监会、中国证监会共同发布了《商业银行设立基金管理公司试点管理办法》，规定商业银行可直接投资设立基金公司，对混业经营制度在我国的实行奠定了基础。

此后，商业银行纷纷在内部设立投资银行部或成立证券公司作为子公司来开展证券投资业务，使商业银行的中间业务收入大幅增加，由此迎来了商业银行证券投资业务高速发展的时期。

3．我国商业银行证券投资的发展现状

1) 我国商业银行证券投资的发展规模

我国商业银行的证券投资业务从 20 世纪初期开始了飞速发展，各商业银行内部分别

成立了相关部门或相关子公司开展证券投资业务，证券投资业务的总体规模不断扩大。

本节选取几家大型商业银行和股份制商业银行的 A 股年报数据来分析我国商业银行证券投资业务的发展，如图 5-2、图 5-3 所示。(注：中行——中国银行、工行——中国工商银行、建行——中国建设银行、农行——中国农业银行、招商——招商银行、中信——中信银行、民生——民生银行、央行——中国人民银行、银行及非银行——银行及非银行金融机构、同业及其他——同业及其他金融机构)

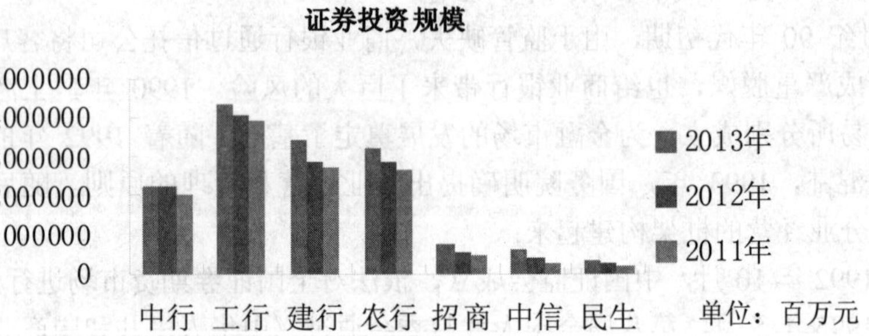

图 5-2　2011—2013 年商业银行证券投资业务规模

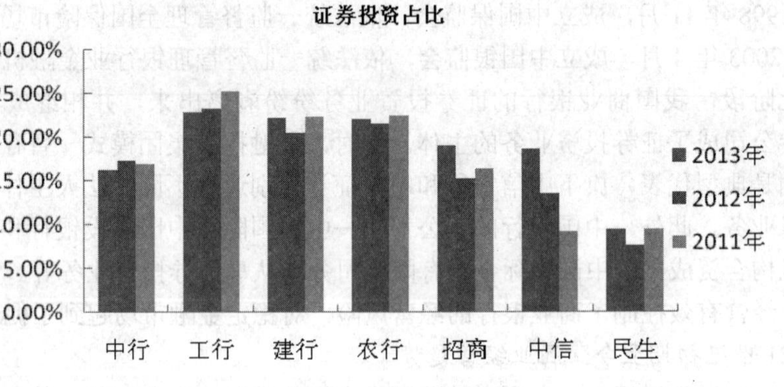

图 5-3　2011—2013 年商业银行证券投资业务占比

从总量看，我国商业银行证券投资业务的总体规模逐年上升，其中大型商业银行处于前列。在大型商业银行中，中国工商银行的证券投资业务规模处于领先地位，近三年一直保持在 4 万亿左右，2013 年末达到 4.3 万亿元，比 2012 年增长 5.8%。中国建设银行和中国农业银行次之，2013 年投资业务规模均突破 3 万亿元。中国银行投资业务规模达到 2 万亿元。股份制商业银行的投资业务规模在 1 万亿以下。

从占比看，大型商业银行整体上降中有升，除中国银行外，大型商业银行的证券投资业务占比相对较高，均超过 20%。股份制商业银行增速较快，2013 年，中信银行证券投资业务占比达 18.67%，接近 2011 年的 2 倍；招商银行证券投资业务占比 19.03%，首次超过中国银行。

2) 我国商业银行证券投资业务的构成

我国现阶段商业银行证券投资业务主要投资于债券、权益工具、基金及其他，其中投资于债券的比例较高，如图 5-4 所示。

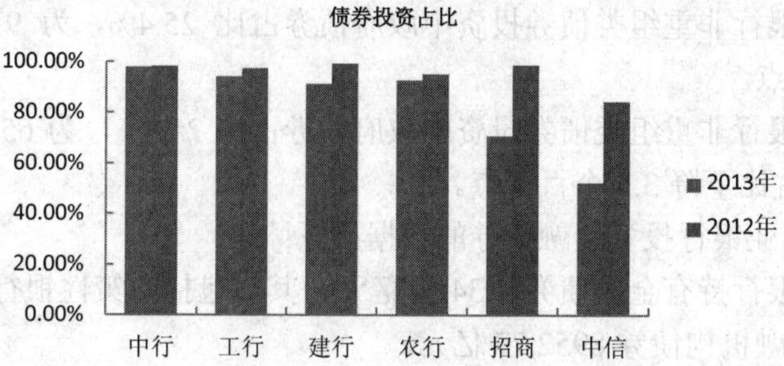

图 5-4　商业银行 2012—2013 年债券投资的占比

目前，我国商业银行投资于债券的比例较高，大型商业银行债券投资的比例均超过 90%，高于股份制商业银行，如图 5-4 所示。从上图可以看出，债券投资占比整体呈下降趋势，股份制商业银行债券投资占比下降较快，表明商业银行证券投资业务呈现出多元化发展。

在债券投资的构成中，中国建设银行和中信银行债券投资的构成分别如图 5-5、图 5-6 所示。

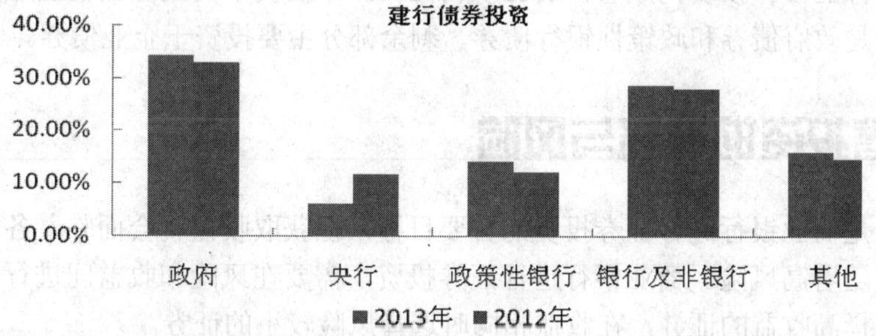

图 5-5　中国建设银行债券投资的构成

图 5-6　2012—2013 年中信银行债券投资的构成

在债券投资的构成中，政府债券和金融债券的占比相对较高，且呈现出上升趋势。大型商业银行投资于政府债券的占比较高，2013 年数据如下：

(1) 中国建设银行投资政府债券超过 1 万亿，占债券投资总额的 34.51%，较 2012 年上升 1.5 个百分点。

(2) 中国银行投资内地政府债券 7753 亿元，占债券投资总额的 34.36%，投资公共实体及准政府债券 290 亿元。

(3) 中国工商银行非重组类债券投资中政府债券占比 25.4%，为 9763 亿元，较 2012 年上升近 2 个百分点。

(4) 中国农业银行非重组类债券投资中政府债券占比 25.8%，为 6522 亿元，总量基本与 2012 年持平，占比下降 3.5 个百分点。

2013 年大型商业银行投资金融债券的数据如下：

(1) 中国建设银行持有金融债券 1.34 万亿元，其中包括政策性银行债券 4458.50 亿元和银行及非银行金融机构债券 8952.77 亿元。

(2) 中国银行投资于政策性银行债券 3382.14 亿元，占比 14.99%，投资于金融机构债券 14.05 亿元。

(3) 中国工商银行持有金融债券 1.86 万亿元，其中包括政策性银行债券 1.68 万亿元和同业及非银行金融机构债券 1831.78 亿元。

(4) 中国农业银行投资金融债券 1.35 万亿元，其中包括政策性银行债券 1.23 万亿元，同业及其他金融机构债券 1201.31 亿元。

从中信银行的债券投资构成看，2012 年、2013 年投资于同业及其他金融机构的占比占首位，其次是政府债券和政策性银行债券，剩余部分主要投资于企业债券。

5.2 证券投资的收益与风险

获取收益是商业银行进行证券投资的首要目标，但获取收益就会面临着各种风险，通常高收益也伴随着高风险。商业银行进行证券投资，需要在风险和收益间进行权衡，即在风险相同时选择高收益的证券，在收益相同时选择风险较小的证券。

5.2.1 证券投资的收益

商业银行证券投资的收益是指商业银行从事证券投资业务获得的报酬。由于商业银行进行证券投资主要是投资债券，本节主要介绍债券收益。

1. 债券收益的构成

债券的收益主要有三部分：债券利息、资本损益和再投资收益。

1) 债券利息

债券的利息是债券发行时就确定的，一般不会发生变动(除保值贴补债券和浮动利率债券外)，主要取决于债券的票面利率和付息方式。

债券的票面利率也称名义利率，一般都是年化收益率，是指一年的利息占票面金额的比率，通常用百分数表示。

票面利率对发行者的筹资成本和投资者的收益有重要影响，受借贷资金市场利率水平、筹资者的资信状况、债券期限长短等因素的影响。

债券的付息方式是指发行人在债券的有效期内，何时或分几次向债券持有者支付利息，主要有折扣利息、一次付息和分期付息。

(1) 折扣利息又称贴水发行，是以低于债券票面金额的价格进行发行，到期后按票面金额支付，其差额即为支付的利息。

(2) 一次付息是债券到期后一次还本付息。

(3) 分期付息又称息票方式，是在债券到期前按约定的日期分次付息，到期再偿还本金。分期付息一般有按年付息、按半年付息、按季付息三种。对于投资者来说，在票面利息不变的条件下，分期付息可以获得利息再投资的收益。

我国目前的国库券、企业债券、金融债券等，大多是到期一次付息。

2) 资本损益

资本损益又称资本利得，是指商业银行持有的债券，其买入价与卖出价或到期偿还额之间的差额。当债券的买入价低于卖出价或到期偿还价时，为资本溢价；当债券的买入价高于卖出价或到期偿还价时，为资本损失。由于债券市场价格的波动，债券投资有可能获得收益，也有可能遭受亏损。

3) 再投资收益

再投资收益是将投资债券所获现金流量进行再投资的利息收入，主要是指分期付息的债券，将分期获得的利息再投资而获得的利息收入。再投资收益受偿还期限、息票收入和市场利率的影响。

2．债券投资收益的衡量指标

(1) 票面收益率。

$$\text{票面收益率} = \frac{\text{年利息收入}}{\text{票面面额}} \times 100\%$$

票面收益率又称名义收益率。若投资者将债券持有至到期，则其所获的投资收益率与名义收益率是一致的。

(2) 当期收益率。

$$\text{当期收益率} = \frac{\text{年利息收入}}{\text{债券购买价格}} \times 100\% = \frac{\text{债券面值} \times \text{票面利率}}{\text{债券购买价格}} \times 100\%$$

当期收益率又称直接收益率，是指债券年利息收入占投资总额的比率。

从以上公式可以得出，以低于票面面值的价格投资于债券时，当期收益率高于票面利率；以高于票面面值的价格投资于债券时，当期收益率低于票面利率。

同步练习 1

当期收益率的计算

某种债券的面值为 1000 元，年利率 5%，每年付息两次，到期一次偿还本金。现以 980 元的价格面向社会公开发行。求此债券投资者持有至到期时可获得的当期收益率。

根据以上公式可以得出：$\text{当期收益率} = \frac{1000 \times 5\%}{980} \times 100\% = 5.1\%$

若此债券平价发行，即以 1000 元发行，则其当期收益率就是债券的名义收益率，即年利率 5%。

(3) 持有期收益率。

$$持有期收益率=\frac{年利息+\dfrac{卖出价格-买入价格}{持有年限}}{买入价格}\times100\%$$

当期收益率没有考虑资本损益，持有期收益率综合考虑了利息收入和资本损益。需要注意的是，此公式中没有考虑货币的时间价值，复合收益率本节不作讲解。

同步练习 2

持有期收益率的计算

沿用练习 1 案例，若债券投资者持有此债券至第一年末，以 990 元的价格在市场上出售，求此债券投资者的持有期收益率。

$$持有期收益率=\frac{1000\times5\%+\dfrac{990-980}{1}}{980}\times100\%=6.12\%$$

(4) 到期收益率。

$$到期收益率=\frac{年利息+\dfrac{票面价值-购买价格}{距到期年限}}{购买价格}\times100\%$$

到期收益率综合考虑了票面收益、票面价值、购买价格及到期期限等因素，比较全面。需注意的是，本公式中也没有考虑复利和货币时间价值的影响。

同步练习 3

到期收益率的计算

沿用练习 1 案例，若投资者购买此债券两年后到期，债券如期以 1000 元偿还，求此债券投资者的到期收益率。

$$到期收益率=\frac{1000\times5\%+\dfrac{1000-980}{2}}{980}\times100\%=6.12\%$$

5.2.2 证券投资的风险

商业银行是经营风险、管理风险的金融机构，其证券投资业务面临各种各样的风险。

风险是由于未来收益的不确定性而产生的预期收益损失的可能性。证券投资的风险是指证券预期收益变动的可能性及变动幅度。与证券投资相关的风险称为总风险，可以分为系统风险与非系统风险，如图 5-7 所示。

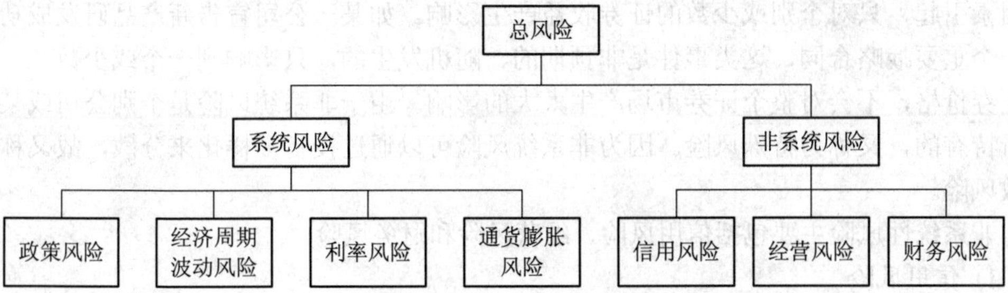

图 5-7　证券投资的风险

1．系统风险

系统风险是指由于某种全局性的共同因素引起的投资收益的可能变动，这种因素以同样的方式对所有证券的收益产生影响，如战争、经济衰退、通货膨胀等非预期的变动，对证券收益都会有影响。由于系统风险影响着整个市场，又称为市场风险。因为系统风险没有有效的方法消除，故又称为不可分散风险。

系统风险主要包括政策风险、经济周期波动风险、利率风险、通货膨胀风险。

1) 政策风险

政策风险是指有关证券市场的政策发生重大变化或是有重要的法规、举措出台，引起证券市场的波动，从而给投资者带来的风险。

随着证券市场的发展，证券投资面临的政策环境和市场环境都在发生着重大变化，承担的风险也在相应的增加。由于证券市场的特殊性，与社会经济的其他部门、整体经济发展水平等息息相关，政府依靠证券市场政策规范、管理整个证券市场。政府的经济政策和新出台的管理方案可能会造成证券收益的损失。证券交易政策的变化，可以直接影响证券的价格。

2) 经济周期波动风险

经济周期波动风险是指证券市场行情周期性变动而引起的风险。

证券行情变动受多种因素影响，但其长期趋势主要受经济周期波动的影响。如在看涨市场，随着经济的回暖，股票交易逐渐活跃，股票价格可能持续上涨并维持一段时间；在看跌市场，随着经济走向衰退，股票价格也呈现出下跌的趋势。

3) 利率风险

利率风险是市场利率变动引起证券投资收益变动的可能性。

市场利率的变化通过影响证券价格来影响证券投资的收益。当市场利率提高时，之前发行的尚未到期的债券利率相对偏低，投资者继续持有债券则会承担利息损失，若出售债券又可能会遭受价格损失。利率风险是固定收益债券、政府债券的主要风险。

4) 通货膨胀风险

通货膨胀风险又称购买力风险，是由于通货膨胀、货币贬值给投资者带来实际收益水平下降的风险。

发生通货膨胀的情况下，一般物价水平持续的上涨，证券市场也难免会受其影响。此时，证券投资的实际收益率要扣除通货膨胀率的影响，故也影响到证券投资的收益。

2．非系统风险

非系统性风险是指只针对某个行业或个别公司的证券产生影响的风险，通常由某一特殊因素引起，只对个别或少数的证券收益产生影响。如某一公司宣告新产品研发成功或签订一个重要战略合同，这类事件是非预期的、随机发生的，只影响到一个或少数几个公司的证券价格，不会对整个证券市场产生太大的影响。由于非系统风险是个别公司或某个行业所特有的，又称为特殊风险。因为非系统风险可以通过投资多样化来分散，故又称为可分散风险。

非系统性风险主要包括信用风险、经营风险和财务风险。

1) 信用风险

信用风险又称为违约风险，是指证券发行人在证券到期时无法还本付息而使投资者遭受损失的风险。

信用风险主要针对债券，是债券投资的主要风险，对于股票只有在公司破产的情况下才会出现。债券的信用风险从低到高依次为中央政府债券、地方政府债券、金融债券、公司债券。信用级别越高，债券信用风险越低。因此，银行在进行证券投资时，需要参考专业评级机构对债券的评级，以便作出投资决策。

2) 经营风险

经营风险是指公司的决策人员与管理人员在经营管理过程中出现失误而导致公司盈利水平发生变化，从而使投资者预期收益下降的可能。

证券市场上交易的股票价格，从根本上反映了上市公司的内在价值，其价值是由上市公司的经营业绩来决定的。而公司本身的经营是存在风险的，如战略投资决策失误等，会引发公司倒闭的风险，从而造成投资者投资收益损失。

因此，为了防范经营风险，一般在进行债券选择时，要对公司的经营状况进行分析，了解其盈利能力和偿债能力等。

3) 财务风险

财务风险是指公司财务结构不合理、融资不当而导致投资者预期收益下降的风险，即公司可能丧失偿债能力的风险。公司财务结构不合理，如资产负债率、资产负债期限、资产负债结构不合理，均有可能引发公司的财务风险，从而引起投资者的损失。

因此，银行进行证券投资分析时，需要对公司的财务状况进行调查，分析其财务报表，了解公司的财务状况。

5.2.3 证券投资收益与风险的关系

在证券投资业务中，收益与风险是共生共存的，收益以风险为代价，风险用收益来补偿。收益与风险的本质关系可以用公式表示为

预期收益率 = 必要收益率 + 风险补偿

= 无风险收益率 + 预期通货膨胀率 + 风险补偿

理性的投资者将获得与其承担的风险相对等的收益率，即预期收益率。

无风险收益率是指投资于某一没有任何风险的投资对象而能获得的收益率，是理想化的基本收益率。

由于证券投资会面临各种风险，考虑承担这些系统性风险和非系统性风险带来的损失的可能性，投资者应获得一定的风险补偿。

证券投资的收益与风险，存在着以下规律：

(1) 对于同一种类的债券，期限长的债券比期限短的债券利率高，这是对利率风险的补偿。债券的期限越长，对市场利率的变化越敏感，同等幅度的市场利率变化引起的债券价格变动越大。这是由于债券的价格是未来收益和本金的现值之和，债券的期限越长，贴现率越低，所以债券价格的变动越大，因而利率风险对长期债券的影响大于短期债券。

(2) 对于不同种类的债券，信用等级低的债券比信用等级高的债券利率高，这是对信用风险的补偿。一般情况下，中央政府债券几乎无风险，其信用等级最高，地方政府债券信用等级略低于中央政府债券，其利率会比中央政府债券高，而金融债券利率会比地方政府债券利率高，这是对信用风险的补偿。

(3) 在通货膨胀严重的情况下，固定收益债券的票面利率会提高，或者会发行浮动利率债券，这是对购买力风险的补偿。发生通货膨胀时，货币的购买力会下降，而证券投资的收益是以货币的形式支付给投资者，因而会通过提高固定收益债券的票面利率，或者发行浮动利率债券来提高投资者的投资收益。

当然，收益与风险的内在关系很复杂，证券投资也面临着多种风险。商业银行在进行证券投资业务时，需要在风险和收益间进行权衡，在风险相同时选择高收益的证券，在收益相同时选择风险较小的证券。

5.3　证券投资的管理

商业银行进行证券投资业务，为了实现其经营管理目标，必须综合考虑证券投资的收益与风险，做出正确的投资决策，以便在控制风险的前提下，实现效益的最大化。

5.3.1　证券投资的政策

由于商业银行自身的经营状况不同，在进行证券投资时，首先需明确银行相关的投资政策，再依据投资政策制定相应的投资方案，进而选择合适的证券。商业银行的投资政策一般包括以下几个方面：

1．投资目的

在不同的发展阶段，商业银行业务发展的侧重点不同，因而证券投资也要围绕近期经营目标展开。若侧重于效益性，则在进行证券投资时就可以考虑追求高收益的证券投资方案；若侧重于流动性，则进行证券投资时就需要考虑那些信誉较高、期限比较短的证券，如短期国库券；若侧重于安全性，则进行证券投资时就需要考虑投资的分散化，综合考虑其他资产的风险性，将投资产业分散化，实现资产的多元化，通过分散投资来控制风险。

2．投资规模

由于贷款业务、证券投资业务是银行主要的两大盈利性资产，为实现其盈利目标，在进行经营管理时，通常会将资产在两大业务模块进行合理的配置，如贷款业务占 40%，证券投资业务占 20%。当然，在实际经营过程中，这个比例一般不是固定的，需要根据银行自身的资产状况，从负债业务的规模、存款的稳定性、贷款业务的质量、有价证券的变现能力等方面来综合考量，从而确定证券投资业务的总体规模，进而确定每类证券的投资规模。

3．投资期限

银行在进行证券投资业务时，需要将暂时闲置的资金加以利用，同时还需要保证银行经营必需的流动性，即需要根据银行正常经营所需要的流动性资产的数量、银行负债业务的期限结构、银行资产业务的期限结构、资产业务来源的结构特点等因素确定证券投资的期限，从而制定相应的投资决策。

4．其他政策

其他政策包括商业银行自身的业务特点和相关的宏观经济政策。银行自身方面，如银行与当地政府建立合作关系，参与基建项目的融资，负责相关债券的发行与承销，则需要根据具体的项目基本情况设计投资决策；相关宏观经济政策方面，如国家新出台的规定，将加大对某些行业的政策支持或某些朝阳产业的政策扶植，商业银行作为金融业的核心，通过证券投资业务能够增强公众的信心，起到一定的示范作用。

5.3.2 证券投资对象的影响因素

了解了银行证券投资的相关政策之后，在选择合适的证券投资对象时，需要考虑以下几个因素。

1．发行人的信用状况

证券发行人的信用状况是影响证券价格波动的重要指标，而价格的波动又影响着证券投资的风险，与发行人的生产经营状况、行业发展前景、管理决策机制、市场竞争力、盈利能力等有关。一般来说，拥有良好的信誉、有广阔的发展前景、企业价值被低估、重视经营管理、重视产品研发等的公司更容易获得投资者的青睐。

2．证券的收益率

获取收益是证券投资的首要目的。影响证券投资收益的因素包括：

(1) 证券的票面利率。在其他条件不变的情况下，证券的票面利率越高，证券收益率越高。

(2) 证券的发行价格。当证券折价发行时，其当期收益率高于票面利率；当证券溢价发行时，其当期收益率低于票面利率。

(3) 证券的还本期限。证券的发行价格是其未来收益按市场利率贴现的现值，还本期限越长，贴现率越低。

3．市场利率

(1) 市场利率通过调节资金流向影响债券的发行价格。如市场利率升高，则债券的固定收益相对来说就失去了较大的吸引力，资金流向收益较高的市场，引起债券的价格降低，从而影响证券收益的变化。

(2) 市场利率的变化影响证券投资的风险水平。如市场利率的波动幅度大，证券投资面临的利率风险就较大。

4．证券的流动性

商业银行在经营过程中，必须保持适当的清偿力，清偿力是影响流动性的重要因素之一。衡量证券流动性有两个标准：一是证券的变现能力；二是出售证券时价格的变化幅度。即证券变现容易，并且不会因出售证券承担一定损失或损失很小，则说明证券的流动性较高。证券的流动性与证券本身的性质与价格有关，还与整个证券市场环境有关。

5. 税收

由于证券投资收益需要缴纳相应的所得税，对不同种类的证券其征税标准不一样。如中央政府债券免缴所得税，而金融债券需要缴纳所得税，税率也是影响商业银行证券投资实际收益率的因素之一。

5.3.3 证券投资的策略

商业银行证券投资的策略主要有以下几种，如图 5-8 所示。

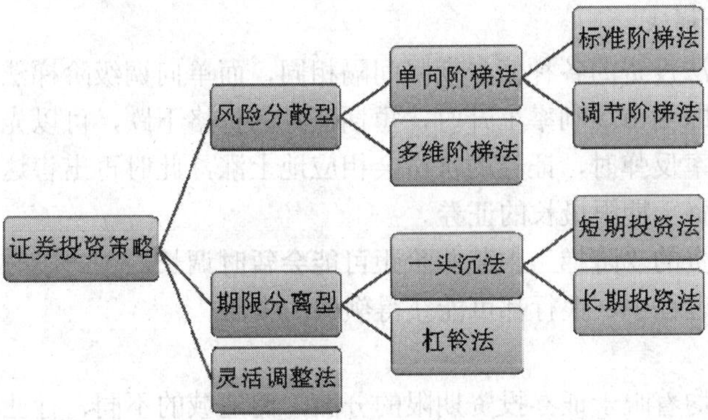

图 5-8　证券投资的策略

1. 风险分散型

风险分散型是将证券投资分散投资于各种类型的证券，而不是集中或固定投资于某种或某个证券。

1) 单向标准阶梯法

单向标准阶梯法指把全部的资金平均分布于各种期限的证券上，使银行持有的各种不同期限的证券数量相等。当期限最短的证券到期收回后，将收回的资金购买期限最长的证券，如此循环，使银行持有的各种期限的证券总是保持相等的数量。将每种期限的证券所分摊的投资资金比作一级阶梯，则若干种期限的证券就组成一道“阶梯”，如图 5-9 所示。

例如，某银行将 2000 万元资金平均投资于 1～10 年共 10 种证券上，每种证券持有 200 万元。一年之后，原本投资 1 年的证券到期，原来投资期限为 2～10 年的 9 种债券分别还有 1～9 年到期。将收回的 200 万元继续投资于最长期限 10 年的债券，那么，第一年末，投资的 10 种债券的到期期限分别为 1～10 年，并且，每种证券的投资额仍然为 200 万元(不考虑收益再投资)。往后每年均是如此，银行证券投资都保持着不断向右移动的标准阶梯状，故名“单向标准阶梯法”。

这种投资方法比较简单，只需要把资金平均分布在不同期限的证券上，不必预测市场利率的变化，可以获得稳定的收入，有利于证券投资的管理与监督。但由于这种投资方法缺乏弹性，不能把握住良好的投资机会，甚至会造成银行的第二准备金的短期证券持有不足，引起流动性风险，所以只适用于不善于进行市场预测的小型银行。

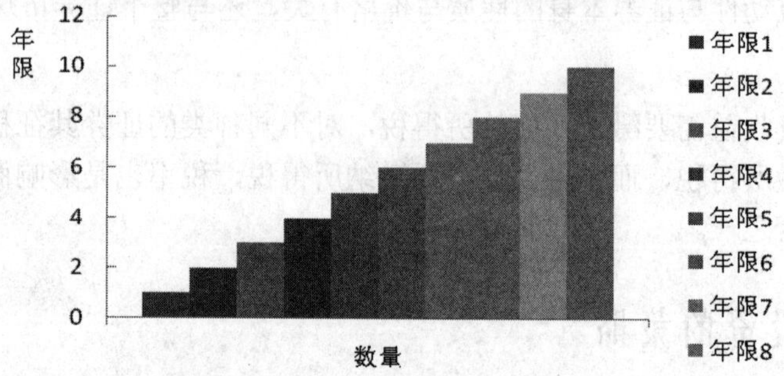

图 5-9　证券投资梯形结构法

2) 单向调节阶梯法

单向标准阶梯法投资的各种债券期限间隔相同，而单向调级阶梯法的期限间隔可以根据需要灵活调整。即当市场利率上升时，短期证券的价格下跌，可以先购买这种跌价的短期证券，当市场利率反弹时，证券的价格会相应地上涨，此时再出售这种短期证券，然后再将收回的资金投资于期限最长的证券。

此时，证券投资的“阶梯”中某些阶距可能会暂时调长，过一段时间调整之后又恢复原状。在每次调整过程中，银行都可能获得额外的收益。

3) 多维阶梯法

以上两种方法均着眼于证券投资期限的分散，而地域的不同、行业的不同、发行者的不同，都会使证券投资的风险有所差异。多维阶梯法是除了考虑期限的分散之外，还需综合考虑地域、行业、发行人等因素，形成全方位的立体阶梯。投资资金的变化就由单向移动变成了多维立体运转。

此种操作方法更为全面、更科学，但操作难度也相对较大。

2．期限分离型

与分散投资法不同，期限分离型是将全部资金不平均的分布在不同期限的证券上。

1) 一头沉法

一头沉法是将投资资金全部集中在短期证券上，或全部集中在长期证券上。因此，一头沉法又可以分为短期证券投资法和长期证券投资法。

短期证券投资法是将投资资金全部或绝大部分集中于短期证券，适用于银行流动性短缺，并且预期市场利率将下跌时采用，又称为千斤顶策略，如图 5-10 所示。

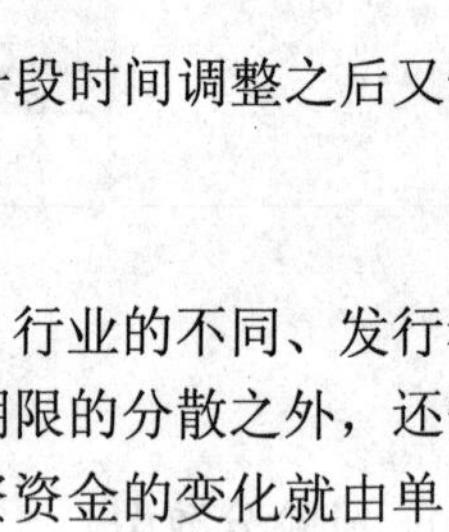

图 5-10　短期证券投资法

短期证券投资法的收益取决于市场利率的变动。当市场利率如预期一样下跌时，短期证券的价格就会上涨，卖出证券将获得盈利；但当市场利率上升时，证券价格则下降，卖出证券将遭受亏损。

长期证券投资法是将证券投资资金全部或绝大部分集中于长期证券，这种投资方法适用于银行流动性相对比较充足，且比较注重投资收益时。相对于短期证券来说，长期证券的价格波动比较小，一般较稳定，因此投资收益比较有保障。但由于绝大部分资金投资于长期证券，银行抗流动性风险的能力将减弱。

2) 杠铃法

杠铃法是将全部资金主要投资于短期证券和长期证券，中期证券基本不投资或占比很小，其投资分布结构呈“杠铃”状，如图 5-11 所示。

图 5-11　杠铃法

相较于一头沉法，杠铃法更为稳健和灵活。当预期短期市场利率将下降时，则短期证券的价格将上升，银行就可以多投资于短期证券；当预测长期市场利率将下降时，长期证券的价格将上升，银行就可以多投资于长期证券。但杠铃法要求有较高的投资技巧和敏锐的信息灵敏度，准确预测市场上各种利率的变化，一般只适用于大中型银行的证券投资。

3. 灵活调整法

灵活调整法是银行的投资不固定于某一个特定模式，随着证券收益曲线的变化而随时调整证券的期限结构，并以此来满足银行保持合理证券资产结构的实际需要的方法。

灵活调整法与杠铃法都是根据证券收益曲线的变化来调整投资策略，其区别在于：杠铃法的调整过程是保持杠铃另一端的证券数量不变，来增减一端的证券数量；而灵活调整法不需要考虑将另一端的证券维持不变，只要预测某种证券的价格将上升，资金就可以全部转移到该种证券上。

灵活调整法主动性更强，灵活性大，但也存在一定的经营风险，一般只适用于资本雄厚、投资分析能力很强的大型银行。

小　结

通过本章的学习，可以掌握以下内容：

(1) 证券投资是商业银行的一项重要资产业务，是资产负债表中除贷款外最大的资产，是商业银行的盈利性资产业务之一，也是银行保持流动性的重要手段。商业银行证券投资是指商业银行将手中的货币资金用于购买股票、债券等有价证券以获取投资收益的行为。

(2) 商业银行的证券投资业务有利于商业银行自身的经营管理，如获取收益、分散风险、保持流动性、合理避税；有利于中央银行的宏观调控；有利于证券市场的管理与稳定。

(3) 我国商业银行证券投资品种主要有中央政策债券、地方政府债券、政府机构债券和公司债券、金融债券等。

(4) 证券投资业务与贷款业务相比，具有主动性、独立性、参与性三大特点。

(5) 商业银行证券投资的收益是指商业银行从事证券投资业务获得的报酬。债券收益主要由债券利息、资本损益和再投资收益构成。

(6) 债券投资收益的衡量指标有：票面收益率、当期收益率、持有期收益率和到期收益率。

(7) 证券投资的风险是指证券预期收益变动的可能性及变动幅度，可以分为系统风险与非系统风险。系统风险主要包括政策风险、经济周期波动风险、利率风险和通货膨胀风险。非系统性风险主要包括信用风险、经营风险和财务风险。

(8) 在证券投资业务中，收益与风险是共生共存的，收益以风险为代价，风险用收益来补偿。

(9) 商业银行证券投资的政策包括：投资目的、投资规模、投资期限和其他政策。

(10) 商业银行证券投资对象的影响因素有：发行人的信用状况、证券收益率、市场利率、证券流动性和税收。

(11) 商业银行证券投资的策略主要有风险分散型、期限分离型和灵活调整法。

练　习

一、单项选择题

1. 证券投资的收益主要来源于利息收益和(　　)。
   A．手续费　B．佣金　C．经纪费　D．资本利得
2. 中央汇金公司发行的债券为(　　)。
   A．政府债券　B．政府机构债券　C．政府支持机构债券　D．公司债券
3. 与贷款业务相比，下列哪一项不是证券投资业务的特点(　　)。
   A．独立性　B．效益性　C．主动性　D．参与性
4. 折扣利息又称(　　)。
   A．打折利息　B．息票方式　C．一次付息　D．贴水发行
5. 对于同一种类的债券，期限长的债券比期限短的债券利率(　　)。
   A．低　B．高　C．相同　D．不能确定

二、多项选择题

1. 商业银行进行证券投资的目的有(　　)。
   A．获取收益　B．分散风险　C．保持流动性　D．合理避税
2. 政府债券包括(　　)。
   A．中央政府债券　B．地方政府债券
   C．政府机构债券　D．政府支持债券
3. 系统风险主要包括(　　)。
   A．政策风险　B．经济周期波动风险　C．经营风险　D．信用风险
4. 债券的付息方式主要有(　　)。
   A．折扣利息　B．一次付息　C．分次付息　D．分期付息
5. 商业银行证券投资对象的影响因素有(　　)。
   A．发行人的信用状况　B．证券收益率　C．市场利率　D．税收

三、简答题

1. 简述证券投资的作用。
2. 简述证券投资的对象。
3. 论述证券投资收益与风险的关系。
4. 简述证券投资的政策。
5. 论述证券投资对象的影响因素。

第 6 章　商业银行表外业务

本章目标

- 理解表外业务的定义及特点
- 了解表外业务的发展原因
- 理解表外业务的种类
- 理解金融服务类表外业务
- 掌握担保类表外业务
- 理解承诺类及金融衍生交易类表外业务
- 了解新型的表外业务
- 了解表外业务的监管制度

重点难点

重点：

◇ 表外业务的特点

◇ 担保类表外业务

◇ 表外业务的监管制度

难点：

◇ 承诺类和金融衍生交易类表外业务

◇ 新型的表外业务

案例导入

1995 年 9 月，距英国巴林银行倒闭仅 7 个月，一个惊人的消息震撼了国际金融界：由于一名驻外公司职员擅自出售银行持有的有价证券来弥补因非法投资美国国债失误而造成的损失，同时伪造有价证券余额证明，并隐藏交易确认证书，导致日本大和银行亏损了 1100 亿日元(合 11 亿美元)。

大和银行创立于 1918 年 3 月 15 日，前身是大阪野村银行。1948 年 10 月，野村银行改名为大和银行，总行设在大阪。大和银行是日本城市银行中唯一兼营信托业务的银行。除一般银行业务外，还经营货币信托、土地信托和养老金信托等金融业务。该行主要立足点在大阪地区，加上关东地区及海外，共设有分支机构 240 多个。大和银行位居日本商业银行第 12 位，是日本银行界中最大的退休基金管理公司。

1995 年 9 月 25 日，该行纽约分行主管交易的执行副总裁井口俊英承认，自己在从 1984 年起的 12 年的时间里，累计隐瞒了高达 11 亿美元的巨额亏损。随即，大和银行被迫对外宣布其亏损。

井口于 1977 年进入大和银行纽约分行工作，一直从事债券保管业务。由于其出色的工作成绩，先后被提拔为债券交易员、国债交易室主管，同时兼任国债交易稽查主任。而在大部分的金融机构，这两种工作是严格分开的。

1983 年，在井口买断 1000 万美元的浮动利率债券后，由于债券行情不涨反跌，井口继而转到了长期国债上，然而他再一次失利，一天损失近 20 万美元。于是，他利用其职务之便，擅自出售了一些有价证券，并更改了交易记录，伪造了余额证明。在此后的 12 年里，他累计隐瞒了以美国国债为标的物的 3 万多笔交易，做了 1.5 亿美元未经批准的交易。由于他特殊的身份及其伪造的巧妙，大藏省、美国联邦储备银行及大和银行总行均未曾检查出问题。直到 1992 年，美国纽约联邦储备银行对大和银行纽约分行的检查后，对其混乱的管理进行了严厉的批评，并指出井口的交易与审核职能应该分开。1993 年，大和银行迫于纽约联邦储备银行的压力撤销了井口的主管权限。1995 年 7 月，他向大和总行自首，交代了隐瞒 12 年的违规交易。从而使拥有股本 69 亿美元，总资产达 3040 亿美元的大和银行遭受重创。

1995 年 10 月 2 日，美国宣布暂停大和银行纽约分行买卖美国债券。11 月 2 日，美国联邦储备委员会等金融监督管理机构联合发布命令，限令因非法交易美国国债而导致巨额亏损的日本大和银行在美国的 17 家分行以及大和信托投资公司，在 90 天内停止一切经营活动，撤离美国，并规定大和银行 3 年内不得在美国重新开展金融业务。1996 年 2 月 2 日，大和银行在美业务全部停止。

6.1 表外业务的概念

20 世纪 90 年代以来，随着经济全球化与金融自由化的兴起，各种金融创新工具取得了前所未有的发展，商业银行表外业务也迅速发展起来。

6.1.1 表外业务的定义

一般来说，商业银行在从事传统的资产负债业务的同时，利用自身的资源为客户提供的各种金融服务，在我国称为中间业务，在西方国家称为表外业务。

1. 西方国家对表外业务的定义

表外业务(Off-Balance Sheet Activities，OBS)，是指商业银行从事的、按照通行的会计准则不计入资产负债表内，无法在资产负债表内充分反映，但能改变银行损益状况的业务。

根据《巴塞尔协议》，表外业务有广义与狭义之分，如图 6-1 所示。

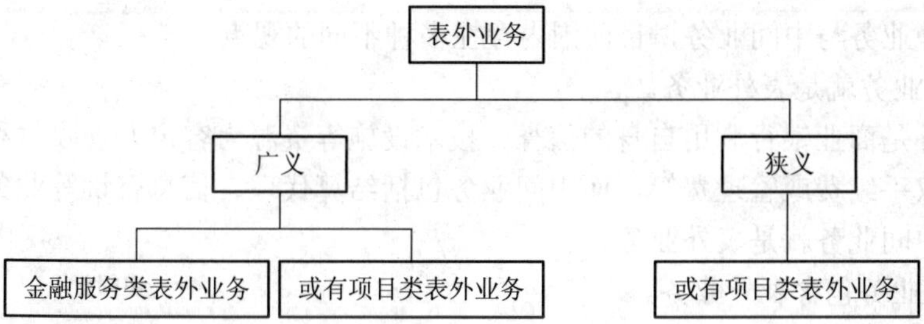

图 6-1 表外业务的分类

金融服务类表外业务是指银行利用自身的资源为客户提供的支付结算、代理与咨询、与贷款有关的服务、进出口服务等业务，并收取手续费。银行只单纯地提供金融服务，不承担风险。

或有项目的表外业务是指银行从事的一类业务，当业务发生时，不必然形成资产或负债，但在一定条件下可能转变为现实的资产或负债，从而可能未来在资产负债表中得到反映。如担保类业务，当债务人到期履约归还贷款本息时，银行是担保人，一旦债务人到期不能履约归还贷款时，银行就需要承担债务，从而由表外业务转变为表内业务。

狭义的表外业务是指那些未列入资产负债表，但同表内业务关系密切，并在一定条件下会转为表内资产业务或负债业务的经营活动。通常又称为或有资产或有负债业务，应当在会计报表附注中予以披露。

广义的表外业务是指商业银行从事的所有不在资产负债表内反映的业务。

2. 我国对中间业务的定义

根据 2000 年 11 月 9 日中国人民银行发布的《商业银行表外业务风险管理指引》，表外业务是指商业银行所从事的，按照现行的会计准则不记入资产负债表内，不形成现实的资产负债，但能改变损益的业务，具体包括担保类、承诺类和金融衍生类三种类型的业务。

根据 2001 年中国人民银行发布的《商业银行中间业务暂行规定》，中间业务是指不构成商业银行表内资产、表内负债，形成银行非利息收入的业务。

根据该属性，我国商业银行的中间业务分为九类：

(1) 支付结算类中间业务，包括国内外结算业务。

(2) 银行卡业务，包括贷记卡和借记卡业务。

(3) 代理类中间业务，包括代理证券业务、代理保险业务、代理金融机构委托、代收代付业务等。

(4) 担保类中间业务，包括银行承兑业务、备用信用证、各类银行保函等。

(5) 承诺类中间业务，包括贷款承诺业务。

(6) 交易类中间业务，包括远期外汇合约、金融期货、互换和期权等。

(7) 基金托管业务，包括封闭式或开放式投资基金托管业务等。

(8) 咨询顾问类业务，包括信息咨询、财务顾问等。

(9) 其他类中间业务，包括保管箱业务等。

3．表外业务与中间业务

关于表外业务与中间业务，目前国内存在多种不同的观点：

(1) 中间业务就是表外业务。

表外业务是商业银行利用自身的信誉、技术设施等资源为客户办理收付和其他委托事项，从中赚取手续费或管理费等，而中间业务包括结算代理、信息咨询等业务，从这个意义上来说，中间业务就是表外业务。

(2) 中间业务包含表外业务。

这是根据《商业银行中间业务暂行规定》中对于中间业务的界定得出的，中间业务包括传统的中间业务和新兴的中间业务，新兴的中间业务即表外业务，如外汇及股价指数等期货、期权交易等，它们的关系如图 6-2 所示。

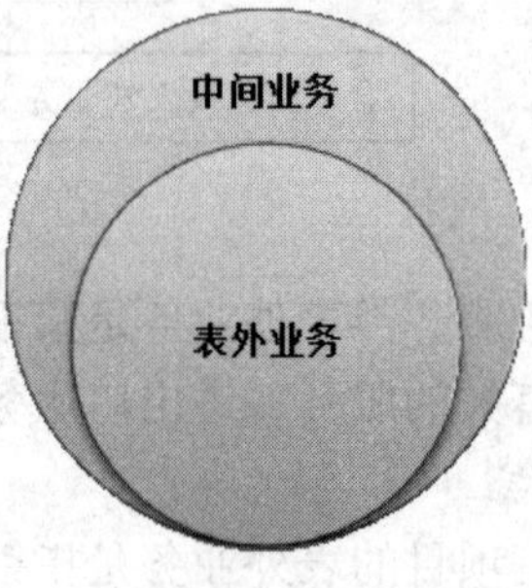

图 6-2　中间业务与表外业务的关系(一)

(3) 表外业务包含中间业务。

表外业务包括所有不通过资产负债表反映的业务，从这个意义上说，中间业务属于表外业务的一部分，如图 6-3 所示。

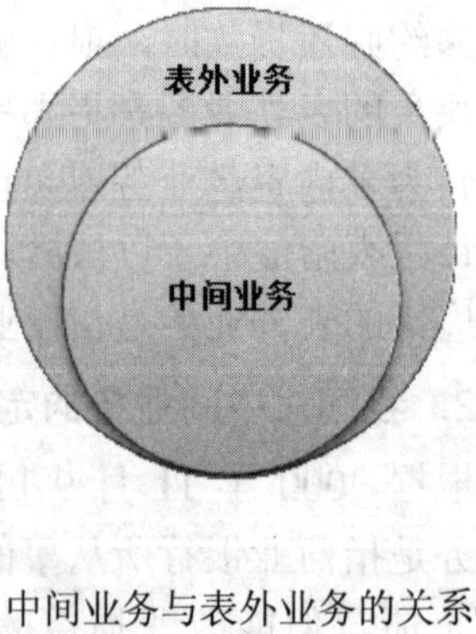

图 6-3　中间业务与表外业务的关系(二)

表外业务与中间业务的联系表现在：

(1) 二者都不能够直接通过资产负债表反映，都通过为客户提供各种金融服务来收取手续费或服务费，与商业银行传统的主要依靠存贷利差的收入不同。

(2) 二者都不占用商业银行的自有资金，商业银行以受托人的身份来经营业务，而不是其自营业务。

本书比较认同的观点是：中间业务的表述更多地表现为传统的业务，风险较小；表外业务更多地表现为创新的业务，风险较大。由于目前国际金融领域将资产负债业务以外的业务称为“Off-Balance Sheet Activities”，中文翻译过来即为“表外业务”，故本书称为表外业务。

6.1.2　表外业务的特点

1. 表外业务与表内业务

表内业务是指资产负债表中，通过资产和负债相关科目可以揭示的业务，如贷款、贸易融资、票据融资、垫款等。

表外业务不直接通过资产负债表反映，但在一定条件下可以转化为表内业务，可以看作是表内业务衍生出来的。

1) 表内业务的界定

根据我国企业会计准则，资产是指企业过去的交易或事项形成的、由企业拥有或控制的、预期会给企业带来经济利益的资源。负债是指企业过去的交易或者事项形成的、预期会导致经济利益流出企业的现时义务。在符合资产或负债定义时，还必须同时满足以下两个条件才能确认为资产或负债：

(1) 与该资源有关的经济利益很可能流入或流出企业。

(2) 该资源的成本或者价值、未来流出的经济利益能够可靠地计量。

表内会计业务的计量是由过去的交易或事项形成。而表外业务，其中或有项目需要通过未来不确定性事项的发生与否来衡量，其结果在性质和计量上存在不确定性。如金融衍生工具类交易通过金融衍生工具合约的签订，使双方具有相应的权利和义务，但来自将来发生的交易事项，不是以过去发生的交易或事项形成，因而并不能计入表内。

2) 表外业务与表内业务的区别

根据表外业务与表内业务的含义，二者的区别主要表现在以下两方面：

(1) 业务类型不同。表内业务一般指传统的存贷款业务，涉及商业银行的资产和负债，表外业务不直接涉及商业银行的资产和负债业务。

(2) 风险控制方式不同。表内业务有事前计提风险资本，事后计提拨备等系统的风险防范措施，而表外业务通过合约的完备性来控制风险，根据其合约的权利与义务约定损失处理方式。

3) 表外业务与表内业务的联系

视经济事项的发生与否，表外业务与表内业务之间可以相互转化，主要表现在：

(1) 表外业务在其特定的不确定事项发生时，转化为表内业务。如贷款承诺业务中，当具备了协议所规定的贷款条件时，银行就要履行向客户提供贷款的义务，表外业务就转化为表内业务。

(2) 表内业务当其本来确定的事项转化为不确定事项时，转化为表外业务。其典型的例子就是不良信贷资产证券化。

2. 表外业务的特点

表外业务发展规模不断扩大，呈现多重特征，主要表现在以下几个方面：

(1) 利用银行的非资金资源。

表外业务是商业银行利用自身的信誉、技术设施等资源为客户办理收付和其他委托事项，从中赚取手续费或管理费等，满足的是客户的非资金需求，如结算、规避风险等，不占用自有资金，不同于传统的存贷业务。

(2) 产品多样，操作灵活。

跟传统的存贷款业务相比，表外业务的产品多样化，既可以提供不承担风险的结算性服务，又可以参与高风险的金融衍生工具市场；既可以在场内交易，又可以在场外交易；既可以是无形市场，又可以是有形市场。

(3) 透明度低，监管难度大。

由于表外业务不能直接通过资产负债表反映，除了其中一部分可以在财务报表附注中揭示外，大部分不能在财务报表及其附注中真实体现。对于监管当局来说，其透明度较低，增加了监管难度。

(4) 杠杆率高，风险较大。

金融衍生工具交易，通过杠杆效应，可以投入较少量的资金，操作较大的金融资产。即投入较低的成本，盈亏数目都成倍地放大，所以具有高风险、高收益的特征。

知识链接

影子银行

“影子银行”最早是在 2007 年由美国太平洋投资管理公司前执行董事麦考林提出，指所有具备杠杆作用的非银行投资渠道、工具和组织。目前国际上尚未形成统一的定义，具有代表性的是由纽约联邦储备银行和金融稳定理事会(FSB)提出的。

纽约联邦储备银行将影子银行定义为从事期限、信用及流动性转换，但不能获得中央银行流动性支持或公共部门信贷担保的信用中介，包括财务公司、资产支持商业票据发行方、有限目的财务公司、结构化投资实体、信用对冲基金、货币市场共同基金、融券机构和政府特许机构等。

FSB 将影子银行分为广义和狭义的概念，广义的影子银行是指由正规银行体系之外的机构和业务构成的信用中介体系。狭义的影子银行是指正规银行体系之外，可能因期限或流动性转换、杠杆和有缺陷的信用转换而引发系统性风险和存在监管套利等问题的机构和业务构成的信用中介体系，主要集中在货币市场基金、资产证券化、融资融券和回购交易等领域。

根据《中国金融监管报告(2014)》(以下简称蓝皮书)，中国影子银行可分为三个层次：

第一个层次是最狭义的影子银行体系，对应的是国内对影子银行的“监管”界定范畴，以是否接受监管为依据。

第二个层次是狭义的影子银行体系，对应的是银行体系之外的信用中介及活动。

第三个层次是广义的影子银行体系，是狭义的范畴再加上银行体系之内的非传统信贷融资。其中，非传统信贷融资产品除了狭义的影子银行体系之外，还包括同业以及小部分信用证、汇票及代付等银行体系之内的非传统信贷融资及其创新方式。

影子银行业务基本可以归为三类：第一类是商业银行的理财类产品，即通常所说的银行“资金池”业务；第二类是非银行类金融机构，如信托公司、小贷公司、财务公司和典当行等；第三类是民间融资。

在规模上，影子银行主要集中在美国、欧盟和英国。美国影子银行规模自 2008 年大幅下降，但仍居全球首位。相较而言，我国的影子银行规模小得多。根据蓝皮书，2012

年同业业务为10万亿元，截至2013年9月末，16家上市银行同业资产规模为11.6万亿元；2013年同业业务规模预计超过12万亿元。据此估算，广义影子银行体系规模约为33万亿元，占2013年9月末银行体系总资产的23%。

影子银行与传统银行在一定意义上相似，都具有高杠杆、资金来源不稳定、缺乏中央银行最终信用支持等特征。影子银行体系将不透明、有风险的长期资产转化为具有货币性质和似乎无风险或低风险的短期负债，在缺乏信心的情况下，易引发挤兑。在资产价格上升、担保融资的保证金比率较低的情况下，利用证券化进行融资会进一步提高杠杆率。影子银行对银行融资的依赖度较大，其风险容易溢出到正规银行体系，更长和更不透明的传导链条使得这些风险加倍放大。

影子银行有别于传统银行的是，不仅在于其创新性和复杂性，还在于其与生俱来的隐秘性。从本质上说，影子银行满足的是不能达到放贷要求的“次级”贷款项目，这些资金游离于常规意义的监管体系之外，导致它隐患重重。对于影子银行发展过程中的问题和潜在的风险，需要合理界定监管的范围和力度，加强监测与统计，加强管理，完善风险管理体系。

资料来源：中国人民银行网站、中国新闻网

6.1.3　表外业务发展的原因

商业银行表外业务不断发展，有诸多方面的原因，主要原因有：

(1) 金融环境的变化。

随着经济的发展，金融市场环境也在不断完善，相较于金融市场不发达的时期，目前金融市场上融资渠道、融资方式都呈现出多样化格局。商业银行的传统业务受到金融市场创新化的冲击，促使商业银行必须进行业务创新，以适应金融市场环境的变化。

(2) 商业银行之间的竞争更加激烈。

在受到外部金融市场环境变化冲击的同时，商业银行之间也面临着更为严峻的竞争。伴随着经济的发展，商业银行也加快了扩张的步伐，商业银行数量日益增多。同时，传统的存贷利差日益收窄，使主要依靠存贷差收入的商业银行不得不去开拓新的业务，通过向客户提供各种新型的便利来赢得市场，扩大收入来源。

(3) 金融管制的加强。

由于商业银行自身的经营特点，为了控制风险，各国监管当局都制定了较为严格的监管制度，在一定程度上限制了商业银行的业务扩张。而商业银行要取得长足的发展，必须在符合监管要求的前提下，不断地进行业务创新，大力拓展业务范围，拓宽业务领域，根据市场需求适时地设计出合适的产品。

(4) 科学技术的发展。

随着科学技术的发展，商业银行电子化程度越来越高，建立了强大的会计核算系统、信贷审批系统、支付结算运营系统、国际贸易结算系统等，为商业银行开展表外业务提供了物质条件，促进了表外业务的发展。

6.1.4 我国表外业务发展的规模

最近十年，尤其是近五年，随着金融市场的发展及创新，我国商业银行的表外业务出现了飞速发展，产品种类不断增多，理财、信托贷款、委托贷款、银行承兑汇票等业务规模不断扩大。截至 2013 年末，银行业金融机构表外业务(含委托贷款和委托投资)余额 57.7 万亿元，同比增长 18.6%。表外资产规模相当于表内总资产规模的 38.12%，比上年末提高 1.71 个百分点，并呈现出逐年上升的趋势，其中，委托贷款 8.2 万亿元，委托投资 3.67 万亿元，承兑汇票 8.94 万亿元。

近三年我国表外业务的发展规模及占总资产的比例如图 6-4、图 6-5 所示。

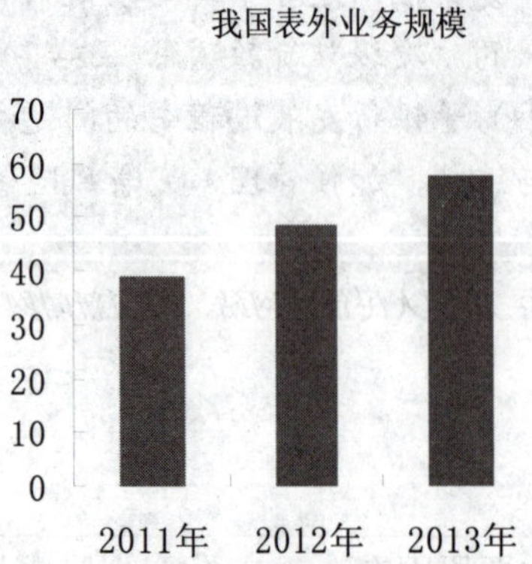

图 6-4　我国表外业务的发展规模(单位：万亿)

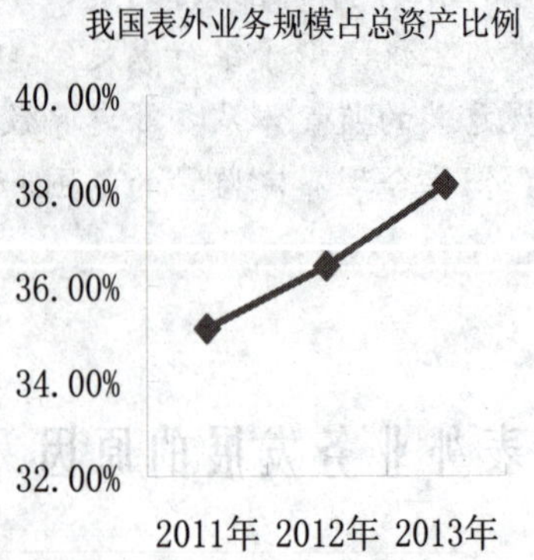

图 6-5　我国表外业务规模占总资产的比例

6.2 表外业务的种类

因涉及业务的广泛性，表外业务的分类方法有很多。根据表外业务的定义，表外业务的分类如图 6-6 所示。

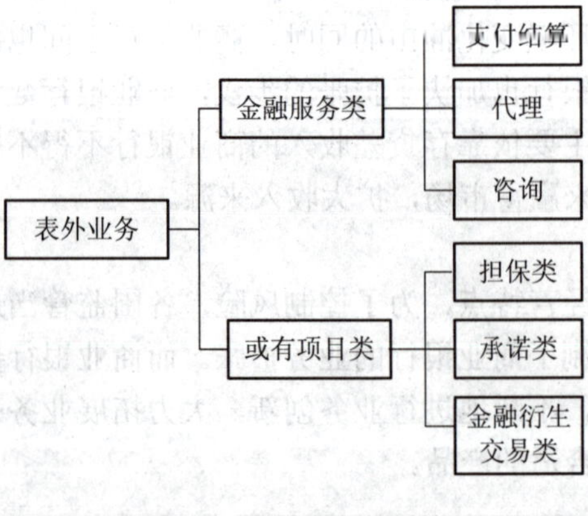

图 6-6　表外业务的种类

6.2.1 金融服务类

金融服务类业务是指商业银行从事的无风险的经营活动，主要包括支付结算、代理、咨询等业务，是商业银行传统的表外业务。

1．支付结算

1) 支付结算的定义

支付结算业务是商业银行传统的表外业务，是指银行作为支付结算和资金清算的中介机构，代客户清偿债权债务、收付款项的业务。根据《支付结算办法》规定，支付结算是指单位、个人在社会经济活动中使用票据、信用卡和汇兑、托收承付、委托收款等结算方式进行货币给付及其资金清算的行为。

2) 支付结算的原则

单位、个人和银行办理支付结算必须遵守下列原则：(1) 恪守信用，履约付款；(2) 谁的钱进谁的账，由谁支配；(3) 银行不垫款。

3) 支付结算工具

支付结算可以采用现金支付方式与非现金支付方式。其中非现金支付方式主要包括：支票、汇票、本票和信用卡。

(1) 支票。

支票是出票人签发的，委托办理支票存款业务的银行在见票时无条件支付确定的金额给收款人或者持票人的票据。

支票上印有“现金”字样的为现金支票，现金支票只能用于支取现金。支票上印有“转账”字样的为转账支票，转账支票只能用于转账。支票上未印有“现金”或“转账”字样的为普通支票，普通支票可以用于支取现金，也可以用于转账。在普通支票左上角划两条平行线的，为划线支票，划线支票只能用于转账，不得支取现金。

单位和个人在同一票据交换区域的各种款项结算，均可以使用支票。

支票的出票人签发支票的金额不得超过付款时在付款人处实有的存款金额。禁止签发空头支票。出票人签发空头支票、签章与预留银行签章不符的支票，使用支付密码的地区，支付密码错误的支票，银行应予以退票，并按票面金额处以 5%且不低于 1000 元的罚款；持票人有权要求出票人赔偿支票金额 2%的赔偿金。对屡次签发的，银行应停止其签发支票。

支票的提示付款期限自出票日起 10 日，但中国人民银行另有规定的除外。超过提示付款期限提示付款的，持票人开户银行不予受理，付款人不予付款。

通过支票影像系统处理的异地支票业务，金额上限为 50 万元。

支票基本的业务处理流程如图 6-7 所示。

(2) 汇票。

汇票是由出票人签发，委托付款人在见票时或者在指定日期无条件支付确定的金额给收款人或者持票人的票据。

汇票包括商业汇票和银行汇票。商业汇票包括银行承兑汇票和商业承兑汇票。

银行汇票是出票银行签发的，由其在见票时按照实际结算金额无条件支付给收款人或者持票人的票据。银行汇票的出票银行为银行汇票的付款人。

签发银行汇票必须记载下列事项：① 表明“银行汇票”的字样；② 无条件支付的承诺；③ 出票金额；④ 付款人名称；⑤ 收款人名称；⑥ 出票日期；⑦ 出票人签章。

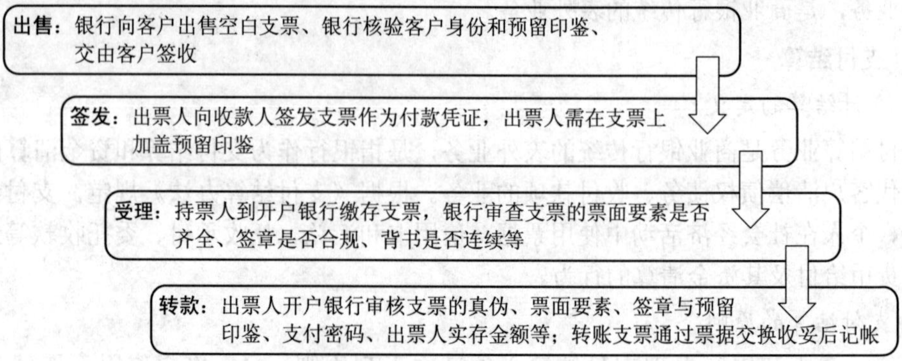

图 6-7　支票的基本业务流程

欠缺记载上列事项之一的，银行汇票无效。

单位和个人各种款项结算，均可使用银行汇票。

银行汇票可以用于转账，填明“现金”字样的银行汇票也可以用于支取现金。签发现金银行汇票，申请人和收款人必须均为个人，收妥申请人交存的现金后，在银行汇票“出票金额”栏先填写“现金”字样，后填写出票金额，并填写代理付款人名称。申请人或者收款人为单位的，银行不得为其签发现金银行汇票。

银行汇票的提示付款期限自出票日起 1 个月。持票人超过付款期限提示付款的，代理付款人不予受理。

银行汇票的实际结算金额不得更改，更改实际结算金额的银行汇票无效。

持票人向银行提示付款时，必须同时提交银行汇票和解讫通知，缺少任何一联，银行不予受理。申请人缺少解讫通知要求退款的，出票银行应于银行汇票提示付款期满一个月后办理。

银行汇票的实际结算金额低于出票金额的，其多余金额由出票银行退交申请人。

银行汇票的结算流程如图 6-8 所示。

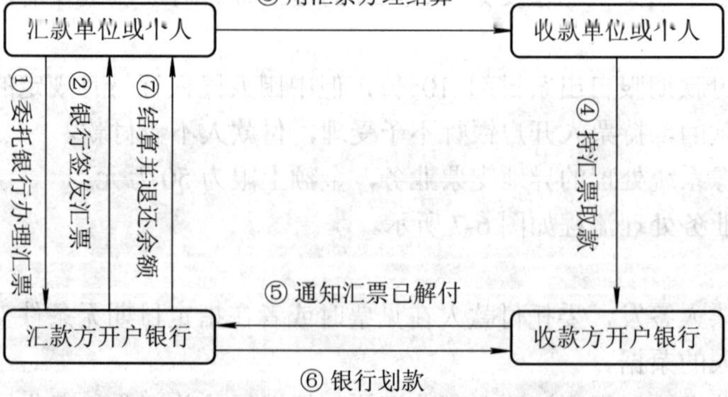

图 6-8　银行汇票的结算流程

商业汇票是指出票人签发的，委托付款人在指定日期无条件支付确定的金额给收款人或者持票人的票据。

商业汇票分为商业承兑汇票和银行承兑汇票。商业承兑汇票由银行以外的付款人承兑，银行承兑汇票由银行承兑。

商业汇票的付款人为承兑人。在银行开立存款账户的法人以及其他组织之间，必须具有真实的交易关系或债权债务关系，才能使用商业汇票。

商业承兑汇票的出票人，为在银行开立存款账户的法人以及其他组织，与付款人具有真实的委托付款关系，具有支付汇票金额的可靠资金来源。

商业汇票的提示付款期限，自汇票到期日起 10 日。持票人应在提示付款期限内通过开户银行委托收款或直接向付款人提示付款。对异地委托收款的，持票人可匡算邮程，提前通过开户银行委托收款。持票人超过提示付款期限提示付款的，持票人开户银行不予受理。

(3) 本票。

银行本票是银行签发的，承诺自己在见票时无条件支付确定的金额给收款人或者持票人的票据。

单位和个人在同一票据交换区域需要支付各种款项，均可以使用银行本票。

银行本票可以用于转账，注明“现金”字样的银行本票可以用于支取现金。申请人和收款人均为个人，需要支取现金的，应在“支付金额”栏先填写“现金”字样，后填写支付金额。申请人或收款人为单位的，不得申请签发现金银行本票。

银行本票分为不定额本票和定额本票两种。定额银行本票面额为 1000 元、5000 元、10 000 元和 50 000 元。

银行本票的提示付款期限自出票日起最长不得超过 2 个月。持票人超过付款期限提示付款的，代理付款人不予受理。

银行本票见票即付。跨系统银行本票的兑付，持票人开户银行可根据中国人民银行规定的金融机构同业往来利率向出票银行收取利息。

(4) 信用卡。

信用卡是指商业银行向个人和单位发行的，凭此向特约单位购物、消费和向银行存取现金，且具有消费信用的特制载体卡片。

信用卡按使用对象分为单位卡和个人卡；按信誉等级分为金卡和普通卡。

信用卡透支期限最长为 60 天。

持卡人使用信用卡不得发生恶意透支。恶意透支是指持卡人超过规定限额或规定期限，并且经发卡银行催收无效的透支行为。

目前我国商业银行的信用卡种类繁多，其功能也日益强大，信用卡分期、特约商户消费积分或享受折扣、联名卡等颇受消费者青睐。

2．代理

代理业务是指商业银行接受行政机关、企事业单位、其他银行或金融机构及个人的委托，利用自身的资源优势、以收取一定的手续费为目的，以代理人的身份为委托人办理议定业务的事务。常见的商业银行代理业务有代发工资、代缴水电煤气费、代缴话费、代缴物业费、代客理财、保管箱、代理保险、代理商业银行业务、代理承兑与兑付债券等业务。

代理业务是最常见的表外业务，代理业务过程中，客户的财产所有权不发生转移，银行也不需要动用自有资金，只通过提供代理服务收取手续费，风险较低。

3. 咨询

咨询业务是商业银行以银行拥有的专营许可证或利用自身的专业知识、技术和信息等，运用科学的方法，客观地分析并提供可选方案，为客户提供财务顾问等服务的业务，如理财顾问业务。商业银行咨询类表外业务的分类如图 6-9 所示。

图 6-9　咨询类表外业务的分类

6.2.2　担保类

担保业务是指银行接受交易其中一方申请人的委托，以承担债务风险为前提，承诺当申请人不能履约时，银行承担对交易另一方的全部义务的信用担保业务。

由于商业银行经营担保业务不直接占用银行资金，在信用担保成立的条件下，银行须无条件承担债务清偿义务，因而形成银行的或有负债。

银行提供担保时面临的主要风险包括违约风险、国家风险、汇率风险等。为了分散或规避风险，银行可以要求申请人寻找第三方向银行提供信用担保，如果发生债权人向银行索偿，银行在进行债务清偿时可以向第三方索偿，从而达到分散或规避风险的目的。

根据信用担保工具的不同，担保类业务可以分为银行承兑汇票、保函、备用信用证和商业信用证。

1. 银行承兑汇票

1) 定义及特点

银行承兑汇票是由出票人或承兑申请人签发，并由承兑申请人向开户银行申请，经银行审查同意承兑的票据。

一经承兑，承兑银行便成为主债务人，银行承兑汇票到期时，不论出票人是否有足额的备付金存款，承兑银行都必须无条件履行支付义务。

2) 相关规定

(1) 银行承兑汇票的出票人必须具备的条件有：

① 在承兑银行开立存款账户的法人以及其他组织；

② 与承兑银行具有真实的委托付款关系；

③ 资信状况良好，具有支付汇票金额的可靠资金来源。

(2) 银行承兑汇票的承兑银行必须具备的条件有：

① 与出票人具有真实的委托付款关系；

② 具有支付汇票金额的可靠资金；

③ 内部管理完善，经其法人授权的银行审定。

(3) 银行承兑汇票的承兑银行，应按票面金额向出票人收取万分之五的手续费。

(4) 银行承兑汇票的付款期限，纸质银行承兑汇票不得超过 6 个月，电子银行承兑汇票不得超过 12 个月。

(5) 银行承兑汇票的提示付款期限，自汇票到期日起 10 日。

(6) 银行承兑汇票的出票人应于汇票到期前将票款足额交存其开户银行。承兑银行应在汇票到期日或到期日后的见票当日支付票款。承兑银行存在合法抗辩事由拒绝支付的，应自接到承兑汇票的次日起 3 日内，做出拒付证明，连同银行承兑汇票邮寄持票人开户行转交持票人。

(7) 银行承兑汇票的出票人于汇票到期日未能足额交存票款时，承兑银行除凭票向持票人无条件付款外，对出票人尚未支付的汇票金额按照每天万分之五计收利息。

3) 办理流程

与一般银行贷款业务类似，银行承兑汇票业务办理流程如下：

(1) 客户提出申请。客户需要提供营业执照、组织机构代码证、税务登记证、法人身份证、近期财务报表、授权委托书、公司章程、银行承兑汇票申请书、购销合同、增值税发票或货运单据等相关资料。

(2) 授信审批。银行的信贷部门按照相关规定和审批程序，对出票人的资格、资信状况、购销合同等进行审查。符合承兑条件的，与出票人签订承兑协议、保证金协议等，必要时办理相关担保手续。出票人按规定交存保证金后交由会计部门签发、承兑，并按规定收取承兑手续费、工本费、邮电费等，银行加盖汇票专用章后交付出票人。

(3) 汇票到期解付。在银行承兑汇票到期前，承兑银行应通知出票人将票款足额存入其账户以付款。对于到期的银行承兑汇票，收到他行寄来的银行承兑汇票和托收凭证，审核汇票的真实性、背书的连续性及签章的合规性，于到期日(遇法定休假日顺延)从出票人保证金专户和其他结算账户收取票款，不足部分由银行垫款。此笔款项视为逾期贷款处理。

银行承兑汇票的结算流程如图 6-10 所示。

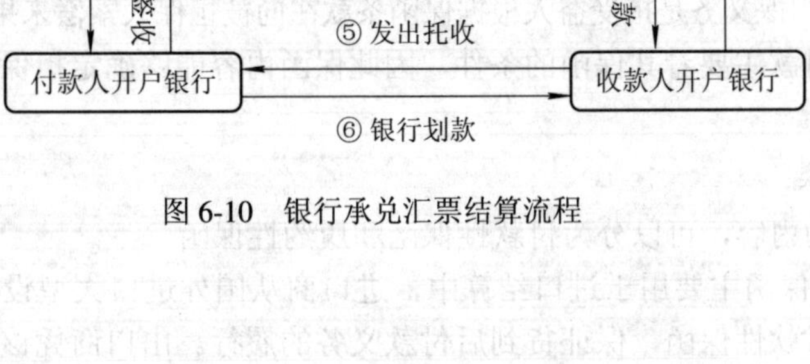

图 6-10　银行承兑汇票结算流程

2. 保函

1) 定义及特点

保函也称银行担保书(Letter of Guarantee，简称 L/G)，是商业银行凭借自身的资金实力和业务条件，根据申请人的要求，向受益人保证履行某项义务，承诺在申请人违约时按规定承担经济赔偿而出具的书面担保。

保函是银行信用保证文件之一，不占用银行的资金，一经开出，就成为银行的或有负债，其特点表现为：

(1) 以银行信用为保证，易被合同双方所接受，便于商业活动的顺利开展。

(2) 适用范围广，在国际贸易结算中使用较多，尤其是金额较大的国际贸易中，进口商向出口商提供银行保函成为出口商银行向出口商提供贸易融资的重要条件之一。

(3) 保函依据商务合同开出，又不依附于商务合同，具有独立的法律效力。当受益人在保函项下合理索赔时，担保行就必须承担付款责任，而不论委托人是否同意付款，也不论合同是否履行的实际事实。保函是独立的承诺并且基本上是单证化的交易业务。

2) 保函内容

保函的内容主要包括以下几个方面：

(1) 当事人。银行保函的当事人有委托人、受益人和担保银行。此外，往往还有反担保人、通知行及保兑行等当事人。

当事人之间形成一环扣一环的合同关系，如图 6-11 所示。

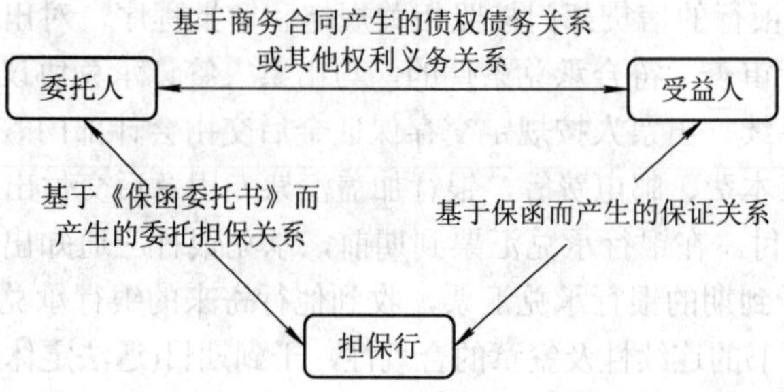

图 6-11　保函当事人之间的关系

(2) 担保金额和期限。每份保函都必须明确规定一个确定的担保金额和担保期限，这是计收担保费用的重要依据。

(3) 责任条款及索赔办法。责任条款中约定了相关当事人所承担的责任，索赔办法中规定了受益人提出索赔要求的方式、期限、渠道和相关材料等。

(4) 其他内容。主要包括保函适用法律、保函编号、交易内容、合同号码等。

担保银行的担保义务可分为第一性和第二性。

① 第一性担保义务是指受益人根据保函条款直接向担保银行索偿。

② 第二性担保义务是指受益人根据保函条款在向被担保人索偿未果时再向担保行索偿。

担保行的付款主要看其保函的条件，因此保函内容能够确定担保行在日后索偿和付款过程中的地位。

3) 保函种类

根据保函的内容，可以分为付款性保函和履约性保函。

(1) 付款性保函主要用于进口结算中，进口商从国外进口大型设备时，可以通过银行向出口商开立付款性保函，保证货到后付款义务的履行。出口商凭该保函出运设备并向出口商索偿。

(2) 履约性保函是指保函旨在保证被担保人履行合同所规定的义务，主要用于工程招标中。

根据保函的付款条件，可分为无条件保函和有条件保函。

(1) 无条件保函又称见索即付保函。此类保函在索偿时可不受其他条件的制约，能够确保自己的利益，较被受益人青睐。

(2) 有条件的保函是指受益人向担保银行索偿时必须满足某种条件，而该条件的满足往往是以要求受益人履行其合同义务为目的。如在进口结算中，进口方银行开立的保函可规定：作为出口商的受益人因进口商未付款而索偿时，需提供由商检机构出具的证明文件，证实发运设备完全符合合同规定，担保行才代为付款。

随着国际贸易的不断发展，保函的种类也不断丰富，常见的保函还有以下几种：

(1) 投标保函。投标保函是根据招标人的要求由投标人委托银行开具的担保函。投标保函是保证投标企业能够按照投标条件履约的保证书。若投标人中标，与招标人签订合同时投标保函即告失效。若投标人中标后不肯签约或履约，招标人有权凭投标保函向出具保函的银行索赔，银行必须支付担保金额。

(2) 还款保函。还款保函是银行应申请人的要求，出具给受益人的书面担保，若申请人未按合约条款履行义务，担保银行保证偿还受益人预付给申请人的金额。

(3) 质量保函。质量保函是银行根据申请人的要求出具的保证书，保证申请人履约时在技术、性能等质量方面符合合同要求。此类担保一般在履约后的一段时间内仍然有效，以便让受益人检验履约质量。若申请人履约质量不符合合同要求，银行就需承担赔偿责任。

4) 保函操作程序

(1) 提出申请。申请人提出保函申请，提供相关资料，并按要求填写保函申请书。

(2) 银行审核。此时主要审核担保项目是否符合银行可担保的范围、手续是否齐全、申请人的资信状况与履约情况等。

(3) 反担保措施。反担保人必须有足够的实力来承担最终的付款责任，且必须得到银行的认可。

(4) 协商并拟定条款。反担保措施确定以后主要是与委托人协商担保期限、生效条款、费率等，并拟定相关条款，拟定合同文本。

(5) 保函签署。保函签署并经委托人、受益人、担保人最终确认后生效。

(6) 后期管理。保函生效后，应对所担保的项目进行持续监控，观察委托人的履约动态，若委托人未能履行合同，银行应按保函的条款进行付款、赔偿或索赔。

3. 备用信用证

1) 定义

备用信用证(Standby Letter Of Credit，简称SLC)是指开证行应申请人的要求，对申请人开立的承诺承担某种义务的凭证。若开证申请人未履行义务，受益人只要凭备用信用证的规定向开证行提交开证申请人违约的声明或证明文件，开证银行必须无条件地向受益人付款。

具有金融保证意义的备用信用证是指银行以担保人的身份向申请人收取一定的佣金，

根据申请人的委托向受益人开具的一种书面保证凭证。当申请人不能履行还款义务时，开证行必须无条件向受益人付款，但拥有对开证申请人的债务追索权。其实质是对借款人的一种担保行为，保证在借款人破产或不能及时履行义务的情况下，由开证行向受益人及时偿付。

2) 作用

对于借款人而言，开证行出借自己的信用，利用备用信用证可以使借款人在融资中由较低的信用等级上升至一个相对较高的信用等级，有利于融资，降低融资成本。

对于开证行而言，备用信用证的成本较低，同时可以给银行带来较高的盈利。

对于受益人而言，备用信用证使受益人获得较高的安全性，尤其是交易双方并不熟悉时，备用信用证更加重要。

3) 分类

具有金融保证意义的备用信用证可以分为可撤销备用信用证和不可撤销备用信用证。

可撤销备用信用证是指银行在备用信用证上附有因申请人财务状况出现某种变化时，银行可随时撤销或更改条款的备用信用证。

不可撤销的信用证是指银行不可单方面撤销或更改相关条款的备用信用证。

通常，受益人更倾向于不可撤销备用信用证。

4. 商业信用证

1) 定义及特点

商业信用证(Commercial Letter of credit，简称 L/C)是银行根据开证申请人的请求和指示，向受益人开具的有一定金额、并在一定期限内凭规定的单据承诺付款的书面文件。

信用证是银行做出的有条件的付款承诺。根据有关信用证的国际惯例《跟单信用证统一惯例》(UCP500)相关规定，信用证具有如下特点：

(1) 信用证是一种银行信用。信用证是指一项约定，根据此约定，开证行按开证申请人的要求和指示，在与信用证条款相符的条件下，凭规定的单据向受益人或指定人付款、承兑或议付。开证行承担了第一性的付款责任，银行信用替代了商业信用。

(2) 信用证是独立于贸易合同之外的一种自足的文件。在信用证业务的办理过程中，开证行只对信用证负责，与合同无关并不受其约束。

(3) 信用证是纯单据业务。信用证以单据为付款凭证，而不是与单据有关的货物、服务及其他行为。只要受益人或其指定人提供的单据符合信用证条款，开证行就承担付款、承兑或议付的责任。

2) 当事人

信用证涉及的当事人较多，一般主要涉及以下六个当事人：

(1) 开证申请人，又称为开证人，是向银行提出申请开立信用证的人。

(2) 开证行，是接受开证人的委托开立信用证的银行。

(3) 通知行，是指受开证行委托，将信用证转交出口商的银行。

(4) 受益人，是信用证上指定的有权使用该信用证的人，如出口商或实际供货商。

(5) 议付行，是指愿意买入受益人交来跟单汇票的银行。

(6) 付款行，是指信用证上指定的付款银行，一般是指开证行。

此外，信用证在具体的业务中还可涉及保兑行、偿付行、受让人等其他当事人。

3) 主要内容

信用证的主要内容一般包括以下几个方面：

(1) 对信用证本身的说明，如信用证种类、性质、号码、受益人、金额等。

(2) 信用证是否需要汇票、汇票的出票人、付款人、汇票期限、出票条款等。

(3) 货物的名称、品质、规格、数量、运输标志、单价等。

(4) 对运输的要求，如装货港、卸货港或目的地、装运期限、可否分批装运等。

(5) 对单据的要求，如货物单据、运输单据、保险单据等。

(6) 其他需要约定的事项，如保兑条款、开证行对议付行的指示条款等。

4) 信用证的种类

根据信用证项下的汇票是否附有货运单据，可以分为跟单信用证和光票信用证。

(1) 跟单信用证是指开证行凭跟单汇票或仅凭单据付款的信用证。此单据是指代表货物所有权或证明货物已交运的单据，如运输单据、商业发票、保险单据、产地证书等。通常在信用证条款中明确规定了受益人应提交的单据。

(2) 光票信用证是开证行不随附货运单据的光票付款的信用证。银行凭光票信用证或受益人提交的非货运单据如发票、垫款清单等付款。

目前国际贸易结算中大多数使用跟单信用证，在采用信用证方式预付货款时，大多采用光票信用证。

根据开证行所负的责任，可以分为不可撤销信用证和可撤销信用证。

(1) 不可撤销信用证是指开证行一经开出信用证，并经通知行通知或转递受益人后，开证行便承担了按照信用证条款履行付款的义务。在信用证有效期内，除非经受益人和有关当事人同意，开证行不得单方面修改或撤销信用证条款。

(2) 可撤销信用证是指开证行对其所开出的信用证，在有效期内可以不必经过受益人和其他当事人的同意，也可不必事先通知受益人，有权随时对信用证做出修改或撤销。

根据 UCP500 规定，只要受益人依信用证条款规定已得到了议付、承兑或延期付款保证，该信用证就不可被修改或撤销。信用证若未明确标明“可撤销”或“不可撤销”，则视为不可撤销信用证。不可撤销信用证因收款的安全性较高而广受出口商的青睐。

根据付款的时间不同，可以分为即期信用证和远期信用证。

(1) 即期信用证是指受益人根据信用证条款提交相关跟单汇票或装运单据后，开证行或付款行立即履行付款义务的信用证。

(2) 远期信用证是指开证行或其指定的付款行收到受益人提交的相关单据时，并不立即付款，而是在汇票到期或规定的期限内付款的信用证。

即期信用证在国际贸易中使用最多，而远期信用证是买方取得资金融通的一种方式。

根据有无另一家银行保兑，可以分为保兑信用证和不保兑信用证。

(1) 保兑信用证是指信用证经开证行开出，由另外一家银行保证对符合信用证条款规定的单据履行付款义务。

(2) 不保兑信用证是指经开证行开出的信用证不经另外一家银行加以保兑。

一般保兑信用证都是不可撤销的，而可撤销的都是不保兑信用证。

根据受益人对信用证的权利是否可转让，可分为可转让信用证和不可转让信用证。

(1) 可转让信用证是指信用证的第一受益人在信用证自由议付时，可以要求开证行委托付款、承兑的银行或议付行，将信用证全部或部分转让给一个或数个第三受益人使用的信用证。

(2) 不可转让信用证是指受益人不能将信用证权利转让给第三人的信用证。

(3) 可转让信用证一般会明确注明“可转让”，若未注明，则视为不可转让。

除以上分类之外，信用证还有以下几种：

(1) 循环信用证。循环信用证是指信用证的金额被受益人全部或部分使用后，仍可以恢复到原金额，并可以再次使用，直至达到规定的次数、规定的时间或规定的总金额为止。可以分为按时间循环和按金额循环两种。

(2) 对背信用证。对背信用证是指出口商收到进口商开出的信用证后，要求原证的通知行或其他银行以原证为基础，另开一张内容相似的新证给另一受益人。此信用证一般是中间商在转售他人货物或办理转口货物时，因两地或两国不能直接办理进出口贸易，通过第三者为保证付款问题所采用的一种方法。

(3) 对开信用证。对开信用证是指买卖双方各自开立的以对方为受益人的信用证。两张信用证可以同时生效，也可以分别生效，一般用于易货贸易和加工贸易。

(4) 预支信用证。预支信用证是指开证行授权通知行向受益人预付信用证金额的全部或一部分，开证行保证偿还并负担利息，与远期信用证相反，开证人付款在先，受益人交单在后。

5) 作用

对于出口商来说，其作用表现为：

(1) 保证了合同的履行与货款的取得。由于出口商不了解进口商的信誉和支付能力，信用证支付方式下，由银行承担付款责任，银行信用代替了商业信用，为出口商提供了更为安全的保障。

(2) 资金融通的便利。在信用证到期前可作为资金融通的工具，将信用证质押，从出口方当地银行取得打包贷款，用以收购、加工、生产出口货物和打包装船等，或按规定办理货物出运，并提交汇票和信用证条款规定的各种单据，用作出口押汇取得贷款。有利于进口商的资金周转，扩大对外贸易。

对于进口商来说，其作用表现为：

(1) 确保取得出口商履行合同的依据。进口商可以通过信用证条款来约定出口商的交货日期、单据种类和份数及商品检验机构，进口商品的品质、数量、包装等，从而保证了进口商按时、按质、按量收到货物。

(2) 资金融通。通常进口商申请开证时，开证行会要求交纳一定比例的保证金，当进口商信誉较好时有可能采用非全额保证金的形式开证。远期信用证也为进口商提供了资金融通的便利。

对于银行来说，信用证的作用表现为：

(1) 为银行利用资金提供便利。开证行以自身的信用提供担保，进口商向开证行交纳一定的保证金或担保品，为银行自身利用资金提供了便利。

(2) 获取收益。信用证业务中，银行可以获取开证费、通知费、议付费、保兑费、修改费等各种费用，增加了银行的收益。

信用证的结算流程如图 6-12 所示。

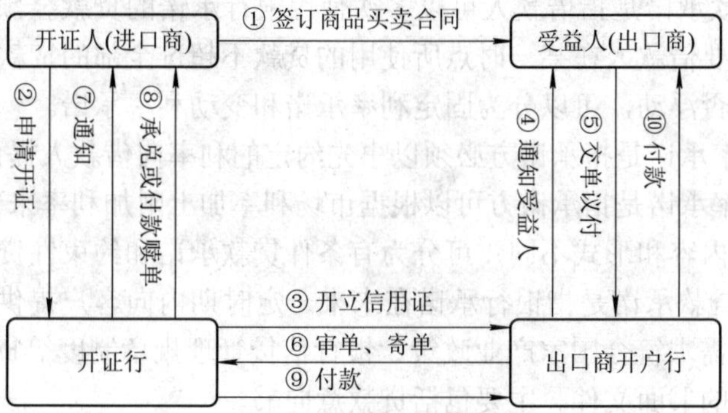

图 6-12　信用证的结算流程

6.2.3　承诺类

承诺类表外业务是指商业银行在未来某一日期按照事前约定的条件向客户提供约定信用的业务。

承诺类业务主要是指贷款承诺，贷款承诺是商业银行最主要的表外业务之一。随着金融创新的兴起，在传统贷款承诺的基础上，又出现了新型的票据发行便利业务。

1. 贷款承诺

1) 定义

贷款承诺是商业银行与客户之间达成的一种具有法律约束力的正式契约，指在有效承诺期内，银行将按约定的条件向客户提供约定数额的贷款的业务。

2) 特点

(1) 贷款承诺是典型的或有资产业务，在贷款承诺未兑现时，这笔业务属于银行的表外业务；一旦贷款承诺兑现，则因其放出贷款转化为银行的表内资产业务。

(2) 客户拥有借款选择权，具有期权的性质，即客户可以根据市场利率与事先约定的利率的高低来选择性使用贷款承诺。

3) 分类

根据承诺方是否可以不受约束地撤销贷款承诺，贷款承诺可分为可撤销承诺和不可撤销承诺两类。

(1) 可撤销承诺是指在事先约定的条件中规定客户取得贷款前必须履行特定的条款，若客户不符合或不能履行条款，银行可以撤销贷款承诺。

(2) 不可撤销承诺是指银行的贷款承诺具有法律约束力，不经客户允许不得随意撤销。

根据对贷款金额的使用情况，可分为定期贷款承诺、备用贷款承诺和循环贷款承诺。

(1) 定期贷款承诺是指在承诺期内，借款人只能一次性全部或部分地使用银行承诺的贷款金额。

(2) 备用贷款承诺是指借款人可以多次使用银行承诺的贷款金额，且剩余承诺在承诺期内仍然有效。

(3) 循环贷款承诺是指借款人可以多次使用银行承诺的贷款金额，并且可以反复使用偿还的贷款，只要借款人在某一时点所使用的贷款不超过全部的贷款承诺金额即可。

根据利率是否浮动，可以分为固定利率承诺和变动利率承诺。

(1) 固定利率承诺是指承诺方必须以事先约定的利率向借款人提供贷款。

(2) 变动利率承诺是指承诺方可以根据市场利率加上附加利率来确定贷款利率。

根据承诺的内容和形式不同，可分为有条件贷款承诺和约束性贷款承诺。

(1) 有条件贷款承诺是指银行承诺在未来一定时期内向客户提供一定意向信用额度贷款，在客户信贷需求符合国家产业政策、银行信贷管理规章制度等贷款条件的前提下，给予一定信贷支持的书面文件。主要包括贷款意向书。

(2) 约定性贷款承诺是指银行向客户做出的在未来一定时期内按商定条件为该客户提供约定数额贷款的承诺。

知识链接

贷款意向书和贷款承诺书

贷款意向书是为贷款协议进行进一步的准备和谈判所出具的文件，不具备法律效力与约束力，因而商业银行在项目建议书批准阶段就可以出具贷款意向书。

贷款承诺书是已经就贷款条件和合同主要条款达成一致的具有法律约束力的书面文件，商业银行必须按正常贷款的审查程序对贷款做出评估。在项目可行性报告批准阶段，商业银行出具贷款承诺书。

4) 办理流程

(1) 客户提出申请。贷款人向银行提出申请，并提交相关资料，包括营业执照、组织机构代码证、税务登记证、法人身份证、公司章程、近期财务报表及银行需要的其他资料。

(2) 调查与评估。经办行受理借款人的申请后，初步审查借款人是否符合贷款政策和基本条件，并进行初步调查，主要包括借款人的基本情况、经营状况、贷款用途、还款来源、项目资金来源、担保情况等，并形成调查报告送审。

(3) 信贷审批。信用审查部门收到经办行提交的调查报告及其他资料后，对借款人的资格、财务状况、经营状况、发展前景、项目投入计划等方面进行审查，并对保证人的资格、偿债能力、抵押物的有效性等进行审核，按相关的信贷审批流程审批。

(4) 出具贷款承诺书。信贷审批通过后，银行出具贷款承诺书，约定合同条款，并在签订承诺书后向借款人收取手续费。

5) 作用

对于承诺银行而言，贷款承诺为银行带来了手续费收入，提高了其盈利性。

对于借款人而言，贷款承诺为其提供了较大的灵活性，借款人可以利用借款选择权来更加灵活地选择与运用资金，同时，贷款承诺为借款人提供了相对稳定的远期资金来源，提高了其在金融市场上的信用程度，降低了其融资成本。

知识链接

开立信贷证明

开立信贷证明是指商业银行应客户的要求，向招标人出具的、用于参与大型建设项目、工程的招投标中，招标人对投标人进行资格预审的书面文件。

开立信贷证明的基本流程是：首先受理客户开立信贷证明的申请，银行对投标工程的真实性、项目资金来源、出资机构等进行审核；其次，审核通过后，根据不同的信贷证明种类确定是否占用客户的授信额度，有条件的信贷证明不占用授信额度，无条件的信贷证明占用授信额度，出具联系函或通知函；最后，确定信贷证明的授信对象、用途、金额、有效期后为客户出具信贷证明。

资料来源：交通银行网站

2. 票据发行便利

1) 定义及特点

票据发行便利是一种具有法律约束力的中期周转性票据发行融资的承诺，属于银行的承诺类业务。借款人与银行事先签订一系列协议，在承诺有效期内，银行按照约定的条件，以承购连续性短期票据的形式向客户提供信贷服务。

在票据发行便利中，发行的票据是可以循环的，大部分票据的期限为 3 个月或 6 个月，长的可达 1 年，短的可至 1 个星期或零星的几天。

票据发行便利起源于辛迪加贷款，同时又是国际金融市场金融证券化的结果。一方面，作为辛迪加贷款的低成本替代品，它继承了辛迪加贷款有众多银行参与的特点，既能满足借款人对巨额资金的要求，又能有效分散风险，同时，充分发挥了银行在市场安排和信息上的优势，有助于借款人以较低的成本获取中期资金。另一方面，它将属于表内业务的银团贷款转化为表外业务，减轻了对资本充足率要求的压力，同时使银行更好地满足客户的融资需求。

2) 当事人

票据发行便利的当事人主要有以下几个：

(1) 借款人，一般是资信度比较高的企业。

(2) 发行银行，通常是银团贷款中的牵头行。

(3) 包销银行，即根据事先的约定，提供期限转变便利，包销未出售的票据。

(4) 投资人，即票据的持有者，只承担期限风险。

3) 分类

票据发行便利主要分为包销的票据发行便利和无包销的票据发行便利。

包销的票据发行便利是指在银行与借款人约定的协议项下，若借款人的票据不能按协议的约定全部出售，则银行有责任帮助客户推销其发行的票据，银行或购买这些未能出售的票据，或向借款人提供等额银行贷款。

包销的票据发行便利又可以分为以下几种：

(1) 循环包销便利。它是票据发行便利的最早形式。在这种形式下，若借款人的某期短期票据推销不出去，包销的商业银行有责任自行提供给借款人所需的资金。

(2) 可转让的循环包销便利。它是指包销的商业银行在协议有效期内，随时可以将其包销承诺的所有权利和义务转让给另一家机构。

(3) 多元票据发行便利。这种票据发行便利方式允许借款人以更多、更灵活的方式提取资金，集短期预支条款、摆动信贷、银行承兑汇票等提款方式于一身，使借款人在提取资金的期限、币种上都获得了更大的灵活性。

无包销的票据发行便利是指商业银行没有义务包销未出售的票据。一般资信度很高的客户采用这种形式，他们完全可以凭借自身良好的信誉出售全部票据，从而可以节省包销费用。

知识链接

承诺类和担保类表外业务的比较

承诺是银行在未来特定的时期，按照事先约定向客户发放约定金额的贷款的诺言。担保是商业银行接受客户的委托，以保证人或担保人的身份对国内外企业提供信用担保服务，商业银行为交易中的委托人对另一方出具书面文件，保证委托人的债务或履行规定的义务，并承担相应的责任。

两者的区别表现在以下三个方面：

(1) 涉及当事人不同。承诺仅涉及银行和交易一方中的委托人即申请客户两方，而担保常表现为银行代替客户承担对交易中的另一方的义务，涉及交易双方和银行三方。

(2) 银行面临的风险不同。承诺是银行对客户未来的交易承担信贷义务，面临未来的风险，担保是银行对客户现实债务的支持，银行面临现有的风险。

(3) 业务性质不同。承诺是直接的信贷业务，满足约定条件可向客户直接提供授信业务，而担保是一种辅助性的业务，以银行信用替代商业信用，常被视为直接信贷的替代。

6.2.4 金融衍生交易类

自20世纪70年代以来，随着金融创新的浪潮，金融衍生工具迅速发展，其所特有的避险、套利、投机等特点，为金融体系带来了深刻的变革。

金融衍生工具又称为派生金融产品，是在基础性金融工具的基础上发展起来的投资和风险管理工具，即从原生资产(如股票、债券、货币等基础性金融工具)派生出来的金融工具。其表现形式是双边合约或支付交换协议，其价值取决于原生工具的变动情况。

金融衍生交易类业务是指商业银行为满足客户保值或自身头寸管理等方面的需要，利用各种金融工具，主要是金融衍生工具，进行的资金交易活动。

近年来，随着金融体系的不断完善，衍生金融工具的种类不断增多，其交易也日益活跃。按照其自身交易的方法和特点，金融衍生工具分类如图6-13所示。

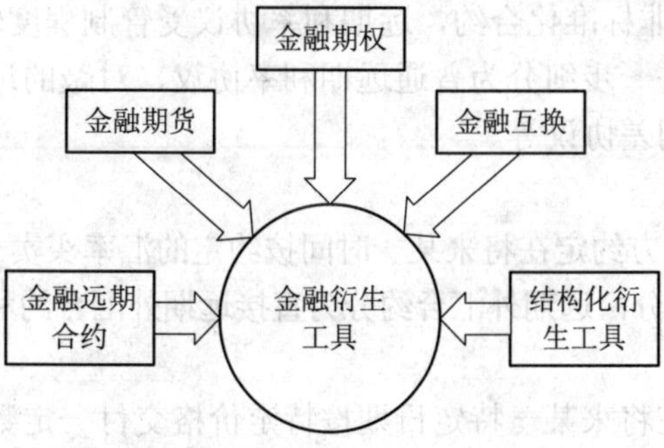

图 6-13　金融衍生工具的分类

1. 金融远期合约

1) 定义及特点

金融远期合约是指交易双方在场外市场上通过协商，按约定价格在约定的未来日期买卖某种标的金融资产的合约。

金融远期合约规定了未来交割的资产、交割的日期、交割的价格和数量，其中合约条款根据双方需求协商确定。即虽然实物在未来交割，但交割的价格、数量、日期等在合约签订时就已在合约中确定。

2) 作用

金融远期合约的作用表现为以下两点：

(1) 风险管理，商业银行利用金融远期合约可以对银行资产或负债进行套期保值。

(2) 获取收益，远期合约到期支付的是结算资金，不涉及本金的交付，不影响商业银行原有的资产负债规模，从货币的时间价值角度来看，增加了银行的收益。

3) 分类

金融远期合约主要包括远期利率协议、远期外汇合约和远期股票合约。本节主要介绍远期利率协议。

(1) 远期利率协议。

远期利率协议是买卖双方约定在将来一定时间段的协议利率，并指定一种参照利率，在将来清算日按规定的期限和本金数额，由一方向另一方支付协议利率和届时参照利率之间利息的差额。

远期利率协议是建立在交易双方对未来一段时间利率的预测存在差异的基础上。交易的其中一方想通过此合约使自己免受未来利率上升的损失，而另一方则想通过此合约来使自己免受未来利率下跌的损失。它是双方通过预先约定固定的远期利率来防范未来利率波动的风险，能较好地防范因银行保持资产负债期限结构对称而产生的利率敞口风险，是实现稳定负债成本或资产保值的一种金融工具。

远期利率协议具有如下特点：

① 经营成本较低。远期利率协议无需支付保证金，可以使银行凭借自身信用达成协议，且有利于银行削减原本用于风险管理的现金资产总额，降低了风险管理的费用。

② 经营方式较灵活。主要表现在交易币种、期限、金额等方面。

③ 保密程度高。交易不采用交易所公开竞价的形式，具有较高的保密性。

④ 作为场外交易的非标准化合约，远期利率协议受管制程度较低。

远期利率协议还可进一步细分为普通远期利率协议、对敲的远期利率协议、合成的外汇远期利率协议和远期利差协议等。

(2) 远期外汇合约。

远期外汇合约是指双方约定在将来某一时间按约定的汇率买卖一定金额的某种外汇的合约。按照远期开始时期划分，远期外汇合约分为直接远期外汇合约和远期外汇综合协议。

(3) 远期股票合约。

远期股票合约是指在将来某一特定日期按特定价格交付一定数量单个股票或一揽子股票的协议。

远期股票合约出现的时间不长，总体交易规模也不大。

2．金融期货

1) 定义及特点

金融期货是交易双方在固定的场所以公开竞价的方式成交后，约定在未来某一日期以确定的价格买卖标准数量的某种金融商品的合约。

期货交易的基本特征是标准化和在交易所集中交易，由此衍生出来的一些交易机制，是期货有别于远期的关键。

2) 分类

根据标的资产的不同，常见的金融期货可以分为以下三种：

(1) 股票指数期货，是指特定的股票指数为标的资产的期货合约，其目的是为了规避市场上的系统性风险。典型的代表是S&P500股指期货合约。

(2) 货币期货，是指以某种货币为标的资产的期货合约，其目的是为了规避汇率波动的风险。

(3) 利率期货，是指将来某一特定时间，将某一特定的金融工具以预先确定的价格进行买卖的合约，其目的是为了避免短期利率变动的风险。

3) 远期与期货的区别

远期与期货的区别如表6-1所示。

表6-1　远期与期货的区别

特　征	远　期	期　货
交易场所	没有固定的交易场所	交易所内交易
标准化程度	非标准化合约	标准化合约
违约风险	取决于签约双方的信用	由交易所或清算公司担保
合约双方关系	交易双方对对手的信誉和实力要充分了解	交易所是所有买方的卖者和所有卖方的买者
价格确定方式	交易双方直接谈判并私下确定	在交易所中公开竞价或做市商报价交易确定
结算时间	到期才交割清算	每天结算
交割方式	实物交割或现金结算	大多数通过平仓来结清

3. 金融期权

1) 定义及特点

金融期权是一种赋予期权的买方在某一未来日期或在此日期之前按议定的价格买卖某种金融工具的权利的合约。期权的买方要向卖方支付一定的期权费作为获得此权利的代价。

金融期权具有如下特点：

(1) 交易双方的权利和义务不对称。期权的选择权在买方手中，买方可以根据市场价格的变动来决定是否行权。当价格变化对买方有利时，买方可以行权，卖方必须履行合约的义务；当价格变化对买方不利时，买方可以放弃期权，按市场价格进行买入或卖出，损失的只是期权费。期权的卖方只有根据买方的要求进行交易的义务，而没有要求买方进行交易的权利。这是金融期权最突出的特点。

(2) 期权交易具有高杠杆的功能。期权的买方能够通过支付一定的期权费获取一定的盈利，如购买看涨期权。

2) 分类

根据金融期权交易买进和卖出的性质，可以分为看涨期权、看跌期权和双重期权。

(1) 看涨期权又称买入期权，即期权的买方有在规定的时间内按规定的价格购买一定数量的某种金融资产的权利。

(2) 看跌期权又称卖出期权，即期权的买方有在规定的时间内按规定价格卖出一定数量的某种金融资产的权利。

(3) 双重期权又称双向期权，是指期权的买方有在规定的时间内按规定的价格买进一定数量的某种金融资产的权利，也有在规定的时间内以相同的价格卖出一定数量的某种金额资产的权利。它是同一价格水平上看涨期权和看跌期权的综合运用。

根据交易场所是否集中和期权合约是否标准化，可以分为场内期权和场外期权。

(1) 场内期权是指在集中性的金融期货市场或期权市场进行交易的金融期权合约，它是标准化的合约，合约规定了交易的数量、价格、到期日等。

(2) 场外期权是指在非集中性的交易场所进行的金融期权合约，它是非标准化的合约，其交易数量、交易价格、到期日等均由交易双方自由议定。

根据履约的时间不同，可以分为现货期权和期货期权。

(1) 现货期权是指以各种金融商品本身作为期权合约标的物的期权，包括股票期权、利率期权和股票指数期权等。

(2) 期货期权是指以金融期货合约作为期权合约标的物的期权，包括外汇期货期权、利率期货期权和股指期货期权等。

3) 金融期货与金融期权的区别

金融期货与金融期权的区别主要表现在以下五个方面：

(1) 权利与义务的对称性不同。金融期货是双向合约，对交易的买卖双方均产生约束，双方均承担对冲合约或交割的义务。金融期权是单向合约，只对期权的卖方产生约束，买方可以自主选择行使期权。

(2) 履约保证不同。金融期货的交易双方都必须交纳保证金，而金融期权交易中，只有期权的买方须交纳保证金。

(3) 盈亏特点不同。金融期货交易中，双方所承担的风险和可能的盈利都是无限的。金融期权交易中，期权买方承担的风险仅限于损失期权费，而获得的盈利可能是无限的。期权的卖方可能获得的盈利是有限的，即期权费，而面临的损失也可能是无限的。

(4) 套期保值效果不同。金融期货进行套期保值，避免价格的不利变动造成的损失的同时，也必须放弃价格有利变动可能的获利。金融期权可以通过价格的变动来进行选择性的行权，即可避免价格不利变动造成的损失，又可在相当程度上保住价格有利变动带来的收益。

(5) 现金流转不同。金融期货交易双方在成交时不发生现金收付，成交后，由于价格的变动而发生流转。金融期权在成交时买方需支付一定的期权费，除到期履约外交易双方均不发生任何现金流转。

4. 金融互换

1) 定义及特点

金融互换是指交易双方承诺根据约定的条件在一定时间以后交换支付的合约。

与一般金融衍生工具的特点类似，金融互换也具有交易灵活、保密性好、受管制程度较低的特点。此外，互换业务并不改变交易双方的债权债务关系，且能够较好地限制信用风险。

2) 分类

商业银行通常进行的互换交易主要是货币互换和利率互换。

(1) 货币互换，是指交易双方约定在期初按约定的汇率交换不同货币的本金(如一定数量的美元换等值、期限相同的欧元)，并按合同约定的条件在规定的日期交换利息，在到期日换回原货币本金。可以分为固定利率货币互换、浮动利率货币互换和固定利率货币与浮动利率货币互换。

(2) 利率互换，是指交易双方将同种货币不同利率形式的资产或者债务进行的交换。可分为固定利率与浮动利率互换和浮动利率互换。

货币互换涉及两种不同的货币本金，且在货币互换的“期初”和“期末”都要进行货币本金的互换。而利率互换只涉及同一货币本金，且只涉及利息，不涉及本金。

3) 作用

金融互换的作用表现在以下几个方面：

(1) 金融互换较好地利用了银行的非资金资源优势，拓宽了银行业务范围。

(2) 银行可以在不同金融市场之间套利获取收益，增加了其盈利来源。

(3) 丰富了银行自身风险管理的手段，有助于银行的稳健经营。

5. 结构化金融衍生工具

以上四种是最简单和最基础的金融衍生工具，因而又被称为“建构模块工具”。利用其结构化的特性，通过与基础性金融工具或相互之间的组合，运用金融工程结构化的方法，能够设计出更多复杂的金融衍生产品，即结构化金融衍生工具。

结构化金融衍生工具是国际金融衍生品市场的重要组成部分，目前较为常见的是商业银行开发的各类结构化理财产品及在交易所市场上市交易的结构化票据，通常与某种金融工具的价格相联系，其投资收益随该价格的波动而变化。

6.3 几种新型的表外业务

随着金融市场的发展与创新以及投资渠道的拓展，越来越多的客户开始绕开银行把资金投资于收益更高的证券等领域，从根本上制约了银行资产规模的扩大。同时，由于监管部门对资产充足率的要求，商业银行也面临着严峻的资金缺口压力，各种新型的表外业务不断涌现。

6.3.1 资产证券化

资产证券化最早出现在 20 世纪 70 年代美国住宅抵押贷款市场，随后取得了飞速发展，被众多成熟市场经济国家接受和采用，近年来又在多数新兴市场国家得以推行。

资产证券化是以特定资产组合或特定现金流为支持，发行可交易证券的一种融资形式。根据证券化的基础资产不同，可以分为不动产证券化、应收账款证券化、信贷资产证券化、未来收益证券化、债券组合证券化等。本节介绍商业银行常见的信贷资产证券化业务。

1．定义

信贷资产证券化是指银行业金融机构作为发起机构，将信贷资产信托给受托机构，由受托机构以资产支持证券的形式向投资机构发行受益证券，以该财产所产生的现金支付资产支持证券收益的结构性融资活动。

知识链接

资产支持证券的特点

(1) 资产支持证券是一种信托受益凭证，代表特定目的的信托的信托受益权份额，受托机构以信托财产为限向投资机构承担支付资产支持证券收益的义务。即使发行人破产，投资机构依然能按约定受偿；倘若信托财产不足以偿付证券，投资机构不能要求发行人用其他财产来偿付证券。这是资产支持证券最重要的特点。

(2) 依托同一个资产池可发行不同等级的资产支持证券，它们按照约定的顺序或特定的分配方法享有信托利益，因而具有不同的风险水平。例如，依托 100 亿元的资产池可分别发行 40 亿元优先级证券和 60 亿元次级证券，资产池收到的贷款本息首先保证偿还优先级证券，而次级证券要吸纳整个资产池的风险。

(3) 资产支持证券分期偿付本息，本金余额会随之递减。而且，倘若借款人提前偿还贷款，受托机构也会把提前收到的贷款本金转给投资机构，投资机构收到资产支持证券本息的时间不完全确定，需要通过建立模型来预测借款人提前偿还贷款的可能性，资产支持证券的收益率也会随之变化。

资料来源：中国人民银行网站

2. 特点

信贷资产证券化的特点表现为:

(1) 基础资产主要是企业贷款、住房抵押贷款、汽车消费贷款、信用卡应收款等具有可预计的未来现金流的资产。

(2) 它是一种结构化的过程，将贷款、应收款等资产重新组合、打包并以证券的形式出售。

(3) 有助于实现再融资和将资产移出表外的目的。

(4) 可提高资产的流动性，将原先难以兑现的资产转换为可流动的证券，加速资金的周转。

3. 当事人

信贷资产证券化涉及的当事人较多，主要有以下几种:

(1) 发起机构，是指通过设立特定目的信托转让信贷资产的金融机构。

(2) 受托机构，是因承诺信托而负责管理特定目的的信托财产并发行资产支持证券的机构，受托机构以信托财产为限向投资机构承担支付资产支持证券收益的义务。

(3) 贷款服务机构，是指接受受托机构委托，根据服务合同约定管理作为信托财产的信贷资产的机构。

(4) 资金保管机构，是接受受托机构委托，负责保管信托财产账户资金的机构。信贷资产证券化发起机构和贷款服务机构不得担任同一交易的资金保管机构。

此外，相关当事人还有证券登记托管机构、其他为证券化交易提供服务的机构和资产支持证券投资机构等。

4. 信贷资产证券化的基本流程

信贷资产证券化的流程如图 6-14 所示。

组建资产池	商业银行会同受托机构、资金保管机构、评级机构等拟定资产证券化项目资产池的筛选标准，并进行相应的调查，确定最终资产池
设计特定目的信托	商业银行会同法律、会计、评级机构等中介机构设计资产证券化的交易结构，建立特定目的信托关系
设计证券	商业银行会同主承销商，根据资本市场的需求、基础资产的性质、投资者的风险承受能力等设计资产支持证券的相关要素
信用评级	结合交易结构、商业银行同类资产历史数据和资产池数据，评级机构对资产支持证券做出初步评级，并与商业银行进行沟通
发行证券	受托机构将经信用评级的资产支持证券交由承销商承销，承销商负责安排证券的发行
资产池管理	贷款服务机构按照服务合同的约定管理资产池
证券兑付	资产支持证券存续期内，受托机构根据约定按期向资产保管机构下达信托账户支付指令，并委托登记结算机构向投资者兑付证券本息

图 6-14 信贷资产证券化的基本流程

6.3.2　贷款出售

20 世纪 80 年代后半期，随着大规模的并购融资活动的兴起，贷款出售业务迅速发展。随着 20 世纪 90 年代银团及贷款转让协会通过的标准化贷款文件和清算程序，促进了贷款出售的规范化发展。

1．定义及特点

贷款出售是指银行将贷款视为可销售的资产，在贷款形成之后，进一步采取各种方式出售贷款给其他投资者，收回货币资金并从中获得手续费。在我国，贷款出售又称为贷款转让或信贷资产转让。

在商业银行传统的贷款业务中，贷款形成后，通常银行会持有贷款至到期。而在贷款出售业务中，商业银行在贷款到期之前，将其出售给投资者，并收回货币资金。在此过程中，原贷款合同并不发生改变，而是贷款出售行与投资者之间形成了一项新的合同，表明投资者拥有该笔贷款的未来的现金流收入。

2．作用

贷款出售的作用主要体现在以下两个方面。

1) 对于商业银行来说，贷款出售的作用表现为

(1) 获取收益。对于贷款出售行而言，可以获得贷款出售手续费，也可以通过重新获得的资金来进行投资或发放新的贷款。对于贷款购买行来说，由于贷款出售的都是相对优质的贷款，可以获得较安全的投资收益，也有利于拓展新的投资方式，扩大盈利来源。

(2) 分散风险。对于贷款出售行而言，通过贷款出售使银行的非流动资产转变为流动资产，提高了其流动性，增强了抗风险的能力。对于贷款购买行来说，有利于优化资产组合，从而降低经营风险。

(3) 规避资本管制。通过贷款出售可以优化商业银行的资产结构，使风险相对较高的资产转化为低风险资产，降低监管当局对资本金的要求。

2) 对于借款人而言，贷款出售的作用表现为

(1) 降低资金成本。借款人可以利用银行同业之间的竞争来降低融资成本。

(2) 融资便利。贷款出售的存在使借款人的融资要求更易于满足。

3. 方式

贷款出售有很多形式，通常根据贷款出售对权利、义务转让程度的不同将贷款出售分为三种形式：参与、转让和代替。

贷款参与是赋予购买者获得标的贷款未来现金流的权限。贷款参与并不涉及原贷款合同法定权利的正式转移，而是在出售银行与购买者之间新增一份贷款参与合约，出售银行通常会继续提供售后服务，如管理贷款抵押品、代收利息等，但出售行与购买者之间要签订一份无追索权的协议，即贷款购买者实际上需要承担较大的经营风险。购买者通过支付一定的金额来取得相应贷款本金产生收益的权利。

贷款转让是指直接将贷款关系从银行转让给贷款的购买者，同时也将银行的权利转让

给受让者。受让者拥有该笔贷款未来的收入，也有权直接干预借款人，但出售银行对借款人的义务和基于银行自身特征的某些权利并不一同转让。

贷款代替是指银行把所有的权利和义务都转移给购买者。通常，贷款代替需征得借款人同意，原贷款合同有约定的除外。

通常，优质贷款多采用参与方式出售，质量不佳的贷款多采用转让方式出售，贷款代替用得较少。

4. 贷款出售与资产证券化的比较

贷款出售是银行将已形成的贷款出售给新的投资者，从而获得资金。资产证券化是银行通过资产证券化的方式转让债权，其结果都是将银行的非流动资产转化为流动性资产，提高流动性。

贷款出售不同于资产证券化，表现在以下两方面：

(1) 资产质量的转变。贷款出售仅将贷款的形成与贷款的融资区分开，不包括贷款质量的转变。而资产证券化通过资产池、现金流的分割与剥离，重组了现金流结构，增加了流动性，从而转变了资产的质量。

(2) 贷款规模不同。贷款出售包括大额贷款，而资产证券化是通过小额贷款形成资产池来达到相应规模。

6.3.3 融资租赁

租赁是指物件所有人按照合同规定，在一定期限内将物件出租给使用者使用，承租人按期向出租人交纳一定租金，并在租赁关系终止时将原租赁物件返还给出租人的经济行为。根据租赁业务会计处理的角度可以分为经营租赁与融资租赁。

融资租赁是商业银行重要的表外业务和利润来源，是市场经济发展到一定阶段而产生的一种融资方式，是商业银行的朝阳业务。

1. 定义及特点

融资租赁是指出租人根据承租人对租赁物和供货人的选择或认可，将其从供货人处取得的租赁物按合同约定出租给承租人占有、使用，并向承租人收取租金的交易活动。适用于融资租赁交易的租赁物为固定资产。

融资租赁与传统的租赁以承租人使用租赁物的时间计算租金不同，融资租赁以承租人占用融资成本的时间计算租金，是集融资与融物、贸易与技术更新于一体的新型金融产业，其特点表现为：

(1) 以融物来融通资金。承租人获得了设备的使用权，不需要支付设备的购买资金，相当于银行提供了设备购买金额的等额贷款，从而使承租人获得了资金的融通。

(2) 涉及三方当事人，签订两个或两个以上经济合同。其具体当事人包括出租人、承租人和供货人。各方之间须签订并履行租赁合同与购货合同。

(3) 租赁物的所有权和使用权相分离。在承租期，设备的所有权属于出租人，使用权属于承租人。

(4) 租赁期较长，租赁期限通常根据租赁物件的使用寿命来确定，承租人必须按照合同的约定按期支付租金，租赁合同一经签订，承租人不得中途退约或要求退租，不得解除合同。

(5) 租赁期满后，承租人一般对设备有留购、续租和退租三种选择，一般融资租赁期满后，承租人往往选择留购方式，以较低的价格从出租人处购得租赁设备。

(6) 租赁物的范围非常广，如飞机、轮船、医疗设备等专用设备或技术含量较高的设备，所涉及的金额也较大。

2. 作用

从商业银行的角度看，融资租赁业务的作用如下：

(1) 提高银行资产的安全性，降低资金运用的风险。由于融资租赁是将融资与融物合为一体，银行的资金用于融资租赁，直接以设备作抵押，从而使资产有一定的保障。

(2) 拓展商业银行的业务范围，提高其市场竞争力。随着市场经济的发展，产业结构的调整与优化，大量的企业面临资金短缺的压力，而融资租赁以其特有的优势，存在着一定的社会需求。发展融资租赁业务，能够拓展银行的业务范围，增强其经营能力，提高市场竞争力。

(3) 开展多元化经营，获取收益。对于银行来说，不仅可以收取租金，还能够享受投资税减免和加速折旧的优惠。

从承租企业的角度看，融资租赁的作用如下：

(1) 融资租赁能够打通企业供应链，为承租人和供应商架起沟通的桥梁。一方面，融资租赁给承租企业提供融物的便利；另一方面，将承租人引荐给供应商，为供应商拓展了新的销售渠道。

(2) 降低企业的融资成本，改善其负债结构。融资租赁过程中直接以租赁物作抵押，企业只需要按期支付租金，对其他的担保物的要求较贷款低，且不计入企业的负债，从而降低了融资成本，改善了企业负债结构。

3. 业务种类

融资租赁的划分有许多标准，常见的是根据融资租赁业务的具体经营方式，划分为直接租赁、转租赁和回租租赁。

直接租赁是指由承租人指定设备及生产厂商，委托出租人融资购买，由承租人使用并支付租金，租赁期满出租人向承租人转移设备的所有权。这是一种直接购进租出的方法，是最典型的融资租赁方式。

转租赁是指银行以第一承租人的身份租进所需的设备，然后以第二出租人的身份将设备租给第二承租人使用的租赁方式。在转租赁业务中，上一租赁合同的承租人同时是下一租赁合同的出租人，一般涉及四个当事人，即第一出租人、第二出租人和第一承租人、第二承租人、设备供应商。

回租租赁是指设备的所有者先将设备卖给出租人，再以租赁的方式租回原有设备的一种方式。其优点在于：

(1) 承租人既拥有原有设备的使用权，还能将企业的固定资产变为流动资产。

(2) 承租人可以将出售设备的资金用于其他投资，其中的小部分用来支付租金，便于企业转移投资，调整产业结构。

回租租赁主要用于已使用过的设备。

6.4 表外业务的风险管理

受国际金融创新发展的影响，我国商业银行的表外业务为适应环境的变化，取得了飞速发展。由于表外业务高度的灵活性、透明度低、业务工具的广泛性、涉及范围的广泛性等特征，表外业务的风险管理尤为重要。

6.4.1 表外业务的风险分类

由于表外业务与表内业务的内在联系，大多数表外业务的风险与表内业务的风险基本相同，主要有以下七种。

1. 信用风险

信用风险是指因表外业务的交易对象未能履约而造成损失的风险。信用风险通常与交易对象的经营状况、稳健程度等有关，在不同类型的表外业务中都存在。

2. 国家风险

国家风险是指跨国界进行的商业银行表外业务可能遭受损失的风险。一般与交易对象所在国的政治、经济环境等有关。

3. 市场风险

市场风险是指银行表外头寸因市场价格的变动而遭受损失的风险，尤其体现在金融衍生交易类表外业务中，汇率、利率、证券价格的变动对其影响非常大。

4. 流动性风险

流动性风险是指在金融市场不稳定，金融工具转让不易，无法以合理的价格出售，使银行遭受损失，导致银行资金头寸短缺的风险。

5. 操作风险

操作风险是指银行经营的表外业务因内部控制、治理机制失效而造成损失的风险。如因工作人员操作失误未及时补救所造成的损失等。

6. 法律风险

法律风险是指银行经营的表外业务由于法律制度的变动而改变相应的经营策略，从而带来损失的风险。

7. 声誉风险

声誉风险是指银行经营的表外业务由于操作失误、违反相应的法律法规或其他的原因使银行声誉受影响的风险。

6.4.2　表外业务监管制度

由于商业银行表外业务面临风险的多样性与复杂性，为了促进银行表外业务的稳健发展及规范其经营，监管机构对表外业务制定了相应的监管制度，主要有以下几个方面。

(1) 实行审批制。

根据《商业银行中间业务暂行规定》，中国人民银行根据商业银行开办中间业务的风险和复杂程度，分别实行审批制和备案制。适用审批制的业务主要为形成或有资产、或有负债的中间业务，以及与证券、保险业务相关的部分中间业务。适用备案制的业务主要为不形成或有资产、或有负债的中间业务。

(2) 制定审慎的政策。

世界上大多数国家都对一些风险较大的表外业务制定了相应的风险转换系数，在表外业务定性分析的基础上对各种银行表外业务的经营风险进行定量分析，利用风险转换系数来衡量银行表外业务所承担的风险，以限制银行过度开展表外业务，达到控制风险的目的。

(3) 加强会计披露。

商业银行必须按规定定期统计与报告表外业务的相关数据与经营信息，监管机构定期公布，从而提高表外业务的透明度，加强公众监督与市场约束，促使银行表外业务的稳健经营与合理发展。

知识链接

国际会计准则委员会对表外业务会计揭示的规定

由于表外业务本身的经营特点，决定了依据传统的会计制度表外业务不能得到全面如实的反映，如金融衍生交易类的不确定性及其交易金额大等特征，不能在会计报表中得到有效体现，根据国际会计准则委员会的相关文件，对表外业务的会计揭示做出如下规定：

(1) 坚持“权责发生制原则”与“审慎原则”，“审慎原则”优于“权责发生制原则”。即当权责发生制原则与审慎原则相互冲突或不一致时，应采用审慎原则。会计确认经济事项是以实现原则为基础的，而表外业务中金融衍生交易类大多数是待执行的合约，且其价格经常处于波动之中，交易金额都非常大，只有当表外业务的收入或利润已经实现或可以合理并确定能够转变为现实的经济利益时，才能计入银行的损益。

(2) 表外业务项目在资产负债表中用脚注或附注的形式揭示。或有资产和或有负债业务的会计揭示必须遵循国际会计准则委员会制定的相应规定。

(3) 表外业务中的避险交易与非避险交易的处理。避险交易按市场价格转移，而非避险交易按市价估价并计入完成交易的全部成本。

资料来源：中华会计网

知识链接

巴塞尔委员会对表外业务会计揭示的要求

巴塞尔银行监理委员会作为一个国际组织，其对表外业务信息披露的具体要求有以下三个方面：

(1) 以核心原则为指导，以相关的会计政策为依据，结合各国的具体国情，制定能够真实反映商业银行在财务状况、风险提示等方面的披露措施。

(2) 银行向所有会计信息利益相关人披露包括衍生金融工具在内的各种表外业务的会计政策、公允价值、风险预警等方面的信息。

(3) 采取自愿性披露和强制性披露相结合的方式，并充分利用市场约束和政府约束的影响力。

(4) 非现场监控。

由于表外业务，尤其是金融衍生交易类业务的复杂性，加强非现场监管也是对表外业务监管的有效手段之一，持续监督银行所开展的表外业务，尽早发现表外业务所面临的风险，便于更好地控制风险。

(5) 现场检查。

通过现场检查可以更为全面、准确地了解整个表外业务的业务构成、运作、程序、控制等方面详细信息，有助于对表外业务的整体状况进行正确地判断，从而更好地进行风险防控。

6.4.3 表外业务的风险管理措施

随着商业银行表外业务的规模日益扩大，表外业务在为商业银行带来可观利润的同时，也加大了商业银行的风险。对表外业务的有效管理，在利用其创造利润的同时有效控制其带来的潜在风险，是商业银行发展表外业务亟待解决的问题，表外业务风险管理的措施如下。

1. 完善相关法律规范

目前我国与商业银行表外业务相关的法律规范有《商业银行表外业务风险管理指引》《商业银行中间业务暂行规定》和《商业银行信息披露暂行规定》，对表外业务的界定尚未形成明确统一的观点，因而在商业银行表外业务的市场准入、风险管理、信息披露等方面未形成全面细致的法律体系。因而需完善表外业务现行的法律规范，统一立法对表外业务的认识，增强不同规范之间的协调性，提升表外业务立法的体系性。

2. 健全监管体系

随着金融市场的发展，各种新型金融工具不断涌现，银行经营的表外业务类型不断增加，与证券公司、信托公司之间的业务联系与业务交叉越来越多。目前银监会、证监会与中国人民银行对表外业务均有监管权限，但存在一定的职能交叉与监管空白。同时，鉴于表外业务复杂性、涉及领域广泛性、面临风险多样性等特征，从而对现行的共同监管体制提出了新的要求。

3．完备风险监控体系

由于诸如信贷资产转让及信托化等表外业务的潜在风险较表内业务信贷风险更大，诸如贷款承诺、咨询顾问、理财产品等表外业务存在声誉风险，需要加强风险防控意识，借鉴国际上的有关经验，制定表外业务风险衡量标准，提高风险监测技术，细化表外业务的分类管理，对表外业务的办理流程、风险防控等进行严格规范。

4．明确会计核算标准

目前的《中华人民共和国会计法》《金融企业会计制度》及《商业银行信息披露暂行规定》等法律法规对商业银行表外业务的会计核算及处理均有规定，但过于笼统，对于核算范围、记账方法、成本收益、会计报表编制等没有统一的规定。此外，对会计披露的细节性要求，如披露范围、披露内容、披露原则、披露程序、披露标准等不够明确，使表外业务的透明度不够高，从而不利于及时揭示表外业务的真实信息及提高表外业务的可控性。

5．加强内控管理

商业银行应该严格根据相关法律规定开展表外业务，加强自身的风险管理与监管体系的建设，建立岗位责任制，明确职责权限，制定合理的内部控制操作规程，健全规章制度，构建行内表外业务内部监管体系，采取积极有效的内部措施，实现对风险数量化、连续性的监控。

小　结

通过本章的学习，可以掌握以下内容：

(1) 一般来说，商业银行在从事传统的资产负债业务的同时，利用自身的资源为客户提供的各种金融服务，在我国称为中间业务，在西方国家称为表外业务。

表外业务是指商业银行从事的，按照通行的会计准则不计入资产负债表内，无法在资产负债表内充分反映，但能改变银行损益状况的业务。

中间业务是指不构成商业银行表内资产、表内负债，形成银行非利息收入的业务。

(2) 表外业务的特点主要表现为：利用银行的非资金资源；产品多样，操作灵活；透明度低，监管难度大；杠杆率高，风险较大。

(3) 表外业务的发展原因主要有：金融环境的变化；商业银行之间的竞争更加激烈；金融管制的加强；科学技术的发展。

(4) 表外业务包括金融服务类和或有项目类两大类。其中，金融服务类包括支付结算、代理、咨询等；或有项目类包括担保类、承诺类、金融衍生交易类等。

(5) 支付结算是指单位、个人在社会经济活动中使用票据、信用卡和汇兑、托收承付、委托收款等结算方式进行货币给付及其资金清算的行为。

支付结算业务是指银行作为支付结算和资金清算的中介机构，代客户清偿债权债务、收付款项的业务。

(6) 担保业务是指银行接受交易其中一方申请人的委托，以承担债务风险为前提，承诺当申请人不能履约时，银行承担对交易另一方的全部义务的信用担保业务。

(7) 根据信用担保工具的不同，担保类业务可以分为银行承兑汇票、保函、备用信用证和商业信用证。

银行承兑汇票是由出票人或承兑申请人签发，并由承兑申请人向开户银行申请，经银行审查同意承兑的票据。

保函是商业银行凭借自身的资金实力和业务条件，根据申请人的要求，向受益人保证履行某项义务，承诺在申请人违约时按规定承担经济赔偿而出具的书面担保。

备用信用证是指开证行应申请人的要求，对申请人开立的承诺承担某种义务的凭证。若开证申请人未履行其义务时，受益人只要凭备用信用证的规定向开证行提交开证申请人违约的声明或证明文件，开证银行必须无条件的向受益人付款。

商业信用证(Commercial Letter Of Credit，简称 L/C)是银行根据开证申请人的请求和指示，向受益人开具的有一定金额、并在一定期限内凭规定的单据承诺付款的书面文件。

(8) 承诺类表外业务是指商业银行在未来某一日期按照事前约定的条件向客户提供约定信用的业务。

贷款承诺是商业银行与客户之间达成的一种具有法律约束力的正式契约，在有效承诺期内，银行将按约定的条件向客户提供约定数额的贷款的业务。

票据发行便利是一种具有法律约束力的中期周转性票据发行融资的承诺，借款人与银行事先签订一系列协议，在承诺有效期内，银行按照约定的条件，以承购连续性短期票据的形式向客户提供信贷服务。

(9) 金融衍生工具是在基础性金融工具的基础上发展起来的投资和风险管理工具，即从原生资产派生出来的金融工具。

金融衍生交易类业务是指商业银行为满足客户保值或自身头寸管理等方面的需要，利用各种金融工具，主要是金融衍生工具，进行的资金交易活动。

(10) 信贷资产证券化是指银行业金融机构作为发起机构，将信贷资产信托给受托机构，由受托机构以资产支持证券的形式向投资机构发行受益证券，以该财产所产生的现金支付资产支持证券收益的结构性融资活动。

(11) 贷款出售是指银行将贷款视为可销售的资产，在贷款形成之后，进一步采取各种方式出售贷款给其他投资者，收回货币资金并从中获得手续费。

(12) 融资租赁是指出租人根据承租人对租赁物和供货人的选择或认可，将其从供货人处取得的租赁物按合同约定出租给承租人占有、使用，向承租人收取租金的交易活动。

(13) 表外业务的监管制度包括：实行审批制、制定审慎的政策、加强会计披露、非现场监控和现场检查。

(14) 表外业务的风险管理措施包括完善相关法律规范、健全监管体系、完备风险监控体系、明确会计核算标准、加强内控管理。

练　习

一、单项选择题

1. 表外业务是指商业银行从事的，按照通行的会计准则不计入(　　)内，无法在

(　　)内充分反映，但能改变银行损益状况的业务。

A．资产负债表　　B．现金流量表

C．利润表　　D．所有者权益变动表

2．中间业务是指不构成商业银行表内资产、表内负债，形成银行(　　)收入的业务。

A．利息　　B．手续费　　C．非利息　　D．服务费

3．下列哪一项不属于或有项目类(　　)。

A．担保类　　B．承诺类

C．金融衍生交易类　　D．金融服务类

4．(　　)是由出票人或承兑申请人签发，并由承兑申请人向开户银行申请，经银行审查同意承兑的票据。

A．银行汇票　　B．支票

C．银行承兑汇票　　D．银行本票

5．银行承兑汇票的提示付款期限，自汇票到期日起(　　)。

A．30 日　　B．10 日　　C．两个月　　D．13 日

6．通过支票影像系统处理的异地支票业务，金额上限为(　　)元。

A．5 万　　B．500 万　　C．100 万　　D．50 万

7．信用证的(　　)是指受开证行委托，将信用证转交出口商的银行。

A．议付行　　B．开证行　　C．通知行　　D．付款行

二、多项选择题

1．表外业务的特点主要表现为(　　)。

A．利用银行的非资金资源　　B．产品多样，操作灵活

C．透明度低，监管难度大　　D．杠杆率高，风险较大

2．根据信用担保工具的不同，担保类业务可以分为(　　)。

A．银行承兑汇票　　B．保函　　C．备用信用证　　D．商业信用证

3．根据金融期权交易买进和卖出的性质，可以分为(　　)。

A．看涨期权　　B．期货期权　　C．看跌期权　　D．双重期权

4．根据贷款出售对权利、义务转让程度的不同，贷款出售分为(　　)。

A．参与　　B．转让　　C．代替　　D．贴现

5．根据融资租赁业务的具体经营方式，划分为(　　)。

A．直接租赁　　B．转租赁　　C．循环租赁　　D．回租租赁

6．表外业务的风险管理措施包括(　　)。

A．完善相关法律规范

B．健全监管体系

C．明确会计核算标准

D．加强内控管理

E．完备风险监控体系

7．包销的票据发行便利可以分为(　　)。

A．循环包销便利

B．可转让的循环包销便利

C．多元票据发行便利

三、简答题

1．简述表外业务发展的原因。

2．简述支票的业务处理流程。

3．简述银行承兑汇票的办理流程。

4．简述信用证结算流程。

5．论述商业银行表外业务的风险管理措施。

第 7 章　商业银行国际业务

本章目标

■ 理解国际业务的定义及特点
■ 理解国际结算业务的三种方式
■ 掌握进出口押汇业务
■ 掌握打包放款业务
■ 掌握福费廷业务
■ 掌握保理业务
■ 了解国际商业银行贷款
■ 理解汇率的标价方法
■ 了解外汇买卖方式

重点难点

重点：
◈ 国际业务的特点
◈ 国际结算与贸易融资业务
◈ 汇率的标价方法
难点：
◈ 国际贷款业务
◈ 外汇买卖方式

案例导入

新中国上海的第一条地铁是全国第一条举债建设的地铁，并且是利用外国政府贷款建设而成，在中国采用国际融资方式建设大型项目史上有重要的意义。

1983 年，为了解决上海的交通问题，上海市政府批复成立了南北快速交通筹备组，即上海第一条地铁——地铁 1 号线。然而，当时上海市政府没钱，国家财政也困难，上海建设地铁面临的头号难题就是资金问题。于是，上海领导人大胆地提出自借自还，利用外资进行城市基础设施的建设方案，并得到中央的全力支持。1986 年 8 月 5 日，国务院以国函〔1986〕94 号文，批准上海以自借自还的方式，扩大利用外资搞城市基础建设。这就是在上海对外开放和城市建设史上著名的“94 专项”。

尽管上海地铁 1 号线的投资只有 68 亿美元，但是由于上海在中国经济发展中占据重要地位，并且上海地铁 1 号线是新中国第一个采用国际融资方式建设的大项目，具有重要的战略意义。因此，1985 年 4 月，《中国日报》刊发题为《中国最大的城市上海将利用外资建造它的第一条地下铁道》的招标简讯，立刻就引起了德、法、美、英、意、日、加等西方大国的高层及金融界和企业界的关注。

在上海地铁项目谈判和工程推进期间，中方坚持两条战线同时展开：一条战线是政府谈判，争取最优惠的“软贷款”，即利息率最低、还款期最长、赠与成分最大的政府贷款；另一条战线是商务谈判，争取技术先进、价格合理、质量可靠的设备和管理软件。先后吸引了英、法、日、意、加等国政府的眼球，以及由 AEG 公司牵头包括著名的西门子在内的德沪地铁集团、英国地铁集团、意大利米兰地铁集团、加拿大 BOMBARDIER 公司、日本丸红工程公司、美国 GRS 信号公司的积极参与。

经过层层的筛选与谈判，最终与德国政府达成协议：德国政府向上海地铁提供 4.6 亿马克，100%的“软贷款”，年利率 0.75%，还款期为 40 年，其中含 10 年宽限期。按照国际惯例计算，这笔巨额贷款的赠与成分高达 71%。在国际政府贷款的先例里，这样的优惠条件，在中国是第一次，在国际上也是少有的。1993 年 5 月 28 日，上海第一条地铁正式投入运行。

7.1 商业银行国际业务概述

商业银行的国际业务起源于国际贸易的发展。进入 20 世纪 90 年代以后，伴随着经济一体化和贸易全球化，信息、技术、资金等在国际间的流动为商业银行国际业务的发展带来了新的机遇。2006 年，我国加入世界贸易组织 5 年过渡期结束，我国金融业开始全面对外开放，国际业务成为商业银行竞争的重要领域，在商业银行的经营发展中占据着越来越重要的地位。

7.1.1 国际业务的定义及特点

国际贸易是指国际间的商品和劳务的交换，不同国家间的交换必然会产生不同国家货币之间的收付，从而产生了不同货币之间支付清算的需求，国际业务的发展是伴随着国际贸易金融服务逐渐发展起来的。

1. 国际业务的定义

商业银行国际业务是指在经营范围上由国内延伸到国外的一切有关跨国界的资金融通的业务活动，包括跨国银行在国外的业务活动和本国银行在国内从事的有关国际业务。

国际业务中大部分属于商业银行的表外业务，主要是为客户办理的各种结算服务，无需动用自己的资金。而国际业务又往往与商业银行的资产业务和表外业务交叉运行，因而又不完全属于商业银行的表外业务。

2. 国际业务的特点

国际业务伴随着国际贸易的发展而产生，与世界经济增长、国际金融、进出口等因素密切相关，其特点如下：

(1) 具有广泛的国际性。

由于国际业务处理的是不同国家之间的业务，相对于商业银行的国内业务来说，其涉及的业务范围、网点布局、客户结构、竞争对手等方面都更加广泛，世界范围内的国际贸易与非贸易业务往来都会用到国际结算工具。国际业务是跨国界的商业银行业务，突破了国别的限制。

(2) 涉及不同国家的货币。

国际业务主要是为不同国家之间的国际贸易、资金融通等提供金融服务，其传统业务就是提供各种国际结算方式与贸易融资便利，通过处理不同货币之间的资金清算，实现货币资金的国际转移。

(3) 涉及多项国际惯例。

国际业务的当事人来自不同国家，其业务的办理需要考虑到各当事人所在国家外汇相关法律法规，当相关国家就同一事项的相关规定发生冲突时，就会涉及国际惯例中的处理方式，以此来规范国际业务的开展。

(4) 业务风险较大。

国际业务面临的国家风险、信用风险、汇率风险、法律风险等比国内业务要大，同时，还受各国政治、经济、社会环境因素的影响较大。一些数额较大的国际金融犯罪对商业银行国际业务的风险防范提出了更为严格的要求。

7.1.2　国际业务的种类

与商业银行国内业务一样，国际业务可以分为负债业务、资产业务和表外业务。

1. 负债业务

国际业务中负债业务的构成如图 7-1 所示。

1) 外汇存款

外汇存款的主体包括当地存款人的存款和当地同业的存款。其中，当地存款人包括当地个人、企业和机构。当地同业存款是当地银行和其他国家银行存放在本国银行的货币资金。

外汇存款的币种包括当地货币和其他国家货币两类。

外汇存款一般为短期存款，短期存款主要是活期存款，是流动性较高的存款，也有一部分中期存款，可以使存款人获得一定的利息收益。

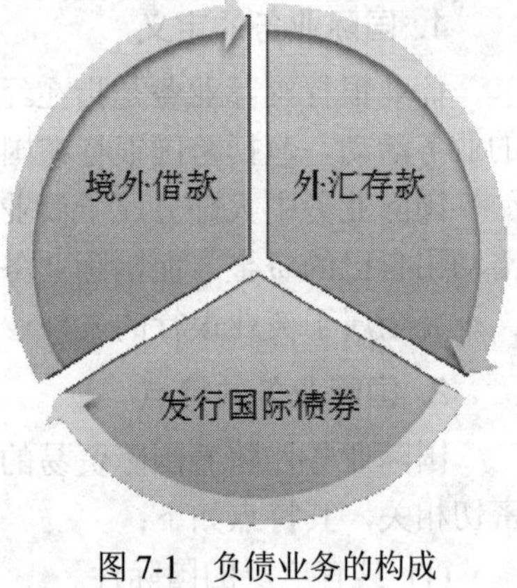

图 7-1　负债业务的构成

2) 发行国际债券

国际债券是指一国政府、金融机构、工商企业或国际组织为筹措和融通资金，在国外金融市场上发行的，以外国货币为面值的债券。

国际债券的发行人是各国政府、政府所属机构、银行或其他金融机构、工商企业及一些国际组织。

国际债券的投资者主要是银行或其他金融机构、各种基金会、工商财团和自然人。

3) 境外借款

境外借款是指商业银行为了调剂头寸和获取利差收益向境外其他商业银行借款，即同业拆借。

国际同业拆借一般具有期限短、金额大、手续简便的特征。

2. 资产业务

国际业务中资产业务的构成如图 7-2 所示。

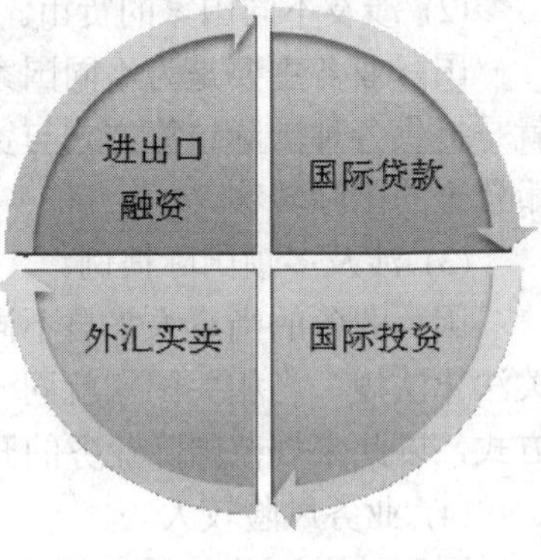

图 7-2　资产业务的构成

1) 进出口融资

为国际贸易活动提供资金融通是商业银行国际借贷活动的重要组成部分。其资金融通的对象包括本国和外国的进出口商。

国际业务资产业务中的进出口融资业务包括进口押汇、出口押汇、打包放款、福费廷等，将在本章第二节详细介绍。

2) 国际贷款

国际商业银行贷款是指借款人为了本国经济建设的需要，支持某一个建设项目或其他一般用途而在国际金融市场上向外国银行筹借的款项。由于其跨国界经营，与国内贷款业务相比，具有放款对象更广泛、面临风险更大、放款方式更复杂等特征。

3) 国际投资

根据商业银行国际证券投资的对象不同，可以分为外国债券投资和欧洲债券投资。

外国债券是指某一国家借款人在本国以外的某一国家发行的以该国货币为面值的债券。外国债券是一种传统的国际债券，债券发行人属于一个国家，债券的面值货币和发行市场属于另一个国家。其中，在美国发行的外国债券称为扬基债券；在日本发行的外国债券称为武士债券；在中国发行的外国债券称为熊猫债券。

欧洲债券是指借款人在本国境外市场发行的、不以发行市场所在国货币为面值的国际债券。欧洲债券是伴随着欧洲货币市场的形成而发展起来的，债券发行者、债券发行地点、债券面值所使用的货币分别属于不同的国家，又称为无国籍债券。欧洲债券票面所使用的货币一般是可自由兑换的货币，主要是美元、欧元、英镑、日元等，还有一些复合货币单位，如特别提款权等。

4) 外汇买卖

在商业银行经营业务活动中，为规避外汇风险、调节货币结构或调剂外汇头寸，通常也会进行外汇买卖业务，外汇买卖包括即期交易、远期交易、掉期交易、期货交易和期权交易等。

3．表外业务

国际贸易往来和非贸易往来产生的债权债务关系，涉及不同货币资金的支付清算，因而产生了国际结算。商业银行国际业务的表外业务主要是指国际结算业务，国际结算三大方式包括汇款、托收、信用证，将在本章第二节作详细介绍。此外，商业银行国际业务的表外业务还包括国际融资租赁、代客外汇买卖业务、外汇咨询、担保等业务。

7.1.3　国际业务的发展原因

进入 21 世纪以来，商业银行的国际业务发展增速较快。国际业务的迅速发展离不开经济环境的变化与商业银行国际化的竞争需求，其发展原因可以从宏观和微观两方面来分析。

1．宏观环境的变化

商业银行业务是基于社会经济的发展而逐步发展起来的，宏观经济环境的变化是影响其业务经营的一个重要因素。商业银行国际业务的经营与国际经济与贸易息息相关，宏观经济环境对商业银行国际业务的推动主要表现在以下三个方面：

(1) 国际经济环境的变化。

一方面，随着各国经济的发展，在全球经济一体化的浪潮中，对外开放的广度和深度在加大，国与国之间经济合作逐渐紧密，对外贸易规模逐渐扩大；另一方面，各国经济国际化的步伐加快，跨国公司规模扩张，纷纷在海外设立分支机构，会产生大量贸易融资与国际结算服务等需求，从而推动了商业银行国际业务的发展。

(2) 金融自由化。

20 世纪 70 年代以来，世界经济形势剧变，加上国际金融市场的飞速发展，许多对金融机构的管制措施已经滞后，限制了金融机构的业务发展，从而引发各国监管当局放松了对金融机构的管制，推动了金融市场的发展与创新，为商业银行的经营提供了较为宽松的金融环境，推动了商业银行为适应国际经济的发展而产生的各种国际业务的发展。

(3) 科技水平的进步。

科技水平的进步为商业银行国际业务的发展提供了技术支持。新兴的科学技术被广泛应用到商业银行的业务系统中，以高效、快捷等优势弥补了传统记账方式的不足，尤其是电子银行业务的发展，极大地便利了商业银行业务办理的流程，也为传统的商业银行业务带来了新的变革。

2．商业银行内在驱动

对商业银行来说，受自身业务经营的安全性、流动性、效益性等因素的影响，也会大力发展国际业务。

1) 增强流动性

商业银行大力发展国际业务，能够拓宽自身的融资渠道和融资方式，可以在各国外汇市场与本国金融市场间灵活地进行头寸调拨、利用国际金融市场进行资金融通、通过本币与外币的各种搭配组合，便于自身的流动性管理，增强抵抗流动性风险的能力，为自身的业务发展提供更全面的平台。

2) 增加盈利

随着国际贸易的兴起，由此催生的有关国际结算与国际贸易融资的各种需求不断扩大，促使作为经营货币资本金融机构的商业银行抓住这一契机，大力发展国际业务，通过提供各种符合客户需求的国际结算、贸易融资服务等金融服务，来增加盈利来源，并通过获取的非利差收入来优化收入结构。

3) 适应行业竞争

20 世纪 70 年代以后，随着金融脱媒的出现，商业银行与非银行金融机构、商业银行与商业银行之间的竞争逐渐加剧，并且，随着金融市场的开放，本国商业银行与跨国商业银行之间的竞争也日趋激烈，迫使商业银行不得不为了赢得市场而大力发展国际业务，为增强自身的综合实力注入新的活力。

7.1.4 我国商业银行国际业务发展的影响因素

结合商业银行国际业务的发展原因，我国商业银行国际业务发展的影响因素也可以分为宏观因素和微观因素两个方面。

1. 宏观因素

1) 外汇政策

(1) 我国是实行外汇管制的国家，商业银行经营国际业务受国家外汇政策、外汇管理体制的管理，即商业银行国际业务的经营种类、办理流程等受国家外汇管理局相关规章制度的约束。

(2) 汇率的波动通过影响一国货币购买力而对国际业务产生一定的影响。这是由于：第一，货币的购买力发生变化，直接影响一国的对外贸易结构，如人民币汇率下降，表明人民币升值，相当于以人民币表示的商品价格上升，不利于出口，从而影响国际结算量。第二，汇率波动也影响一国的旅游业，如对商业银行个人结售汇业务产生一定的影响，从而影响商业银行的国际业务。

2) 国际贸易

商业银行的国际业务是以国际贸易活动为基础开展的，随着我国改革开放的进程不断推进，我国的国际贸易规模逐渐扩大，带动了我国商业银行国际业务的国际结算量与贸易融资总量的增长。此外，随着国际贸易结构的优化，如由出口低价值的廉价商品向高附加值的商品转化、国际贸易方式的不断推陈出新，企业对国际贸易融资的需求也向多元化、差异化发展，因而也促进了商业银行国际业务的发展。

3) 国际合作

随着我国对外开放的程度加深，与国际上其他国家的经济合作在不断地加强，如对外项目的持续开展和劳务输出、外资投资环境的改善和投资政策的优惠、对外投资政策的优惠均会刺激国际业务的发展，如国际合作项目的增长，增加外汇收入的同时也将带动国际结算、外汇业务的发展。

2. 微观因素

1) 资金实力

商业银行是经营货币资金的特殊金融企业，为了有效控制经营风险，监管机构制定了一系列的监管指标，其中基本的一项指标即存贷比。商业银行存款规模直接制约着商业银行的贷款规模，因而商业银行本外币存款的总量、自有资金的实力是影响其国际借贷、贸易融资的重要因素。

2) 组织机构

国际业务职能机构的设置对商业银行的国际业务发展也有一定的影响。如在国际业务发展的初期，我国商业银行一般设置独立的国际业务部，专门负责办理国际业务。随着国际业务的多元化发展，国际业务产品向资产业务、负债业务、表外业务全方位渗透，与银行其他部门的沟通与合作日益紧密，其组织机构的设置应与国际业务的发展要求相匹配。

3) 人才配备

国际业务由于其自身的业务特点，对专业人才的要求相对更高。如外语水平是基础要求，国际业务需要处理的各种单证通常用外语表示；业务知识是办理国际业务的必要条件，既需要通晓人民币业务，又需要懂外汇业务；交叉的专业背景是国际业务操作的需求，如涉及国际惯例的处理方式，需要熟知国际惯例与相关的法律法规等。可以说，人才配备与培养是商业银行国际业务竞争的内在砝码。

4) 产品特点

随着商业银行之间竞争日益激烈，业务种类与产品同质化现象日趋严重，而吸引客户的一个重要因素就是创新的、贴近客户需求的产品。商业银行利用自身的资金实力、网点设置、后台支持等资源，设计出符合客户差异化需求的产品也是带动商业银行国际业务发展的重要因素。

7.2　国际结算与贸易融资业务

国际结算是商业银行国际业务的表外业务，是基于国际贸易的需求而产生的对银行的结算需求。国际结算与国际贸易融资业务是商业银行国际业务的传统业务。本节主要介绍国际结算与出口押汇、进口押汇、福费廷、打包放款等常见的国际贸易融资业务。

7.2.1　国际结算

1. 定义及分类

国际结算是指国际间由于政治、经济、文化、军事等方面的交往或联系而发生的以货币表示债权债务的清偿行为或资金转移行为，是通过两国银行办理的跨国结算主体之间的货币收付活动。

根据货币收付产生的原因和基础不同，可以分为国际贸易结算和非贸易国际结算。

(1) 国际贸易结算是指以清偿国际贸易引起的债权债务关系而发生的货币收付，主要通过汇款、托收、信用证等方式。

(2) 非贸易国际结算是指国际贸易以外的其他活动引起的货币收付，主要通过非贸易汇款、非贸易信用证、旅行支票等方式。

根据资金运送方式不同，可以分为现金结算和非现金结算。

(1) 现金结算是指收付货币或现金来逐笔结算国际间的债权债务关系。

(2) 非现金结算是指不直接收付货币或现金，通过使用各种支付工具和信用凭证在各国银行间结算国际间债权债务关系的方式。

其中，国际贸易结算方式和非现金结算方式比较常见。

知识链接

旅行支票

旅行支票是指商业银行代售的、由专门金融机构印制、以发行机构作为最终付款人、以可自由兑换货币作为计价结算货币、有固定面额的票据。其作用是专供旅客购买和支付旅途费用，特点有：

(1) 流动性强。它没有指定的付款地点和银行，一般也不受日期限制，在全世界通用，客户可以随时在国外的各大银行、国际酒店、餐厅及其他消费场所兑换现金或直接使用，在很多国家其流动性视同现金。

(2) 安全性高。与现金不同的是，旅行支票若丢失或被盗后，可以办理挂失、理赔或紧急补偿。

(3) 币种多样。旅行者可根据自身的需要，选择不同的币种。

(4) 汇率低。兑换旅行支票的汇率通常比兑换现钞的汇率优惠。

2. 国际结算方式

根据使用票据的不同，国际结算可以分为三种形式：汇款、托收和信用证。

1) 汇款

汇款也称汇付，是指银行应付款人的要求，以一定的方式将款项通过国外联行或代理行交付收款人的一种结算方式，属于顺汇。

知识链接

国际汇兑

国际汇兑是指银行通过一定的结算工具在不同国家的两地之间进行资金的调拨，以结清两国客户之间的债权债务关系。其中，汇是指国际间货币资金的转移，兑是指两种不同货币资金的转换。

按资金和结算工具流向的不同分为顺汇和逆汇。

顺汇，又称汇付，是指债务人主动将款项交给本国银行，委托该银行通过某种结算工具将款项汇付国外债权人或收款人。其结算工具和资金的流向相同，故称为顺汇。

逆汇，是指债权人通过出具票据委托本国银行向国外债务人收取汇票金额的结算方式。其结算工具和资金的流向相反，故称为逆汇。通常逆汇由债权人签发汇票向债务人收款，故又称为出票法。逆汇按信用形式的不同，分为托收和信用证。

顺汇和逆汇的流程如图 7-3、图 7-4 所示。

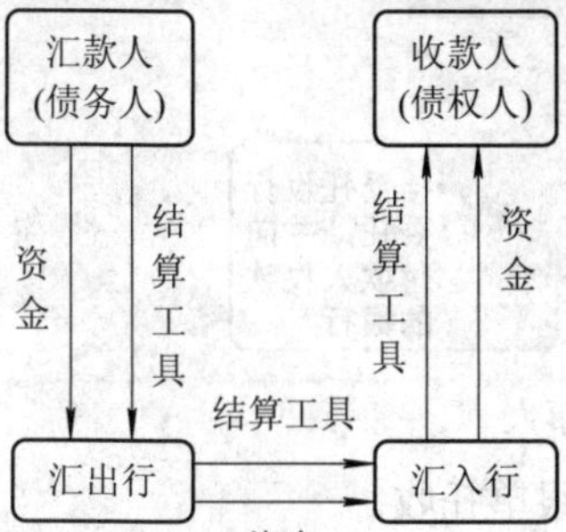

图 7-3　顺汇的流程

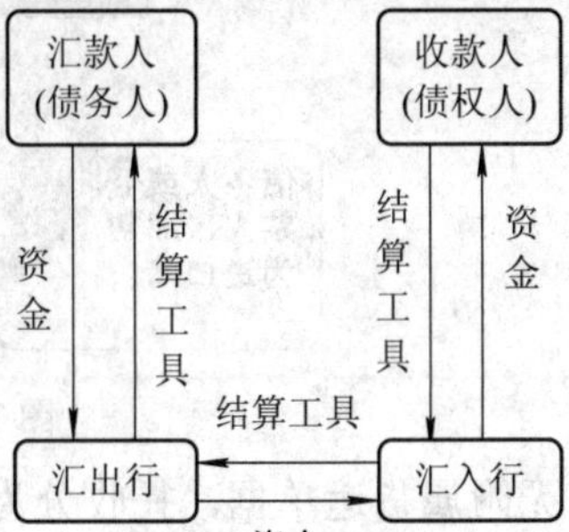

图 7-4　逆汇的流程

汇款是最简单的国际结算方式，一般用于赠与、贸易尾款结算及非贸易往来收支。汇款涉及的当事人如图 7-5 所示。

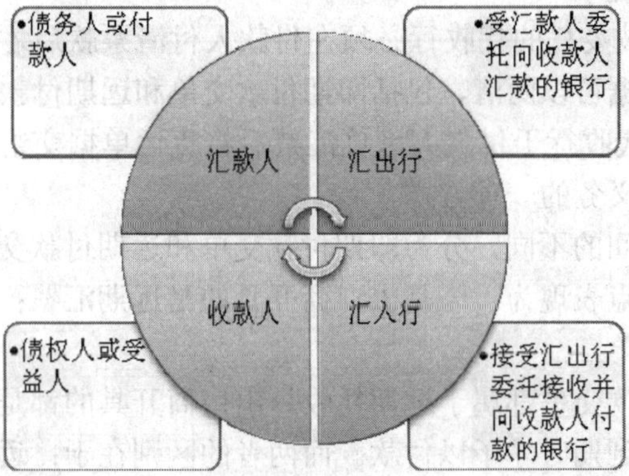

图 7-5　汇款的当事人

根据汇兑工具的不同，汇款又可以分为电汇、信汇和票汇三种。

(1) 电汇是汇出行受汇款人的委托，用加押电报或电传通知汇入行向收款人解付汇款的方式。

(2) 信汇是汇出行受汇款人的委托，用邮寄信汇委托书的方式委托汇入行解付汇款的方式。

(3) 票汇是汇出行受汇款人的委托，开立以汇入行为付款人的银行即期汇票，交由汇款人自行寄送收款人，并凭此向汇入行提取款项的方式。

2) 托收

托收是指债权人按照交易合同，凭一定的金融票据或商业单据，委托银行向国外债务人收取款项的一种结算方式。

银行在发出托收时是委托代理人，是按照债权人即出口商的委托办理，同时提供结算服务，并不保证能收到款项。

托收的当事人通常涉及四个，如图 7-6 所示。

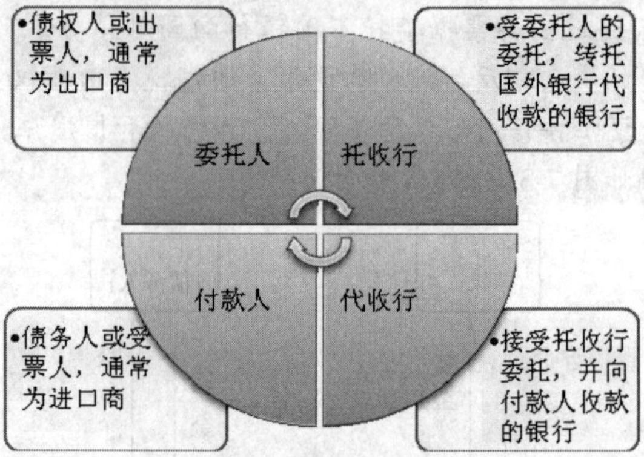

图 7-6　托收的当事人

根据有无附属货运单据，托收分为光票托收和跟单托收。

光票托收是指仅凭金融票据而不附带有商业单据的托收。一般用于收取货款的尾款及样品费、代垫费用等小额或从属费用。

跟单托收是指凭金融票据和商业单据办理的托收。根据代收行交付单据的条件不同可以分为付款交单和承兑交单。

(1) 付款交单是指被委托的代收行必须在付款人付清票款后才能将货运单据交给付款人，从而票款和物权单据可以两清，包括即期付款交单和远期付款交单。

(2) 承兑交单是指代收行于付款人承兑汇票后将货运单据交给付款人，付款人在承兑汇票到期日才履行付款义务的一种方式。

付款交单按支付时间的不同，分为即期付款交单和远期付款交单。与即期付款交单相比，远期付款交单的特点表现为：一是出口商开具的是远期汇票；二是进口商应先予以承兑；三是到期付款再赎单。

承兑交单与远期付款交单都属于远期托收。出口商开具的都是远期汇票，进口商见票时应先予以承兑，汇票到期时才予以付款。而两者的区别在于：远期付款交单中，进口商只有在汇票到期并支付货款时才能得到单据，而承兑交单中，进口商只要承兑后便可以得到单据，此时汇票还未到期，进口商尚未付款。

对于出口商而言，即期付款交单最有利，因为在进口商付款之前，货物的所有权仍属于出口商；而对于进口商而言，承兑交单最为理想。

与汇款相比，托收方式具有如下特点：

(1) 比汇款方式更为安全。由于汇款属于顺汇，买卖方式仅凭商业信用交易，存在着巨大的风险。而托收方式中，付款及交单方式的约束使进出口双方的安全性均有所提高。

(2) 结算仍然依赖于商业信用。出口商能否按期收回货款，完全取决于进口商的资信状况；进口商付款或承兑之后，可能出现凭单提取的货物与合同不符的情况。

(3) 资金负担仍不平衡。进口商付款之前，货物的资金成本都是由出口商承担。

(4) 比汇款的手续多，费用稍高。相较而言，汇款是最简单的国际结算方式。

3) 信用证

信用证是应用最广泛的国际结算方式，已在本书第六章做了详细介绍，本节不再赘述。

7.2.2　进出口押汇

进出口押汇是指进出口商在出口合同的执行过程中和货款的收回过程中，从商业银行获得信用担保和资金融通的信贷方式。押汇从本质上说是一种以运输中的货物为抵押，要求银行提供在途资金融通的票据贴现方式。相对于一般的贷款业务和贴现来说，其安全性更高。并且，由于押汇的货物通常为已经装船在运的货物，货款有一定的保障，故相对于以一般货物为担保的贷款来说，其风险更低。

押汇可以分为出口押汇和进口押汇两种。

1. 出口押汇

1) 定义

出口押汇是出口地银行根据出口商提交的发货后的全套提货单据作为抵押，向出口商提供的一种有追索权的短期出口融资业务。

出口商按合同发运货物并取得货运单据后，向进口商开立汇票。若进口商不能立即支付票款，出口商可以将货运单据和汇票作抵押向出口地银行申请贴现，银行收取一定的贴现利息和手续费后，将应收货款预先支付给出口商。

2) 分类

出口押汇可以分为出口托收押汇和出口信用证押汇两种。

(1) 出口托收押汇是指采用托收结算方式的出口商在提交单据、委托银行代向进口商收取款项的同时，银行凭托收单据提供给出口商的短期资金融通。

(2) 出口信用证押汇是指出口商发运货物后按信用证要求制备单据，提交银行申请议付，银行审单后提供给出口商的短期资金融通。

3) 特点

出口押汇的特点表现为：

(1) 出口押汇为短期融资。

(2) 出口押汇是银行保留追索权的垫款，如无法从国外收汇，客户应及时筹集资金归还垫款。

4) 出口押汇业务流程

出口押汇业务基本流程如图 7-7 所示。

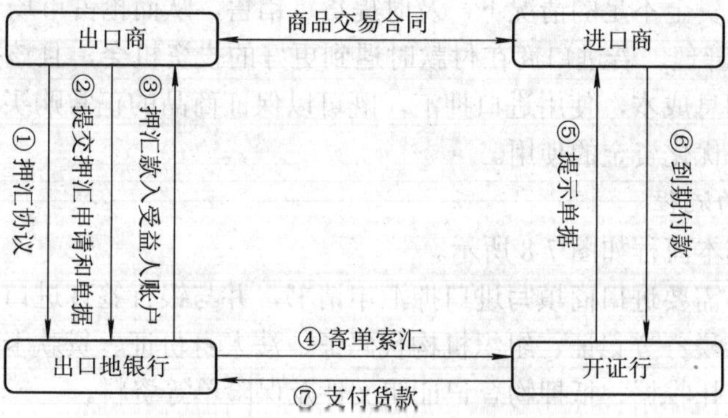

图 7-7　出口押汇的基本流程

出口押汇业务需要出口商填写出口押汇申请书，并与银行签订出口押汇协议，还需提供企业营业执照、税务登记证、组织机构代码证、法人身份证、贷款卡信息、近期财务报表、贸易合同、信托收据、抵押物登记证明文件及保险单等资料。

2. 进口押汇

1) 定义

进口押汇是指进出口双方签订买卖合同后，进口方银行应进口商的要求对出口商开出保证付款文件(大多数为信用证)后，收到议付行寄来的议付通知书索汇时，以进口商的全套提货单据为抵押，代进口商垫付货款给出口商的一种短期资金融通。

进口押汇是进口方银行为进口商提供的一种资金融通。由于进口商通过信用保证文件的开立，可以延长付款期限，经出口商发货之后，单据到达时才履行付款义务，减少了进口商资金的占用时间，因而提供了资金融通。

进口押汇是进口方银行为进口商提供的一种特殊的间接贷款业务。进口商开立信用证后，在单证相符时必须承担付款责任。由于企业临时资金短缺，无法向银行全额付款，经向银行申请并获批后，由银行在保留追索权和货权质押的前提下代为垫付款项，并在规定期限内由进口商偿还押汇贷款及利息，因而是一种间接贷款业务。

2) 分类

根据结算方式不同，进口押汇分为信用证项下进口押汇和汇款项下进口押汇。

信用证项下进口押汇是指银行开立的信用证项下进口押汇业务。即开证行收到信用证单据并经审核无误后，因开证申请人无法及时对外付款赎单，而应其要求由银行代为对外付款，提供的短期资金融通。

汇款项下进口押汇是指采用汇款方式结算的、进口合同规定货到付款的贸易项下进口货物报关后，根据申请人的书面申请，银行向申请人提供短期资金融通，并代其对外付款的行为。

3) 作用

进口押汇对进口商的作用主要表现在：

(1) 减少资金占压。进口商办理进口开证、进口代收后进口押汇，借助银行的融资进行商品的进口和国内销售，不占压或少占压自有资金即可完成贸易。

(2) 抢占市场先机。当进口商因临时资金短缺无法立即付款赎单提货时，进口押汇可以使进口商在自有资金不足的情况下，及时提货、销售，从而抢占市场先机。

(3) 优化资金管理。若进口商在付款时遇到更好的投资机会，且该投资的预期收益率高于贸易融资的利息成本，使用进口押汇，既可以保证商品的正常购买和销售，又可以同时赚取投资收益，优化资金的使用。

4) 进口押汇的流程

进口押汇的基本流程如图 7-8 所示。

进口押汇业务需要进口商填写进口押汇申请书，并与银行签订进口押汇协议，还需提供企业营业执照、税务登记证、组织机构代码证、法人身份证、贷款卡信息、近期财务报表、贸易合同、信托收据、抵押物登记证明文件及保险单等资料。

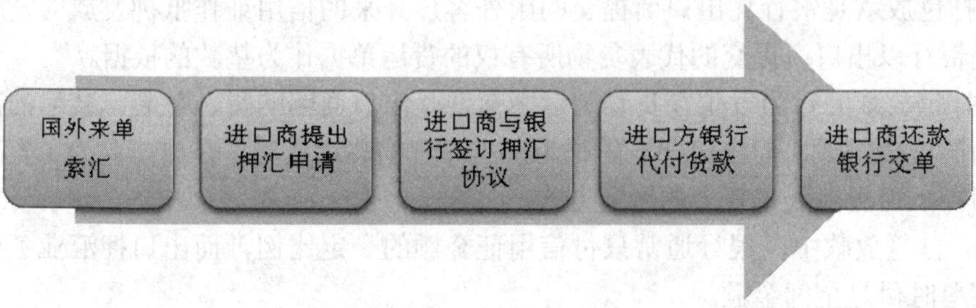

图 7-8　进口押汇的基本流程

7.2.3　打包放款

打包放款是出口地银行在出口商备货过程中因出口商临时资金短缺而向出口商提供的一种短期资金融通的方式，因最早该贷款主要是解决受益人包装货物的需要，因而俗称为打包放款。

1) 定义及特点

打包放款又称信用证抵押贷款，是指出口商收到境外开来的信用证，在采购这笔信用证有关的出口商品或生产出口商品时，出现资金短缺，用该笔信用证作抵押，向银行申请的短期资金融通，用于出口货物加工、包装及运输过程出现的资金缺口。

打包放款适应于使用信用证结算并在货物发运前有融资需求的出口企业。打包放款的币种可以是人民币，也可以是外币。通常，每份信用证期限以信用证预计收汇天数为基础由银行确定。打包放款的资金应确保专款专用，出口商装运货物并取得信用证项下单据后，应及时向银行交单，收到汇款应立即归还打包放款。

2) 办理流程

打包放款的基本流程如图 7-9 所示。

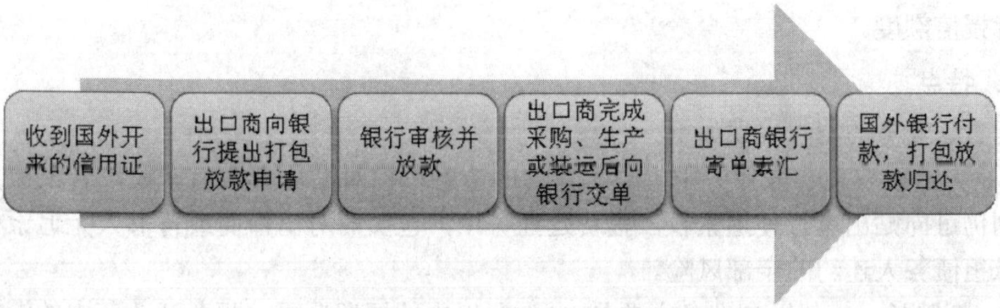

图 7-9　打包放款基本流程

打包放款业务需要出口商填写打包放款申请书，签订打包放款合同，并提供企业营业执照、税务登记证、组织机构代码证、法人身份证、贷款卡信息、近期财务报表、信用证、借款借据、出口合同、国内购货合同等资料。

3) 打包放款与出口押汇

打包放款和出口押汇都是出口地银行向出口商提供的资金融通的方式，两者的区别主要表现在以下几个方面：

(1) 打包放款是银行凭出口商提交的国外客户开来的信用证作抵押发放的贷款，而出口押汇是银行以出口商提交的代表货物所有权的货运单据作为垫款的依据。

(2) 打包放款的行为发生在货物装运之前，是出口商因购货、包装、装运的需要而向银行申请的资金融通，而出口押汇的行为发生在货物装运之后，是出口商为了资金周转，在交货后押汇而提前取得资金的融通方式。

(3) 在打包放款中，银行通常只付信用证金额的一定比例，而出口押汇业务中，银行通常在买单时付足全部金额。

(4) 办理打包放款时，出口商在提交信用证后，订立一份合同即可办理，而办理出口押汇时，出口商需要签押汇协议，填写出口押汇申请书，有时还需出具提保书。

7.2.4 福费廷

福费廷(Forfeiting)，原意为放弃，音译为福费廷，是出口贸易融资中一种灵活、简便、有效的融资方式，是商业银行国际业务中的一项重要业务。

1．定义

福费廷，又称为包买票据或票据买断，是指银行作为包买商从出口商那里无追索权的买入因商品、服务或资产交易产生的未到期的债权，而向出口商提供融资的业务，该债权通常由银行承兑、承付或保付。

福费廷主要适用于采用远期信用证结算、金额较大的出口业务。

对于出口商而言，融资的金额越小，融资成本越高，故应在融资成本和资金需求间权衡。福费廷业务主要提供中长期贸易融资，适合的交易有：

(1) 为改善财务报表，需将出口应收账款从资产负债表中彻底剔除。

(2) 应收账款收回前遇到其他投资机会，且预期收益高于福费廷全部收费。

(3) 应收账款收回前遇到资金周转困难，且不愿接受带追索权的融资形式或占用宝贵的银行授信额度。

2．特点

福费廷业务的特点表现如下：

(1) 无追索权。一般业务中，贴入票据的金融机构对贴出者有追索权，若主债务人违约，则仍可向贴出者行使追索权。福费廷业务中，包买商对出口商或背书人无追索权，包买商承担债务人违约的全部风险。

(2) 期限长。一般贴现业务主要是 6 个月以内的短期票据，福费廷业务中的汇票、本票从半年到若干年，最长可达 10 年，属于中长期融资。

(3) 手续比较简单、灵活。在信用证和托收方式下，办理福费廷的手续比较便捷。

(4) 福费廷的费用比一般的贴现高。由于福费廷业务是无追索权的买断票据，承担的风险较大，需要通过合同约定各项收费，包括贴现利息、承诺费等。

3．作用

福费廷业务对出口商的作用主要表现在以下几个方面：

(1) 终局性融资便利。福费廷是一项无追索权的贸易融资便利，一旦取得融资款项，就不再对债务人偿债与否负责，同时不占用出口商在银行的授信额度。

(2) 改善现金流量。福费廷将远期收款变为当期现金流入，有利于改善出口商的财务状况和清偿能力，减少资金占压。

(3) 节约管理费用。由于出口商不再承担资产管理和应收账款回收的工作及相关的费用，从而有效地降低了管理费用。

(4) 增加贸易机会。出口商通过延期付款的条件达成了与进口商的贸易，避免了因进口商资金不足而无法开展贸易的情况。

(5) 规避各类风险。出口商通过债权的转移无须承担远期收款可能产生的利率风险、汇率风险、信用风险以及国家风险等风险。

(6) 提前办理退税。续做福费廷后，出口商可立即办理出口退税及外汇核销手续。

(7) 实现价格转移。出口商可以通过提前了解包买商的报价并将相应的成本转移到价格中去，从而规避融资的成本。

4. 办理流程

办理福费廷业务的基本流程如图 7-10 所示。

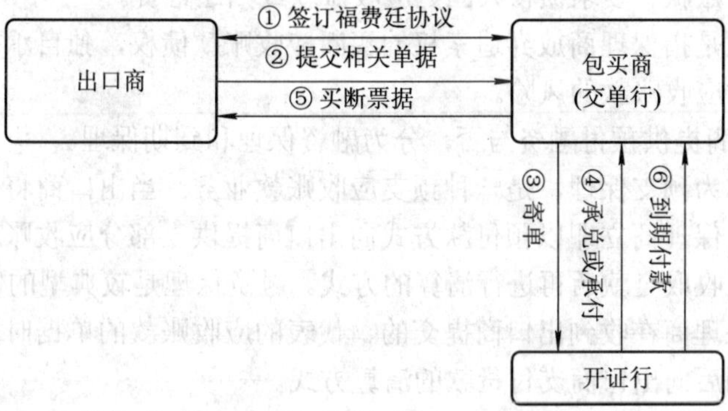

图 7-10　福费廷基本业务流程

福费廷业务需要出口商填写福费廷业务申请书，签订福费廷业务协议，并提供企业营业执照、税务登记证、组织机构代码证、法人身份证、贷款卡信息、近期财务报表、出口合同、商业发票、承兑电报文等资料。

7.2.5　保理

保理作为新型的国际贸易结算手段，被大多数出口商所采用。保理是商业贸易中以托收、赊账等方式结算货款时，卖方为了强化应收账款管理、增强流动性而采用的一种委托第三方管理应收账款的做法。

1. 定义

保理，是指卖方将现在或将来的基于其与买方订立的货物销售或服务合同所产生的应收账款转让给保理商，由保理商提供的集买方资信评估、应收账款催收和管理、坏账担保及融资于一体的综合性金融服务。

根据基础交易的性质和债权人、债务人所在地不同，分为国际保理和国内保理。

国际保理又称为承购应收账款，是指保理商通过收购债权人的应收账款债权，向出口商提供的集买方资信评估、应收账款催收和管理、坏账担保及融资于一体的综合性金融服务，其核心内容是通过收购债权的方式提供出口融资。

国内保理是在国际保理的基础上发展起来的，其保理商、保理申请人、商务合同买方均为国内机构，包括应收账款买断和应收账款收购及代收。

(1) 应收账款买断是指以买断客户的应收账款为基础，为客户提供包括贸易融资、应收账款催收和管理、坏账担保及信用风险控制等服务。

(2) 应收账款收购及代收是指以保留追索权的收账客户应收账款为基础，为客户提供贸易融资、应收账款催收和管理等服务。

本节主要介绍商业银行国际业务中的国际保理业务。

2. 分类

商业银行国际保理业务有多种类型，主要的分类有以下几种：

(1) 按保理商是否有追索权，分为有追索权保理和无追索权保理。

有追索权保理是指在债务人破产、无理拖欠或无法偿付应收账款时，商业银行可以向债权人反转让应收账款、要求债权人回购应收账款或归还融资。

无追索权保理是指保理商放弃追索权的买断应收账款债权，独自承担债务人破产、无理拖欠或无法偿付应收账款的风险。

(2) 按对出口商提供预付融资与否，分为融资保理和到期保理。

融资保理又称为预支保理，是一种预支应收账款业务。当出口商将代表应收账款的单据交给保理商时，保理商立即以预付款方式向出口商提供一部分应收账款融资，剩余部分待保理商向债务人收取全款后再进行清算的方式。融资保理是较典型的保理方式。

到期保理是保理商在收到出口商提交的、代表的应收账款的单据时并不向出口商提供融资，而是在到期后向出口商支付货款的清算方式。

(3) 按贷款是否直接付给保理商，分为公开型保理和隐蔽型保理。

公开型保理是指出品商必须以书面形式将保理商的参与通知进口商，并指示他们将货款直接支付给保理商。

隐蔽型保理是指保理商的参与是对外保密的，进口商并不知晓，货款由进口商直接支付给出口商。

采用隐蔽型保理是出口商为了避免让他人得知其因流动资金不足而转让应收账款，并不将保理商的参与告知进口方，货款到期由出口商出面催收，再向保理商偿还预付款并清算相关费用。

(4) 按参与保理服务的机构数量，分为单保理和双保理。

单保理是仅涉及一方保理商的保理方式。如在直接进口保理中，出口商与进口保理商进行业务往来；在直接出口保理方式中，出口商与出口保理商进行业务往来。

双保理是涉及买卖双方保理商的保理方式。

国际业务中一般采用双保理方式，即出口商委托本国出口保理商，本国出口商再从进口国的保理商中选择进口保理商。

3. 作用

对客户来说，保理的作用如表 7-1 所示。

表 7-1　保理对客户的作用

作用	进口商	出口商
风险保障	对出口商履约行为有更强的控制，避免欺诈风险	买方的信用风险由保理商承担，可以得到 100%的收款保障
节约成本	节省了单证交易的费用	资信调查、应收账款催收和管理都由保理商负责，减轻了业务负担，节约管理成本
简化手续	在信用额度核准后，进货手续简化	免除了一般单证交易的繁琐手续
增加利润	加快了资金的周转和存货周转，从而增加了利润	销售额的扩大和管理成本的降低，规避了信用风险和坏账风险，从而增加利润

此外，保理的作用还表现为：

(1) 美化财务报表。出口商将应收账款卖给银行，在不增加负债的情况下获得资金的融通。

(2) 规避了汇率风险。出口商将远期外汇收入变为即期收入，提前结汇，规避了汇率波动的风险。

(3) 提前核销退税。银行可在无追索权保理融资的同时出具核销联，帮助客户提前办理退税手续。

4. 基本业务流程

双保理的基本业务流程为：

(1) 出口商寻找有贸易意向的进口商。

(2) 出口商向出口保理商提出申请，出口保理商对出口商的经营状况进行审查，符合条件后，与之签订保理协议，然后出口商与进口商谈判买卖合同并约定采用保理方式，签约前，出口商向出口保理商提出确定进口商信用额度的申请。

(3) 出口保理商挑选出进口保理商，与之签订代理协议，并将需要核定信用额度的进口商名单提交给进口保理商。

(4) 进口保理商对进口商进行信用调查评估，并核准给予进口商一定的信用额度并由出口保理商通知出口商。

(5) 出口商与进口商在信用额度内签约后，将发票及有关单据通过出口保理商寄给进口保理商，由进口保理商传递给进口商，并到期收取应收账款。将发票副本给出口保理商，出口保理商负责应收账款的催收和管理。

(6) 若出口商在发货后收到货款前有融资需求，出口商将应收债权转让给出口保理商，获得不超过发票金额的融资。

(7) 出口保理商委托进口保理商协助催收应收账款。

(8) 付款到期时，进口商将货款支付给进口保理商。

(9) 进口保理商将款项转给出口保理商，出口保理商将剩余款项转给出口商，并收取相关的费用。

5. 保理与其他业务的比较

保理与传统的国际结算方式相比，如表 7-2 所示。

表 7-2 国际保理与传统结算方式

种类	国际保理	汇款	托收	信用证
债权风险保障	有	无	无	有
进口商费用	无	有	一般有	有
出口商费用	有	有	有	有
提供进口商财务灵活性	较高	较高	一般	较低
出口商竞争力	较高	较高(发货后汇款)	一般	较低

保理与福费廷相比，如表 7-3 所示。

表 7-3 保理与福费廷

种类	保 理	福 费 廷
追索权	有限的追索权	完全的无追索权
结算方式	T/T、D/A	一般为 L/C
基础交易	不适合资本性货物	资本性货物也可
融资期限	一般在 180 天以内	可长至 10 年
单据要求	不需要流通性票据	一般需要流通性票据

7.2.6 提货担保

在国际贸易中，通常情况下，客户应凭正本提单到船公司办理提货手续。有时因航程短等原因，货物比单据先到，为了能及时提货用于生产销售并免付高额的滞仓费，客户可以办理提货担保业务。

1. 定义

提货担保是指当进口货物先于货运单据到达时，进口商为办理提货向承运人或其代理人出具的、由银行加签并由银行承担连带责任的书面担保。

银行开具提货担保书后，交承运人先行提货，待正本提单收到后向承运人换回提货担保书。客户只需保证日后及时补交正本提单，并负责缴付承运公司的各项应收费用及赔偿由此而可能遭受的损失，即可由银行单独或与客户共同向承运公司出具书面担保，请其凭以先行放货。

提货担保多用于信用证项下，且信用证要求全套货权单据。在与日本、东南亚等近洋地区的进口贸易中，由银行出具提货担保书的情况比较普遍。

2. 特点

提货担保的特点如下：

(1) 风险低。提货担保一般由信用证开证行签发或由银行加签。对于非由银行自己开出的信用证，银行一般拒做信用证项下的提货担保业务。银行自己开出进口信用证后，由于正本提单的流转可控，且在开立进口信用证时就已做过全面的调查，从而对信用证交易的背景及支付相对有把握，能够较好地控制风险。

(2) 安全性高。进口商须向银行提供提货担保书、发票、提单副本等相关资料，银行审核相关资料的真实性后开具提货担保书。

(3) 担保性。提货担保实质上是开证行出具的一种保函，进口商将担保函交给承运人，在银行与承运人之间建立了保证关系，银行为保证人，承运人为债权人，进口商为债务人。

3. 作用

提货担保的作用表现为：

(1) 客户可以及时办理提货，可以有效地避免货物滞港费用。

(2) 进口商利用银行的提货担保先行提货、报关、销售，提早获得销售收入，可以加速资金周转，减少资金的占压。

4. 基本流程

提货担保的基本流程如图 7-11 所示。

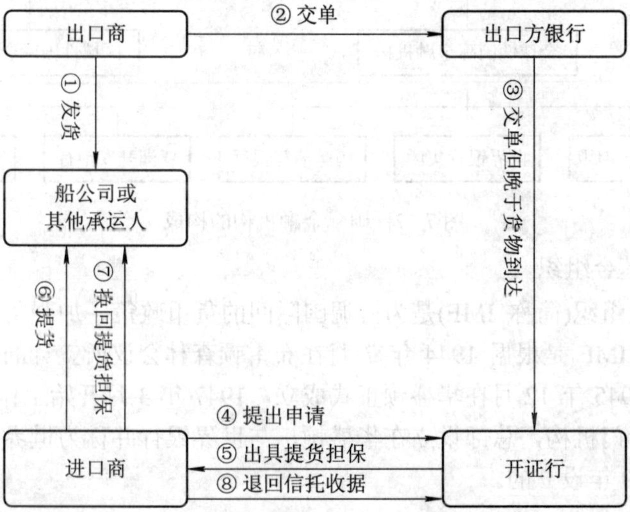

图 7-11　提货担保的基本流程

7.3　国际贷款业务

国际贷款是指由一国的政府、银行等国际金融机构向外国政府或企业提供贷款的金融行为。

对于借款人来说，可以充分利用国际金融市场扩展其融资渠道；引进先进设备，提高本国产品质量，促进出口；筹集资金发展本国的经济。

对于贷款人来说，不仅可以实现资产的保值增值，还可以实现资本输出，调整国内生产和就业。

7.3.1 国际贷款的分类

国际贷款有多种形式，其主要的分类是根据贷款人的不同分为国际金融机构贷款、外国政府贷款和国际商业银行贷款。

1. 国际金融机构贷款

国际金融机构贷款是指国际金融机构对成员国政府、政府机构或企业的贷款。其特点主要表现在以下几个方面：

(1) 通常只向成员国政府或成员国的企业发放贷款。

(2) 贷款的审批程序较一般贷款严格。

(3) 贷款的条件较一般贷款优惠。

(4) 其目的大多是为了解决成员国的国际收支平衡或基建资金的不足。

主要国际金融机构的构成如图 7-12 所示。

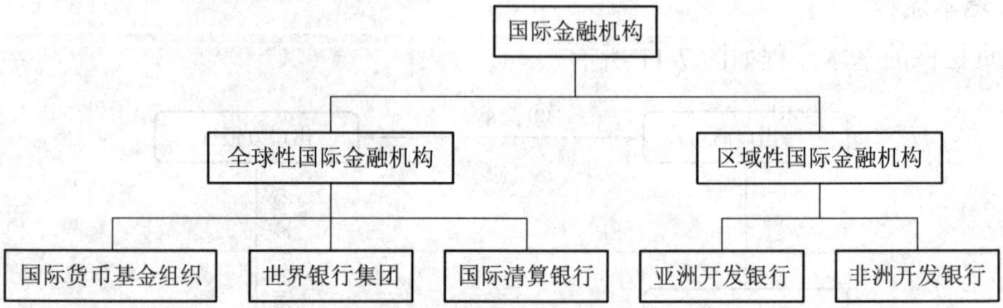

图 7-12 国际金融机构的构成

1) 国际货币基金组织

国际货币基金组织(简称 IMF)是为协调国际间的货币政策、加强货币合作而建立的政府间的金融机构。IMF 是根据 1944 年 7 月在布雷顿森林会议所签订的《国际货币基金协定》建立的，于 1945 年 12 月在华盛顿正式成立，1947 年 3 月开始工作，1947 年 11 月成为联合国的一个专门机构，总部设立在华盛顿，与世界银行并称为世界两大金融机构，特别提款权是其 1969 年设立的。

知识链接

特别提款权

特别提款权(Special Drawing Right,SDR)，是国际货币基金组织创设的一种储备资产和记账单位，亦称“纸黄金(Paper Gold)”。它是依靠国际纪律而创造出来的储备资产，是基金组织分配给会员国的一种使用资金的权利。当会员国发生国际收支逆差时，可用它向基金组织指定的其他会员国换取外汇，以偿付国际收支逆差或偿还基金组织的贷款，还可与黄金、自由兑换货币一样充当国际储备。它的分配是无偿的，具有价值尺度、支付手段、贮藏手段的职能，但只是一种记账单位，不是真正货币，使用时必须先换成其他货币，不能直接用于贸易或非贸易的支付。因此，它还不是一种完全的世界货币，它看不见摸不着，只是一种账面资产。因为它是国际货币基金组织原有的普通提款权以外的一种补充，所以称为特别提款权。

根据《国际货币基金协定》和国际货币基金组织决议的规定，特别提款权目前可用于以下用途：

(1) 以划账的形式获得其他可兑换货币。

(2) 清偿与基金组织之间的债务。

(3) 缴纳份额。

(4) 向基金捐款或贷款。

(5) 作为本国货币汇率的基础。

(6) 成员国之间的互惠信贷协议。

(7) 国际货币基金组织的记账单位。

(8) 充当储备资产。

国际货币基金组织的主要职能包括：

(1) 向会员国提供贷款，如普通贷款、中期贷款、出口波动补助贷款、信托基金贷款、缓冲库存贷款、结构调整贷款等。

(2) 对发生国际收支困难的成员国在必要时提供紧急资金融通，避免其他国家受影响。

(3) 制定成员国间的汇率政策和经常项目的支付以及货币兑换性方面的规则并进行监督。

(4) 促进国际间金融与货币领域的合作。

(5) 协助成员国之间建立经常性多边支付体系等。

国际货币基金组织发放贷款的特点表现为：

(1) 贷款对象限于成员国政府机构，不对私人企业和组织发放贷款。

(2) 贷款用途限于解决会员国的国际收支平衡和宏观经济问题。

(3) 贷款的期限短，一般为 5～10 年，宽限期为 3～4 年。

(4) 贷款的数额受会员国缴纳的份额限制。

(5) 贷款方式特殊，贷款时由成员国用本国货币申请换购外币，还款时以外币购回本国货币。

2) 世界银行集团

世界银行集团与 IMF 是紧密相连的国际金融机构，成立于 1945 年，1947 年成为联合国的专门机构，总部设立在华盛顿，业务主要由世界银行进行，主要机构如图 7-13 所示。

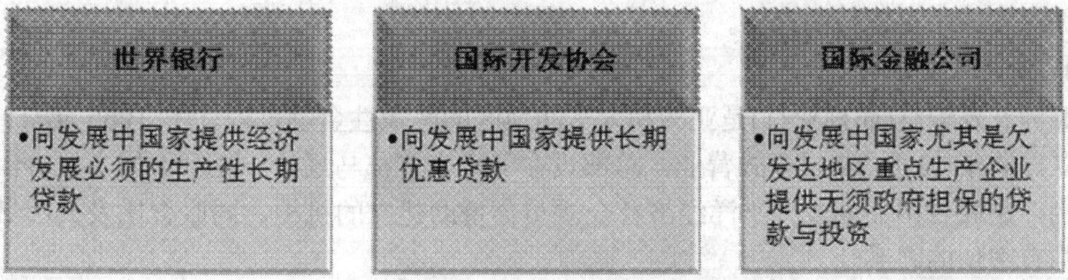

图 7-13　世界银行集团的主要机构

世界银行是国际复兴开发银行的简称，是根据 1944 年布雷顿森林会议通过的《国际复兴开发银行协定》成立的。其贷款的宗旨是给会员国提供长期贷款，促进会员国资源的开发和国民经济的发展，促进国际贸易长期均衡增长及国际收支平衡的维持。

世界银行贷款的特点表现为：

(1) 贷款的对象主要是中低收入国家政府或经政府担保的公有或私有企业，且只贷给有偿还能力的成员国。

(2) 主要是项目贷款，须与特定的工程项目相联系，用于资助成员国某个具体的发展项目，但借款国需自己筹集国内的配套费用。

(3) 贷款期限长，利率较低。主要是对发展中国家提供的长期贷款，对以生产为目的的投资提供便利，资助成员国的复兴和开发。

(4) 贷款不受贷款国份额的限制，但要承担汇率变动的风险。

(5) 贷款程序严密，审批时间长。

国际开发协会成立于 1960 年 9 月，旨在帮助世界上最不发达地区的会员国促进经济发展，提高生产力和生活水平。其贷款的利率比世界银行贷款更优惠，当受援国发展时，就不再享受“软贷款”。

国际金融公司成立于 1956 年，旨在通过对发展中国家尤其是经济欠发达地区的重点生产性企业提供无须政府担保的贷款与投资，鼓励国际私人资本流向发展中国家，支持当地资金市场的发展，推动私人企业的成立，促进其经济发展。其贷款利率一般高于世界银行贷款利率。

3) 国际清算银行

国际清算银行是根据 1930 年 1 月 20 日签订的海牙国际协定，于 1930 年 5 月由英国、法国、德国、意大利、比利时、日本以及代表美国银行界利益的摩根银行、纽约花旗银行和芝加哥花旗银行组成的银行集团联合组成，总部设在瑞士巴塞尔。其宗旨是促进各国中央银行的合作，为国际金融活动提供更多的便利，在国际清算中充当受托人和代理人。其主要业务有：

(1) 充当“中央银行的银行”，办理国际清算事务。

(2) 办理各国政府国库券和其他债券贴现和买卖业务，买卖黄金、外汇或代理各国中央银行买卖。

(3) 办理或代理有关银行业务。如接受成员国中央银行的黄金或货币存款，向成员国中央银行贷款或存款等。

(4) 定期举办中央银行行长会议，商讨有关国际金融的问题，协调有关国家的金融政策，促进各国中央银行的合作。

4) 亚洲开发银行

亚洲开发银行(简称亚行)是亚洲和太平洋地区的区域性金融机构，于 1966 年 11 月正式成立，同年 12 月 19 日正式营业，总部设在菲律宾首都马尼拉。亚行不属于联合国的下属机构，是联合国亚洲及太平洋经济社会委员会赞助建立的机构，同联合国及其区域和专门机构有密切的联系。

亚行的宗旨是为亚洲及太平洋地区发展中国家地区的发展筹集资金，提供技术性援助，帮助协调会员在经济、贸易和发展方面的政策，以促进亚太地区经济的发展。其对发展中国家成员的援助主要采取三种方式：

(1) 提供贷款，对本地区各会员政府、政府附属机构、公私企业及与开发本地区有关的国际机构提供长期贷款。其贷款分为普通贷款和特种贷款，普通贷款主要用于帮助成员国提高经济发展水平，利率一般为浮动利率；特种贷款主要是借给那些还款能力较低的发展中国家，是亚行的优惠贷款，一般不收取利息。

(2) 股本投资，通过购买私人企业股票或私人开发金融机构股票等形式对发展中国家和地区的私人企业融资。

(3) 向会员提供技术援助，包括咨询服务、派遣长短期专家顾问团与各国或国际组织进行合作、协助拟订和执行开发计划等。

亚行对华战略和政策为：提高经济效率、环境保护和自然资源管理、内陆省份的增长扶贫，并且对华只有普通贷款。

5) 非洲开发银行

非洲开发银行是非洲最大的地区性政府间开发金融机构，于 1964 年成立，总部设在科特迪瓦的经济中心阿比让，2002 年因政局不稳，临时搬迁至突尼斯。其宗旨是为成员国的经济和社会发展提供资金或给予援助，并充分利用本大陆的人力和资源，协调各国发展计划，促进非洲经济一体化。

非洲开发银行的主要业务是向成员国提供贷款，以发展公用事业、农业、工业项目及交通运输项目。其贷款包括普通贷款和特别贷款两种。普通贷款是指用该行普通资本基金提供的贷款和担保贷款业务。特别贷款是指用银行专门用途的“特别基金”开展的业务，其贷款条件非常优惠，不计利息，贷款期限最长可达 50 年，主要用于大型工程项目建设。

2. 外国政府贷款

1) 定义

外国政府贷款是指一国政府利用财政资金向另一国政府及其机构、公私企业提供的优惠性贷款。它包括三层含义：

(1) 当事人至少有一方是官方机构，若是外国政府间的贷款，则当事双方均为官方机构，双边政府贷款的四种形式如表 7-4 所示。

表 7-4　双边政府贷款的四种形式

形式	构　成	特　点
软贷款	政府财政性贷款	低息或无息，还款期长，并有较长的宽限期
混合性贷款	政府性贷款 + 一般商业性贷款	比一般商业性贷款优惠
赠款和出口信贷混合贷	一定比例的赠款 + 出口信贷	具有援助的性质
政府混合贷款	政府软贷款 + 出口信贷	贷款以外币形式支付，是最普遍的双边政府贷款形式

(2) 资金来源于财政收入，又通过国家财政预算支付该贷款。

(3) 带有一定的政治色彩，是双方政治与外交关系的延伸。

2) 特点

外国政府贷款的特点表现为：

(1) 在贷款利率方面，利率低，贷款条件优惠，具有援助性质。

(2) 在贷款期限方面，多为中长期贷款。

(3) 在贷款的用途方面，一般有明确的规定，贷款有限制性的用途。对于经济相对发达的国家，一般投向能源、交通、通信等工业项目，对于经济实力相对弱而相对依靠某些方面的国家，一般为用于该行业的项目贷款。

(4) 在贷款的申请程序方面，其申请程序一般较复杂。

(5) 在争议的解决方面，以协商和仲裁为主，较少用司法诉讼的方式。

影响外国政府贷款的因素有：政局的稳定与外交关系的改善；贷款国政府的财政收支情况；贷款国的国际收支情况等。

3. 国际商业银行贷款

国际商业银行贷款将在 7.2 节详细介绍。

7.3.2 国际商业银行贷款

1. 定义及特点

国际商业银行贷款是指借款人为了本国经济建设的需要，支持某一个建设项目或其他一般用途而在国际金融市场上向外国银行筹借的款项。

与国际金融机构贷款和外国政府贷款相比，其特点表现为：

(1) 在贷款利率方面，利率水平相对较高，依照国际金融市场利率来算，如世界主要货币市场的欧洲货币市场，其伦敦银行间同业拆放利率是市场利率，通过借贷资本的供需状况自发竞争形成。

(2) 在贷款期限方面，贷款期限较短，通常为 1 至 10 年，且往往要求借款人提供担保。

(3) 在贷款用途方面，贷款资金可以自由使用。但一般在贷款合同中会加入贷款用途条款，借款人需按照合同的约定使用贷款资金。

(4) 在贷款币种方面，借款人可以选用各种货币贷款。国际金融市场上资金充足，只要借款人符合相关条件，就可以筹集到所需资金。

(5) 在贷款法律方面，不仅受到相关国家法律法规的约束，还需参考国际惯例的要求，在贷款合同中通常会有法律适用条款和司法管辖条款来约束。

2. 分类

根据贷款的期限不同，可以分为短期贷款、中期贷款和长期贷款。

(1) 短期贷款是指贷款期限在 1 年以下的贷款，可以分为银行与银行间的贷款和银行对非银行客户的贷款。其中银行间的贷款为银行同业拆放，仅凭银行信用进行，通过电话、电传等方式成交，事后书面确认。通常为每笔 1000 万美元左右。

(2) 中期贷款是指贷款期限在 1 年以上、5 年以下的贷款，其贷款期限较长，金额大，利率比短期贷款利率高，通常在市场利率的基础上加一定的附加利率，且贷款行要求借款人所属国家的政府提供担保。

(3) 长期贷款是指贷款期限在 5 年以上的贷款，通常由数家银行组成银团共同贷给某一客户。

根据贷款银行的组织形式不同，可以分为单一银行贷款、联合银行贷款和银团贷款。

(1) 单一银行贷款是指贷款资金由 1 家外国银行提供的贷款。

(2) 联合银行贷款是指贷款资金由 1 家或 3～5 家银行一起对外国借款人某一项目提供贷款。

(3) 银团贷款是指一家银行牵头，多家银行参加，组成国际性的银行集团，向另一个国家借款人提供贷款。

7.3.3　银团贷款

1. 定义

银团贷款又称辛迪加贷款，是由获准经营信贷业务的一家或数家银行牵头，不同国家的多家银行参加而组成的银行集团，基于相同的贷款条件，采用同一贷款协议，按商议的期限和条件向同一借款人提供融资的贷款方式。

通过银团贷款的形式，既可以使借款人从多家银行筹集到巨额资金，又可以使贷款银行避免单独承担过大的贷款风险，因此，银团贷款已成为国际中长期融资的主要形式。

2. 分类

银团贷款可以分为直接银团贷款与间接银团贷款。

直接银团贷款是指在牵头行统一组织下，借款人与各成员行组成的银团直接进行谈判并共同签订同一份贷款合同，按合同规定的条件、额度发放贷款，并委托一家或数家银行统一负责贷款的日常管理工作。

间接银团贷款是先由牵头行向借款人提供或承诺提供贷款，然后由牵头行把已提供的或将要提供的贷款转让给参与行，全部的贷款管理、放款及收款由牵头行负责。

国际银团贷款以直接银团贷款方式为主。

3. 当事人

根据在银团贷款中的职能与分工，银团贷款的成员一般包括：牵头行、代理行、参加行和担保人，有时还会设有副牵头行、安排行等。

1) 牵头行

牵头行又称经理行，是指经借款人同意、发起组织银团、负责分销银团贷款份额的银行，是银团贷款的组织者和安排者。

牵头行通常是借款人根据贷款需要物色的实力雄厚、在金融界有较高的威望、和其他行有广泛联系、与借款人关系密切的大银行或大银行的分支机构。

在银团贷款的组织阶段，牵头行接受借款人的委托，为借款人物色贷款银行，向借款人提供贷款资料，是沟通借贷双方的桥梁，并由此承担相应的权利和义务。

牵头行的主要职责有：

(1) 发起和筹组银团贷款，并分销银团贷款份额。

(2) 对借款人进行贷前尽职调查，草拟银团贷款信息备忘录，并向潜在的参加行推荐。

(3) 代表银团与借款人谈判确定银团贷款条件。

(4) 代表银团聘请相关中介机构起草银团贷款法律文本。

(5) 组织银团贷款成员与借款人签订书面银团贷款协议。

(6) 协助代理行进行银团贷款管理。

(7) 银团协议确定的其他职责。

根据贷款金额的大小和组织银团贷款的需要，牵头行也可以有多个。在银团贷款签订后，若不兼任代理行，牵头行即成为普通的贷款银行，与其他贷款人的地位平等，和借款人形成普通的债权债务关系。贷款的管理工作由代理行负责。

根据我国《银团贷款业务指引》规定，单家银行担任牵头行时，其承贷份额原则上不少于银团融资总金额的20%，分销给其他银团贷款成员的份额原则上不低于50%。

2) 代理行

代理行是指银团贷款协议签订后，按相关贷款条件确定的金额和进度归集资金向借款人提供贷款，并接受银团委托按银团贷款协议规定的职责对银团资金进行管理的银行。

代理行是全体银团贷款参加行的代理人，是代表银团负责与债务人的日常业务联系，担任贷款管理角色的银行，可以由牵头行担任，也可由银团贷款成员协商确定。

代理行的主要职责有：

(1) 审查、督促借款人落实贷款条件，并提供贷款或办理其他授信业务。

(2) 办理银团贷款的担保抵押手续，并负责抵(质)押物的日常管理工作。

(3) 制作账户管理方案，开立专门账户管理银团贷款资金，对专户资金的变动情况进行逐笔登记。

(4) 根据约定用款日期或借款人的用款申请，按照银团贷款协议约定的承贷份额比例，通知银团贷款成员将款项划到指定账户。

(5) 划收银团贷款本息和代收相关费用，并按承贷比例和银团贷款协议约定及时划转到银团贷款成员指定的账户。

(6) 负责银团贷款贷后管理和贷款使用情况的监督检查，并定期向银团贷款成员通报。

(7) 密切关注借款人财务状况，特别是贷款期间发生企业并购、股权分红、对外投资、资产转让、债务重组等影响借款人还款能力的重大事项时，代理行应在获借款人通知之日起3个营业日内按银团贷款协议约定以专项报告形式通知各银团贷款成员。

(8) 借款人出现违约事项时，代理行应及时组织银团贷款成员对违约贷款进行清收、保全、追偿或其他处置。

(9) 组织召开银团会议，协调银团贷款成员之间的关系。

(10) 接受各银团贷款成员不定期的咨询与核查，办理银团会议委托的其他事项等。

3) 参加行

参加行是指接受牵头行邀请，参加银团并按照协商确定的承贷份额向借款人提供贷款的银行。

参加行有权通过代理行了解借款人的资信状况，取得一切与贷款有关的文件，并按照其提供的贷款取得相应份额的利息及费用，并有权独立地向借款人提出索赔要求。

参加行的主要职责是参加银团会议，按照约定及时足额划拨资金至代理行指定的账户；在贷款存续期间应了解掌握借款人的日常经营与信用状况的变化情况，对发现的异常情况应及时通报代理行。

4) 担保人

担保人是指以自己的资信向债权人保证对债务人履行债务承担责任的法人。

担保人可以是私法人，如公司；也可以是公法人，如政府。

担保人在银团贷款中的责任是在借款人发生违约时代替借款人履行合同及相关文件所规定的义务，同时可以享受一定的权利，如受偿权、代位权、起诉权和向借款人收取担保费用的权利。

4. 银团贷款费用

银团收费的具体项目包括承诺费、管理费、代理费、安排费和杂费等。

(1) 承诺费。

借款人用款期间，对已提取使用的金额要支付相应的利息，而未用的部分因为银行要准备出一定的资金以备借款人提款，故借款人应按未提取贷款的金额向贷款人支付承诺费，用作贷款人承担贷款责任的一种补偿。

(2) 管理费。

管理费是借款人向组织银团的牵头行支付的，作为牵头行负责组织银团、起草文件、与借款人谈判等附加服务的补偿，通常在签订贷款协议后的 30 天内支付。

(3) 参加费。

参加费按出贷份额在各参加行中按比例分配。出贷份额较大的银行的参加费可稍高于出贷份额少的银行。

(4) 代理费。

代理费是借款人向代理行支付的报酬，作为对代理行在整个贷款期间管理贷款、计算利息、调拨款等工作的补偿。

(5) 杂费。

杂费是指借款人向牵头银行支付的费用，用于其在组织银团、安排签字仪式等工作时间所作的支出，如通讯费、印刷费等。

7.4　外汇买卖业务

外汇市场是金融市场的重要组成部分，进出口企业、旅游者和个人、投资者等有进行货币兑换的需要，跨国银行持有的外汇头寸或外汇债权债务面临汇率风险以及对外贸易结算风险等，商业银行需要通过外汇买卖业务进行风险管理，外汇买卖业务也是商业银行重要的国际业务。

7.4.1　外汇与汇率

1. 外汇的概念

外汇的概念，有动态与静态之分。

(1) 动态意义上的外汇，是指将一国货币兑换成另一国货币的行为。

(2) 静态意义上的外汇又有广义与狭义之分。

广义的外汇是指用外币所表示的一切资产。通常外汇管制中所称的外汇是指广义的外汇，包括以自由兑换货币所表示的外币资产和以不能自由兑换货币所表示的外币资产。

狭义的外汇是指以外币所表示的用于国际结算的支付手段。作为普遍接受的支付手段，狭义的外汇应该具有非本币性、可兑换性、可接受性的特征。

根据《中华人民共和国外汇管理条例》，外汇是指以外币表示的可以用作国际清偿的支付手段和资产，包括以下几类：

(1) 外币现钞，包括纸币、铸币。

(2) 外币支付凭证或者支付工具，包括票据、银行存款凭证、银行卡等。

(3) 外币有价证券，包括债券、股票等。

(4) 特别提款权。

(5) 其他外汇资产。

常用的自由兑换货币名称符号代码如表 7-5 所示。

表 7-5　常用自由兑换货币名称符号代码表

货币名称	货币符号	国际习惯表示法	国际标准代码
美元	$	US$($)	USD
英镑	£	GBP(£)	GBP
欧元	€	€	EUR
加拿大元	$	CAN$	CAD
澳大利亚元	$	A$	AUD
瑞士法郎	Fr	SFr	CHF
瑞典克朗	Kr	SKr	SEK
挪威克朗	Kr	NKr	NOK
日元	¥	J¥	JPY
新加坡元	$	S$	SGD
香港元	$	HK$	HKD
澳门元	P	P	MOP
特别提款权	SDR	SDR	SDR

2. 汇率的概念

1) 定义

汇率，又称为汇价、外汇牌价或外汇行市，是指一国货币兑换成另一国货币的比率，或一种货币表示的另一种货币的价格。

2) 分类

根据银行买卖外汇的角度，可分为买入汇率、卖出汇率、中间汇率和现钞汇率。

(1) 买入汇率又称为买入价，是指银行向同业或客户买入外汇时所使用的汇率。

(2) 卖出汇率又称为卖出价，是指银行向同业或客户卖出外汇时所使用的汇率。

(3) 中间汇率是指买入价与卖出价的算术平均数。

(4) 现钞汇率是指银行向客户买入外币现钞或卖出外币现钞时所使用的汇率。

由于大多数国家不允许外国货币在本国流通，必须将外币兑换成本币之后才能在本国购买商品或劳务，而外币现钞的保管和运送会产生一定的费用，因而现钞的买入价要低于现汇的买入价，而外币现钞的卖出价和现汇的卖出价则相等。

辨识买入价与卖出价的标准为：银行从事外汇买卖遵循贱买贵卖的原则，在直接标价法下，如东京外汇市场上 1 美元=106.6025/107.0975 日元，等号后面第一个数字表示买入价，第二个数字表示卖出价。间接标价法下，如伦敦外汇市场上，1 英镑=1.6088/1.6093 美元，等号后面第一个数字表示卖出价，第二个数字表示买入价。

根据外汇交易中支付工具的不同，可以分为电汇汇率、信汇汇率和票汇汇率。

(1) 电汇汇率又称为电汇价，是指外汇买卖时以电汇方式支付外汇时所使用的汇率。

(2) 信汇汇率又称为信汇价，是指银行采用信函方式给付外汇时所使用的汇率。

(3) 票汇汇率又称票汇价，是指银行买卖外汇票据时所使用的汇率。票汇汇率又分为短期票汇汇率和长期票汇汇率，长期票汇汇率比短期票汇汇率低。

由于电汇付款快，银行无法占用客户资金，且国际电报费用较高，故电汇汇率比信汇汇率和票汇汇率高。

按外汇交割期限，可分为即期汇率与远期汇率。

(1) 即期汇率又称为现汇汇率，是指外汇买卖双方成交当天或两个营业日内进行交割时所使用的汇率。

(2) 远期汇率又称为期汇汇率，是指外汇买卖双方达成外汇买卖协议，约定在将来某一时间进行交割时所使用的汇率。

远期汇率与即期汇率的差额，叫远期差价，有升水、贴水和平价三种情况。升水是指远期汇率高于即期汇率；贴水是指远期汇率低于即期汇率；平价是指远期汇率等于即期汇率。

按外汇管制的程度不同，分为官方汇率与市场汇率。

(1) 官方汇率又称法定汇率，是指国家外汇管理当局公布并维持的汇率。

(2) 市场汇率是指在自由外汇市场上买卖外汇的实际汇率。

在外汇管制严格的国家，外汇买卖必须按照官方汇率成交。在外汇管制较松的国家，官方汇率往往起指导的中心汇率作用，实际外汇买卖按照市场汇率进行。

按国际货币制度的演变，可分为固定汇率和浮动汇率。

(1) 固定汇率是指由政府制定并公布，并只能在一定幅度内波动的汇率。

(2) 浮动汇率是指由市场供求关系决定的汇率。

我国人民币汇率实行以市场供求为基础的、有管理的浮动汇率制度。

按汇率计算的方法不同，可分为基础汇率和套算汇率。

(1) 基础汇率是指一国制定的本国货币与基准货币之间的汇率。

(2) 套算汇率又称交叉汇率，是指在基础汇率之上换算出来的各种货币之间的汇率。

目前大多数国家将美元当作制定汇率的主要货币，其基础汇率为本币与美元之间的汇率，套算汇率为以对美元的基础汇率套算出的两种非美元货币之间的汇率。

按银行营业时间划分，可分为开盘汇率和收盘汇率。

(1) 开盘汇率又称开盘价，是指外汇市场上某种货币开市后首次成交时所报出的汇率。

(2) 收盘汇率又称收盘价，是指外汇市场上营业结束或即将结束时成交的最后一笔交易时所采用的汇率。

3) 标价方法

汇率标价方法主要有直接标价法与间接标价法。

直接标价法又称应付标价法，是以一定单位的外国货币为标准折算成一定数额的本国货币方法。目前世界上大多数国家都采用直接标价法。如我国外汇市场上 1 美元=6.1118/6.1240 人民币，其中，6.1118 为现汇买入价，6.1240 为卖出价。

在直接标价法下，汇率上升，代表着单位基础货币兑换的本币越多，本币的币值越低。反之，则本币升值。

间接标价法是指以一定单位的本国货币为标准，折算成一定数额的外国货币的方法。一般国际外汇市场上，欧元、英镑、澳元、新西兰元、南非兰特采用间接标价法。如伦敦外汇市场上，1 英镑=1.6093 美元，英镑的数额保持不变，美元的数额随着英镑的币值的变化而变化。

间接标价法下，汇率上升，意味着本币升值，而汇率下降则本币贬值。

知识链接

美元标价法

美元标价法又称纽约标价法，是指以一定单位的美元为标准来计算应兑换多少其他货币的汇率表示的方法。其特点是，所有外汇市场上交易的货币都对美元报价，除英镑等少数货币外，对一般货币均采用以美元为外币的直接标价。二战后，美元在世界经济中一直占据着主导地位，国际金融市场之间的外汇交易量迅速增长。为便于国际间的外汇交易，银行之间的报价都以美元为标准来表示各国货币的价格。目前，各大国际金融中心已普遍使用美元标价法。

7.4.2 外汇市场

外汇市场是国际金融市场的重要组成部分，一般在国际金融中心都存在外汇市场，如伦敦外汇市场、纽约外汇市场等。

1. 外汇市场的概念

外汇市场是指由外汇的供求双方和中介机构组成的外汇买卖的场所或网络。

外汇市场依照经营场所的特点可以分为有形市场和无形市场。

有形市场是指有具体、固定的交易场所，有严格交易规则的集中交易市场，如德国法兰克福外汇市场。因其最早在欧洲大陆出现，又称为大陆式市场。

无形市场是指没有固定的交易场所，外汇买卖双方通过电话、电报等方式进行外汇交易的市场，如伦敦外汇市场。无形市场是目前外汇市场的主要形式，因最早在英美产生，故又称为英美式市场。

2. 主要的外汇市场

1) 伦敦外汇市场

伦敦外汇市场是最早建立的世界性市场，历史悠久，交易量大，拥有先进的电子通讯网络，是全球最大的外汇市场之一。

伦敦外汇市场作为一个世界性的外汇中心，没有固定的交易场所，是典型的无形市场，外汇市场参与者通过专用的对讲电话、灵敏的电子装置等进行外汇交易。它主要由英格兰银行、外汇银行、外汇经纪商和一般金融机构组成。

由于伦敦时段承接东京和纽约两大交易时段，且伦敦在全球金融中心中的地位，其外汇交易量十分巨大，市场上的流动性较高，潜在的交易费用很低。伦敦外汇交易市场主要进行即期交易和远期交易，汇率采用间接标价法报价，交易货币种类很多，是欧洲美元交易的中心，在英镑、欧元、瑞士法郎、日元对美元的交易中，都占据着重要的位置。自欧洲货币市场发展以来，伦敦外汇市场上的外汇买卖与“欧洲货币”的存放有着密切的联系。

2) 纽约外汇市场

纽约外汇市场与伦敦外汇市场在世界外汇市场上平分秋色，它是美国规模最大的外汇市场，也是世界各地外汇结算的枢纽。

纽约外汇市场有一个固定的场所，但客户并不通过固定的场所进行交易，而是采用先进的电话、电报、电传等通讯设备完成。由于美国没有外汇管制，几乎所有的美国银行和金融机构都可以经营外汇业务，以商业银行为主，其参与者包括美联储的成员银行和非成员银行，外国银行在纽约的分支机构以及外国建立的代理行和代表处，外汇经纪商等。

纽约外汇市场是一个完全自由的外汇市场，汇率报价既采用直接标价法，又采用间接标价法，其中，对英镑采用直接标价法，对欧洲各国货币和其他国家货币采用间接标价法。交易货币主要是欧洲大陆、北美和加拿大、中南美洲、远东日本等国货币。

3) 苏黎世外汇市场

苏黎世外汇市场是瑞士的主要外汇市场，历史悠久，在国际外汇交易中占据着重要地位。在地理位置上，瑞士处于欧亚大陆的中心，通讯设备完备、交通便利；在经济环境上，瑞士是一个中立的自由经济国家，政局稳定，尤其在保护私人财产方面比较完善，被认为是国际游资的安全存放地；在货币体制上，瑞士法郎是自由兑换的货币，是世界上最为稳定的货币之一，这些都为苏黎世成为一个国际金融中心提供了便利。

苏黎世外汇市场是典型的无形市场，但有别于伦敦外汇市场和纽约外汇市场，其外汇交易通过电话或电传进行，而不通过外汇经纪人或中间商。由瑞士银行、瑞士信贷银行、瑞士联合银行、国际清算银行、瑞士国民银行、外国银行分支机构和经营国际金融业务的其他银行组成。

苏黎世外汇市场采用直接标价法，外汇价格以美元来表示而非瑞士法郎。该市场可进行即期交易和远期交易，掉期交易也是该外汇市场的一项常见业务。

4) 东京外汇市场

日本过去实行严格的外汇管制，20 世纪 50 年代以后，逐渐放松。随着 80 年代新修改的《外贸和外汇管理法》的施行，东京外汇市场逐渐由区域性的外汇市场发展成为全球性的外汇市场。

东京外汇市场是一个无形市场，外汇交易双方通过现代化的通讯设施进行交易，主要由外汇银行、外汇经纪商、非银行客户和日本银行组成。该市场交易币种主要以日元美元互换交易为主，也有欧元对日元的交易。由于日本是个典型的出口加工型国家，因而其受进出口贸易集中收付的影响较大，具有明显的季节性特点。

5) 新加坡外汇市场

新加坡外汇市场是 20 世纪 70 年代初随着亚洲美元市场的兴起而发展起来的国际外汇市场。新加坡地处欧、亚、非三大洲交通要道，且具有得天独厚的时区优势，上午可与香港、东京、悉尼进行交易，中午可与中东的巴林交易，下午可与伦敦、苏黎世、法兰克福等交易，晚上还可以同纽约交易，且与纽约的 CHIPS 系统和欧洲的 SWIFT 系统连接，货币结算十方便捷。

新加坡外汇市场是无形市场，主要由经营外汇业务的本国银行、经批准可经营外汇业务的外国银行和外汇经纪商组成。交易币种不受限制，各种自由货币都可以相互买卖，以美元、英镑、欧元、日元等为主。其交易大部分都是即期交易，远期和掉期交易占一小部分。新加坡外汇交易市场以美元报价，非美元货币间的汇率通过美元套算得出。

6) 香港外汇市场

香港自由港是 20 世纪 70 年代发展起来的国际性外汇市场，自 1973 年取消外汇币制以来，由于其独特的地理位置优势，与世界各地的贸易往来逐渐密切，国际资本大量流入，经营外汇业务的金融机构不断增加，逐步发展成为国际上重要的金融中心。

香港外汇市场没有固定的交易场所，外汇交易双方通过各种通讯设备和网络进行交易，是无形市场。其参与者主要为各商业银行和外汇经纪商，其中商业银行主要是由汇丰银行和恒生银行等组成的汇丰集团、外资银行集团组成。

香港和新加坡时区相近，地处欧洲和北美中间，是连接全球外汇交易的中枢。70 年代以前，其交易以港币和英镑为主。70 年代以后，随着市场的国际化及美元的崛起，美元成了上市交易的主要货币，其次是日元和欧元，英镑、加元、澳元和东南亚各国货币次之。香港外汇市场采用美元报价法，以港元买卖美元以外的各种货币一般都要通过美元进行套算得出。其外汇交易主要是即期交易，远期交易和掉期交易占小部分。

香港没有中央银行，也没有外汇管制，香港特区政府当局对外汇市场基本采取不干预政策，若港币汇率波动较大，则采取用外汇基金通过发钞银行进行干预，使其保持相对稳定的水平。

7) 法兰克福外汇市场

法兰克福是德国中央银行所在地，是德国规模最大的金融中心，法兰克福外汇市场在法兰克福、柏林、杜塞尔多夫、汉堡和慕尼黑五大外汇交易所中排名首列。在五大交易所中，法兰克福的外汇交易量约占一半。

法兰克福外汇市场由德国各银行、地方性银行、外国银行、外汇交易所、外汇经纪人个人客户和德国中央银行构成。其交易币种主要有美元、英镑、欧元、瑞士法郎等，其中美元的交易量最大，其次是瑞士法郎。

8) 巴黎外汇市场

法国的对外贸易、资本输出和旅游业发达。巴黎是世界最大的国际金融中心之一，巴黎外汇市场是巴黎国际金融市场的重要组成部分。

巴黎外汇市场由有形市场和无形市场两部分组成，其中有形市场主要是在巴黎交易所内进行，大量的外汇交易是通过无形市场进行的。原则上，所有银行都可以以中间人的身份为其本身或客户进行外汇买卖，外汇交易可以在银行之间通过电话直接进行，也可以通过经纪人进行。其交易币种主要有美元、英镑、欧元等，主要交易为即期交易和远期交易。

7.4.3 外汇买卖方式

商业银行的外汇买卖方式有即期交易、远期交易、掉期交易、期货交易和期权交易。

1. 即期外汇交易

即期外汇交易又称现汇交易，是指外汇买卖双方以即期外汇市场的价格成交，在成交后的当日或两个营业日内办理交割的外汇交易方式。

1) 作用

商业银行进行外汇即期交易，其作用主要有：

(1) 满足客户临时性的支付需要。

(2) 调整外币的币种结构。

(3) 外汇投机的重要工具。

(4) 满足银行自身的资金调整和头寸调整。

2) 成交日与交割日

成交日是指外汇买卖双方达成交易的日期。

交割日是指外汇买卖双方交付资金的日期。

通常即期外汇买卖的交割日包括三种类型：

(1) 当日交割，即成交日与交割日同日进行，如香港外汇市场上的港元与美元的即期交易。

(2) 次日交割，即成交后的第一个营业日进行交割。

(3) 标准交割，即成交后的第二个营业日交割。

3) 即期外汇市场上的套汇交易

套汇交易是指套汇者在同一时间利用两个或两个以上地区的外汇市场某些货币在即期汇率上的差异进行即期外汇买卖，在汇率低的市场买进某种货币，在汇率高的市场将其卖出，从中套取差价以获利的行为。

根据交易地点的多少可以分为直接套汇和间接套汇。

(1) 直接套汇又称两地套汇，是指套汇者利用两个外汇市场之间的汇率差异进行的套汇。

(2) 间接套汇又称三角套汇，是指套汇者在两个以上不同外汇市场上利用某种货币汇率的差异进行的套汇。

2. 远期外汇交易

远期外汇交易又称期汇交易，是指在签订外汇买卖合同后，交易双方无须立即交割，而约定在将来一定日期按预先约定的汇率、币种、金额办理交割的外汇交易。

1) 作用

商业银行与进出口商之间、与银行同业之间进行远期外汇交易，其作用有：

(1) 规避汇率风险，锁定外汇成本。

(2) 商业银行调整自身的外汇头寸。

2) 交割日

远期外汇交易的交割期，通常为 1 个月、2 个月、3 个月、6 个月、9 个月、12 个月，也有一年以上的，可达 5 年，甚至 7 年。最常见的是 3 个月，超过 1 年的远期外汇交易则比较少见。

远期外汇交易的交割日，大多数是按即期交割日后加上整月的倍数，而不按实际天数来算。若按实际天数计算，则是按自然日计算，而不是按营业日计算。若整月后的交割日不是营业日，则顺延到下一个营业日，若到月底不是营业日，则需要在当月的最后一个营业日办理交割。

3) 形式

远期外汇的交易形式可以分为固定交割日的远期外汇交易与可选择交割日的远期外汇交易两种。

(1) 固定交割日的远期外汇交易是指外汇交易双方签订合约时约定具体的交割日期，只能在约定的交割日期进行交割。

(2) 可选择交割日的远期外汇交易是指外汇交易双方签订合约时约定可以在合约到期前按约定的汇率进行交割。

实际交易中进出口商通常选择可选择交割日的远期外汇交易。

3. 掉期外汇交易

掉期外汇交易是指买进或卖出一种期限的某种货币的同时，卖出或买进另一期限的数额相等的同种货币的外汇交易。即对同一种货币，同时进行买卖，只是买卖的交割日不同。

例如，在即期外汇市场上汇率为 1USD=RMB6.1165，在远期外汇市场上汇率为 1USD=RMB6.1142，客户手中有 100 万美元，在此时，客户将 100 万美元在即期外汇市场上以 1USD=RMB6.1165 的汇率兑换成人民币，同时在远期市场上以 1USD=RMB6.1142 的汇率买入 3 个月的 100 万美元。3 个月到期交割后，客户手中除了 100 万美元外，还持有 2300 元人民币。

1) 作用

掉期外汇交易的作用主要表现为：

(1) 改变外汇的币种及期限结构，防范汇率风险。

(2) 进行货币的保值。

2) 形式

掉期外汇交易的形式有以下三种：

(1) 即期对远期的交易。这是外汇掉期里最常见的形式，即卖出期汇买入现汇或者卖出现汇买入期汇。

(2) 即期对即期的交易。主要用于银行的隔夜资金拆借，即买进或卖出一种货币的即期外汇的同时，卖出或买进相同数量的同种货币的即期外汇。

(3) 远期对远期的交易。即买进或卖出一种货币的远期外汇的同时卖出或买进另一期限该种货币的远期外汇。

4. 外汇期货交易

外汇期货交易是指外汇买卖双方在固定的期货交易所内通过公开叫价的方式，买卖在未来某一特定日期，以约定汇率交割的特定标准数量某种货币期货合约的外汇交易。其交易的特点有：

(1) 场内交易。外汇期货是在特定的交易场所，即外汇期货交易所内公开叫价、竞价进行，在有形市场达成交易。

(2) 标准化合约。外汇期货的合约是标准化的，每份合约的交易金额与交割日期是标准化的。

(3) 每日清算。外汇期货交易实行每日清算制度，获利部分资金可以提取，而亏损时需要及时追加保证金。

(4) 实际中交割率低。大多数的外汇期货交易都在交割日之前通过对冲交易平仓。

5. 外汇期权交易

外汇期权交易是指外汇期权合约的买方向卖方支付一定的期权费后，可在有效期内享有按约定的汇率和金额买卖某种外汇的权利的交易行为，同时，期权的买方也有权选择不执行上述合约。

按期权的行权时限可以分为欧式期权与美式期权。

(1) 欧式期权是指买卖双方订立期权交易合约后，期权买方仅能在期权到期日才能要求期权卖方履行合约。

(2) 美式期权是指买卖双方订立期权交易合约后，期权买方可以在从合约成立起至到期日这段时间内任何一个营业日行权。

通常美式期权的期权费要高于欧式期权的期权费。

与一般外汇交易类似，外汇期权的主要作用是规避外汇风险，套期保值。

小　结

通过本章的学习，可以掌握以下内容：

(1) 商业银行国际业务是指在经营范围上由国内延伸到国外的一切有关跨国界的资金融通的业务活动，包括跨国银行在国外的业务活动和本国银行在国内从事的有关国际业务。

(2) 商业银行国际业务的特点有：具有广泛的国际性、涉及不同国家的货币、涉及多项国际惯例、业务风险较大。

(3) 国际结算是指国际间由于政治、经济、文化、军事等方面的交往或联系而发生的以货币表示债权债务的清偿行为或资金转移行为，是通过两国银行办理的跨国结算主体之间的货币收付活动。

(4) 出口押汇是出口地银行根据出口商提交的发货后的全套提货单据作抵押，向出口商提供的一种有追索权的短期出口融资业务。

(5) 进口押汇是指进出口双方签订买卖合同后，进口方银行应进口商的要求对出口商开出保证付款文件(大多数为信用证)后，收到议付行寄来的议付通知书索汇时，以进口商的全套提货单据作抵押，代进口商垫付货款给出口商的一种短期资金融通。

(6) 打包放款又称信用证抵押贷款，是指出口商收到境外开来的信用证，在采购这笔信用证有关的出口商品或生产出口商品时，出现资金短缺，用该笔信用证作抵押，向银行申请的短期资金融通，用于出口货物加工、包装及运输过程出现的资金缺口。

(7) 福费廷，又称为包买票据或票据买断，是指银行作为包买商从出口商那里无追索权的买入因商品、服务或资产交易产生的未到期的债权，而向出口商提供融资的业务，该债权通常由银行承兑、承付或保付。

(8) 保理，是指卖方将现在或将来的基于其与买方订立的货物销售或服务合同所产生的应收账款转让给保理商，由保理商提供的集买方资信评估、应收账款催收和管理、坏账担保及融资于一体的综合性金融服务。

(9) 提货担保是指当进口货物先于货运单据到达时，进口商为办理提货向承运人或其代理人出具的，由银行加签并由银行承担连带责任的书面担保。

(10) 银团贷款又称辛迪加贷款，是由获准经营信贷业务的一家或数家银行牵头，不同国家的多家银行参加而组成的银行集团，基于相同的贷款条件，采用同一贷款协议，按商议的期限和条件向同一借款人提供融资的贷款方式。

(11) 根据《中华人民共和国外汇管理条例》，外汇是指以外币表示的可以用作国际清偿的支付手段和资产，包括外币现钞、外币支付凭证或者支付工具、外币有价证券、特别提款权和其他外汇资产。

(12) 汇率，又称为汇价、外汇牌价或外汇行市，是指一国货币兑换成另一国货币的比率，或一种货币表示的另一种货币的价格。

(13) 汇率标价方法主要有直接标价法与间接标价法。直接标价法又称应付标价法，是以一定单位的外国货币为标准折算成一定数额的本国货币方法。间接标价法是指以一定单位的本国货币为标准，折算成一定数额的外国货币的方法。

(14) 商业银行的外汇买卖方式有即期交易、远期交易、掉期交易、期货交易和期权交易。

练　习

一、单项选择题

1. 以下哪种不是国际贸易结算的方式(　　)。

A. 汇款　　B. 托收　　C. 汇票　　D. 信用证

2. 根据有无附属货运单据，托收分为光票托收和(　　)。

A. 跟单托收　　B. 付款交单　　C. 承兑交单　　D. 提货担保

3. (　　)是出口地银行根据出口商提交的发货后的全套提货单据作为抵押，向出口商提供的一种有追索权的短期出口融资业务。

A. 进口押汇　　B. 出口押汇　　C. 福费廷　　D. 保理

4. 按对出口商提供预付融资与否，分为融资保理和(　　)。

A. 公开保理　　B. 到期保理　　C. 隐蔽保理　　D. 双保理

5. 在东京外汇市场上 1 美元=106.6025–107.0975 日元，采用的是(　　)。

A. 直接标价法　　B. 间接标价法　　C. 混合标价法　　D. 市场标价法

6. 间接标价法下，汇率上升，意味着本币(　　)。

A. 升值　　B. 贬值　　C. 不变　　D. 升水

7. 某出口商收到的美元支付的货款，在银行办理结汇，采用的是(　　)。

A. 现汇买入价　　B. 现汇卖出价　　C. 中间价　　D. 现钞买入价

二、多项选择题

1. 国际债券的发行人是(　　)。

A. 各国政府　　B. 政府所属机构

C. 银行或其他金融机构　　D. 工商企业及一些国际组织

2. 根据汇兑工具的不同，汇款又可以分为(　　)。

A. 电汇　　B. 汇兑　　C. 信汇　　D. 票汇

3. 福费廷业务的特点有(　　)。

A. 无追索权　　B. 期限长

C. 手续比较简单、灵活　　D. 费用高

4. 根据贷款人的不同，国际贷款分为(　　)。

A. 国际金融机构贷款　　B. 外国政府贷款

C. 国际商业银行贷款　　D. 银团贷款

5. 外汇包括(　　)。

A. 外币现钞　　B. 外币支付凭证

C. 外币支付工具　　D. 外币有价证券

E. 特别提款权　　F. 其他外汇资产

6. 远期外汇交易的交割期，通常为(　　)。

A. 1 个月　　B. 2 个月　　C. 3 个月　　D. 6 个月

三、简答题

1．简述国际业务发展的原因。

2．简述出口押汇的业务流程。

3．简述出口押汇与打包放款的区别。

4．简述福费廷业务的办理流程。

5．论述保理对客户的益处。

6．简述汇率的标价方法。

第8章 证券公司业务

本章目标

- 熟悉证券市场的定义、特征、分类、构成和基本功能
- 了解证券公司的主要业务及各业务的特点
- 掌握证券交易程序与交易费用、常用的证券交易委托方式
- 熟悉证券投资基本分析的概念及内容
- 掌握宏观经济指标及其对证券市场的影响
- 掌握行业分析和公司分析的主要内容
- 掌握证券投资技术分析的常用方法

重点难点

重点：

◈ 证券公司主要业务的操作程序

◈ 证券交易程序与交易费用，常用的证券交易委托方式

◈ 证券投资基本分析：宏观经济指标、行业和公司分析的主要内容

难点：

◈ 证券投资技术分析方法

案例导入

1990 年，上海证券交易所和深圳证券交易所先后经中国人民银行总行批准成立，我国证券市场初步成型。我国证券市场诞生之初具有地方试点的性质，上市公司主要是上海、深圳两地的地方性公司，数量很少，上海证券交易所只有 8 家上市公司，1991 年底，上市股本总数为 2.72 亿股，市价总值为 29.43 亿元；深圳证券交易所只有 5 家上市公司，上市股本为 3.57 亿股，市价总值为 80.76 亿元。证券市场经过二十多年的发展，截至 2013 年 12 月底，上海证券交易所实现债券挂牌数达 1686 只，股票市价总值为 15.1 万亿元，债券交易量创历史新高。深圳证券交易所上市股票 1577 只，总发行股本 8070.35 亿股，上市公司市价总值 8.79 万亿。期间经历了股权分置改革、上市公司治理、证券公司综合治理，推出了新的业务，例如创业板、新三板，还有融资融券、转融通和股指期货等做空机制的建立，使证券市场发生了巨大变化。

2012 年发布的《金融业发展和改革“十二五”规划》明确提出一项指标，即到“十二五”期末，非金融企业直接融资占社会融资规模比重提高至 15%以上。对此，专家、业内人士均表示，直接融资占比以量化指标的形式出现，表明政府大力发展证券市场的决心，意味着“十二五”期间我国证券市场将获得一个非常好的发展良机。过去 10 年，非金融企业直接融资增长非常迅猛，占社会融资比重持续上升，从 2002 年的 5.03%上升至 2011 年的 14%，尽管发展迅速，但直接融资比重过低的现状仍未改变。长期以来，美国直接融资占比都在 80%～90%的水平，与欧美发达国家相比，我国直接融资占比仍然偏低，从而使经济风险过多集中于银行体系。国泰君安证券最新发布的一份研究报告指出：在信贷增速放缓，而债券融资发展的过程中，企业直接融资占社会融资总量达到和超过 15%是可以在“十二五”期间完成的目标。

证监会提出了“十二五”期间证券业改革和发展的 15 项重点工作，其中明确提出要探索建立“集中监管、统一互联”的债券市场体系；建立健全适合债券特点的发审机制；丰富债券品种，扩大市场规模。在股市方面，证监会强调完善多层次资本市场体系、推动上市公司质量、发展机构投资者队伍等多项措施。

资料来源：郑晓波，证券市场“十二五”期间迎发展良机，证券时报，2012 年 9 月 20 日。

问题：搜集资料，归纳总结我国证券市场的发展经历了哪些阶段？

8.1 证券市场概述

证券市场是现代金融体系的重要组成部分，也是金融市场的核心和焦点。目前在许多发达的金融市场中，证券市场的投融资规模和重要性都已超越了传统的间接融资，成为国民经济发展的助推器。

8.1.1 证券和证券市场

证券是指各类记载并代表一定权利的法律凭证，它用以证明持有人有权依其所持凭证记载的内容而取得应有的权益，也可以说证券是多种经济权益凭证的统称。

1. 资本证券

1) 资本证券的定义

资本证券是指由金融投资或与金融投资有直接联系的活动而产生的证券，持券人对发行人有一定收入的请求权，包括股票、债券及其衍生品种如股票期货、期权等。

资本证券是虚拟资本的一种形式。所谓虚拟资本，是指以有价证券形式存在，并能给持有者带来一定收益的资本。虚拟资本是相对独立于实际资本的一种资本存在形式。通常，虚拟资本的价格总额并不等于所代表的真实资本的账面价格，甚至与真实资本的重置价格也不一定相等，其变化并不完全反映实际资本额的变化。

知识链接

虚拟经济

虚拟经济的概念由马克思提出的虚拟资本衍生而来。马克思认为，虚拟资本是在借贷资本和银行信用制度的基础上产生的，包括股票、债券等。虚拟资本既可以作为商品买卖，也可以作为资本增值，但本身并不具有价值；它代表的实际资本已经投入生产领域或消费过程，而其自身却作为可以买卖的资产滞留在市场上。虚拟经济就是从具有信用关系的虚拟资本衍生出来的，并随着信用经济的高度发展而发展，相对于实体经济而言，虚拟经济是经济虚拟化的必然产物。虚拟经济在运行上具有内在的波动性。因此，虚拟经济广义上除了目前研究较为集中的金融业、房地产业，还包括体育经济、博彩业、收藏业等。

虚拟经济是把“双刃剑”，以实体经济发展的需要为基础，适度发展虚拟经济能在资金融通、信息传递、市场定价等方面发挥独特作用，从而有力促进实体经济发展。相反，如果虚拟经济脱离实体经济，过度自我循环和膨胀，就有可能变成泡沫经济。时至今日，塞浦路斯依然深陷金融危机泥沼。两三年前，塞浦路斯却风光无限，因为该国堪称“虚拟经济”发财致富的典型：人口不足百万，却借着“避税天堂”的金字招牌，吸引了大约700 亿欧元的银行存款。这曾令人艳羡，但缺乏实体经济基础，最终还是导致该国经济走向崩溃。这几年欧债危机不断蔓延，从冰岛到希腊再到葡萄牙、西班牙等国接连中招，路径与塞浦路斯非常相似。问题的根本出在发展模式上，即过于迷恋虚拟经济，脱离经济发展规律，投机炒作金融资本，表面一派繁荣，实际积累了巨大泡沫，导致产业空心化，财政赤字高企，经济很容易陷入恶性循环。但近年来的金融危机，罪不在虚拟经济，而在于虚拟经济脱离实体经济、过度自我循环和膨胀。实体经济才是解决国计民生的实际办法，是实现可持续发展的基础。如今美国已充分认识到不能过度依赖金融创新和信贷消费拉动经济，开始重视国内产业尤其是先进制造业的发展。值得注意的是，近年来中国越来越多的企业家放弃实业，转向房地产和资本市场。社会变得越来越躁动，短期行为成为普遍现象，企业的目标和思维方式也越来越资本化。持续的资产泡沫和“去实业化”现象，将会对实体经济的长远发展构成根本性威胁。

问题：搜集资料分析我国如何避免虚拟经济的过度发展？

资料来源：百度百科

2) 资本证券的分类

资本证券的种类多种多样，可以从不同角度按不同的标准进行分类。

(1) 按证券发行主体不同，资本证券可分为政府证券、政府机构证券和公司证券。政府证券通常指由中央政府或地方政府发行的债券。中央政府债券也称国债，通常由一国财政部发行。地方政府债券由地方政府发行，以地方税或其他收入偿还。政府机构证券是由经批准的政府机构发行的证券，目前我国将政府机构证券区分为：政府支持债券和政府支持机构债券，自 2011 年 10 月起，我国铁道部发行的中国铁路建设债券被认定为“政府支持债券”；中央汇金公司发行的债券为“政府支持机构债券”。公司证券指公司为筹措资金而发行的有价证券，公司证券的包括范围比较广泛，有股票、公司债券及商业票据等。此外，在公司证券中，通常将银行及非银行金融机构发行的证券称为金融证券，其中金融债券尤为常见。

(2) 按证券是否在证券交易所挂牌交易，资本证券可分为上市证券和非上市证券。上市证券又称挂牌证券，是指经证券主管机关批准，并向证券交易所注册登记，获得在交易所内公开买卖资格的证券。非上市证券指未申请上市或不符合在证券交易所挂牌交易条件的证券，但可以在交易所以外的交易市场发行和交易，凭证式国债、电子式储蓄国债、非上市公众公司的股票均属于非上市证券。

(3) 按募集方式的不同，资本证券可分为公募证券和私募证券。公募证券是指发行人通过中介机构向不特定的社会公众投资者公开发行的证券，其审批比较严格并采取公示制度。私募证券则是指向少数特定的投资者发行的证券，其审查条件相对宽松，投资者也较少，不采取公示制度。私募证券的投资者多数是与发行者有特定关系的机构投资者，也有发行公司、企业的内部职工。

(4) 按证券的性质可分为基础证券和金融衍生证券两类。股票、债券和投资基金都属于基础证券，它们是最活跃的投资工具，是证券市场的主要交易对象。金融衍生证券是指由基础证券派生出来的证券交易品种，主要有金融期货与期权、可转换证券、认股权证等。

3) 资本证券的特征

资本证券具有以下特征：

(1) 产权性。证券的产权性是指资本证券记载着权利人的财产权内容，代表着一定的财产所有权，拥有证券就意味着享有财产的占有、使用、收益和处分的权利。在现代经济社会里，财产权利和证券已密不可分，权利的证券化是两者融合一体的主要表现。虽然证券持有人并不实际占有财产，但可以通过持有证券，在法律上拥有有关财产的所有权或债权。

(2) 收益性。收益性是指持有证券本身可以获得一定数额的收益，即投资者转让资本使用权的回报。证券代表的是对一定数额的某种特定资产的所有权或债权，而资产具有一种特殊的价值，它要在社会经济运行中不断运动，不断增值，最终形成高于原始投入价值的价值。投资者持有证券也就同时拥有取得这部分资产增值收益的权利，因而证券本身具有收益性。证券的收益表现为利息收入、红利收入和买卖证券的差价。收益的多少通常取决于该资产增值数额的多少和证券市场的供求状况。

(3) 期限性。债券一般有明确的还本付息期限，以满足不同投资者和筹资者对融资期限以及与其相关的收益率的需求。债券的期限具有法律的约束力，是对双方融资权权益的保护。股票没有期限，可视为无期证券。

(4) 流动性。证券的流动性又称变现性，是指证券持有人可按自己的需要灵活地转让证券以换取现金。流动性是证券的生命力所在。证券的期限性约束了投资者的灵活偏好，但其流动性以变通的方式满足了投资者对资金的随机需求。证券的流动性是通过承兑、贴现、交易实现的。证券流动性的强弱受证券期限、利率水平及计息方式、信用度、知名度、市场便利程度等到多种因素的制约。

(5) 风险性。证券的风险性是指证券持有者面临着预期投资收益不能实现，甚至使本金也受到损失的可能。这是由证券的期限性和未来经济状况的不确定性所致。在现有的社会生产条件下，未来经济的发展变化有些是投资者可以预测的，而有些则无法预测，因此，投资者难以确定他所持有的证券将来能否取得收益和能获得多少收益，从而面临一定的风险。

2. 证券市场

证券市场是股票、债券、投资基金等资本证券发行和交易的场所。从经济学的角度，可以将证券市场定义为：通过自由竞争的方式，根据供需关系来决定资本证券价格的一种交易机制。证券市场是市场经济发展到一定阶段的产物，是为了解决资本供求矛盾和流动性而产生的市场。证券市场以证券发行和交易的方式实现了筹资与投资的对接，有效化解了供求矛盾和资本结构调整的难题。在发达的市场经济中，证券市场是完整的市场体系的重要组成部分，它不仅反映和调节货币资金的流动，而且对整个经济的运行具有重要影响。

1) 证券市场的特征

证券市场具有以下三个显著特征：

(1) 证券市场是价值直接交换的场所。资本证券是价值的直接代表，本质是价值的一种直接表现形式。虽然证券交易的对象是各种各样的资本证券，但由于它们是价值的直接表现形式，所以证券市场本质上是价值的直接交换场所。

(2) 证券市场是财产权利直接交换的场所。证券市场上的交易对象是作为经济权益凭证的股票、债券、投资基金等资本证券，它们本身仅是一定量财产权利的代表，即代表着对一定数额财产的所有权或债权以及相关的收益权，所以证券市场实质上是财产权利的直接交换场所。

(3) 证券市场是风险直接交换的场所。资本证券既是一定收益权利的代表，同时也是一种风险的代表。资本证券的交换在转让出一定收益权的同时，也把该有价证券所特有的风险转让出去。所以，从风险的角度分析，证券市场也是风险的直接交换场所。

2) 证券市场与其他商品市场的区别

证券市场作为市场体系的重要组成部分，与一般商品市场的区别主要体现在以下几个方面：

(1) 交易对象不同。一般商品市场的交易对象是各种具有不同使用价值、能满足人们某种特定需要的商品。而证券市场的交易对象是作为经济权益凭证的股票、债券、投资基金等资本证券。

(2) 交易目的不同。购买商品的目的主要是为了满足某种消费的需要，而证券交易的目的是为了实现投资收益，或为了筹集资金。

(3) 交易对象的价格决定不同。商品的市场价格是其价值的货币表现，价格取决于商品价值和市场供求关系，而价值的大小通过生产商品所需要的社会必要劳动时间来衡量。在证券市场上，各种证券自身没有价值，其理论价格是由市场利率和证券收益率决定的，同时市场供求关系、发行人的信用级别、财务状况、宏观政治经济环境、投资者的心理等因素都对证券价格产生重要影响。

(4) 市场风险不同。一般商品市场由于实行的是等价交换原则，价格波动较小，市场前景的可预测性较强，因而风险较小。而证券市场的影响因素复杂多变，价格波动大且具有不可预测性，投资者能否取得预期收益具有较大的不确定性，所以风险较大。

8.1.2 证券市场的分类

证券市场可从不同的角度，依据不同的标准进行分类。

1. 按市场职能分类

按照市场职能不同，证券市场可以分为证券发行市场和证券流通市场。

1) 证券发行市场

证券发行市场又称为“一级市场”或“初级市场”，是发行人以筹集资金为目的，按照一定的法律规定和发行程序，向投资者出售证券所形成的市场。在发行过程中，证券发行市场作为一个抽象的市场，其买卖成交活动并不局限于一个固定的场所。为了在一级市场上发行证券，欲上市公司必须向公众投资者公布招股说明书，这是包含了公司经营计划和其他信息的法律文件，有助于投资者做出谨慎的投资决策。

在一级市场上，普通股的发行有两种方式：新发和增发。新发简称 IPO(Initial Public Offering)，是将证券第一次提供给公众投资者；增发是增加发行已经发行的证券。

知识链接

阿里巴巴的 IPO

2014 年，美国市场参与者时常想到和说到一个词——阿里巴巴，这家中国电商巨头，并没有让人失望。阿里巴巴首次公开发行(IPO)融资 218 亿美元，成为美国市场规模最大的一桩 IPO 案，也是规模最大的一桩科技或互联网相关企业 IPO 案。2014 年 9 月，该公司启动了超额配售选择权，将募得资金提至 250 亿美元，成就了全球最大的 IPO。阿里巴巴刚完成 IPO，交易首日股价上涨，或者说“强势上涨”，这是所有 IPO 交易渴望达到的目标。2014 年 9 月 19 日周五上市首日，阿里巴巴股价较发行价飙涨了 38.07%，收于 93.89 美元，其市值达到 2314 亿美元。超越了 Facebook、IBM、甲骨文、亚马逊等公司，仅次于苹果、谷歌和微软，成为全球第四大高科技公司和全球第二大互联网公司。

辽宁成大的增发

辽宁成大(600739)是业务多元化的控股型上市公司，主要从事商贸流通、生物制药、能源开发和金融服务等四大板块业务。目前生物制药和金融服务为公司利润的主要来源。公司 2008 年进入能源开发领域，新疆宝明油页岩项目是公司运营的第二个油页岩项目。

辽宁成大 9 月 6 日公布 2014 年非公开发行股票预案，拟以 13.96 元/股的价格分别向富邦人寿和前海开源发行 5 千万股股票，募集资金不超过 13.96 亿元，用于新疆宝明油页岩综合开发利用一期项目。

资料来源：新浪网—新浪科技、辽宁成大公司网站

证券发行市场的功能主要体现在以下几个方面：

(1) 证券发行市场是资金需求者的融资场所。资金需求者可以通过一级市场发行股票、债券等筹集资金。

(2) 证券发行市场为资金供给者提供投资机会，谋求证券投资收益。

2) 证券流通市场

证券流通市场又称“二级市场”或“次级市场”，是已发行的证券通过买卖交易实现流通转让的市场。证券流通市场一般由两个子市场构成：一是证券交易所，有固定的交易场所和交易时间，是最重要的集中的证券流通市场；二是场外交易市场，是证券经营机构开设的证券交易柜台，不在证券交易所上市的证券可申请在场外进行交易。

证券流通市场的功能主要体现在以下几个方面：

(1) 增强证券的流动性和安全性，证券流通市场的存在和发展使投资者可以根据自己的投资计划和市场变化情况随时买卖证券。

(2) 促进社会闲散资金的筹集和利用。流通市场的发展解除了投资者所持证券不能随时变现的后顾之忧，使投资者踊跃认购新发行的证券，从而有利于公司筹措长期资金，为证券发行者创造了有利的筹资环境。

(3) 为经济分析和管理决策提供重要的参考。证券市场的价格是反映经济动向的“晴雨表”，能灵敏地反映出资金供求、行业前景和政治经济形势的变化，是进行经济预测分析的重要指标，也是政府宏观经济政策及金融政策调整的重要依据之一。

3) 证券发行市场和证券流通市场的区别与联系

两者的区别主要体现在三个方面：首先，发行市场与流通市场不同，一般没有有形的特定场所，有时证券的出售是在发行者和投资者之间直接进行的，但更多的是通过中介机构进行，因此可以说发行市场是由发行者、证券中介和投资者构成。其次，发行市场通过一种纵向关系将发行者和投资者联系起来，而流通市场则是通过一种横向关系，将同是投资者的买卖双方联系起来。最后，发行市场的扩张代表社会资本存量的增加，而流通市场的交易量只代表现有证券所有权的转移，不代表社会资本存量的变动。

两者的联系表现为：发行市场是流通市场的前提和基础，它的规模和品种决定了流通市场的规模和品种，有时还会影响到交易的价格，并且一个功能完善的流通市场的存在使发行市场内的证券对购买者更具吸引力。

2．按证券的性质分类

根据证券的性质不同，证券市场可分为股票市场、债券市场、基金市场和金融衍生市场。

1) 股票市场

股票市场是股票发行和买卖交易的场所。股票的发行人是股份有限公司，股份有限公司通过发行股票来募集资金，或是在公司运营过程中通过发行股票以扩大公司的股本结构。股票市场的交易对象是股票，股票的市场价格除了与股份公司的经营状况和盈利水平有关以外，还受到其他(如政治、社会、经济等)方面因素的综合影响。因此，股票的市场价格经常处于波动中，是一个国家或地区经济和金融活动的寒暑表。

2) 债券市场

债券市场是债券发行和买卖交易的场所。债券的发行人有中央政府、地方政府、金融机构、公司和企业。债券发行人通过发行债券筹集的资金一般都有固定的期限，债券到期时债务人必须按时归还本金并支付约定的利息，债券是债权的凭证，债券持有人与债券发行人之间是债权和债务关系。债券市场交易的对象是债券，债券因有固定的利率和期限，其市场价格相对股票价格波动不大，比较稳定。

3) 基金市场

基金市场是基金发行和流通的场所。按照基金单位是否可增加或赎回，可分为开放式基金和封闭式基金。开放式基金不上市交易，通过银行、券商、基金公司申购和赎回，基金规模不固定；封闭式基金有固定的存续期，一般在证券交易所上市交易，投资者可以通过二级市场买卖基金单位。

4) 金融衍生市场

金融衍生市场是一种以证券市场、货币市场、外汇市场为基础派生出来的金融市场，它是利用保证金交易的杠杆效应，以利率、汇率、股价的趋势为对象设计出来大量的金融商品进行交易，以支付少量保证金及签订远期合同进行互换、掉期等的金融派生商品的交易市场。例如，伦敦金属交易所主要从事贵金属的期权和期货交易；我国的郑州、大连和上海期货交易所从事农产品、贵金属等商品期货交易。

8.1.3 证券市场的功能

证券市场是金融市场的重要组成部分，而证券市场又可以分为股票市场、债券市场、基金市场和金融衍生市场。这些市场的存在，对企业、政府部门、投资者以及整个社会都具有重要作用。

证券市场在现代经济体系中的功能，主要体现在以下几个方面：

1. 融资功能

证券市场的融资功能是指证券市场为资金需求者筹集资金的功能。融通资金是证券市场的首要功能，这一功能的另一个作用是为资金的供给者提供投资对象。

一般来说，企业融资有两种渠道：一是间接融资，即通过银行贷款而获得资金；二是直接融资，即发行各种资本证券使社会闲置资金汇集成长期资本。银行提供的贷款期限较短，适合解决企业流动资金不足的问题，而长期贷款数量有限，条件比较苛刻，对企业不利，直接融资可以弥补前者的不足。

2. 定价功能

证券市场的第二个基本功能是资本定价功能。证券是资本的存在形式，所以证券的价格实际上是证券所代表的资本的价格。证券的价格是证券市场上证券供求双方共同作用的结果。证券市场的运行形成了证券需求者之间和证券供给者之间的竞争，这种竞争的结果是：能产生高投资回报的资本，市场的需求就大，其相应的证券价格就高；反之，证券的价格就低。因此，证券市场是资本的合理定价机制。

3．资本配置功能

证券市场的资本配置功能是指通过证券价格引导资本的流动，从而实现资本的合理配置。证券投资者对证券的收益十分敏感，而证券收益率在很大程度上取决于企业的经济效益。从长期来看，经济效益好的企业，其证券拥有较多的投资者，这种证券在市场上买卖也很活跃；相反，经济效益差的企业，其证券投资者越来越少，市场上的交易也不旺盛。因此，社会上部分资金会自动地流向经济效益好的企业，远离效益差的企业。这样，证券市场就引导资本流向能产生高报酬的企业或行业，从而使资本产生尽可能高的效率，进而实现资本的合理配置。

4．公司治理的优化功能

企业如果要通过证券市场筹集资金，必须改制成为股份有限公司。股份公司的组织形式是社会化大生产和现代市场经济发展的产物，这种企业组织形式对企业所有权和经营权进行了分离，并且有一系列严格的法律、法规对其进行规范，使企业能够自觉提高经营管理水平和资金使用效率。企业成为上市公司之后，会一直处于市场各方面的监督和影响中。公司治理可以分为内部治理和外部治理，内部治理主要是通过股份公司内部的相互制约机制来实现，外部治理则是依靠竞争性资本市场来实现，两者功能的发挥都离不开高度发达的证券市场。

5．宏观调控功能

证券市场是国民经济的晴雨表，能够灵敏地反映社会政治、经济发展的动向，为经济分析和宏观调控提供依据。证券市场的动向是指市场行情的变化，通常用证券价格指数来表示。如果在一段时间内，国家政治稳定，经济繁荣，整体发展态势良好，证券价格指数就会上升；反之，如果政治动荡，经济衰退，或发展前景难以预测，证券价格指数就会下跌。例如 2008 年爆发的美国次贷危机，席卷了全球金融市场，全球经济的衰退在证券市场的表现就是指数的持续下跌。

政府可以通过证券市场行情的变化对经济运行状况和发展前景进行分析预测，并且利用证券市场对经济实施宏观调控。政府利用证券市场进行宏观调控的手段主要是运用货币政策的三大工具：法定存款准备金率、再贴现率和公开市场业务。特别是公开市场业务，完全依托证券市场来运作，通过证券的买入卖出调节货币的供给，影响和控制商业银行的经营，进而实现调节和控制整个国民经济运行的目的。

8.1.4 证券市场的构成

证券市场由证券投资者、证券投资工具和证券中介机构组成，涵盖了交易主体、交易客体和实现交易的中介。

1．证券投资者

证券投资者是指通过买入证券而进行投资的各类机构法人和自然人，是证券市场的证券购买者和资金提供者。证券投资者主要包括机构投资者和个人投资者。

(1) 机构投资者。

机构投资者是指相对中小投资者而言拥有资金、信息、人力等优势，能影响某个证券价格波动的投资者，如企业、商业银行、非银行金融机构(如养老基金、保险基金、证券投资基金)等。各类机构投资者的资金来源、投资目的、投资方向虽各不相同，但一般都具有投资的资金量大、收集和分析信息的能力强、注重投资的安全性、可通过有效的资产组合以分散投资风险、对市场影响大等特点。

(2) 个人投资者。

个人投资者是从事证券投资的社会自然人，他们是证券市场最广泛的参与者。个人投资者受资本和投资能力的限制，非常注重本金的安全和资产的流动性。为保护个人投资者利益，对于部分高风险证券产品的投资，监管法规还要求个人具有一定的投资经验和签署书面的知情同意书。比如国内的创业板，客户在开通普通股票账户后，并不能直接购买创业板股票，如需购买还要单独开通。因为创业板上市公司与主板不同，主板上市要求高，能在主板上市的公司一般业绩比较稳定，风险相对较小，而创业板上市公司大部分处于成长期，公司尚不成熟，因此创业板市场是一个高风险的市场。客户申请开通创业板需要满足两年股龄，即客户申请开通创业板时离客户首次交易间隔必须满两年，证券公司还会依据投资者的财产和收入状况、风险偏好等基本信息，对投资者的风险能力进行评估，并将评估结果告知投资者，作为投资者判断自身是否合适参加创业板交易的依据。

2. 证券投资工具

证券市场活动必须借助一定的工具或手段来实现，这就是证券交易工具，即证券交易对象。证券投资工具主要包括：政府债券、金融债券、公司债券、股票、基金及期货、期权等金融衍生证券等。对于不同种类的证券，由于其发行者、合约条款、税收待遇等不一样，因而投资所产生的回报一般不尽相同。对于不同种类的证券所要求的初始投资额也有所差异，比如股票投资，必须够买一手的资金，1 手即 100 股；参与股指期货交易，开户资金最低为 50 万元人民币。

3. 证券中介机构

证券中介机构是指为证券的发行与交易提供服务的各类机构，通常包括证券公司和其他服务机构。证券市场一般通过中介机构在证券供应者和需求者之间建立联系，因而证券中介机构起到桥梁作用。

证券公司又称为证券商，将在第二节重点介绍。证券服务机构是指依法设立的从事证券服务业务的法人机构，主要包括证券投资咨询机构、证券登记结算机构、财务顾问机构、资信评级机构、资产评估机构、会计师事务所、律师事务所等。

8.2 证券公司的主要业务

按照《证券法》规定，我国证券公司的业务范围包括：证券经纪、证券投资咨询、与证券交易、证券投资活动有关的财务顾问、证券承销与保荐、证券自营、证券资产管理及其他证券业务。《证券法》同时规定，经国务院证券监督管理机构批准，证券公司可以为客户买卖证券提供融资融券服务及其他业务。

8.2.1 证券经纪业务

证券经纪业务是证券公司最基本的一项业务，该业务的最大特点是不占用证券公司的资金，证券公司不分享客户买卖证券的差价，不承担客户的价格风险，获得的是佣金手续费的收入，是证券公司稳定的利润来源。因此，每一个证券公司都十分重视经纪业务的开展。

1. 证券经纪业务的涵义

证券经纪业务指证券公司通过其设立的证券营业部，接受客户委托，按照客户要求代理客户买卖证券的业务。证券经纪业务是随着集中交易制度的实行而产生和发展起来的。由于在证券交易所交易的证券种类繁多，数额巨大，而交易厅内席位有限，一般投资者不能直接进入证券交易所进行交易，而只能通过特许的证券经纪商作中介来促成交易的完成。所谓证券经纪商，是指接受客户委托、代客买卖证券并以此收取佣金的中间人。证券经纪商必须遵照客户发出的委托指令进行证券买卖，并尽可能以最有利的价格使委托指令得以执行；但证券经纪商并不承担交易中的价格风险。在中国，具有法人资格的证券经纪商是指在证券交易中代理买卖证券，从事经纪业务的证券公司。

证券经纪商是证券市场上的中坚力量，其作用主要表现在：

(1) 充当证券买卖的媒介。证券经纪商充当证券买方和卖方的经纪人，发挥着沟通买卖双方并按一定要求迅速、准确地执行指令和代办手续的媒介作用，提高了证券市场的流动性和效率。

(2) 提供信息服务。证券经纪商一旦和客户建立了委托买卖关系，客户往往希望证券经纪商提供及时、准确的信息服务。这些信息服务包括：上市公司的详细资料、公司和行业的研究报告、经济前景的预测分析和展望研究、有关股票市场变动态势的商情报告等。

2. 证券经纪业务的特点

证券经纪业务的特点主要体现在以下几个方面：

(1) 业务对象的广泛性。所有上市交易的股票和债券都是证券经纪业务的对象。因此，证券经纪业务的对象具有广泛性。同时，由于证券经纪业务的具体对象是特定价格的证券，而证券价格受宏观经济运行状况、上市公司经营业绩、市场供求情况、社会政治变化、投资者心理因素、主管部门的政策及调控措施等多种因素影响，经常涨跌变化。同一种证券在不同时点会有不同的价格，因此，证券经纪业务的对象还具有价格变动性的特点。

(2) 中介性。证券经纪业务是一种代理活动，证券经纪商不以自己的资金进行证券买卖，也不承担交易中证券价格涨跌的风险，而是只充当证券买方和卖方的代理人，发挥着沟通买卖双方和按一定的要求和规则迅速，准确地执行指令并代办手续，同时尽量使买卖双方按自己意愿成交的媒介作用，因此具有中介性的特点。

(3) 客户指令的权威性。在证券经纪业务中，客户是委托人，证券经纪商是受托人。委托人的指令具有权威性，证券经纪商必须严格按照委托人指定的证券、数量、价格和有效时间买卖证券，不能自作主张，擅自改变委托人的意愿。即使情况发生了变化，为了维护委托人的权益不得不变更委托指令，也必须事先征得委托人的同意。如果证券经纪商无故违反委托人的指示，在处理委托事务中使委托人遭受损失，证券经纪商应承担赔偿责任。

(4) 客户资料的保密性。在证券经纪业务中，委托人的资料关系到其投资决策的实施和投资盈利的实现，关系到委托人的切身利益，证券经纪商有义务为客户保密，如股东账户和资金账户的账号和密码；客户委托的有关事项，如买卖哪种证券，买卖证券的时间和价格；客户股东账户中的库存证券种类和数量，资金账户中的资金额等。如因证券经纪商泄露客户资料而造成客户损失，证券经纪商应承担赔偿责任。

3. 证券经纪业务流程

投资者进行证券买卖之前必须在证券公司开立证券账户(股东卡)和资金账户。证券账户是指中国证券登记结算有限公司为申请人开出的记载其证券持有及变更的权利凭证，由证券公司代办；资金账户是指证券公司为申请人开出的记载其资金变动以及余额的权利凭证。投资者在开立证券账户的同时，证券公司为投资者开立资金账户，一个股东账户在某一时点必须且只能对应一个资金账户，资金账户记录证券账户买卖证券的资金变动以及非买卖证券如资金存取等引起的资金变动。一个自然人、法人可以开立不同类别和用途的证券账户，比如可以单独开立债券账户、也可以单独开立股票账户等。但对于同一类别和用途的证券账户，一个自然人、法人只能开立一个，比如你在一家证券公司开立了股票账户，那在其他证券公司就不能再开立，但国家法律、法规和行政规章等另有规定的除外。

投资者完成了开户，就可以进行股票交易，一般的股票交割流程如下：

(1) 营业部负责提供席位，将客户申报委托数据按席位发送至证券交易所。

(2) 交易所负责根据投资者申报的证券账户、买卖数量、证券品种、成交方向按价格优先、时间优先的原则进行成交撮合。

(3) 登记结算公司根据交易所撮合的结果，进行证券过户登记等工作，并将有关成交数据按席位发送至营业部。

(4) 营业部证券交易系统根据接收的登记结算公司的实际成交数据，与委托数据库核对进行股份交割、资金清算。

具体的证券交易股份交割流程如图 8-1 所示。

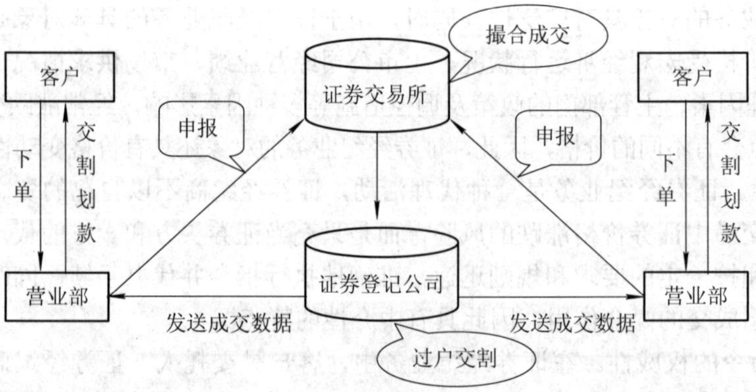

图 8-1　证券交易股份交割流程

2013 年以前，国内证券公司开展经纪业务主要通过开设证券营业部，“等客户”上门开户。2013 年 1 月份，随着《证券账户非现场开户实施细则(征求意见稿)》出台，酝酿近一年的股票账户非现场开户登台亮相进入倒计时阶段，2013 年 3 月正式启动。但从结果看，业务开展情况并不如预期，申请办理的客户仍占少数，不过从长期来看，作为一种便利的开户手段，是未来的发展趋势。在美国等证券发达市场，证券公司并没有大面积的营业部，代之是大量的证券经纪人，方便快捷地为客户提供贴身服务，从而形成目标市场的不断细化，证券公司之间各有特色。后期随着证券行业的竞争，我国的证券市场也会朝着这一方向演进。

知识链接

非现场开户

非现场开户有两种开户方式，一种是见证开户，另一种是网上开户。见证开户指客户与证券公司在约定的营业部以外的场所进行开户。证券公司以两名或两名以上工作人员面见客户完成见证的，其中至少一名应为开户见证人员；证券公司以一名工作人员面见客户的，应由公司或营业部开户部门的工作人员以远程实时视频方式共同完成见证。见证地点不得超出拟开户证券营业部所在省、自治区或直辖市的地域范围。网上开户指客户首先向证券公司或证券登记结算机构领取数字证书，然后根据要求凭数字证书通过互联网开设证券账户。

8.2.2　证券投资咨询业务

根据《证券、期货投资咨询管理暂行办法》的规定，证券投资咨询业务是指从事证券投资咨询业务的机构及其咨询人员为证券投资人或者客户提供证券投资分析、预测或者建议等直接或间接有偿咨询服务的活动。2010 年 10 月，中国证监会公布了《证券投资顾问业务暂行规定》和《发布证券研究报告暂行规定》，进一步明确了证券投资咨询的两种基本业务形式。

证券投资顾问业务是指证券公司、证券投资咨询机构接受客户委托，按照约定，向客户提供涉及证券及证券相关产品的投资建议服务，辅助客户做出投资决策，并直接或间接获取经济利益的经营活动。投资建议服务内容包括投资的品种选择、投资组合以及理财规划建议等。

证券研究报告是指证券公司、证券投资咨询机构对证券及证券相关产品的价值、市场走势或者相关影响因素进行分析，形成证券估值、投资评级等投资分析意见，制定证券研究报告，并向客户发布的行为。证券研究分析报告主要涉及证券及证券相关产品的价值分析报告、行业研究报告、投资策略报告等。证券研究报告可以采用书面或者电子文件形式。

两者业务的区别可以从提供服务的立场、服务方式、服务对象、市场影响力等方面来分析，如表 8-1 所示。

表 8-1　证券投资顾问业务与证券研究报告业务的区别

业务类型	证券投资顾问业务	发布研究报告
立场不同	证券投资顾问是基于特定客户的立场、遵循忠实客户利益的原则，向客户提供适当的证券投资建议	证券分析师基于独立、客观的立场，对证券及证券相关产品的价值进行研究分析，撰写发布研究报告
服务方式和内容不同	在了解客户的基础上，依靠合同约定，向特定客户提供适当的、有针对性的操作型投资建议，关注品种选择、组合管理建议以及买卖时机等	证券研究报告操作上向不特定的客户发布，提供证券估值等研究成果，关注证券定价，不关注买卖时机选择等操作性投资建议
服务对象不同	服务于普通投资者，强调针对客户类型、风险偏好等提供适当的服务	一般服务于基金、QFII 等能够理解研究报告和有效处理有关信息的专业投资者，强调公平对待证券研究报告接收人
市场影响不同	与特定客户的证券投资及其利益密切相关，但通常不会显著影响证券定价	向多个机构客户同时发布，对证券价格可能产生较大影响

两者的联系主要体现在服务的流程上，证券研究报告一般是证券投资顾问服务的重要基础，证券投资顾问团队依据证券研究报告以及其他公开证券信息，整合形成有针对性的投资建议，再依据协议约定向客户提供。

8.2.3　证券自营业务

证券自营业务是指证券经营机构以自己的名义和资金买卖证券从而获取利润的证券业务。在我国，证券自营业务专指证券公司为自己买卖证券产品的行为。买卖的证券产品包括在证券交易所挂牌交易的 A 股、基金、认股权证、国债、企业债券等品种。

证券自营活动有利于活跃证券市场，维护交易的连续性。但是，由于证券公司的交易成本、资金实力、获取信息以及交易的便利条件等方面都比投资大众占有优势，因此，在自营活动中要防范操纵市场和内幕交易等不正当行为，加之证券市场的高收益性和高风险性特征，许多国家对证券经营机构的自营业务制定了法律法规，进行严格管理。我国开展证券自营业务必须遵守以下规定：

(1) 真实、合法的资金和账户。证券公司从事自营业务必须以自己的名义进行，不得假借他人名义或是以个人名义进行。证券公司的自营业务必须使用自有资金和依法筹集的资金，不得通过“保本保底”的委托理财、发行柜台债券等非法方式融资，不得以他人名义开立多个账户。证券公司不得将其自营账户转借给他人使用。

(2) 业务隔离。证券公司必须将证券自营业务与证券经纪业务、资产管理业务等其他业务分开操作，建立防火墙制度，确保自营业务与其他业务在人员、信息、账户、资金、会计核算等方面严格分离。

(3) 明确授权。建立健全相对集中、权责统一的投资决策与授权机制。自营业务决策机构应当按照董事会、投资决策机构、自营业务部门三级体制设立。证券公司要建立健全自营业务授权制度，明确授权权限、时效和责任，建立层次分明、职责明确的业务管理体系，制定标准的业务操作流程，明确自营业务相关部门、相关岗位的职责，保证授权制度的有效执行。自营业务的投资决策、投资操作、风险监控的机构和职能应当相互独立。

(4) 风险监控。证券公司要根据公司经营管理特点和业务运作状况，建立完备的自营业务管理制度、投资决策机制、操作流程和风险监控体系，在风险可测、可控、可承受的前提下开展自营业务。证券公司应当建立自营业务的逐日盯市制度，健全自营业务风险敞口和公司整体损益情况的联动分析与监控机制，完善风险监控量化指标体系，定期对自营业务投资组合的市值变化，及对公司以净资本为核心的风险监控指标的潜在影响进行敏感性分析和压力测试。根据监管机构的规定，证券公司证券自营账户上持有的权益类证券按成本价计算的总金额不得超过其净资产的 80%。

(5) 报告制度。证券公司应当按照监管部门和证券交易所的要求，报送自营业务信息。报告的内容包括：自营业务账户、席位情况，涉及自营业务规模、风险限额、资产配置、业务授权等方面的重大决策、自营风险监控报告等事项。

经典案例

股票中的“乌龙指”

2013 年 8 月 16 日 11 点 06 分，沪指忽而脉冲式急速拉升百余点，瞬间从 2074 点飙涨 5%至 2198.85 点，两分钟内的成交额达到 87 亿元。权重板块瞬间暴涨，中国石化、中国石油、工商银行、招商银行等多支蓝筹股冲击涨停。11 点 44 分上交所称系统运行正常。下午 2 点，光大证券公告称策略投资部门自营业务在使用其独立的套利系统时出现问题，有媒体将此次事件称为“光大证券乌龙指事件”。股票中的“乌龙指”是指股票交易员、操盘手、股民等在交易的时候，不小心敲错了价格、数量、买卖方向等事件的统称，全球股市中乌龙指事件有很多，这既要怪那些粗心犯错的交易员，也要怪那些交易员所在的公司缺乏严格的风控体系。迄今为止，全球最大的乌龙指事件是日本的“12 · 8 乌龙事件”。2005 年 12 月 8 日，日本瑞穗证券公司由于一名交易员操作失误导致了 18.5 亿元人民币的损失。美国华尔街一名股票交易员在卖出股票时将百万误打成十亿，导致道琼斯指数出现历史上第二大单日波幅，成为全球股市近期最大的乌龙指事件。光大证券的这次乌龙指事件不仅使其本身遭受了巨大的损失，也被证监会罚款逾 5 亿元，暂停从事自营业务。

资料来源：东方财富网

8.2.4　证券资产管理业务

证券资产管理业务是指证券公司作为资产管理人，根据有关法律、法规和与投资者签署的资产管理合同，按照资产管理合同约定的方式、条件、要求和限制，为投资者提供证券及其他金融产品的投资管理服务，以实现资产收益最大化的行为。

经中国证监会批准，证券公司可以从事为单一客户办理定向资产管理业务、为多个客户办理集合资产管理业务、为客户办理特定目的的专项资产管理业务。

1. 单一客户定向资产管理业务

证券公司为单一客户办理定向资产管理业务，应当与客户签订定向资产管理合同，通过该客户的账户为客户提供资产管理服务。定向资产管理业务的特点是：证券公司与客户必须是一对一的投资管理服务；具体投资方向在资产管理合同中约定；必须在单一客户的专用证券账户中封闭运行。客户要办理定向资产管理业务一般都需要一定的资产门槛，比如中信证券为高端客户(委托资产大于 3000 万元)量身定做服务，投资灵活稳健并且投资范围比较广泛；海通证券为高净值(1000 万元以上)的机构和个人客户提供高端专属的定制服务，包括市值管理、量化对冲投资等定向业务模式。

2．多个客户集合资产管理业务

证券公司为多个客户办理集合资产管理业务，应当设立集合资产管理计划并担任集合资产管理计划管理人，与客户签订集合资产管理合同，将客户资产交由具有客户交易结算资金法人存管业务资格的商业银行或者中国证监会认可的其他机构进行托管，通过专门账户为客户提供资产管理服务。集合资产管理计划募集的资金可以投资于中国境内依法发行的股票、债券、证券投资基金、央行票据、短期融资券、资产支持债券、金融衍生产品以及中国证监会认可的其他投资品种。集合资产管理业务的特点是：集合性，即证券公司与客户是一对多；投资范围有限定性和非限定性的区分；客户资产必须托管；专门账户投资运作；比较严格的信息披露。

证券公司办理集合资产管理业务，可以设立限定性集合资产管理计划和非限定性资产管理计划。限定性集合资产管理计划的资产主要用于投资国债、国家重点建设债券、债券型证券投资基金、在证券交易所上市的企业债券、其他信用度高且流动性强的固定收益类金融产品。投资于权益类证券以及股票型证券投资基金的资产不得超过该计划资产净值的20%。非限定性集合资产管理计划的投资范围由管理合同约定，不受上述规定限制。

3．专项资产管理业务

证券公司为客户办理特定目的的专项资产管理业务，应当签订专项资产管理合同，针对客户的特殊要求和资产的具体情况，设定特定投资目标，通过专门账户为客户提供资产管理服务。专项资产管理业务的特点表现为特定性和综合性。综合性即证券公司与客户可以是一对一，也可以是一对多。

8.2.5 融资融券业务

融资融券业务是指证券公司向客户出借资金供其买入证券或出具证券供其卖出证券的业务。由融资融券业务产生的证券交易称为融资融券交易。融资融券交易分为融资交易和融券交易两类，客户预测证券价格将要上涨而手头没有足够的资金时，可以向证券公司借入资金买入证券，这就是融资。预测证券价格将要下跌则可以向证券公司借入证券卖出，实现下跌中赚取收益，这就是融券。2010 年 3 月 31 日，我国融资融券交易试点启动，正式进入市场操作阶段。

证券公司经营融资融券业务，应当以自己的名义在证券登记结算机构分别开立融券专用证券账户、客户信用交易担保证券账户、信用交易证券交收账户和信用交易资金交收账户；以自己的名义在商业银行分别开立融资专用资金账户和客户信用交易担保资金账户。

证券公司在向客户融资、融券前，应当办理客户征信，了解客户的身份、财产和收入情况，证券投资经验和风险偏好，并以书面和电子方式予以记载、保存。证券公司与客户签订融资融券合同前，应当指定专人向客户讲解业务规则和合同内容，并将融资融券交易风险揭示书交由客户签字确认。客户只能与一家证券公司签订融资融券合同，且只能向该家证券公司融入资金和证券。

证券公司在开展业务前，应当与客户签订载入中国证券业协会规定的必备条款的融资融券合同，明确约定融资、融券的额度、期限、利率(费率)、利息(费用)的计算方式；保证金比例、维持担保比例、可充抵保证金的证券的种类及折算率、担保债权范围；追加保证金的通知方式、追加保证金的期限；客户清偿债务的方式及证券公司对担保物的处分权利；融资买入证券和融券卖出证券的权益处理等有关事项。

维持担保比例是在融资融券中需要重点关注的一个量，所谓维持担保比例是指客户信用账户内担保物价与其融资融券债务之间的比例，即信用账户资产与负债之比，计算公式为

维持担保比例 = (现金 + 信用证券账户内证券市值总和) / (融资买入金额 + 融券卖出市值 + 利息及费用总和) × 100%，其中融券卖出市值 = 融券卖出量 × 市价。

平仓线是指维持担保比例的最低标准，约定为 130%；警戒线是指维持担保比例的安全界限，约定为 150%。证券公司可以对平仓线、警戒线标准进行调整。维持担保比例达到或是低于平仓线时，客户需要追加保证金或偿还部分融资融券债务。

知识链接

保 证 金

保证金：客户向证券公司融入资金和证券时，证券公司向客户收取的一定比例的资金作为保证金，保证金可以证券充抵。目前，现金、上市债券、封闭式基金、LOF 基金和大部分股票均可以作为保证金；＊ST 股票、部分亏损股票等暂时不能作为保证金。

可充抵保证金证券的折算率：指充抵保证金的证券在计算保证金金额时按其证券市值进行折算的比率(客户以现金作为保证金时，可以全额计入保证金金额)。可充抵保证金证券的折算率一般由交易所规定，证券公司可以在不高于交易所规定标准的基础上，规定不同的折算率。例如：如果某客户信用账户内有 100 万元现金和 100 万元市值的证券 A，假设证券 A 的折算率为 70%，那么该客户信用账户内的保证金金额为 170 万元。目前证券交易所规定的证券折算率如下：

可充抵保证金证券品种		折算率
A 股	上证 180 指数成分股	不超过 70%
	非上证 180 指数成分股	不超过 65%
	被实行特别处理和被暂停上市的 A 股	0%
基金	交易所交易型开放式指数基金(ETF)	不超过 90%
	其他上市基金	不超过 80%
债券	国债	不超过 95%
	其他上市债券	不超过 80%
权证	权证	0%

资料来源：同花顺金融服务网

开户程序作为投资者参与融资融券的首要环节，比普通证券交易复杂。有意参与该项业务的投资者，应认真了解开户过程的主要步骤：

(1) 提交身份证明文件、证券账户卡等资料。选择提交的资料：个人收入证明、资产证明、投资能力证明、债务偿还证明文件、信用评级证明、企业财务报告、关联人情况等，这些有助于提高信用额度。

(2) 签署《客户风险评估报告》、《融资融券业务申请表》、《个人信用报告查询授权书》等。

(3) 营业部审核以上资料，向总部提交征信信息。

(4) 签署《融资融券业务合同》(含风险揭示书)、填写《信用证券账户开户申请表》、签署《第三方存管协议》，开立信用证券账户、信用资金账户，开通信用资金三方存管。

(5) 总部进行审批授信、激活合同信用额度。

(6) 安装软件，提交保证金，开始融资融券交易。

在融资融券业务推出近三年后，转融券业务于 2013 年 2 月 28 日启动。转融券是转融通业务的一种，所谓转融通业务是指由银行、基金和保险公司等机构提供资金和证券，为证券公司开展融资融券业务提供资金和证券来源，证券公司则作为中介将这些资金和证券提供给融资融券客户。转融通包括转融券和转融资业务两部分，其中与转融资相比，转融券业务的制度安排和实施方案的设计更为复杂。

转融通业务的证券来源包括证券公司自有证券及取得担保权的证券、基金所持证券、保险机构投资者所持证券、上市公司大股东所持证券、全国社保基金所持证券等方面；资金来源则包括证券金融公司自有资金、证券公司自有资金及取得担保权的资金、社保基金可支配的资金、交易所及中国证券登记结算有限公司可支配的资金、定向发行债券及通过货币市场借入的资金等。在欧美成熟市场，转融通制度非常普遍，券商在融券业务中一般仅充当中介角色，可融标的证券的来源大多为第三方，即真正长期持有而不计较短期收益的股东。

8.2.6 证券回购交易

证券回购交易是指证券买卖双方在成交同时就约定于未来某一时间或某一价格双方再行反向交易的行为。其实质内容是：证券的持有方(融资者、资金需求方)以持有的证券作抵押，获得一定期限内的资金使用权，期满后则需归还借贷的资金，并按约定支付一定的利息；而资金的贷出方(融券方、资金供应方)则暂时放弃相应资金的使用权，从而获得融资方的证券抵押权，并于回购期满时归还对方抵押的证券，收回融出资金并获得一定利息。因此，证券回购交易实质上是一种以有价证券作为抵押品拆借资金的信用行为。

回购交易涉及两个交易主体和两次交易契约行为。两个交易主体包括以券融资方和以资融券方；二次交易契约行为包括开始时的初始交易和回购期满时的回购交易。

我国目前证券回购交易的券种：国库券和经中国人民银行批准发行的金融债券；沪、深证券交易所的证券回购品种主要是国债和企业债；全国银行间同业拆借中心的证券回购品种主要是国债、融资券和特种金融债券。

8.3 证券交易

证券是用来证明证券持有人有权取得相应权益的凭证。证券交易是指已发行的证券在证券市场上买卖的活动。证券交易的特征主要表现在流动性、收益性和风险性三个方面。同时，这些特征又互相联系在一起。证券需要有流动机制，因为只有通过流动，证券才具有较强的变现能力。而证券之所以能够流动，就是因为它可能为持有者带来一定收益。同时，经济发展过程中存在许多不确定因素，所以证券在流动中也存在因其价格的变化给持有者带来损失的风险。

8.3.1 证券交易程序

在证券交易活动中，投资者在证券市场上买卖已经发行的证券要按照一定的程序进行。所谓证券交易程序，也就是投资者在二级市场上买进或卖出已上市证券所应遵循的规定过程。本节主要针对证券交易所场内集中竞价交易，不涉及场外市场。

在证券交易所市场，证券交易的基本过程包括开户、委托、成交、结算等几个步骤，具体如图 8-2 所示。

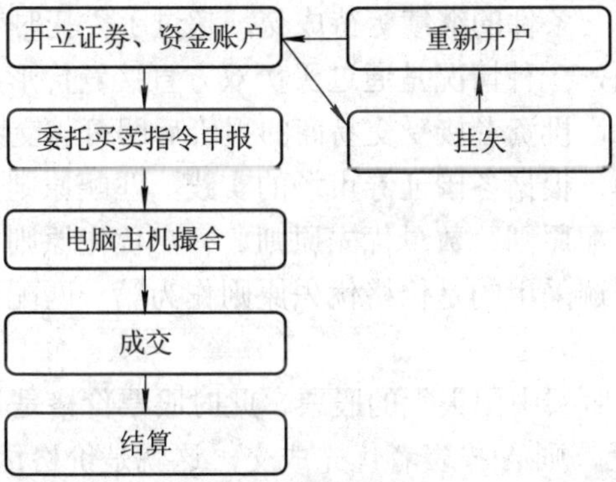

图 8-2　证券交易程序

1．开户

开户有两个方面，即开立证券账户和开立资金账户。证券账户用来记录投资者所持有的证券种类、数量和相应的变动情况，资金账户则用来记载和反映投资者买卖证券的货币收付和结存数额。例如，某投资者买入股票 A 1000 股，包括股票价格和交易费用的总费用为 10000 元。则投资者的证券账户上会增加股票 A 1000 股，资金账户上就会相应减少 10000 元。

2．委托

在证券交易所市场，投资者不能直接进入交易所买卖证券，而只能通过证券交易所的会员来进行。也就是说，投资者需要通过经纪商(证券经纪商职能一般由证券公司行使)的代理才能在证券交易所买卖证券。在这种情况下，投资者向经纪商下达买进或卖出证券的指令，称为“委托”。

委托指令有多种形式，可以按照不同的依据来分类。从各国情况看，一般根据委托订单的数量，分为整数委托和零数委托；根据证券买卖方向，有买进委托和卖出委托；根据委托价格限制，有市价委托和限价委托；根据委托时效限制，有当日委托、无期限委托、开市委托和收市委托等。

证券经纪商接到投资者的委托指令后，首先要对投资者身份的真实性和合法性进行审查。审查合格后，经纪商将投资者委托指令的内容传送到证券交易所进行撮合。这一过程称为“委托的执行”，也称“申报”。

证券交易所在证券交易中接受报价的方式主要有口头报价、书面报价和电脑报价三种。采用口头报价方式时，经纪商的场内交易员接到交易指令后，在证券交易所规定的交易台前或者指定的区域，用口头方式喊出自己的买价或者卖价，同时辅以手势，直至成交。在书面报价情况下，交易员将证券买卖要求以书面形式向证券交易所申报，然后按照规定的竞价交易原则撮合成交。电脑报价则是经纪商通过计算机交易系统进行证券买卖申报，具体做法是：经纪商将买卖指令输入计算机终端，并通过计算机系统传给证券交易所的交易系统，交易系统接收后即进行配对处理。若买卖双方有合适的价格和数量，交易系统便自动撮合成交。目前，我国通过证券交易所进行的证券交易均采用电脑报价方式。

3. 成交

证券交易所交易系统接受申报后，要根据订单的成交规则进行撮合配对。符合成交条件的予以成交，不符合成交条件的继续等待成交，超过了委托时效的订单自动失效。

在成交价格确定方面，一种情况是通过买卖双方直接竞价形成交易价格；另一种情况是交易价格由交易商报出，投资者接受交易商的报价后即可与交易商进行证券买卖。

在订单匹配原则方面，根据各国证券市场的实践，匹配原则主要有：价格优先原则、时间优先原则、按比例分配原则、数量优先原则、客户优先原则、做市商优先原则和经纪商优先原则等，其中，普遍采用的是价格优先原则作为第一匹配原则。我国采用价格优先和时间优先原则。

比如，许多投资者同时买中国银行的股票，此时股票价格是 2.68 元，如果 A 投资者输入的买入价格为 2.69 元，则 A 投资者优先成交，这就是价格优先。

如果大家都输入 2.69 元买入，则按照先来后到排队等待成交，即谁先输入的买单，谁就先成交，这就是时间优先；反过来卖股票也照此办理。具体如图 8-3 和图 8-4 所示。

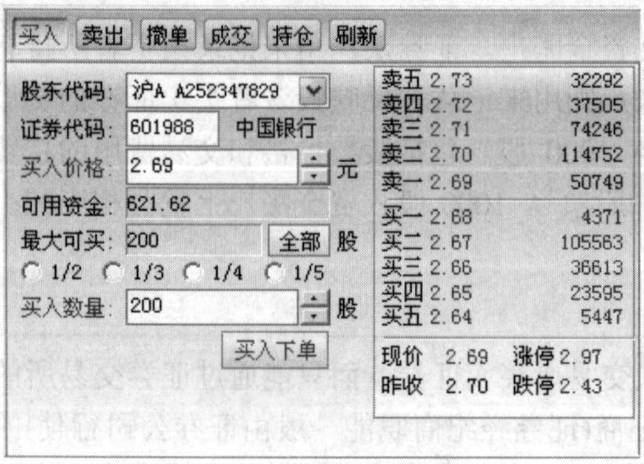

图 8-3　中国银行买入操作

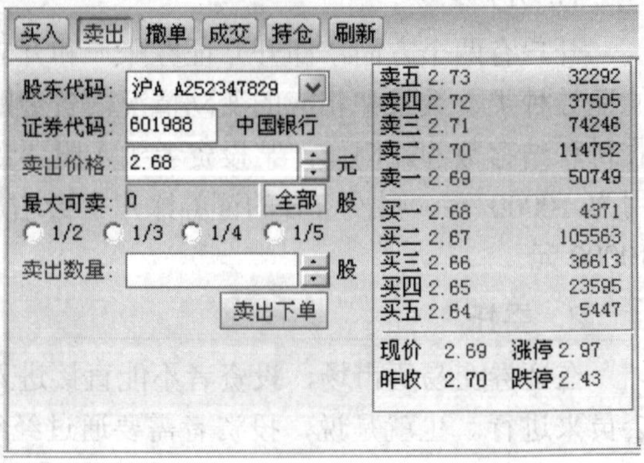

图 8-4　中国银行卖出操作

掌握好这个规则，在波荡起伏的行情操作中帮助极大。特别是价格优先原则，对于新投资者一定要深刻体会。比如空仓时行情启动，此时就可以采用价格优先原则，高填买单以便迅速成交，防止踏空。而行情一旦开始暴跌，而还处于满仓状态，此时应该低填卖单以便迅速成交，防止套牢。

4．结算

证券成交后，首先需要对买方在资金方面的应付额和在证券方面的应收种类和数量进行计算，同时也要对卖方在资金方面的应收额和在证券方面的应付种类和数量进行计算，这一过程属于清算，包括资金清算和证券清算。清算结束后，需要完成证券由卖方向买方转移和对应资金由买方向卖方转移，这一过程属于交收，还有一个登记过户的环节。完成了登记过户，证券交易过程才告结束。

8.3.2　证券账户和证券托管

证券账户是中国结算公司为申请人开出的记载其证券持有及变更的权利凭证。开立证券账户是投资者进行证券交易的先决条件。根据《证券账户管理规则》的规定，中国结算公司对证券账户实施统一管理，投资者的证券账户由中国结算上海分公司、深圳分公司及中国结算公司委托的开户代理机构负责开立。其中，开户代理机构是指中国结算公司委托代理证券账户开户业务的证券公司、商业银行及中国结算公司境外 B 股结算会员。

1．证券账户的种类

目前，我国证券账户的种类有两种划分依据：一是按照交易场所划分；二是按照账户用途划分。按交易场所划分，证券账户可以划分为上海证券账户和深圳证券账户，分别用于记载在上海证券交易所和深圳证券交易所上市交易的证券以及中国结算公司认可的其他证券。按用途划分，证券账户可划分为人民币普通股票账户、人民币特种股票账户、证券投资基金账户、创业板交易账户和其他账户等。下面简单介绍人民币普通股票账户和特种股票账户。

(1) 人民币普通股票账户。人民币普通股票账户简称“A 股账户”，其开立仅限于国家法律法规和行政规章允许买卖 A 股的境内投资者和合格境外机构投资者(QFII)。A 股账户按持有人分为自然人证券账户、一般机构证券账户、证券公司自营证券账户和基金管理公司的证券投资基金专用证券账户等。在实际运用中，A 股账户是我国目前用途最广、数量最多的一种通用型证券账户，既可用于买卖人民币普通股票，也可用于买卖债券、上市基金、权证等各类证券。

(2) 人民币特种股票账户。人民币特种股票账户简称“B 股账户”，它是以人民币标明面值，以外币认购和买卖，在中国境内(上海、深圳)证券交易所上市交易的外资股。沪市挂牌 B 股以美元计价，而深市 B 股以港元计价。

(3) 证券投资基金账户。证券投资基金账户简称“基金账户”，是用于买卖上市基金的一种专用型账户。基金账户是随着我国证券投资基金的发展，为方便投资者买卖基金而专门设置的。

2．开立证券账户的基本原则

证券经纪商为投资者办理经纪业务的前提条件之一，是投资者必须事先到中国结算公司或其开户代理机构开立证券账户。开立证券账户应保持合法性和真实性的原则。

(1) 合法性。合法性是指只有国家法律允许进行证券交易的自然人和法人才能开立证券账户。对国家法律法规不准许开户的对象，中国结算公司及其开户代理机构不得予以开户。

《证券账户管理规则》规定，一个自然人、法人可以开立不同类别和用途的证券账户。对于同一类别和用途的证券账户，原则上一个自然人、法人只能开立一个。对于国家法律法规和行政规章规定需要资产分户管理的特殊法人机构，包括保险公司、证券公司、信托公司、基金公司、社会保障类公司和合格境外机构投资者等机构，可按规定向中国结算公司申请开立多个证券账户。

(2) 真实性。真实性是指投资者开立证券账户时所提供的资料必须真实有效，不得有虚假隐匿。目前，投资者在我国证券市场上进行证券交易采用实名制。《证券法》规定，证券登记结算机构应当按照规定以投资者本人的名义为投资者开立证券账户。投资者申请开立账户时，必须持有证明中国公民身份或者中国法人资格的合法证件(国家另有规定的除外)。

3．证券账户开立流程和规定

证券公司和基金管理公司等特殊法人机构开立证券账户，由中国结算公司上海分公司和深圳分公司直接受理。这类特殊法人机构投资者需要前往中国结算上海分公司和深圳分公司现场办理开户手续。

自然人及一般机构开立证券账户，可以通过中国结算公司上海分公司和深圳分公司委托的分布在全国各地的开户代理机构办理。目前多数证券公司营业部都取得了开户代理资格，可以代理中国结算公司上海分公司和深圳分公司为投资者开立证券账户。投资者通过开户代理机构开立证券账户的流程是：开户代理机构受理投资者申请，申请资料审核合格后实时向中国结算公司上海分公司和深圳分公司上传开户申请；中国结算公司上海分公司和深圳分公司收到后进行审核，对于合规的申请予以配号，并实时将审核结果返回各开户代理机构；开户代理机构对已配号的申请，使用中国结算公司上海分公司和深圳分公司统一制作的证券账户纸卡，打印证券账户卡交申请人。

目前，上海证券账户当日开立，次一交易日生效。深圳证券账户当日开立，当日即可用于交易。

4．证券托管

一般意义上，证券托管是指投资者将持有的证券委托给证券公司保管，并由后者代为处理有关证券权益事务的行为。而证券公司会将投资者交给其保管的证券以及自身持有的证券统一交给证券登记结算机构保管。在账户记录上，由于实现了无纸化，证券登记结算机构一般以证券公司为单位，采用电脑记账方式记载证券公司交给的证券；证券公司也采用电脑记账的方式记载投资者的证券。对股权、债权变更引起的证券转移，通过账面予以划转。

我国目前的托管制度，上海证券交易所和深圳证券交易所有所不同，下面我们分别来看一下上海证券交易所和深圳证券交易所交易证券的托管制度。

1) 上海证券交易所交易证券的托管制度

对于在上海证券交易所交易的证券，其托管制度和指定交易制度联系在一起。指定交易制度于 1998 年 4 月 1 日起推行，所谓指定交易是指凡在上海证券交易所进行证券交易的投资者，必须事先指定上海证券交易所市场某一交易参与人，作为其证券交易的唯一受托人，并由该交易参与人通过其特定的交易单元参与交易所市场证券交易的制度。投资者如不办理指定交易，上海证券交易所交易系统将自动拒绝其证券账户的交易申报指令，直至该投资者完成办理指定交易手续。

对于持有和买卖上海证券交易所上市证券的投资者，办理的指定交易一经确认，其与指定交易证券公司的托管关系即建立，即投资者持有的上海证券交易所上市的证券将由其指定的证券公司负责托管，投资者需要通过其托管证券公司领取相应的红利、股息、债息、债券兑付款等。中国结算上海分公司将记录该投资者与托管证券公司托管关系的建立、变更等情况，并对投资者托管在证券公司的证券数量及其变化情况等加以记录。

未办理指定交易的投资者的证券暂由中国结算上海分公司托管，其红利、股息、债息、债券兑付款在办理指定交易后可领取。投资者在办理指定交易时，须通过其委托的交易参与人向上海证券交易所交易系统申报证券账户的指定交易指令，申报经上海证券交易所交易系统确认后即时生效。已办理指定交易的投资者，根据需要可以变更指定交易。办理指定交易变更手续时，投资者须向其原指定的交易参与人提出撤销指定交易的申请，并由原交易参与人完成向上海证券交易所交易系统撤销指定交易的指令申报。申报一经确认，其撤销即刻生效。但投资者具有下列情形之一的，交易参与人不得为其申报撤销指定交易：① 撤销当日有交易行为的；② 撤销当日有申报的；③ 新股申购未到期的；④ 因回购或其他事项未了结的；⑤ 相关机构未允许撤销的。

撤销指定交易的投资者，在撤销指定交易的手续办妥后，必须按规定另行选择一个交易参与人重新办理指定交易申请后，方可进行交易。

2) 深圳证券交易所交易证券的托管制度

深圳证券交易所交易证券的托管制度可概括为：自动托管，随处通买，哪买哪卖，转托不限。深圳证券市场的投资者持有的证券需在自己选定的证券营业部托管，由证券营业部管理其名下明细证券资料。投资者的证券托管是自动实现的，投资者在哪家证券营业部买入证券，这些证券就自动托管在哪家证券营业部。投资者要卖出证券，必须到证券托管营业部方能进行。投资者也可以将其托管证券从一家证券营业部转移到另一家证券营业部，称为“证券转托管”。转托管可以是一只证券或多只证券，也可以是一只证券的部分或全部。

投资者办理证券转托管的具体步骤：

(1) 投资者在确定转入证券营业部的席位代码和地址后，携带身份证、证券账户原件及复印件，到转出证券营业部申请办理。

(2) 转出证券营业部受理投资者申请时，核对投资者的身份证、证券账户、转入证券营业部席位代码等内容。核对无误后，在投资者填写的转托管申请表上盖章确认，并将客户联交给投资者。

(3) 转出证券营业部按照深圳证券交易所有关规定，在交易时间内申报转托管，转托管可以撤单。在同一证券公司的不同席位之间，当日买入证券可以转托管；在不同证券公司的席位之间，当日买入证券不可以转托管。

(4) 每个交易日下午收市后，证券营业部接受中国结算公司深圳分公司传回的已确认和未确认转托管数据，据此调整相应证券明细数据。

(5) 转出证券营业部收到转托管未确认数据，可向中国结算公司深圳分公司查询转托管不成功的原因。

(6) 转托管数据确认后的下一个交易日起，相应的证券托管再转入证券营业部。

投资者需要通过托管证券公司领取相应的红利、股息、债息、债券兑付款等。中国结算公司深圳分公司将记录该投资者与托管证券公司托管关系的建立、变更等情况，同时对投资者托管在证券公司的证券数量及其变化情况等加以记录。

知识链接

“一码通”证券账户开启

十一长假期间，中国证券登记结算公司完成了统一账户平台系统切换上线工作。10月8日起，该公司将为所有证券账户(包括A股账户及封闭式基金账户)投资者配发一码通账户。备受关注的“一码通”终于千呼万唤始出来。

所谓“一码通”，是指在中国证券登记结算公司完成目前的证券账户整合工作后，为投资者配发“一套账户”，即一码通账户，关联沪深A、B股等各类证券账户。

在启动证券“一码通”后，对于投资者而言，最立竿见影的利好就是A股开户费大幅降低。按照规定，同时开立沪深A股账户，个人收取40元，机构收取400元。而与原来A股开户收费标准——沪市个人40元、深市个人50元、沪市机构400元、深市机构500元相比，开立沪深A股账户费用个人单笔减少50元，机构单笔减少500元，降幅约为56%。除此之外，投资者还将首次实现一人多户的便利。传统的“一人一户”制度，事实上是一种人造的垄断，大幅增加了投资者在不同中介机构间的选择难度，在“一码通”成行后，"一人一户"被打破，届时投资者一人多户，或是在券商间自由转换，将不需要清空持仓，转换将更加自由。

资料来源：东方财富网

8.3.3 证券交易委托

投资者在证券交易所买卖证券，是通过委托证券经纪商来进行的，此时，投资者是证券经纪商的客户。客户在办理委托买卖证券时，需要向证券经纪商下达委托指令，委托方式有多种形式，主要形式有以下几种。

(1) 柜面委托，也称当面委托。由投资者填写委托单，携带身份证、股东账户卡和资金账户卡等证件亲自到券商营业部，在公司直接向公司业务员递交，业务员经审核确认后签章接受，然后由公司报单员通过电话指令转至场内代表，由场内代表将指令输入证交所计算机主机，经撮合即可成交。柜面委托是一种较为传统的委托方式，现在已不多见。

(2) 人工电话委托或传真委托。人工电话委托是指客户将委托要求通过电话报给证券经纪商，证券经纪商根据电话委托内容向证券交易所交易系统申报。传真委托是指客户填写委托内容后，采用传真的方式表达委托要求，证券经纪商接到传真委托书后，将委托内容输入交易系统申报进场。

(3) 自助和电话自动委托。这里的自助委托是自助终端委托，即客户通过证券营业部设置的专用委托电脑终端，凭证券账户和交易密码进入电脑交易系统委托状态，自行将委托内容输入电脑交易系统，以完成证券交易。电话自动委托是指证券经纪商把电脑交易系统和普通电话网络连接起来，构成一个电话自动委托交易系统；客户通过普通电话，按照该系统发出的指示，借助电话机上的数字和符号键输入委托指令。

(4) 网上委托。网上委托是指证券公司通过基于互联网或移动通讯网络的网上证券交易系统，向客户提供用于下达证券交易指令、获取成交结果的一种服务方式，包括需下载软件的客户端委托和无需下载软件、直接利用证券公司网站的页面客户端委托。网上委托的上网终端包括电子计算机、手机等设备。网上委托是国际证券市场已经发展起来并日益成熟的形式。

客户在办理网上委托的同时，也应当开通柜面委托、电话委托等其他委托方式，当证券公司网上证券委托系统出现网络中断、高峰拥挤或网上委托被冻结等异常情况时，客户可采用上述其他委托方式下达委托指令。

在委托指令中，不管是采用填写委托单还是自助委托方式，都需要反映客户买卖证券的基本要求或具体内容，这些主要体现在委托指令的基本要素中。委托指令的基本要素包括：证券账号、日期、品种、买卖方向、数量、价格、时间、有效期等，其中委托价格指令主要分为两种，一种是市价委托，另一种是限价委托。

(1) 市价委托。市价委托是指投资者向证券经纪商发出买卖某种证券的委托指令时，要求证券经纪商按证券交易所内当时的市场价格买进或卖出证券。证券经纪商在接到市价委托指令后应立即以最快的速度并尽可能以当时市场上最有利的价格执行这一指令。

市价委托指令是证券市场上最常见的指令之一。市价委托的优点是：没有价格上的限制，证券经纪商执行委托指令比较容易，成交迅速且成交率高。市价委托的缺点是：只有委托执行后才知道实际的执行价格。尽管场内交易员有义务以最有利的价格为投资者买进或卖出证券，但成交价格有时并不尽如人意，尤其是当市场上市价委托买入多而卖出少的时候，卖出报价会较高；而市价委托买入少而卖出多时，买入报价会较低。

(2) 限价委托。限价委托是投资者要求证券经纪商在执行委托指令时必须按限定的价格或比限定价格更有利的价格买卖证券，即必须以限价或低于限价买进证券，以限价或高于限价卖出证券。如果投资者提出的限价委托与当时市场价格不一致，证券经纪商必须等待限价出现时才能执行委托。

限价委托方式的优点是：股票可以按投资者预期的价格或更有利的价格成交，有利于投资者实现预期投资计划，谋求最大利益。但是，采用限价委托时，由于限价和市价之间可能有一定的差距，必须等市价与限价一致时才可能成交，此时，如果有市价委托出现，市价委托将优先成交。因此，限价委托成交速度慢，有时甚至无法成交。在证券价格变动较大时，投资者采用限价委托可能会坐失良机，遭受损失。

8.3.4 竞价与成交

证券市场的市场属性集中体现在竞价与成交环节上，特别是在高度组织化的证券交易所内，会员经纪商代表众多的买方和卖方按照一定规则和程序公开竞价，达成交易。这种竞价成交机制，符合证券市场公开、公平、公正的原则。

1. 竞价方式

目前，我国证券交易所采用两种竞价方式：集合竞价方式和连续竞价方式。上海证券交易所规定，采用竞价交易方式的，每个交易日的 9:15～9:25 为开盘集合竞价时间，9:30～11:30、13:00～15:00 为连续竞价时间。深圳证券交易所规定，采用竞价交易方式的，每个交易日的 9:15～9:25 为开盘集合竞价时间，9:30～11:30、13:00～14:57 为连续竞价时间，14:57～15:00 为收盘集合竞价时间。

1) 集合竞价

所谓集合竞价是指在规定的一段时间内接受的买卖申报一次性集中撮合的竞价方式。根据我国证券交易所的相关规定，集合竞价确定成交价的原则为：

(1) 可实现最大成交量的价格。

(2) 高于该价格的买入申报与低于该价格的卖出申报全部成交的价格。

(3) 与该价格相同的买方或卖方至少有一方全部成交的价格。

如果出现两个以上申报价格符合上述条件的，上海证券交易所规定使未成交量最小的申报价格为成交价格，若仍有两个以上使未成交量最小的申报价格符合上述条件的，其中间价为成交价格。深圳证券交易所则取在该价格以上的买入申报累计数量与在该价格以下的卖出申报累计数量之差最小的价格为成交价；买卖申报累计数量之差仍存在相等情况的，开盘集合竞价时取最接近即时行情显示的前收盘价为成交价，盘中、收盘集合竞价时取最接近最近成交价的价格为成交价。

集合竞价的所有交易以同一价格成交，然后进行集中撮合处理。所有买方有效委托按委托限价由高到低的顺序排列，限价相同者按照进入证券交易所系统电脑主机的时间先后排列。所有卖方有效委托按照委托限价由低到高的顺序排列，限价相同者也按照进入交易系统电脑主机的时间先后顺序，依次逐笔将排在前面的买方委托与卖方委托配对成交。也就是说按照价格优先、同等价格下时间优先的成交顺序依次成交，直至成交条件不满足为止，即所有买入委托的限价均低于卖出委托的限价，所有成交都以同一成交价成交。集合竞价中未能成交的委托，自动进入连续竞价。

2) 连续竞价

所谓连续竞价是指对买卖申报逐笔连续撮合的竞价方式。连续竞价阶段的特点是：每一笔买卖委托输入电脑自动撮合系统后，当即判断并进行不同的处理，能成交者予以成交，不能成交者等待机会成交，部分成交者则剩余部分继续等待。

按照上海证券交易所和深圳证券交易所的有关规定，在无撤单的情况下，委托当日有效。另外，开盘集合竞价期间未成交的买卖申报，自动进入连续竞价。深圳证券交易所还规定，连续竞价期间未成交的买卖申报，自动进入收盘集合竞价。

连续竞价时，成交价格的确定原则是：

(1) 最高买入申报与最低卖出申报价格相同，以该价格为成交价。

(2) 买入申报价格高于即时揭示的最低卖出申报价格时，以即时揭示的最低卖出申报价格为成交价。

(3) 卖出申报价格低于即时揭示的最高买入申报价格时，以即时揭示的最高买入申报价格为成交价。

2．竞价结果

竞价的结果有三种可能：全部成交、部分成交和不成交。全部成交后，证券经纪商应及时通知客户按规定的时间办理交收手续。若没有全部成交，证券经纪商在委托有效期内可继续执行，直到有效期结束。未能成交的，证券经纪商在委托有效期内可继续执行，等待机会成交，直到有效期结束。对客户失效的委托，证券经纪商须及时将冻结的资金或证券解冻。

3．证券交易费用

证券交易费用是指投资者在委托买卖证券时应支付的各种税收和费用的总和。交易费用通常包括佣金、过户费、印花税及其他费用。

(1) 佣金。佣金是指投资者在委托买卖证券成交之后按成交金额的一定比例支付给券商的费用。此项费用一般由券商的经纪佣金、证券交易所交易经手费及管理机构的监管费构成。

佣金的收费标准因交易品种、交易场所的不同而有所差异。我国现行的证券交易佣金制度，所依据的是 2002 年 5 月 1 日起执行的由中国证券监督管理委员会、国家计委、国家税务总局共同发布的《关于调整证券交易佣金收取标准的通知》，该通知第一条明确规定：“A 股、B 股、证券投资基金的交易佣金实行最高上限向下浮动制度，证券公司向客户收取的佣金(包括代收的证券交易监管费和证券交易所手续费等)不得高于证券交易金额的 3‰，也不得低于代收的证券交易监管费和证券交易所手续费等。”依据该规定，我国目前所实行的佣金制度并非完全的佣金自由化。

(2) 过户费。过户费是委托买卖的股票、基金成交后，买卖双方为变更证券登记所支付的费用。这笔收入属于中国结算公司的收入，由证券公司在同投资者清算交收时代为扣收。

上海证券交易所和深圳证券交易所在过户费的收取上略有不同。在上海证券交易所，A 股的过户费为成交面额的 1‰，起点为 1 元；深圳证券交易所的过户费包含在交易经手费中，不向投资者单独收取。

对于 B 股，虽然没有过户费，但中国结算公司要收取结算费。在上海证券交易所，结算费是成交金额的 0.5‰，在深圳证券交易所称为“结算登记费”，是成交金额的 0.5‰，但最高不超过 500 港元。

(3) 印花税。印花税是根据国家税法规定，在 A 股和 B 股成交后对买卖双方投资者按照规定的税率分别征收的税金。我国税收制度规定，股票成交后，国家税务机关应向成交双方分别收取印花税。现在的做法是由证券公司在与投资者办理交收过程中代为扣收，然后在证券经纪商同中国结算公司的清算、交收中集中结算，最后由中国结算公司统一向征税机关缴纳。

印花税增加了投资者的成本，这使它自然而然地成为政府调控市场的工具。证券交易印花税 1990 年首先在深圳开征，当时主要是为了稳定初创的股市及适度调节炒股收益，由卖方按成交金额的 6‰交纳。同年 11 月，深圳市对股票买方也开征 6‰的印花税，以平抑暴涨的股价。1991 年 10 月，鉴于股市持续低迷，深圳市又将印花税税率下调为 3‰，在随后几年的股市中，股票交易印花税成为最重要的市场调控工具。2006 年开始的非理性牛市，在 2007 年 5 月 30 日，财政部突然宣布将两市证券交易印花税由 1‰上调至 3‰，引发市场著名的“5・30”大跌，不到 10 个交易日沪指下跌近 930 个点。2008 年 4 月 24 日，财政部又出手“救市”，将印花税下调至 1‰，当日沪指暴涨 9.28%，同年 9 月 19 日，财政部又将印花税改为单边征收，只对出让方征收，对受让方不再征收，当日两市 A 股全线涨停报收(即 9・18 大救市)。

从世界主要股票市场发展经验看，取消股票印花税是大势所趋，日本、新加坡等地均取消了印花税。目前，我国的证券市场正逐渐与世界市场接轨，特别是 QFII 使境外投资者不断涌入，推行与国际惯例接轨的印花税税率将是一种必然趋势。

其他费用由券商根据需要酌情收取，一般没有明确的收费标准，只要其收费得到当地物价部门批准即可，目前有相当多的证券经营机构出于竞争考虑而减免部分或全部此类费用。证券交易费用细则具体如表 8-2 所示。

表 8-2　证券交易费用明细

股票交易费用表				
收费项目	深圳 A 股	上海 A 股	深圳 B 股	上海 B 股
印花税	1‰	1‰	1‰	1‰
佣金	小于或等于 3‰ 起点：5 元	小于或等于 3‰ 起点：5 元	3‰	3‰ 起点：1 美元
过户费	无	1‰(按股数计算，起点：1 元)	无	无
交易手续费	无	5 元(按每笔收费)	无	无
结算费	无	无	0.5‰ 上限 500 港元	0.5‰
基金、债券交易费用表				
印花税	无	无	无	无
佣金	3‰起点：5 元	1‰	1‰	1‰
过户费	无	无	无	无
交易手续费	无	无	无	无

8.3.5　交易结算

每日交易结束后，证券公司要为客户办理证券和资金的清算与交收。目前我国证券市场采用的是法人结算模式。法人结算是指由证券公司以法人名义集中在证券登记结算机构开立资金清算交收账户，接受客户委托代理的证券交易的清算交收均通过此账户办理。证券公司与客户之间的资金清算交收由证券公司自行负责完成。证券公司作为结算参与人与客户之间的清算交收，是整个结算过程中不可缺少的环节。

1) 证券公司与客户之间的证券清算交收

实践中，对于证券公司与客户之间的证券清算交收，是委托中国结算公司根据成交记录按照业务规则自动办理。证券交收结果等数据由中国结算公司每日传送至证券公司，供其对账和向客户提供余额查询等服务。证券公司根据中国结算公司数据，记录客户清算交收结果。

2) 证券公司与客户之间的资金清算交收

在客户交易结算资金第三方存管模式下，证券公司与客户之间的资金存取、清算与交收过程可简要概括如下：

(1) 客户通过银行结算账户向资金账户存入交易结算资金，可以通过指定商业银行提供的电话银行、网上银行、柜面服务、多媒体自助终端等方式发出转账指令，也可以通过证券公司提供的电话委托、网上交易、自助委托等方式发出转账指令；指定商业银行系统根据客户转账指令启动客户资金转账交易。该交易启动后，银行将减少客户银行结算账户余额，相应增加客户管理账户余额和证券公司客户交易结算资金汇总账户余额，证券公司同步更新客户管理账户对应的资金账户余额。

(2) 客户证券交易由证券公司单方发起。客户通过证券公司的资金账户及密码，采用证券公司提供的委托手段进行交易。

(3) 证券公司接到客户委托买卖指令后对客户账户内资金和证券进行校验。校验通过后，证券公司向交易所报送交易指令。

(4) 中国结算公司根据交易所当日成交数据生成清算交收文件，并将清算交收文件发给证券公司。

(5) 证券公司根据中国结算公司提供的清算交收数据及指定商业银行提供的客户交易结算资金存取数据，完成客户资金的清算，更新客户资金账户的余额，并向指定商业银行发送客户证券交易清算数据及资金账户余额。

(6) 指定商业银行根据客户资金的存取数据和证券公司向其发送的证券交易清算数据完成客户管理账户余额的更新，并进行客户资金账户余额与客户管理账户余额的核对，将核对结果发送证券公司。

(7) 证券公司根据核对无误的清算结果制作资金划付指令发送给存管银行。

(8) 存管银行根据证券公司的资金划付指令办理交收资金划付。

(9) 客户证券交易结算资金的取出，只能通过转账的方式转入其在指定商业银行开立的同名银行结算账户，再通过银行结算账户办理资金的提取或划转。指定商业银行系统根据客户转账指令启动客户资金转账交易，通过指定商业银行与证券公司联网系统获取证券公司对客户取出资金的校验结果。如双方校验通过，指定商业银行将减少客户管理账户余额和证券公司客户交易结算资金汇总账户余额，相应增加客户银行结算账户余额，证券公司同步更新客户管理账户对应的资金账户余额。

8.4 证券投资分析

证券投资分析是证券投资中不可缺少的部分，在投资中占有重要地位。证券投资市场是一个高风险、高收益的市场，要想回避风险，获得最大投资收益，就应该进行必要的分析，从中寻找风险小、回报大的投资机会，因此进行投资分析是进行证券投资的依据和前提。证券投资分析有三个基本要素：信息、步骤和方法。其中，证券投资分析的方法直接决定了证券投资分析的质量。目前，进行证券投资分析所采用的分析方法主要有两大类：第一类是基本分析，即主要根据经济学、金融学、投资学等基本原理推导出结论的分析方法；另一类是技术分析，即主要根据证券市场自身变化规律得出结论的分析方法。

8.4.1 证券投资基本分析

证券投资基本分析的理论基础在于任何一种投资对象都有一种可以称之为“内在价值”的固定基准，且这种内在价值可以通过对该种投资对象的现状和未来前景的分析而获得。市场价格和内在价值之间的差距最终会被市场纠正，因此市场价格低于(或高于)内在价值之日，便是买入(卖出)机会到来之时。从影响公司证券的内在价值入手，便形成了基本分析方法。基本分析的内容主要包括宏观经济分析、行业分析和公司分析三大部分。

1. 宏观经济分析

影响整个证券市场走势的经济因素，称为宏观经济因素，宏观经济因素包括宏观经济运行和宏观经济政策两个方面。证券市场素有经济晴雨表之称，一方面表明证券市场是宏观经济的先行指标，另一方面也表明宏观经济的走向决定了证券市场的长期趋势。对宏观经济进行分析，主要分析宏观经济指标、预测经济周期和宏观经济政策变化。

1) 宏观经济指标

(1) 国内生产总值(GDP)。国内生产总值是指一个国家(或地区)所有常住居民在一定时期内(一般按年统计)生产活动的最终成果。国内生产总值的增长速度一般用来衡量经济增长率，是反映一定时期内经济发展水平变化程度的动态指标，也是反映一个国家经济是否具有活力的基本指标。因此，在宏观经济分析中，国内生产总值指标占有非常重要的地位，具有十分广泛的用途。

从长期来看，在上市公司的行业结构与该国产业结构基本一致的情况下，股票平均价格的变动与 GDP 的变化趋势是相吻合的。但不能简单地认为 GDP 增长，证券市场就必将伴之以上升走势，实际走势有时恰恰相反。我们必须将 GDP 与经济形势结合起来进行分析。

① 持续、稳定、高速的 GDP 增长。在这种情况下，社会总需求和总供给协调增长，经济结构逐步合理，趋于平衡，经济增长来源于需求刺激并使闲置或利用率不高的资源得以更充分的利用，从而表明经济发展势头良好。人们对经济形势形成了良好的预期，投资积极性得以提高，从而增加了对证券的需求，促使证券价格上涨。随着 GDP 的上涨，国民收入和个人收入不断得到提高，收入增加也将增加证券投资的需求，从而导致证券价格

上涨。这时证券市场将呈现上升走势。

② 高通货膨胀下的 GDP 增长。当经济处于严重失衡的高速增长时，总需求大大超过总供给，这是高通货膨胀率的表现，也是经济形势恶化的征兆，如不采取调控措施，必将导致未来的滞胀。这时，经济中的各种矛盾会突出表现出来，企业经营将面临困境，居民实际收入也将降低，因而失衡的经济增长必将导致证券市场行情下跌。

③ 宏观调控下的 GDP 减速增长。当 GDP 呈失衡的高速增长时，政府可能采取宏观调控措施以使经济保持稳定，这样必然减缓 GDP 的增长速度。如果调控目标得以顺利实现，GDP 仍以适当的速度增长而未导致 GDP 的负增长或低增长，说明宏观调控措施十分有效，经济矛盾逐步得以缓解，并为进一步增长创造了有利条件。这时，证券市场亦将反映这种好的形势而呈平稳渐升的态势。

④ 转折性的 GDP 变动。如果 GDP 一定时期以来呈现负增长，当负增长速度逐渐减缓并呈现向正增长转变的趋势时，证券市场只反映实际变动与预期变动的差别，因而对 GDP 的变动进行分析时必须着眼于未来，这是最基本的原则。

以上论述的有关 GDP 与证券市场的关系，只有分析一国在相当长的时间内的情况比较有价值。由于影响证券市场走势的因素很多，有时一国证券市场与本国 GDP 走势在 2～5 年内都有可能出现背离。

(2) 通货膨胀。通货膨胀是指一般物价水平持续、普遍、明显的上涨。可以通过物价水平的上涨幅度来衡量通货膨胀。一般来说，常用的指标有：消费者物价指数(CPI)，反映消费者为购买消费品而付出的价格变动趋势和变动程度的指标；生产者价格指数(PPI)，衡量工业企业产品出厂价格变动趋势和变动程度的指标，是反映某一时期生产领域价格变动情况的重要经济指标。

① 通货膨胀对证券市场的影响，一般要从产生通货膨胀的原因、通货膨胀的程度、配合当时的经济结构和形势、政府可能采取的干预措施等方面进行入手分析，以下是几个一般性原则：

- ✧ 温和、稳定的通货膨胀对股价的影响较小。通货膨胀提高了债券的必要收益率，从而引发债券价格下跌。
- ✧ 如果通货膨胀在一定的可容忍范围内持续，而经济处于景气阶段，产量和就业都持续增长，那么股价也将持续上升。
- ✧ 严重的通货膨胀会导致经济严重扭曲，货币加速贬值，人们会选择囤积商品、购买房屋等进行保值，资金流出证券市场，引起股价和债券价格下跌。
- ✧ 政府往往不会长期容忍通货膨胀存在，因而必然会使用某些宏观经济政策工具来抑制通货膨胀，这些政策必然会对经济运行造成影响。
- ✧ 通货膨胀不仅产生经济影响，还可能产生社会影响，并影响投资者的心理和预期，从而对股价产生影响。

② 通货紧缩对证券市场的影响。通货紧缩将损害消费者和投资者的积极性，造成经济衰退和经济萧条，与通货膨胀一样不利于币值稳定和经济增长。通货紧缩甚至被认为是导致经济衰退的“杀手”。从消费者的角度来说，通货紧缩持续下去，使消费者对物价的预期值下降，从而更多地推迟购买。对投资者来说，通货紧缩将使投资产出的产品未来价格低于当前预期，使投资者更加谨慎，或推迟原有投资计划。消费和投资的下降减少了总

需求，使物价继续下降，从而形成恶性循环。

通货紧缩容易引起利率下调预期，由于真实利率等于名义利率减去通货膨胀率，下调名义利率降低了社会的投资预期收益率，导致有效需求和投资支出进一步减少，工资降低，失业增多，企业的效益下滑，居民收入减少，引致物价更大幅度的下降。可见，因通货紧缩带来的经济负增长，使股票、债券及房地产等资产价格大幅下降，银行资产状况严重恶化，而经济危机与金融萧条的出现反过来又大大影响了投资者对证券市场走势的信心。

(3) 货币供应量。货币供应量是单位和居民个人在银行的各项存款和手持现金之和，其变化反映了中央银行货币政策的变化，对企业生产经营、金融市场尤其是证券市场的运行和居民个人的投资行为有着重大的影响。

由于货币供应量的变动会影响利率，所以中央银行可以通过对货币供应量的管理来调节信贷供给和利率，从而实现对宏观经济的调节。

(4) 利率。利率是借贷期内所形成的利息额与本金的比率，直接反映的是信用关系中债务人使用资金的代价，也是债权人出让资金使用权的报酬。

从宏观经济分析的角度看，利率的波动反映出市场资金供求的变动状况，在经济发展的不同阶段，市场利率有不同的表现。随着市场经济的不断发展和政府宏观调控能力的不断增强，利率特别是基准利率已经成为中央银行一项行之有效的货币政策工具。

2) 预测经济周期

经济周期是一个连续不断的过程，表现为扩张和收缩的交替出现。某个时期产出、价格、利率、就业不断上升直至某个高峰——繁荣，之后可能是经济的衰退，产出、产品销售、利率、就业率开始下降，直至某个低谷——萧条。证券市场综合了人们对于经济形势的预期，这种预期较全面反映了人们对经济发展过程中表现出的有关信息的切身感受。这种预期又必然反映到投资者的投资行为中，从而影响证券市场的价格。

股价波动与经济周期相互关联，经济总是在做周期性运动，股价伴随经济周期相应波动，但股价的波动超前于经济波动，股价波动是永恒的，要随时注意经济发展动向，正确把握当前经济发展处于经济周期的何种阶段，认清经济形势，对把握和预测股价波动至关重要。

3) 宏观经济政策

在市场经济体制下，财政政策和货币政策是政府宏观调控的最重要的两大政策工具，政府通过财政政策和货币政策“熨平”经济周期波动对经济运行的负面冲击，也势必会影响到证券市场的表现。

(1) 财政政策。财政政策是国家干预和调节经济的基本手段之一，主要包括国家预算、税收、财政补贴、国债、转移支付等，这些手段可以单独使用，也可以结合使用。财政政策又分为扩张性财政政策和紧缩性财政政策。具体而言，实施积极的财政政策对证券市场的影响主要表现以下几个方面：

① 减少税收，降低税率，扩大减免税范围。这种措施可以分为两种形式：一种是减免证券交易费用，比如降低证券交易印花税，直接影响证券市场；另一种形式是影响微观经济主体，减少税收会增加微观经济主体的收入，以刺激经济主体的投资需求和消费支出，直接引起证券价格的上涨；另外，增加的投资需求和消费支出又会拉动社会总需求，

而总需求增加又反过来刺激投资需求，从而使企业扩大生产规模，增加企业利润，利润增加，又将刺激企业扩大生产规模的积极性，进一步增加利润总额，从而促进股票价格上涨。

② 扩大财政支出，加大财政赤字。其政策效应是：扩大社会总需求，从而刺激投资，扩大就业。政府通过购买和公用支出增加对商品和劳务的需求，企业利润增加，促使股票价格和债券价格上升。同时，居民在经济复苏中增加了收入，持有货币增加，买入意愿增强，证券市场和债券市场趋于活跃，价格上扬。特别是与政府购买和支出相关的企业最先、最直接从财政政策中获益，有关企业的股票价格和债券价格将率先上涨。例如，我国政府在 2008 年 11 月份推出的扩大内需、促进经济平稳较快增长的十项措施，动用了 4 万亿的财政刺激，不仅避免了我国经济出现衰退，也使我国股市快速升温，从最低点的 1664 点快速反弹至 3500 点，涨幅达 110%。受益于基础设施建设，水泥、机械和铁路三大板块是当年行情的急先锋。

③ 减少国债发行，促使更多的资金转向股市，推动证券市场上涨。

④ 增加财政补贴，从而扩大社会总需求和刺激供给增加，从而使整个证券市场趋于上涨。

(2) 货币政策。货币政策是另一种重要的需求管理政策，通过控制货币供应量和影响市场利率水平对社会总需求进行管理。货币政策工具分为：一般性政策工具，包括法定存款准备金率、再贴现率和公开市场操作；另一种是选择性政策工具，即中央银行针对个别部门、个别企业或某些特定用途的信贷所采用的货币政策工具。

货币政策对证券市场的影响可以从以下方面进行分析：

① 利率。中央银行通过调整基准利率的高低，对证券价格产生影响。一般来说，提高利率，股票价格下降；降低利率，股票价格上升。股票价格对利率的反映比较敏感，一旦利率有轻微变化，股票市场就能迅速做出反映。因此，要把握股票价格的走势，必须要全面掌控利率的变化趋势。

② 公开市场操作。当政府倾向于实施宽松的货币政策时，会在公开市场上购进有价证券，从而使市场上货币供应量增加，形成利率下调预期，从而刺激企业和个人的投资热情，推动股票价格上涨；反之，股票价格将下跌。

③ 调节货币供应量。中央银行可以通过调整法定存款准备金率和再贴现利率来调节货币供应量，从而通过影响货币市场和资本市场的资金供应，来影响证券市场。

④ 选择性货币政策工具。选择性货币政策工具是指中央银行针对某些特殊的经济领域或特殊用途的信贷而采用的信用调节工具。为了实现国家的产业政策和区域经济政策，我国对不同行业和区域采取区别对待的方针。一般来说，该项政策不仅会对证券市场整体走势产生影响，而且还会因为板块效应对证券市场产生结构性影响。

知识链接

中国七大战略性新兴产业

2011 年 9 月 8 日，国务院常务会议将节能环保、新一代信息技术、生物、高端装备制造、新能源、新材料和新能源汽车七大产业确定为战略性新兴产业。9 月 18 日公布

《国务院关于加快培育和发展战略性新兴产业的决定》，首次确定了战略性新兴产业发展目标：力争到 2020 年，节能环保、新一代信息技术、生物、高端装备制造产业成为国民经济的支柱产业，新能源、新材料、新能源汽车产业成为国民经济的先导产业。根据《决定》，国务院将在整合现有政策资源和资金渠道的基础上，设立战略性新兴产业发展专项资金，建立稳定财政投入增长机制，增加中央财政投入。税收激励方面，将结合税制改革方向和税种特征，针对战略性新兴产业的特点，研究完善鼓励创新、引导投资和消费的税收支持政策。此外，还将鼓励金融机构加大信贷支持，积极推进知识产权质押融资、产业链融资等金融产品创新。加快建立包括财政出资和社会资金投入在内的多层次担保体系。积极发展中小金融机构和新型金融服务。综合运用风险补偿等财政优惠政策，促进金融机构加大支持战略性新兴产业发展的力度。

国家对七大战略性新兴产业的政策支持，促使证券市场上相关概念的表现，引发了一波结构性行情。以节能环保板块来说，其中出现了不少的牛股，比如首航节能，2012 年 3 月 27 日上市，借着政策东风，目前价格较上市价格上涨了 3 倍。

资料来源：网易财经

2. 行业分析

从证券投资分析的角度看，宏观经济分析是为了掌握证券投资的宏观环境，把握证券市场的总体趋势。行业分析是投资者为了确定每个行业的不同之处，而对行业进行对比分析，弄清楚各行业的风险与收益关系。在了解影响各行业发展的重要因素后，投资者可以根据这些因素来预测该行业的发展趋势。行业分析是对上市公司进行分析的前提，也是连接宏观经济分析和上市公司分析的纽带，是基本分析的重要环节。本节从行业分类和行业周期两个方面来分析。

1) 行业分类

各行业变动时，往往呈现出明显的、可测的增长或衰退的格局。这些变动与国民经济总体的周期变动有关系，但密切程度又不一样，据此，可以将行业分为三类：

(1) 增长型行业。增长型行业的运行状态与经济活动总水平的周期及振幅并不紧密相关。这些行业收入增长的速率并不会总是随着经济周期的变动而出现同步变动，因为它们主要依靠技术进步、新产品推出及更优质的服务，从而使其经常呈现出增长形态。

在经济高涨时，高增长行业的发展速度通常高于平均水平；在经济衰退时期，其所受影响较小甚至仍能保持一定的增长。然而，这种行业增长的形态却使得投资者难以把握精确的买入时机，因为这些行业的股票价格不会明显地随着经济周期的变化而变化。

(2) 周期型行业。周期型行业的运行状态与经济周期紧密相关。当经济处于上升时期，这些行业会紧随其扩张；当经济衰退时，这些行业也相应地衰落，且该类型行业收益的变化幅度往往会在一定程度上夸大经济的周期性。

产生这种现象的原因是：当经济上升时，对这些行业相关产品的购买相应增加；当经济衰退时，这些行业相关产品的购买被延迟到经济改善之后。例如，煤炭、金属、房地产行业、机械行业等，就属于比较典型的周期型行业。

(3) 防御型行业。防御型行业的经营状况在经济周期的上升和下降阶段都很稳定。因为该类行业的产品需求相对稳定，需求弹性小，甚至有些防御型行业在经济衰退时期还会有一定的实际增长，因而行业中有代表性的公司盈利水平相对较稳定。例如，食品业和公用事业等就属于防御型行业。

2) 行业生命周期分析

通常，每个行业都要经历一个由成长到衰退的发展演变过程。这个过程便成为行业的生命周期。一般来说，行业的生命周期可分为幼稚期、成长期、成熟期和衰退期。

(1) 幼稚期。新行业刚诞生或是初建不久，只有为数不多的投资公司投资于这个新兴行业，另外，创业公司的研究和开发费用较高，而大众对其产品缺乏全面了解，致使产品市场需求狭小，销售收入较低，因此这些创业公司财务上可能不但没有盈利，反而出现较大亏损。

较高的产品成本和价格与较小的市场需求之间的矛盾使得创业公司面临很大的市场风险，而且可能因财务困难而引发破产风险。因此，这类企业更适合投机者和创业投资者。在幼稚期后期，随着行业生产技术的成熟、生产成本的降低和市场需求的扩大，新行业逐步由高风险、低收益的幼稚期迈入高风险、高收益的成长期。

知识链接

创　业　板

创业板是与主板市场不同的一类证券市场，专为暂时无法在主板上市的创业型企业、中小企业和高科技企业提供融资途径和成长空间，是对主板市场的重要补充，在资本市场有着重要的位置。

在创业板市场上市的公司大多从事高科技业务，具有较高的成长性，但往往成立时间较短，规模较小，业绩也不突出，但有很大的成长空间。可以说，创业板是一个门槛低、风险大、监管严格的股票市场，也是一个孵化科技型、成长型企业的摇篮。

创业板市场以纳斯达克市场为代表，在中国特指深圳创业板。2010 年 6 月 1 日起，深圳证券交易所正式编制和发布创业板指数。

资料来源：东方财富网

(2) 成长期。在成长的初期，企业的生产技术逐渐成形，市场认可并接受了企业的产品，产品的销量迅速增长，市场逐步扩大，然而企业可能仍然处于亏损或者微利状态；进入加速成长期后，企业的产品和劳务已为广大消费者接受，销售收入和利润开始加速增长，新的机会不断出现，但企业仍然需要大量资金来实现高速成长。在这一时期，拥有较强研究开发实力、市场营销能力、雄厚资本实力和畅通融资渠道的企业逐渐占领市场。这个时期的行业增长非常迅猛，部分优势企业脱颖而出，投资于这些企业的投资者往往获得极高的投资回报，所以成长期阶段有时被称为“投资机会时期”。进入成长期后期，生产厂商不仅要依靠扩大产量和提高市场份额来获得竞争优势，还需不断提高生产技术水平，降低成本，研制和开发新产品，从而战胜或紧跟竞争对手。

这一时期虽然企业的利润增长很快，但面临的风险也非常大，破产率和被兼并率相当高。由于市场竞争优胜劣汰，市场上的生产厂商的数量会在一个阶段后出现大幅减少，之后开始逐渐稳定下来。由于市场需求趋向饱和，产品的销售增长率减慢，迅速赚取利润的机会减少，整个行业进入成熟期。

(3) 成熟期。行业成熟主要表现在四个方面：产品的成熟、技术上的成熟、生产工艺的成熟和产业组织上的成熟。行业的成熟期是一个相对较长的时期，一般来说，技术含量高的行业成熟期历时相对较短，而公用事业行业成熟期持续的时间较长。

行业进入成熟期的特点主要表现为：市场已经被少数拥有雄厚资本、先进技术的大厂商控制，各厂商分别占有自己的市场份额，整个市场的生产布局和份额在相当长的时期内处于稳定状态。厂商之间的竞争手段逐渐从价格竞争转向非价格竞争，如提高质量、改善性能和加强服务等。行业的利润由于一定程度的垄断达到了较高的水平，而风险却因市场结构比较稳定、新企业难以进入而较低。

在行业成熟期，行业的增长速度降到一个适度的水平。在某些情况下，整个行业的增长可能会完全停止，其产出甚至下降。行业的发展很难较好的保持与国民生产总值同步增长。当然，由于技术创新、产业政策、经济全球化等各种原因，某些行业可能会在进入成熟期之后迎来新的增长。

(4) 衰退期。衰退期出现在较长的稳定期之后，由于大量的替代品的出现，原行业产品的市场需求开始逐渐减少，产品的销售量也开始下滑，某些厂商开始向其他更加有利可图的行业转移资金，因而原行业出现了厂商数目减少、利润水平停滞不前或不断下降的萧条景象。至此，整个行业便进入衰退期。行业衰退是客观必然的，是行业经济新陈代谢的表现。

3. 上市公司分析

在完成对公司影响的宏观经济环境、所处行业分析后，就可以进一步分析准备投资的具体上市公司，通过对公司分析来选定具体的投资对象。

1) 公司基本面分析

公司基本面的分析包括公司在行业中的地位分析、公司所在的区位分析、公司产品分析以及公司盈利能力和成长性分析等。

(1) 公司行业地位分析。行业地位分析的目的是判断公司在所处行业中的竞争地位，如是否为领导企业，在价格上是否具有影响力，是否有竞争优势等。在大多数行业中，无论其行业平均盈利能力如何，总有一些企业比其他企业具有更强的获利能力。企业的行业地位决定了其盈利能力是高于还是低于行业平均水平，决定了其在行业内的竞争地位。衡量公司行业竞争地位的主要指标是行业综合排名和产品的市场占有率。

(2) 公司的区位分析。区位分析是指地理范畴上的经济增长点及其辐射范围。上市公司的投资价值与区位经济的发展密切相关，对上市公司进行区位分析，就是将上市公司的价值分析与区位经济的发展联系起来，以便分析上市公司未来的发展前景，确定上市公司的投资价值。区位分析主要包括区位内的自然条件和基础条件、区位内政府的产业政策和区位内的经济特色三方面内容。

(3) 公司的产品分析。主要包括产品的竞争能力、市场占有情况以及品牌战略。

产品的竞争能力主要体现在成本优势、技术优势和质量优势上：① 成本优势是依靠低成本获得高于同行业其他企业的盈利能力，在很多行业中，成本优势是决定竞争优势的关键因素；② 技术优势是指公司拥有的比同行业其他竞争对手更强的技术实力及其研究与开发新产品的能力，这种能力主要体现在生产的技术水平和产品的技术含量上；③ 质量优势是指公司的产品以高于其他公司同类产品的质量赢得市场，从而取得竞争优势。

市场占有率是指一个公司的产品销售量占该类产品整个市场销售总量的比例，市场占有率越高，表明公司的经营能力和竞争能力越强，公司的销售和利润水平越好、越稳定。产品市场占有情况在衡量公司产品竞争力方面占有重要地位。

品牌不仅是一种产品的标识，而且是产品质量、性能、满足消费者效用可靠程度的综合体现。当产业发展进入成熟阶段，产业竞争充分展开时，品牌就成为产品和企业竞争的一个越来越重要的因素。品牌具有产品所不具有的开拓市场的多种功能：一是品牌具有创造市场的功能；二是品牌具有联合市场的功能；三是品牌具有巩固市场的功能。

(4) 公司盈利能力和成长性分析。对公司盈利能力的预测是判断公司估值水平及投资价值的重要基础。盈利预测建立在对公司深入了解和判断基础之上，通过对公司基本面的分析，进而对公司的预测做出假设。盈利预测假设主要包括销售收入预测、生产成本预测、管理和销售费用预测、财务费用预测等。

公司的经营战略是企业面对激烈的市场变化与严峻挑战，力求实现长期生存和不断发展而进行的总体性谋划。公司规模变动和扩张潜力一般与其所处的行业发展阶段、市场结构、经营战略密切相关，对于公司的成长性可以从以下几个方面分析：

① 公司规模的扩张是由供给推动，还是由市场需求拉动引致；是通过公司的产品创造市场需求，还是生产产品去满足市场需求；是依靠技术进步，还是依靠其他生产要素等等，以此找出企业发展的内在规律。

② 纵向比较公司历年的销售、利润、资产规模等数据，分析公司的发展趋势是加速发展、稳步扩张，还是停滞不前。

③ 将公司销售、利润、资产规模等数据及其增长率与行业平均水平及主要竞争对手的数据进行比较，了解其行业地位的变化。

④ 分析预测公司主要产品的市场前景及公司未来的市场份额，分析公司的投资项目，并预计其销售和利润水平。

⑤ 分析公司的财务状况以及公司的投资和筹资能力。

2) 公司重要事项分析

(1) 资产重组。资产重组是指公司对其投资组合的调整以创造一个更为有效的资产结构。各上市公司为实现重组的不同目的，采用的资产重组方式也各不相同，总体上可以分为五类：① 收购兼并，即上市公司出资对目标公司的产权或资产进行收购并纳入本公司的经营管理之内的行为，包括购买资产、收购公司、收购股份等；② 股权转让，根据股权转让协议受让目标公司的全部或部分股权，从而获得目标公司的控制权的收购行为；③ 资产置换，它是我国上市公司资产重组的一种特殊形式，双方通过资产置换能够获得与自己核心能力相协调、相匹配的资产；④ 股权投资，上市公司通过出资购买目标公司的股权从而将目标改组为上市公司的控股子公司的行为；⑤ 二级市场购并，购并公司(不一定是上市公司)通过二级市场收购上市公司的股权从而获得上市公司控制权的购并行为。

资产重组对公司的影响，从理论上讲，可以促进资源的优化配置，有利于产业结构调整，增强公司的市场竞争力，从而使一批上市公司由小变大，由弱变强。但在实践中，许多上市公司进行资产重组后，其经营和业绩并没有得到持续、显著的改善。究其原因，关键是重组后的整合不成功。

(2) 关联交易。关联交易是企业关联方之间的交易，是公司运作中经常出现的而又容易发生不公平结果的交易。关联交易在市场经济条件下广为存在，从有利的方面讲，交易双方因存在关联关系，可以节约大量商业谈判等方面的交易成本，并可运用行政的力量保证商业合同的优先执行，从而提高交易效率。从不利的方面讲，由于关联交易方可以运用行政力量撮合交易，从而有可能使交易的价格、方式等在非竞争的条件下出现不公正情况，造成对股东或部分股东权益的侵犯，也易导致债权人利益受到损害。投资者在分析关联交易时，一方面应广泛收集各方面的信息资料并细心研读，对其进行细致分析；另一方面，对于不清楚的事项应当向上市公司、会计师及有关人士询问。此外，还可以对上市公司进行走访调研，全面了解掌握上市公司的情况。只有这样，才能避免在投资上陷入误区。

(3) 会计政策和税收政策的变化对公司的影响。企业的会计政策发生变更将影响公司年末的资产负债表和利润表。如果采用追溯调整法进行会计处理，则会计政策的变更将影响公司年初及以前年度的利润、净资产、未分配利润等数据。

税收政策的变更将对上市公司的业绩产生一定的影响。税率的升降和征收范围的变动将直接影响上市公司的税后利润。

4. 公司财务分析

由于公司的财务状况最能反映公司的实际生产经营情况，因此投资者都是通过对公司的财务状况进行分析，了解公司的经营业绩，预测公司未来的发展状况，评估公司发行证券的内在价值。可见，财务分析是证券投资分析的核心内容。

1) 公司主要的财务报表

上市公司公布的一整套财务资料中，对投资者最为重要的有资产负债表、利润表或利润分配表、现金流量表等财务报表。

(1) 资产负债表。

资产负债表是反映企业在某一特定日期(如月末、季末、年末)全部资产、负债和所有者权益情况的会计报表，它表明权益在某一特定日期所拥有或控制的经济资源、所承担的现有义务和所有者对净资产的要求权。它是一张揭示企业在一定时点财务状况的静态报表。

(2) 利润表。

利润表是反映企业一定会计期间(如月度、季度、半年度或年度)生产经营成果的会计报表。企业一定会计期间的经营成果既可能表现为盈利，也可能表现为亏损，因此，利润表也被称为损益表。它全面揭示了企业在某一特定时期实现的各种收入、发生的各种费用、成本或支出，以及企业实现的利润或发生的亏损情况。利润表对投资者了解、分析上市公司的实力和前景具有重要意义。

(3) 现金流量表。

现金流量表是反映一定时期内(如月度、季度或年度)企业经营活动、投资活动和筹资活动对现金及现金等价物所产生影响的财务报表，它显示资产负债表及损益表如何影响现金和现金等价物。作为一个分析工具，现金流量表主要影响公司短期生存能力。

2) 财务比率分析

财务比率分析是同一张财务报表的不同项目之间、不同类别之间、或在两张不同财务报表和资产负债表、利润表的有关项目之间，用比率来反映它们的相互关系，以求从中发现问题并据此评价企业的财务状况和经营中存在的问题。比率分析涉及企业管理的各个方面，比率指标也特别多，大致可分为五大类：偿债能力比率分析、资本结构比率分析、营运能力分析、盈利能力分析和投资收益分析。本节重点讲解在投资过程中经常用到的比率分析。

(1) 偿债能力比率分析。

偿债能力是指企业偿还到期债务的能力。偿债能力分析包括短期偿债能力和长期偿债能力分析两个方面。短期偿债能力主要包括两个指标：流动比率和速动比率。长期偿债能力主要包括利息保障倍数和资产负债率。

流动比率是流动资产和流动负债的比值，计算公式为

$$\text{流动比率}=\frac{\text{流动资产}}{\text{流动负债}}$$

该比率可以反映企业短期偿债能力，流动资产越多，短期债务越少，则偿债能力越强。一般认为，生产企业合理的流动比率是 2，但还不能成为统一的标准，因其也未能从理论上证明。

速动比率是从流动资产中扣除存货部分，再除以流动负债的比例。计算公式为

$$\text{流动比率}=\frac{\text{流动资产}-\text{存货}}{\text{流动负债}}$$

把存货从流动资产中扣除的速动比率，反映的短期偿债能力更加令人信服。通常认为正常的速动比率为 1，因为行业不同，速动比率会有很大差别，没有一个统一的标准。

利息保障倍数是指企业生产经营所获得的息税前利润与利息费用的比率，用以衡量企业偿付借款利息能力的指标，计算公式为

$$\text{利息保障倍数}=\frac{\text{利润总额}+\text{利息费用}}{\text{利息费用}}$$

企业生产经营所获得的息税前利润对于利息费用的倍数越多，说明企业支付利息费用的能力越强。因此，债权人要分析利息保障倍数指标，来衡量债权的安全程度。

资产负债率是企业负债总额对资产总额的比率。它表明企业资产总额中，债权人提供资金所占的比重，以及企业资产对债权人权益的保障程度。这一比率越小，表明企业的长期偿债能力越强。计算公式为

$$\text{资产负债率}=\frac{\text{负债总额}}{\text{资产总额}}$$

该比率表示企业对债权人资金的利用程度。如果比率比较大，从企业所有者的角度来说，可以利用较少的资本投资，形成较多的生产经营用资产，不仅扩大了生产经营规模，

而且在经营状况良好的情况下，还可以利用财务杠杆原理，得到较多的投资利润。但如果该比率过大，则表明企业的债务负担重，资产偿债能力不强，对债权人不利。

(2) 盈利能力比率分析。

盈利能力是指企业获取利润的能力，利润是投资者取得投资收益、债权人收取本息的资金来源，是经营者经营业绩和管理效能的集中表现，因此，企业盈利能力分析十分重要。反映企业盈利能力的指标有很多，经常用到的有销售毛利率、销售净利率、资产收益率和净资产收益率。

销售毛利率是指毛利占销售收入的百分比，其中毛利是销售收入减去销售成本。计算公式为

$$销售毛利率=\frac{销售收入-销售成本}{销售收入}\times 100\%$$

毛利率是企业销售净利率最初的基础，没有足够大的毛利率，企业产品便不能盈利。

销售净利率是指销售净利与销售收入的百分比，计算公式为

$$销售净利率=\frac{净利润}{销售收入}\times 100\%$$

通过分析销售净利率的升降变动，可以促使企业在扩大销售的同时，注意改进经营管理，提高盈利水平。

资产收益率是指企业净利润与平均资产总额的百分比，计算公式为

$$资产收益率=\frac{净利润}{(期初资产总额+期开资产总额)/2}\times 100\%$$

资产收益率代表企业一定时期内的净利与企业的资产相比较，反映企业资产利用的综合效果。指标越高，表明资产的利用效率越高，说明企业在增加收入和节约资金使用等方面取得了良好的效果，反之亦然。

净资产收益率反映公司所有者权益的投资报酬率，也叫净值报酬率或权益报酬率。计算公式为

$$净资产收益率=\frac{净利润}{(期初所有者权益+期末所有者权益)/2}\times 100\%$$

(3) 营运能力比率分析。

营运能力分析是对企业资金周转状况进行的分析，资金周转得越快，说明资金的利用效率越高，企业的经营管理水平越好。营运能力指标包括应收账款周转率、存货周转率、流动资产周转率和总资产周转率等指标。

应收账款周转率是指年度内应收账款转为现金的平均次数，表示应收账款的变现速度。计算公式为

$$应收账款周转率=\frac{销售收入}{(期初应收账款额+期末应收账款额)/2}$$

一般而言，企业的应收账款周转率越高，平均收账期越短，说明企业的应收账款回收得越快，反之，则企业的营运资金过多呆滞在应收账款上，会严重影响企业资金的正常周转。

存货周转率是指企业一定时期的主营业务成本与平均存货的比率。该比率可以用来测

定企业存货的变现速度，衡量企业的销货能力及存货是否储备过量，是对企业供、产、销各环节管理状况的综合反映。计算公式为

$$存货周转率=\frac{销售成本}{(期初存货+期末存货)/2}$$

一般而言，企业存货的周转速度越快，存货的资金占用水平就越低，流动性就越强，存货的变现速度越快。所以，提高存货周转率可以提高企业的变现能力。

流动资产周转率是指销售收入与全部流动资产平均余额的比率。它反映的是全部流动资产的利用效率。计算公式为

$$流动资产周转率=\frac{销售收入}{(期初流动资产总额+期末流动资产总额)/2}$$

流动资产周转快，会相对节约流动资产，相当于扩大了企业资产投入，增强了企业盈利能力；反之，若周转速度慢，为维持正常经营，企业必须不断投入更多的资源，以满足流动资产周转需要，导致资金使用效率低，也降低了企业盈利能力。

总资产周转率是指企业销售收入与平均资产总额的比率，反映企业用销售收入收回总资产的速度。计算公式为

$$总资产周转率=\frac{销售收入}{(期初资产总额+期末资产总额)/2}$$

总资产周转次数越多，表明全部资产的利用效率越高，公司的获利能力就越强。

(4) 投资收益分析。

对上市公司进行投资收益分析，主要指标有普通股每股净收益、股息发放率、市盈率和每股净资产。

普通股每股净收益是指本年盈余与普通股流通股数的比值，计算公式为

$$普通股每股净收益=\frac{净利-优先股股息}{发行在外的加权平均普通股股数}$$

该指标反映普通股的获利水平，指标值越高，每一股份可得的利润越多，股东的投资收益就越好，反之则越差。

股息发放率是指普通股每股股利与每股净收益的百分比，计算公式为：

$$股息发放率=\frac{每股股利}{每股净收益}\times 100\%$$

就单独的普通股投资者来说，这一指标比每股净收益更直接体现当前利益，股息发放率的高低要依据各公司对资金需要量的具体状况而定。股息发放率的高低取决于公司股利支付方针。

市盈率是指每股市价与每股净收益的比例，亦称本益比或本利比。其计算公式为

$$市盈率=\frac{每股市价}{每股净收益}$$

该比率反映出投资者对每 1 元净收益所愿支付的价格，这一比率越高，意味着公司未来成长潜力越大。一般来说，市盈率越高，说明公众对该股票的评价越高，但在市场过热、投机气氛浓郁时，常有被扭曲的情况，投资者应该小心。

每股净资产是指净资产除以发行在外的普通股股数的比值，也称为每股账面价值或每

股权益。计算公式为

$$每股净资产 = \frac{净资产}{发行在外的普通股股数}$$

在投资分析时，只能有限的使用这个指标，因其是用历史成本计算的，既不反映净资产的变现价值，也不反映净资产的产出能力。

8.4.2 证券投资技术分析

证券投资技术分析在市场中广泛应用，经过不断的实践和修正，形成了一些证券投资技术分析理论，主要有K线理论、道氏理论、波浪理论等。

1. K线理论

K 线图源于日本德川幕府时代，当时日本米市的商人用来记录米市的行情和价格波动，后因其细腻独特的标画方式而被引入股市及期货市场。K 线图有直观、立体感强、携带信息量大的特点，能充分显示股价趋势强弱、买卖双方力量平衡的变化，预测后市走势较为准确。

1) K线绘制方法

K 线是一条柱状的线条，包含影线和实体两部分。在实体上方的影线叫上影线，在实体下方的影线叫下影线。实体又分为阳线和阴线，其中阳线又称红线，阴线又称黑线。一条 K 线可体现一种股票一天内的四个价格：开盘价、最高价、最低价和收盘价，具体如图 8-5 所示。

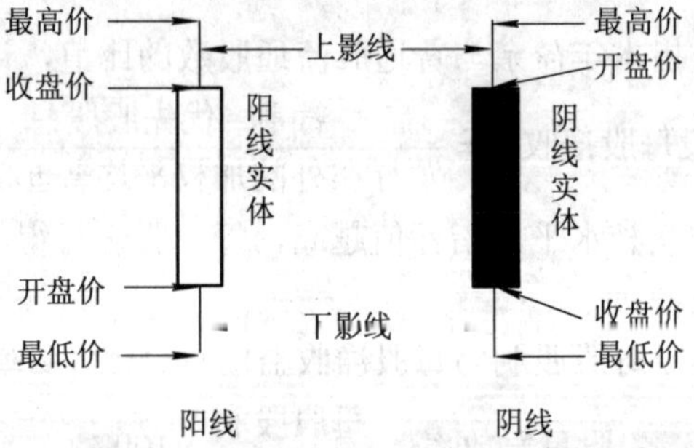

图 8-5　K 线的绘制方法

2) K线使用技巧

在使用 K 线进行技术分析时，要掌握 K 线所反映出来的相关信息，其中有三个技巧：

(1) 看阴阳。阴阳线代表趋势方向，阳线表明会继续上涨，阴线表示将继续下跌，以阳线为例，在经过一段时间的多空博弈，收盘价高于开盘价表明多头占据优势，在没有外力作用下价格仍将按原有的方向运行。

(2) 看实体大小。实体大小代表内在动力，实体越大，上涨或下跌的趋势越是明显。以阳线为例，阳线实体越大说明上涨动力越足，代表其内在上涨动力越大。同理，阴线实体越大，下跌动力也就越足。

(3) 看影线长短。影线代表转折信号，向一个方向的影线越长，越不利于股价向这个方向变动。即上影线越长，越不利于股价上涨，因为在经过一段时间多空斗争之后，多头终于坚持不住败下阵来，上影线已经构成了下一阶段的上行阻力，股价向下调整的概率大。同理下影线预示着股价向上攻击的概率大。具体如图 8-6 和图 8-7 所示。

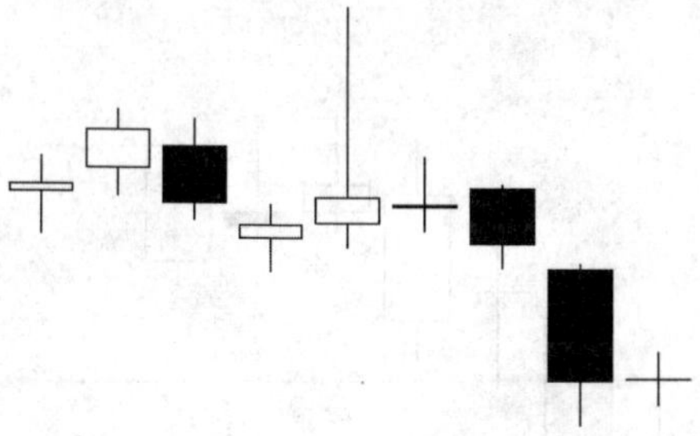

图 8-6　带有长上影线的 K 线

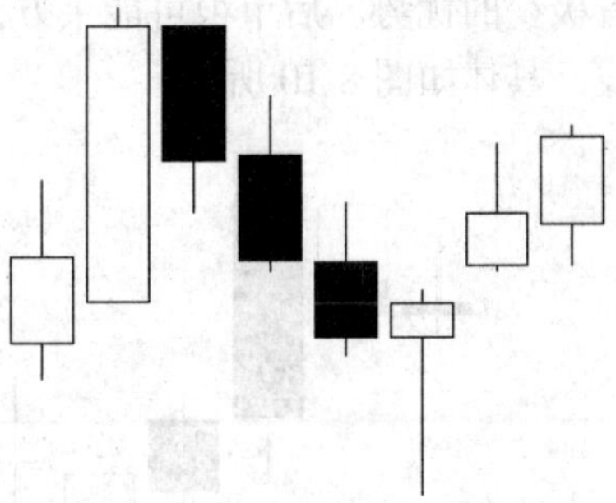

图 8-7　带有长下影线的 K 线

3) 单条 K 线的主要形状及意义

单条 K 线的基本形状一共有 11 种，每一条都包含不同的价格信息，投资者通过对这些价格信息的解读，可以对未来的价格进行预测。

(1) 光头光脚阴阳线。

当收盘价与最低价、开盘价与最高价相等时，就会出现这种 K 线，即没有上影线也没有下影线，光头光脚阴线在下跌初期、横盘整理或反弹结束时出现，表示卖方力量有所增加，空方力量略占优势。具体如图 8-8 所示。

当开盘价与最低价、收盘价与最高价相等时，就会出现这种 K 线，光头光脚阳线经常在上涨初期、回调结束或盘整的时候出现，表示买方力量逐步增加，买卖双方多头力量占据优势。该种 K 线经常出现在脱离底部的初期，回调结束后的再次上涨，及高位拉升阶段，有时也在严重超跌后的大力反弹中出现，买方占绝对优势，卖方毫无抵抗。具体如图 8-9 所示。

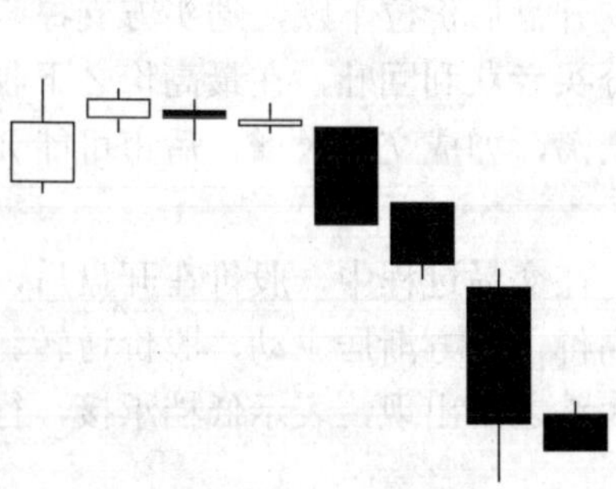

图 8-8　光头光脚阴线

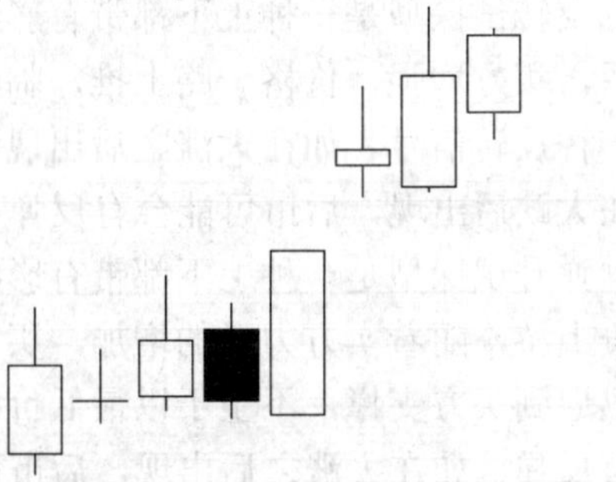

图 8-9　光头光脚阳线

(2) 光头阴阳线。

光头阴线是一种带有下影线的黑实体，开盘价是最高价，一开盘卖方力量就特别大，价位一路下跌，但在低价位上遇到买方的支撑。后市可能会有反弹。实体部分与下影线的长短不同也可分为为三种情况：实体部分比影线长，表示卖方压力比较大，开盘就受到大幅度打压，在低点遇到买方抵抗，买方与卖方发生激战，影线部分较短，说明买方把价位上推不多，总体上卖方占据优势；实体部分与影线同长，表示卖方把价位下压后，买方的抵抗也在增加，但可以看出，卖方仍占优势；实体部分比影线短，卖方把价位一路压低，在低位上遇到买方的顽强抵抗并组织反击，逐渐把价位上推，最后虽以黑体收盘，但卖方只占极少的优势。后市很可能买方会全力反攻，把小黑体全部吃掉。同理也可以分析光头阳线。具体如图 8-10 所示。

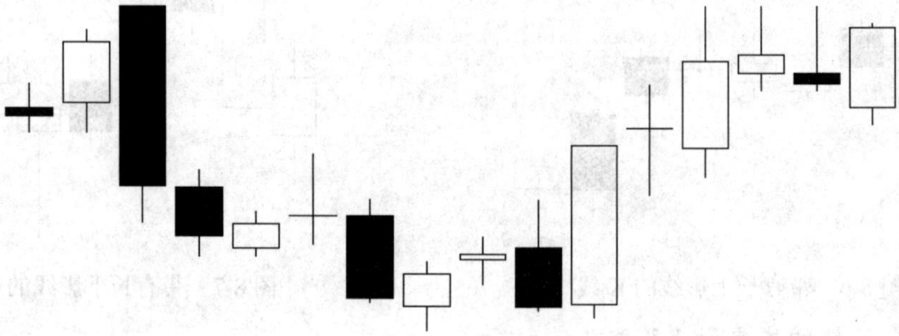

图 8-10　光头阴线和光头阳线

(3) 光脚阴阳线。

光脚阴线是一种带有上影线的黑实体。收盘价即最低价。一开盘，买方和卖方进行交战。买方占上风，价格一路上升。但在高价位遇到卖方阻力，卖方组织力量反攻，买方无力抵抗，节节败退，最后在最低价收盘，卖方占优势，并使买方陷入“套牢”的困境。具体情况分为三种：黑实体比影线长，表示买方把价位上推不多，立即遇到卖方的强有力的反击，把价位压破开盘价后乘胜追击，再把价位下推很大一段，卖方力量强大，局势对卖方有利；黑实体与影线一样长，同样，卖方具有优势；黑实体比影线短，卖方虽然把价位下压，但优势较少，明日开盘，买方力量可能再次反攻，黑实体可能被攻占。光脚阳线也可同理分析。

(4) 反转试探型和弹升试探型。

反转试探型是一种上下都带有影线的红实体。开盘后价位下跌，遇买方支撑，双方争斗后，买方增强，价格一路上推，临收盘前，部分买者获利回吐，在最高价之下收盘。这是一种反转信号。如在大涨之后出现，表示高位震荡，如成交量大增，后市可能会下跌。如在大跌后出现，后市可能会有反弹。

弹升试探型是一种上下都带有影线的黑实体，在交易过程中，股价在开盘后，有时会力争上游，随着卖方力量的增加，买方不愿追逐高价，卖方渐居主动，股价逆转。在最低价位遇到买方支撑，不至于以最低价收盘。如在大跌之后出现，表示低档承接，行情可能会有反弹，如在大涨之后出现，后市可能下跌。

(5) 十字型和 T 字型。

十字型是收盘价和开盘价相同，特点是没有实体，收盘价比昨日收盘价高时，用红“+”表示；与昨日收盘价相同时，若昨日为红体，则用红“+”表示，若昨日是黑体，则用黑“+”表示。又可分为上影线长于下影线和下影线长于上影线两种图形。多空双方的优势由上下影线的长度决定。

在十字型的基础上，再加上光头和光脚条件，就会出现“T”型和“倒 T”型。T 字型多出现在市场的底部或顶部，表示多方占优，下影线越长，优势越大。倒 T 字型常出现在顶部或横盘整理中，表示空方占优，上影线越长，优势越大。具体如图 8-11 所示。

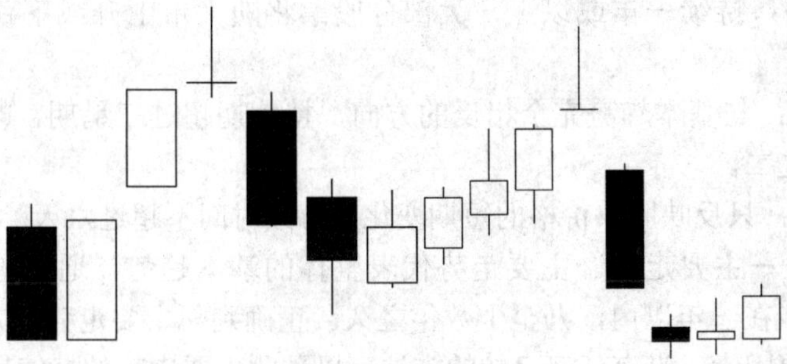

图 8-11　十字型和倒“T”字型

在证券市场中，基本上 K 线形态有这几类，在进行分析时，很少仅凭单根 K 线形态来判断后期市场走势，一般会通过 K 线组合来分析。

2. 道氏理论

从证券期货投资操作的角度看，在迄今为止众多的证券期货投资理念中，道氏理论占有最重要的地位。道氏理论并不是由查尔斯·亨利·道个人创造的，它是由道氏提出基本框架和基本观点，由威廉姆·彼得·汉密尔顿加以丰富、完善和发展，最后由罗伯特·雷亚加以归纳、总结的漫长过程。期间历时长达三十年之久，因此，道氏理论可以说是以道氏为首的集体的创造性研究成果。

道氏理论核心内容包含三大假设以及五大定理。

1) 道氏理论的三大假设

道氏理论有极其重要的三个假设，与人们平常所看到的技术分析理论的三大假设有相似的地方，只是道氏理论更侧重于其市场涵义的理解。

(1) **假设一**——非人为操纵。虽然在中期的调整趋势或是短期走势上，可能被人为操作，但主要趋势，不大可能被人为操纵，只有公司基本面的变化不断创造出适合操作证券的条件。任何一个市场，不论是西方历史悠久的金融市场，还是亚洲新兴的金融市场，其价格波动中都必然包含一个以上的“不以投资人意志为转移”的波动结构。客观测定并有效的梳理出完全不受人为影响的价格波动因素，才是投资者面临的主要任务之一。

(2) **假设二**——市场指数会反映每一条信息。每一位对于金融事务有所了解的市场人士，他所有的希望、失望与知识，都会反映在上证指数与深圳指数或其他指数每天的收盘价波动中；因此，市场指数永远会适当地预期未来事件的影响。如果发生火灾、地震、战争等灾难，市场指数也会迅速地加以评估。

在市场中，人们每天对于诸如财经政策、扩容、领导人讲话、机构违规、创业板等层出不尽的题材不断加以评估和判断，并不断将自己的心理因素反映到市场的决策中。因此，对大多数人来说市场总是看起来难以把握和理解。

(3) **假设三**——道氏理论是客观化的分析理论。成功利用它协助投机或投资行为，需要深入研究，并客观判断。当主观使用它时，就会不断犯错，不断亏损。

2) 道氏的五大定理

(1) **定理一**——道氏的三大趋势。道氏理论断言，股票会随市场的趋势同向变化以反映市场趋势和状况。股票的变化表现为三种趋势：主要趋势、中期趋势和短期趋势。

① 主要趋势：持续一年或以上，大部分股票将随大市上升或下跌，幅度一般超过20%。

② 中期趋势：与基本趋势完全相反的方向，持续期超过三星期，幅度为基本趋势的三分之一至三分之二。

③ 短期趋势：只反映股票价格的短期变化，持续时间不超过六天。

(2) **定理二**——主要走势。主要走势代表整体的基本趋势，通常称为多头或空头市场，持续时间可能在一年以内，乃至于数年之久。正确判断主要走势的方向，是投机行为成功与否的最重要因素。没有任何已知的方法可以预测主要走势的持续期限。

(3) **定理三**——主要的空头市场。主要的空头市场是长期向下的走势，其间夹杂着重要的反弹。它来自于各种不利的经济因素，唯有股票价格充分反映可能出现的最糟情况后，这种走势才会结束。

(4) **定理四**——主要的多头市场。主要的多头市场是一种整体性的上涨走势，其中夹杂着短期下跌调整，平均的持续期间长于两年。在此期间，由于经济情况好转与投机活动转盛，所以投资与投机的需求增加，并因此推高股票价格。多头市场有三个阶段：第一阶段，人们对于未来的景气恢复信心；第二阶段，股票对于已知的公司盈余改善产生反应；第三阶段，投机热潮转炽而股价明显膨胀——这阶段的股价上涨是基于期待与希望。

(5) **定理五**——次级趋势。次级走势是多头市场中重要的下跌走势，或空头市场中重要的上涨走势，持续的时间通常在三个星期至数个月；此期间内折返的幅度为前一次级折返走势结束之后主要走势幅度的33%至66%。

3. 波浪理论

美国证券分析师拉尔夫·纳尔逊·艾略特利用道琼斯工业指数平均作为研究工具，发现不断变化的股价结构性形态反映了自然和谐之美，根据这一发现，他提出了一套相关的市场分析理论，精炼出市场的 13 种形态，在市场上这些形态重复出现，但是出现的时间间隔及幅度大小并一定具有重复性，这就是久负盛名的艾略特波段理论，又称波浪理论。

1) 波浪理论的基本特点

波浪理论的基本特点表现为

(1) 股价指数的上升和下跌将会交替进行。

(2) 推动浪和调整浪是价格波动两个最基本形态，而推动浪可以再分割成五个小浪，一般用第 1 浪、第 2 浪、第 3 浪、第 4 浪、第 5 浪来表示；调整浪也可以划分为三个小浪，通常用 a 浪、b 浪和 c 浪表示。具体如图 8-12 所示。

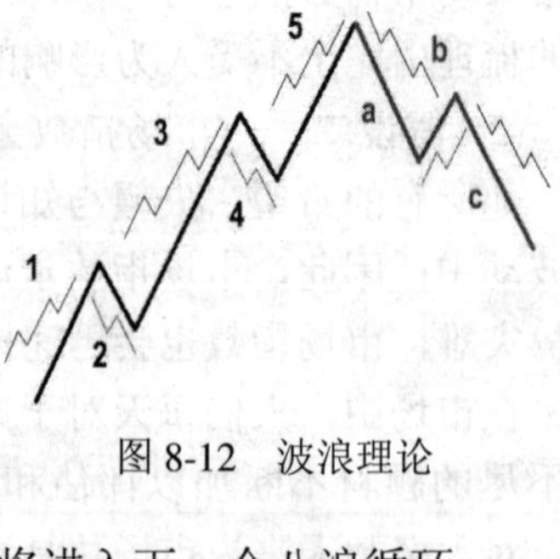

图 8-12　波浪理论

(3) 在上述八个波浪完毕后，一个循环即告完成，走势将进入下一个八浪循环。

(4) 时间的长短不会改变波浪的形态，因为市场仍会依照其基本形态发展。波浪可以拉长，也可以缩细，但其基本形态永恒不变。总之，波浪理论可以用一句话来概括，即

“八浪循环”。

2) 波浪理论的特征和交易策略

在 1935 年美国股市一片低迷，投资者丧失信心之际，艾略特本人曾运用波浪理论，指出熊市已经结束，牛市将要来临并会持续相当长时间，1929 年所创下的高点将不会成为阻力。后来的事实与艾略特的预言相符。经过后来者的发展，波浪理论成为众多股市技术分析流派中最具综合性的经典理论。

在我国股票市场中，波浪理论同样受到一大批技术分析人士的钟爱，对于预测中长期股价走势确实有其独到之处。在投资过程中，要根据各浪不同的特征而采取相对应的投资策略。

(1) 1 浪营造底部。1 浪是 8 浪循环的开始，由于这段行情的上升出现在空头市场跌势后的反弹和反转时期，买方力量并不强大，加上空方继续存在卖出压力，因此，在 1 浪上升之后出现 2 浪调整回落时，其回档幅度往往很深。1 浪的涨幅通常是 5 浪中最短的行情。

1 浪时，市场尚不明朗，在经历了较长时间的下跌之后，许多人认为 1 浪不过是市场超跌反弹而已。由于市场颇多反复，一般的交易者仍停留在熊市的思维之中，不敢逢低建仓。其实，1 浪实际上是新的上升趋势的开始，部分先知先觉的投资者不会放过在这个阶段采取行动，所以在 1 浪形成过程中，尝试性的建立部分仓位也是可以的，因为比较容易捡到便宜筹码。但切记在这个阶段只能用少量的资金建仓，不可满仓杀入。

(2) 2 浪的下跌。由于投资者误认为熊市尚未结束，其调整幅度相当大，几乎能吃掉 1 浪的涨幅。当行情在此浪中跌至接近底部时，市场出现惜售心理，抛售压力逐渐减轻，成交量逐渐减少时，2 浪调整宣告结束。

当市场最具爆发的 3 浪展开之后，上升的步伐会把市场带到远离底部的地方，在急速拉升的过程中，难以从容买进，弄不好会在大牛市中踏空。一般来说，比较积极的投资者会在 2 浪底部建立大部分仓位，持仓比例通常会达到 60%以上。预期 3 浪的飙升会带来大部分的交易利润。2 浪可以说是牛市中最佳的建仓时机。

(3) 3 浪涨势往往是最大、最有爆发力的上升浪。由于所有的技术信号都显示买进，市场进入狂热的买进高潮。一直在观望行情发展的交易者们终于克制不住买入的冲动，股价在众多的买盘推动下，屡创新高，这反过来又会刺激交易者不顾成本地杀入追涨。

在 3 浪中，应讲究买入的位置，而且还要眼明手快、果断敏捷。常见的买入时机是在突破 1 浪浪顶时，或者在突破后展开反扑时买入。已经在 1 浪和 2 浪底部买入部分筹码的投资者，应该在突破 1 浪顶时加码，由于 3 浪会走得较远，因此在 3 浪中，应以持股观望为主，过早平仓肯定会少赚一部分利润。

(4) 4 浪是行情大幅劲升后的调整浪，通常以比较复杂的形态出现，经常出现倾斜三角形的走势。不过该浪的底部应该不会低于 1 浪的顶部。

在 3 浪爆发式上涨走完之后，市场会进入变幻莫测的调整之中。如果 3 浪走出延伸浪的话，那 5 浪的长度可能与 1 浪相同；如果 3 浪没有延伸，那 5 浪的上升幅度不可小觑。4 浪最佳的入市时机应为 4 浪调整形成的底部边线。由于 4 浪的底部不会低于 1 浪的顶部，所以 1 浪的顶部其实是 4 浪的强支撑位，在接近 1 浪的地方开始逢低买入，是个不错的时机。

(5) 5 浪的涨势通常会小于 3 浪，有时也会出现上攻失败的情况。

5 浪不再适合买进的阶段，相反，先知先觉的投资者趁市场处于一片乐观声中，开始逢高卖出。特别是当市场出现消耗性跳空缺口并被回补时，平仓的策略高于一切。

(6) 对于 a 浪，市场中大多数投资者认为上升行情尚未逆转，此时仅是一个暂时的回档现象，但是，实际上 a 浪的下跌在 5 浪中通常有警告信号。

a 浪仍是一次平仓获利的机会，在这个阶段，可以说清仓观望是最明智的选择。

(7) b 浪的表现通常是成交量大，一般而言是多头的逃命线，然而，由于是一段上升行情，很多投资者误认为是另一波涨势，形成“多头陷阱”，如果在此买入，很容易被套牢。

(8) c 浪是破坏力极强的下跌浪，其跌势较为强劲，跌幅大，持续时间长，而且经常呈现的是全面性下跌。因此在 c 浪运行期间，袖手旁观最好。若未能在这之前平仓的交易者，在 c 浪破 a 浪底而向下时，止损卖出不失为明智之举。

8.4.3 证券投资技术指标分析

所谓技术指标分析是通过建立数学模型，给出计算公式，在对原始数据进行处理后，得到一个体现市场某个方面内在关系的数字，即指标值。根据指标值的具体数值和相互关系绘成图表，从定量的角度对股市进行分析预测，判断股价趋势的方法。这里的原始数据包括开盘价、收盘价、最高价、最低价、成交量、成交金额等。由于技术指标很多，本节只介绍在投资过程中经常被用到的几类。

1. 移动平均线和乖离率

移动平均线和乖离率是技术分析中常用的技术指标，两者关系非常紧密。移动平均线可以追踪股价变动趋势，提供买入时机。乖离率则反映了这个趋势发展的程度。

1) 移动平均线

目前，在股市技术分析中，移动平均线是除 K 线之外使用频率最广泛的、准确率也相对较高的一种技术分析方法。因为它直观、易懂，所以深受广大投资者，尤其是中小散户的青睐。

(1) 移动平均线 MA(Moving Average)是指一定交易时间内(日、周、月)的算术平均线，是用连续若干天的收盘价的算术平均计算出来的，天数就是移动平均线的参数。例如，参数为 20 天的移动平均线就是连续 20 日的收盘价的算术平均值，记为 MA(20)，同理还有 5 日、10 日、30 日、60 日、120 日均线等。

(2) 移动平均线所表示的意义：

① 黄金交叉：上升行情初期，短期移动平均线从下向上突破中长期移动平均线，形成的交叉称黄金交叉。

② 死亡交叉：当短期移动平均线向下突破中长期移动平均线形成的交叉为死亡交叉，预示股价将下跌。

③ 多头排列：在上升行情进入稳定期，5 日、10 日、30 日平均线从上而下依次按顺序排列，向右上方移动。

④ 空头排列：在下跌行情中，5 日、10 日、30 日移动平均线自下向上依次顺序排列，向右下方移动。

⑤ 助涨作用：在上升行情中股价位于移动平均线之上，走多头排列的均线可视为多方的防线；当股价回档至移动平均线附近，各条移动平均线依次产生支撑力量，买盘入场推动股价再度上升。

⑥ 助跌作用：在下跌行情中，股价在移动平均线的下方，呈空头排列的移动平均线可以视为空方的防线，当股价反弹到移动平均线附近时，便会遇到阻力，卖盘涌出，促使股价进一步下跌。

⑦ 转折点：移动平均线由上升转为下降出现最高点，和由下降转为上升出现最低点时，是移动平均线的转折点。预示股价走势将发生反转。

(3) 葛兰威尔法则。

美国著名股票分析师葛兰威尔根据200 天移动平均线与每日股价平均值的关系提出了买卖股票的八条法则，具体如图 8-13 所示。

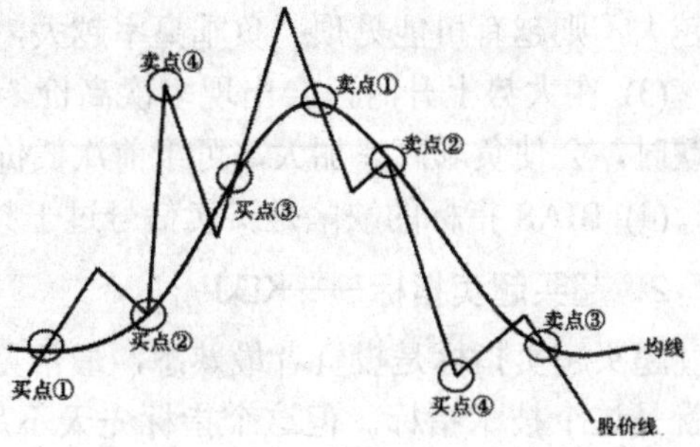

图 8-13　葛兰维尔法则

四大买入法则：

买点①：平均线经过一路下滑后，逐渐转为平滑，并有抬头向上的迹象。另外，股价线也转而上升，并自下方突破了移动平均线，这是第一个买进信号。

买点②：股价线开始仍在移动平均线之上，但呈急剧下跌趋势，但尚未跌破移动平均线，只要移动平均线依然呈现上升趋势，前者也转跌为升，这是第二个买入信号。

买点③：与买点②类似，只是股价跌破了移动平均线后，忽而转头向上，并自下方突破了移动平均线，这是第三个买入信号。

买点④：股价线和移动平均线都在下降，问题在于股价线下降的幅度比较大，远离了移动平均线，表明反弹指日可待，这是第四个买入信号。许多投机者比较喜欢这个介入点，但切记不能恋战，大势不好，久战势必套牢。

四大卖出法则：

卖点①：移动平均线从上升转为平缓，并有转下趋势，而股价线也从平均线上方下落，跌破了平均线，这是第一个卖出信号。

卖点②：股价线和移动平均线很令人失望地下滑，这时股价线自下方上升，但反弹比较软弱，刚想突破移动平均线却无力突破，又掉头向下，这是第二个卖出信号。

卖点③：类似卖点②，股价自下方上升，并突破了仍在下落的移动平均线后，又掉头向下，这是第三个卖出信号。

卖点④：股价一路暴涨，远远超过了虽也在上升的移动平均线，暴涨之后必有暴跌，所以此处是第四个卖出信号，防止暴跌带来的不必要损失。

2) 乖离率

乖离率(BIAS)是测量股价偏离移动平均线大小程度的指标，通过百分比的形式来表示股价与平均移动线之间的差距。计算公式为

$$N\text{日乖离率}=\frac{\text{当日收盘价}-N\text{日移动平均价}}{N\text{日移动平均价}}\times 100\%$$

乖离率的使用法则：

(1) BIAS 指标表示收盘价与移动平均线之间的差距，当股价的正乖离扩大到一定极限时，表示短期获利越大，则获利回吐的可能性越高；当股价的负乖离扩大到一定极限时，则空头回补的可能性越高。

(2) 乖离率可分为正乖离率和负乖离率。若股价大于平均线，则为正乖离；股价小于平均线则为负乖离。当股价与平均线相等时，则乖离率为零。正乖离率越大，表示短期超买越大，则越有可能见顶；负乖离率越大，表示短期超卖越大，则越有可能见底。

(3) 在大势上升时，会出现多次高价，可于先前高价的正乖离点出货。同理，在大势下跌时，会使负乖离率加大，可于前次低价的负乖离率时进场买进。

(4) BIAS 指标的缺陷是买卖信号过于频繁，因此要与其他技术指标搭配使用。

2．超买超卖指标——KDJ

超买超卖指标是投资者最熟悉，最常见的技术指标，尤其是新入市的投资者最先接触的就是这个技术指标。但这个指标先天不足，运用起来，短线信号准确率只有 50%。因此，运用这个指标一定要小心，以免误导自己的投资行为。而在实际运用中，随机指数 KDJ 最受青睐。

KDJ 中文名称为随机指标，是由 George Lane 首创的，最先用于期货市场的分析，后被广泛用于股市的中短期趋势分析，是期货市场和股票市场最常用的技术分析工具。KDJ 指标在应用时主要从五个方面进行考虑：KD 取值的绝对数字；KD 曲线形态；KD 指标的交叉；KD 指标的背离；J 指标的取值大小。

(1) 从 KD 取值的绝对数字考虑。KD 的取值范围都是 0～100，根据取值大小可分为三个区域：超买区、超卖区和徘徊区。80 以上为超买区，20 以下为超卖区，其余是徘徊区。KD 超过 80 就应该考虑卖出，低于 20 考虑买入。这种操作很简单，但又很容易出错，完全按照这种做法进行操作很容易招致损失。这种划分只是一个应用 KD 指标的初步过程，仅仅是信号而已。

(2) 从 KD 指标曲线形态来看，当 KD 曲线出现头肩形和多重顶时，是采取行动的信号。注意这些形态一定要在较高位置或是在较低位置出现，才会更可靠。

(3) 从 KD 指标的交叉方面考虑，K 与 D 的关系如同股价与 MA 的关系一样，也有死亡交叉和黄金交叉，不过这里的交叉应用是很复杂的，还附带很多其他条件。

以 K 从下向上与 D 交叉为例：K 上穿 D 是金叉，为买入信号。但是出现了金叉是否应该买入，还要看别的条件。第一个条件是金叉的位置应该比较低，是在超卖区的位置，越低越好。第二个条件是与 D 相交的次数。有时在低位，K、D 要来回交叉好几次。交叉的次数以两次为最少，越多越好。第三个条件是交叉点相对于 KD 线低点的位置，这就是常说的“右侧相交”原则。K 是在 D 已经抬头向上时才同 D 相交，比 D 还在下降时与之相交要可靠得多。

(4) 从 KD 指标的背离来看，简单说，背离就是走势的不一致。在 KD 处在高位或是低位时，如果出现股价走向的背离，则是采取行动的信号。当 KD 处在高位，并形成了两个依次向下的峰，而此时股价还在一个劲地上涨，这叫顶背离，是卖出信号；与之相反，KD处在低位，并形成了一底比一底高，而股价还在继续下跌，这构成了底背离，是买入信号。

(5) 从 J 的取值来看，当 J 指标超过 100 或是低于 0，都属于非正常区域，一般大于 100 是超买，小于 0 是超卖。

3．压力支撑指标——BOLL

压力支撑指标是各种技术指标中比较简单清楚，分析判断准确率相对较高的一种技术指标。布林线(BOLL)也叫轨道线，虽然也属于压力支撑指标，但同时也具备指示超买、超卖的功能，可以与其他技术指标配合使用。

布林指标在画面上显示出三条延续的线，其中两条上、下线作为压力线和支撑线，一条置于上下线的中心线预示着股价的平均取向，一般来说，股价会运行在压力线和支撑线所形成的通道中。

其应用准则如下：

(1) 当股价向上穿越压力线时，将形成短期回调，为短线卖出时机。

(2) 当股价向下击穿支撑线时，将出现短期反弹，为短线买进时机。

这两者准则用于分时线时，可作为低吸高抛的买卖点，准确率比较高。

(3) 由三条线构成的带状区域在水平方向上逐时向前推移，股价多次向上穿越压力线，说明股价维持在平均线上方，处于强势，暗示未来股价将朝上涨的方向突破，可把握回档时机买入。

(4) 若股价多次向下穿越支撑线，表示股价维持在平均线的下方，处于弱势，暗示未来股价将向下跌的方向突破，应趁反弹抛出。

(5) 当布林线的压力线和支撑线越来越呈收缩状态时，预示着股价将可能发生向上或向下的突变。这主要取决于布林线的收缩方向，当布林线在高价位呈现收缩状时，股价向下突变的可能性极大，反之，当布林线在低位呈现收缩状时，股价向上突变的可能性极大。

(6) 对布林线指标开口逐渐变小的股票，要特别注意。因为此种形态表示股价的涨跌幅度逐渐变小，多空双方力量趋于一致，股价将会选择突破方向，开口越小，突破的力度就越大。

4．趋向指标——MACD

“趋”是事物发展方向的内在运行规律，“向”则是方向，趋向指标就是用来判断股价运行方向规律的指标。趋向指标简单易学，在技术分析中非常重要。

指数平滑异同移动平均线(MACD)分析方法是由杰拉尔德·阿佩尔于 1979 年首先提出的，它是根据每日的收盘价，计算出两条不同速度的加权移动平均线，通过测量两条平均线的差离值来判断买卖时机，是一种极为常见的技术分析方法。

MACD 在应用上应先行计算出快速(一般选 12 日)移动平均值与慢速(一般选 26 日)移动平均值。以这两个数值作为测量两者(快速与慢速线)间的“差离值”依据。所谓“差离值”(DIF)，即 12 日 EMA 数值减去 26 日 EMA 数值。因此，在持续的涨势中，12 日 EMA 在 26 日 EMA 之上。其间的正差离值(+DIF)会愈来愈大。反之在跌势中，差离值可能变负(−DIF)，也愈来愈大。至于行情开始回转，正或负差离值要缩小到一定程度，才真正是行情反转的信号。MACD 的反转信号界定为“差离值”的 9 日移动平均值(9 日

EMA)。在 MACD 的指数平滑移动平均线计算公式中，都分别加 T+1 交易日的分量权值，以现在流行的参数 12 和 26 为例，其公式为

12 日 EMA 的计算：EMA12 = 前一日 EMA12 X 11/13 + 今日收盘 X 2/13

26 日 EMA 的计算：EMA26 = 前一日 EMA26 X 25/27 + 今日收盘 X 2/27

差离值(DIF)的计算： DIF = EMA12 – EMA26。

根据差离值计算其 9 日的 EMA，即离差平均值，是所求的 MACD 值。为了不与指标原名相混淆，此值又名 DEA 或 DEM。

今日 DEA = (前一日 DIF × 8/10 + 今日 DIF × 2/10)

计算出的 DIF 与 DEA 为正或负值，因而形成在 0 轴上下移动的两条快速与慢速线。为了方便判断，用 DIF 减去 DEA，用以绘制柱状图。

MACD 指标是由两线一柱组合起来形成，快速线为 DIF，慢速线为 DEA，柱状图为 MACD。在使用时有如下几种判断准则：

(1) DIF 与 DEA 在 0 轴线之上，市场趋向为多头市场；两者在 0 轴线下方，则为空头市场。DIF 与 DEA 在 0 轴线之上时，操作策略以买入为主，DIF 若向上突破 DEA，可以大胆买入，向下突破时，则只适宜暂时获利了结，进行观望。DIF 与 DEA 在 0 轴线以下时，操作策略以卖出为主，DIF 向下跌破 DEA，可以大胆卖出。

(2) 价格处于上升的多头走势，当 DIF 慢慢远离 DEA，造成两线之间乖离加大，多头应分批获利了结，短线看空。价格处于下跌的空头走势，当 DIF 慢慢远离 DEA，应该分批建仓，短线看多。

(3) “背离信号”的判断。不管是“差离值”的交叉，或“差离值柱线”都可以发现背离信号的使用。所谓“背离”，即在 K 线图上，价位出现一头比一头高的头部，在 MACD 的图形上却出现一头比一头低的头部，这种顶背离信号的产生，意味着较正确的跌势信号；或者，在 K 线图上，价位出现一底比一底低，在 MACD 的图形上却出现一底比一底高，产生底背离，这种背离信号的产生，意味着较正确的买入信号。

市场上最常见的是将 KDJ 和 MACD 结合起来使用，理论上分析，KDJ 指标的超前主要体现在其对股价的反应速度上，但由于其反映速度较快往往造成频繁的买入和卖出，MACD 则因为基本与市场价格同步移动，使发出的信号要求和限制增加，避免了假信号的出现。两者结合起来判断市场的好处是：可以更为准确地把握 KDJ 指标短线买入和卖出信号。同时由于 MACD 指标的特性所反映的中线趋势，利用两个指标可以判断股票价格的中、短期波动。

小 结

通过本章的学习，可以掌握以下内容：

(1) 证券是指各类记载并代表一定权利的法律凭证，它用以证明持有人有权依其所持凭证记载的内容而取得应有的权益，也可以说证券是多种经济权益凭证的统称。

(2) 有价证券是指标有票面金额，用于证明持有人或证券指定人对特定财产拥有所有权或债权的凭证。有价证券是虚拟资本的一种表现形式。有价证券具有产权性、收益性、

流动性、风险性、期限性等特征。

(3) 证券市场是市场经济发展到一定阶段的产物，是为了解决资本供求矛盾和流动性而产生的市场，是指股票、债券、投资基金等有价证券发行和交易的场所。从经济学的角度可定义为：通过自由竞争的方式，根据供需关系而决定有价证券价格的一种交易机制。

(4) 证券市场的功能主要体现在以下几个方面：融通资金、对证券的定价功能、通过价格引导资本流动从而实现资本的合理配置功能、促进公司治理优化功能以及国家宏观调控功能。

(5) 按照《证券法》规定，我国证券公司的业务范围包括：证券经纪、证券投资咨询、与证券投资活动有关的财务顾问、证券承销与保荐、证券自营、证券资产管理、融资融券及其他证券业务。

(6) 证券经纪业务是指证券公司通过其设立的证券营业部，接受客户委托，按照客户要求，代理客户买卖证券的业务。

(7) 证券投资咨询业务是指从事证券投资咨询业务的机构及其咨询人员为证券投资人或者客户提供证券投资分析、预测或者建议等直接或间接有偿咨询服务的活动。

(8) 证券自营业务是指证券经营机构以自己的名义和资金买卖证券从而获取利润的证券业务。

(9) 融资融券业务是指证券公司向客户出借资金供其买入证券或出具证券供其卖出证券的业务。由融资融券业务产生的证券交易称为融资融券交易。融资融券交易分为融资交易和融券交易两类。

(10) 在证券交易所市场，证券交易的基本过程包括开户、委托、成交、结算等几个步骤。

(11) 证券投资分析在投资中占有重要地位，投资分析所采用的方法主要有两类，一类是基本分析，另一类是技术分析。基本分析包括宏观经济分析、行业分析和公司分析。技术分析包括技术分析理论，比如 K 线理论、道氏理论以及对技术指标进行的一系列分析。

练　习

一、单选题

1. 向少数特定的投资者发行，审查条件相对宽松，不采用公示制度的证券是(　　)。

A．国际证券　　B．特定证券　　C．私募证券　　D．固定收益证券

2. 有价证券是(　　)的一种形式。

A．商品证券　　B．权益资本　　C．虚拟资本　　D．债务资本

3. 证券市场按证券品种划分，可以分为(　　)。

A．场内市场和场外市场

B．发行市场和流通市场

C．国内市场和国际市场

D．股票市场、债券市场、基金市场、金融衍生品市场

4. 证券市场的资源配置功能的发挥主要通过(　　)来进行。

A、证券发行数量　　B．证券发行结构　　C．证券价格　　D．投资收益

二、多选题

1．广义的有价证券包括(　　)。

A．实物领取凭证　　B．商品证券　　C．货币证券　　D．资本证券

2．财政政策对股票价格的影响包括(　　)。

A．调整社会经济发展速度，改变企业生产的外部环境，进而影响企业利润和股息

B．通过调节税率影响企业利润和股息

C．干预资本市场各类交易适用的税率，直接影响市场交易和价格

D．国债发行量会改变证券市场的证券供应和资金需求，从而间接影响股票价格

3．利率从(　　)方面影响证券价格。

A．改变资金流向　　B．改变资金数量

C．影响公司的盈利　　D．影响证券供求

4．证券公司的自营业务的投资范围包括(　　)。

A．国际开发机构人民币债券　　B．央行票据

C．金融债券　　D．短期融资券

三、简述题

1．简述证券市场的概念与特征及功能。

2．简述证券公司的自营业务与资产管理业务，并简述两者的区别。

3．简述证券交易程序包括哪些？证券交易费用包括哪些？

4．简述宏观经济分析的意义及主要内容。

5．简述道氏理论的含义，以及道氏理论的优缺点。

第 9 章　期货公司业务

本章目标

- 掌握期货市场的概念、期货交易特征和期货市场主要功能
- 了解期货市场的构成，熟悉四大期货交易所及对应的交易品种
- 熟悉期货合约所包含的各个要素，现行的期货交易制度
- 掌握期货交易流程
- 掌握运用期货交易进行套期保值和套利交易
- 掌握期货行情的基本面分析方法

重点难点

重点：

◈ 期货合约所包含的要素，现行的期货交易制度

◈ 期货交易流程

◈ 利用期货市场进行套利交易

◈ 对期货行情的解读及对行情的分析

难点：

◈ 运用期货市场进行套期保值和套利交易

案例导入

在中国人的世界里，“买卖”一词往往被说成是“炒”，根据买卖标的的不同，叫法也有所不同。买卖股票叫“炒股”，买卖期货叫“炒期货”。对于大多数人而言，炒股已经不算陌生了，但是炒期货却还是一个相对陌生的领域，截至 2013 年，在中国期货市场上，法人客户和个人客户分别为 2.07 万户和 75.17 万户，较 2012 年增幅分别为 4.02%和 7.8%。从股指期货推出的情况看，政府为了严格控制风险，对普通投资者投资股指期货有严格的资金额度等限制(初始资金在 50 万以上)。期货投资人数并未在短时间内出现井喷式的增加。而股票市场的容量则大得惊人，截至 2013 年 3 月份，参与交易的 A 股账户数为 1276.6 万户。相比于股票市场，期货市场的容量根本不在一个数量级上。不过 2013 年中国的期货市场还是取得了长足发展，在品种数量、行业结构、期货公司业务范围和监管理念等层面均实现了突破，市场规模及影响力显著提高。2013 年相继上市了焦煤、动力煤、石油沥青、铁矿石、鸡蛋、粘稻、纤维板、胶合板 8 个商品期货品种和国债期货 1 个金融期货品种，至此，国内期货品种增至 40 个，结构上也已经从单一品种发展到产业链上下游，进一步拓展了服务实体经济的深度和广度。产业链相关企业利用期货市场规避风险的意识显著增强，期货市场套期保值、价格发现的功能得到进一步发挥。

普通民众对期货市场的认识，最有印象的莫过于温家宝总理曾经向香港特首曾荫权询问期货方面的意见，曾荫权当时是这样回答的：“在香港，如果你爱一个人，那你就叫他去炒期货；如果你恨一个人，那你同时也叫他去炒期货。”从这个回答中，我们不难看出，期货就是一把双刃剑，用得好、用得熟，它能让你迅速致富，飞黄腾达；用得不好、用得不熟，它能让你一夜变穷，身败名裂。

问题：从上述材料中归纳总结期货市场具有哪些特征和功能？

9.1 期货市场概述

古人云“万丈高楼平地起”，我们做任何事，都要从最简单最基础的地方做起。无论是学习研究还是实际参与期货市场，都必须对期货交易方式和期货市场运行机制有一个基本的认识。

9.1.1 期货市场的现状和发展

期货与现货相对应，并由现货衍生而来。期货通常指期货合约，期货合约是期货交易场所统一制定的、规定在将来某一特定时间和地点交割一定数量标的物的标准化合约。期货合约包括商品期货合约、金融期货合约及其他期货合约。期货合约中的标的物即为期货品种，期货品种既可以是实物商品，也可以是金融产品。标的物为实物商品的期货合约称为商品期货，标的物为金融产品的期货合约称为金融期货。

期货市场是进行期货交易的场所，是与现货市场相对应的组织化和规范化程度更高的市场形态。广义的期货市场包括交易所、结算所、经纪公司和交易者；狭义的期货市场仅指期货交易所。

1．国际期货市场的发展历程

经过长期的发展，国际期货市场大致经历了由商品期货到金融期货，交易品种不断增加、交易规模不断扩大的过程。

1) 商品期货

商品期货是指标的物为实物商品的期货合约。商品期货历史悠久，种类繁多，主要包括农产品期货、金属期货和能源化工期货等，如图 9-1 所示。

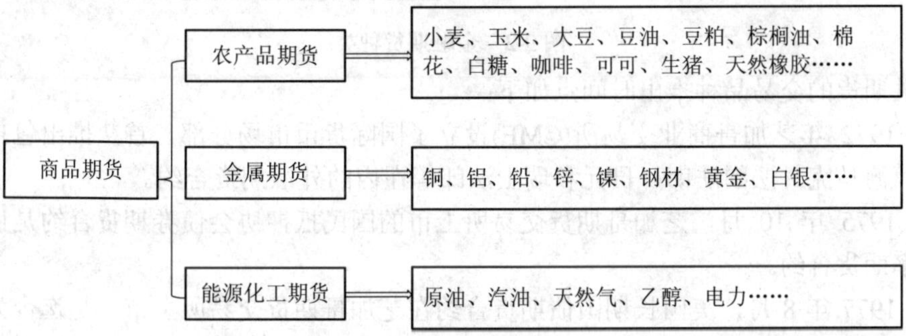

图 9-1　商品期货的种类

(1) 农产品期货。农产品期货是世界上最早上市的期货品种，国际农产品期货市场最早产生于美国芝加哥。1848 年，由 82 位商人发起成功组建了美国第一家中心交易所，即芝加哥期货交易所。随着现货生产和流通的扩大，不断有新的期货品种出现。除小麦、玉米、大豆等谷物期货外，从 19 世纪后期到 20 世纪初，棉花、咖啡、可可等经济作物，黄油、鸡蛋、活牛、生猪等畜禽产品，木材、天然橡胶等林产品期货也陆续上市。

(2) 金属期货。最早的金属期货交易诞生于英国，1876 年成立的伦敦金属交易所(LME)拉开了金属期货交易的序幕，期初主要从事铜和锡的期货交易。1920 年，铅、锌两种金属也陆续上市。该交易所自创建以来一直交易活跃。目前，该交易所上市品种的市场价格依然是国际有色金属市场的“晴雨表”。

美国金属期货的出现晚于英国。纽约商品交易所(COMEX)成立于 1933 年，由经营皮革、生丝、橡胶和金属的交易所合并而成，交易品种有黄金、白银、铜、铝等，其中，1974 年推出的黄金期货合约在 70～80 年代的国际期货市场上有一定的影响。

(3) 能源化工期货。20 世纪 70 年代发生的石油危机给世界石油市场带来了巨大的冲击，油价的剧烈波动直接导致了能源期货的产生。目前，纽约商业交易所(NYMEX)和伦敦洲际交易所(ICE)是世界上最具影响力的能源期货交易所，上市品种有原油、汽油、取暖油、乙醇等。

2) 金融期货

随着第二次世界大战后布雷顿森林体系的瓦解，20 世纪 70 年代初国际经济形势发生剧烈变化，固定汇率制被浮动汇率制所替代，利率管制等金融管制政策逐渐取消。汇率和利率的频繁剧烈波动，促使人们向期货市场寻求避险工具，金融期货应运而生，具体的交易品种如图 9-2 所示。

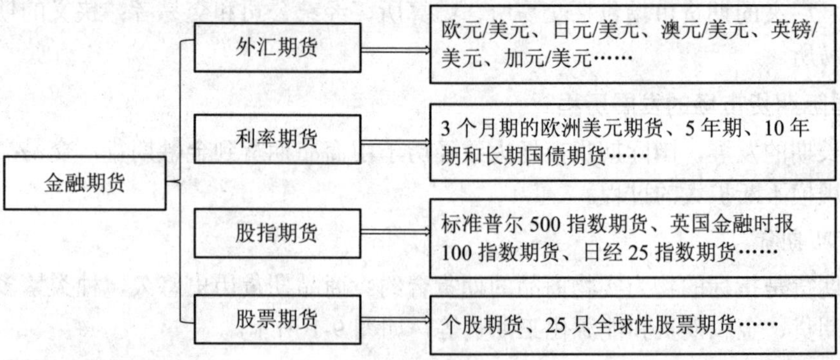

图9-2　金融期货种类

金融期货的交易品种推出时间点如下：

(1) 1972年芝加哥商业交易所(CME)设立了国际货币市场分部，首次推出包括英镑、加元、西德马克、法国法郎、日元和瑞士法郎等在内的外汇期货合约。

(2) 1975年10月，芝加哥期货交易所上市的国民抵押协会债券期货合约是世界上第一个利率期货合约。

(3) 1977年8月，美国长期国债期货合约在芝加哥期货交易所上市，是迄今为止国际期货市场上交易量最大的金融期货合约。

(4) 中国香港于1995年开始个股期货的试点，伦敦国际金融期货期权交易所于1997年进行个股期货交易。

(5) 2002年11月，由芝加哥期权交易所、芝加哥商业交易所和芝加哥期货交易所联合发起的One Chicago交易所也开始交易单个股票期货。

金融期货的出现，使期货市场发生了翻天覆地的变化，彻底改变了期货市场的格局。目前，金融期货已经在国际期货市场上占据了主导地位，对世界经济产生了深远影响。

2. 国际期货市场的发展趋势

期货市场的发展与世界经济的发展紧密联系在一起。从20世纪70年代初布雷顿森林体系解体开始，世界经济呈现出货币化、金融化、自由化、一体化的发展趋势。特别是20世纪末期，全球化发展进程加快，全球市场逐步形成。在这一进程中，国际期货市场的发展呈现出以下特点：

(1) 交易所竞争加剧，服务质量不断提升。随着国际期货市场一体化进程的加快，各国交易所积极开拓国际市场，交易所之间的竞争有所加剧。一方面，各国交易所积极吸引外国投资者参与本国期货交易；另一方，各国交易所纷纷推出以国外金融工具为标的的期货合约。交易所的综合服务包括控制风险的能力、交易成本的降低、结算系统的效率、电子交易系统的服务质量、交易品种的开发、技术服务的创新、为场内交易员提供方便、高效的交易场所等。各交易所纷纷在提高服务质量上做文章，以吸引更多的投资者参与。

(2) 交易中心日益集中。目前，全球大约有百余家期货交易所，但称得上国际期货交易中心的，主要集中在芝加哥、纽约、伦敦、法兰克福等地。值得注意的是，各交易所往往只在某类期货合约或者某个品种上具有影响力，尚没有一家交易所能够在所有期货品种上均具有国际影响力。中国的商品期货市场发展迅猛，已经成为全球交易量最大的商品期货市场。

(3) 改制上市成为潮流。近年来，公司制改革和公开发行上市成为全球交易所发展的一个新的方向。2000 年 3 月，我国的香港联合交易所与香港期货交易所完成股份化改造，并与香港中央结算有限公司合并，成立香港交易及结算所有限公司，于 2000 年 6 月在香港交易所上市。纽约—泛欧交易所集团成为一家完全合并的交易所集团，于 2007 年 4 月 4 日在纽约证券交易所和欧洲交易所同时挂牌上市。

(4) 交易所合并愈演愈烈。各交易所纷纷以合并的方式扩大自身规模并提升市场影响力。2007 年，芝加哥商业交易所和芝加哥期货交易所合并组成 CME 集团，2008 年纽约商业交易所和纽约商品交易所又加入进来，形成了基本统一的芝加哥期货市场，目前，CME 集团已经成为全球最大的衍生品交易所集团。在世界其他地区，甚至出现了跨大洲兼并的案例。2012 年，我国香港交易及结算所有限公司以 13.88 亿英镑的价格收购英国伦敦金属交易所，表明中国也开始积极介入国际期货市场的兼并浪潮中。

(5) 金融期货发展势不可挡。近 20 年来，金融期货品种的交易量已经远超商品期货，上市品种呈现金融化的趋势。

(6) 交易方式不断创新。交易方式的发展与科学技术进步是同步的。传统的期货交易以场内喊话的方式为主，这种方式受到交易场地等因素的限制。随着计算机和通讯技术的发展，电子化的交易方式能够打破时空的限制，只要投资者的计算机终端与交易所主机联网，就可以向主机传输买卖合约的信息，由主机撮合成交，大大提高了价格信息的传递速度和交易效率。

3. 中国期货市场的发展

中国的期货市场大致经历了以下三个发展阶段：

(1) 初创阶段(1990～1993 年)。1990 年 10 月 12 日，郑州粮食批发市场经国务院批准，以现货交易为基础，引入期货交易机制，作为我国第一个商品期货市场开始运行。1991 年 6 月 10 日，深圳有色金属交易所宣告成立，并于 1992 年 1 月 18 日正式开业。同年 5 月 28 日，上海金属交易所开业。1992 年 9 月，我国第一家期货经纪公司——广东万通期货经纪公司成立。

由于人们在认识上的偏差，尤其是受到部门和地方利益的驱使，各地各部门纷纷创办各式各样的期货交易所，到 1993 年下半年，全国各类期货交易所达 50 多家，期货经纪机构近千家。当时对期货市场的功能、风险认识不足，法律监管严重滞后，期货市场一度陷入一种无序状态，多次酿成期货市场风险。

经典案例

“3 · 27”国债事件

1992 年 12 月 28 日，上海证券交易所首先向证券商自营推出了国债期货交易。但由于国债期货不对公众开放，交投极其清淡，并未引起投资者的兴趣。1993 年 10 月 25 日，上交所国债期货交易向社会公众开放。与此同时，北京商品交易所在期货交易所中率先推出国债期货交易。1994 年至 1995 年春节前，国债期货飞速发展，全国开设国债期货的交易场所从两家陡然增加到 14 家。由于股票市场的低迷和钢材、煤炭、食糖等大宗商品期货品种相继被暂停，大量资金云集国债期货市场尤其是上海证券交易所。1994 年全国国债期货市场总成交量达 2.8 万亿元。1995 年 2 月 23 日，财政部公布的 1995 年新债发行量被市场人士视为利多，加上“3 · 27”国债本身贴息消息日趋明朗，致使全国各地国债期货市场均出现向上突破行情。上证所“3 · 27”合约空方主力在 148.5 元封盘失败，行情飙升后蓄意违规，在 16 点 22 分之后，空方主力大量透支交易，以千万手的巨量空单，将价格由 151.3 元打压至 147.5 元，使当日开仓的多头全线爆仓。这一事件能够发生是因为当时保证金根本没有，一句话，是透支交易。“3 · 27”风波之后，各交易所采取了提高保证金比例、设置涨停板等措施以抑制国债期货的投机氛围。但因国债期货的特殊性和当时的经济形势，其交易中仍风波不断，1995 年 5 月 17 日，中国证监会鉴于中国目前尚不具备开展国债期货的基本条件，作出了暂停国债期货交易试点的决定。至此，中国第一个金融期货品种宣告夭折。

资料来源：金融界股票频道

(2) 治理整顿阶段(1993～2000 年)。1993 年 11 月，国务院发布了《关于制止期货市场盲目发展的通知》，提出了“规范起步、加强立法、一切经过试验和从严控制”的原则，标志着第一轮治理整顿的开始。在治理整顿中，首当其冲的是对期货交易所的清理，15 家交易所被作为试点保留下来。1998 年 8 月，国务院发布了《关于进一步整顿和规范期货市场的通知》，开始了第二轮治理整顿。1999 年期货交易所数量再次精简至 3 家，分别是郑州商品期货交易所、大连商品期货交易所和上海期货交易所，期货品种也由 35 个降至 12 个。1999 年，期货经纪公司最低注册资本金提高到 3000 万元人民币。两次治理整顿结果如表 9-1 所示。

表 9-1 中国期货交易所和期货品种的治理整顿

项目	第一次清理整顿	第二次清理整顿	
期货交易所	由清理前的 50 多家缩减为 15 家，对期货交易所进行会员制改造	由 15 家精简合并为 3 家	上海期货交易所 SHFE
			大连商品交易所 DCE
			郑州商品交易所 CZCE
期货品种	期货品种缩减至 35 个	期货品种削减为 12 个	SHFE：铜、铝、胶合板、天然橡胶、籼米
			DCE：大豆、豆粕、啤酒大麦
			CZCE：小麦、绿豆、红小豆、花生仁

为了规范期货市场行为，国务院及有关政府部门先后颁布了一系列法规，对期货市场的监管力度不断加强。2000 年 12 月，中国期货业协会成立，标志着我国期货行业自律管理组织的诞生，从而将新的自律机制引入监管体系。

(3) 规范发展阶段(2000 年～至今)。进入 21 世纪以来，“稳步发展”成为中国期货市场的主题。在这一阶段，中国期货市场走向法制化和规范化，监管体制和法规体系不断完善，新的期货品种不断推出，期货交易量实现恢复性增长后连创新高。

中国期货保证金监控中心于 2006 年 5 月成立，作为期货保证金安全存管机构，保证金监控中心在有效降低保证金被挪用的风险、保证期货交易资金安全以及维护投资者利益等方面发挥了重要作用。中国金融期货交易所于 2006 年 9 月在上海挂牌成立，并分别于

2010年4月和2013年9月，推出沪深300股指期货和5年期的国债期货。对于丰富金融产品，为投资者开辟更多的投资渠道，完善资本市场体系，发挥资本市场功能，以及深化金融体制改革具有重要意义。同时，也标志着中国期货市场进入了商品期货与金融期货共同发展的新阶段。

2004年，国家推出“国九条”，提出：“稳步发展期货市场。在严格控制风险的前提下，逐步推出为大宗商品生产者和消费者提供发现价格和套期保值功能的商品期货品种。”在这一政策指引下，经过多年发展，期货市场在行业结构、品种数量、业务范围和监管理念等方面实现了极大突破，成为有效服务国民经济的专业市场。

2014年5月9日，国务院印发了《关于进一步促进资本市场健康发展的若干意见》，市场称之为“新国九条”。《意见》中提到推进期货市场建设，首先是发展商品期货市场，以提升产业服务能力和配合资源性产品价格形成机制改革为重点，继续推出大宗资源性产品期货品种，发展商品期权、商品指数、碳排放权等交易工具，充分发挥期货市场价格发现和风险管理功能，增强期货市场服务实体经济的能力。允许符合条件的机构投资者以对冲风险为目的使用期货衍生品工具，取消对企业运用风险管理工具的不必要限制。其次是建设金融期货市场，配合利率市场化和人民币汇率形成机制改革，适应资本市场风险管理需要，平稳有序发展金融衍生产品。逐步丰富股指期货、股指期权和股票期权品种。逐步发展国债期货，进一步健全反映市场供求关系的国债收益率曲线。最后是提高证券期货服务业竞争力。

新“国九条”作为中国资本市场新一轮大发展的顶层设计，不仅开启了期货行业的新征程，也赋予了期货行业新的定位，在期货市场品种建设、业务准入、场内外市场格局和互联网金融等方面勾勒出未来期货市场的发展蓝图，此外《期货法》也正在制订过程中，这些都为期货市场的未来发展指明了方向，期货行业将迈入黄金十年。

9.1.2　期货交易的特征

期货交易是在现货交易、远期交易的基础上发展起来的，期货交易的基本特征可以归纳为以下几个方面。

1. 合约的标准化

期货合约是由交易所统一制定的标准化远期合约。在合约中，标的物的数量、规格、交割时间和地点等都是既定的。这种标准合约给期货交易带来极大的便利，交易双方不需要事先对交易的具体条款进行协商，从而节约了交易成本、提高了交易效率和市场流动性。

2. 双向交易和对冲机制

双向交易，也就是期货交易者既可以买入期货合约作为期货交易的开仓(称为买入建仓)，也可以卖出期货合约作为交易的开仓(称为卖出建仓)，也就是通常所说的“买空卖空”。与双向交易的特点相联系的还有对冲机制，在期货交易中大多数交易者并不是通过合约到期时进行实物交割来履行合约，而是通过与建仓时的交易方向相反的交易来解除履约责任。具体说就是买入建仓之后可以通过卖出相同合约的方式解除履约责任，卖出建仓后可以通过买入相同合约的方式解除履约责任。期货交易的双向交易和对冲机制的特点，吸引了大量期货投机者参与交易，因为在期货市场上，投机者有双重的获利机会，期货价格上升时，可以低买高卖来获利，价格下降时，可以通过高卖低买来获利，并且投机者可以通过对冲机制免除进行实物交割的麻烦，投机者的参与大大增加了期货市场的流动性。

3. 杠杆机制

期货交易实行保证金制度，也就是说交易者在进行期货交易时需交纳少量的保证金，一般为成交合约价值的 5%～15%，就能完成数倍乃至数十倍的合约交易，期货交易的这种特点吸引了大量投机者。期货交易具有以少量资金就可以进行较大价值额的投资特点，被形象地称为“杠杆机制”。期货交易的杠杆机制使期货交易具有高收益高风险的特点。

4. 每日无负债结算制度

期货交易实行每日无负债结算，也称为逐日盯市(Marking to Market)，也就是在每个交易日结束后，对交易者当天的盈亏状况进行结算，在不同交易者之间根据盈亏进行资金划转，如果交易者亏损严重，保证金账户资金不足时，则要求交易者必须在下一日开市前追加保证金，以做到“每日无负债”。期货市场是一个高风险的市场，为了有效地防范风险，将因期货价格不利变动给交易者带来的风险控制在有限的幅度内，从而保证期货市场的正常运转。

9.1.3 期货市场的功能与作用

虽然期货市场是零和游戏的市场，在不考虑交易成本情况下，赚钱人所赚的钱与亏钱人所亏的钱总量完全相等，但这并不意味着期货市场仅仅提供投机者对赌的市场，相反，期货市场在国民经济中扮演着相当重要的角色，它是我国完备的金融市场体系不可缺少的组成部分。期货市场具有三大功能，即价格发现功能、规避风险功能和资产配置功能。

1. 价格发现功能

自期货交易产生以来，价格发现功能逐渐成为期货市场的重要经济功能。所谓价格发现功能是指在一个公开、公平、高效、竞争的期货市场中，参与期货交易者众多，都按照各自认为最合适的价格成交，因此期货价格可以综合反映出供求双方对未来某个时间的供求关系和价格走势预期，具有真实性、预期性、连续性和权威性的特点，能够比较真实反映未来商品价格变动的趋势。期货市场之所以具有价格发现功能，是因为期货价格的形成具有以下特点：

(1) 期货交易的透明度高。期货市场遵循公开、公平、公正原则，交易指令在高度组织化的期货交易所内撮合成交，所有期货合约的买卖都必须在期货交易所内公开竞价进行，不允许进行场外交易，避免了一对一的现货交易中容易产生的欺诈和垄断。

(2) 供求集中，市场流动性强。期货交易的参与者众多，如商品生产商、销售商、加工商、进出口商以及数量众多的投机者等。这些套期保值者和投机者通过经纪人聚集在一起竞争，期货合约的市场流动性大大增强，这就克服了现货交易缺乏市场流动性的局限，有助于价格的形成。

(3) 信息质量高。期货价格形成过程是收集信息、输入信息、产生价格的连续过程，信息的质量决定了期货价格的真实性。由于期货交易者大都熟悉某种商品行情，有丰富的经营知识和广泛的信息渠道及一套科学的分析、预测方法，他们把各自的信息、经验和方法带到市场上来，结合自己的生产成本、利润预期，对商品供需和价格走势进行判断、分析、预测，报出自己的理想价格。与众多对手竞争形成的期货价格实际上反映了大多数人的预期，具有权威性，能够比较真实代表供求变动趋势。

(4) 价格报告的公开性。期货交易所的价格报告制度规定所有在交易所达成的每一笔新交易的价格，都要向会员及其场内经纪人及时报告并公之于众。通过发达的传播媒介，交易者能够及时了解期货市场的交易情况和价格变化，及时对价格的走势做出判断，并进一步调整自己的交易行为。这种价格预期的不断调整，最后反映到期货价格中，进一步提高了期货价格的真实性。

(5) 期货价格的预期性。期货合约是一种远期合约，期货合约包含的远期成本和远期因素必然会通过期货价格反映出来，即期货价格反映出众多的买方和卖方对于未来价格的预期。

(6) 期货价格的连续性。期货价格是不断地反映供求关系及其变化趋势的一种价格信号。期货合约的买卖转手相当频繁，这样连续形成的价格能够连续不断地反映市场的供求情况及变化。

由于期货价格的形成具有上述特点，所以能比较准确、全面地反映真实的供需情况及变化趋势，并能对生产经营者有较强的指导作用。世界上很多生产经营者虽未涉足期货交易，也没有和期货市场发生直接关系，但他们都在利用期货交易所发现的价格和所传播的市场信息来制定各自的生产经营决策。例如，生产商根据期货价格的变化来决定商品的生产规模；在贸易谈判中，大宗商品的成交价格往往是以期货价为依据来确定的。

2. 规避风险的功能

在市场经济中，供求因素的变化、市场竞争的日益激烈，使商品生产经营活动不可避免地遇到各种各样的风险，如信用风险、经营风险、价格风险等，其中经常面临的风险就是价格风险。在实际的生产经营过程中，为避免商品价格的变化导致成本上升或利润下降，可利用期货交易进行套期保值，即在期货市场上买进或卖出与现货市场上数量相等但交易方向相反的商品，使两个市场交易的损益相互抵补。期货市场规避风险的功能，为生产经营者回避、转移或者分散价格风险提供了良好途径，这也是期货市场得以发展的主要原因。

套期保值有两种基本形式，买入保值和卖出保值。买入保值是指交易者先在期货市场买入期货，以便将来在现货市场中买入现货时不致因价格上涨而给自己造成经济损失的一种套期保值方式。卖出保值按照同理可以分析。套期保值交易之所以有助于回避价格风险，达到保值的目的，是因为期货市场上存在以下两种经济规律。

(1) 同种商品的期货价格走势与现货价格走势基本一致。

现货市场与期货市场虽然是两个独立的市场，但由于某一特定商品的期货价格和现货价格在同一时空内，会受相同的经济因素的影响和制约，因而一般情况下两个市场的价格变动趋势相同。套期保值就是利用这两个市场上的价格关系，分别在期货市场和现货市场做方向相反的买卖，取得在一个市场上出现亏损的同时，在另一个市场上盈利的结果，以达到锁定成本的目的。

(2) 现货市场与期货市场价格随期货合约到期日的临近，有两者合二为一的趋势。

期货交易的交割制度保证了现货市场价格与期货市场价格随期货合约到期日的临近而逐渐接近，最终合二为一。期货交易规定合约到期时，必须进行实物交割或差价结算。到交割时，如果期货价格与现货价格不同，例如期货价格高于现货价格，就会有套利，买入低价现货，卖出高价期货，以低价买入的现货在期货市场上高价抛出，在无风险的情况下实现盈利。这种套利交易最终使期货价格与现货价格趋于相同。

正是上述经济原理的作用，使得套期保值能够起到为商品生产经营者最大限度地降低价格波动所带来的风险，保障生产经营活动的稳定进行。

3．资产配置的功能

随着金融期货的迅猛发展以及大宗商品交易金融化程度的提高，期货也被越来越多的机构和个人作为资产配置的重要组成部分，期货市场也相应地具备了资产配置的功能。期货作为资产配置工具，不同的品种有各自的优势。首先，商品期货能够以套期保值的方式为现货资产对冲风险，从而起到稳定收益、降低风险的作用。其次，商品期货是良好的保值工具，经济危机以来，各国为刺激经济纷纷放松银根，造成流动性过剩，通货膨胀压力增大，而期货合约的背后是现货资产，期货价格也会随着投资者的通货膨胀预期而水涨船高。因此，持有期货合约能够在一定程度上抵消通货膨胀的影响，特别是贵金属期货，能够以比投资现货低很多的成本为投资者实现资产保值。最后，将期货纳入投资组合能够实现更好的风险——收益组合，期货交易方式更加灵活，能够与其他资产创造出多种投资组合，从而满足不同风险偏好的投资者需求。

4．期货市场的作用

期货市场的作用是期货市场功能的外在表现，其发挥的程度依赖于社会、经济、政治等外部条件的完善程度。综合来看，期货市场作用可分为宏观和微观两个层面。

1) *期货市场在宏观经济中的作用*

(1) 减少价格波动对经济的冲击。期货品种涉及农产品、金属、能源、金融等行业，期货交易为这些行业提供了分散、转移价格风险的工具，有利于减少价格波动对行业发展的不利影响。例如，以芝加哥期货交易所为代表的农产品期货市场促进了美国农业产业结构的调整，保证了农产品价格的基本稳定。

(2) 为政府宏观调控提供参考依据。为了促进和引导国民经济的快速增长与协调发展，政府需要制定一系列的宏观经济政策。由于现货市场的价格信息具有短期性的特点，仅反映一个时点的供求状况，以此作参考制定的政策具有滞后性。而期货交易是通过对大量信息进行加工，进而对远期价格进行预测的一种竞争性经济行为，它所形成的未来价格信号能够反映多种生产要素在未来一定时期的变化趋势，具有超前性。政府可以依据期货市场上的价格信号制定和调整宏观经济政策。例如，上海期货交易所的铜、铝、锌等期货报价已经为国家所认可，成为资源定价的依据，并在国际上产生影响。

(3) 促进本国经济的国际化发展。标准化的期货合约交易，为期货交易成为全球无差别性的交易方式提供了条件，同时，期货交易具有公开、公平、公正的特点，其市场透明度高，形成的价格是国际贸易中的基准价格，使期货市场成为各个国家合理配置资源的基础。利用期货市场能够把国际、国内两个市场联系起来，促进本国经济国际化发展。

(4) 有助于市场经济体系的建立和完善。市场经济体系是相互关联、有机结合的市场群体，不仅包括商品市场，也包括生产要素市场以及金融市场。其中，期货市场是市场经济发展到一定历史阶段的产物，是市场体系中的高级形式。市场体系的发展创新主要是指期货市场的发展和创新。从另一个角度来说，现货市场和期货市场是市场经济体系的两个重要组成部分，建立由现货市场和期货市场共同构成的市场体系，能够真正发挥市场全面性、基础性的调节作用。同时，期货市场的形成和高效安全运行大大增强了金融市场和商品市场的关联度，提高了市场体系的运行效率，降低了交易成本，提高了市场优化经济资源配置的能力。因此，期货市场有助于市场经济体系的建立和完善。

2) 期货市场在微观经济中的作用

(1) 锁定生产成本，实现预期收益。利用期货市场进行套期保值，可以帮助生产经营者规避现货市场的价格风险，达到锁定生产成本、实现预期收益的目的。在美国，大多数农场主通过直接或间接进入期货市场进行套期保值交易。在我国，尽管期货市场建立的时间不长，但随着市场经济体制的逐步确立，企业面临的市场风险增大，许多企业开始利用期货市场进行套期保值交易，如中粮集团、江西铜业、中纺集团等大型国有企业多年利用期货市场开展套期保值业务，取得了不错的经济效益。

(2) 利用期货价格信号，调整现货生产。期货市场具有价格发现功能，对现货商品的未来价格走势有一定的预期性，利用期货市场的价格信号，有助于生产经营者调整相关产品的生产计划，避免生产的盲目性。例如，我国大连商品期货交易所大豆期货价格对东北大豆生产区的生产以及大豆产业都起到了重要的指导作用，成为全国大豆市场的主导价格。上海期货交易所的铜、铝、锌等期货价格已经成为有色金属行业的定价基准。郑州商品交易所的白糖、棉花、小麦等期货价格的权威性也日益显现。

(3) 期货市场拓展了现货销售和采购渠道。在现货市场不完善的情况下，持有或需要现货的生产经营者利用期货市场进行实物交割，可以弥补现货市场流通功能的不足，企业通过期货市场销售和采购现货的最大好处是严格履约、资金安全、质量有保证，还可以降低库存，节约采购费用。

(4) 期货市场促使企业关注产品质量问题。在市场经济中，提高产品质量、树立企业信誉是企业生存之本。在期货市场中，期货交易品种的交割等级是标准化的，其质量、规格等都有严格的规定，通过对不同交割品级升水的确定，体现了优质优价的市场法则，这为生产企业提高其产品质量起到了促进作用。例如，江西铜业公司的"贵冶"牌电解铜在上海期货市场一度被评为贴水级，该公司通过一系列改进措施使产品质量大大提高，其产品不但在国内期货市场成为升水交割品，而且也成为我国第一个在伦敦金属交易所注册的交割品牌。

9.1.4　期货市场的构成

期货市场主要由期货交易所、期货结算机构、期货公司等中介机构和期货交易者四部分组成。

1. 期货交易所

期货交易所是为期货交易提供场所、设施、相关服务和交易规则的机构，它自身并不参与期货交易。在当前市场经济条件下，期货交易所已成为具有高度系统性和严密性、高度组织化和规范化的交易服务组织。期货交易所通常具有以下五个重要职能。

(1) 提供交易的场所、设施和服务。

期货交易实行场内交易，即所有买卖指令必须在交易所内进行集中竞价成交。因此，期货交易所必须为期货交易提供交易场所、必要的设施、先进的通讯设备、现代化的信息传递和显示设备等一整套硬件设施，再辅助于完备、周到的配套服务，以保证集中公开的期货交易能够有序运行。

(2) 设计合约、安排合约上市。

制定标准化合约，及时安排合约上市是期货交易所的主要职能之一。期货交易所应结合市场需求开发期货品种，精心设计并选择合适的时间安排新的期货合约上市，增强期货市场服务国民经济的功能，同时科学合理地设计合约的具体条款，满足交易者的投资需求，并安排合约的市场推广。

(3) 制定并实施期货市场制度与交易规则。

根据国务院颁布的《期货交易管理条例》及中国证监会发布的《期货交易所管理办法》等法规，期货交易所建立了交易运作和管理的规章制度体系。期货交易所通过制定保证金制度、涨跌停板制度、持仓限额制度、大户持仓报告制度、强行平仓制度、当日无负债结算制度、风险准备金制度等一系列制度，从市场的各个环节控制市场风险，保障期货市场的平稳、有序运行。

(4) 组织并监督期货交易，监控市场风险。

在制定相关期货市场制度与交易规则的基础上，期货交易所组织并监督期货交易，通过实时监控、违规处理、市场异常情况处理等措施，保障相关期货市场制度和交易规则的有效执行，动态监控市场的风险状况并及时化解和防范市场风险。

(5) 发布市场信息。

期货交易所要及时把本交易所内形成的期货价格和相关信息向会员、投资者及公众公布，以保证信息的透明度。

2. 中国境内的期货交易所

1) 境内期货交易所的组织形式

按照《期货交易管理条例》的规定，期货交易所可以采用会员制或公司制的组织形式。会员制期货交易所的注册资本划分为均等份额，由会员出资认缴。公司制期货交易所采用股份有限公司的组织形式。我国四家期货交易所采取不同的组织结构，其中，郑州商品交易所、大连商品交易所和上海期货交易所采用的是会员制，而中国金融期货交易所采用的是公司制。

2) 境内四大期货交易所概况

我国境内现有郑州商品交易所、大连商品交易所、上海期货交易所和中国金融期货交易所四家期货交易所。

(1) 郑州商品交易所。郑州商品交易所是在郑州粮食批发市场的基础上发展起来的，成立于 1990 年 10 月 12 日，最初开展即期现货交易，之后开展现货远期交易，1993 年 5 月 28 日正式推出标准化期货合约，实现了由现货远期到期货的转变。

郑州商品交易所实行会员制。会员大会是交易所的权力机构，由全体会员组成。理事会是会员大会常设机构，下设战略发展、品种、监察、交易、交割、会员资格审查、调解、财务、技术、结算等10个专门委员会。截至2014年6月底，郑州商品交易所共有会员202家，分布在全国27个省(市)、自治区。其中期货公司会员161家，占会员总数的80%；非期货公司会员41家，占会员总数的20%。

郑州商品交易所目前上市交易期货品种有普通小麦、优质强筋小麦、早籼稻、晚籼稻、粳稻、棉花、油菜籽、菜籽油、菜籽粕、白糖、动力煤、甲醇、精对苯二甲酸(PTA)、玻璃、硅铁和锰硅。基本形成的综合性品种体系覆盖了农业、能源、化工、建材和冶金等国民经济重要领域。

(2) 大连商品交易所。大连商品交易所成立于1993年2月28日，并于同年11月18日正式开业，是经国务院批准并由中国证监会监督管理的四大期货交易所之一，也是中国东北地区唯一一家期货交易所。目前上市交易品种有玉米、黄大豆1号、黄大豆2号、豆粕、豆油、棕榈油、鸡蛋、纤维板、胶合板、线型低密度聚乙烯、聚氯乙烯、聚丙烯、焦炭、焦煤和铁矿石共计15个期货品种。

经过二十多年的发展，大连商品交易所已经成为我国重要的期货交易中心。截至2013年末，交易所共有会员173家，指定交割库182个，全年期货成交量和成交额分别达到14.01亿手和94.31万亿元。根据美国期货业协会FIA公布的全球主要衍生品交易所成交量排名，大连商品交易所在全球排名第11位。

(3) 上海期货交易所。1998年8月，上海期货交易所由上海金属交易所、上海粮油商品交易所和上海商品交易所合并组建而成，于1999年12月正式营运。目前有会员200多家，其中，期货公司会员占80%以上，并在全国各地开通远程交易终端700多个。

目前上海期货交易所上市品种有黄金、白银、铜、铝、锌、铅、螺纹钢、线材、燃料油、天然橡胶、石油沥青、热轧卷板等12个，并推出了黄金、白银和有色金属的连续交易。随着市场交易的持续活跃和规模的稳步扩大，相关期货品种的影响力显著增强，如铜期货价格作为世界铜市场三大定价中心权威报价之一的地位进一步巩固；天然橡胶期货价格得到国内外各方的高度关注；黄金期货的上市，为促进黄金市场的发展，增进商品期货市场与金融市场的联系开辟了新的途径；黄金、白银和有色金属的连续交易上线运行，促进了相关品种国内外价格的及时联动，增强了我国期货市场的价格影响力，并为投资者实时进行风险管理提供了便利。

(4) 中国金融期货交易所。中国金融期货交易所是经国务院同意，中国证监会批准，由郑州商品交易所、大连商品交易所、上海期货交易所、上海证券交易所和深圳证券交易所共同发起设立的，于2006年9月8日在上海成立，注册资本为5亿元人民币。中国金融期货交易所的成立，对于深化金融市场改革，完善金融市场体系，发挥金融市场功能，具有重要的战略意义。

中国金融期货交易所实行结算会员制度，会员分为结算会员和非结算会员，结算会员按照业务范围分为交易结算会员、全面结算会员和特别结算会员。实行结算会员制度，形成多层次的风险控制体系，强化了中国金融期货交易所的整体抗风险能力。截至2012年9月份，中金所会员总数已达146家。其中，全面结算会员15家，交易结算会员61家，交易会员70家。

目前，中国金融期货交易所品种有三个，第一个是在2010年4月份推出的沪深300

指数期货合约，以沪深 300 指数为标的，沪深 300 指数是由上海和深圳证券市场中选取最具代表性的 300 只 A 股作为样本编制而成的成分股指数，其样本市值约占整个股票市场的六成左右，具有良好的代表性。其中沪市有 179 只，深市 121 只；第二个品种是在 2013 年 9 月 6 日新上市的 5 年期国债期货，面值为 100 万元人民币、票面利率为 3%的名义中期国债；第三个是在 2015 年 3 月 20 日挂牌交易的 10 年期国债期货，面值为 100 万元人民币、票面利率为 3%的名义长期国债。

3．期货结算机构

期货结算机构是负责交易所期货交易的统一结算、保证金管理和结算风险控制的机构，其主要职能包括：担保交易履约、结算交易盈亏和控制市场风险。

(1) 担保交易履约。

当期货交易成交之后，买卖双方交纳一定的保证金，结算机构就承担起保证每笔交易按期履约的责任。交易双方并不发生直接关系，只和结算机构发生关系，结算机构成为所有合约卖方的买方和所有合约买方的卖方。如果交易一方违约，结算机构将先代替其承担履约责任，由此可大大降低交易的信用风险。也正是由于结算机构替代了原始对手，结算会员及其客户才可以随时对冲合约而不必征得原始对手的同意，使得期货交易的对冲平仓方式得以实施。

(2) 结算交易盈亏。

结算交易盈亏是指每一个交易日结束后，期货结算机构对会员的盈亏进行计算，计算完成后，采用发放结算单或电子输送等方式向会员提供当日盈亏等结算数据，会员以此作为对客户结算的依据。

(3) 控制市场风险。

结算机构担保履约通常是通过对会员保证金的结算和动态监控实现的。在此过程中，尽管市场状况是不断变化的，但结算机构要求会员的保证金必须处在规定的水平上。当市场价格不利变动导致亏损，使会员的保证金不能达到规定水平时，结算机构会向会员发出追加保证金的通知。会员收到通知书后必须在下一个交易日规定时间内将保证金缴齐，否则结算机构有权对其持仓进行强行平仓。结算机构通过对会员保证金的管理，有效控制市场风险，以保证期货市场的平稳运行。

期货结算机构的组织形式根据与期货交易所的关系不同，大致可分为两种，一种是结算机构是某一交易所的内部机构，只为该交易所提供结算服务，这种形式使得结算机构直接受控于交易所，便于交易所掌握市场参与者的资金情况，可以根据交易者的资金和头寸情况及时控制市场风险，目前我国的结算机构组织形式采用这种模式。另一种是结算机构是独立的结算公司，可为一家或多家期货交易所提供结算服务。这种形式可保持交易和结算的相互独立性，有针对性地防止某些期货交易在利益的驱使下可能出现的违规操作行为。交易所和结算机构各为独立法人，所以需要付出一定的沟通和协调成本。

4．期货公司

期货公司是依法设立的、接受客户委托、按照客户的指令、以自己的名义为客户进行期货交易并收取手续费的中介组织，交易结果由客户承担。期货公司作为场外期货交易者与期货交易所之间的桥梁和纽带，属于非银行金融服务机构。其主要职能包括：根据客户指令代理买卖期货合约、办理结算和交割手续；对客户账户进行管理，控制客户交易风险；为客户提供期货市场信息，进行期货交易咨询，充当客户的交易顾问等。

1) 期货公司业务部门及主要职能

期货公司一般设置如下业务部门：人力资源部、财务部、技术部、稽核部、合规部、结算部、交割部、交易部、风险控制部、研发部、行政部、客户服务部等。各部门的主要职责有以下几个方面。

(1) 人力资源部职责：员工的聘用、培训、辞退与辞职；员工的薪酬、考核、晋升与奖惩；落实关键岗位员工的强制休假制度和定期岗位轮换制度；掌握国家秘密或重要商业秘密的员工离岗的限制性规定；落实有关人力资源管理的其他政策。

(2) 财务部主要职责：正确进行会计核算，对公司的各项财务收支和经济活动进行反映和监督，定期编制各项财务报表和监管报表；合理调度资金，为客户出入金等提供相关服务；组织公司的成本管理工作，进行成本预算、控制、核算、分析和考核，对企业现在和未来的财务状况及盈利能力作出评价；单独设立每个客户的保证金账户，封闭运行。

(3) 技术部的主要职责：管理系统的运行维护工作，进行日常监控；应用管理系统的建设、维护及运行工作，提交系统运行评估报告；组织实施业务需求的开发工作，自主开发满足业务的软件，或与开发商或外包商积极沟通完成软件系统的开发工作；负责系统选型的测试；数据库软件的安装、升级维护工作；数据库系统的参数配置权限管理；对后台数据库系统提供维护支持，提出数据库系统维护方案，按要求定期或不定期进行系统优化，及时处理故障，进行数据备份，保障交易业务系统的正常运行。

(4) 稽核部的主要职责：期货公司之间或者期货公司与客户之间发生期货业务纠纷的，可以提交中国期货业协会、期货交易所调解处理。

(5) 合规部的主要职责：对期货公司经营管理行为合法合规进行审查和稽核。

(6) 结算部的主要职责：对接交易所、中国期货保证金监控中心、期货公司与客户之间的往来账目结算，每日收盘后都要理清各方面的账目关系。结算部承担着期货公司对全体客户的结算职能，每个交易日根据交易结果和交易所的有关规定对客户的交易保证金、盈亏、手续费和其他有关事项进行计算、划拨，结算结果及时报送中国期货保证金监控中心，以便投资者查询，且以账单或电子传输方式送达客户。

(7) 交割部的主要职责：负责到期未平仓期货合约的标的商品交收和货款的交接，处理有关交收文件和货物往来。有的期货公司将结算部和交割部合并为一个部门。

(8) 交易部的主要职责：负责代理客户交易，即将客户指令下达到期货交易所内，将成交状况及时传达给客户。

(9) 风险控制部的主要职责：控制客户资金的风险，需要非常熟悉交易所的交易规则及期货公司的风险控制管理办法。

(10) 研发部的主要职责：负责收集、分析、研究期货市场的信息，进行市场分析与预测，研究期货市场及本公司的发展规划等。具体来看，就是密切关注宏观经济政策与行业发展动态，针对热点问题进行研究，为高端客户提供及时、准确的信息与各种专项报告以及投资策略；收集经济、金融与商品信息，并构建与完善数据库；提供商品期货和金融衍生品的研究日报、周报、月报和年报；负责公司网站的建设和维护；协调业务部门对目标客户进行开发与咨询；配合公司对客户、系统内员工进行期货知识培训或专题培训；完成公司安排的其他相关工作。

(11) 行政部的主要职责：负责行政管理、后勤保障等工作。有的公司将行政部门与人力资源部门合并为一个部门。

(12) 客户服务部的主要职责：负责客户开户，向客户揭示期货交易风险，向客户介绍期货市场交易规则和流程，为客户办理开户手续，签订期货经纪合同，审验有关证明，并为客户分配交易编码；负责客户资料档案管理，并将有关客户资料通知相关业务部门(除依法接受调查和检查外，应当为客户保密)；进行市场调研及客户回访工作，了解客户需求，反馈市场信息；负责客户接待，建立、健全客户投诉处理制度，公平、公正、及时稳妥地处理客户纠纷等客户服务性质的工作，将客户的投诉材料及处理结果存档；期货公司应当建立客户资料档案，有关开户、变更、销户的客户资料档案应当自期货经纪合同终止之日起至少保存 20 年，交易指令记录、交易结算记录、错单记录、客户投诉档案以及其他业务记录应当至少保存 20 年。

2) 期货公司业务类型

对期货公司的业务实行许可证制度，由国务院期货监督管理机构按照其商品期货、金融期货业务种类颁发许可证。期货公司除了可以申请经营境内期货经纪业务外，还可以申请经营境外期货经纪、期货投资咨询、资产管理以及国务院监督管理机构规定的其他期货业务。

5. 其他期货中介及服务机构

除了期货公司，期货市场上还存在着券商 IB、期货保证金存管银行、交割仓库等其他中介与服务机构。

(1) 券商 IB(Introducing Broker，简称 IB)。

券商 IB 是指符合条件的证券公司受期货公司委托，可以将客户介绍给期货公司，并为客户开展期货交易提供一定的服务，期货公司因此向证券公司支付一定的佣金。这种为期货公司提供中间介绍业务的证券公司就是券商 IB。

证券公司只能接受其全资拥有或者控股的、或者被同一机构控制的期货公司的委托从事介绍业务，不能接受其他期货公司的委托从事该项业务。根据《证券公司为期货公司提供中间介绍业务试行办法》，证券公司受期货公司的委托从事中间介绍业务，应当提供以下服务：协助办理开户手续；提供期货行情信息和交易设施；中国证监会规定的其他服务。证券公司不得代理客户进行期货交易、结算或交割；不得代期货公司向客户收付交易保证金；不得利用证券资金账户为客户存取、划转期货保证金。

(2) 期货保证金存管银行。

期货保证金存管银行属于期货服务机构，是由交易所指定，协助交易所办理期货交易结算业务的银行。经交易所同意成为存管银行后，存管银行与交易所签订相应协议，明确双方的权利和义务，以规范相关业务行为。交易所对存管银行的期货结算业务进行监督。

(3) 交割仓库。

交割仓库是为期货品种进入实物交割环节提供交割服务和生成标准仓单的服务机构。在我国，交割仓库也称为指定交割仓库，是由期货交易所指定的、为期货合约履行实物交割的交割地点。

指定交割仓库的日常业务分为三个阶段：商品入库、商品保管和商品出库。指定交割仓库应保证期货交割商品优先办理入库、出库。交割仓库不得有下列行为：出具虚假仓单；违反期货交易所业务规则，限制交割商品的入库、出库；泄露与期货交易有关的商业秘密；违反国家有关规定参与期货交易；国务院期货监督管理机构规定的其他行为。

除了上述期货中介与服务机构外，会计师事务所、律师事务所、资产评估机构等服务机构向期货交易所和期货公司等市场相关参与者提供相关服务时，应当遵守期货法律、行政法规及国家有关规定，并按照国务院期货监督管理机构的要求提供相关资料。

6. 期货投资者

期货投资者是市场的主要参与者，基于不同角度，可划分为以下几种类型。

(1) 根据进入期货市场的目的不同，期货投资者可分为套期保值者和投机者。套期保值者是通过期货合约买卖以减少自身面临的、由于市场变化带来的现货市场价格波动所致的损失。商品期货市场上的套期保值者主要包括商品的生产商、加工商、经营商和贸易商；金融期货的套期保值者通常是金融市场的投资者、证券公司、银行、保险公司等金融机构或者进出口商。期货投机者是通过预测期货合约未来价格的变化，以在期货市场上获取价差收益为目的的投资者。

(2) 按照投资者是自然人还是法人划分，可分为个人投资者和机构投资者。参与期货交易的自然人就是个人投资者，而与个人相对应的就是机构投资者，其范围覆盖生产者、加工贸易商以及金融机构、养老基金、对冲基金、投资基金等多种类型。由于期货市场是一个高风险市场，与个人投资者相比，机构投资者在资金实力、风险承受能力和交易的专业能力等方面更具有优势，因此，机构投资者成为稳定期货市场的重要力量。

在我国期货市场上，对机构投资者进一步划分为一般法人客户和特殊单位客户。特殊单位客户是指证券公司、基金管理公司、信托公司和其他金融机构，以及社会保障类公司、合格境外机构投资者 QFII 等法律、行政法规和规章规定的需要资产分户管理的客户。

9.2 期货合约与期货交易制度

期货交易就是买卖期货合约，期货合约各项条款的设计对期货交易有关各方的利益及期货交易能否活跃至关重要。为了维护期货交易的“公平、公正、公开”原则与期货市场的高效运行，对期货市场实施有效的风险管理，期货交易所制定了相关的制度与规则，比如保证金制度、当日无负债结算制度等。

9.2.1 期货合约

期货合约是期货交易的对象，是由期货交易所统一制定的，规定在将来某一特定的时间和地点交割一定数量和质量标的物的标准化合约。期货交易参与者正是通过在期货交易所买卖期货合约，转移价格风险，获取风险收益。期货合约的标准化便利了期货交易，使之具有很强的市场流动性，极大地简化了交易过程，降低了交易成本，提高了交易效率。

1．期货合约的主要条款及设计依据

期货品种创新必须通过成功的合约设计才能得以实现，所以期货合约各项条款的设计对期货交易来说至关重要，以大连商品期货交易所交易的豆粕合约为例，具体如表 9-2 所示。

表 9-2　大连商品交易所豆粕 1501 合约

交易代码	M
上市交易所	大连商品交易所
交易品种	豆粕
交易单位	10 吨/手
报价单位	元(人民币)/吨
最小变动价位	1 元/吨
最大波动限制	不超过上一交易日结算价±4%
合约交割月份	1、3、5、7、8、9、11、12 月
交割品级	大连商品交易所豆粕交割质量标准
交割地点	大连商品交易所指定交割库
最低保证金	合约价值的 5%
交易手续费	不超过 3 元/手(当前暂为 2 元/手)
交易所交易时间	每周一至周五上午 9：00—11：30；下午 1：30—3：00
交割方式	实物交割
最后结算价	滚动交割的交割结算价采用该期货合约滚动交割配对日的当日结算价。一次性交割的交割结算价采用该期货合约自交割月第一个交易日起至最后交易日所有成交价格的加权平均价

期货合约的设计条款主要包括如下几个方面：

(1) 合约名称。

合约名称注明了该合约的品种名称及其上市交易所名称。以上海期货交易所黄金合约为例，合约名称为“上海期货交易所黄金期货标准合约”。

(2) 交易单位/合约价值。

交易单位是指在期货交易所交易的每手期货合约代表的标的物的数量。合约价值是指每手期货合约代表的标的物的价值。如大连商品交易所豆粕期货合约的交易单位为“10 吨/手”，在进行期货交易时，只能以交易单位的整数倍进行买卖。

对于商品期货来说，确定期货合约交易单位的大小，主要考虑合约标的物市场规模、交易者的资金规模、期货交易所的会员结构以及该商品的现货交易习惯等因素。一般来说，某种商品的市场规模较大，交易者的资金规模较大，期货交易所中愿意参与该期货交易的会员单位较多，则该合约的交易单位就可以设计得大一些，反之则小一些。

(3) 报价单位。

报价单位是指在公开竞价过程中对期货合约报价所使用的单位，即每计量单位的货币价格。例如，大连商品期货交易所豆粕的报价单位为元(人民币)/吨表示。

(4) 最小变动价位。

最小变动价位是指在期货交易所的公开竞价过程中，对合约每计量单位报价的最小变动数值。在期货交易中，每次报价的最小变动数值必须是最小变动价位的整数倍。最小变动价位乘以交易单位，就是该合约价值的最小变动值。以大连商品交易所的豆粕合约为例，豆粕期货合约的最小变动价位是 1 元/吨，即每手合约的最小变动值是 1 元/吨 × 10 吨= 10 元。

商品期货合约最小价位变动的确定，通常取决于该合约标的物的种类、性质、市场价格波动情况和商业规范等。设置最小价格变动是为了保证市场有适度的流动性。一般而言，较小的最小价位变动有利于市场流动性的增加，但若过小将会增加交易协商成本；较大的最小价位变动，一般会减少交易量，影响市场的活跃程度，不利于交易。

(5) 每日价格最大波动限制。

每日价格最大波动限制规定了期货合约在一个交易中的交易价格波动不得高于或者低于规定的涨跌幅度。每日价格最大波动限制一般是以合约上一交易日的结算价为基准确定的。期货合约上一个交易日的结算价加上允许的最大涨幅构成当日价格上涨的上限，称为涨停板；而该合约的上一个交易日的结算价减去允许的最大跌幅构成当日价格下跌的下限，称为跌停板。在我国的期货市场中，每日价格最大波动限制设定为合约上一个交易日结算价的一定百分比。

(6) 合约的交割月份。

合约的交割月份是指某种期货合约到期交割的月份。商品期货合约交割月份的确定一般受该合约标的商品的生产、使用、储藏、流通等方面的影响。例如，许多农产品期货生产与消费具有很强的季节性，因而其交割月份的规定也具有季节性特点。

(7) 交割品级。

交割品级是指由期货交易所统一规定的，准许在交易所上市交易的合约标的物的质量等级。在进行期货交易时，交易双方无须对标的物的质量等级进行协商，发生实物交割时按交易所期货合约规定的质量等级进行交割。

一般情况下，期货交易所在制定合约标的物的质量等级时，采用国内或国际贸易中最通用和交易量较大的标准品的质量等级为标准来制定。通常情况下，为了保证期货交易顺利进行，许多期货交易所都允许在实物交割时，实际交割的标的物的质量等级与期货合约规定的标准交割等级有所差别，即允许用与标准品有一定等级差别的商品代替交割品，用替代品进行实物交割时，价格需要升贴水。交易所根据市场情况统一规定和适时调整替代品与标准品之间的升贴水标准。

(8) 交割地点。

交割地点是由期货交易所统一规定的进行实物交割的指定地点，期货交易所在指定交割仓库时主要考虑的因素有：指定交割仓库所在地区的生产或消费集中程度，指定交割仓库的储存条件、运输条件和质检条件等。

金融期货交易不需要指定交割仓库，但交易所指定交割银行。负责金融期货交割的指定银行，必须具有良好的金融资信、较强的进行大额资金结算的业务能力，以及先进、高效的结算手段和设备。

(9) 交易手续费。

交易手续费是期货交易所按成交合约金额的一定比例或按成交合约手数收取的费用。交易手续费的高低对市场流动性有一定影响，交易手续费过高会增加期货市场的交易成本，扩大无套利区间，降低市场的交易量，不利于市场的活跃，但也可以起到抑制过度投机的作用。

(10) 交割方式。

期货交易的交割方式分为实物交割和现金交割两种。商品期货、股票期货、外汇期货、中长期利率期货通常采取实物交割方式；股票指数期货和短期利率期货通常采用现金交割方式。

在期货合约的设计条款中，还规定了最低交易保证金这一重要条款，将在下一节期货交易制度中重点讲解。

2. 期货合约标的的选择

现货市场中商品和金融工具不计其数，但并非都适合作为期货合约的标的。交易所为了保证期货合约上市后能有效发挥其功能，在选择标的时，一般需要考虑以下条件：

(1) 价格波动幅度大。

期货交易者分为套期保值者和投机者。套期保值者利用期货交易规避价格风险；投机者利用价格波动赚取利润。没有价格波动，就没有价格风险，对套期保值者来说就失去了规避价格风险的必要，对投机者而言也就失去了参与期货交易的动力。

(2) 供应量较大，不易为少数人控制和垄断。

期货市场的功能发挥是以商品供需双方广泛参与交易为前提的，只有现货供需量大的商品才能在大范围内进行充分竞争，形成权威价格。

(3) 规格和质量易于量化和评级。

期货合约的标准化条款之一是交割等级，这要求标的物的规格和质量能够进行量化和评级。这一点对金融工具和大宗初级产品，如小麦、大豆、金属等很容易做到，但对于工业制成品等来说则很难，因为这类产品加工程度高，品质、属性等方面存在诸多差异，甚至不同的人对完全相同的产品可以有完全不同的甚至相反的评价，比如服装，这类产品不适宜作为期货合约的标的。

(4) 易于储存、运输。

期货标的物一般都是远期交割的商品，这就要求这些商品易于储存、不易变质、便于运输，保证期货实物交割的顺利进行。

9.2.2 期货交易制度

期货市场是一种高度组织化的市场，为了保障期货交易有一个“公开、公平、公正”的环境，保障期货市场平稳运行，对期货市场的高风险实施有效的控制，期货交易所制定了一系列的交易制度(也就是“游戏规则”)，所有交易者必须在承认并保证遵守这些“游戏规则”的前提下才能参与期货交易。

1. 保证金制度和强制平仓制度

在期货交易中，期货买方和卖方必须按其所买卖期货合约价值的一定比率(通常为

5%～15%)交纳资金，用于结算和保证履约，所交的资金就是保证金，这种制度就是保证金制度。保证金制度既体现了期货交易特有的杠杆效应，同时也是交易所控制期货交易风险的一项重要手段。

保证金制度的实施一般有如下特点：

(1) 对交易者的保证金要求与其面临的风险相对应。一般来说，交易者面临的风险越大，对其要求的保证金也越多。比如，美国期货市场，对投机者要求的保证金要大于对套期保值者和套利者要求的保证金。

(2) 交易所根据合约特点设定最低保证金标准，并根据市场风险状况调节保证金水平。比如，价格波动越大的合约，投资者交易面临的风险越大，设定的最低保证金标准也越高；当投机过度时，交易所可提高保证金，增大交易者入市成本，抑制投机行为，控制市场风险。

(3) 保证金的收取是分等级进行的，可分为期货交易所向会员收取的保证金和期货公司向客户收取的保证金，即分为会员保证金和客户保证金。保证金应当以货币资金交纳，可以上市流通国债、标准仓单折抵期货保证金。

客户保证金的收取比例由期货公司自行规定，但有关法规规定不得低于交易所对会员收取的交易保证金。该保证金属于客户所有，期货公司除按照中国证监会的规定为客户向期货交易所交存保证金进行交易结算外，严禁挪作他用。当每日结算后客户保证金低于期货交易所规定或双方约定的保证金水平时，期货公司应当按规定向客户发出保证金追加通知，客户在规定时间内补齐保证金缺口。

强制平仓是按照有关规定对会员或客户的持仓实行平仓的一种强制措施，其目的是控制期货交易风险。强行平仓分为两种情况：一是交易所对会员持仓实行的强行平仓；另一种是期货公司对客户持仓实行的强行平仓。在保证金达不到规定的水平时，在通知追加保证金后仍不在规定时间内补足保证金，这时候就会面临被强制平仓。强制平仓制度的实施，有利于避免账户损失扩大，通过控制个别账户的风险，从而有力地防止风险扩散，是一种行之有效的风险控制措施。

2. 当日无负债结算制度

当日无负债结算制度是指每个交易日结束后，由期货结算机构对期货交易保证金账户当天的盈亏状况进行结算，并根据结算结果进行资金划转。当交易发生亏损，进而导致保证金账户资金不足时，则要求必须在结算机构规定的时间内向账户中追加保证金，以做到“当日无负债”。该制度的实施为及时调整账户资金、控制风险提供了依据，对于控制期货市场风险、维护期货市场的正常运行具有重要作用。

当日无负债结算制度的实施呈现如下特点：

(1) 对所有账户的交易头寸按不同品种、不同月份的合约分别进行结算，在此基础上汇总，使每一个交易账户的盈亏都能得到及时、具体、真实地反映。

(2) 在对交易盈亏进行结算时，不仅对平仓头寸的盈亏进行结算，而且对未平仓合约产生的浮动盈亏也进行结算。

(3) 对交易头寸所占用的保证金进行逐日结算。

(4) 当日无负债结算制度是通过期货交易分级结算体系实施的。由结算所对会员进行结算，期货公司根据结算所给出的结算结果对客户进行结算。期货交易所会员或是客户的保证金不足时，会被要求及时追加保证金或者自行平仓，否则，其合约将会被强行平仓。

3．涨跌停板制度

涨跌停板制度又称每日价格最大波动限制制度，即期货合约在一个交易日中的交易价格波动不得高于或低于规定的涨跌幅度，超过该涨跌幅度的报价将被视为无效报价，不能成交。

涨停板制度的实施，能够有效减缓、抑制一些突发性事件和过度投机行为对期货价格的冲击而造成的狂涨和暴跌，减小交易日当天的价格波动幅度，会员和客户的当日亏损也被控制在相对较小的范围内。我国期货涨跌停板制度具有以下特点：

(1) 新上市的品种和新上市的期货合约，其涨跌停板幅度一般为合约规定涨跌停板幅度的两倍或三倍。下一个交易日恢复到合约规定的涨跌停板幅度。

(2) 在某一期货合约的交易过程中，当合约价格同方向连续涨跌停板、遇国家法定长假或交易所认为市场风险明显变化时，交易所可以根据市场风险调整其涨跌停板幅度。

(3) 当某期货合约以涨跌停板价格成交时，成交撮合实行平仓优先和时间优先的原则，但平仓当天新开仓不适用平仓优先的原则。

(4) 在某合约连续出现涨跌停板单边无连续报价时，实行强制减仓。比如，当合约出现连续涨停板的情形时，空头交易者会因为无法平仓而出现大规模、大面积亏损，并可能因此引发整个市场的风险，实行强制减仓正是为了避免此类现象的发生。实行强制减仓时，交易所将当日以涨跌停板价格申报的未成交平仓报单，以当日涨跌停板价格与该合约净持仓盈利客户按照持仓比例自动撮合成交。其目的在于迅速、有效化解市场风险，防止会员大量违约。

4．持仓限额及大户报告制度

持仓限额制度是期货交易所为了防范操纵市场价格的行为和防止期货市场风险过度集中在少数投资者手中，对会员及客户的持仓数量进行限制的制度，超过限额，交易所可以按照规定强行平仓或提高保证金比例。

大户报告制度是与持仓限额密切相关的又一个防范大户操纵市场价格、控制市场风险的制度，当会员或客户某个品种的持仓合约头寸达到了交易所规定的头寸时，会员或客户应向交易所报告。

知识链接

大商所：放开期货公司会员持仓限制，取消会员大户报告制度

大连商品交易所2014年9月10日下发通知，对《大连商品交易所风险管理办法》等相关规则进行了修改，内容主要涉及期货公司会员持仓限制以及保证金梯度和套期保值、套利的管理，修改后的规则自2014年9月16日结算时执行。

目前期货公司会员实行一定持仓规模以下不限仓，超过一定持仓规模按照25%比例限仓。但随着期货公司不断发展，限仓制度下一些有实力的期货公司会员会因其持仓限额不足而不得不劝说客户将持仓转移至其他会员，取消期货公司会员限仓及相关持仓报告制度

将有利于期货公司做大做强，尤其是吸引机构客户。

这次修改还取消了会员大户报告制度，大商所表示，随着期货公司会员大户报告限仓标准的取消，期货公司层面的大户报告将不再进行上报。但交易所视市场风险情况，在必要时可以要求期货公司会员报告相关事宜。

资料来源：凤凰财经

5．风险警示制度

风险警示制度是指交易所认为必要的可以分别或同时采取要求报告情况、谈话提醒、书面警示、发布书面警示、公告等措施中的一种或多种，以警示或化解风险。

6．信息披露制度

信息披露制度是指交易所按有关规定公布期货交易有关信息的制度。《期货交易所管理办法》规定，期货交易所应当以适当方式发布下列信息：

(1) 即时行情。

(2) 持仓量、成交量排名情况。

(3) 期货交易所交易规则及其实施细则规定的其他信息。期货交易涉及商品实物交割的，期货交易所还应当发布标准仓单数量和可用库容情况。交易所应当编制交易情况周报表、月报表和年度报表，并及时公布。期货交易所对期货交易、结算、交割资料的保存期限应当不少于 20 年。

9.2.3　期货交易流程

一般而言，客户进行期货交易涉及以下几个环节：开户、下单、竞价、结算、交割。由于在期货交易中，大多数期货交易者通过对冲平仓的方式了结履约责任，进入交割环节的比重非常小，所以交割并不是交易流程必经的环节。

1．开户

我国由中国期货保证金监控中心有限责任公司负责客户开户管理的具体实施工作。期货公司为客户申请、注销各期货交易所交易编码，以及修改与交易编码相关的客户资料，应当统一通过监控中心办理。

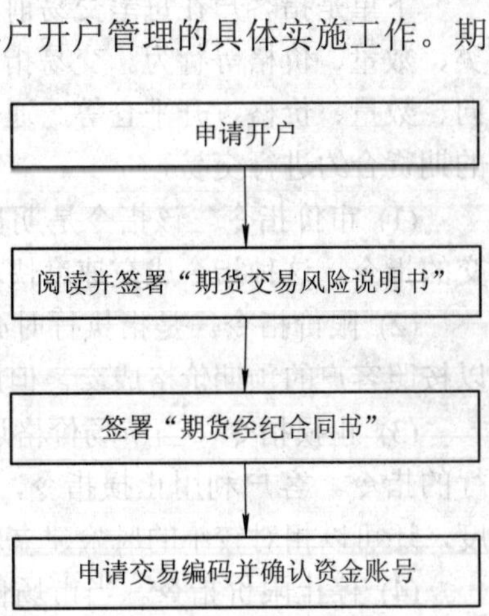

图 9-3　期货账户开户流程图

一般来说，各期货公司会员为客户开设账户的程序及所需文件细节虽不尽相同，但其基本程序是相同的。开户流程如图 9-3 所示。

(1) 申请开户。

开立账户实质上是确立投资者与期货公司之间的一种法律关系。客户分为个人客户和机构客户。个人客户应当本人亲自办理开户手续，签署开户资料，不得委托代理人代为办理。除中国证监会另有规定外，个人客户的有效身份证明文件为中华人民共和国居民身份证；机构客户应当出具单位的授权委托书、代理人的身份证和其他开户证件。证券公司、基金管理公司、信托公司和其他金融机构，以及社会保障类公司、合格境外机构投资者等法律、行政法规和规章规定需要资产分户管理的特殊机构客户，其有效身份证明文件由监控中心另行规定。期货公司应当对客户开户资料进行审核，确保开户资料的合规、真实、准确和完整。

(2) 阅读并签署“期货交易风险说明书”。

期货公司在接受客户开户申请时，必须向客户提供“期货交易风险说明书”。个人客户应当仔细阅读并理解后，在该“期货交易风险说明书”上签字；机构客户应在仔细阅读并理解后，由单位法定代表人或授权他人在该“期货交易风险说明书”上签字并加盖单位公章。

(3) 签署“期货经纪合同书”。

期货公司在接受客户开户申请时，双方必须签署“期货经纪合同”，从而确定经纪关系。

(4) 申请交易编码并确认资金账号。

期货公司为客户申请各期货交易所交易编码，应当统一通过监控中心办理。监控中心应当建立和维护期货市场客户统一开户系统，对期货公司提交的客户资料进行复核，并将通过复核的客户资料转发给相关期货交易所。期货交易所收到监控中心转发的客户交易编码申请资料后，根据期货交易所业务规则对客户交易编码进行分配、发放和管理，并将各类申请的处理结果通过监控中心反馈给期货公司。监控中心应当为每一个客户设立统一开户编码，并建立统一开户编码与客户在各期货交易所交易编码的对应关系。当日分配的客户交易编码，期货交易所应当于下一个交易日允许客户使用。

客户在期货公司签署期货经纪合同之后，在下单交易之前，应按照规定缴纳开户保证金。期货公司应将客户所缴纳的保证金存入期货经纪合同中指定的客户账户中，供客户进行期货交易使用。

2. 下单

下单是指客户在每笔交易前向期货公司业务人员下达交易指令，说明拟买卖合约的种类、数量、价格等行为。交易指令的内容一般包括：期货交易的品种及合约月份、交易方向、数量、价格、开平仓等。通常，客户应先熟悉和掌握有关的交易指令，然后选择不同的期货合约进行交易。

(1) 市价指令。该指令是期货交易中常用的指令之一，是指按照当前市场价格即刻成交的指令。这种指令成交速度快，一旦指令下达后不可更改或撤销。

(2) 限价指令。是指执行时必须按照限定价格或更好的价格成交的指令。这种指令可以按照客户的预期价格成交，但成交速度相对较慢，有时甚至无法成交。

(3) 止损指令。当市场价格达到客户预先设定的触发价格时，即变为市场指令予以执行的指令。客户利用止损指令，既可有效地锁定利润，又可以将可能的损失降至最低限度，还可以相对较小的风险建立新的头寸。

(4) 停止限价指令。当市场价格达到客户预先设定的触发价格时，即变为限价指令予以执行的一种指令。它的特点是可以将损失或利润锁定在预期的范围内，但成交速度较止损指令慢，有时甚至无法成交。

(5) 套利指令。同时买入和卖出两种或两种以上期货合约的指令。

还有其他一些指令，比如长效指令、限时指令、取消指令等，但在实际操作中应用不多，暂不做详细介绍。目前，我国期货交易所普遍采用限价指令。此外，郑州商品交易所还采用了市价指令、跨期套利指令和跨品种套利指令。大连商品交易所则采用了市价指令、限价指令、止损指令、停止限价指令、跨期套利指令和跨品种套利指令。我国各交易所的指令均为当日有效，在成交前，投资者可以撤单和变更。

3. 竞价

竞价方式主要有公开喊价方式和计算机撮合成交两种方式。其中，公开喊价属于传统的竞价方式。21 世纪以来，随着信息技术的发展，越来越多的交易所采用了计算机撮合成交的方式，而原来采用公开喊价方式的交易所也逐步引入了电子交易系统。步骤类似证券交易中的竞价，这里不再赘述。

4. 结算

结算是指根据期货交易所公布的结算价格对交易双方的交易结果进行的资金清算和划转。期货交易的结算由期货交易所统一组织进行，但交易所并不直接对客户的账户结算、收取和追收客户保证金，而是由期货公司承担该工作。期货公司根据期货交易所的结算结果对客户进行结算，并将结算结果按照与客户约定的方式及时通知客户。

5. 交割

期货合约到期时，按照期货交易所的规则和程序，交易双方通过该合约所载标的物所有权的转移，或者按照结算价进行现金差价结算，了结到期未平仓合约的过程。其中，以标的物所有权转移方式进行的交割为实物交割；按结算价进行现金差价结算的交割方式为现金交割。一般情况下，商品期货以实物交割方式为主；股票指数期货、短期利率期货多采用现金交割方式。在本节开篇提到，由于在期货交易中，大多数期货交易者通过对冲平仓的方式了结履约责任，进入交割环节的比重非常小，所以交割并不是交易流程必经的环节。

9.3　期货投机与套利交易

期货投机是指在期货市场上以获取价差收益为目的的期货交易行为。投机者在期货交易中发挥至关重要的作用，不仅能提高市场流动性，而且重要的是，投机者能够吸收套期保值者厌恶的风险，成为价格风险承担者，使套期保值得以实现。套利交易是一种特殊的投机交易方式。

9.3.1　期货投机交易

期货投机是指交易者通过预测期货合约未来价格的变化，以在期货市场上获取价差收益为目的的期货交易行为。期货投机由于实行保证金杠杆交易、双向交易、当日无负债结算和强行平仓等特殊的交易制度，使得期货投机具有高风险、高收益的特征。

期货投机和股票投机在本质上都属于投机交易，以获取价差为主要交易目的，但由于期货合约和交易制度本身所具有的特殊性，使得期货投机与股票投机存在着明显差别，如表 9-3 所示。

表 9-3 期货投机和股票投机的差异

差异项目	期货投机	股票投机
占用资金	5%—15%左右、保证金交易	足额交易
交易方向	双向	单向
结算制度	当日无负债结算	不实行每日结算
特定到期日	合约有特定到期日	无特定到期日，除非退市

1. 期货投机者的分类

根据不同的标准划分，期货投机者大致可分为以下几种类型：

(1) 按交易主体的不同来划分，可分为机构投机者和个人投机者。机构投机者是指用自有资金或者从分散的公众手中筹集的资金专门进行期货投机活动的机构，主要包括各类基金、金融机构、工商企业等。个人投机者则是指以自然人身份从事期货投机交易的投机者。

(2) 按持有头寸方向来划分，可分为多头投机者和空头投机者。在交易中，投机者根据对未来价格变动的预测确定其交易头寸。投机者买进期货合约，持有多头头寸，被称为多头投机者。投机者卖出合约，持有空头头寸，则被称为空头投机者。

(3) 按持仓时间来划分，可分为长线交易者、短线交易者、当日交易者和抢帽子者。长线交易者通常将合约持有几天、几周甚至几个月。短线交易者一般是当天下单，在一日或几日内了结所持有合约。当日交易者通常只进行当日的买卖，一般不会持仓过夜。抢帽子者是对日内交易者的俗称，通常指当日交易者中频繁买卖期货合约的投机者。

2. 期货投机的准备工作

在实施期货投机操作前，要做一系列的准备工作：

(1) 了解期货合约。

为了尽可能准确地判断期货合约价格的未来变动趋势，在决定买卖期货合约之前，应对其交易品种、期货合约中的各个条款有充分的了解，比如交割制度、最低保证金、手续费等。在此基础上，再针对期货合约未来的价格走势做出全面而又谨慎的研究。只有对合约有足够的认识之后，才能决定下一步准备买卖的合约品种及数量。在买卖合约时切忌贪多。

(2) 制定交易计划。

交易计划通常就是把个人的交易方法、资金运用、风险控制情况和出入市原则结合起来。很多投资者在市场中面临的主要问题就是缺乏明确的交易计划。制定交易计划可以促使交易者考虑一些可能被遗漏或者考虑不全或没有给予足够重视的问题。

(3) 设定盈利目标和亏损限度。

一般情况下，交易者应根据自己对盈亏的态度来设定可接受的最低获利水平和最大亏损限度，并把各种分析方法结合起来对期货合约进行预测，这样，获利的潜在可能性大于所冒的风险。

(4) 心态调整。

对于投机新手来说，有很多不利行为是需要克服的，包括交易资金不足，造成正确的预测没有机会发挥作用；以很小的价格变动进行交易，支付过多手续费；超出投机者能力交易或是交易那些不了解的品种；急于获利而拖延了止损，直至亏损严重。这些行为背后，透露出四种弱点：缺乏向市场挑战的坚强性格；承认自身错误、离开市场时极为懦弱；缺乏吃苦耐劳的精神以及贪婪。

期货投机是把金钱、工作和技巧结合在一起，获得比一般利益多的回报方式，这也是投资的根本所在。总之，期货交易是一种需要智慧、勤奋和自律的游戏。投资者必须培养一种成熟的交易心理，才能在期货交易中立于不败之地。

3. 期货投机的操作方法

1) 开仓阶段

(1) 入市时机的选择。先通过基本分析法，仔细研究市场是处于牛市还是熊市，如果是牛市，分析升势有多大，持续时间有多长；如果是熊市，可分析跌势有多大，持续时间有多长，这一步可以确定是买多还是卖空，解决开仓方向的问题；然后通过技术分析法确定入市时机，因为期货价格变化很快，入市时间的确定尤其重要。如果入市时间不当，即使对市场发展趋势的分析准确无误，仍会使投机者蒙受惨重损失。建仓时应该注意，只有在市场趋势已明确上涨时，才买入期货合约；在市场趋势已明确下跌时，才卖出期货合约。如果趋势不明朗或不能判断市场发展趋势，就不要匆忙建仓。

(2) 金字塔式买入卖出建仓，也可称为顺势加仓法则。以股指期货为例，由于股指期货具有杠杆效应，因此在建仓的时候就不太适用股票市场平均摊薄成本的方式，否则可能将风险放大，所以应在盈利的情况下进行加仓，并且加仓比例按照逐渐减少的原则，始终保持持仓成本在金字塔的底部，避免市场出现回调时冲抵盈利部分。比如股指目前在 3000 点，投机者对后市看涨，假如投入 500 万资金。这时就可以先建仓 5 手多单(约 67.5 万保证金，占总资金的 13.5%)，如果指数上涨到技术突破位或者固定涨幅，如涨到 3050 点，且上行趋势明显，则可以在此加仓 3 手，而后涨到 3100 点再次加仓 1 手，共计 9 手多单折算成本约在 3027 点，这样一旦指数从 3100 点回调，投机者也可以止盈离场。当然，投机者也可以将加仓点设置更小的区间，比如涨 20 点就加仓，每次加仓减少一手的方式等。

(3) 平仓阶段。

投机者建仓后应该密切注视市场行情的变动，适时平仓。行情变动有利时，通过平仓获得投机利润；行情变动不利时，通过平仓可以控制损失。期货市场控制风险的重要策略就是做好止损，而且止损一旦设置好就应该严格执行。引用华尔街的一句格言：第一次止损损失是最小的，而且根据统计 70%的止损都是正确的。根据市场经验一般有以下几种止损方法：

① 技术止损：这是一种使用最多的止损方法，主要依据各种技术形态及均线技术指标来设定。

② 绝对数止损：比如在股指期货上设定损失 30 个点就止损。

③ 比例止损：主要根据投资者风险承受能力，设置最大亏损比例。

④ 根据标的物的时间周期来设定止损位，这种方法使用相对较少。

3) 资金和风险管理

资金管理是指交易者对资金的配置和运用问题。一般性的资金管理应遵循以下原则：

(1) 投资额应限定在全部资本的 1/3 至 1/2 以内为宜。也就是说，交易者投入市场的资金不宜超过其总资本的一半。剩下的一半备用，以应付交易中亏损或临时性的支出。

(2) 根据资金量的不同，投资者在单个品种上的最大交易资金应控制在总资本的10%～20%以内。这一措施可以防止交易者在同一市场上注入过多的本金，从而将风险过度集中在这个市场上。

(3) 在单个市场中的最大总亏损金额宜限制在总资本的 5%以内，这是交易者在失败的情况下，愿意承受的最大亏损。

(4) 在任何一个市场群中所投入的保证金总额宜限制在总资本的 20%～30%以内。同一市场群，往往价格变动趋势比较一致。比如，黄金和白银是贵金属市场群中的两个成员，它们通常处于相同的趋势下。如果把全部资金注入同一市场群中的各个品种，就违背了多样化的风险分散原则。因此，应当控制投入同一市场群的资金总额。

上述原则在国际期货市场上同样适用，不过也可以加以修正，以适应各个交易者的需求。有些交易者大胆进取，往往持有较大的头寸；也有的交易者较为保守稳健，持有较少的头寸。

9.3.2 期货套利交易

套利是指利用相关市场或者相关合约之间的价差变化，在相关市场或者相关合约上进行方向相反的交易，以期在价差发生有利变化而获利的交易行为。如果发生利用期货市场与现货市场之间的价差进行的套利行为，那么就称为期现套利；如果发生利用期货市场上不同合约之间的价差进行的套利行为，那么就称为价差交易。正是由于期货市场上套利行为的存在，从而极大丰富了市场的操作方式。

知识链接

价差交易

在早期，价差交易刚开始出现时，市场上的大多数人都把它当成投机活动的一种，而伴随着该交易活动越来越频繁，影响力越来越大的时候，套利交易则被普遍认为是发挥着特定作用的具有独立性质的与投机交易不同的一种交易方式。期货市场套利的技术与做市商或普通投资者大不一样，套利者利用同一商品在两个或者更多合约之间的价差，而不是任何一合约的价格进行交易。因此，他们的潜在利润不是基于商品价格的上涨或者下跌，而是基于不同合约月份之间价差的扩大或者缩小，从而构成其套利交易的头寸。正是由于套利交易的获利并不是依靠价格的单边上涨或下跌来实现的，因此在期货市场上，这种风险相对较小且可控的、收益相对稳定且较优厚的操作手法备受大户和机构投资者的青睐。从国外成熟的交易经验来看，这种方式被当作大型基金获得稳定收益的一个关键。自中国的股指期货推出之日起，股指期货和现货市场间的无风险套利就开始被机构投资者广泛应用。

资料来源：百度

1. 期货套利的形式

根据所选期货合约的不同，期货套利大体可以分为以下四种。

(1) 跨期套利。

投机者在同一市场利用同一种商品不同交割期之间的价格差距的变化，买进某一交割月份期货合约的同时，卖出另一交割月份的同类期货合约以谋取利润的活动，其实质是利用同一商品期货合约的不同交割月份之间的价差的相对变动来获利，这是最为常用的一种套利形式。比如，如果 5 月份的大豆和 7 月份的大豆价格差异超出正常的交割、储存费，就可以考虑买入 5 月份的大豆合约而卖出 7 月份的大豆合约，过后当 7 月份大豆合约与 5 月份大豆合约接近而缩小了两个合约的价差时，就能从价差的变动中获得收益。这种跨期套利与商品的绝对价格无关，而仅与不同交割期之间的价差变化趋势有关。

(2) 跨市套利。

投机者利用同一商品在不同交易所的期货价格的不同，在两个交易所同时买进和卖出期货合约以谋取利润的活动。

(3) 跨品种套利。

利用两种不同的、但是相互关联的商品之间的期货价格的差异进行套利，即买进某一交割月份某一商品的期货合约，而同时卖出另一种相同交割月份、另一关联商品的期货合约。

(4) 期现套利。

期现套利是指利用同一种商品在期货市场与现货市场之间的不合理的价差进行的套利行为。当期货价格与现货价格之间出现不合理的基差时，套利者通过构建现货与期货的套利资产组合，以期望基差在未来回归合理的价值区间并获取套利利润的投资行为。

期现套利要考虑交易成本，当期货价格高出现货价格一定幅度的前提下，才可以进行正向套利，现货价加上这个幅度后的价格称为“上边界”；反之，期货价格必须低于现货价一定幅度时，才可以进行反向套利，将现货价减去这个幅度后的价格称为“下边界”。当期货价位于上下边界之间时，无法进行期现套利，只有超出这个范围，才有套利机会。

计算无套利区间涉及“一定幅度”的问题，这个“一定幅度”就是持有成本。所谓持有成本是以持有现货到期交割为基础，一般会发生交易交割手续费、运输费、交割费、仓租费、增值税即资金利息等费用，具体如图 9-4 所示。

2. 期货套利交易策略

在价差交易中，交易者要同时在相关合约上进行方向相反的交易，也就是说要同时建立一个多头头寸和一个空头头寸，这是套利交易的基本原则。如果缺少了多头头寸或空头头寸，就像一个人缺了一条腿一样无法正常行走，因此，套利交易中建立的多头和空头头寸被形象地称为套利的“腿”(Legs，也可称为“边”或“方面”)。

1) 跨期套利

根据套利者对不同合约月份中价格较高的一边的买卖方向不同，跨期套利可分为买入套利和卖出套利。根据套利者对不同合约月份中近期合约和远期合约买卖方向的不同，跨期套利又可分为牛市套利、熊市套利和蝶式套利。

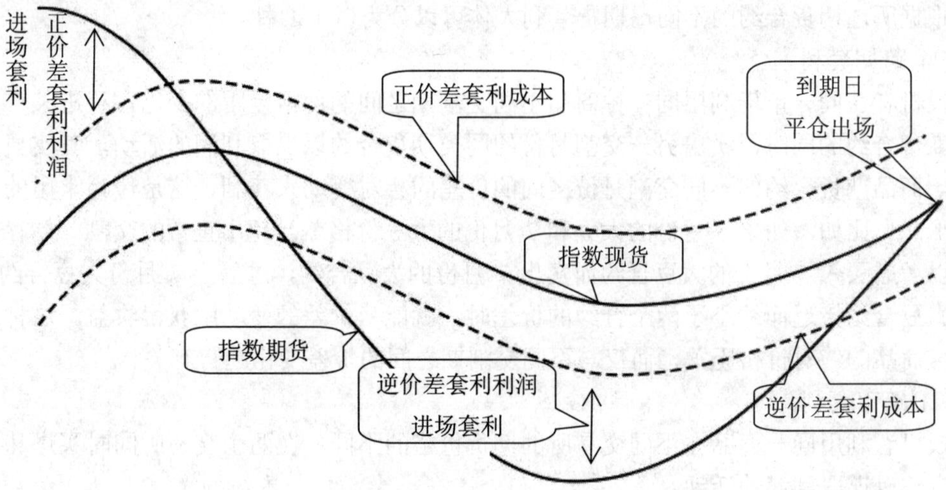

图 9-4　期现套利机会

(1) 买入套利和卖出套利。

如果套利者预期两个或两个以上期货合约的价差将扩大(Widen)，则套利者将买入其中价格较高的合约，同时卖出价格较低的合约，这种套利形式称为买入套利。

如果套利者预期两个或两个以上相关合约的价差将缩小(Narrow)，套利者可通过卖出其中价格较高的合约，同时买入价格较低的合约来进行套利，这种套利形式叫做卖出套利。

(2) 牛市套利。

当市场出现供不应求情形，导致较近月份的合约价格上涨幅度大于较远期的上涨幅度，或者较近月份的合约价格下降幅度小于较远期的下跌幅度。在这种情况下，买入较近月份的合约的同时卖出远期月份的合约进行套利盈利的可能性比较大，这种套利形式就称为牛市套利。一般来说，牛市套利对于可储存的商品并且是在同一年度内最有效。适用于牛市套利的可储存商品有小麦、棉花、大豆、糖、铜等。对于不可储存的商品，如活牛、生猪等，不同交割月份的商品期货价格间的关联度很低甚至根本不相关，则进行套利就没有什么意义。

在进行牛市套利时，需要注意的是：在正向市场上，牛市套利的损失相对有限而获利的潜力是巨大的。因为正向市场进行牛市套利，实质上是卖出套利，而卖出套利获利的条件是价差要缩小。如果价差扩大的话，该套利可能会亏损，但是由于在正向市场上价差变大的幅度要受到持仓费水平的制约，价差如果过大，超过了持仓费，就会产生套利行为，会限制价差扩大的幅度。而价差缩小的幅度则不受限制，在上涨行情中很有可能出现近期合约价格大幅度上涨，从而远远超过远期合约的可能性，使正向市场变为反向市场，价差可能从正值变为负值，价差会大幅度缩小，使牛市套利获利巨大。

(3) 熊市套利。

当市场出现供给过剩、需求相对不足的时候，一般来说，较近月份的合约价格下降幅度往往要大于较远期合约价格的下降幅度，或者较近月份的合约价格上升幅度小于较远期合约价格的上升幅度。无论是在正向市场还是在反向市场，在这种情况下，卖出较近月份的合约同时买入远期月份的合约进行套利，盈利的可能性比较大，这种套利模式称为熊市套利。

(4) 蝶式套利。

蝶式套利是跨期套利中的又一种常见形式。它是共享居中交割月份一个牛市套利和一个熊市套利的跨期套利组合。由于近期和远期月份的期货合约位于居中月份的两侧，形同蝴蝶的两个翅膀，因此称之为蝶式套利。

蝶式套利的具体操作方法是：买入(卖出)近期月份合约，同时卖出(买入)居中月份合约，并买入(卖出)远期月份合约。其中，居中月份合约的数量等于近期月份和远期月份数量之和。

蝶式套利与普通的跨期套利的相似之处，都是认为同一商品但不同交割月份之间的价差出现了不合理情况。不同之处在于，普通的跨期套利只涉及两个交割月份合约的价差，而蝶式套利认为居中交割月份的期货合约价格与两旁交割月份合约价格之间的相关关系出现了差异情况。蝶式套利是两个跨期套利互补平衡的组合，可以说是“套利的套利”。从理论上讲，蝶式套利与普通的跨期套利相比，风险和利润都较小。

2) 跨市套利

在期货市场上，许多交易所都交易相同或相似的期货商品，如芝加哥期货交易所、大连商品交易所、东京谷物交易所都进行玉米、大豆期货交易；伦敦金属交易所、上海期货交易所、纽约商业交易所都进行铜、铝等有色金属交易。通常情况下，这些品种在各交易所的价格会有一个稳定的差额，一旦这一差额发生短期变化，交易者就可以在两个市场间进行套利，购买价格相对较低的合约，卖出价格相对较高的合约，以期在期货价格趋于正常时平仓获利。

经典案例

跨市场套利的应用案例

上海某公司是一家主要从事有色金属及矿产品进出口及加工的企业，年进出口总额高达 8000 万美元以上。经过多年的发展，公司与国内外众多金属行业的工厂、矿山等建立了良好的业务关系，在进出口流程方面更是驾轻就熟。鉴于金属跨市场套利机会每年都会出现，在日常经营中，该企业充分利用自身在信息及贸易渠道上的优势，在国内外金属价差合适时，通过跨市场套利来获取低风险稳定收益。

2009 年 2 月中旬，受国家物资储备局收储及国家即将出台有色金属产业振兴规划等利好消息影响，沪铜走势明显强于伦铜，由此导致两市比价持续走高。到 2 月 23 日，3 月合约比价升至 8.33，处于近阶段的相对高位。基于以下原因，该公司决定进行跨市套利操作：

(1) 合约比价升至近期高位。

(2) 目前原料进口紧张，国内产量受到影响，预计后期随着进口精铜逐渐集中到货，国内供应紧张的局面有望缓解。

(3) 近期LME库存基本不再增加，LME存货逐渐减少，对LME铜价形成支撑。

(4) 人民币远期汇率相对稳定，无需对冲外汇风险。

综合考虑这些因素，企业预计未来一段时间价格震荡上行的可能性更大一些，但两者比价会下降。决定在2月24日分批建仓。按照1:1的比例建仓1000吨，即卖出沪铜200手，买入伦铜40手，沪铜平均建仓价位26520元/吨，伦铜的平均建仓价位3190美元/吨。在3月11日，两市比值达到了该公司预期目标，选择双向平仓，沪铜平仓均价为29120元/吨，伦铜平仓均价为3660美元/吨。半个月，客户收益(扣除手续费后)约为600元/吨×1000吨＝60万元，收益是很可观的。

通过这个案例可以看出，对于资金雄厚的投资者或具有现货背景的企业客户而言，国内外期货市场间低风险甚至无风险的跨市场套利无疑是为其资金运营或成本控制提供了良好的渠道。

资料来源：广发证券公司网站

3) 跨品种套利

跨品种套利是指利用两种不同的，但相互关联的商品之间的合约价格差异进行套利交易，即买入某一交割月份某种商品合约，同时卖出另一相同交割月份、相互关联的商品合约，以期在有利时机同时将这两种合约对冲平仓获利。跨品种套利的主导思想是寻找两种或多种不同但具有一定相关性的商品间的相对稳定关系(差值、比值或是其他)，在其脱离正常轨道时采取相关反向操作以获取利润。根据套利品种之间的关系，跨品种套利可分为相关商品套利和产业链跨品种套利两种类型。前者主要是利用具有较高相关性的商品之间走势强弱对比关系差异所进行的套利活动，如螺纹钢和线材套利；豆油和棕榈油套利等；后者主要是利用产业链中上下游产品相对价格的波动机会来进行套利，如大豆、豆粕和豆油之间的套利等。

因涉及两种商品，跨品种套利的风险往往被放大。一般情况下，投资者需要对两种商品的基本面进行综合分析后才能确定是否具有套利机会，故跨品种套利对投资者个人的素质提出了更高的要求。在现实中，产业客户对跨品种套利鲜有问津，而私募公司或投资公司对这种套利却是乐此不疲。

经典案例

跨品种套利的应用案例

某投资管理有限公司管理着将近一个亿的资金，其投资涉及股票及期货，遵循相对保守的交易策略。因此其对期货市场的套利交易有着很大兴趣，套利投资对象主要为国内期货品种。

2009年11月中旬以来，受锌价持续上涨的影响，铝锌价差持续下滑，至11月23日价差达到－2600后方有所企稳。这也是今年铝锌价差由正转负以来，绝对值达到的最高水平。某投资管理公司相关决策人士经过综合衡量后，决定进行抛锌买铝跨品种套利交易，其主要依据是：

(1) 仅凭价差拉大不足以成为抛锌买铝的理由，一般来说在上涨和下跌行情中，锌价的变动幅度往往超过铝价，随着价差的拉大，锌价有回调要求。

(2) 沪锌期现价差迅速拉大及库存的持续上升可能打压锌价。

(3) 沪铝库存逐渐减少，近期一直处于震荡状态涨幅有限，下方支撑较强，即使后期下跌，回调空间有限。

由于锌铝跨品种套利中价差并没有必然的回归关系，很大程度上是依据对品种间强弱走势的判断来进行套利操作。短短半个月时间整体收益约在 8%左右，可以说，风险相对较高的跨品种套利，其蕴含的收益也可能相对较高。

资料来源：广发证券公司网站

4) 期现套利

期现套利是指某种期货合约，当期货市场与现货市场在价格上出现差距，从而利用两个市场的价格差距，低买高卖而获利。期现套利有两种类型：当现货指数被低估、某个交割月份的期货合约被高估时，投资者可以卖出该期货合约，同时根据指数权重买进成分股，建立套利头寸，当现货和期货价格差距趋于正常时，将期货合约平仓，同时卖出全部成分股，可以获得套利利润，这种策略称为正向基差套利。当现货指数被高估、某个交割月份的期货合约被低估时，如果允许融券，投资者可以买入该期货合约，同时按照指数权重融券卖空成分股，建立套利头寸，当现货和期货价格趋于正常时，同时平仓，获利了结，这是反向基差套利。

同步练习

利用股指期货进行期现套利

2012 年 9 月 1 日，沪深 300 指数为 3500 点，而 10 月份到期的股指期货合约价格为 3600 点(被高估)，那么套利者就可以借款 108 万元(借款年利率为 6%)，在买入沪深 300 指数对应的一篮子股票的同时，以 3600 点的价格开仓卖出 1 张该股指期货合约。当该股指期货合约到期时，假设沪深 300 指数为 3580 点，则该套利者在股票市场上可获利 108 万 × (3580/3500) − 108 万 = 2.47 万元，由于股指期货合约到期时是按交割结算价来结算的，其价格近似于 3580 点，则卖空 1 张股指期货合约将盈利$(3600-3580)\times 300=6000$ 元。2 个月期的借款利息为 108 万 × 6% × 2/12 = 1.08 万元，这样该套利者通过期现套利交易可以获利 $2.47+0.6-1.08=1.99$ 万元。

9.4　套期保值

规避风险是期货市场的基本功能之一，套期保值是指把期货市场当作转移价格风险的场所，把期货合约作为将来在现货市场上买卖商品的临时替代物，对其现在买进准备以后售出商品或对将来需要买进商品的价格进行保险的交易活动。

9.4.1 套期保值概述

企业在经营过程中会面临很多风险，如价格风险、利率风险、信用风险、外汇风险等。面对风险，企业可以选择消极躲避风险、预防风险、分散风险和转移风险。套期保值本质上是转移风险的一种方式，指企业在一个或一个以上的工具上进行交易，预期全部或部分对冲其生产经营中所面临的价格风险的方式。这里所指的工具范围比较广，主要有期货、期权、远期、互换等衍生工具，以及其他可能的非衍生工具。在本节我们主要讲述期货工具。

1. 套期保值者

套期保值者是指通过持有与现货市场头寸相反的期货合约，或将期货合约作为其现货市场未来要进行交易的替代物，以期对冲现货市场价格风险的机构和个人。他们可以是生产者、加工者、贸易商和消费者，也可以是银行、券商、保险公司等金融机构。

一般来说，套期保值者的特点是：

(1) 生产、经营或投资规模通常较大，且具有一定的资金实力和操作经验，一般来说规模较大的机构和个人比较适合做套期保值。

(2) 生产、经营或投资活动面临较大的价格风险，直接影响其收益或利润的稳定性。

(3) 避险意识强，希望利用期货市场规避风险，而不是像投机者那样通过承担价格风险获取收益。

(4) 套期保值操作，所持有的期货合约头寸方向比较稳定，且保留时间长。

2. 套期保值的分类

套期保值的目的是回避价格波动风险，而价格的变化无非是下跌和上涨两种情形，与之对应，套期保值可分为两种：一种是卖出套期保值，另一种是买入套期保值。

卖出套期保值是为了防止现货价格在交割时下跌的风险而先在期货市场上卖出与现货数量相当的合约所进行的交易方式。通常是农场主为防止收割时农作物价格下跌、矿业主为防止矿产开采以后价格下跌、经销商或加工商为防止货物购进而卖出时价格下跌而采取的保值方式。

买入套期保值是指交易者先在期货市场买入期货，以便将来在现货市场买进现货时不致因价格上涨而给自己造成经济损失的一种套期保值方式。这种用期货市场的盈利对冲现货市场亏损的做法，可以将远期价格固定在预计的水平上。买入套期保值是需要现货商品而又担心价格上涨的投资者常用的保值方法。

实际操作中，套期保值者在期货市场操作的主要目的是增加他们的利润，而不仅是为了降低风险。如果他们认为对自己的存货进行套期保值是采取行动的最佳方式，那么他们就应该照此执行。如果他们认为仅进行部分套期保值就足够了，他们就可能仅仅针对其中一部分风险采取套期保值行动。在某种情况下，如果他们对自己关于价格未来走势的判断充满信心，那么，他们就可以暴露全部风险，而不采取任何的套期保值行动。

3. 套期保值操作方法

套期保值的核心是“风险对冲”，也就是将期货工具的盈亏与被套期保值项目的盈亏形成一个相互冲抵的关系，从而规避因价格变动带来的风险。

利用期货工具进行套期保值操作，要实现“风险对冲”，必须要遵循以下原则：

(1) 品种相同或相近原则。

投资者在进行套期保值操作时，所选择的期货品种与要进行套期保值的现货品种相同或尽可能相近，只有这样，才能最大限度地保证两者在现货市场和期货市场上价格走势的一致性。

(2) 月份相同或相近原则。

投资者在进行套期保值操作时，所选用期货合约的交割月份与现货市场的拟交易时间尽可能一致或接近。

(3) 方向相反原则。

在实施套期保值操作时，在现货市场和期货市场的买卖方向必须相反。由于同种或相近商品在两个市场上的价格走势方向一致，因此必然会在一个市场盈利而在另一个市场上亏损，盈亏相抵从而达到保值的目的。

(4) 数量相当原则。

套期保值时，所选用的期货品种合约上所载明的商品数量必须与现货市场上要保值的商品数量相当，只有这样，才能使一个市场上的盈利与另一个市场上的亏损相等或接近，从而提高套期保值的效果。

9.4.2　套期保值的应用

套期保值是在期货市场和现货市场建立风险对冲关系，但在实际操作中，两个市场的涨跌幅度并不完全相同，因而盈亏并不一定能够完全冲抵，本节旨在讲解套期保值的实质，所以假设两个市场价格变动幅度完全相同，对于价格变动幅度不同的情形，将在下一节进行讨论。

1．卖出套期保值的应用

卖出套期保值适用于下列情形：

(1) 持有某种商品或资产，担心市场价格下跌，使其持有的商品或资产市场价值下降，或者其销售收益下降。

(2) 已经按固定价格买入未来交收的商品或资产，担心市场价格下跌，使其商品或资产市场价值下降或其销售收益下降。

(3) 预计在未来要销售某种商品或资产，但销售价格尚不确定，担心市场价格下跌，使其销售收益下降。

2．买入套期保值的应用

买入套期保值适用于下列情形：

(1) 预计在未来要购买某种商品或资产，购买价格尚未确定时，担心市场价格上涨，使其购入成本提高。

(2) 目前尚未持有某种商品或资产，但已按固定价格将该商品或资产卖出，担心市场价格上涨，影响其销售收益或者采购成本。例如生产企业，已按固定价格将商品销售，那么待商品生产出来后，其销售收益就不能随市场价格的上涨而增加，或是某商品经销商，已按固定价格将商品销售，等后期其采购该商品时，价格上涨会使其采购成本提高。这都会使企业面临风险。

(3) 按固定价格销售某商品的产成品或其副产品，但尚未购买该商品的原材料进行生产，担心市场价格上涨购入成本提高。比如，某服装厂已经签订销售合同，按某价格卖出一批棉质服装，但尚未开始生产，若之后棉花价格上涨，该公司要遭受成本上升的风险。

9.4.3 基差与套期保值

事实上，在上节讲到的两个市场的盈亏完全冲抵是一种理想化的情形，现实中套期保值操作的效果可能是不完全套期保值或非理想套期保值，即两个市场盈亏只是在一定程度上相抵，而非刚好完全相抵。导致这种情况的原因主要有：

(1) 期货价格与现货价格变动幅度并不完全一致。

(2) 期货合约标的物可能与套期保值者在现货市场上交易的商品等级存在差异，从而导致价格变动幅度上存在差异性。

(3) 期货市场建立的头寸数量与被套期保值的现货数量之间存在差异。

(4) 因缺少对应的期货品种，一些企业无法直接对其所加工的产成品进行套期保值，只能利用其使用的初级产品的期货品种进行套期保值。

1. 基差概述

基差是某一特定地点某种商品或资产的现货价格与相同商品或资产的某一特定期货合约价格间的价差。公式可表示为：基差 = 现货价格 – 期货价格。影响基差的主要因素有：

(1) 时间差价：距期货合约到期时间长短会影响到持仓成本(拥有或保留某种商品、资产等而支付的仓储费、保险费和利息等费用总和)的高低，进而影响基差的大小。

(2) 品质差价：现货实际交易的品质与交易所规定的期货合约的品级不一致，会通过基差大小来反映出来。

(3) 地区差价：现货所在地与交易所指定交割地点不一致，则该基差的大小就会反映两地间的运费差价。

2. 基差变动与套期保值

在商品实际价格变动过程中，基差总是在不断变动，而基差的变动形态对一个套期保值者而言至关重要。由于期货合约到期时，现货价格与期货价格趋于一致，而且基差呈现季节性变动，使套期保值者能够通过期货市场降低价格波动的风险。基差变化是判断能否完全实现套期保值的依据，套期保值者利用基差的有利变动，不仅可以取得较好的保值效果，而且还可以通过套期保值交易获得额外的盈余，一旦基差出现不利变动，套期保值的效果就会受到影响，蒙受一部分损失。

1) 基差变动与买入套期保值

对于买入套期保值者来说，他愿意看到的是基差缩小。可以分为两种情况：

(1) 现货价格和期货价格均上升，但现货价格的上升幅度大于期货价格的上升幅度，基差扩大，从而使得在现货市场上因价格上升买入现货蒙受的损失大于在期货市场上因价格上升卖出期货合约的获利，出现净亏损。若现货价格的上升幅度小于期货价格的上升幅度，即基差缩小，从而使在现货市场上的亏损小于在期货市场上的获利，出现盈利。

(2) 现货价格和期货价格不是上升而是下降，但现货市场上价格下降幅度小于期货市场上价格下降幅度，基差扩大。在现货市场上的获利弥补不了期货市场上的损失，出现净亏损；若基差缩小，则可以实现盈利。

例如：3 月份，某轮胎企业为了防止天然橡胶原料价格进一步上涨，于是买入 7 月份天然橡胶期货合约 100 手(每手 5 吨)，成交价格为 24000 元/吨，对其未来生产所需要的 1000 吨天然橡胶进行套期保值。当时现货市场天然橡胶价格为 23000 元/吨。之后天然橡胶价格的确上涨，至 6 月初，天然橡胶现货价格上涨至 26000 元/吨，该企业按此价格购入天然橡胶现货 1000 吨，与此同时，将天然橡胶期货合约对冲平仓，成交价格为 26900 元/吨。套期保值结果如表 9-4 所示。

表 9-4　买入套期保值案例(基差走强或扩大情况)

市场	现货市场	期货市场	基差
3 月初	市场价格 23000 元/吨	买入 7 月份期货合约价格为：24000 元/吨	−1000 元/吨
6 月初	买入价格 26000 元/吨	卖出平仓期货合约价格为：26900 元/吨	−900 元/吨
盈亏	相当于亏损 3000 元/吨	盈利 2900 元/吨	走强 100 元/吨

现货市场价格上升幅度大于期货市场价格上升幅度，基差走强或是扩大，通过买入套期保值出现净亏损。

若之后天然橡胶价格未涨反跌，至 6 月初，天然橡胶现货价格跌至 20000 元/吨，该企业按此价格购入天然橡胶现货 1000 吨，与此同时，将天然橡胶期货合约对冲平仓，成交价格为 21200 元/吨，套期保值结果如表 9-5 所示。

表 9-5　买入套期保值案例(基差走弱或缩小情况)

市场	现货市场	期货市场	基差
3 月初	市场价格 23000 元/吨	买入 7 月份期货合约价格为：24000 元/吨	−1000 元/吨
6 月初	买入价格 20000 元/吨	卖出平仓期货合约价格为：21200 元/吨	−1200 元/吨
盈亏	相当于盈利 3000 元/吨	亏损 2800 元/吨	走弱 200 元/吨

现货市场价格下降幅度大于期货市场价格下降幅度，基差走弱，通过买入套期保值实现了盈利。

2) *基差与卖出套期保值*

对于卖出套期保值者来说，愿意看到的是基差扩大。可以分为两种情况：

(1) 现货价格和期货价格均下降，但现货价格的下降幅度大于期货价格的下降幅度，基差缩小，从而使得经销商在现货市场上因价格下跌卖出现货蒙受的损失大于在期货市场上因价格下跌买入期货合约的获利。

如果现货市场和期货市场的价格不是下降而是上升，经销商在现货市场获利，在期货市场损失。但是只要基差缩小，现货市场的盈利只能弥补期货市场的部分损失，结果仍是净损失。

(2) 现货价格和期货价格均下降，但现货价格的下降幅度小于期货价格的下降幅度，基差扩大，从而使得经销商在现货市场上因价格下跌卖出现货蒙受的损失小于在期货市场上因价格下跌买入期货合约的获利。

如果现货价格和期货价格不降反升，经销商在现货市场获利，在期货市场上损失，但只要基差扩大，现货市场的盈利不仅能弥补期货市场的全部损失，而且仍有净盈利。

例如：7 月份初某糖厂与饮料厂签订销售合同，约定将在 10 月初销售 100 吨白糖，价格按交易时的市价计算。目前白糖现货价格为 5600 元/吨。该糖厂担心未来糖价会下跌，于是卖出 10 手(10 吨/手)的 11 月份白糖期货合约，成交价格为 5900 元/吨。到 10 月初交易时，现货价格跌至每吨 5000 元/吨，与此同时，期货价格跌至 5200 元/吨。该糖厂按照现货价格出售 100 吨白糖，同时按照期货价格将 11 月份白糖期货合约对冲平仓，套期保值结果如表 9-6 所示。

表 9-6　卖出套期保值案例(基差扩大情况)

市场	现货市场	期货市场	基差
7 月份初	市场价格 5600 元/吨	卖出 11 月份期货合约价格为：5900 元/吨	–300 元/吨
10 月份初	卖出价格 5000 元/吨	买入平仓期货合约价格为：5200 元/吨	–200 元/吨
盈亏	相当于亏损了 600 元/吨	盈利 700 元/吨	扩大 100 元/吨

现货市场价格下跌 600 元/吨，期货合约价格下降 700 元/吨，下降幅度较现货市场大，基差走强，通过卖出套期保值，实现净盈利 100 元/吨。

同样上述例子，假如白糖价格没降反而上升了，到 10 月初交易时，现货价格上涨至 5900 元/吨，与此同时，期货价格涨至 6300 元/吨。该糖厂按照现货价格出售 100 吨白糖，同时按照期货价格将 11 月份期货合约对冲平仓，套期保值结果如表 9-7 所示。

表 9-7　卖出套期保值案例(基差缩小情况)

市场	现货市场	期货市场	基差
7 月份初	市场价格 5600 元/吨	卖出 11 月份期货合约价格为：5900 元/吨	－300 元/吨
10 月份初	卖出价格 5900 元/吨	买入平仓期货合约价格为：6300 元/吨	－400 元/吨
盈亏	相当于盈利 300 元/吨	亏损 400 元/吨	缩小 100 元/吨

现货市场和期货市场价格均上涨，期货市场价格上涨幅度较大，对应基差缩小，通过卖出套期保值，实现净亏损 100 元/吨。

根据以上分析，可以将买入套期保值和卖出套期保值在基差不同变化情形下的效果进行总结，具体如表 9-8 所示。

表 9-8　基差变动与套期保值效果关系

分类	基差变化	套期保值效果
买入套期保值	基差缩小(走弱)	不完全套期保值，两个市场盈亏相抵后存在净盈利
	基差不变	完全套期保值，两个市场盈亏刚好完全相抵
	基差扩大(走强)	不完全套期保值，两个市场盈亏相抵后存在净亏损
卖出套期保值	基差缩小(走弱)	不完全套期保值，两个市场盈亏相抵后存在净亏损
	基差不变	完全套期保值，两个市场盈亏刚好完全相抵
	基差扩大(走强)	不完全套期保值，两个市场盈亏相抵后存在净盈利

3. 套期保值有效性的衡量

套期保值有效性是度量风险对冲程度的指标，可用来评价套期保值效果。通常采取的方法是比率分析法。在采取 1∶1 的套期保值比率情况下，套期保值有效性可表示为

套期保值有效性 = 期货价格变动值/现货价格变动值

该数值越接近 100%，代表套期保值有效性就越高。该比值在 80%～125%范围内，则该套期保值就可认定为高度有效的。

例如，某套期保值企业对其生产的玉米进行卖出套期保值操作，且卖出期货合约的数量与现货被套期保值的数量相同。在整个套期保值期间，期货价格上涨 400 元/吨，现货价格上涨 500 元/吨，这意味着该套期保值者期货市场亏损 400 元/吨，现货市场盈利 500 元/吨，两者的比值为 80%，可以视为有效地实现了套期保值。如果在整个套期保值期间，期货价格下跌了 400 元/吨，现货价格下跌 500 元/吨，套期保值有效性依然为 80%。由此可见，套期保值有效性的评价不是以单个期货或现货市场的盈亏来判断，而是根据套期保值“风险对冲”的实质，以两个市场盈亏抵消的程度来评价。

9.5　期货行情分析

期货投机是指利用价格的上下波动来获取收益，因此行情分析十分重要。期货市场的行情分析主要分为基本面分析和技术分析。期货行情的技术分析与第八章对股票走势的技术分析方法如出一辙，在本节就不做赘述，只重点讲解基本面分析方法。

9.5.1　期货行情解读

观看期货行情走势图，会包含很多交易期货合约的基本信息，具体内容如下：

(1) 合约。线材、黄金、白银、沥青、铝、铜等，表示的是期货交易中进行交易的期货品种。行情表中的每一个期货合约都用合约代码来标识。合约代码由期货品种交易代码和合约到期月份组合在一起来进行标识。

(2) 卖价和卖量。卖价是指当日卖方申报卖出但未成交的某一期货合约的即时最低价格。对应的申请卖出的下单数量，为卖量。

(3) 买价和买量。买价是指当日买方申报买入但未成交的某一期货合约的即时最高买

入申报价格。所对应的申请买入的下单数量，为买量。

(4) 最新价。最新价是指某交易日某一期货合约交易时间的即时成交价格。

(5) 结算价。结算价是指某一期货合约当日交易期间成交价格按成交量的加权平均价。当日无成交的，以上一个交易日的结算价作为当日结算价。结算价是进行当日未平仓合约盈亏结算和确定下一个交易日涨跌停板幅度的依据。

(6) 涨跌。涨跌指交易日某一期货合约交易期间的最新价与上一交易日结算价之差。

(7) 开盘价。开盘价是当日某一期货合约的交易开始前 5 分钟经集合竞价产生的成交价格。集合竞价未产生成交价格的，以集合竞价后的第一笔成交价为开盘价。

(8) 最高价和最低价。最高价是指一定时间内某一期货合约成交价中的最高成交价格。最低价是成交价中的最低成交价格。

(9) 涨停和跌停。涨停是根据昨日结算价加上最高上涨幅度所确定的最高涨幅界限。跌停是昨日结算价减去最高浮动额得出的下跌的最低界限。

(10) 持仓量。持仓量是指期货交易者所持有的未平仓合约的双边累计数量。目前，国内的三家商品期货交易所的持仓量数据按照双边计算，中国金融期货交易所期货行情的持仓量数据按单边计算。

9.5.2 基本面分析方法

与股票基本面分析不同，期货市场基本面分析更关注的是影响期货价格变化的宏观因素、产业因素等。

1. 基本面分析及特点

对于商品期货而言，基本面分析是根据商品的产量、消费量和库存量，即通过分析期货商品的供求状况及其影响因素，来解释和预测期货价格走势。

基本面分析法主要分析的是商品的供求关系，商品供求状况的变化与价格的变动是相互影响、互相制约的。期货价格还受到其他许多非供求因素的影响，包括金融货币因素、经济波动周期因素、政策因素、政治因素、自然条件因素以及投机心理等等。

从供求关系来分析和预测期货价格走势，一般具有以下特点：

(1) 以供求决定价格为基本理念。基本面分析认为市场价格是由供给和需求共同决定的，而供给和需求的变化将引起价格变动。因此，唯有客观分析供求的各种因素，才能对期货价格做出正确判断。

(2) 分析价格变动的中长期趋势。基本分析更注重对市场价格的基本运动方向的把握，因而更多地用于对市场价格变动的中长期趋势的预测。

2. 供给分析

1) 供给及构成

供给是指在一定时间和地点，在各种价格水平下卖方愿意并能够提供的产品数量。一定时期内的供给量由期初库存量、本期产量和本期进口量构成。

(1) 期初库存量。期初库存量也就是上一期的期末结存量。期初存量的多少，直接影响本期的供给。库存充裕，会制约价格的上涨；库存较少，则难以抑制价格上涨。对于耐储藏的农产品、金属产品和能源化工产品，分析期初库存量是非常必要的。

(2) 本期产量。本期产量是一个变量，需要对产品产量的影响因素进行具体分析。比如农产品的产量与天气状况密切相关，矿产品的产量会因新矿的发现和开采的增加而增加等。比如每月中旬美国农业部公布的《World Agricultural Supply and Demand Estimates》即《世界农产品供求预测》对农产品相关合约有影响。

(3) 本期进口量。进口量是本国市场销售的国外产品的进口数量。进口量主要受国内市场供求状况、内销和外销价格比、关税和非关税壁垒、汇率等因素的影响。进口是国外生产者对本国的供给，若国内需求旺盛则进口量增加，反之进口量减少。进口数量可以从每月的海关统计数据中获得，进口预测数据的主要来源有美国农业部周四发布的《每周出口销售报告》等。

2) 影响供给的因素

(1) 价格。在其他不变的情况下，价格越高，供给量越大；价格越低，供给量越小。价格与供给量这种同方向变化关系，就是供给法则。

(2) 生产成本。生产产品就要投入各种生产要素，当要素价格上涨时，生产成本提高，利润就会降低，厂商将减少供给；相反，则会增加供给。

(3) 技术和管理水平。产品是在一定的技术和管理水平下生产出来的，技术进步和管理水平提高，就会提高生产效率，增加供给。

(4) 替代品的价格。如果替代品价格上涨的话，就会减少本产品的供给。

(5) 厂商的预期。厂商预测某种产品的价格将上涨，可能会把现在生产的产品储存起来，以期在未来以更高的价格卖出，从而减少了当期的供给；反之，则增加当期供给。

3. 需求分析

1) 需求及构成

需求是指在一定时间和地点，在各种价格水平下，买方愿意并有能力购买的产品数量。一定时期内的需求量由当期国内消费量、出口量和期末结存量构成。

(1) 当期国内消费量。国内消费包括居民消费量和政府消费量。它是一个变量，主要受消费者的收入水平或购买能力、消费者人数、消费结构变化、商品新用途发现、替代品的价格及获取的方便程度等因素的影响。

(2) 出口量。出口量主要受如国际市场供求状况，内销和外销价格比，关税和汇率变化等因素的影响。若总产量既定，出口量增加则国内市场供给量减少；反之出口量减少，则国内市场供给量增加。

(3) 期末商品结存量。当本期商品供不应求时，期末结存将会减少；反之就会增加。从期末结存量的变动，可以反映本期的产品供求状况，并对下期产品供求状况产生影响。

2) 影响需求的因素

(1) 价格。一般来说，价格越高，需求量越小；价格越低，需求量越大。价格与需求之间这种反方向变化的关系，即为需求法则。

(2) 收入水平。消费者的收入水平决定其支付能力或购买力。一般来说，收入水平与需求具有正相关关系。不过有些产品的需求和消费者的收入水平成反比，我们称之为劣等品。

(3) 偏好。消费者偏好哪种商品或产品，就会增加对该产品的需求。

(4) 相关产品价格。相关产品包括替代品和互补品。替代品的价格上涨就会增加对该产品的需求；互补品的价格上涨则会抑制对该产品的需求。

(5) 消费者预期。对于一般产品，消费者预期该产品的价格会上涨时，需求一般会增加；反之，则需求减少。

4. 影响供求的其他因素

需求和供给分析是期货价格基本分析的基础，因为期货市场具有不同于现货市场的特殊性，所以在一般供求分析的基础上，还需要对影响期货品种供求的其他因素给予特别的关注，包括经济波动和周期、金融货币、政治、政策、自然条件和心理因素等。

1) 经济波动和周期

在开放条件下，期货市场价格波动不仅受国内经济波动和周期的影响，也会受世界经济景气状况的影响。经济周期一般由危机、萧条、复苏和高涨四个阶段构成，在经济周期波动的不同阶段，产品的供求和价格都具有不同的特征，进而影响到期货市场的供求情况。

2) 金融货币因素

金融货币因素对期货市场供求的影响主要表现在利率和汇率两个方面。首先是利率，利率的变动将直接影响到期货交易的交易成本。当银根紧缩时，利率上升，增加交易成本，迫使交易者尽早平仓或退出市场，使期货价格趋跌；反之，银根放松，利率降低，会刺激投资，使期货价格上升。其次是汇率，汇率是本国货币与外国货币交换的比率，当本币贬值时，即使外国商品价格不变，但以本国货币表示的外国商品价格将上升，反之则下降，因此，汇率的高低变化必然影响相应的期货价格变化。

3) 政治因素

期货市场对国家、地区和世界政治局势变化的反映非常敏感。罢工、大选、政变、内战、国际冲突等，都会导致期货市场供求状况的变化和期货价格的波动。例如，2001 年“9·11”恐怖袭击事件在美国发生后，投资者纷纷抛售美元，购入黄金保值，使得世界黄金期货价格暴涨，同时，石油及铜、铝等重要的有色金属产品也暴涨，而美元大幅下跌。

4) 政策因素

除了货币政策，一国政府还采用财政政策对宏观经济进行调控。财政政策的重要手段就是增加或减少税收，直接影响到生产供给和市场需求状况。产业政策也是各个国家经常采用的经济政策，产业政策往往有着特定的产业指向，即扶持或抑制什么产业发展，对应的相关产业所涉及的产品期货价格就会受到影响。

除了各国政府实施的宏观调控政策，期货市场的影响因素还包括来自国际组织的经济政策，比如石油输出国组织经常根据原油市场状况，制定一系列政策，通过削减产量、协调价格等措施来控制国际市场的供求和价格。目前，国际大宗商品，包括石油、铜、糖、小麦、茶叶、咖啡等的供求和价格，均受到相应国际组织的影响。

5) 自然因素

自然因素主要是气候条件、地理变化和自然灾害等，具体来说，包括地震、洪涝、干旱、严寒、虫灾、台风等方面的因素。期货交易所上市的粮食、金属、能源等商品，其生产和消费与自然条件密切相关。自然条件的变化会对运输、仓储造成影响，从而也间接影响生产和消费。自然因素对农产品的影响尤其大，制约性尤其强。当自然条件不利时会影响到产量，从而使供给紧张，促使期货价格上涨；反之，期货价格下跌。例如，巴西是咖啡和可可等热带作物的主要供应国，如果巴西出现灾害性天气，将对国际上咖啡和可可的价格产生重大影响。

6) 心理因素

心理因素是投机者对市场的信心。当投机者对市场信心十足时，即使没有利好消息，价格也可能上涨；反之，即使没有利空消息，价格也可能会下跌。在期货交易中，市场心理变化往往与投机行为交织在一起，相互依赖、相互制约，产生综合效应。过度投机将造成期货价格与实际市场供求相脱节。

7) 其他因素

专业咨询机构的文章和观点、基金行为、多空双方资金性因素等有时也会对期货价格的波动产生影响，需要投资者密切关注。

小　结

通过本章的学习，可以掌握到以下内容：

(1) 期货通常指期货合约，期货合约是期货交易所统一制定、规定在将来某一特定时间和地点交割一定数量标的物的标准化合约，可分为商品期货合约和金融期货合约及其他期货合约。

(2) 期货交易特征包括：合约的标准化、双向交易和对冲机制、杠杆机制、每日无负债结算制度。

(3) 期货市场有三大功能：价格发现功能、规避风险功能和资产配置功能。

(4) 期货交易制度包括：保证金制度、强制平仓制度、当日无负债结算制度、涨跌停板制度、持仓限额及大户报告制度、风险警示制度、信息披露制度等。

(5) 期货交易流程包括开户、下单、竞价、结算和交割。大多数期货交易者通过对冲平仓的方式了结履约责任，交割并不是交易流程必经的环节。

(6) 套期保值是把期货市场当作转移价格风险的场所，把期货合约作为将来在现货市场上买卖商品的临时替代物，对其现在买进准备以后出售的商品或对将来需要买进商品的价格进行保值的交易活动。

(7) 基差是某一特定地点某种商品或资产的现货价格与相同商品或资产的某一特定期货合约价格间的价差。基差的存在使得在实际中实现完全套期保值有点困难，它的变动形态对套期保值者而言至关重要。

(8) 期货市场的行情分析主要分为基本分析和技术分析。

练　习

一、单选题

1．期货市场的基本功能之一是(　　)。

A．消灭风险　B．规避风险　C．减少风险　D．套期保值

2．(　　)实行每日无负债结算制度。

A．现货交易　B．远期交易　C．分期付款交易　D．期货交易

3．套期保值的基本原理是(　　)。

A．建立风险预防机制　B．建立对冲组合

C．转移风险　D．保留潜在的收益的情况下降低损失的风险

4．与单边的多头或空头投机交易相比，套利交易的主要吸引力在于(　　)。

A．风险较低　B．成本较低　C．收益较高　D．保证金要求较低

5．某一特定商品或资产在某一特定地点的现货价格与其期货价格之间的差额称为(　　)。

A．价差　B．基差　C．差价　D．套价

二、多选题

1．目前国内期货交易所有(　　)。

A．深圳商品交易所　B．大连商品交易所

C．郑州商品交易所　D．上海期货交易所

2．确定期货合约交易单位的大小，主要应考虑(　　)。

A．合约标的物的市场规模　B．交易者的资金规模

C．期货交易交割日期　D．该商品的现货交易习惯

3．套期保值者大多是(　　)。

A．生产商　B．加工商和库存商

C．投机商　D．金融机构

4．套期保值指在期货市场上买进或卖出与现货商品或资产品种(　　)的期货合约，从而在期货和现货两个市场之间建立盈亏冲抵机制，以规避价格波动的一种交易方式。

A．品种相同或相关　B．数量相等或相当

C．方向相同　D．月份相同或相近

5．下列关于基差的说法，正确的有(　　)。

A．套期保值的效果主要由基差的变化决定

B．基差＝期货价格－现货价格

C．特定的交易者可以拥有自己特定的基差

D．正向市场中，基差为正值

三、简答题

1．简述期货交易的基本特征。

2．简述期货市场的功能与主要作用。

3．简述期货交易制度以及这些制度的具体含义。

4．简述期货套利的主要形式，以及各个形式的交易策略。

5．简述基差含义，以及基差与套期保值的关系。

第10章　保险公司业务

本章目标

- 熟悉保险的定义、构成要素、特征及主要职能
- 了解保险合同的概念、分类
- 掌握保险合同的基本条款、保险合同的履行及变更
- 掌握保险营销的基本方法
- 掌握保险承保的主要内容及程序，人寿保险和财产保险核保的要素
- 掌握保险理赔原则及程序
- 掌握保险客户服务的主要内容

重点难点

重点：

◈ 保险合同的基本条款、保险合同的订立、履行、变更等

◈ 保险营销的方法

◈ 保险客户服务的主要内容

难点：

◈ 保险承保、核保的内容和程序

案例导入

我国保险业最初是由洋务派创建的，1872 年，洋务派在“先富而后强”的呼声中，采取“官督商办”的经营方式，在上海创办了第一家国家经营的中国招商局，从事航运业。1885 年，为了适应保险业务的需要，保险招商局改组为独立的“仁和”、“济和”两家保险公司。1887 年，“仁和”、“济和”又合并组成了“仁济和保险公司”。1949 年 10 月，中华人民共和国成立，翻开了新中国保险事业的新篇章。新中国成立以来，中国保险事业几经波折，自 1966 年开始由于“文化大革命”几乎停办了保险业务；1979 年恢复国内保险业务，我国保险事业进入一个新时期，当时我们国家只有 1 家保险公司，保费收入只有 4.6 亿元。2013 年我国保险业务发展呈现“稳中有进、进中向好”的良好态势，全年实现保费收入 1.72 万亿元，同比增长 11.2%，比去年提高了 3.2 个百分点。其中财产保险业务继续保持较快增长，保费收入 6212 亿元，同比增长 16.5%，人身险业务企稳回升，保费收入 1.1 万亿元，同比增长 8.4%，比去年提高了 3.9 个百分点。保费规模全球排名第四位，与第三位已十分接近，保险公司总资产 8.3 万亿元，较年初增长 12.7%。保险公司整体实力不断增强，平安保险集团入选全球 9 家系统重要性保险机构。但也应该看到我国保险行业的不足，虽然保费总量在全球排名第四，但我国保险深度仅为 3%，保险密度仅为 1300 元/人，与发达国家和世界平均水平相比还存在较大差距，其中一个重要原因就是我国社会公众保险知识缺乏、保险意识不足。加强保险宣传，提升全社会保险意识是非常重要的工作。

2011 年 8 月 18 日，中国保监会发布《中国保险业发展“十二五”规划纲要》，《规划纲要》提出，今后 5 年保险业发展的总体目标是：初步建成一个市场体系完善、服务领域广泛、经营诚信规范、风险防范有效、综合竞争力较强，发展速度、质量和效益相统一，与国民经济社会发展水平和人民群众生产生活需求相适应的现代保险业。具体目标是到 2015 年，全国保险费收入争取达到 3 万亿元。保险深度达到 5%，保险密度达到 2100 元/人，保险业总资产争取达到 10 万亿元，未来我国保险业还有很大的发展空间。

问题：通过阅读材料及搜集相关材料归纳我国保险业发展的不足之处。

10.1 保险概述

保险本意是稳妥可靠，后延伸成一种保障机制，是市场经济条件下风险管理的基本手段，是金融体系和社会保障体系的重要组成部分。

10.1.1 保险的要素与特征

根据《中华人民共和国保险法》第二条规定，本法所称保险是指投保人根据合同约定，向保险人支付保险费，保险人对于合同约定的可能发生的事故因其发生所造成的财产损失承担赔偿保险金责任，或当被保险人死亡、伤残、疾病或者达到合同约定的年龄、期限等条件时承担给付保险金责任的商业保险行为。

从法律角度看，保险是一种合同行为。投保人购买保险，保险人出售保险实际上是双方在法律平等的基础上，经过要约与承诺的过程，达成一致意见并签订合同，确立投保人与保险人之间的民事权利义务关系。

从经济角度看，保险是分摊意外事故损失和提供经济保障的一种非常有效的资金配置安排。投保人通过交纳保险费购买保险，将不确定的大额损失转变为确定性的小额支出(保费)，或者将未来大额或持续性的支出转变为目前固定的或一次性的支出(保费)，从而有利于提高投保人的资金效益。人寿保险中，保险作为一种资金配置方式的特性表现得尤为明显，人寿保险兼有储蓄和投资作用，具有理财特征。从这个意义上讲，保险公司属于金融机构，保险业是金融业的重要组成部分。

1. 保险的要素

保险关系的确立必须具备五大要素：可保风险的存在、大量同质风险的集合与分散、保险费率的厘定、保险准备金的建立、保险合同的订立等。

1) 可保风险的存在

可保风险指符合保险人承保条件的特定风险。通常，可保风险应具备的条件包括：

(1) 风险应当是纯粹风险，即风险一旦发生成为现实的风险事故，只有损失的机会，而无获利的可能。

(2) 风险应当使大量的标的均有遭受损失的可能性。

(3) 风险应当有导致重大损失的可能性。重大损失是投保人不愿承担的，如果损失很轻微，则无参加保险的必要。

(4) 风险不能使大多数的保险标的同时遭受损失。要求损失的发生具有分散性，因为保险的目的是以大多数人支付的小额保费，赔付少数人遭遇的大额损失。如果大多数的保险标的同时遭受损失，保险人通过向被保险人收取保费所建立起来的保险资金根本无法抵消损失，从而影响保险公司的稳定经营。

(5) 风险必须具有现实的可测性。在保险经营中，保险人必须制定出准确的保险费率，而保险费率的计算依据是风险发生的概率及其所致风险损失的概率，这就要求风险具有可测性。但是，可保风险的条件也会随着保险技术的发展和外部环境的变化而发生改变，如市场竞争、国家政策等，因此，保险人在经营过程中界定可保风险时，坚持上述条件的同时，还要考虑其他因素的影响。

2) 大量同质风险的集合与分散

保险的过程既是风险的集合过程，又是风险的分散过程。保险风险的集合与分散应具备两个前提条件：

(1) 风险的大量性。风险的大量性一方面是基于风险分散的技术要求；另一方面也是概率论和大数法则的原理在保险经营中得以运用的条件。根据概率论和大数法则的数理原理，集合的风险标的越多，风险就越分散，损失发生的概率也就越有规律性和相对稳定性，依此厘定的保险费率也才更为准确合理，收取保险费的金额也就越接近于实际损失额和赔付额。如果只有少量保险标的，就无所谓集合和分散，损失发生的概率也难以测定，大数法则更不能有效地发挥作用。

(2) 风险的同质性。同质风险是指风险单位在种类、品质、性能、价值等方面大体相近。如果风险为不同质风险，则发生损失的概率不相同，风险也就无法进行统一的集合与分散，除此之外，不同质风险损失发生的频率和幅度有差异，若进行统一的集合与分散，则会导致保险资金的不稳定。

3) 保险费率的厘定

保险实质上是一种特殊商品的交换行为。制定保险商品的价格，即厘定保险费率，便构成了保险的基本要素。保险商品的交换行为又是一种特殊的经济行为，为保证保险双方当事人的利益，保险费率的厘定要遵循一些基本原则：

(1) 公平性原则。一方面，公平性原则要求保险人收取的保险费应与其承担的保险责任是对等的；另一方面，要求投保人交纳的保险费应与其保险标的的风险状况相适应。

(2) 合理性原则。保险人收取保险费，不应在抵补保险赔付或给付有关的营业费用后，获得过高的营业利润，即要求保险人不能为获得非正常经营性利润而制定高费率。

(3) 适度性原则。保险费率的适度是就保险整体业务而言，如果保险费率偏高，超出投保人交纳保费的能力，就会影响投保人的积极性，不利于保险业务的发展；如果保险费率偏低，就会导致保险公司偿付能力不足，最终也将损害被保险人的利益。

(4) 稳定性原则。保险费率应在短期内保持稳定，这样既有利于保险经营，也有利于投保人续保。

(5) 弹性原则。要求保险费率在短期内保持稳定，在长期内应根据实际情况的变动做适当的调整。因为在较长的时期内，由于社会、经济、技术、文化的不断进步与变化，保险标的的风险状况发生变化，保险费率水平也要随之变动。

为了防止各保险公司间保费费率的恶性竞争，一些国家对保险费率的厘定方式做出了具体规定。《中华人民共和国保险法》第一百三十六条规定："关系社会公众利益的保险险种、依法实行强制保险的险种和新开发的人寿保险险种等的保险条款和保险费率，应当报保险监督管理机构审批"，"其他保险险种的保险条款和保险费率，应当报保险监督管理机构备案。"另外，《保险公司管理规定》第七十六条规定："保险行业协会可以根据实际情况，公布指导性保险费率。"

4) 保险准备金的建立

保险准备金是指保险人为保证其如约履行保险赔偿或给付义务，根据政府有关法律规定或业务特定需要，从保费收入或盈余中提取的与其所承担的保险责任相对应的一定数量的基金。《中华人民共和国保险法》第九十八条规定：保险公司应当根据保障被保险人利益、保证偿付能力的原则，提取各项责任准备金。保险公司提取和结转责任准备金的具体办法，由国务院保险监督管理机构制定。

(1) 未到期责任准备金。在准备金评估日尚未履行的保险责任提取的准备金，主要是指保险公司为保险期间在 1 年以内(含 1 年)的保险合同中尚未到期的保险责任而提取的准备金。

(2) 寿险责任准备金。寿险责任准备金是指保险人把投保人历年交纳的纯保险费和利息收入累积起来，为将来发生的保险给付和退保给付而提取的资金，或者说是保险人还未履行保险责任的已收保费。

(3) 未决赔款准备金。未决赔款准备金是指保险公司为尚未结案的赔案而提取的准备金，包括已发生已报案未决赔款准备金(保险事故已发生，并向保险公司提出索赔，保险公司尚未结案的赔案而提取的准备金)、已发生未报案未决赔款准备金(保险事故已发生，但未向保险公司提出索赔的赔案而提取的准备金)和理赔费用准备金(为尚未结案的赔案可能发生的费用提取的准备金)。

(4) 总准备金，也称自由准备金。用来满足风险损失超过损失期望以上部分的责任准备金，它是从保险公司税后利润中提取的。

5) 保险合同的订立

保险合同是体现保险关系存在的形式。保险作为一种民事法律关系，是投保人与保险人之间的合同关系，这种关系需要有法律关系对其进行保护和约束，即通过一定的法律形式固定下来，这种法律形式就是保险合同。保险合同是保险双方当事人履行各自权利和义务的依据，保险双方当事人的权利和义务是相互对应的。为了获得保险赔偿或给付，投保人要承担交纳保险费的义务；保险人收取保险费的权利是以承担赔偿或给付被保险人的经济损失的义务为前提的。

2．保险的特征

从保险的定义和构成要素来看，保险具有以下五个特征：

(1) 互助性。保险具有“一人为众、众为一人”的互助特性。保险在一定条件下，分担了单位和个人所不能承担的风险，从而形成了一种经济互助关系。这种关系通过保险人用多数投保人交纳的保险费建立的保险基金对少数遭受损失的被保险人提供补偿或给付而得以体现。

(2) 法律性。从法律角度看，保险又是一种合同行为，是一方同意补偿另一方损失的一种合同安排，同意提供损失赔偿的一方是保险人，接受损失赔偿的一方是投保人或被保险人。

(3) 经济性。保险是通过保险补偿或给付而实现的一种经济保障活动。其保障对象财产和人身都直接或间接属于社会化再生产中的生产资料和劳动力两大经济要素。实现保障的手段，大多采取支付的形式进行补偿或给付。保障的根本目的都与社会经济发展相关。

(4) 商品性。商品经济关系直接表现为个别保险人与个别人之间的交换关系；间接表现为在一定时期内全部保险人与全部投保人之间的交换关系，即保险人销售保险产品，投保人购买保险产品的关系。

(5) 科学性。保险是处理风险的科学措施。保险经营以概率论和大数法则等科学数理理论为基础，保险费率的厘定、保险准备金的提存等都是以科学的数理计算为依据。

3．保险与社会保险、储蓄的比较

1) 保险与社会保险

社会保险是国家或政府通过立法形式，采取强制手段对全体公民或劳动者因遭遇年老、疾病、生育、伤残、失业和死亡等社会特定风险而暂时或永久失去劳动能力、失去生活来源或中断劳动收入时的基本生活需要提供经济保障的一种制度，其主要包括养老保险、医疗保险、失业保险、生育保险和工伤保险。现将人身保险和社会保险进行比较。

人身保险与社会保险的共同点包括：同以风险的存在为前提；同以社会再生产中的劳动力为保障对象；同以概率论和大数法则为制定保险费率的数理基础；同以建立保险基金作为提供经济保障的物质基础。

人身保险与社会保险的区别主要表现在：

(1) 经营主体不同。人身保险的经营主体必须是商业保险公司；而社会保险可以由政府或其设立的机构办理，也可以委托金融经营机构如基金公司、银行和保险公司代管，社会保险带有行政性色彩。

(2) 行为依据不同。人身保险是依合同实施的民事行为，而社会保险则是依法实施的政府行为。

(3) 实施方式不同。人身保险合同的订立必须贯彻平等互利、协商一致、自愿订立的原则，而社会保险具有强制实施的特点。

(4) 适用的原则不同。人身保险以合同体现双方当事人关系，双方的权利和义务是对等的，因而人身保险强调"个人公平"原则；社会保险强调"社会公平"原则。

(5) 保障功能不同。人身保险的保障目标是在保险金额限度内对保险事故所致的损失进行保险金的给付，这一目标可以满足生活消费各个层面的需求，即生存、发展与享受；社会保险的保障目标是通过社会保险金的支付保障社会成员的基本生活需求。

(6) 保费负担不同。人身保险的保费不仅包含死亡、伤残、疾病等费用，还包括保险人的营业与管理费用，因而，收费标准较高；社会保险的保险费通常是个人、企业和政府三方共同负担，收费标准较低。

2) 保险与储蓄

保险与储蓄都是以现在的闲余资金做未来所需的准备，都体现一种有备无患的思想，尤其是人身保险的个别险种几乎与储蓄难以区分，但是两者属于不同的经济范畴，有着显著区别，主要表现是：

(1) 消费者不同。保险的消费者必须符合保险人的承保条件，经过核保，可能会有一些人被拒保或有条件承保；储蓄的消费者一般没有特殊条件的限制。

(2) 技术要求不同。保险分摊损失需要有特殊的分摊计算技术，而储蓄使用本金加利息的计算公式，无需特殊的计算技术。

(3) 受益期限不同。保险由保险合同规定受益期限，而储蓄则以本息返还为受益期限，只有达到一定的期限，储户才能得到预期的收益即储存的本金及利息。

(4) 行为性质不同。保险用全部投保人交纳的保险费建立的保险基金为少数遭受损失的被保险人提供补偿或给付，是一种互助行为；储蓄是个人留出一部分财产做准备，完全是一种自助行为。

(5) 消费的目的不同。保险消费的主要目的是为了应付各种风险事故造成的经济损失，而储蓄的主要目的是为了获得利息收入。

10.1.2 保险业务的分类

国际上对保险业务的分类没有固定的原则和统一的标准，通常，不同国家根据各自需要采取不同的划分方法。我国对保险业务的分类通常按照保险标的、实施方式和承保方式的不同来进行划分。

1. 按照保险标的分类

保险的标的有两种，一种是经济生活的客体，即财产；另一种是经济生活的主体，即人身。所以保险业务可分为财产保险和人身保险。

1) 财产保险

财产保险是以物质财富及有关的利益为保险标的的险种，主要包括财产损失保险、责任保险、信用保险等保险业务。

(1) 财产损失保险。财产损失保险是以各类有形财产为保险标的的财产保险，其主要包括的业务种类有：企业财产保险、家庭财产保险、运输工具保险、货物运输保险、工程保险、农业保险等种类。

(2) 责任保险。责任保险是指以被保险人对第三者依法应负的赔偿责任为保险标的的险种。投保人按照约定向保险人支付保险费，在被保险人致人损害而应当承担赔偿责任时，由保险人承担给付保险赔偿金的义务。其业务种类又可分为公众责任保险、雇主责任保险、产品责任保险、职业责任保险和保赔保险等。

(3) 信用保险。信用保险是以各种信用行为为保险标的的保险。主要业务种类有：一般商业信用保险、出口信用保险、合同保证保险、产品保证保险和忠诚保证保险等。

2) 人身保险

人身保险是以人的寿命和身体为保险标的的保险，包括人寿保险、健康保险、意外伤害保险等保险业务。

(1) 人寿保险。人寿保险是以被保险人的寿命作为保险标的，以被保险人的生存或死亡作为给付保险金条件的一种人身保险，主要业务类型有：定期寿险、终身寿险、生存保险和生死两全保险等。

(2) 健康保险。健康保险是以被保险人的身体为保险标的，使被保险人在疾病或意外事故所致伤害时发生的费用或损失获得补偿的一种人身保险业务，主要业务类型有：疾病保险、医疗保险和收入补偿保险等。

(3) 意外伤害保险。意外伤害保险是指以意外伤害而致身故或残疾为给付保险金条件的人身保险。意外伤害保险中所称的意外伤害是指在被保险人没有预见到或违背被保险人意愿的情况下，突然发生的外来致害对被保险人的身体明显、剧烈的侵害的客观事实，主要业务类型有：普通意外伤害保险、特定意外伤害保险等。

2. 按照实施方式分类

按实施方式分类，保险可分为强制保险和自愿保险。

(1) 强制保险。

强制保险又称法定保险，是政府以法律或政策形式强制规定被保险人与保险人的法律关系，在规定范围内，不管当事人双方自愿与否，必须按规定办理保险。凡属法律规定必须保险的标的，其保险责任自动开始，保险金额按规定标准收取，被保险人不得自行选定。强制保险的另一种形式是政府规定某些行业或个人从事某种经营或其他活动时，必须参加保险，否则不准从业。

(2) 自愿保险。

自愿保险是在自愿原则下，投保人与保险人双方在平等的基础上，通过订立保险合同而建立的保险关系。自愿保险的保险关系，是当事人之间自由决定、彼此合意后所建立的合同关系。投保人可以自由决定是否投保、向谁投保、中途退保等，也可以自由选择保险金额、保障范围、保障程度和保险期限等；保险人也可以根据情况自愿决定是否承保、怎样承保等。

3. 按承保方式分类

按承保方式分类，可将保险分为原保险、再保险、共同保险和重复保险。

(1) 原保险。

原保险是保险人与投保人之间直接签订保险合同而建立保险关系的一种保险。在原保险关系中，保险需求者将其风险转嫁给保险人，当保险标的遭受保险责任范围内的损失时，保险人直接对被保险人承担赔偿责任。

(2) 再保险。

再保险也称分保，是保险人将其所承担的风险和责任的一部分或全部，转移给其他保险人的一种保险。转让业务的是再保险分出人，接受分保业务的是再保险接收人。这种风险转嫁方式是保险人对原始风险的纵向转嫁，即第二次风险转嫁。

(3) 共同保险。

共同保险简称为共保，是由几个保险人联合直接承保同一保险标的、同一风险、同一保险利益的保险。共同保险的保险人承保金额的总和等于保险标的的保险价值。在保险实务中，可能是多个保险人分别与投保人签订保险合同，也可能是多个保险人以某一保险人的名义签发一份保险合同。与再保险不同，这种风险转嫁方式是保险人对原始风险的横向转嫁，它仍属于风险的第一次转嫁。

(4) 重复保险。

重复保险是指投保人以同一保险标的、同一保险利益、同一保险事故分别与两个或两个以上的保险人签订保险合同的一种保险。与共同保险相同，重复保险也是投保人对原始风险的横向转嫁，也属于风险的第一次转嫁。

10.1.3 保险的职能

保险的职能是指保险的内在固有的功能，它是由保险的本质和内容决定的。一般认为，保险的职能有基本职能和派生职能之分。

1) 保险的基本职能

保险的基本职能是保险的原始职能和固有职能，它不因时间的推移和社会形态的不同而改变。保障功能是保险业的立业之基，是保险的基本职能，最能体现保险业的特色和核心竞争力。保险保障功能具体表现为保险的补偿功能和给付功能。

(1) 补偿损失功能。

保险是在特定风险损害发生时，在保险的有效期、保险合同约定的责任范围以及保险金额内，按其实际损失数额给予赔付。保险的补偿职能，只是对社会已有财富进行的再分配，而不能增加社会财富。因为从社会角度而言，个别遭受风险损害的被保险人的所得，正是没有遭受损害的多数被保险人的所失，它是由全体投保人给予的补偿。补偿既包括财产损失的补偿，也包括责任损害的赔偿。

(2) 经济给付功能。

财产保险与人身保险是两种性质完全不同的保险。由于人的价值是很难用货币来计价的，所以，人身保险是经过保险人和投保人双方约定进行给付的保险。

2) 保险的派生职能

随着保险内容的丰富和保险种类的增多，保险的职能也有新的变化，在保险基本职能的基础上产生了派生职能。

(1) 资金的融通职能。

资金融通职能是指将保险资金中的闲置部分重新投入到社会再生产过程中所发挥的金融中介作用。保险人为了使保险经营稳定，必须保证保险资金的保值和增值，这也要求保险人对保险资金进行运用。保险资金的运用不仅有其必然性，也具有可能性。一方面，由于保费收入与赔付支出之间存在时间差，为保险人进行保险资金的融通提供了可能；另一方面，保险事故的发生不都是同时的，保险人收取的保费不可能一次性全部赔偿出去，保费收入与赔付支出之间也存在数量差，同样为资金的融通提供了可能。

事实证明，保险业务越是发展，资金的融通职能越显得重要。保险资金的融通职能是通过投资业务来实现的。投资业务和承保业务是保险公司发展的两个最重要因素，缺少了哪一个，保险公司都无法健康发展。保险的投资职能是派生职能，保险资金首先要承担补偿职能，所以保险资金的运用首先是考虑保险的偿付能力，在资金运用方面坚持安全性、盈利性、流动性、多样性和社会性的投资原则。目前我国保险公司的投资渠道主要有银行存款、股票、债券、证券投资基金份额、不动产和国务院允许的其他资金运用方式。

(2) 防灾防损职能。

防灾防损是风险管理的重要内容，保险本身是风险管理的一项重要措施。保险企业为了稳定经营，要对风险进行分析、预测和评估，看哪些风险可作为承保风险，哪些风险可以进行时空上的分散。人为因素与风险所致损失的发生概率具有相关性，因此，通过人为的事前预防，可以减少损失。由此，保险又派生了防灾防损的职能，而且防灾防损作为保险业务操作的环节之一，始终贯穿整个保险工作中。

10.2 保险合同

根据《中华人民共和国保险法》第十条规定：保险合同是投保人和保险人约定保险权利义务关系的协议。投保人是指与保险人订立保险合同，并按照保险合同负有支付保险费义务的人。保险人是指与投保人订立保险合同，并承担赔偿或者给付保险金责任的保险公司。

10.2.1 保险合同的特性及分类

保险合同作为一种特殊的民事合同，除具有一般合同的法律特征之外，还具有一些特有的法律特征。按照不同的标准，保险合同可以分为不同的种类。

1. 保险合同的特性

(1) 保险合同的有偿性。

保险合同的有偿性是指参加保险合同的一方当事人要享有权利就必须承担义务，在保险合同中，投保人支付保费，而保险人要收取保费，必须承担相应的风险。

(2) 保险合同的双务性。

保险合同的双务性特征是指保险双方当事人相互承担义务并享有权利。一般的经济合同均为双务性合同，保险合同也不例外。保险合同的双务性特征主要体现在投保人按照合同约定负有交付保险费的义务，而保险人则负有当发生保险事故或者出现合约约定情况时进行赔偿给付的义务。

(3) 保险合同的保障性。

保险合同的保障性主要体现在：保险合同双方当事人，一经达成协议，保险合同从约定生效时起到终止时的整个时期，投保人的经济利益受到保险人的保障。这种保障包括有形和无形两种形式。有形保障体现在物质方面，即保险标的一旦发生保险事故，保险人按照保险合同规定的责任范围给予一定金额的经济赔偿或给付；无形保障则体现在精神层面，即保险人对所有被保险人提供的心理上的安全感，能够使他们解除后顾之忧。

(4) 保险合同的射幸性。

射幸合同是指合同的效果在订约时不能确定的合同，即合同当事人一方不必然履行给付义务，而只有当合同中约定的条件具备或合同约定的事件发生时才履行。保险合同是典型的射幸合同，投保人根据保险合同支付保险费的义务是确定的，而保险人仅在保险事故发生时，承担赔偿或给付义务，即保险人的义务是否履行在保险合同订立时尚不确定，而是取决于偶然、不确定的保险事故是否发生。

(5) 保险合同的附和性。

附和合同是指合同内容不是由双方当事人共同协商拟定，而是由乙方当事人先拟定，另一方当事人只是做出是否同意的意思表示的一种合同。保险合同是典型的附和合同，保险合同的条款事先由保险人拟定后，经监管机构审批，投保人往往不熟悉保险业务，很难对保险条款提出异议。投保人购买保险，要么附和保险人的合同，要么拒绝购买该保险，一般没有修改合同内容的权利，即使需要变更某项内容也只能采纳保险人事先准备好的附加条款。

(6) 保险合同的诚信性。

任何合同的订立，都应当以合同当事人的诚信为基础。但是，由于保险双方信息的不对称性，保险合同对诚信的要求远远高于其他合同。

2. 保险合同的分类

保险合同按照不同的分类标准，大体可以分为以下六种类型。

(1) 按照合同的性质分类。

按照合同的性质分类，保险合同可分为补偿性保险合同与给付性保险合同。补偿性保险合同是指保险人的责任以补偿被保险人的经济损失为限，并不得超过保险金额的合同。各类财产保险合同和人身保险中的医疗费用保险合同都属于补偿性保险合同。给付性保险合同是指保险金额由双方事先约定，在保险事故发生或约定的期限届满时，保险人按合同规定金额给付的合同，各类寿险合同属于给付性保险合同。

(2) 按照保险价值在订立合同时是否确定分类。

按照保险价值在订立合同时是否确定，可将保险合同分为定值保险合同和不定值保险合同。定值保险合同是指在订立保险合同时，投保人和保险人已确立保险标的的保险价值，并将其在合同中载明的保险合同。在保险实务中，定值保险多适用于某些不易确定价值的财产，如农作物、货物运输以及字画、古玩等保险标的。不定值保险合同是指投保人和保险人在订立保险合同时不预先约定保险标的的保险价值，仅载明保险金额作为保险事故发生后赔偿最高限额的保险合同。大多数财产保险业务均采用不定值保险合同的形式。

(3) 按照承担风险责任的方式分类。

按照承担风险责任的方式不同，保险合同可分为单一风险合同、综合风险合同和一切险合同。单一风险合同是指只承担一种风险责任的保险合同，如农作物雹灾保险合同，只对于冰雹造成的农作物损失负责赔偿。综合风险合同是指承保两种以上的多种特定风险责任的保险合同，这种保险合同必须把承保的风险责任一一列举，只要损失是由于所保风险造成的，保险人就负责赔偿。一切险合同是指保险人承保的风险是合同中列明的除不保风险之外的一切风险的保险合同。在一切险合同中，保险人并不列举规定承保的具体风险，而是以“责任免除”条款确定其不承保的风险，也就是说，凡未列入责任免除条款中的风险均属于保险人承保的范围。

(4) 按照保险金额与出险时保险价值对比关系分类。

按照保险金额与出险时保险价值对比关系进行划分，保险合同可分为不足额保险合同、足额保险合同和超额保险合同。不足额保险合同指保险金额小于保险事故发生时的保险价值的保险合同。足额保险合同是指保险金额等于保险事故发生时的保险价值的保险合同。超额保险合同是指保险金额大于保险事故发生时的保险价值的保险合同。

(5) 按照保险标的分类。

按照保险标的进行划分，保险合同可分为财产保险合同和人身保险合同。财产保险合同是以财产及其有关的经济利益为保险标的的保险合同，通常又可分为财产损失保险合同、责任保险合同和信用保险合同。人身保险合同是以人的寿命和身体为保险标的的保险合同，又可分为人寿保险合同、人身意外伤害保险合同和健康保险合同。

(6) 按照保险承保方式分类。

按照保险承包方式的不同，保险合同又可分为原保险合同和再保险合同。原保险合同是指保险人与投保人直接订立的保险合同，合同保障的对象是被保险人。再保险合同是指保险人为了将其所承担的保险责任转移给其他的保险人而订立的保险合同，合同直接保障的对象是原保险合同的保险人。

10.2.2 保险合同的构成要素

保险合同的构成要素包括保险合同的主体、客体和保险内容三部分。

1. 保险合同的主体

保险合同的主体是保险合同的参与者，是在保险合同中享有权利并承担相应义务的人。保险合同的主体包括保险合同的当事人和关系人。

1) 保险合同的当事人

保险合同的当事人包括保险人和投保人。

(1) 保险人。保险人(又称“承保人”)是指经营保险业务，与投保人订立保险合同，享有收取保险费的权利，并对被保险人承担损失赔偿或给付保险金义务的保险合同的一方当事人。对于保险人在法律上的资格，各国保险法都有严格的规定，一般来说，保险人经营保险业务必须经过国家有关部门的审查认可。

(2) 投保人。投保人(又称“要保人”)是与保险人订立保险合同并负有交付保险费义务的保险合同的另一方当事人。《中华人民共和国保险法》第十条规定：投保人是指与保险人订立保险合同，并按照保险合同负有支付保险费义务的人。就法律条件而言，投保人可以是法人，也可以是自然人，但必须具有民事行为能力；就经济条件而言，投保人必须具有交付保险费的能力；就特殊条件而言，投保人应对保险标的具有保险利益。

2) 保险合同的关系人

保险合同的关系人包括被保险人和受益人。

(1) 被保险人。被保险人受保险合同保障，且有权按照保险合同规定向保险人请求赔偿或给付保险金的人。《中华人民共和国保险法》第十二条规定：被保险人是指其财产或者人身受保险合同保障，享有保险金请求权的人。

(2) 受益人。受益人一般属于人身保险范畴的特定关系人，即人身保险合同中由被保险人或投保人指定，当保险合同规定的条件实现时有权领取保险金的人。《中华人民共和国保险法》第十八条规定：受益人是指人身保险合同中由被保险人或者投保人指定的享有保险金请求权的人，投保人、被保险人均可以为受益人。第三十九条规定：投保人指定受益人时必须经过被保险人同意。

在保险实务中，受益人在保险合同中有已确定和未确定两种情况。已确定受益人是指被保险人或投保人已经指定受益人，这时受益人领取保险金的权利受到法律保护，保险金不能视为已死去的被保险人的遗产，受益人以外的任何人无权分享，也不得用于清偿死者生前的债务。未确定受益人又有两种情况：一是被保险人或投保人未指定受益人；二是受益人先于被保险人死亡、受益人依法丧失受益权、受益人放弃受益权，而且没有其他受益人。在受益人未确定的情况下，被保险人的法定继承人就视同受益人，保险金应视为死者的遗产，由保险人向被保险人的法定继承人履行给付保险金的义务。

在财产保险合同中，由于保险赔偿金的受领者多为被保险人本人，所以在合同中一般没有受益人的规定。

2．保险合同的客体

客体是指在民事法律关系中主体享受权利或履行义务时共同指向的对象。客体在一般合同中称为标的，即物、行为、智力成果等。保险合同虽属于民事法律关系范畴，但它的客体不是保险标的本身，而是投保人对保险标的所具有的法律上承认的利益，即保险利益。

根据《中华人民共和国保险法》第十二条规定：人身保险的投保人在保险合同订立时，对被保险人应当具有保险利益；财产保险的被保险人在保险事故发生时，对保险标的应当具有保险利益。因此，投保人必须凭借保险利益投保，而保险人必须凭借投保人对保险标的的保险利益才可以接受投保人的投保申请，并以保险利益作为保险金额的确定依据和赔偿依据。此外，保险合同不能保障保险标的不受损失，而只能保障投保人的利益不变。保险合同成立后，因某种原因保险利益消失，保险合同也随之失效。所以，保险利益是保险合同的客体，是保险合同成立的要素之一，如果缺少了这一要素，保险合同就不能成立。

保险标的是保险利益的载体，保险标的是投保人申请投保的财产及其有关利益或者人的寿命和身体，是确定保险合同关系和保险责任的依据。在不同的保险合同中，保险人对保险标的的范围都有明确规定，即哪些可以承保，哪些不予承保，哪些一定条件下可以特约承保等，不同的保险标的能体现不同的保险利益。而且，保险合同双方当事人共同关心的也是基于保险标的的保险利益。所以，在保险合同中，客体是保险利益，而保险标的则是保险利益的载体。

3．保险合同的内容

保险合同的内容是指保险合同当事人之间由法律确认的权利和义务及相关事项。其中保险合同双方的权利和义务通常通过保险合同条款的形式反映出来。

1) 保险条款及其分类

保险条款是记载保险合同内容的条文、款目，是保险合同双方享受权利与承担义务的主要依据，一般事先印制在保险单上。

(1) 按照保险条款的性质不同，可分为基本条款和附加条款两大类。基本条款是指保险人事先拟定并印就在保险单上的有关保险合同双方当事人权利和义务的基本事项。基本条款构成保险合同的基本内容，是投保人与保险人签订保险合同的依据，不能随投保人的意愿变更。附加条款是指保险合同双方当事人在基本条款的基础上，根据需要另行约定或附加的、用以扩大或限制基本条款中所规定的权利和义务的补充条款。附加条款通常也由保险人事先印就一定的格式，待保险人与投保人特别约定填好后附贴在保险单上，故又称附贴条款。

在保险实务中，一般把基本条款规定的保险人承担的责任称为基本险，附加条款所规定的保险人所承担的责任称为附加险。投保人不能单独投附加险，而必须在投保基本险的基础上才能投附加险。

(2) 按照保险条款对当事人的约束程度，可分为法定条款和任意条款。法定条款是指由法律规定的保险双方权利和义务的保险条款。任意条款是相对于法定条款来说的，是指由保险合同当事人在法律规定的保险合同事项之外，与保险有关的其他事项所做的约定。保险双方当事人可以自由选择任意条款，故又称任选条款。

2) 保险合同的基本内容

(1) 保险合同当事人、关系人的名称和住所。这是关于保险人、投保人、被保险人和受益人基本情况的条款，其名称和住所必须在保险合同中详加记载，以便保险合同订立后，能有效行使权力和履行义务。因为在保险合同订立后，凡有对保险费的请求支付、风险增加的告知、风险发生原因的调查、保险金的给付等，都会涉及当事人和关系人的姓名及住所事项，同时也涉及发生争议时的诉讼管辖和涉外争议的法律适用等问题。在一些保险利益可随保险标的转让而转移的运输货物保险合同中，投保人在填写其姓名的同时，可标明“或其指定人”字样，该保险单可由投保人背书转让。此外，货物运输保险合同的保险单还可以采取无记名式，随保险货物的转移而转让给第三人。

在保险合同中应载明名称、住所的一般是对投保人、被保险人和受益人而言，保险人的名称、住所已在保险单上印就。

(2) 保险标的。明确保险标的有利于判断投保人对保险标的是否具有保险利益，所以，保险合同必须载明保险标的。财产保险合同中的保险标的是指物、责任、信用；人身保险合同中的保险标的是指被保险人的寿命和身体。

(3) 保险责任和责任免除。保险责任是指在保险合同中载明的对于保险标的在约定的保险事故发生时，保险人应承担的经济赔偿和给付保险金的责任。一般都在保险条款中予以列举。保险责任通常包括基本责任和特约责任。

责任免除是对保险人承担责任的限制，即保险人不负赔偿和给付责任的范围。责任免除明确的是哪些风险事故的发生造成的财产损失或人身伤亡与保险人的赔付责任无关，主要包括法定和约定的责任免除条件。

(4) 保险期间和保险责任开始时间。保险期间是指保险合同的有效期，即保险人为被保险人提供保险保障的起讫时间。一般可以按自然日期计算，也可按一个运行期、一个工程期或一个生长期计算。保险期间是计算保险费的依据，也是保险人履行保险责任的基本依据之一。

保险责任开始时间是指保险人开始承担保险责任的起点时间，通常以某年、某月、某日、某时表示。《中华人民共和国保险法》第十四条规定：“保险合同成立后，投保人按照约定交付保险费，保险人按照约定的时间开始承担保险责任。”即保险责任开始的时间由双方在保险合同中约定。在保险实务中，保险责任的开始时间可能与保险期间一致，也可能不一致。如寿险合同中大多规定有观察期，保险人承担保险责任的时间自观察期结束后开始。

(5) 保险价值。保险价值是指保险合同双方当事人订立保险合同时作为确定保险金额的保险标的的价值，即投保人对保险标的所享有的保险利益用货币估计的价值额。在财产保险中，一般情况下，保险价值就是保险标的的实际价值。在人身保险中，由于人的生命难以用客观的价值标准来衡量，所以不存在保险价值的问题，发生保险事故时，以双方当事人约定的最高限额核定给付标准。

(6) 保险金额。保险金额是保险人计算保险费的依据，也是保险人承担赔偿或者给付保险金责任的最高限额。在不同的保险合同中，保险金额的确定方法有所不同：在财产保险中，保险金额要根据保险价值来确定；在责任保险和信用保险中，一般由保险双方当事人在签订保险合同时依据保险标的的具体情况商定一个最高赔偿限额，还有些责任保险在投保时并不确定保险金额；在人身保险中，由于人的生命价值难以用货币来衡量，所以不能依据人的生命价值确定保险金额，而是根据被保险人的经济保障需要和投保人支付保险费的能力，由保险双方当事人协商确定保险金额。需要注意的是，保险金额只是保险人负责赔偿或给付的最高限额，保险人实际赔偿或给付的金额只能小于或等于保险金额，而不能大于保险金额。

(7) 保险费以及支付办法。保险费是指投保人支付的作为保险人承担保险责任的代价。交纳保险费是投保人的基本义务。保险合同中必须规定保险费的交纳办法及交纳时间。财产保险一般为订约时一次付清保险费；长期寿险既可以订约时一次性交清保险费，也可以订约时先付第一期保险费，在订约后双方约定的期间内采用定期交付定额或递增，递减保险费等办法。

投保人支付保险费的多少由保险金额的大小、保险费率的高低以及保险期限等因素决定。保险费率一般由纯费率和附加费率两部分组成。纯费率也称“净费率”，是保险费率的基本部分。在财产保险中，主要是依据保险金额损失率(损失赔偿金额与保险金额的比例)来确定；在长期寿险中，则是根据人的预定死亡(生存)率和预定利率等因素来确定。附加费率是指一定时期内保险人业务经营费用和预定利润的总数与保险金额的比率。

(8) 保险金的赔偿或给付办法。保险金赔偿或给付办法即保险赔付的具体规定，是保险人在保险标的遭遇保险事故，致使被保险人经济损失或人身伤亡时，依据法定或约定的方式、标准或数额向被保险人或其受益人支付保险金的方法。它是实现保险经济补偿和给付职能的体现，也是保险人的最基本义务。在财产保险中表现为支付赔款，在人寿保险中表现为给付保险金。

(9) 违约责任和争议处理。违约责任是指保险合同当事人因其过错致使合同不能履行或不能完全履行，即违反保险合同规定的义务而应承担的责任。保险合同作为最大诚信合同，违约责任条款在其中的作用更加重要，因此，在保险合同中必须予以载明。

(10) 订立合同的年、月、日。订立合同的年、月、日通常指合同的生效时间，以此确定投保人是否有保险利益、保险费的交付期等。在特定情况下，订立合同的年、月、日对核实赔案事实真相可以起到关键作用。

10.2.3　保险合同的成立与生效

根据《中华人民共和国合同法》的有关规定，合同的成立与合同的生效是两个不同而又关系密切的法律概念，保险合同也一样。

1. 保险合同的成立

保险合同的成立是指保险人和投保人在平等自愿的基础上就保险合同的主要条款经过协商最终达成协议的法律行为。与其他合同的成立一样，保险合同的成立也要经过要约、承诺两个步骤。

要约是指一方当事人就订立合同的主要条款，向另一方提出订约建议的明确意思表示。提出要约的一方是要约人，接受要约的一方是受约人。就保险合同的成立而言，要约即提出保险要求。由于保险合同通常采用格式合同，所以，保险合同的订立通常由投保人提出要约，向保险人提出保险要求。

承诺是指当事人一方表示接受要约人提出的订立合同的建议，完全同意要约内容的意思表示。要约一经承诺，合同即告成立。但是，在一些投保单上没有列明保险费率，或者在保险人允许的情况下，投保人对保险人拟定的保险费率或条款提出修改意见时，投保人需要与保险人再议定；或者保险人对投保人的投保申请需增加新的附加条件时，保险人与投保人也需要反复磋商。但是，就保险合同的订立而言，双方达成一致后，最终签发保单的只能是保险人，所以，保险合同的最终承诺人只能是保险人。

2. 保险合同的生效

保险合同的生效是指依法成立的保险合同条款对合同当事人产生约束力。一般合同一经成立即生效，双方便开始享有权利和承担义务。但是，保险合同往往是附加条件、附加期限生效的合同，只有当事人的行为符合所附条件或达到所附期限时，保险合同才生效。如保险合同订立时，约定保险费交纳后保险合同才开始生效，也就是说，虽然保险合同已经成立，但要等到保险人交纳保险费后才能生效。我国保险实务中普遍推行的是“零时起保制”，是指保险合同的生效时间在合同成立的次日零时或约定的未来某一日的零时。

3. 保险合同的有效与无效

1) 保险合同的有效

保险合同的有效是指保险合同具有法律效力并受国家法律保护。任何保险合同要产生当事人所预期的法律后果，使合同产生相应的法律效力，必须符合有效条件。按照保险合同订立的一般原则，保险合同的有效条件如下：

(1) 合同主体必须具有保险合同的主体资格。在保险合同中，保险人、投保人、被保险人、受益人都必须具备法律所规定的主体资格，否则会引起保险合同全部无效或部分无效。

(2) 主体合意。主体合意是指签订保险合同的双方当事人要合意，是建立在最大诚信基础上的合意。任何一方对他方的限制和强迫命令，都可使合同无效。

(3) 客体合法。投保人对投保的标的所具有的保险利益必须符合法律规定，符合社会公共利益要求，为法律所保护。否则，保险合同无效。

(4) 合同内容合法。合同内容合法是指保险合同的内容不得与法律和行政法规的强制性或禁止性规定相抵触。

2) 保险合同的无效

保险合同的无效是保险合同不具有法律效力，不被国家保护。保险合同的无效须由人民法院或仲裁机构进行确认。导致保险合同无效的主要原因有：

(1) 保险合同主体资格不符合法律规定，如投保人没有民事行为能力或对投保标的不具有保险利益，保险人未取得经营保险业务的许可证或超越经营范围经营保险业务等。

(2) 保险合同的内容不合法，如投保人为非法据有的保险标的投保；未成年人父母以外的投保人为其订立的以死亡为保险金给付条件的保险合同，未经被保险人书面同意并认可保险金额以死亡为给付保险金条件的保险合同；保险条款内容违反国家法律及行政法规等。

(3) 保险合同当事人意思表示不真实，即保险合同不能反映当事人的真实意志，如采取欺诈、胁迫等手段订立的保险合同、重大误解的保险合同、无效代理的保险合同等。

(4) 保险合同违反国家利益和社会公共利益，如为非法利益提供保障的保险合同。

保险合同的无效不同于保险合同的失效，保险合同被确认无效后，即自始无效，是绝对无效；而保险合同失效则是由于某种事由的发生，使保险合同的效力暂时中止，而非绝对无效，待条件具备时合同效力仍可恢复。

经典案例

保险合同的成立与生效

2001年10月5日，谢某向信诚人寿保险有限公司申请投保人寿险100万元，附加长期意外伤害保险 200 万元，并填写了投保书。10 月 6 日信诚人寿向谢某提交了一份盖有其总经理李源祥印章的《信诚运筹建议书》。谢某按照信诚人寿的要求及建议书的规定，交纳了首期保险费 11944 元。信诚人寿审核谢某的投保资料时发现，谢某投保高达 300 万元的保险金额，却没有提供相应的财务状况证明。为防范道德风险，保险公司一般对高额保单要求投保人(被保险人)提供财务状况证明。因此，10 月 10 日信诚人寿向谢某发出照会通知书，要求谢某 10 日内补充提供有关财务状况的证明，并按核保程序要求进行身体检查，否则视为取消投保申请，将向其退回预交保费。10 月 17 日，谢某到信诚人寿公司进行了身体检查，但仍未提交财务状况证明。10 月 18 日凌晨谢某在其女友家中被其女友的前男友刺杀致死。10 月 18 日上午 8 时，信诚人寿接到医院的体检结果，因谢某身体问题，需要增加保险费才能承保。信诚人寿再次发出书面照会，通知谢某需增加保险费，提交财务证明，才能承保，请谢某决定是否接受以新的保费条件投保。谢某家人称谢某已经出国，无法联络。2001 年 11 月 13 日谢母向信诚人寿方面告知保险事故并提出索赔申请。2002 年 1 月 14 日，信诚人寿经调查后在理赔答复中称，根据主合同，同意赔付主合同保险金 100 万元；同时信诚人寿认为事故发生时其尚未同意承保(未开出保险单)，故拒绝赔偿附加合同的保险金 200 万。2002 年 1 月 15 日谢母拿到信诚人寿声称按照“通融赔付”支付的 100 万元。2002 年 7 月 16 日，谢母将信诚人寿诉至广州市天河区人民法院，请求判决信诚人寿支付“信诚附加长期意外伤害保险”保险金 200 万元，以及延迟理赔上述金额所致的利息。

法院判决：保险人信诚人寿应该在按照主合同赔付 100 万元之后再追加赔付附加合同的 200 万元。

一审法院认为：由于谢某与信诚人寿的代理人共同签署了投保书，投保人谢某和信诚人寿的权利义务在上面列得清清楚楚，双方对此也达成了一致意见；加上谢某次日又交付了首期保险费，也就是说，作为投保人在保险合同成立后应负的主要义务，谢某已经履行。因此，法院认为这份保险合同及其附加合同已成立、有效，谢某、信诚人寿均应按约定履行。关于涉及赔付金额达 200 万元之巨的“信诚附加长期意外伤害保险条款”，法院认为，因为这是信诚人寿在所有投保人投保前就预先制定好的、将重复使用于不特定投保人的格式合同条款，条款中“保险责任自投保人缴纳首期保险费且本公司同意承保后开始”的约定，没有约定信诚将在何时同意承保、用什么方式承保，表述不清，实属不明确，依法应做有利于投保人谢某的解释。

资料来源：中国保险网

10.2.4 保险合同的履行

保险合同的履行是指保险合同当事人双方依法全面完成合同约定义务的行为，分为保险人应履行的义务和投保人应履行的义务两大类。

1. 保险人应履行的义务

(1) 承担赔偿或给付保险金义务。赔偿或给付保险金是保险人最基本的义务。

(2) 说明合同内容。订立保险合同时，保险人应当向投保人说明保险合同的条款内容，特别是对责任免除条款必须明确说明；否则，责任免除条款不产生效力。

(3) 及时签单义务。保险合同成立后，及时签发保险单证(即保险单或其他保险凭证)是保险人的法定义务。保险单证是保险合同成立的证明，也是履行保险合同的依据。保险单证应当载明保险当事人双方约定的合同内容。

(4) 为投保人或被保险人保密义务。保险人或者再保险接收人在办理保险业务中，对投保人、被保险人或者再保险分出人的业务和财务状况，负有保密义务，这是一项法定义务。

2．投保人应履行的义务

(1) 如实告知义务。根据《中华人民共和国保险法》第十六条规定：订立保险合同时，保险人“可以就保险标的或者被保险人的有关情况提出询问，投保人应当如实告知”。说明我国对投保人告知义务的履行实行“询问告知”原则，即投保人须对保险人询问的问题做如实回答。

(2) 交纳保险费义务。交纳保险费是投保人的最基本义务，通常也是保险合同生效的前提条件之一。投保人如果未按保险合同的约定履行此项义务，将要承担由此造成的法律后果。例如以交付保险费为保险合同生效条件的，保险合同不生效。

(3) 防灾防损义务。保险合同订立后，财产保险合同的投保人、被保险人应当遵守国家有关消防、安全、生产操作、劳动保护等方面的规定，维护保险标的安全。保险人有权对保险标的安全工作进行检查，经被保险人同意，可以对保险标的采取安全防范措施。投保人、被保险人未按约定维护保险标的安全的，保险人有权要求增加保险费或解除保险合同。

(4) 保险事故发生后及时通知义务。保险的基本职能是对保险事故发生造成的被保险人保险标的的损失承担赔付责任。为了保证这一基本职能的体现，投保人、被保险人或受益人在知道保险事故发生后，应当及时将保险事故发生的时间、地点、原因及保险标的的情况、保险单证号码等通知保险人。这既是被保险人或受益人的一项义务，也是其获得保险赔付的必要程序之一。

(5) 损失施救义务。保险事故发生时，被保险人有责任尽力采取必要的、合理的措施进行损失的施救，防止或减少损失。保险人可以承担被保险人为防止或减少损失而支付的必要的、合理的费用。

(6) 提供单证义务。保险事故发生后，投保人、被保险人或受益人向保险人提出索赔时，应当按照保险合同规定向保险人提供其所能提供的与确认保险事故的性质、原因、损失程度等有关的证明和材料，包括保险单、批单、检验报告、损失证明材料等。

(7) 协助追偿义务。在财产保险中由于第三人行为造成保险事故发生的，被保险人应当保留对保险事故责任方请求赔偿的权利，并协助保险人行使代为求偿权，被保险人应向保险人提供代为求偿所需要的文件及其所知道的有关情况。

10.2.5 保险合同的变更与终止

1. 保险合同的变更

保险合同的变更是指保险合同没有履行或没有完全履行之前，当事人根据情况变化，按照法律规定的条件和程序，对保险合同的某些条款或事项进行修改或补充。保险合同的变更主要包括保险合同主体的变更和合同内容的变更。

1) 保险合同主体的变更

保险合同主体变更指保险人、投保人、被保险人和受益人的变更。

(1) 保险人的变更。保险人的变更是指保险企业因破产、解散、合并、分立而发生的变更，经国家保险管理机关批准，将其所承担的部分或全部保险合同责任转移给其他保险公司或政府有关基金承担。

(2) 投保人、被保险人、受益人的变更。在保险实务中，投保人、被保险人和受益人的变更最为常见，而且在财产保险合同与人身保险合同中情况各不相同。

在财产保险中，由于保险财产的买卖、转让、继承等法律行为而引起的保险标的的所有权转移，从而引起投保人或被保险人的变更。由于保险合同的主要形式是保险单，因此，投保人或被保险人的变更又会涉及保险单的转让。对此，有两种不同的做法：一是允许保险单随保险标的的所有权的转移而自动转让，因而投保人、被保险人也可随保险标的的转让而自动变更，无须征得保险人的同意，保险合同继续有效。比如货物运输保险合同；二是保险单的转让要征得保险人的同意方为有效。对大多数财产保险合同而言，由于保险单不是保险标的的附属物，保险标的的所有权转移后，新的财产所有人是否符合保险人的承保条件，能否成为新的被保险人，需要进行考察，以决定保单能否转让给新的财产所有人。所以，保险单不能随保险标的的所有权的转移而自动转让，一般要由投保人或被保险人书面通知保险人，保险人经过判断，并在保险单上背书，转让才有效。因此，投保人或被保险人必须得到保险人同意后才可变更，保险合同才可继续有效；否则，保险合同将终止，保险人不再承担保险合同中载明的应由保险人赔偿损失或给付保险金的责任。

在人身保险中，因为被保险人本人的寿命或身体是保险标的，所以被保险人的变更可能导致保险合同的终止。因此，人寿保险中，一般不允许变更被保险人。

人身保险合同主体变更主要涉及投保人与受益人的变更：首先是投保人的变更，只要新的投保人对被保险人具有保险利益，而且愿意并能够交付保险费，即可转让人身保险合同，但必须告知保险人。但是，如果是以死亡为给付保险金条件的保险合同，必须经被保险人本人书面同意，才能变更投保人。其次是受益人的变更，受益人是由被保险人指定的，或是被保险人同意由投保人指定的，其变更主要取决于被保险人的意志。被保险人或者投保人可以随时变更受益人，无需经保险人同意，但投保人变更受益人时须经被保险人同意。但无论如何，受益人的变更，需要书面通知保险人，保险人收到变更受益人的书面通知后，应当在保险单上批注。

2) 保险合同内容的变更

保险合同内容的变更是指保险合同主体享受的权利和承担的义务所发生的变更，表现为保险合同条款及事项的变更。《中华人民共和国保险法》第二十条规定：在保险合同有效期内，投保人和保险人经协商同意，可以变更保险合同的有关内容。这说明投保人和保险人均有变更保险合同内容的权利。

保险人变更保险合同内容主要是修订保险条款。但是，由于保险合同的保障性和附和性的特征，在保险实务中，一般不允许保险人擅自对已经成立的保险合同条款做出修订。保险合同内容的变更主要是由投保方原因引起的，具体包括：保险标的的数量、价值增减引起的保险金额的增减；保险标的的种类、存放地点、占用性质、航程和航期等变更引起风险程度的变化，从而导致保险费率的调整；保险期限的变更；人寿保险合同中被保险人职业、居住地点的变化。

保险合同内容的变更，一种情况是投保人根据自己的实际需要提出变更合同内容；另一种情况是投保人必须进行的变更，如风险程度增加的变更。否则，投保人会因违背合同义务而承担法律后果。

3) 保险合同变更的程序与形式

无论是保险合同内容的变更还是主体变更，都要按照法律法规规定的程序，采取一定的形式完成。

(1) 保险合同变更必须经过一定的程序才可完成。在原保险合同的基础上投保人及时提出变更保险合同事项的要求，保险人审核，并按规定增减保险费，最后签发书面单证，完成变更。

(2) 保险合同变更必须采用书面形式，对原保单进行批注，一般要出具批单或者投保人和保险人订立变更的书面协议，以注明保险单的变动事项。

2. 保险合同的终止

保险合同的终止是指保险合同成立后，因法定或约定的事由发生，使合同确定的当事人之间的权利、义务关系不再继续，法律效力完全消灭的事实。终止是保险合同发展的最终结果。

1) 自然终止

因保险合同期限届满而终止，这是保险合同终止最普遍、最基本的原因。凡保险合同订立的保险期限届满时，无论在保险期限内是否发生过保险事故以及是否得到过保险赔付，保险期限届满后保险合同按时终止。

2) 保险合同因履行而终止

保险事故发生后，保险人完成全部保险金额的赔偿或给付义务之后，保险责任即告终止。比如，终身保险中的被保险人死亡，保险人给付受益人死亡保险金后，合同终止；在财产保险中，被保险财产被火灾焚毁，被保险人获得全部保险赔偿后，合同即告终止。

3) 合同因违约失效而终止

因被保险人的某些违约行为，保险人有权使合同无效。比如，如果投保人不能按期交纳保费，则保险人可以使正在生效的寿险合同中途失效。当然，在一定条件下，中止的寿险合同经被保险人履约并为保险人所接收，还可以恢复效力。但是，财产保险合同因不能如期交纳保费而终止合同的，则不能恢复合同效力。

4) 合同因保险标的的灭失或被保险人死亡而终止

在财产保险中，保险标的由于承保风险以外的原因而全部灭失，投保人丧失了保险利益，保险合同自行终止；在人身保险中，如果被保险人不是由于保险人责任范围内的原因而死亡，保险合同也自行终止。

5) 合同因解除而终止

指在保险合同有效期内，合同一方当事人依照法律或约定解除原有的法律关系，提前终止保险合同效力的法律行为。保险合同的解除可分为约定解除、协商解除、法定解除和裁决解除。

(1) 约定解除：合同当事人在订立保险合同时约定，在合同履行过程中，某种情形出现，合同一方当事人可行使解除权，使合同的效力消灭。

(2) 协商解除：在保险合同履行过程中，某种在保险合同订立时未曾预料的情形出现，导致合同双方当事人无法履行各自的责任或合同履行的意义丧失的，通过友好协商，解除保险合同。

(3) 法定解除：在保险合同履行过程中，法律规定的解除情形出现时，合同一方当事人或者双方当事人都有权解除保险合同，终止合同效力。

(4) 裁决解除：产生解除保险合同纠纷，纠纷当事人根据合同约定或法律规定提请仲裁或向人民法院提起诉讼时，人民法院或仲裁机构裁决解除合同。

对投保人来说，除《中华人民共和国保险法》另有规定或者保险合同另有约定外，保险合同成立后，投保人有权随时解除保险合同，但保险人不得解除保险合同，除非发现投保方有违法或违约行为。但是对于货物运输保险合同和运输工具航程保险合同，保险责任开始后，合同当事人均不得解除保险合同。

10.3　保险公司业务经营

保险公司是采用公司组织形式的保险人经营保险业务。保险关系中的保险人，享有收取保险费、建立保险费基金的权利。同时，当保险事故发生时，有义务赔偿被保险人的经济损失。

10.3.1　保险销售

保险营销是指以保险产品为载体、以消费者为导向、以满足消费者的需求为中心，运用整体手段，将保险产品转移给消费者，以实现保险公司长远经营目标的一系列活动，包括保险市场的调研、保险产品的开发与设计、保险费率的合理厘定、保险分销渠道的选择、保险产品的销售及售后服务等一系列活动。保险销售是将保险产品卖出的一种行为，是保险营销过程中的一个环节。

1. 保险销售的主要环节

保险销售流程通常包括四个环节，即准保户开拓、调查并确认准保户的保险需求、设计并介绍保险方案、疑问解答并促成签约。

1) 准保户开拓

准保户的开拓就是识别、接触并选择准保户的过程。准保户开拓是保险销售环节中最重要的一个步骤，可以说，保险销售人员最主要的工作就是准保户的开拓。

2) 调查并确认准保户的保险需求

为了确认准保户的保险需求，必须对其进行实况调查，即通过对准保户的风险状况、经济状况的分析，确定准保户的保险需求，从而设计出适合准保户的保险购买方案。准保户调查与分析的内容主要有：

(1) 分析准保户所面临的风险。不同的风险需要不同的保险规划，每个人的工作状况、健康状况不同，每个企业的生产情况也不同，以致他们所面临的风险各不相同。

(2) 分析准保户的经济状况。一个家庭或企业究竟能安排多少资金购买保险，取决于他们的资金充裕程度。

(3) 确保准保户的保险需求。对准保户面临的风险和经济状况分析后，需要进一步确认其保险需求。就准保户面临的风险而言，可以将其分为必保风险和非必保风险。对于必保风险，最好采取购买保险的解决方式，比如购买汽车第三者责任保险是强制性的，属于必保风险；而那些给家庭或企业带来一定损失和负担，但尚可承受的风险，属于非必保风险，如果支付能力允许可以投保，如果不允许可以不投保。

3) 设计并介绍保险方案

保险销售人员可以根据调查得到的信息，设计几种保险方案，并说明每一种可供选择的方案的成本和可以得到的保障，以适应准保户的保险需求。一个完整的保险方案至少应该包括：保险标的情况、投保风险责任的范围、保险金额的大小、保险费率的高低、保险期限的长短等。然后就拟定的保险方案向准保户进行简明、易懂、准确的解释。一般而言，方案说明主要是介绍推荐的产品，对重要信息进行精确的解释，尤其是涉及有关保险责任、责任免除、未来收益等重要事项，必须确认准保户完全了解方案中的相关内容，以免产生纠纷。

4) 疑问解答并促成签约

准保户对保险方案完全满意的情况是极为少见的，若准保户提出反对意见，保险销售人员要分析准保户反对的原因，并有针对性地解答准保户的疑问。在准保户对于投保建议书基本认同的条件下，促成准保户签约。

2. 保险销售渠道

保险销售渠道是指保险商品从保险公司向保户转移过程中所经过的途径。保险销售渠道的选择直接制约和影响着销售策略的制定和执行效果。选择适当的销售渠道，不仅可以减少保险公司经营费用的支出，还可以促成保险商品的销售。

按照有无保险中介参与，保险销售渠道可分为直接销售和间接销售。

1) 直接销售

直接销售渠道是一种能够使保险公司和消费者彼此进行直接交易的销售渠道。在直接销售渠道中，保险公司致力于直接与准保户建立联系，利用一个或多个媒体，引导消费者或者潜在购买者产生立即反应或适当反应。具体方法有：

(1) 直销人员销售。直销人员销售是指保险公司利用自己的职员通过上门或是柜台来进行保险产品销售的方式。

(2) 直接邮寄销售。直接邮寄销售是一种以印刷品形式，通过邮政服务来分销保险产品或提供相关信息的销售方式。直接邮寄销售使用的是一种包括准保户需要用来做出投保决策及投保申请的所有信息及表格的套装邮件。一般包括的材料有：一份产品介绍信，即母信；一份描述特定产品的小册子；一种反馈手段，如投保单或获取更多信息的咨询表；一个商业回复信封。

(3) 电话销售。顾名思义，是利用电话来进行销售。通常包括拨出、拨入和两者结合使用的方式。

拨出电话销售是公司为销售而同目标市场中的个人进行电话联络，建立与潜在客户之间的联系，促进新的合约或老客户的保额增加。还可以利用电话对发出邮件进行跟踪，督促对已收到邮件但尚未回应的客户做出反馈。

拨入电话销售是一种允许消费者使用免费电话进行产品咨询或订购产品的销售方式。保险公司通常利用电信部门提供的免费电话提供相关服务。当消费者打电话询问有关保险产品或其他事项，公司会利用拨入电话来向消费者进行产品销售，或者鼓励客户通过增加保险金额或增加保障范围而将现有保单升级，进而通过提供主动服务来保持现有业务、拓展新业务。

(4) 网络销售。网络销售是保险公司利用互联网技术和功能，销售保险产品，提供保险服务，在线完成保险交易的一种销售方式。具体来讲，网络销售的程序有以下几种：① 客户通过登录保险公司开设的专业保险服务网站，在网上选择该公司所提供的保险产品；② 有意愿投保某一险种，则在网上填写投保单，提出投保要约；③ 保险公司核保后，做出同意承保或拒绝承保的回复；④ 投保人在网上或通过其他方式支付保险费，保险公司收到保费后，向其寄发保险单。

保险行业网上销售业务平台作为一个新兴的营销渠道，网络保险在我国拥有的发展前景十分广阔，随着网络的普及和市场细分，保险深度具有更大的可挖掘的潜力和空间，将成为保险业新的利润增长点。另外，太平洋保险相关专家认为，随着电子商务行业的井喷式发展，客户在线消费理念和切实需求也越来越普及和强烈，大额在线支付和电子保单问题得到解决，各大保险公司均开始开发和推出网销渠道的各类保险投保项目，保险业网上销售业务的销售量很有可能在不久的将来迎来爆发式增长。

2) 间接销售渠道

间接销售渠道是指保险公司通过保险中介机构、依法取得资格证书的保险代理从业人员等中介销售保险产品的方式。间接销售渠道的具体方法有：

(1) 保险代理人销售。保险代理人是指根据保险人的委托，向保险人收取手续费，并在保险人授权的范围内代为办理保险业务的单位或个人。广义而言，目前我国保险市场上的代理人主要有专业保险代理机构、兼业保险代理机构和保险营销人员三种。

(2) 保险经纪人销售。保险经纪人是基于投保人的利益，为投保人与保险人订立保险合同提供中介服务，并依法收取佣金的单位。目前，我国只允许法人单位从事保险经纪活动，保险人通过保险经纪人获取保险业务，从而实现保险的销售。

10.3.2 保险承保

承保是指保险合同的签订过程，即投保人和保险人双方通过协商，对保险合同的内容取得意见一致的过程。承保质量的高低直接影响到保险企业的生存和发展，是保险经营的一个重要环节。

1. 保险承保的主要程序

1) 核保

保险核保是指保险公司在对投保的标的信息全面掌握、核实的基础上，对可保风险进行评判和分类，进而决定是否承保、以什么样的条件承保的过程。核保的主要目标在于辨别保险标的的危险程度，并据此对保险标的进行分类，按照不同标准进行承保、制定费率、从而保证承保业务的质量。

(1) 核保的信息来源。核保的信息来源主要有三个途径：首先是投保人填写的投保单，投保单是核保的第一手资料，也是最原始的保险记录。从投保单的填写事项中获得信息，可以对风险进行选择。其次是销售人员和投保人提供的信息。对于投保单上未能反映的情况，可以进一步向销售人员和投保人了解。最后是通过实际查勘获取的信息。除了上述三种情况，保险人还要对保险标的、被保险人面临的风险情况进行查勘，称为保险核保查勘。该工作可以由保险人自己进行，也可委托专门的机构和人员以适当的方式进行。

(2) 核保的主要内容。核保的主要内容包括以下几种：投保人资格、投保人或被保险人的基本情况、投保人或被保险人的信誉(核保工作的重点之一)、保险标的、保险金额(核保中的一个重要内容)、保险费和附加条款。

2) 做出承保决策

保险承保人员对通过一定途径收集的核保信息资料加以整理，并对这些信息通过承保选择和承保控制之后，做出以下承保决策：

(1) 正常承保。属于标准风险类别的保险标的，保险公司按标准费率予以承保。

(2) 优惠承保。属于优质风险类别的保险标的，保险公司按低于标准费率的优惠费率予以承保。

(3) 有条件承保。低于正常承保标准但又不构成拒保条件的保险标的，保险公司通过增加限制条件或加收附加保费的方式予以承保。

(4) 拒保。如果投保人投保条件明显低于保险人的承保标准，保险人就会拒绝承保。对于拒保的保险标的，要及时向投保人发出拒保通知。

3) 缮制单证

承保人作出承保决策后，对于同意承保的投保申请，由签单人员缮制保险单或保险凭证，并及时送达投保人手中。缮制单证是保险承保工作的重要环节，其质量的好坏，直接关系到保险合同双方当事人的权利能否实现和义务能否顺利履行。单证的缮制要及时，采用计算机统一打印，做到内容完整、数字准确、不错、不漏、无涂改。保单上注明缮制日期、保单号码，并在保单的正副本上加盖公章和签单人员的印章。如有附加条款，将其粘贴在保单的正本背面，加盖骑缝章。同时，开具“交纳保费通知书”，并将其与保单的正、副本一起送复核员复核。

4) 复核签章

任何保险单均应按承保权限规定由有关负责人复核签发。它是承保工作的一道重要程序，也是确保承保质量的关键环节。复核时要注意审查投保单、验险报告、保险单、批单以及其他各种单证是否齐全，内容是否完整、符合要求，字迹是否清楚，保险费计算是否正确等，力求准确无误。保单经复核无误后必须加盖公章，并由负责人及复核员签章，然后交内勤人员清分发送。

5) 收取保费

交付保险费是投保人的基本义务，向投保人及时足额收取保费是保险承保中的一个重要环节。为了防止保险事故发生后的纠纷，在签订保险合同中要对保险费交纳的相关事宜予以明确，包括保险费的交纳金额、交付时间以及未按时交费的责任。尤其是对非寿险合同，要在合同中特别约定并明确告知投保人若不能按时交纳保险费，保险合同将无效，发生事故后保险人不承担赔偿责任。不足额交纳保险费，保险人将有限地(如按照实交保费与应付保费的比例)承担保险责任。

2. 财产保险的核保

1) 财产保险的核保要素

在财产保险核保过程中，需要对某些因素进行重点风险分析和评估，并实地查勘。其中，主要的核保要素有：

(1) 保险标的所处的环境。保险标的所处的环境不同，直接影响其出险几率的高低以及损失的程度。

(2) 保险财产的占用性质。查明保险财产的占用性质，可以了解其可能存在的风险，同时要查明建筑物的主体结构及所使用的材料，以确定其危险等级。

(3) 投保标的的主要风险隐患和关键防护部分及防护措施状况。这是对投保财产自身风险的检验。其中包括：第一，认真检查投保财产可能发生风险损失的风险因素，例如，投保财产是否属于易燃、易爆品或易受损物品等；第二，对投保财产的关键部位要重点检查，比如，建筑物的承重墙体是否牢固等；第三，严格检查投保财产的风险防范情况，比如有无防火设施、报警系统、排水排风设施等。

(4) 有无处于危险状态中的财产。正处于危险状态中的财产意味着该项财产必然或即将发生风险损失，这样的财产保险人不予承保，因为保险承保的风险应具有损失发生的不确定性。必然发生的损失，属于不可保风险。

(5) 检查各种安全管理制度的制定和实施情况。健全的安全管理制度是预防、降低风险发生的保证，可减少承保标的损失，提高承保质量。因此，核保人员应核查投保人的各项安全管理制度，核查其是否有专人负责该制度的执行和管理。如果发现问题，应建议投保人及时解决，并复核其整改效果。如果保险人多次建议投保方实施安全计划方案，但投保方仍不执行，保险人可调高费率，增加特别条款，甚至拒保。

(6) 查验被保险人以往的事故记录。这一核保要素主要包括被保险人发生事故的次数、时间、原因、损失及赔偿情况。一般从被保险人过去 3～5 年间的事故记录中可以看出被保险人对保险财产的管理情况，通过分析以往损失原因找出风险所在，督促被保险人改善管理，采取有效措施，避免损失。

(7) 调查被保险人的道德情况。特别是对经营状况较差的企业，弄清是否存在道德风险。一般可以通过政府有关部门或金融单位了解客户的资信情况，必要时可以建立客户资信档案，以备承保时使用。

2) 划分风险单位

风险单位是指一次风险事故可能造成保险标的损失的范围。一般来说，风险单位有四项构成条件：一是面临损失的价值；二是引发损失的风险事故；三是财物损失的影响程度；四是遭受损失的法律权益主体。在保险经营中，合理划分风险单位，不仅是必要的，而且对保险公司评估风险、做出承保决策具有重要的意义。在实践中，风险单位的划分一般有三种形式。

(1) 按地段划分风险单位。保险标的之间在地理位置上相毗邻，具有不可分割性，当风险事故发生时，承受损失的机会是相同的，那么这一整片地段就算成一个风险单位。

(2) 按标的划分风险单位。与其他标的无毗连关系，风险集中于一体的保险标的，如一架飞机。

(3) 按投保单位划分风险单位。为了简化手续，对于一个投保单位，不需区分险别，只要投保单位将其全部财产足额投保，该单位就是一个风险单位。

3. 人寿保险的核保

1) 人寿保险的核保要素

人寿保险的核保要素一般分为影响死亡率的要素和非影响死亡率的要素。影响死亡率的要素包括年龄、性别、职业、健康状况、体格、习惯、嗜好、居住环境、种族、家族、病史等。非影响死亡率的要素包括保额、险种、交费方式、投保人财务状况、投保人与被保险人及受益人之间的关系等。在寿险核保中尤其重点考虑影响死亡率的因素。

(1) 年龄和性别。年龄是人寿保险核保所要考虑的重要因素之一，因为死亡率一般随着年龄的增加而增加，各种死亡原因在不同年龄段的分布是不一样的，而且不同年龄段各种疾病的发病率也不相同。因此，保险金给付的频率和程度有很大的差异。另外，性别对死亡率和疾病种类也有很大影响。有关研究表明，女性平均寿命比男性长 4～6 年，因此，性别因素也关系着保险人承担给付义务的不同。

(2) 体格及身体情况。体格包括身高、体重等。经验表明，超重会引起生理失调，导致各种疾病的发生，对中老年人和老年人尤甚。为此，保险公司可编制一张按照身高、年龄、性别计算的平均体重分布表，体重偏轻一般关系不大，但核保人员应对近期体重骤减者进行调查，以确定是否由疾病引起。除体格以外的身体情况也是核保的重要因素，如神经、消化、心血管、呼吸、泌尿、内分泌系统失常会引起较高的死亡率。保险人应收集各种疾病引发死亡的统计资料，对不同时期引起死亡的疾病进行排序，目前癌症和心血管疾病是引起死亡的最主要原因。

(3) 个人疾病和家族病史。如果被保险人曾患有某种急性或慢性疾病，往往会影响其寿命，所以，在核保中一般除了要求提供自述的病史外，还需要医师或医院出具的病情报告。了解家族病史主要是了解家庭成员中有无可能影响后代的遗传性或传染性疾病，如糖尿病、高血压、精神病、血液病、结核、癌症等。

(4) 职业、习惯、嗜好及生存环境。首先，疾病、意外伤害和丧失工作能力的概率在很大程度上受所从事职业的影响。一些职业具有特殊风险，虽不能影响被保险人死亡概率的变化，但却会严重损害被保险人的健康而导致大量医疗费用的支出，如某些职业病。另外，有些职业会增加死亡率或意外伤害概率，如高空作业人员、井下作业的矿工及接触有毒物质的工作人员等。其次，如果被保险人有吸烟、酗酒等不良嗜好或从事赛车、跳伞、登山、冲浪等业余爱好，核保人可以提高费率或列为除外责任，甚至拒绝承保。最后，被保险人的生活环境和工作环境的好坏，对其身体健康和寿命长短有重要影响。如被保险人居住在某种传染性疾病高发的地区，那么其感染这种疾病的概率就比其他人要大得多；如果被保险人工作地点与居住地相隔很远的话，那么其遭受交通事故的可能性也就大很多。

2) 风险类别划分

核保人员在审核投保方所有有关资料并进行体检以后，要根据被保险人的身体状况进行分类。在人寿保险中，由专门人员或指定的医疗机构对被保险人进行体检，实际测定被保险人的身体健康状况。根据体检结果，决定是否承保以及按照什么条件或采取不同费率承保。

(1) 标准风险。属于标准风险类别的人有正常的预期寿命，对他们可以使用标准费率承保。大多数被保险人面临的风险属于这类风险。

(2) 优质风险。属于这一风险类别的人，不仅身体健康，且有良好的家族健康史，无吸烟、酗酒等不良嗜好，保险人在承保时可以考虑适当给予费率的优惠，即可按照低于标准的费率予以承保。

(3) 弱体风险。这类人在健康和其他方面存在缺陷，致使他们的预期寿命低于正常人，对他们应按照高于标准费率予以承保。

(4) 不可保风险。属于该类风险的人有极高的死亡概率，以致承保人无法按照正常的大数法则分散风险，只能拒保。

10.3.3 保险理赔

保险理赔是指在保险标的发生风险事故后，保险人对被保险人或受益人提出的索赔要求进行处理的行为。从经营角度看，保险理赔充分体现了保险的经济补偿职能，是保险经营的重要环节。保险理赔也是对承保业务和风险管理质量的检验，通过保险理赔可以发现保险条款、保险费率的制定和防灾防损工作中存在的遗漏和问题，为提高承保业务质量、改进保险条件、完善风险管理提供依据。

1. 寿险理赔的程序

在通常情况下，一个索赔案件的处理一般要经过接案、立案、初审、调查、核定、复核、审批、结案、归档七个环节。每个环节都有不同的处理要求和规定，以保证理赔有序高效地进行。

1) 接案

接案是指发生保险事故后，保险人接受客户的报案和索赔申请的过程，即损失通知。这一过程包括报案和索赔申请两个环节。

(1) 报案。报案是指保险事故发生后，投保人或被保险人、受益人通知保险人发生保险事故的行为。我国《中华人民共和国保险法》第二十一条规定："投保人、被保险人或者受益人知道保险事故发生后，应当及时通知保险人。故意或者因重大过失未及时通知，致使保险事故的性质、原因、损失程度等难以确定的，保险人对无法确定的部分不承担赔偿或者给付保险金的责任，但保险人通过其他途径已经知道或者应当及时知道保险事故发生的除外。"

接案人员对报案人提供的信息应做好报案登记，准确记录报案时间，引导和询问报案人，尽可能掌握必要的信息。接案人员应根据所掌握的案情，依据相关的理赔规定，判断案件性质以及是否需要采取适当的应急措施，并在《报案登记表》中注明。对于应立即开展调查的案件，如预计赔付金额较大、社会影响较大的案件，应尽快通知理赔主管及调查人员展开调查；对于应保留现场的案件，应通知报案人采取相应的保护措施。

(2) 索赔申请。索赔是指保险事故发生后，被保险人或受益人依据保险合同向保险人请求赔偿或给付保险金的行为。客户报案只是履行将保险事故及时通知保险公司的一项义务，索赔是保险事故发生后被保险人或受益人的权利。

索赔申请人是对保险金具有请求权的人，如被保险人、受益人等。索赔申请人必须在规定的时间内向保险人请求赔偿或给付保险金，这一期间称为索赔有效期。我国《保险法》第二十六条规定："人寿保险的被保险人或受益人向保险人请求给付保险金的诉讼时效期间为五年，自其知道或者应当知道保险事故发生之日起计算。"《保险法》第二十二条规定："保险事故发生后，按照保险合同请求保险人赔偿或者给付保险金时，投保人、被保险人或者受益人应当向保险人提供其所能提供的与确认保险事故的性质、原因、损失程度等有关的证明和资料。"也就是说索赔申请人有向保险人提供证据的义务，证明保险事故已经发生，保险人应当承担赔偿或给付保险金的责任。

2) 立案

立案是指保险公司核赔部门受理客户索赔申请，并进行登记和编号，使案件进入正式处理阶段的过程。

(1) 索赔资料的提交。申请人按一定的格式要求填写《索赔申请书》，并提交相应的证明资料给保险公司；如果申请人不能亲自到保险公司办理，而是委托他人代为办理，受托人还应提交申请人签署的《理赔授权委托书》。

(2) 索赔资料整理。保险公司的受理人员在审核材料后，在一式两联的《理赔资料受理凭证》上注明已接受的证明资料，注明受理时间并签名，一联留存公司，一联交由申请人存执，以作为日后受理索赔申请的凭据；受理人如发现证明材料不齐，应向申请人说明原因，通知其尽快补齐证明材料。

(3) 立案条件。对要进行立案处理的索赔申请，必须符合如下条件：① 保险合同责任范围内的保险事故已经发生；② 保险事故在合同期限内发生；③ 在保险法规定时效内提出索赔申请；④ 提供的索赔材料齐备。

(4) 立案处理。对经审核后符合立案条件的索赔申请进行立案登记，并生成赔案编号，记录立案时间、经办人等情况，然后将所有材料按一定顺序存放在案卷内，移交到下一工作环节。

3) 初审

初审是指核保人员对索赔申请案件的性质、合同的有效性初步审查的过程。初审的要点如下：

(1) 审核出险时保险合同是否有效。初审人员根据保险合同、最近一次交费凭证或交费记录等材料，判断申请索赔的保险合同在出险时是否有效，特别注意出险日期前后，保险合同是否有复效或其他变动的处理。

(2) 审核出险事故的性质。初审人员应该审核出险事故是否在保险责任条款约定的事故范围之内，或者出险事故是否属于保险合同责任免除条款或是否符合约定的免责规定。

(3) 审核申请人提供的证明材料是否完整、有效。首先，根据客户提出的索赔申请和事故材料，判断索赔的类型，比如是医疗给付还是残疾给付；其次，检查证明材料是否为相应事故类型所需的各种证明材料；最后，检查证明材料的效力是否合法、真实、有效，材料是否完整。

(4) 审核出险事故是否需要理赔调查。初审人员根据索赔提供的证明材料以及案件的性质、案情的状况等判断该案件是否需要进一步理赔调查，并根据判断结果分别做出相应处理。

4) 调查

核赔调查在核赔处理中占有重要位置，对核赔处理结果有决定性的影响。调查必须本着实事求是的原则；应力求迅速、准确、及时、全面；调查人员在查勘过程中禁止就理赔事项做出任何形式的承诺；调查还应遵循回避原则，调查完毕应及时撰写调查报告，真实、客观地反映调查情况。

5) 核定

这里的核定是对索赔案件做出给付、拒付、豁免处理和对给付保险金额进行计算的过程。具体地说，核定的内容包括：

(1) 给付理赔计算。对于正常给付的索赔案件的处理，应根据保险合同的内容、险种、给付责任、保额和出险情况等计算出给付的保险金额。

(2) 拒付。对于拒付的案件，理赔人员作拒付确认，并记录拒付处理意见及原因。对于由此终止的保险合同，应在处理意见中注明，并按条款约定计算应退还保费或现金价值以及补扣款项及金额；对于继续有效的保险合同，应在处理意见中注明，将合同置为继续有效状态。

(3) 豁免保费计算。对于应豁免保费的案件，理赔人员应作豁免的确认，同时将合同置于豁免保险费状态。

(4) 理赔计算的注意事项。理赔计算的结果直接涉及客户的经济利益，因此必须保证给付保险金额计算的准确无误；同时理赔计算中涉及补扣款项目，须一并计算。在理赔计算时应扣款的项目包括：① 在宽限期内出险，应扣除欠交的保险费；② 客户有借款及应付利息，应扣除借款及利息；③ 有预付赔款应将预付赔款金额扣除；④ 其他应扣除的项目。应补款项目有：预交保险费；未领取期满保险金；未领取红利、利差等其他应补款项目。

6) 复核、审批

复核是核赔业务处理中一个具有把关作用的关键环节。通过复核，能够发现业务处理过程中的疏忽和错误并及时予以纠正；同时，复核对核赔人员也具有监督和约束作用。复核的内容包括：出险人的确认；保险期间的确认；出险事故原因及性质确认；保险责任的确认；证明材料完整性与有效性的确认；理赔计算准确性与完整性的确认。

审批是根据案件的性质、给付金额、核赔权限以及审批制度对已复核的案件逐级呈报，由具有相应审批权限的主管进行审批的环节。批复需重新理赔计算的案件，应退回由理赔计算人员重新计算；批复需进一步调查的案件，应通知调查人员继续调查；批复同意的案件，则移入下一个结案处理环节。

7) 结案、归档

首先结案人员根据理赔案件呈批的结果，缮制《给(拒)付通知书》或《豁免保险通知书》，并寄送申请人。拒付案件应注明拒付原因及保险合同效力终止的原因。其次，结案人员根据保险合同效力是否终止，修改保险合同的状态并做结案标识。最后，结案人员将已结案的理赔案件的所有材料按规定的顺序排放，并按业务归档管理的要求进行归档管理，以便将来查阅和使用。

2. 非寿险理赔程序

非寿险理赔程序主要包括损失通知、审核保险责任、进行损失调查、赔偿保险金、损失处理及代位求偿等步骤。

1) 损失通知

损失通知是指保险事故发生后，被保险人或受益人将事故发生的时间、地点、原因及其他有关情况以最快的方式通知保险人，并提出索赔请求的环节。通常包含以下内容：

(1) 损失通知的时间要求。根据险种不同，发出损失通知可能会有时间要求，例如被保险人在保险财产遭受保险责任范围内的盗窃损失后，应当在 24 小时内通知保险人，否则保险人有权不予赔偿。如果被保险人在法律规定或合同约定的索赔时效内未通知保险人，可视为其放弃索赔权利。我国《保险法》第二十六条规定：“人寿保险以外的其他保险的被保险人或受益人，对保险人请求赔偿或者给付保险金的权利，自其知道保险事故发生之日起两年内不行使而消灭。”

(2) 损失通知的方式。被保险人发出损失通知的方式可以是口头的，也可用函电等其他形式，但随后应及时补发正式书面通知，并提供各种必需的索赔单证。

(3) 保险人受理。接受损失通知书意味着保险人受理案件，保险人应立即将保险单与索赔内容详细核对，并及时向主管部门报告，安排现场查勘等事项，然后将受理案件登记编号，正式立案。

2) 审核保险责任

审核的内容主要包括以下几个方面：

(1) 保险单是否仍有效力。

(2) 损失是否由所承保的风险引起。有时被保险人提出的损失索赔，并不是由保险风险引起的，所以应查明损失是否由保险风险引起。

(3) 损失的财产是否为保险财产。保险合同所承保的财产并非是被保险人的所有财产，即使是综合险种，也会有某些财产列为不予承保之列。保险人对被保险人的索赔财产，必须依据保险单仔细审核。

(4) 损失是否发生在保单所载明的地点。通常，保险人所承保的损失有地点的限制。比如，我国的家庭财产保险条款规定，只对在保单载明地点以内的保险财产所遭受的损失，保险人予以负责赔偿。

(5) 损失是否发生在保险单的有效期内。保险单上均载明了保险有效的起讫时间，损失必须在保险有效期内发生，保险人才予以赔偿。比如责任保险中通常规定期内发生式或期内索赔式的承保方式。前者指只要保险事故发生在保险期内，无论索赔何时提出，保险人均负责赔偿；后者是指不管保险事故发生在何时，只要被保险人在保险期内提出索赔，保险人即负责赔偿。

(6) 请求赔偿的人是否有权提出索赔。要求赔偿的人一般应是保险单载明的被保险人。因此，保险人在赔偿时，要查明被保险人的身份，以决定其有无领取保险金的资格。

(7) 索赔是否有欺诈。保险索赔的欺诈行为往往较难察觉，保险人在理赔时应注意的问题有：索赔单证是否真实；投保人是否有重复保险的行为；受益人是否故意谋害被保险人；投保日期是否先于保险事故发生的日期等。

3) 进行损失调查

保险人审核保险责任后，应派人到出险现场实地勘查事故情况，以便分析损失原因，确定损失程度。

(1) 分析损失原因。对损失原因进行具体分析，才能确定其是否属于保险人承保的责任范围。

(2) 确定损失程度。保险人要根据被保险人提出的损失清单逐项加以查证，合理确定损失程度。

(3) 认定求偿权利。保险合同中规定的被保险人的义务是保险人承担赔偿责任的前提条件。如果被保险人违背了这些事项，保险人可以此为由不予赔偿。

4) 赔偿保险金

保险人对被保险人请求赔偿保险金的要求应按照保险合同的规定办理，若保险合同没有约定时，就应按照有关法律的规定办理。若损失属于保险责任范围内，经调查属实并估算赔偿金额后，保险人应立即履行赔偿给付的责任。保险人可根据保险单类别、损失程度、标的价值、保险利益、保险金额、补偿原则等理赔计算赔偿金额。财产保险合同赔偿的方式通常是货币补偿。不过，在财产保险中，保险人也可与被保险人约定其他方式，如恢复原状、修理、重置或以相同实物进行更换等方式。

5) 损余处理

一般来说，在财产保险中，受损的财产会有一定的残值。如果保险人按全部损失赔偿，其残值应归保险人所有，或是从赔偿金额中扣除残值部分；如果按部分损失赔偿，保险人可将损余财产折价给被保险人以充抵赔偿金额。

6) 代位求偿

如果保险事故是由第三者的过失或非法行为引起的，第三者对被保险人的损失应负赔偿责任。保险人可按保险合同的约定或法律的规定，先行赔付被保险人，然后被保险人应当将追偿权转让给保险人，并协助保险人向第三者责任方追偿。

10.3.4 保险客户服务

保险客户服务是指保险人在与现有客户或潜在客户接触的阶段，通过畅通有效的服务渠道，为客户提供产品信息、品质保证、合同义务履行、客户保全、纠纷处理等项目的服务，基于客户的特殊需求和对客户的特别关注而提供的附加服务内容。

1. 保险客户服务的内容

客户服务是保险公司业务经营重要内容之一。保险公司提供优质客户服务的能力对建立和保持积极、持久与紧密有力的保险客户关系十分重要，保险客户服务以实现客户满意最大化、维系并培养忠诚客户、客户价值与保险公司价值的共同增长为目标。

保险客户服务贯穿保险产品的售前、售中和售后三个环节，在每个环节上都包含着具体详细的服务内容。

1) 提供咨询服务

顾客在购买保险之前需要了解有关的保险信息，如保险行业的情况、保险市场的情况、保险公司的情况、现有保险产品、保险条款内容等。保险人可以通过各种渠道将有关的保险信息传递给消费者，而且要求信息的传递准确、到位。在咨询服务中，保险销售人员充当非常重要的角色，当顾客有购买保险的意愿时，一定要提醒顾客阅读保险条款，同时要对保险合同的条款、术语等向顾客进行明确的说明。尤其对责任免除、投保人、被保险人义务条款的含义、适用的情况及将会产生的法律后果，要进行明确的解释与说明。

2) 风险规划与管理服务

首先帮助顾客识别风险，包括家庭风险的识别和企业风险的识别。其次，在风险识别的基础上，帮助顾客选择风险防范措施，既要帮助他们做好家庭或企业的财务规划，又要帮助他们进行风险的防范。特别是对保险标的金额较大或承保风险较为特殊的大中型标的，应向投保人提供保险建议书。保险建议书要为顾客提供超值的风险评估服务，并从顾客利益出发设计专业化的风险防范与化解方案，方案要充分考虑市场因素和投保人可以接受的限度。

3) 接案、查勘与定损服务

保险公司坚持“主动、迅速、准确、合理”的原则，严格按照岗位职责和业务实务操作流程的规定，做好立案、派员查勘、定损等各项工作，全力协助客户尽快恢复正常的生产经营和生活秩序。在定损过程中，要坚持协商的原则，与客户进行充分的协商，尽量取得共识，达成一致意见。

4) 核赔服务

核赔人员要全力支持查勘定损人员的工作，在规定的时间内完成核赔。

5) 客户投诉处理服务

保险公司各级机构应高度重视客户的抱怨、投诉。通过对客户投诉的处理，应注意发现合同条款和配套服务上的不足，提出改进服务的方案和具体措施，并切实加以贯彻执行。

(1) 建立简便的客户投诉处理程序，并确保客户知道投诉渠道和程序。

(2) 加强培训，努力提高一线员工认真听取客户意见和与客户交流、化解客户不满的技巧，最大限度地减少客户投诉现象的发生。

(3) 了解投诉客户的真实要求。对上门投诉的客户，公司各级机构职能部门的负责人要亲自接待，能即时解决的即时解决，不能即时解决的，应告知客户答复时限，对于通过信函、电话、网络等形式投诉的客户，承办部门要限期答复。

(4) 建立客户投诉回复制度，使客户的投诉能及时、迅速地得到反馈。

(5) 在赔款及其他问题上，如果客户和公司有分歧，应本着平等、协商的原则解决，尽量不走或少走诉讼程序。

(6) 在诉讼或仲裁中，应遵循当事人地位平等原则，尊重客户，礼遇客户。

2. 人寿保险客户服务的特别内容

1) 寿险契约保全服务

保全服务是寿险公司业务量最大的服务，寿险公司一般都设有处理保全业务的职能部门。在遵循客户满意最大化原则的基础上，寿险契约保全的具体工作内容如下：

(1) 合同内容变更。保险合同生效后，为适应内外环境的变化，客户和保险公司经过协商，在不改变保险合同效力和主要保险责任的前提下，可对合同的部分内容进行更正和修改，以最大限度满足客户的保障需求。合同变更的内容包括：通讯方式、姓名、性别、年龄、证件、职业、交费方式、交费期间、领取方式、领取年龄等项目的变更以及变更投保人(受益人)、增减保额、增加或取消附加险、对合同内容做补充告知等。

(2) 行使合同权益。寿险公司除提供基本的保险保障以外，为了帮助客户更加顺利维持合同的效力，增加产品吸引力，更好地为客户服务，一般还会提供涉及保单权益的信息供客户在必要时行使。常见的合同权益包括：保单借款、红利、自动垫交保费、交清保险、展期保险、险别转换等。

(3) 续期收费。续期收费服务包括续期保费收取过程中的续期交费通知、续期保费催交、续期保费划款、保费预交转实收、保费豁免、保费抵交、保险合同效力恢复等。对绝大多数客户而言，续期收费是一项最基本的服务。对客户的续期交费提醒应该多种方式并用，既要有公司的信函通知，也要有客户服务人员的电话及上门联络。其中有两个问题对提高续期收费服务的质量尤为重要：一是确实掌握信函投递情况；二是经常主动地联络客户。

(4) 保险关系转移。客户因住所变更或其他原因，可将保险合同转移到原签单公司以外的其他机构并继续享受保险合同权益、履行合同义务。一些网络齐全、业务管理和电脑数据高度集中统一的寿险公司，已将保险关系转移的方便快捷作为一项竞争优势。即使是一些网点较少的新兴公司，随着信息和网络技术的不断发展，也通过委托第三方代为服务的方式来解决保险关系转移的问题。

(5) 生存给付。在保险合同有效期内，被保险人生存至保险期满或约定领取年龄、约定领取时间，寿险公司根据合同约定向受益人给付满期保险金或年金。生存给付是客户在保险有效期内能看到实实在在的保险利益，因此，及时、准确、方便地为客户提供生存给付服务是留住客户、体现公司服务水准的重要手段之一。

2) “孤儿”保单的服务

“孤儿”保单是指因为原营销人员离职而需要安排人员跟进服务的保单。“孤儿”保单服务具体包括保全服务、保单收展服务和全面收展服务三种。

(1) “孤儿”保单保全服务。寿险公司成立专门的“孤儿”保单保全部(组)，集中办理“孤儿”保单续期收费和其他保全工作。“孤儿”保单采取按应收件数均衡分配方式，落实到每一个保全员身上，公司对保全员进行单独管理、单独考核。

(2) “孤儿”保单收展服务。寿险公司设专门的收展员或成立专门的收展部，并按行政区域安排“孤儿”保单的客户服务工作。

(3) 全面收展服务。寿险公司内设专门的收展部门，并按行政区域安排“孤儿”保单及全部保单若干年的客户服务工作。

实际上，目前保险公司对“孤儿”保单的接收主要有两种模式：一是安排其他保险营销员接手提供后续服务；二是通过设立专门的服务部门，配置专业人员，为“孤儿”保单提供后续服务，比如有的保险公司会把“孤儿”保单转到续保部或区域拓展部。

3. 财产保险客户服务的特别内容

对承保标的的防灾防损是财产保险客户服务的重要内容。

1) 制订方案

防灾防损要以切实可行的防灾防损方案、周密详实的实施计划和具备技术特长的专业人员为保障，并根据时间的推移和现实情况的变化，定期或不定期地调整对策。

2) 重点落实

(1) 定期对保险标的的安全状况进行检查，及时向客户提出消除不安全因素和隐患的书面建议。切实做好火灾、爆炸等重点风险的防范工作，对灾害易发部位要留影存查并进行重点监控，针对灾害隐患，要向企业提出切实可行的整改方案并督促其贯彻落实。

(2) 对重要客户和大中型保险标的，要根据实际需要开展专业化的风险评估活动。

3) 特殊服务

财产保险公司可以主动或应客户要求提供一些特殊的服务。例如，收集中长期气象、灾害预报及实时的天气预报信息，协助客户做好灾害防御工作；针对可能发生的暴风、暴雨、台风、洪涝等重大灾害，事先制定出详细、可行的预案，并逐渐贯彻落实。

小　结

通过本章的学习，可以掌握到以下内容：

(1) 保险关系的确立必须具备五大要素：可保风险的存在、大量同质风险的集合与分散、保险费率的厘定、保险准备金的建立、保险合同的订立等。

(2) 财产保险以物质财富及其有关的利益为保险标的的险种，主要包括财产损失保险、责任保险、信用保险等保险业务种类。

(3) 人身保险是以人的寿命和身体为保险标的的保险，包括人寿保险、健康保险、意外伤害保险等保险业务。

(4) 保险职能一般分为基本职能和派生职能。基本职能包括补偿损失职能和经济给付职能。派生职能包括资金的融通职能和防灾防损职能。

(5) 保险销售流程通常包括四个环节：准保户开拓；调查并确认准保户的保险需求；设计并介绍保险方案；疑问解答并促成签约。

(6) 保险承保的主要程序包括：核保、做出承保决策、缮制单证、复核签章、收取保费等。

(7) 寿险理赔案件的处理一般要经过接案、立案、初审、调查、核定、复核、审批、结案、归档七个环节。每个环节都有不同的处理要求和规定，以保证理赔有序和高效地进行。

(8) 非寿险理赔程序主要包括损失通知、审核保险责任、进行损失调查、赔偿保险金、损失处理及代位求偿等步骤。

练　习

一、单选题

1. 在保险合同中，投保人在保险标的上的保险利益被称为(　　)。

A．保险合同权益　　B．保险合同主体
C．保险合同客体　　D．保险合同内容

2. 按照我国《保险法》的规定，财产保险的种类主要包括(　　)等。

A．财产损失保险、责任保险和健康保险
B．财产损失保险、责任保险和意外伤害保险
C．财产损失保险、信用保险和意外伤害保险
D．财产损失保险、责任保险和信用保险

3. 当投保人与被保险人为同一人时，则保险合同的当事人是(　　)。

A、保险人、投保人和受益人　　B．保险人、被保险人和受益人
C、保险人、投保人和代理人　　D．保险人、投保人和被保险人

4. 在各种合同形态中，合同双方当事人相互享有权利、承担义务的合同叫做(　　)。

A．有偿合同　　B．双务合同
C．射幸合同　　D．附和合同

5. 丁某投保了保险金额为 80 万元的房屋火灾保险。一场大火将该房屋全部焚毁，而火灾发生时该房屋的房价已跌至 65 万元，那么，丁某应得到的保险金为(　　)。

A．80 万元　　B．76.5 万元
C．65 万元　　D．60 万元

二、多项选择题

1. 根据我国《合同法》规定，当事人约定的合同内容一般包括(　　)等。

A．当事人的名称或者姓名和住所　　B．标的
C．价款　　D．违约责任
E．解决争议的方法

2. 在保险公司经营过程中，保险风险的集合与分散具备的条件包括(　　)。

A．大量风险的集合体　　B．大量风险损失的存在
C．大量保险基金的存在　　D．同质损失的集合体
E．同质风险的集合体

3. 交纳保险费是投保人应履行的基本义务，影响保险费多少的因素主要包括(　　)。

A．保险金额的大小　　B．保险期限的长短
C．保险费率的高低　　D．保险公司的大小
E．受益人数的多少

4. 保险公司直接销售渠道的销售方法包括(　　)。

A．直销人员销售　　B．保险经纪人销售　　C．直接邮寄销售
D．电话销售　　E．网络销售

5．人寿保险的核保要素一般分为影响死亡率的要素和非影响死亡率的要素。影响死亡率的要素包括(　　)。

A．年龄和性别　　　　B．体格及身体情况

C．个人疾病及家庭病史　　　　D．职业、习惯嗜好及生存环境

E．投保人的财务状况

三、简答题

1．简述保险的职能。

2．简述保险合同的主体和客体。

3．简述保险合同的内容。

4．简述我国目前的保险销售渠道。

5．简述寿险和非寿险理赔程序的差异。

第 11 章　金融信托与租赁公司业务

本章目标

- 了解金融信托的概念、本质、职能与作用
- 熟悉信托的业务分类及特点
- 掌握信托投资公司的业务经营范围及传统的信托业务种类
- 掌握委托业务种类及操作程序
- 掌握金融租赁公司的业务类型
- 掌握租赁业务的操作流程

重点难点

重点：

◈ 信托投资公司的传统业务种类

◈ 委托业务的操作程序

◈ 租赁业务的操作流程

难点：

◈ 信托公司的信托业务与委托业务的区别

◈ 金融租赁公司的业务类型

案例导入

自 1979 年第一家信托公司成立至今，我国信托行业已经度过了 30 余载，其业务一直伴随着宏观经济和金融市场的发展需求而改变。随着 2001 年《信托法》出台，2007 年银监会出台信托业“新两规”，信托行业逐渐开始形成以补充商业银行和资本市场体系，提供信贷融资服务为主的商业模式。中国经济某些特定领域的融资需求，是传统的商业银行体系和欠发达的债权资本市场所无法满足的，这为信托行业提供了发展空间。同时，在过去几年，由于实际存款利率低迷，资本市场表现差强人意，信托行业受到高净值人群和机构投资者的青睐，获取了市场上大量投资资金。另一方面，在现行的金融监管框架下，信托公司承担了特定类别财富管理产品开发的功能，作为“通道”让这些产品可以广泛投资于资金市场、资本市场和另类资产。这一特点促成了一类独特的业务模式，即“出借”信托牌照给受监管限制无法涉足某些投资领域的其他金融机构，例如银行与证券公司。这两方面因素共同促成了信托行业的井喷式增长。截至 2014 年三季度末，信托业管理的信托资产规模为 12.95 万亿元，超过保险、券商、基金等，成为管理资产仅次于银行的第二大金融产业。

对于信托业务发展比较成熟的西方发达国家来说，随着金融朝自由化方向发展，金融信托机构与其他金融机构的业务界限越来越模糊，业务呈现趋同化。对于中国信托业的发展也存在同样的问题，在金融体系逐步发展和走向成熟的过程中，信托的核心业务模式将变得不可持续，信托业已经走到了战略转型的十字路口，需要转型才能够适应市场环境的变化。目前，一些信托公司已经开始在新兴的高增长领域开展业务，尤其是另类资产管理和私人财富管理。然而，要向这些相对不熟悉、市场相对不成熟的业务模式转换，中国信托业需要的是系统性的变革，而不是在个别领域修修补补式的改良。未来能够率先转型、开创新的发展路径的企业，将可能快速建立起平衡的、可持续发展的业务平台。它们也更有可能具备单独上市的条件，并在终将到来的行业整合浪潮中成为赢家。而那些无法成功完成变革的信托公司，其业务发展将面临艰巨的挑战，极端情况下，甚至会成为整合并购的对象，或者退出行业舞台。

问题：为什么说中国信托的核心模式变得不可持续？

11.1 金融信托概述

金融信托是在实物信托的基础上演变和发展起来的，是现代信用经济发展的必然产物。金融信托作为现代金融业的一部分，对促进经济发展起着重要作用。

11.1.1 金融信托的概念及本质

1. 金融信托的概念

信托是指委托人基于对受托人的信任，将其财产委托给受托人，由受托人按委托人的意愿以自己的名义，为受益人的利益或者特定目的进行管理或者处分的行为。信托是以资财为核心，以信任为基础，以委托为方式的财产管理制度。被管理的财产通常是资金或以资金表示的财产形式，受托人通常为信托机构或国外兼营信托业务的银行，这两者均属于金融机构，故又称金融信托。金融信托是一种具有融通资金、融资与融物、融资与财产管理相结合的金融性质的信托业务，是金融行业的重要组成部分。

2. 金融信托的本质

1) 信托是一种多边信用关系

信托行为的发生，涉及委托人、受托人和受益人三方当事人，三方共同形成了信托行为的多边信用关系。委托人是信托财产的所有者，是信托行为的起点；受托人通过自身的信托业务活动满足委托人的要求，使受益人获利，是信托行为的关键；受益人是依据这种信托关系得到实际利益的人，是信托行为的终点。这种信托多边信用关系的建立，必须根据法定程序才能成立，并将各方关系人的条件、权利和义务通过信托契约或合同加以确定，以保证当事人的合法权益。

2) 财产权是信托行为成立的前提

财产权是信托多边信用关系的核心，信托财产的委托人必须是该项财产的所有者。唯有确认了委托人对委托财产的所有权或使用权、支配权，受托人才能接受这项资产的信托，信托行为才能成立。信托作为一种价值运动，在授信与受信过程中，要以转移信托财产的所有权或使用权、支配权为条件，使受托人取得法律上的地位，凭以掌握的信托财产，行使其权利，代委托人进行管理或处理，为受益人谋取利益。

3) 信任是信托的基础

信托活动实际上是一种社会信用活动，因而在信托业务中，信任贯穿始终。信托是建立在委托人对受托人充分信任的基础上，先由一方提出委托，经他方同意，接受委托而成立的经济行为。这种经济行为的最大特征是受托人必须严格按照委托人的旨意实施信托行为，而不能按自己的意图行事，从而保证信托行为建立在信任的基础上。

11.1.2　信托的业务分类及特点

信托业务的发展与商品经济发展密切相关。信托种类是根据各国经济发展的需要和经济体制与金融体制的结构来划分的，并随着信托业务的发展而变化，从而使信托活动有别于其他经济活动，具有自身鲜明的特点。

1. 信托业务的基本分类

按照不同的划分标准，信托业务可以分为不同的种类。

1) 按信托性质划分

按信托性质划分，可分为信托业务和代理业务。信托业务是指财产所有者作为信托行为当事人一方，为其指定人或自己的利益，将财产托付给可信任的另一方，要求按交办信托的目的，进行有效管理或妥善处理。代理业务是指信托行为的一方依其既定的信托目的，授权另一方代为办理一定的经济事务。在现代信托业务中，代理业务成为信托机构的重要业务。

信托和代理是有区别的，如果是信托业务，委托人必须把信托财产的产权转移给受托人，以便其全权管理或处理信托财产，所授予的权限较大；而代理业务无需办理信托财产产权转移手续，仅负责代办有关管理和处理信托财产的事务，所授予的权限较小。

2) 按信托服务对象划分

按信托服务对象划分，可分为个人信托和法人信托。个人信托是指以个人身份委托受托人办理信托业务。个人信托又分为生前信托和身后信托。生前信托是个人在世时就以委托人身份与受托人建立了信托关系，其信托契约限于委托人在世时有效；身后信托则根据个人遗嘱办理身后的有关信托事项，如执行遗嘱、管理财产、为保寿险者在身后代领赔款等，只限于委托人去世后生效。法人信托是指由公司、社团等法人委托信托机构办理的各种信托业务，法人信托又称公司信托、机构信托。

3) 按信托的标的物划分

按信托的标的物划分，可分为资金信托、实物信托、债权信托和经济事务信托。资金信托，又称金钱信托，是一种以货币资金为标的物的信托业务，如公益资金信托、劳保基金信托、个人特约信托等。实物信托是一种以动产或不动产为标的物的信托业务。动产指原材料、设备、物资、交通工具；不动产指厂房、仓库或土地等。债权信托是一种以债权凭证为标的物的信托业务，如代为清理和代为收付款项、代收人寿保险公司赔款等。经济事务信托是一种以委托代办各种经济事务为内容、委托凭证为标的物的信托业务，如委托设计、专利转让、委托代理会计事务等。

4) 按信托关系发生基础划分

按信托关系发生基础划分，可分为自由信托和法定信托。自由信托是指信托关系人依照信托法规，按自己的意愿自由协商而设立的信托，它又可分为契约信托和遗嘱信托。契约信托是依照委托人和受托人所订契约而设立的；遗嘱信托是依照个人遗嘱而设立的，信托的事务范围、处理方针等在信托契约或遗嘱中订立明确。法定信托是由司法机关依其权力指派确定信托关系人而建立的信托，法定信托又分为鉴定信托和强制信托。鉴定信托是指信托关系的形成无明确的信托文件为依据，而由司法机关对信托财产或经济事务以及信托关系人鉴定认可；强制信托则是不考虑信托关系人的意愿，由司法机关按照法律政策强制建立的信托，例如某人因欺诈、错误、不法行为等发生而取得他人财产时，法院为保护原受益人的利益，强制取得他人产权者为法律上的受托人，代原产权者为原受益者谋利益。

5) 按信托是否跨国划分

按信托是否跨国划分，可分为国际信托和国内信托。国际信托是指信托关系人及信托行为跨国进行，其业务主要有国际信托投资、国际租赁、代理发行外币有价证券、对外担保见证及国际咨询业务等。国内信托是指信托关系人及信托行为在国内进行，其业务主要有信托、委托、代理、租赁、咨询及其他类业务。

2. 我国信托业务分类

我国现行的信托业务按照是否跨国划分，分为国内信托和国际信托业务。

1) 国内信托业务

目前，我国国内信托业务按其内容划分为五大类：信托、委托、代理、租赁及其他类信托业务。

按照信托标的物不同，信托类业务分为资金信托、实务财产信托和两者兼有的其他信托三类，主要业务包括信托存款、信托贷款、信托投资、动产与不动产信托等。

我国目前办理的委托类业务主要有资金委托和实务财产委托两类。代理类业务主要有代理有价证券的发行、代理收付款项、信用证签证、代理催收欠款、代理会计实务、代理保管业务等。租赁类业务主要有融资性租赁、经营性租赁、综合性租赁、回租租赁等。其他类业务主要有经济与金融咨询、证券业务、公司理财等。

2) 国际信托业务

我国的国际信托业务主要是指信托机构采用信托方式以吸收和利用外资为主要目的的信托业务。业务类型主要有国际信托投资、在境外发行和代理发行外币有价证券、国际融资租赁、对外担保及国际咨询业务。

3. 信托的特点

1) 所有权和利益权相分离

信托财产的所有权主体与收益权主体的分离，是信托的根本特点。受托人享有信托财产的所有权，可以像真正的所有人一样，管理和处分信托财产，其他人也都把受托人作为信托财产的权利主体和法律行为的当事人，与其发生各种交易行为。同时，受托人必须妥善经营信托财产，将所产生的利益在一定条件下包括本金交给受益人。我国将受益人的权利称为“利益权”。

2) 信托财产的独立性

信托一经有效成立，信托财产即从委托人、受托人和受益人的自有财产中分离出来，成为独立运作的财产。委托人一旦将财产交付信托，便丧失对该财产的所有权；受托人虽然取得信托财产的所有权，但仅是名义上的，因为其不能享有财产所带来的收益；受益人虽享有受益权，但在信托存续期间，其不能行使对信托财产的所有权。信托财产的独立性主要表现为以下三个方面：

(1) 信托财产与受托人的固有财产相区分。受托人解散、被撤销或破产，信托财产不属于清算或破产的财产。

(2) 信托财产与委托人或受益人其他财产相区分。受益人对信托财产的享有不因委托人破产或发生债务而失去，同时信托财产也不因受益人的债务而被处理掉。

(3) 不同委托人的信托财产或同一委托人不同类别的信托财产相区分。这是为了保障每一个委托人的利益，不会导致因一委托人获得不当得利而使其他委托人蒙受损失，保障同一委托人的不同类别的信托财产的利益，不会导致因一种信托财产受损失而危及其他信托财产。

3) 有限责任

这主要体现两方面：一是受托人以信托财产为限对受益人负有限清偿责任，也就是说，信托财产有损失的，在信托终止时，只将剩余财产交给受益人即可。但是，受托人违反信托目的或者因违背管理职责、管理信托事务不当致使信托财产受到损失的，受托人应当予以补偿、赔偿或恢复原状。二是受托人因信托事务处理而对外发生的债务只以信托财产为限负有限清偿责任，即债务人无权追溯受托人的其他财产。但受托人违背管理职责或者管理信托事务不当所负债务及所受到的损害，要以受托人的自有财产承担。

4) 信托管理具有连续性

信托是一种具有长期性和稳定性的财产管理制度。在信托关系中，信托财产的运作一般不受信托当事人经营状况和债权债务关系的影响，具有独立的法律地位，信托一经设立，委托人除事先保留撤销权外不得废止、撤销信托；受托人接受信托后，不得随意辞任；信托的存续不因受托人一方的更迭而中断。英美信托法的一项普遍法则是“法院不会因为欠缺受托人而宣告信托无效”。

11.1.3 信托的职能与作用

信托具有不同于其他金融业务的独特职能，并在金融体系中占有特殊地位，对社会经济发展起到了积极的促进作用。

1. 信托的职能

信托的职能可以分为基本职能和派生职能。

1) 财务管理职能

财务管理职能又称为财产事务管理职能，在我国又称“社会理财职能”，是信托机构受托对信托财产进行管理和处理的职能。它是信托的基本职能，具有以下特点：

(1) 管理内容的广泛性。管理的财产为一切财产，包括无形财产和有形财产。委托人可以是自然人、法人，或其他依法成立的组织或国家等。

(2) 管理目的的特定性。受托人通过管理或处理信托财产而产生的收益，最终要归于受益人。受托人为管理或处理信托财产而提供的劳务，只能收取手续费作为劳动报酬。

(3) 管理行为的责任性。受托人经营信托财产时，如发生亏损，只要符合信托契约的规定，受托人可以不承担此种损失。

(4) 管理方法的限制性。受托人虽然得到委托人的授信，接受了财产所有权的转移，但受托人如何管理和处理信托财产，只能按照信托的目的来进行。

信托的派生职能主要包括以下几种：

2) 融通资金职能

融通资金职能是指信托作为一项金融业务，具有筹集资金和融资的职能。在货币信用经济环境下，个人的财产必然有一部分会以货币资金的形态呈现，因此，对这些信托财产的管理和运用就必然伴随着货币资金的融通。在我国，信托这个职能主要反映在长期资金的营运上，它通过筹集长期资金，用于生产和建设，同时也表现为通过吸引外资，引进国外的先进设备和技术上。信托融通资金职能具体表现为以下三个方面：

(1) 直接表现为货币资金的融通。信托机构受理委托人的信托资金，从而形成信托存款。当信托机构将这些信托存款用于投资、贷款或发行、买卖有价证券时，信托发挥了融通资金的职能。

(2) 表现为“物”的融通与货币资金融通相结合。当信托机构受理委托人的信托财产时，受托人便可以按照信托的目的，通过融资性租赁形式，解决承租者购买设备资金不足的困难，实现了资金融通。

(3) 表现为通过受益权的转让而实现货币资金融通。随着受益权通过受益证券的转让，货币资金得到融通，实现了融通资金的职能。

3) 沟通和协调经济关系，提供信任、信息与咨询的职能

信托业务具有多变经济关系，受托人作为委托人与受益人的中介，是横向经济联系的桥梁和纽带。通过代理和咨询业务，受托人以代理人、见证人、担保人、介绍人、咨询人、监督人等身份为经营各方建立相互信任关系，为经营者提供了可靠经济信息，为委托人的财产寻找投资场所等，从而加强了横向经济联系和沟通。

4) 社会投资职能

社会投资职能是指信托机构运用信托业务手段参与投资行为所产生的职能。信托机构开展投资业务是世界上大部分国家的普遍做法。我国自恢复信托业以来，就开办了投资业务，投资业务已经成为信托机构的主要业务之一，以致我国大多数信托机构都称为“信托投资公司”。信托投资职能可以通过信托投资业务和证券投资业务得到体现。

5) 为社会公益事业服务的职能

信托机构可以为欲捐款或资助社会公益事业的委托人服务，以实现其特定目的的功能。随着经济的发展和社会文明程度的提高，越来越多的人热心于学术、科研、教育、慈善、宗教等公益事业，纷纷捐款或者设立基金会，但他们一方面对捐助或募集的资金缺乏管理经验，另一方面又希望所热心支持的公益事业能持续下去，于是就有了与信托机构合作办理公益事业的愿望。信托业对公益事业的资金进行运用时，一般采取稳妥而且风险较小的投资方法，如选取政府债券作为投资对象。信托机构开展与公益事业有关的业务时，一般收费较低，有的甚至不收费，提供无偿服务。

综上所述，中国信托业的职能定位应当是以财产管理功能为主，以融通资金功能次之，而以协调经济关系功能、社会投资功能和为社会公益事业服务功能为辅。

2. 信托的作用

信托的作用是信托职能发挥的结果，它通过具体的信托业务对社会经济产生影响。一般表现为以下几个方面：

(1) 促进市场经济发展。

随着我国经济体制改革的不断深化，企业自主权和经营权的进一步强化，迫切需要信托的出现，以其灵活多变的方式来满足不同经济关系和不同经济利益的特殊要求。通过信托业务，将其他部门、企业的资金筹资起来，既能满足委托人所委托的一定目的和要求，又能使受托人按照国家产业政策及搞活经济的需要积聚资金，支持社会再生产，促进市场经济的发展。

(2) 运用各种渠道，聚集社会闲散资金。

信托作为一项金融业务具有筹集资金的作用。信托利用其经营方式灵活的优势，根据国家有关规定，吸收劳动保险机构的劳保基金、各种学会和科研机构的基金以及各主管部门自主支配的委托基金，发挥理财、管理的职能，有效地利用信托资金，满足委托单位的要求。同时，信托还可以利用代理发行股票、债券、代理支付等手段，筹集社会闲散资金，促进社会主义市场经济的发展。

(3) 代人理财，促进生产，加快商品流通。

信托是一种多边信用关系，其本身既是关系人，又是中介人，充分发挥财务管理和融

通资金的中介作用。通过信托业务的开展，为各主管单位、大公司及科研机构提供了新的信用工具，推动了资金由无偿使用向有偿使用的转化，减少了资金浪费。同时，企业在经济交往中，赊销、分期付款、预收预付款时有发生，这样难免形成三角债，造成企业之间相互拖欠。信托机构可以利用其信用度高、联系广泛的优势，代企业清收欠款，缓解三角债，促进企业生产发展，加速企业资金周转，加快商品流通。

(4) 大力发展代理业务，为社会提供全方位服务。

代理业务是信托业务之一。由于信托机构与各方面经济往来密切相关，经营技术成熟，且有较高的信誉，因此信托机构开展代理业务，对于方便客户、满足社会各方面的需要具有重大作用。信托机构开展代理资产处理，代理发行股票、证券等信托业务，可以弥补企业在财产处理和资金运用方面经验和能力的不足，降低企业成本，加速资金周转，满足各种不同的财产管理和处置要求。信托机构在受理代理业务过程中，可以从代理活动中发现企业经营管理中存在的问题，或是从企业所提供的经济材料中发现问题，及时向企业提出建议，从而协助企业改善经营管理，加强经济核算。信托机构开展代理业务，不仅拓宽了自己的业务范围，还为社会提供了全方位的服务，补充了银行业务的不足，促进了经济的发展。

(5) 积极开展租赁业务，促进企业技术改造。

由于租赁具有不需要大量投资就能及时得到所需要的技术设备，并可以保持技术设备先进性的特点，同时采用租赁方式引进技术设备可以得到良好的服务，并可免受通货膨胀的影响，所以租赁越来越受到企业的青睐。信托业把租赁业作为一项重要业务来开发，由信托机构垫付资金，购置用户所需要的设备，然后租给用户使用，由用户利用其生产的经济效益支付设备使用租金。这样企业就能够及时有效地进行设备更新，从而促进企业的技术进步，加快产品的更新换代。

(6) 信托业务有利于促进我国的对外开放。

随着我国改革开放步伐的加快，开展国际经济合作变得迫切。许多国内企业急于寻找合作伙伴，了解客户信息，掌握国际市场行情。同时，国外的各种机构、客户也急于了解国内企业的资信情况及产品信息。信托机构可以利用自身的优势为国内外各方面牵线搭桥，通过开展咨询、资信调查等业务，沟通并协助国内外双方达成协议，签订经济合同；接受外商委托，引进国外资金；经营其他代理业务，开展对外经济技术交流，加速我国市场经济的发展进程。

(7) 开辟新的融资渠道，促进我国金融市场的发育。

我国《金融业发展与改革“十二五”规划》表示，到“十二五”期末，非金融企业直接融资占社会融资规模比重提高至15%以上。目前以及后期发展，我国的融资方式由间接融资方式向直接融资方式转化。我国金融结构的改革要求我们要积极发展直接融资，通过发行股票和债券等形式直接向社会筹集资金。信托机构通过代为发行股票、有价证券，协助企业解决生产过程和流通过程的资金需要，同时通过代理有价证券的买卖，促进了金融市场的发展。

(8) 有利于促进信托机构的企业化经营。

信托机构从其诞生之日起就面临竞争的环境，其要想立于不败之地，就需要进行企业化经营，加强管理，降低成本，采用灵活多样的方式来适应客户的不同需要。

总之，信托业作为金融业综合化发展的重要形式，对于满足社会各方面的需求，发展市场经济，促进经济体制改革等方面发挥着重要作用。

11.2　信托公司的业务经营

信托投资公司按照《信托投资公司管理办法》规定办理的主要信托业务包括：信托存款、信托贷款、信托投资、个人信托业务、信托代理及信托咨询等。办理的主要委托业务包括：委托贷款、委托投资和其他委托业务。

11.2.1　信托存款业务

1. 我国主要信托存款业务种类

我国主要信托存款业务有单位信托存款、公益基金信托存款和个人特约信托存款等。

(1) 单位信托存款。

单位信托存款是指委托单位将各种预算外资金和自有资金委托信托机构代为管理和运用，以获取相应的信托收益的业务。

按照国家有关规定，我国信托机构开办的单位信托存款目前仅限于具有法人资格的企业、事业单位、机关团体、科研、文教等单位可自主支配的资金，如各种经费结余、专项资金和专用资金等。在这项业务中，委托单位不指定存款的具体对象和用途，只是委托信托机构代为运用和管理，并定期从信托机构取得存款利息。目前，单位信托存款在我国信托机构的存款中占了主要部分。

(2) 公益信托存款。

公益信托存款是指委托人为举办或发展社会公益、福利事业，将社会各界捐赠的或由单位及团体提留、筹集的公益基金(如少年儿童福利基金、科技发展基金、学会基金等)委托信托投资公司代为管理和运营生息，并将所得的信托收益用于指定的社会公益事业的业务。公益信托存款的委托人可以是单位、团体，也可以是个人，但其受益人领取的信托收益，必须真正用于公益事业。

公益信托存款的存款期较长，在存续期间，一般只领取信托收益，很少动用基金存款本金部分。为了支持社会公益事业的发展，信托投资公司受理的公益基金信托存款一般视为定期存款，可以付给较高的信托收益，并适当减收信托手续费。

(3) 专用基金信托存款。

专用基金信托存款是指企业主管部门或地方政府委托信托投资公司代为筹集和使用的专项基金。主要包括：国家有关部门、地方财政等批准的预算外资金；用于开发能源、交通运输等的专项基金；劳保基金等。该项专用基金从自筹公益金或职工工资中提取后，存入信托投资公司。

(4) 个人特约信托存款。

个人特约信托存款是指信托机构受理个人储蓄性质的资金，按其特定的要求和用途代为办理某项特约经济事务的存款。信托机构对个人特约信托存款范围无太的限制，只要委托人提出的特约经济事务是合法的，而信托机构又能办到的，即可办理。由于个人特约信托存款在内容和要求上各不相同，因而信托机构在收到委托人交存的存款后，要根据其特定的要求分别处置，如定期发送赡养亲属生活费，监督支付子女医疗、教育、婚嫁费用，以及向委托人指定的捐赠项目核实拨付捐赠款项。委托人只能是个人，受益人可以是委托人本人，也可以是委托人指定的其他个人或单位、团体。目前在我国，个人特约信托存款的业务量很小。

2. 信托存款业务处理程序

办理信托业务时，存款人应遵循下列程序：

(1) 存款人提出申请。存款人(包括法人和自然人)选择信托投资公司，并申请办理存款业务时，应注意选择公司的合法性、信誉、资历、业务经营范围，以及手续费或存款收益高低等事项。待选择的信托投资公司确定后，则必须按照信托投资公司要求填写“信托存款开户书”。

(2) 信托投资公司审查。审查的重点是委托单位的资金来源是否属单位所有；存款人的资金是否已有指定用途。审查无误后为其办理信托存款手续。

(3) 开立账户。信托投资公司与委托人双方具体商定信托存款的期限、手续费等，达成共识后，信托投资公司为委托人开立账户。然后，存款人(即委托人)将信托存款划交给信托投资公司，信托公司相应签发存款证(存单)交委托人收存。定期存款一般不得提前支取，如果委托人确实因为急需，要求中途提取存款时，应提前说明情况，信托投资公司根据自身头寸状况酌情处理。

(4) 提供资金、交付信托收益。信托投资公司接受委托资金后，一方面要按照约定的使用方法选择需要资金的单位；另一方面按事先商定的收益率和交付方式，向受益人支付信托收益，并按规定收取一定比例的手续费。

(5) 退还信托存款。信托存款期满后，委托人凭信托存款证向信托机构收回信托存款，如果存款人继续办理信托存款，需要首先办理原信托存款的结清手续，再办理新的存款证。委托人在信托期满后尚未取回的信托存款，由于委托人可以随时提取，已非定期性质。因此，对逾期期间的信托收益，信托投资公司按银行活期存款利率支付给委托人。

11.2.2 信托贷款业务

信托贷款是指信托投资公司接受委托人的委托，将委托人存入的资金，按信托计划中指定的对象、用途、期限、利率与金额等发放贷款，并负责到期收回贷款本息的一项金融业务。

1. 信托贷款的种类

信托贷款的用途主要是解决企业单位某些正当、合理的，而银行信贷限于现行制度而无法支持的资金需求。信托贷款按用途不同，可以分为以下几种：

(1) 联营投资信托贷款。联营投资信托贷款是指信托公司受托向联营单位发放的一种贷款。为了促进跨省市、跨地区、跨部门、跨行业间的横向经济联合，对于企业经济联合体具有经济效益好、还款有保证的联合经营项目，信托投资公司在调查、评估、论证的前提下，认为以上条件成立，对经济联合体自筹资金不足的部分，信托投资公司可以发放此项贷款，以支持联合体走企业化集团的发展之路。

(2) 技术改造信托贷款。技术改造信托贷款是为了支持企业技术进步，信托投资公司将企事业的主管部门委托筹集、调剂使用的技术改造专项资金或自有资金发放给技术改造企业的业务。单位委托信托投资公司办理技术改造信托贷款时，首先交存技术改造贷款保证金并指定贷款的项目和用途。信托投资公司在保证金额度内，按双方协议逐笔发放贷款。企业向信托投资公司申请技术改造贷款时，其项目必须按规定经有关部门批准，属于固定资产投资规模的，要纳入国家固定资产计划。

(3) 补偿贸易信托贷款。补偿贸易信托贷款是信托投资公司对企业间从事补偿贸易中缺乏预付资金时发放的贷款。一般做法是：甲企业通过向乙企业预付资金，协助乙企业发展生产，然后，由乙企业以产品或半成品对甲企业进行补偿，使甲企业获得急需的原材料或物资，从而促进双方企业的发展。信托投资公司对企业间进行的这种补偿贸易所需要的预付资金，可按贷款条件审查发放补偿贸易信托的贷款。

(4) 房产抵押贷款。房产抵押贷款是指信托投资公司要求借款人以房产做抵押而发放的贷款。在房地产开发、建设、经营和购房业务中，凡符合房地产贷款基本条件，并愿意以房地产做抵押的企业、单位、个人均可以申请房地产抵押贷款。

信托投资公司根据借款人的申请，审查借款人的资格，查验借款人的房产证明、房产抵押物和抵押物清单，审查无误后订立借款合同。在发放贷款以前双方必须对抵押物按国家规定办理抵押品登记手续，并到公证部门进行公证，以免抵押物重复抵押或在抵押期内转让、赠予等行为的发生。房产抵押贷款可分为产权证抵押和房产实物抵押。产权证抵押是指在抵押期间，房产依然可以使用出租；房产实物抵押是指将房产证和房屋使用权一起抵押给贷款方，在抵押期内房产由贷款方保管，借款方不得使用。

2. 信托贷款的管理程序

信托贷款的发放和管理，一般分为备选立项、调查评估、签约放贷和贷后追踪四个阶段。

(1) 备选立项。申请贷款的单位向信托投资公司提出借款申请，填写借款申请表，如实反映借款原因和用途、预期经济效益及还款来源等情况，并提供借款项目的上级批准文件、项目可行性报告及借款单位有关近期会计、统计、业务报表资料，为信托投资公司审查贷款提供协助和方便。必要时，借款单位在贷款期间还得定期向信托投资公司报送有关会计或业务资料，接受信托投资公司的审查。审查合格后可将有关资料存档，项目列入备选项目库。

(2) 调查评估。信托投资公司对列入被选项目库的项目，组织人员进行进一步调查核实。调查的重点首先是贷款项目是否合法，是否符合国家的方针政策要求，尤其是贷款项目中涉及固定资产投资的部分，是否按规定的审批程序纳入固定资产投资规划；其次是调查贷款项目是否合理。对贷款项目的可行性进行预测，尤其是对财务和资金上调查项目的预期收益。在此基础上落实还款资金来源。

(3) 签约放贷。经过调查审核后，对情况属实可以给予贷款的企业，信托投资公司可将借款单位填写的借款申请书视为正式申请书，信托投资公司以此申请书为依据再与借款单位签订正式贷款合同，然后发放贷款。借款的担保单位必须是有担保能力的企业法人或经济实体。

(4) 贷后追踪。款项贷出后，信托投资公司要经常深入借款单位了解贷款项目的进展情况和出现的问题，以便按期收回本金和利息。

11.2.3 信托投资业务

信托投资是信托投资公司用自有资金及组织的资金进行的投资，以投资者身份直接参与对企业的投资，它是目前我国信托投资公司的一项主要业务。

1. 信托投资方式分类

当前我国信托投资业务一般采用契约式投资、股权式投资、贷款式投资，其中以契约式投资为主。

(1) 契约式投资。

契约式投资是信托投资公司与被投资企业双方按共同商定的协议直接进行的投资。该类投资方式虽然分配原则仍是以出资量和资金利润额为基础，但由于投资各方不全部用资金投入，有的用技术、土地、原料、设备、劳动力等投入，其价值难以计算，因此利润分配方案是根据有若干条款具体规定的各方共同商定来协议确定。例如，在协议中可以明确，是否享受分配一定比例的产品；是否先保息再分红；是否派人员参加管理等。

(2) 股权式投资。

股权式投资是信托投资公司为获取未来收益，以参股或在市场上认购股票的形式，对企业项目进行投资。这种投资方式是各股东严格按照股份比例享受分配红利，一般是没有任何附加条件的。各股东可以根据企业的经营情况和预期收益，确定认购股权量和是否控股，允许在适当时候转让股权或股票并且坚持原有股东对再次增发股票有优先认购的权利。

(3) 贷款式投资。

贷款式投资是介于契约式投资和股权式投资的一种投资业务方式。信托投资公司为了获取中期利润，避免长期投资风险，坚持还本原则，在整个合同投资期间获取比贷款利息更高的收益。

(4) 其他投资方式。

按照投资期限长短，信托投资可分为长期投资和短期投资两类。长期投资一般不确定投资年限；短期投资则事先在合同中规定投资年限。

按是否参与管理，信托投资可分为参与管理投资和不参与管理投资两类。参与管理意思是信托投资公司派人直接参与企业的经营管理；不参与管理即不委派人员参与管理，而是经常派人检查和监督。

按收益分成方式，信托投资可分为比例分成投资和固定分成投资两类。比例分成是按出资比例或事先商定的比例享受收益或分担损失。固定分成是事先商定后，不论企业经营状况如何，均按规定的固定数量分配收益。

2. 信托投资业务处理程序

开展信托投资业务，首先要对投资项目进行调查研究和可行性分析；其次，信托投资公司与共同参加投资的其他各方商定投资金额、投资期限、经营管理方法、收益分配比例等具体内容，并据此正式签订联合投资协议书，在协议书中详细规定各自的权利、责任、义务等条款，时效要清楚，分配要合理。其后才能办理有关投资的具体事宜。

11.2.4　个人信托业务

个人信托业务，泛指由个人委托信托投资公司办理的各种信托业务。个人信托业务曾经是信托业务发展初期信托投资公司的主要业务。后来，随着经济的发展，团体信托业务逐步成为各信托机构的主要业务，个人信托业务的比重明显下降。目前，在西方各国中，个人信托业务仍然是一种十分重要的业务类型。但在我国，无论是从信托发展历史还是从现状考察，个人信托业务的市场十分狭窄，信托投资公司主要办理的是团体信托业务。

个人信托业务的特点主要包括：受益人多数是委托人以外的第三人，如委托人的亲属；委托的财产一般是非生产性的个人财产；委托的目的主要是使委托人的个人财产能按个人的意愿进行分配和保障受益人的正常水平，或以个人盈利为目的。

1. 个人信托业务种类

(1) 遗嘱信托。

遗嘱信托是指受理与个人遗嘱或遗产有关的信托业务。遗嘱信托主要有执行遗嘱和管理遗产两种业务。

执行遗嘱信托是指信托投资公司在接受遗嘱人委托后，根据遗嘱和有关法院的裁决，在遗嘱人死亡之后，代遗嘱人办理债权、债务的收取和清偿，遗赠物品的交付及财产的分割和处理等，信托投资公司行使遗嘱执行人的职责。

管理遗产是指信托投资公司受遗嘱人或法院委托，在一定时期内代为管理遗产的信托业务。该业务又分为继承未定前和继承已定后两种情况。继承未定前的管理遗产委托，多是在没有遗嘱、遗产继承存在纠纷或遗嘱中的继承人尚未找到等情况下，信托投资公司受托处理、分割遗产前暂时代为管理遗产；继承已定后的管理遗产委托，是指在继承人虽然继承了遗产，但由于种种原因不能自理其财产时，事先由遗嘱人或其亲属和法院委托信托投资公司在遗产继承后的一定时间内，代继承人管理遗产。

(2) 监护信托。

监护信托是指信托投资公司受托行使监护人职责的信托业务。监护信托依被监护人不同，分为未成年人监护信托和禁治产人监护信托。

当子女尚未成年，还没有独立生活能力之前，父母因长期在外出差或受到法律制裁，不能照顾子女生活，或者父母早亡，子女失去监护人，又无亲属或他人代为照顾生活时，信托投资公司就可以受子女父母、生前留下遗嘱者或法院的委托，行使监护人的职责，负责照顾未成年子女的生活，保管其所得的遗产，待子女成年后将遗产转交给子女，监护信托即告结束。

禁治产人是指因精神疾病无法自理生活，经法院宣告丧失行为能力的人。信托投资公司可受禁治产人父母生前遗嘱或其亲属及法院的委托，负责赡养、医治、护理禁治产人，并代管其财产，行使监护人职责。当被监护人恢复行为能力或死亡后，信托投资公司办理转交或处理被监护人财产手续，监护信托即告结束。

(3) 人寿保险信托。

人寿保险信托是信托投资公司办理的与人寿保险相结合的一种信托业务。被保险人在生前投保人寿险的同时，可到信托投资公司办理人寿保险信托，指定信托投资公司为保险赔偿金的受托人，其家属为保险赔偿金受益人。被保人死亡后，由信托投资公司向保险公司索取赔偿金，并按信托合同规定，一次或分期将赔偿金转交给死者家属，以保证死者家属有稳定的生活来源。

(4) 赡养信托。

赡养信托是信托投资公司接受赡养义务人的委托，对赡养金进行管理和按指定用途支付的个人信托业务，这种业务往往是异地或海外赡养义务人对赡养金不能进行日常管理和使用的情况下，委托信托投资公司办理的信托业务。

(5) 其他个人信托业务。

其他个人信托业务主要包括管理财产、处理财产、保全财产、增值财产等。

以上五种个人信托业务，也可以分为两大类，即生前信托业务和身后信托业务。遗嘱委托属于身后信托业务，其他四种属于生前信托业务。

2. 生前信托契约的主要内容

生前信托是个人委托信托投资公司在委托人生前代为办理的委托事项。生前信托契约的主要内容包含以下部分：

(1) 信托当事人。

生前信托契约首先要明确信托业务的当事人，即委托人、受托人和受益人。委托人必须是财产的所有人，否则，便不能以此财产确立委托关系。委托人明确后，其拥有的权利和义务也就明确了，这对于处理当事人之间的关系有非常重要的意义。

受托人在接受委托人委托后便成为委托财产法律上的所有人，对委托财产拥有管理和处理的权利。

受益人在委托关系中是委托财产收益的享受者。

(2) 委托目的。

信托契约中应明确委托目的，委托目的不应与国家法律相违背，受托人可以根据此目的执行信托契约。

(3) 委托财产。

在信托契约中，对委托财产有详细的规定。首先要明确财产的性质、品种、数量、质量等；其次，要明确财产转移的方式、时间，以便于委托人行使相应的职责。

(4) 受托人的权利。

受托人在委托期间是委托财产法律上的所有人，但委托人的这种所有权又是有限的。受托人的财产所有权是委托人赋予的。如果委托人和受托人之间发生矛盾，契约有关权限的界定便成了解决争议的重要依据。委托人应当遵守信托契约的规定，为受益人的最大利益处理事务。

(5) 受益人的权利。

受益人自信托契约生效之日起就享有受益权。受益人的受益权可以依法转让和继承，但信托契约中有限制性的规定除外。

(6) 委托期限。

信托契约中要明确委托期限，委托期限可以是一个准确的时间区段，比如几年；也可以以委托目的是否实现为依据，即委托目的的实现之日即为契约终止之时。

(7) 委托人的报酬。

委托人有权依照信托契约的约定取得报酬。信托契约事先未作约定的，经当事人协商同意，可以作出补充约定；未做事先约定和补充约定的，不得收取报酬。约定的报酬经信托当事人协商同意，可以增减其数额。

受托人违反委托目的，或者因违背管理职责、管理信托事务不当，致使委托财产受到损失的，信托投资公司应予以补偿、赔偿或恢复原状，在未恢复财产原状或者未予赔偿前，信托投资公司不得请求给付报酬。

3．遗嘱的主要内容

法律认为，遗嘱是一种“要式法律行为”，必须按照法律要求的形式制订才有效。遗嘱应采取书面形式，并且要求遗嘱人的签名。遗嘱的形式一般有自叙遗嘱、自书遗嘱、录音遗嘱、公证遗嘱等。作为确定执行遗嘱委托依据的遗嘱应包含以下内容：

(1) 申明本份遗嘱的合法性和有效性。遗嘱人在遗嘱中，首先要明确本份遗嘱的有效性和合法性，并同时取消以前所立的所有遗嘱等文件。最具合法性和有效性的遗嘱，应该是公证遗嘱。

(2) 确定受托人。在遗嘱中要明确确定受托人，即遗嘱执行人，并授予委托人在执行遗嘱中所应有的权力。

(3) 确定受益人。受益人是遗产的继承者，对受益人的权利在遗嘱中要予以明确，说明受益人可以享受的财产形式、数量以及遗产的给付方式。

(4) 特殊条款及附录。特殊条款的规定及附录主要是针对执行遗嘱过程中可能出现的问题而列出的。例如，在处理遗产过程中可能会出现的意外变故，为了使遗嘱执行人能严格按照遗嘱人的意愿行事，遗嘱人应在特殊条款或附录中对遗嘱执行过程中可能出现的情况加以说明，保证遗嘱的顺利执行。

11.2.5　信托代理与咨询业务

1．信托代理业务

信托投资公司接受客户委托，以代理人身份，代为办理其指定的经济事项的业务称为代理业务。在该业务中，信托投资公司一般只发挥财务管理的职能，并不要求委托人转移其财产所有权。

信托代理业务种类主要有以下几种：

(1) 代理收付款项。

信托投资公司接受法人或自然人的委托，代为办理指定款项收付的信托业务。代理收付款项主要包括：商品销售款或劳务费；购货款、运费和租金；政府部门的各类收费；代付政府部门的各种下拨资金等。委托人申请代理收付款项，必须向信托投资公司提供发生应收、应付款项的合法依据及有关单据、证件，经信托公司审查同意，即可签订代理收付契约。对代收的款项，信托公司收妥后应按照契约及时转交给委托人，不能随意挪用。对代付的款项，委托人必须先将委托代付的资金交存信托公司以备支付。在代理收付款业务时，信托公司只负责按规定办理款项的代理收付，并收取手续费，至于收付双方的业务纠纷不加干预。

(2) 代理发行证券业务。

信托投资公司受股份有限公司或其他委托人的委托，代为办理发行证券或股票的具体事项的信托业务。信托公司代理发行证券业务主要包括：代理推销或发行债券、股票；代理收取债券、股票的票款；代办债券还本付息；代发股息、红利；代理债券、股票的买卖及代办过户手续。信托投资公司承办代理发行证券业务，实际上是充当了债权人和债务人双方的代理人。例如：信托投资公司作为证券发行人的代理人，受托代办有关发行证券的具体事务，以便证券的顺利发行或推销；信托投资公司作为证券投资人的代理人，参与对发行人集资建设项目的审查和监督，维护全体投资人的合理经济利益。

(3) 代理催收欠款业务。

信托投资公司接受收款单位的委托，代理催收付款人的拖欠款项的业务。催收欠款后，向委托人收取手续费。

(4) 代理保险业务。

信托投资公司接受保险公司的委托，代为办理各类保险业务。代理保险的手续费一般按实收保险费的一定比率计收。

(5) 代理保管业务。

信托投资公司设置保管箱或保管库，接受法人或自然人的委托，代为保管各种贵重物品或文件的业务。重要物品一般指合同、契约、文件等；贵重物品一般指金银珠宝、珍贵文物等；有价证券指股票、债券等。

2．咨询业务

信托投资公司接受客户委托，以其专门的知识、技术、经验和广泛的联系，为委托人提供有关市场和客户的情况、经济信息、解答各种疑难问题，协助企业单位做决策的一种服务性业务。

除一般的咨询业务以外，信托投资公司一般也经营经济咨询业务。凡有关企业经营管理、市场信息、动态、财政金融制度、经济政策、法规、对外经济合作、国内外经济联合等方面的情况，企业单位均可向信托投资公司提出咨询，由信托投资公司帮助调查情况，收集资料，综合分析，提供有一定经济价值的咨询材料。目前，我国信托投资公司已经办理的经济咨询业务，主要有如下几种：

(1) 资信调查。

资信调查是指企业单位因业务需要，委托信托投资公司对其业务对象的资信情况进行调查了解的业务。比如了解业务对象的经济性质、经营范围、生产规模、技术水平、产品质量、信誉状况、支付能力等情况。

(2) 商情咨询。

商情咨询是指信托投资公司受理的有关市场情况、商品价格以及贸易政策及做法等方面的咨询业务。商情咨询可分为对内咨询业务和对外咨询业务两种。

对内咨询业务是指按照客户要求，调查、分析某项产品在国内市场的销售情况、销售信息反馈和对今后销售趋势的预测；了解本单位与其他单位同类产品在质量、品种、价格、服务等方面的差距，为本单位在合理组织生产、提高产品质量、改善经营管理、增强市场竞争力等方面提出建议；向国内企业提供国际市场行情和销售情况，介绍国内产品的外销市场和贸易渠道。

对外咨询业务是指向外商提供在我国进行贸易的有关咨询。例如，向外商介绍同我国进行贸易的渠道，提供国外产品在我国销售情况的调查研究，以及分析国外产品进入我国市场的前景等。

(3) 投资咨询。

投资咨询是指信托投资公司接受国内外投资企业及其他投资单位的委托，对投资项目进行市场调查和预测、可行性研究等；为投资者提供可供选择的投资方案和模式。向外商介绍我国的中外合资企业、外商独资企业或其他合作经营项目的财务、税收、金融等方面的有关政策、法律和法规等。

(4) 经济可行性咨询。

经济可行性咨询是指信托投资公司受托对某项建设项目或某项经济活动进行全面、系统的调查、计算、比较、评价。经济可行性分析要从企业、行业、地区、国家等不同角度出发，既要研究单个项目的微观经济效益，还要研究该项目在整个行业、地区，乃至国民经济全局中的宏观经济效益。

11.2.6 委托贷款业务

委托贷款是指由委托人将合法来源的资金预先交存信托投资公司，并委托信托投资公司按其指定的对象和用途发放贷款的业务。由于贷款对象和用途是由委托人确定的，所以，发生贷款不能实现预期收益或到期不能收回本息等情况时，风险由委托人承担。

1．委托贷款的业务种类

我国信托投资公司办理的委托贷款，按不同的内容可分为以下几种：

1) 甲种委托贷款

甲种委托贷款是指委托单位将按规定提留的，且单位可以自主使用的各种预算外的自有资金，交存信托投资公司，信托投资公司将其作为委托贷款基金，并按委托人指定的对象、用途、期限、利率发放贷款。

甲种委托贷款的特点是：“先存后贷，存大于贷，受托单位不垫款”。也就是说：信托投资公司受托发放的甲种委托贷款余额不能超过委托人已交存的委托贷款基金的余额；受托发放的甲种委托贷款的期限不能超过委托人交存的委托贷款基金的期限；已经发放的甲种委托贷款尚未收回的部分，委托人不能从信托投资公司取回相应的委托贷款基金。

2) 乙种委托贷款

乙种委托贷款是指委托单位尚未完全确定委托贷款对象或贷款项目细节的情况下，先与信托投资公司原则商定委托贷款事宜，并交存委托贷款基金。对这种前期交存的乙种委托贷款的利息率，信托投资公司可以略低于单位定期存款的利率给付。待委托单位具体确定贷款对象和内容，并要求发放委托贷款时，信托投资公司方能将乙种委托贷款基金转作甲种委托贷款基金。

3) 专项委托贷款

专项委托贷款是指信托投资公司接受地方政府或主管部门等单位的委托，办理经国家计划批准的发展能源、交通运输等事业，开发新技术、试制新产品，设备更新改造等某种专项资金的筹集，并按指定的对象发放委托贷款。专项委托贷款与甲种委托贷款相比，具有如下特点：

(1) 专项委托贷款的基金，委托单位不一定在订立委托贷款契约时一次全额交足。即允许委托单位在信托期内逐步分次交存，或者委托信托投资公司在其指定的范围内代为筹集，逐步积累专项委托贷款基金。

(2) 委托单位可以在已经交存或筹集的专项委托贷款基金一倍或两倍的额度内，提出专项委托贷款的数额。一般简称为“存一贷二”或“存一贷三”业务。超过专项委托贷款基金的部分，由信托投资公司提供贷款支持。

我国金融信托投资公司办理的委托贷款主要有两种情况：一是政府委托贷款；二是企事业单位及各部门委托贷款。

政府委托贷款是指地方政府拿出资金交由信托投资公司办理基本建设贷款以外的各种专项贷款。此类贷款的项目安排、贷款条件、还款资金来源等具体做法，由委托方和受托方比照基本建设贷款的有关规定协商办理。

企事业单位及各部门委托贷款，主要是指中央、地方主管部门、企事业单位以自有资金委托信托投资公司，按指定的用途或指定项目发放的贷款，信托投资公司不承担经济责任。这种贷款的计息办法有两种，可以任选其一：一是交存贷款基金不计存款利息，贷款实行低息；二是交存贷款基金按照余额计收存款利息，贷款按照用途分别比照技术改造、基本建设或流动资金贷款计息。

2. 委托贷款管理程序

办理委托贷款一般有两种方式：一种是由委托方、受托方和借款单位共同签订一个三方合同，各自的权利义务关系在合同中加以明确，然后由受托单位按照合同规定的用款计划发放贷款并实施管理，这种方式适用于一次性委托业务。另一种方式是由委托单位事先与受托单位签订资金委托协议书，委托人与受托人达成协议后，待受托单位接到委托单位发出的指定用项通知书，再与借款单位签订借款合同，发放贷款，我国主要采取的就是这种方式。

11.2.7 委托投资业务

委托投资是指委托人动用自有资金，委托信托投资公司对其指定的投资范围和投资对象进行投资，并要求信托投资公司监督所投资企业的经营管理、利润分配等事项的投资业务。投资数量、出资方式、使用范围、收益分配均由委托人和接受投资方共同商定，而信托投资公司按照一定比例收取手续费。我国现阶段主要的委托人是各级财政部门、企业主管部门和一些有资金、技术实力的企事业单位。

1. 委托投资的特点

委托投资与信托投资比较，有以下特点：

(1) 委托投资的业务量不受信托投资公司自有资本金的限制。

(2) 办理委托投资不承担风险，信托投资公司只有检查和监督的义务。

(3) 委托投资暂时沉淀的资金是信托投资公司的重要资金来源。投资人在未选定投资对象和范围时，投资基金或保证金已存入信托投资公司，同时在资金周转与循环过程中也会有一定数量的资金沉淀。

2．委托投资方式

信托投资公司办理的委托投资业务主要有指定委托投资和任意委托投资两种。

(1) 指定委托投资。

指定委托投资是指委托人把投资资金交存信托投资公司，委托信托投资公司按其指定的投资方式向特定的企业或项目投资。信托公司负责管理有关的投资事项，监督被投资企业经营管理和收益分配。信托投资公司在受理委托投资之后，要对受托资金单独管理、单独核算，按期结算损益，在扣除规定的费用之外，全部损益由委托人承受。企业单位在委托信托投资公司进行投资时，必须签订委托投资合同，明确规定委托期限、投资金额、投资方式、投资对象、收益处理、决算日期、双方责任、委托手续费等有关详细事宜。

(2) 任意委托投资。

任意委托投资是指委托人将全部资金的使用权委托给信托投资公司进行投资的行为。在这种委托业务中，由于受托者权力过大，可能产生很大风险，所以，许多国家采取限制甚至禁止信托投资公司承接该业务。我国信托投资公司目前办理的委托投资业务也不属于任意委托投资业务，而属于指定委托投资业务。

11.2.8　其他委托业务

1．法人财产委托业务

法人财产委托业务是指供货单位将准备出售或出租的财产向信托投资公司提出委托申请，并委托信托投资公司向其指定的需货单位提供财产的业务。

按照我国信托管理办法规定，信托投资公司受理财产委托的对象，可以是机器、厂房、仓库、原材料和其他物资等各种动产或不动产。信托投资公司受理财产委托，只负责按照供货单位的委托目的，根据供需双方订立的购销合同，向需货单位提供委托财产。有关委托财产的交货日期、品种、质量、维修、保养等事项，则由供需双方按合同、契约执行。

财产委托业务按照信托投资公司是否提供资金融通，可分为融资性财产委托和服务性财产委托两种。

(1) 融资性财产委托。

融资性财产委托是指信托投资公司接受委托单位的申请，向其指定的需货单位提供委托财产，并予以融资的业务。信托投资公司在与需货单位办妥分期付款或承租手续后，便向委托单位一次性垫付全部货款或租费，以后再分期向需货单位收回。

为确保到期收回信托投资公司垫付的资金，财产委托业务原则上必须由需货单位按照分期付款或支付租费的期限，到原开户银行申请签发相应期限的银行承兑汇票，自受理此项业务之日起，至收回融资本息金额之时止为此项业务的委托期。在委托期，委托财产发生意外事项，信托投资公司有权向需货单位追索应收的融资本息。

(2) 服务性财产委托。

服务性财产委托是指信托投资公司接受委托单位的财产委托后，负责向其指定的需货单位提供财产，并代委托单位向需货单位分期收回货款或租费，信托投资公司不为需货单位提供资金，不为需货单位垫付货款和租费。委托财产的应收货款或租费，待向需货单位收妥后，才能转交给委托单位。

信托投资公司受理服务性财产委托业务，一般应按委托财产总额的一定比率向委托单位收取手续费。手续费可以在正式受理财产委托时一次性收取，也可以在每次代收的货款中分次扣收。

2. 年金委托业务

1) 年金委托业务的含义

为了完善社会保障体制，增强企业的凝聚力，保证企业员工退休后能在经济上得到一定的补偿，企业从其非生产性自有资金中，提取一定比例的资金，这部分资金称为年金。企业作为委托人将这部分资金交给信托投资公司，信托投资公司作为受托人，按照委托人的意志，对年金委托账户资金予以运用，从而实现年金的保值和增值。在年金委托到期后，受托人根据委托人的指令，向委托人指定的受益人一次性或分期支付受益金。

2) 办理年金委托的程序

(1) 委托人同受托人签订年金委托协议书，并向受托人提供享受年金委托受益的员工花名册。受托人根据委托人出具的法人证明文件，开立年金委托账户，也可应委托人的要求，为其开立年金委托收益账户或年金委托二级账户。

(2) 委托人进行委托放款或投资时，需填写具有特定资金委托指定用项通知书，注明指定的借款人、借款金额、期限、受益率、或注明指定的投资对象及具体条件等，委托受托人代为办理。

(3) 受托人以贷款人的名义，与委托人指定的借款人签订借款合同，或以委托投资代理人的名义，办理有关投资事宜。委托期满后，受托人代委托人收回本金及收益，并将其转入年金委托账户或相应的年金委托收益账户。

(4) 受托人按照委托人的要求，根据委托人提供的当期受益人名册，向委托人指定的受益人支付受益金，并将剩余部分分配到委托人指定的其他受益人名下。

3) 收益与核算

年金委托资金若用于委托贷款，利率按照当时国家规定的银行利率执行，并按季结息；年金委托资金若用于委托投资，投资收益率由委托人与受托人、投资对象协商确定。借款人或投资对象所支付的利息收益，作为年金委托收益进入委托人在信托投资公司开立的年金委托账户，或相应的年金委托收益账户。

委托人按年金委托的本金总额，每年以事先商定的比例向受托人一次性支付年金委托业务手续费。

受托人以一定的比率按季向借款人或投资对象计收委托贷款或投资手续费。

11.3 金融租赁公司的业务经营

租赁有许多不同的形式，如传统租赁、融资租赁和经营性租赁，西方国家的节税租赁等。不同种类的租赁业务，具体的操作程序也各不相同。

11.3.1 金融租赁公司的业务

我国《金融租赁公司管理办法》中规定金融租赁公司可以从事的业务包括“直接租赁、回租、转租赁、委托租赁等融资性租赁业务”以及“经营性租赁业务”，除了上述租赁形式之外，还有一些也被经常提起，比如杠杆租赁、风险租赁等。

1. 传统租赁、融资租赁和经营租赁

1) 传统租赁

传统租赁也就是通常所说的出租服务。在我国《合同法》中，租赁即指传统租赁。传统租赁具有以下特点：

(1) 租赁关系简单。只涉及两个当事人，即出租人和承租人。只签订一个合同，即租赁合同。

(2) 承租人的租赁目的一般是为了短期、临时性使用租赁物。但这并不是绝对的，例如对土地房屋的租赁期限可能会较长。

(3) 租赁物的选择是由出租人决定的，租赁物无法出租时的投资损失也由出租人承担。

(4) 租金支付具有不完全支付性，即出租人无法只通过一个承租人租用设备，并在一个租赁合同期内收回全部或大部分投资，出租人对一个承租人出租所收回的租金，只是全部投资的一部分。

(5) 出租人除了向承租人提供租赁物件，还要提供租赁物的维修保养等全面服务。

(6) 租赁合同可以中途解约。

(7) 租期结束时，承租人可以退租或续租。

(8) 租赁物不纳入承租人的资产负债表。

2) 融资租赁

我国《合同法》中对融资租赁合同的定义为：出租人根据承租人对供货商、租赁物的选择，向供货商购买租赁物并提供给承租人使用，承租人支付资金的合同。融资租赁的特点如下：

(1) 融资租赁一般涉及三方当事人：出租人、承租人和供货商。由承租人委托出租人代为融资，承租人直接与供货商洽谈选定所需设备，再由出租人出面购买设备，然后由供货商直接将设备交给承租人。

(2) 签订两个合同。出租人与承租人之间签订租赁合同，出租人与供货商之间签订购买合同。购买合同和租赁合同构成一个租赁交易的整体。

(3) 承租人租赁的目的主要是为了中长期融资，租赁期限与设备耐用年限基本相同。

(4) 租赁物的选择由承租人决定，与租赁物有关的设备缺陷、技术落后等风险也由承租人承担，供货商不能履行购买合同时，由承租人进行索赔。

(5) 租赁支付具有完全支付性或全额清偿。

(6) 租赁物的维修保养由承租人负责。

(7) 租赁合同不可中途解约，但在某些情况下，租赁合同实质上无法继续履行，只能终止或解除时，承租人则要按合同规定付清全部租金。

(8) 租期结束时，承租人可以退租、续租或留购。

(9) 租赁物要纳入承租人的资产负债表。

融资租赁是现代化大生产条件下产生的实物信用与银行信用相结合的新型金融服务方式，是集金融、贸易、服务为一体的跨领域、跨部门的交叉行业。大力推进融资租赁发展，对于加快商品流通、促进技术更新、缓解中小企业融资困难、提高资源配置效率等方面发挥重要作用。融资租赁的功能一般体现在以下四个方面：

(1) 融资功能。融通资金是融资租赁的主要功能，融资租赁可以为承租人提供中长期资金来源，具有和银行借贷等中长期融资手段相同的作用。同时，与银行贷款、发行债券、股票等融资方式相比，融资租赁具有显而易见的优势：一是融资租赁手续简便快捷，出租人在租赁期间一直拥有租赁物的所有权，并通过租期内租赁物的完整来保证，出租人对承租人的审查更侧重于承租人的未来盈利能力，而不是过去的信用历史或财产资本基础，因此对于那些新建的中小企业来说，融资租赁是获取融资支持的重要方式；二是承租人可以获得税收上的好处；三是承租人可以得到百分之百的融资。

(2) 促销功能。对于设备生产商来说，运用租赁形式可以扩大企业的产品销售：一是租赁可以减少一次性付款给客户造成的资金压力，使那些资金不足的潜在客户变为现实客户；二是租赁可以为客户提供设备试用期，有利于扩大客户群；三是用条件优惠的租赁吸引客户租用设备，从而带动配套设备和相关产品的销售；四是有利于开拓产品的国际市场，由于租赁不转移所有权，不是买卖，可以规避国际贸易中的关税和贸易壁垒，同时还可以利用承租人所在国的税收优惠。

(3) 投资功能。租赁业务也是一种投资行为。租赁公司对租赁项目具有选择权，可以挑选一些风险较小、收益较高以及国家产业倾斜的项目给予资金支持。同时，一些拥有闲散资金和设备的企业也可以通过融资租赁使其资产增值。而融资租赁作为一种投资手段，使资金既有专用性，又改善了企业的资产质量，使中小企业实现技术、设备的更新改造。

(4) 资产管理功能。融资租赁将资金运动与实物运动联系起来。因为租赁物的所有权在租赁公司，所以租赁公司有责任对租赁资产进行管理、监督，控制资产流向。随着融资租赁业务的不断发展，还可利用设备生产商对设备提供维修、保养和产品升级换代等特别服务，使承租方经常能使用上先进的设备，降低使用成本和设备淘汰的风险，尤其是对于售价高、技术性强、无形损耗快或利用率不高的设备有较大好处。

3) 经营租赁

经营租赁有两个含义：一是从会计角度来看，在会计准则中规定不属于融资租赁的都是经营租赁。二是从合同法角度来看，它是一种特殊形式的融资租赁，既具有某些融资租赁的特点，在某些方面又有不同程度的变通，其特点主要有：

(1) 经营性租赁涉及三方当事人(出租人、承租人和供货商)和两个合同(租赁合同和购货合同)。

(2) 承租人的租赁目的仍是为了进行中长期融资，但是租赁期限短于租赁设备法定耐用年限。

(3) 租赁物的选择由承租人决定，但出租人有否决权。

(4) 租赁支付具有不完全性。

(5) 租赁物的维修保养既可由承租人也可由出租人负责。

(6) 租赁合同可以中途解约。

(7) 租期结束时，承租人可以退租、续租或留购。

(8) 租赁物既可以纳入承租人资产负债表，也可不纳入。

由此可以看出，经营性租赁实际上是由出租人承担租赁投资风险的融资租赁。

2. 杠杆租赁

杠杆租赁又称平衡租赁，是融资租赁的一种高级形式，适用于价值在几百万美元以上、有效寿命在 10 年以上的高度资本密集型设备的长期租赁业务，如飞机、船舶、海上石油钻井平台、通讯卫星设备和成套生产设备等。杠杆租赁是指在一项租赁交易中，出租人只需投资租赁设备购置款项的 20%～40%的金额，即可在法律上拥有该设备完整所有权，享有如同对设备 100%投资的同等税收待遇；设备购置款项的 60%～80%由银行等金融机构提供的无追索权的贷款解决，但需出租人以租赁设备做抵押、以转让租赁合同和收取租金的权利做担保的一项租赁交易。参与交易的当事人、交易程序及法律结构比融资租赁的基本形式复杂。

1) 杠杆租赁的优点

杠杆租赁主要有以下几个优点：

(1) 刺激租赁公司购租。某些租赁物过于昂贵，租赁公司不愿或无力独自购买并将其出租，杠杆租赁往往是这些物品唯一可行的租赁方式。

(2) 减少出租人租赁成本。美国等国家政府规定，出租人所购用于租赁的资产，无论是以自有资金购入的还是以借入资金购入的，均可按资产的全部价值享受各种减税、免税待遇。因此，杠杆租赁中出租人仅出小部分租金却能按租赁资产价值的百分百享受折旧和其他减税免税待遇，大大减少了出租人的租赁成本。

(3) 租赁物租金相对较低。在一般情况下，杠杆租赁的出租人一般愿意将上述利益以低租金的方式转让给承租人一部分，从而使得租金低于一般融资租赁的租金。

(4) 对出租人及贷款人有利。贷款参与人对出租人无追索权，因此，它较一般信贷对出租人有利，而贷款参与人的资金也能在租赁物上得到可靠保证，比一般信贷安全。

2) 杠杆租赁的当事人

杠杆租赁是一种最复杂的租赁交易，一般涉及七个当事人。

(1) 承租人。杠杆租赁中的承租人必须是具有相当资金实力的大用户，因为杠杆租赁中的贷款是无追索权的，一旦出了问题，小用户是无法承担风险的。

(2) 制造供应商。

(3) 物主出租人。为分散风险，杠杆租赁中的租赁资产的产权分属于多个大公司和大银行，这些公司和银行为物主出租人。

(4) 物主受托人。租赁资产的所有权分属于多个大公司和大银行，为便于经营管理，通常委托一个物主受托人经营管理租赁资产。物主受托人是杠杆租赁的核心，具有三重身份：出租资产法律上的所有者、承租人的出租人、债权人的借款人。

(5) 债权人或贷款人。在杠杆租赁中，债权人往往有好几个，通常称之为债权参加者或债权持有者。

(6) 合同受托人。当债权人有好几个时，一般设立一个合同受托人，负责代表债权人与物主受托人联系。物主受托人把出租资产、租赁合同和收取租金的权利转移给合同受托人，使其在该项资产上有权行使担保。

(7) 包租人或经纪人。他们在承租人和出租人之间充当中间人，负责安排起草租赁合同，寻找有利的借款来源，安排、促成租赁合同的签署等，从中收取佣金，一般由租赁公司、投资银行或经纪人担任。

3) 杠杆租赁的交易程序

杠杆租赁的交易过程包括筹备阶段和实施阶段。

筹备阶段：

(1) 承诺：包租人与潜在的承租人联系签署一项具有承诺性质的委托书，列出几项主要条款，例如每期支付的租金和每期租金的间隔时间等。

(2) 包租人寻找股权投资人和债权人。包租人与承租人签订委托书后，一边与其他潜在投资人联系安排进行“股权承诺”，一边与未来债权人联系贷款。

(3) 寻找物主受托人和合同受托人。由物主出租人与承租人共同选定一个物主受托人，若有多个债权人则选定一个合同受托人。

(4) 上述当事人签署一项参加协议。

正式实施阶段：

(1) 物主出租人(即产权参加人)与物主受托人签署信托协议，以确定产权参加者同意预付的资金投资比例和金额。

(2) 物主受托人与合同受托人签订合同信托协议，以确定贷款人在设备总投资中的贷款比例。

(3) 物主受托人和债权人分别把投资现金和贷款款项交付合同受托人。

(4) 物主受托人根据信托协议规定，正式向股权人、债权人签发股权信托证书及借据作为设备产权和设备物主的凭证和债权凭证。

(5) 物主受托人代表物主出租人与承租人签订租赁合同。

(6) 物主受托人与合同受托人签订担保契约，规定物主受托人把设备物权、租赁合同和收取租金的权利抵押给合同受托人，以此作为对债权人提供无追索权贷款的担保；规定合同受托人交付贷款后，由物主受托人接受厂商转交的设备物权。

(7) 承租人与厂商签订购货协议。

(8) 在购货协议基础上，承租人与物主受托人签订购买协议转让书，规定承租人将其购买设备的权利，包括获得服务和培训的权利都转让给物主受托人。

(9) 合同受托人向厂商交付货款。

(10) 根据担保协议规定，厂商将设备物权交给物主受托人。

(11) 厂商向承租人直接发货，承租人向物主受托人签发租赁物件收据，至此，租赁正式开始。

(12) 承租人向合同受托人交付租金。

(13) 合同受托人收到租金，按贷款协议规定，向债权参加者偿付到期的债务本息，并在扣除信托费等费用后将租金余额交给物主受托人。

(14) 物主受托人将收到的租金余额先扣除信托费等费用，再按出资比例分付给每个产权的参加者。

交易程序如图 11-1 所示。

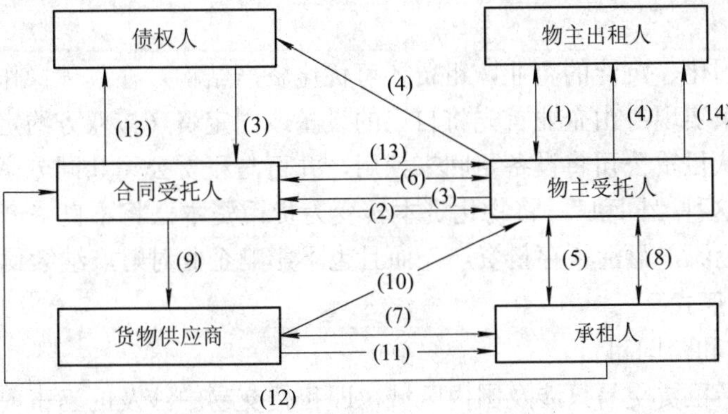

图 11-1　杠杆租赁的交易程序

3. 直接租赁、转租赁、回租

(1) 直接租赁。

直接租赁是由出租人用从金融市场筹集的资金向供货厂商购买设备，然后直接租给承租人，设备所付款项由出租人自行筹集。

直接租赁包括两个合同：一个是租赁合同，由出租人与承租人签订；另一个是购货合同，由出租人与供货商签订。

(2) 转租赁。

转租赁是由出租人先从别的租赁公司租进设备，然后再租给承租人。一项转租赁涉及 4 个当事人，即设备供应商、第一出租人、第二出租人和第一承租人、第二承租人。签订三个合同：首先是购货合同，作为第一出租人的租赁公司 A 与设备供应商签订购货合同；其次是租赁合同，租赁公司 A 与第一承租人租赁公司 B 签订租赁合同；最后是转租赁合同，由租赁公司 B 作为第二出租人与第二承租人签订转租赁合同。

(3) 回租。

回租业务是指承租人将自有物件卖给出租人，同时与出租人签订一份融资租赁合同，再将该物件从出租人处租回的租赁形式。回租业务是承租人与卖出者为同一人的特殊融资租赁方式。

回租只涉及两个关系人：企业，既是卖主，又是承租人；租赁公司，既是买主，又是出租人。涉及两个合同：买卖合同，即企业与租赁公司签订买卖合同；租赁合同，即企业与租赁公司签订租赁合同。

经典案例

设 备 回 租

合肥市 K 公司是一家以印刷为主要业务的民营股份制企业，生产、销售一直保持着良好的发展态势，最近因原材料价格上涨，资金出现暂时困难，通过与安徽兴泰租赁有限公司业务部洽谈，将其最主要的一台生产设备(四开四色胶印机 SM74 4 II)采用售后回租的方式，出售给租赁公司，按期支付一定租金，这样既解决了流动资金不足的状况，也没有影响到自身的生产。

资料来源：新浪网—财经纵横

对资产大量固化、沉淀的企业，租赁还可优化资产结构，在具体操作上可以通过“出售回租”的方法来实现：由企业首先将自己的设备或固定资产按双方约定的价格出售给租赁公司，然后再从租赁公司将设备租回来使用，并可与租赁公司共同分享税收优惠带来的好处。企业通过这种“回租”，将物化资本转变为货币资本，将不良资产变为优质资产，改善了企业的现金流，盘活了存量资产，而且也不影响企业对财产继续使用。

4. 其他租赁形式

(1) 国内租赁和跨国租赁。

国内租赁是指租赁交易只涉及国内区域，即租赁交易中涉及的当事人同属一国居民，国内租赁是融通国内资金的形式。

跨国租赁是指租赁交易的范围扩展到国外，即租赁交易中涉及的当事人分别属于不同国家。跨国租赁是进行国际间融资、扩大进出口贸易的一种手段。跨国租赁又分为进口租赁和出口租赁。进口租赁是指由国外引进先进租赁设备，租给国内承租人使用。进口租赁常常被用作引进国际先进技术设备、引进国际资金的手段。出口租赁是指将国内设备出租到国外，由国外承租人租用，出口租赁是扩大国内产品出口的一种途径。由于租赁不属于购买，许多国家不把进口租赁作为进口看待，可以不受进口限额的影响。

(2) 动产租赁和不动产租赁。

动产租赁，也叫设备租赁，是指以各种动产，如机器设备、运输工具、计算机为对象进行的租赁。不动产租赁是指以房屋、土地等不动产为对象进行的租赁。

(3) 厂商租赁、委托租赁、风险租赁。

厂商租赁是指由生产厂商作为出租人为客户办理的以自身生产的设备为租赁标的的租赁交易，它是厂商促销的方式之一。

委托租赁是指出租人接受委托人的资金或租赁标的物，根据委托人的书面委托，向委托人指定的承租人办理融资租赁业务。在租赁期内租赁标的物的所有权归委托人，出租人只收取手续费，不承担风险。

风险租赁是以风险企业为承租对象的租赁形式，风险租赁的出租人不仅可以得到租金和设备残值的收入，而且还可以获得认购承租人股份的优先权。

11.3.2 租赁程序

租赁程序是租赁全过程中各环节、各步骤之间，客观存在、不可违背的先后操作顺序，不同种类的租赁业务，其具体的操作程序各不相同，但一般包含八大步骤。

1. 企业的选择

企业(承租人)根据本企业历年销售、生产和经营情况以及来自各方的信息反馈与市场预测，掌握了某种产品在国内外的潜在发展趋势，认为只有对本企业进行技术改造，例如采用新技术或更换某些关键设备，才能使自己在竞争中取胜，并且决定通过租赁方式使用设备。这时承租人应选择好租赁什么样的设备作为将来的租赁对象。

2. 委托租赁

委托租赁是指承租人根据选定的租赁对象向租赁公司提交租赁委托书和保证书，这是租赁程序的第二个环节。

按照我国现行的做法，承租人办理租赁业务一般要通过租赁公司。因此，在委托租赁阶段，承租人首先应根据自己的需要选择一家经有关部门正式批准，有经营租赁业务资格的机构作为委托对象；其次，在确定了委托对象后，承租人与选定的租赁公司直接联系，在了解该租赁公司的租赁范围、经营能力、融资条件和融资率等有关情况后，如果认为条件合适，可向该公司提出办理租赁业务的申请。

申请委托应正式填写租赁委托书或租赁申请书，载明需要租赁设备的品种、规格、型号、性能、供货来源、还款能力等，作为租赁业务的开始。

3. 租赁公司审查受理

租赁公司在接受承租人委托后，需要验证有关文件，主要包括企业经营证书和财务报表，以便估算出承租人的经营能力和风险程度。必要时通过资信机构对承租人的资金和信用情况，做进一步的调查，然后确定是否可以租赁。如果符合租赁条件，租赁公司可以接受委托，并在委托书上签字盖章，表明正式接受委托，并送租赁公司所在地的公证处进行公证。

4. 租赁业务谈判

金融租赁业务谈判是金融租赁业务合同得以订立的关键。由于金融租赁业务涉及两个经济合同即租赁合同和供货合同，因而租赁业务谈判也应由出租方、承租方和供货方三方构成，谈判内容应包括技术谈判、商务谈判和租赁谈判三个方面。

(1) 技术谈判。技术谈判主要是在承租方和供货方之间进行，谈判的主要内容包括设备质量、性能、技术参数、技术服务等。技术谈判的目的在于确保租赁对象能适应承租方的实际需求，取得预期使用效益。因此，在重视设备质量的同时，承租方应尽量争取供货方最优的售后技术服务，这种技术服务通常包括设备安装调试、技术操作培训指导、提供相关技术资料等。

(2) 商务谈判。商务谈判在出租方和供货方之间进行。谈判的主要内容包括成交价格、供货日期及方式、付款方式等要素。成交价格是商务谈判的重心，因为租赁对象的成交价格直接关系到租赁金额的确定。鉴于此，出租方必须广泛收集同类租赁对象的行情资料，详细研究对方的报价，并与其他供货商报价进行比较，争取以有利于自己一方的价格成交。此外，付款方式也是商务谈判的重要内容，尤其是国际间的金融租赁交易，选择何种货币作为交易货币，事关出租方承担的汇率风险，付款方式的确定直接关系到合同能否顺利履行。

(3) 租赁谈判。租赁谈判是租赁合同订立的准备过程，在承租方和出租方之间进行。谈判的主要内容包括租赁金额的确立和支付方式、手续费率、租赁期限、利率等。租金是谈判的核心问题，因为租赁直接关系到租赁双方的利益得失。在租赁谈判中，承租方可要求出租方提出租金估价，接到租金估价单后，还要研究租金支付次数、支付方法、租赁期限等与自己所制定的租赁计划间的差距，然后再具体研究对策。此外，租赁合同中还必须明确租金总额为固定的还是浮动的。

5．租赁业务合同的签订与生效

办理金融租赁业务，一般要签订两项合同：一是购货合同；二是租赁合同。根据技术谈判和商务谈判的结果，经承租人确认后，由租赁公司与厂商签订购货合同，与承租企业签订租赁合同。

1) 购货合同的签订及主要内容

供货方和出租方就购货合同的内容协商一致并正式签约，购货合同即告生效。购货合同的主要内容包括：合同签订的日期、地点；当事人的全称、营业地点或居所；设备名称、型号、规格、质量和数量；设备交付日期、地点和方式；设备价款、支付日期、支付方式；违约责任；合同发生争议时的解决方法。

供货合同确定生效后，非经出租方和供货方的同意，承租方对租赁对象的规格、质量、技术指标、数量和价款的要求不得变更。

2) 租赁合同的正式签订和生效

租赁合同的签订过程就是租赁双方当事人对合同内容进行相互协商、达成协议的过程。达成协议一般要经过要约与承诺两个步骤。要约一经承诺，金融租赁合同即告成立。

在大多数金融租赁业务操作中，大量使用的是由金融租赁公司拟定好的标准合同，双方在合同上就待定的内容达成一致，签字盖章后，合同即告成立生效。

6. 引进设备与售后服务

租赁双方签订了合同之后，租赁公司便开始在国内外融资，筹集用于购买设备所需的资金。在筹集到足够的资金后，按租赁合同向供货商付款，供货商按照事先签订好的购货合同的有关规定，将设备运交租赁公司后转交给承租人，或直接将设备交给承租人。承租人收到设备后要向供货商开出收据，表示设备已经收到。有时合同规定需要由供货商派工程技术人员到厂里进行安装调试，由承租人验收是否符合标准。

如果是购入国外厂商提供的设备，在购入过程中应做好以下几项工作：一是办好减免税及报关工作。承租人可以凭有关部门盖章的减免税申请书、列入技术改造项目的证明书、购货协议及租赁合同，向当地海关申请办理减免关税手续。有时可以委托租赁公司代其办理申请进出口许可证、报关等进出口事宜。二是租赁设备到达合同规定的交货地点后，承租企业应负责设备的保管，在合同固定的期限内清点货物，清查无误时，即向租赁公司出具租赁设备的收据。三是办理租赁设备的保险业务。一些租赁公司从租赁开始之日起将租赁设备向保险公司投保，其保险责任由承租人负担。如果发生保险事故，则由租赁公司领取保险赔偿金以弥补损失。

7. 租金及其支付

从起租之日起，承租人应按租赁合同的规定向租赁公司支付租金。租赁合同对租金的规定包括租金总额、租金支付方式、支付地点、支付次数、每期租金金额、租金计算方法等。

一般租赁合同中的租金是按估算的成本计算出来的，当实际成本与估算成本有出入时，租金要做相应的调整，承租人应按调整后的规定交付租金。

8．租赁期满后的设备处理

租赁期届满时，承租方在租赁标的的处理上一般有三种选择权：留购、续租或退租。

退租是租赁期满后，承租方负责把处于良好状态下的租赁标的物按出租方要求的运输方式运抵出租方指定地点，由此产生的一切支出如包装、运输、途中保险等费用均由承租方承担。

续租是指租赁期满后，承租方与出租方更新租赁合同，继续承租该租赁标的物，或租赁期满，承租方未退回租赁标的物，出租方同意合同继续生效。其租金可按原合同规定支付，也可按新订合同的有关规定支付。

留购是指租赁期满后，承租方支付给出租方一笔双方商定的残值费而取得租赁标的物的所有权。在我国目前的金融租赁业务中，承租方一旦租赁期满，多数选择留购方式。

小　结

通过本章的学习，可以掌握以下内容：

(1) 金融信托是一种具有融通资金、融资与融物、融资与财产管理相结合的金融性质的信托业务，是金融行业的重要组成部分。

(2) 信托的职能分为基本职能和派生职能。财务管理职能是信托的基本职能；融通资金职能、沟通和协调经济关系、社会投资职能、为社会公益事业服务的职能都属于其派生职能。

(3) 信托投资公司办理的主要信托业务包括：信托存款、信托贷款、信托投资、个人信托业务、信托代理及信托咨询。办理的主要委托业务包括：委托贷款、委托投资和其他委托业务。

(4) 我国《金融租赁公司管理办法》中规定，金融租赁公司可以从事的业务包括：直接租赁、回租、转租赁、委托租赁等融资性租赁业务以及经营性租赁业务。

(5) 租赁的业务程序包括：企业的选择、委托租赁、租赁公司审查受理、租赁业务谈判、租赁业务合同的签订与生效、引进设备和售后服务、租金及其支付、租赁期满后设备的处理等几个环节。

练　习

一、单选题

1．在信托期间，信托财产法律上的所有人是(　　)。

A．委托人　　B．受托人　　C．受益人　　D．委托人和受益人

2．在整个信托期间，受托人在无过失的情况下，风险由(　　)承担。

A．受益人　　B．委托人　　C．受托人　　D．保险公司

3．(　　)是信托的基本职能，具有重要的社会经济意义。

A．融通资金的职能　　B．社会投资的职能

C．财产事物管理职能　　D．社会福利职能

4．代理业务与信托业务的不同之处是不具备(　　)。

A．财产管理　　B．代人理财　　C．融通资金　　D．手续费收益

二、多选题

1．以信托财产的性质为标准划分，信托可分为(　　)。

A．金钱信托　B．不动产信托　C．有价证券信托　D．动产信托

2．信托的职能有(　　)。

A．财产管理职能　B．融通资金职能

C．社会投资职能　D．沟通和协调经济关系

3．信托关系人主要包括：(　　)。

A．委托人　B．受托人　C．受益人　D．代理人

4．关于杠杆租赁，下列说法正确的是(　　)。

A．是一种融资性节税租赁

B．出租人可按出资比例享受设备投资的税后优惠

C．出租人可获得设备所有权并享有全部的设备所有权收益

D．贷款人在提供贷款时对出租人无追索权

5．关于融资租赁，下列说法正确的是(　　)。

A．融物与融资相结合，而以融资为主要目的

B．签订租赁与购货两个合同

C．承租人自行选择设备和供货商并承担相应责任

D．租赁期满，承租人可以退租、续租和留购的权利

三、简述题

1．简述信托的含义及特点。

2．简述信托的职能。

3．简述信托存款的种类及业务处理程序。

4．简述融资租赁的定义及特征。

5．简述租赁业务一般操作程序。

实践篇

实践 1 利息的计算

实践指导

本节通过对利率、计息起点、存期、计息规则、计息方法的介绍，并结合实际案例，运用积数计息法和逐笔计息法，详细讲解了个人活期存款、单位活期存款、定期存款提前支取、定期存款到期支取和定期存款逾期支取的利息计算，要求学生掌握基础银行存款产品的利息计算。在实践前需要具备以下知识点。

1．利率

我国公布的人民币存款利率一般为年利率，由于实际的存款期限不同，银行在计算利息时需将年利率换算成月利率或日利率。

人民币业务的利率换算公式如下：

日利率(‱) = 年利率(%) ÷ 360

月利率(‰) = 年利率(%) ÷ 12

其中日利率的计算，各大商业银行通常是在年利率的基础上除以360，而不是365或366。

2．计息起点

存款的本金计息起点为元，元以下角分不计利息。利息金额算至分位，分以下尾数四舍五入。分段计息算至厘位，合计利息后分以下四舍五入。

3．存期

存款期限采用算头不算尾的方法计算，即从存入当日算起，至支取的上一日止。

不论平年还是闰年，不分大月、小月，利率换算时，全年按 360 天算，每月按 30 天算。

对年、对月、对日算法中，各种定期存款的到期日均以对年、对月、对日为准，即存入日至次年同月同日为对年，存入日至次月同日为对月。若到期日为该月没有的，则以月底日为到期日。

定期存款到期日，如遇节假日不办公，可以提前一日支取，视同到期计算利息。

4．计息规则

从 2005 年 9 月 21 日起，我国对活期存款实行按季度结息，每季度末月的 20 日为结息日，次日付息。未到结息日清户时，按清户日挂牌公告的活期存款利率计息至前一日止。

整存整取定期存款按存单开户日挂牌公告的相应的定期储蓄存款利率计算利息。如在存期内遇利率调整，不论调高或调低，均按存单开户日所定利率计付利息，不分段计息。如储户提前支取，全部提前支取或部分提前支取的部分，按支取日挂牌公告的活期存款利率计息，未提前支取的部分，仍按原存单所定利率计付利息。若储户逾期支取，逾期支取部分按支取日挂牌公告的活期存款利率计息。

5．计息方法

因存款的种类不同，其具体的计算方法也不同，但计算的公式均为

利息 = 本金 × 利率 × 时间

如采用日利率，即利息 = 本金 × 日利率 × 存款天数

如采用月利率，即利息 = 本金 × 月利率 × 存款月数

如采用年利率，即利息 = 本金 × 年利率 × 存款年数

计息方法分为积数计息法和逐笔计息法两种。

(1) 积数计息法。

积数计息法按实际天数每日累计账户余额，以累计积数乘以日利率计算利息。计算公式为

利息 = 累计计息积数 × 日利率

累计计息积数 = 账户每日余额合计数

积数计息法便于对计息期间账户余额可能会发生变化的存款计算利息，因此，银行一般对活期性质的账户采取积数计息法，如活期存款、零存整取、教育储蓄、协定存款。

(2) 逐笔计息法。

逐笔计息法是按预先确定的计息公式逐笔计算利息的方法。分为按照对年对月对日计算利息和按照实际天数计算利息。

① 对年对月对日计息法。

计息期为整年或整月的，其计息公式为

利息 = 本金 × 年(月)数 × 年(月)利率

计息期有整年或整月又有零头天数的，计息公式为

利息 = 本金 × 年(月)数 × 年(月)利率 + 本金 × 零头天数 × 日利率

② 按照实际天数计息。

按照实际天数计息是按平年为 365 天，闰年为 366 天，每月为当月公历实际天数，其计息公式为

利息 = 本金 × 实际天数 × 日利率

逐笔计息法便于对计息期间账户余额不变的存款计算利息，因此，银行一般对定期性质的账户采取逐笔计息法，包括整存整取定期存款、存本取息、定活两便存款。

实践 1.1　活期存款计息

【例 1-1】　客户王先生于 2014 年 1 月 15 日在某大型商业银行新开了张活期存折，存入活期存款 20000 元备用。2014 年 2 月 10 日因还信用卡从活期存折里取款 5000 元。2014 年 2 月 25 日发工资 8000 元，当日全部转入其活期存折。2014 年 3 月 8 日因买车险

从活期存款取款 4000 元。于 2014 年 3 月 16 日销户，将存款全部取出。当日该商业银行活期存款挂牌公告利率为 0.35%，利息免征个人所得税。请计算销户日王先生一共能收到多少钱。

【分析】

(1) 根据存款种类确定采用的计息方法。
(2) 确定要采用的利率种类。
(3) 计算出存款期限。
(4) 确定采用的计息规则。
(5) 计算出利息。
(6) 计算本息合计数。

【参考解决方案】

(1) 确定计息方法。

王先生的存款属于活期存款，其适用积数计息法。

计息公式：利息 = 累计计息积数 × 日利率

(2) 确定要采用的利率种类。

银行公布活期存款利率 0.35%为年利率，需要转化为日利率。

日利率 = 0.35% ÷ 360

(3) 计算出存款期限。

根据题干信息，王先生存款账户变动情况及其计息积数如表 S1-1 所示。

表 S1-1　王先生存款账户变动表

元

日期	存入金额	支取金额	账户余额	存期/天	计息积数
2014.1.15	20 000	0	20 000	26	26 ×20 000 = 520 000
2014.2.10	0	5000	15 000	15	15 × 15 000 = 225 000
2014.2.25	8000	0	23 000	11	11 × 23 000 = 253 000
2014.3.8	0	4000	19 000	8	8 × 19 000 = 152 000
2014.3.16	0	19 000 + X	0		

(4) 确定采用的计息规则。

由于活期存款每季末月 20 日结息，次日付息。王先生存款期间未到结息日，属于未到结息日清户，按清户日挂牌公告的活期存款利率计息至前一日止，且由于未到结息日清户，不涉及复利计算。

(5) 计算出利息。

根据上述公式，王先生存款利息如下：

利息 = 累计计息积数 × 日利率

X = (520 000 + 225 000 + 253 000 + 152 000) × 0.35% ÷ 360
　= 11.1806 元

根据计息规则，利息金额算至分位，分以下尾数四舍五入，故其利息为 11.18 元。

(6) 计算本息合计数。

王先生的本息合计数 = 19 000 + 11.18 = 19 011.18 元

深度扩展

【例 1-2】 若例 1-1 中其他条件不变，王先生于 2014 年 3 月 31 日销户，其本息合计金额应为多少？

【分析】

基本分析方法与例 1-1 中相同，不同之处在于：

由于活期存款每季末月 20 日结息，次日付息。王先生于 2014 年 3 月 31 日销户，其账户于 2014 年 3 月 20 日计当季利息，于 2014 年 3 月 21 日入账，并计入本金，作为下季的本金计息。

对于此类跨结息日计利息时，在结息日当日计算利息，应包括结息日当日。

【参考解决方案】

(1) 结息日计息。

王先生开户日至结息日间存款账户变动情况及计息积数如表 S1-2 所示。

表 S1-2 王先生开户日至结息日存款账户变动表

元

日期	存入金额	支取金额	账户余额	存期/天	计息积数
2014.1.15	20 000	0	20 000	26	26×20 000=520 000
2014.2.10	0	5000	15 000	15	15×15 000=225 000
2014.2.25	8000	0	23 000	11	11×23 000=253 000
2014.3.8	0	4000	19 000	13	13×19 000=247 000
2014.3.21	X	0	19 000+X		

结息日利息 = 累计计息积数 × 日利率

X = (520 000+225 000 + 253 000 + 247 000) × 0.35% ÷ 360 = 12.10 元

(2) 结息日次日至销户日计息。

王先生结息日次日至销户日存款账户变动情况及计息积数如表 S1-3 所示。

表 S1-3 王先生结息日次日至销户日存款账户变动表

元

日期	存入金额	支取金额	账户余额	存期/天	计息积数
2014.3.21	12.10	0	19012.10	10	10×19012.10=190 121
2014.3.31	0	19 012.10+X	0		

销户日利息 = 累计计息积数 × 日利率

X = 190 121 × 0.35% ÷ 360 = 1.85 元

(3) 计算本息合计数。

王先生的本息合计数 = 19 012.10 + 1.85 = 19 013.95 元

【例 1-3】 某公司因业务需要，于 2014 年 4 月 8 日在某大型商业银行开立一般存款账户，并存入现金 5 万元作为结算款。2014 年 4 月 15 日收到贸易往来款入账 10 万元。2014 年 4 月 23 日对外签发支票提回代付划款 4 万元。2014 年 5 月 10 日因购买原材料往外汇款 7 万元。2014 年 5 月 25 日收到贸易尾款 5 万元。2014 年 6 月 12 日购买办公用品支出 2 万元，至 2014 年 6 月 30 日其账户均未发生往来。该商业银行挂牌公告的活期存款利率为 0.35%，2014 年 6 月 1 日开始，活期存款利率上浮 10%，按 0.385%执行。请计算截至 2014 年 6 月 30 日，该公司在该商业银行一般户的应计利息数。

【分析】

(1) 根据存款种类确定采用的计息方法。

(2) 确定要采用的利率种类。

(3) 计算出存款期限。

(4) 确定采用的计息规则。

(5) 计算出利息。

【参考解决方案】

(1) 确定计息方法。

某公司的存款属于单位活期存款，其适用积数计息法。

计息公式：利息 = 累计计息积数 × 日利率

(2) 确定要采用的利率种类。

题干中有两个活期存款利率 0.35%和 0.385%，涉及分段计息。

单位活期存款不同于个人活期存款，存款期间遇利率调整，需分段计息。

银行公布活期存款利率均为年利率，需要转化为日利率。

调整前日利率 = 0.35% ÷ 360

调整后日利率 = 0.385% ÷ 360

(3) 计算出存款期限。

在利率调整前，该公司存款账户变动情况及其计息积数如表 S1-4 所示。

表 S1-4　利率调整前该公司存款账户变动表

元

日期	存入金额	支取金额	账户余额	存期/天	计息积数
2014.4.8	50000	0	50000	7	7×50000=350000
2014.4.15	100000	0	150000	8	8×150000=1200000
2014.4.23	0	40000	110000	17	17×110000=1870000
2014.5.10	0	70000	40000	15	15×40000=600000
2014.5.25	50000	0	90000	7	7×90000=630000
2014.6.1	0	0	90000		—

利率调整后，至 2014 年 6 月 30 日止，该公司存款账户变动情况及计息积数如表 S1-5 所示。

表 S1-5　利率调整后该公司存款账户变动表

元

日期	存入金额	支取金额	账户余额	存期/天	计息积数
2014.6.1	0	0	90000	11	11×90000=990000
2014.6.12	0	20000	70000	9	9×70000=630000
2014.6.21	X+Y	0	70000+X+Y	9	9×(70000+X+Y)
2014.6.30	0	0	70000+X+Y	0	

(4) 确定采用的计息规则。

本题中涉及利率调整，需分段计息，调整之前按原活期存款利率计息，调整之后按新活期存款利率计息。且利率调整之后涉及季度结息，在结息日计一次利息，利息计入本金，作下季计息的本金。

(5) 计算出利率调整前利息。

利率调整前，按活期存款利率 0.35%计算，根据表 S1-4，该单位的存款利息如下：

利息 = 累计计息积数 × 日利率

$$X = (350\,000 + 1\,200\,000 + 1\,870\,000 + 600\,000 + 630\,000) \times 0.35\% \div 360 = 45.21 \text{ 元}$$

(6) 计算出利息调整后至结息日利息。

利率调整后，按活期存款利率 0.385%计算。

至结息日，根据表 S1-5，该公司的存款利息如下：

利息 = 累计计息积数 × 日利率

$$Y = (990\,000 + 630\,000) \times 0.385\% \div 360 = 17.33 \text{ 元}$$

(7) 计算出至 2014 年 6 月 30 日应计利息。

2014 年 6 月 21 日，利息入账金额如下：

$X + Y = 45.21 + 17.33 = 62.54$ 元

将其代入表 S1-5 中，得出累计计息积数为

累计计息积数 = $9 \times (70\,000 + X + Y) = 9 \times 70\,062.54 = 630\,562.86$

由于累计计息积数以元位起息，元位以下不计息，计算的利息保留至分位，分位以下四舍五入。故至 2014 年 6 月 30 日止，其应计利息为

利息=累计计息积数 × 日利率 = $630562 \times 0.385\% \div 360 = 6.74$ 元

实践 1.2　定期存款计息

【例 1-4】 张奶奶于 2013 年 12 月 25 日到某大型商业银行开了张整存整取定期储蓄存单，金额为 30 000 元，存期为六个月，到期日为 2014 年 6 月 25 日。张奶奶因生活需要于 2014 年 3 月 1 日支取 10 000 元。期间该商业银行挂牌公告的六个月整存整取定期利率为 3.08%，活期存款利率为 0.385%，期间无利率调整，利息免征个人所得税。请计算张奶奶提前支取的利息。

【分析】

(1) 根据存款种类确定采用的计息方法。

(2) 确定要采用的利率种类。

(3) 计算出存款期限。

(4) 确定采用的计息规则。

(5) 计算出利息。

【参考解决方案】

(1) 确定计息方法。

张奶奶的存款属于整存整取定期储蓄存款，其适用逐笔计息法。

由于题干未明确逐笔计息法中按对年对月对日法还是按实际天数计息法，故本题中应该分两种情况分别进行计算。

采用对年、对月、对日法计算时，计息期为整年或整月的，其计息公式为

利息 = 本金 × 年(月)数 × 年(月)利率

计息期有整年或整月又有零头天数的，计息公式为

利息 = 本金 × 年(月)数 × 年(月)利率 + 本金 × 零头天数 × 日利率

采用实际天数计息法时，计息公式为

利息 = 本金 × 实际天数 × 日利率

(2) 确定要采用的利率种类。

张奶奶提前支取，未存满一个存期，有零头天数，涉及日利率。

日利率 = 0.385% ÷ 360

(3) 计算出存款期限。

从存入日至提前支取日，零头天数与实际天数均为 66 天。

(4) 确定采用的计息规则。

部分提前支取的部分，按支取日挂牌公告的活期存款利率计息，未提前支取的部分，仍按原存单所定利率计付利息。

由于期间利率未有调整，则适用的活期存款利率为 0.385%。

(5) 计算出利息。

不论根据哪种逐笔计息法，张奶奶提前支取的利息如下：

利息 = 本金 × 零头天数(实际天数) × 日利率

= 10 000 × 66 × 0.385% ÷ 360

= 7.06 元

深度扩展

【例 1-5】 沿用例 1-4 资料，张奶奶提前支取 10 000 元后，于到期日将存单结清，其他条件均不变，求张奶奶到期日结清时的本息合计金额。

【分析】

基本分析方法与例 1-4 中相同，不同之处在于：

到期支取时，未提前支取部分按原存单存入日原定利率计息。

【参考解决方案】

(1) 计算出存款期限。

采用对年、对月、对日计息法时，张奶奶存款期限为 6 个月。

采用按实际天数计息法时，张奶奶存款期限为 182 天。

(2) 确定采用的计息规则。

定期整存整取存款按存单开户日挂牌公告的相应的定期储蓄存款利率计算利息。未提前支取的部分，仍按原存单原定利率计付利息。

(3) 计算出利息。

采用对年对月对日计息法时，利息计算如下：

利息 = 本金 × 月数 × 月利率

$= 20000 \times 6 \times 3.08\% \div 12$

$= 308$ 元

采用按实际天数计息法时，利息计算如下：

利息 = 本金 × 实际天数 × 日利率

$= 20\,000 \times 182 \times 3.08\% \div 360$

$= 311.42$ 元

在两种计息方法下，张奶奶获得的利息是不同的，因而，计息方法的不同也是各大银行存款利息不同的因素之一。

【例 1-6】 沿用例 1-4 资料，若张奶奶自存单开立后，一直未支取，于 2014 年 8 月 5 日将存单结清，该商业银行定期存款采用对年对月对日计息法，逾期部分按实际天数和支取日挂牌公告的活期存款利率计息，其他条件不变，请计算张奶奶结清存单时的本息合计金额。

【分析】

基本分析方法与例 1-4 中相同，不同之处在于：

逾期支取时，逾期支取的部分按支取日挂牌公告的活期存款利率计息。

【参考解决方案】

(1) 计算出存款期限。

张奶奶存款期限为 6 个月零 41 天。

(2) 确定采用的计息规则。

定期整存整取存款按存单开户日挂牌公告的相应的定期储蓄存款利率计算利息。逾期支取时，逾期支取的部分按支取日挂牌公告的活期存款利率计息。

(3) 计算出利息。

根据上述公式，张奶奶逾期支取的利息为

利息 = 本金 × 月数 × 月利率 + 本金 × 零头天数 × 日利率

$= 30\,000 \times 6 \times 3.08\% \div 12 + 30\,000 \times 41 \times 0.385\% \div 360$

$= 475.15$ 元

(4) 计算出本息合计数。

其本息合计金额 = 30 000 + 475.15 = 30 475.15 元

实践 2　理财产品收益的计算

实践指导

本节简单介绍了通知存款定义、种类、起存金额、计息规则，根据实例详细讲解了新型通知存款——自动通知存款收益的计算。自动通知存款是各大商业银行为了提高理财客户的收益而设置的功能，在此基础上，介绍了理财产品的相关概念，并根据实例讲解了理财收益的计算，要求学生了解通知存款的计息方法，掌握理财产品收益的计算。实践前需要具备以下知识点。

1．通知存款介绍

(1) 定义。

通知存款，是指存款人在存入款项时不约定存期，支取时需提前通知金融机构，约定支取存款日期和金额方能支取的存款。

(2) 种类。

通知存款不论实际存期多长，按存款人提前通知的期限长短划分为一天通知存款和七天通知存款两个品种。

一天通知存款必须提前一天通知约定支取存款。

七天通知存款必须提前七天通知约定支取存款。

(3) 起存金额。

最低起存金额：个人通知存款为 5 万元，单位通知存款为 50 万元。

最低支取金额：个人通知存款为 5 万元，单位通知存款为 10 万元。

存款人需一次性存入，可以一次或分次支取。

(4) 计息规则。

通知存款按支取日挂牌公告的相应利率水平和实际存期计息，利随本清。计息期遇利率调整不分段计息。

通知存款计息规则如下：

① 实际存期不足通知期限的，按活期存款利率计息。

② 未提前通知而支取的，支取部分按活期存款利率计息。

③ 已办理通知手续而提前支取或逾期支取的，支取部分按活期存款利率计息。

④ 支取金额不足或超过约定金额的，不足或超过部分按活期存款利率计息。

⑤ 支取金额不足最低支取金额的，按活期存款利率计息。

⑥ 已办理通知手续而不支取或在通知期限内取消通知的，通知期限内不计息。

⑦ 通知存款部分支取，留存部分高于最低起存金额的，需重新填写通知存款单或凭

证，从原开户日计算存期；留存部分低于起存金额的予以清户或转存其他存款，按清户日或转存日挂牌公告的活期存款利率计息。

2. 银行理财产品介绍

自2002年银行理财产品问世以来，便以相对较高的收益水平和合理的风险程度受到广大投资者的青睐，随着理财市场的发展，其产品种类日益增多，资金规模屡创新高。

理财产品要素主要包括三个方面：产品开发主体信息、产品目标客户信息和产品特征信息。目前较常见的理财产品有货币型理财产品和债券型理财产品，以下做简单介绍。

(1) 产品开发主体信息。

理财产品开发主体信息主要包括理财产品发行人、托管机构和投资顾问等。

理财产品发行人是理财产品的开发主体，通常为商业银行。

托管机构是为保证理财产品所募集资金的规范运作和安全，由理财产品管理人选择的，来管理理财产品所募集资金的机构。

投资顾问是商业银行为提高理财产品的资金管理水平，聘请的担任其发行理财产品的投资顾问的其他金融机构，如证券公司、信托公司或基金公司等。

(2) 产品目标客户信息。

产品的目标客户是指理财产品所适合的客户群体，包括客户风险承受能力、资产规模和客户等级、起售金额和最小递增金额等。

商业银行一般通过客户风险承受能力评估来衡量客户的风险承受能力，并根据测评的结果给客户推荐合适的理财产品。

在商业银行的客户关系管理中，通常会根据客户的资产规模或管理资产等进行客户分类，进而根据客户所处的层级有针对性的向其推荐理财产品。

根据相关规定，我国理财产品的起售金额不得低于5万元人民币，对于一些高净值客户专属理财产品，起点金额可以根据需要自行设定，而最小递增金额有：1千元、5千元、1万元等。

(3) 产品特征信息。

产品特征信息包括：产品期限、起息日、到期日、收益类型、期次类型、投资类型、风险等级等信息。

产品期限主要有：1个月内、1～3个月、3～6个月、6～12个月、1～2年、2年以上产品。相关联的概念有产品的募集期、起息日、到期日、收益到账日、赎回到账日等。

理财产品按收益或本金是否可以到期收回，可以分为保本型和非保本型理财产品。按期次性可以分为期次类发行和滚动发行。

理财产品投资类型可以分为利率挂钩、股票挂钩、基金挂钩、商品挂钩等类型。

(4) 货币型理财产品。

货币型理财产品是投资于货币市场的银行理财产品，主要投资于信用级别较高、流动性较好的金融工具，如国债、金融债、央行票据、信用级别较高的企业债、公司债、短期融资券等。其特点为投资期短、资金赎回灵活、风险较低，适合于保守型、稳健型的投资者。

(5) 债券型理财产品。

债券型理财产品是以国债、金融债、央行票据为主要投资对象的银行理财产品，与货币型理财产品类似，其特点是结构简单、投资风险小、客户预期收益稳定，适合保守型和稳健型投资者。其资金主要投向银行间债券市场、国债市场和企业债市场。

实践 2.1　通知存款

【例 2-1】 某股份制商业银行推出了专为个人客户提供的优化收益增值服务的自动通知存款功能，该功能详细介绍如下。

开通自动通知存款功能的卡或折内的活期余额达到 5 万元(含)时，自动将 5 万元及剩余资金中 1000 元的整数倍生成 7 天或 1 天自动通知存款，不足 1000 的部分仍然在活期账户中。对于 1 天(7 天)自动通知存款，每日(7 日)日终自动按当天挂牌公告的 1 天(7 天)通知存款利率结息，并将本息合计金额转存为新的 1 天(7 天)通知存款，并循环计息。其计息时，均以 1 天或 7 天为一个周期，按实际天数计算。若支取金额大于活期账户的留存金额，则自动从通知存款账户补足，通知存款自动解除，不足 7 天则该通知存款按活期利率计息，利息于结清时计入客户活期账户。剩余金额超过 5 万元，则生成新的自动通知存款；剩余金额不足 5 万元，则全部留存在活期账户中，视同提前支取。

孙女士准备购置一套新房，准备了 60 万元的首付款，预期在一个月内付款。由于资金暂时闲置，又没有合适的理财产品，刚好某银行新推出的自动通知存款功能吸引了孙女士，既能满足近期用款的需求，又能获得比活期高的收益。于是孙女士于 2014 年 8 月 9 日到该银行开通了理财卡，并开通了 7 天自动通知存款功能，将 60 万元当天转入卡上。2014 年 8 月 30 日因付定金，支取了 5 万元，2014 年 9 月 7 日付剩余首付款，将 55 万元转出。某股份制商业银行公布的 7 天通知存款利率为 1.485%，活期利率为 0.385%，计息天数按 365 天计息，期间无利率调整。不考虑利息税的影响，请计算孙女士从开卡到 2014 年 9 月 7 日间的应计利息。

【分析】

(1) 确定采用的计息规则。

(2) 确定计息金额。

(3) 确定存期。

(4) 确定采用的利率。

(5) 计算出相应的利息。

【参考解决方案】

(1) 确定采用的计息规则。

根据题干信息，孙女士存的款项按 7 天自动通知存款计息，以 7 天为一个周期，满周期日终自动计息，并将本息一同自动再转存，形成新的自动通知存款，直至孙女士支取款项，原有的自动通知存款被破坏，利息入孙女士活期账户。剩余金额按自动通知存款形成规则再形成新的自动通知存款，直至孙女士将余款再取出。其通知存款账户余额变动情况如表 S2-1 所示。

表 S2-1　孙女士通知存款账户余额变动表

元

日期	存入金额	支取金额	余额	存期/天	满周期
2014.8.9	60 万	0	60 万	21	3 × 7
2014.8.30	0	5 万	55 万	8	1 × 7 + 1
2014.9.7	0	55 万	0	—	—

其活期存款账户余额变动情况如表 S2-2 所示。

表 S2-2　孙女士活期存款账户余额变动表

元

日期	存入金额	支取金额	余额	存期/天	计息积数
2014.8.9	60 万	60 万	0	21	0
2014.8.30	X + 5 万	5 万	X	8	X × 8
2014.9.7	Y + 55 万	55 万	X + Y		

(2) 确定计息金额。

根据表 S2-1、表 S2-2，孙女士的计息期间分为两个阶段：

第一阶段：2014.8.9～2014.8.30

活期账户计息金额为 0，通知账户计息金额为 60 万。

第二阶段：2014.8.30～2014.9.7

活期账户计息金额为第一阶段通知存款利息 X，通知账户计息金额为 55 万。

(3) 确定存期。

根据表 S2-1、表 S2-2，

第一阶段存期为 21 天，三个满七天周期。

第二阶段存期为 8 天，一个满七天周期零一天。

(4) 确定采用的利率。

通知存款利率与活期存款利率均为年化收益率，需要换算。

通知存款日利率 = 1.485% ÷ 365

活期存款日利率 = 0.385% ÷ 365

(5) 计算出相应的利息。

根据以上的分析，可以得出：

第一阶段：

活期存款利息 = 0

通知存款利息 X = 60 万 × $(1 + 1.485\% \div 365 \times 7)^3$ − 60 万 = 512.78 元

第二阶段：

活期存款计息积数 = 512.78 × 8 = 4102.24

活期存款利息 = 4102 × 0.385% ÷ 365 = 0.04 元

通知存款利息分为满周期部分利息和不满周期部分利息，其中，满周期部分按七天通知存款利率计息，不满周期部分按活期存款利率计息。

满周期部分利息 = 55 万 × 1.485% × 7 ÷ 365 = 156.64 元

不满周期部分利息 = (55 万 + 156.64) × 0.385% ÷ 365 × 1 = 5.80 元

总利息 = 0 + 512.78 + 0.04 + 156.64 + 5.80 = 675.26 元

深度扩展

【例 2-2】 沿用例 2-1 资料，若其他条件都不变，请计算孙女士因开通自动通知存款功能而额外获得的收益。

【分析】

基本分析思路：孙女士若未开通自动通知存款功能，则其账户上存款全部按照活期存款利率计息，其额外获得的收益即为开通自动通知存款功能后获得的全部利息减去全部按照活期计算的利息的差额。

【参考解决方案】

若孙女士未开通自动通知存款功能，则其存款账户余额变动情况如表 S2-3 所示。

表 S2-3　孙女士存款账户余额变动表

元

日期	存入金额	支取金额	余额	存期/天	计息积数
2014.8.9	60 万	0	60 万	21	60 万×21=1260 万
2014.8.30	0	5 万	55 万	8	55 万×8=440 万
2014.9.7	0	55 万	0		

全部按照活期存款利率计算的利息为

活期利息 = (1260 万 + 440 万) × 0.385% ÷ 365 = 179.32 元

则孙女士因开通自动通知存款功能额外获得的收益为

额外获得的收益 = 675.26 − 179.32 = 495.94 元

实践 2.2　理财产品收益计算

【例 2-3】 客户赵女士于 2014 年 11 月 5 日在某商业银行开了张理财卡，并存入 10.5 万元，准备购买该行近期发售的一款理财产品，具体信息如表 S2-4 所示。在理财经理小王的介绍下，开通了智能一天通知存款功能，该功能为：若卡内活期余额超过 5 万元，全部自动按照一天通知存款 0.88%的利率计息，并于每季末月 20 日结息，次日入账。该行理财收益和通知存款的收益都是以 365 天为基础计，收益算至分位，分位以下四舍五入。若该款理财产品按预期参考年化收益率如期兑付，客户打算于兑付当日前来取款 10 万元，不考虑活期存款利息与税收，请计算开户至兑付当日客户应得的收益。

表 S2-4　XX 银行 XX 人民币理财产品要素表

期次	销售编号	认购起始日期	认购结束日期	成立日期	到期日期	兑付日期	期限(天)	产品类型	起购及递增金额	预期参考年化收益率	募集规模
2014 年第 X 期	XXXX	2014-11-4	2014-11-10	2014-11-11	2015-2-9	2015-2-10	90	非保本浮动收益型	5 万元，以 1 万元递增	5.0%	8 亿元

【分析】

(1) 确定收益的类型。

(2) 确定计息金额。

(3) 计算计息期限。

(4) 分别计算收益。

(5) 计算出客户总收益。

【参考解决方案】

(1) 确定收益的类型。

根据题干信息，客户的收益分为两部分，一部分来自购买理财的收益，另一部分来自通知存款的收益。

由于客户在购买理财产品当日到理财产品起息日间，客户的存款始终在其活期账户里，金额超过 5 万元，符合智能一天通知存款的计息规则，应当按一天通知存款计息。

(2) 确定计息金额。

理财部分的收益：由于此款理财产品是 5 万元起购，以 1 万元递增，故客户的 10.5 万元只能买理财 10 万元，故客户理财收益部分的计息金额为 10 万元。

通知存款部分的收益：理财产品起息前，客户的存款 10.5 万元全部在客户活期账户，满足通知存款计息规则，故客户通知存款部分的计息金额为 10.5 万元。

(3) 计算计息期限。

理财部分计息期限：根据产品要素表，理财产品的计息期限为 90 天。

通知存款收益计息期限：客户于 2014 年 11 月 5 日存入，产品于 2014 年 11 月 11 日起息，通知存款收益计息期限为 6 天。

(4) 分别计算出收益。

理财产品的收益：

理财收益 = 理财本金 × 预期年化收益率 × 实际天数 ÷ 365

$$= 100\,000 \times 5.0\% \times 90 \div 365 = 1232.88\text{ 元}$$

通知存款的收益：

通知存款收益 = 计息本金 × 通知存款利率 × 实际天数 ÷ 365

$$= 105\,000 \times 0.88\% \times 6 \div 365 = 15.19\text{ 元}$$

(5) 计算出总收益。

客户于兑付当日取款，其应得的总收益为

总收益 = 理财收益 + 通知存款收益 = 1232.88 + 15.19 = 1248.07 元

深度扩展

【例 2-4】 沿用例 2-3 资料，若客户在理财产品兑付后未前来取款，至 2015 年 2 月 20 日前来取款 10 万元，其他条件不变，不考虑活期存款利息，请计算客户购买理财至 2015 年 2 月 20 日取款期间应得的收益。

【分析】

与例 2-3 的分析方法类似，区别在于：客户理财兑付之后再来取款，除了享受购买理财前的通知存款收益和理财收益之外，由于理财到账后，其活期余额高于 5 万元，符合通知存款计息规则，故理财产品兑付到客户前来取款期间也享受通知存款收益。

【参考解决方案】

(1) 确定收益的类型。

客户的收益可以分为三部分，如图 S2-1 所示。

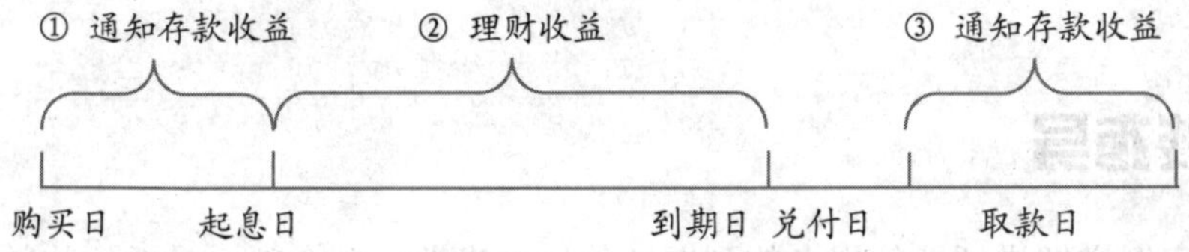

图 S2-1　客户收益的构成

① 通知存款收益：客户购买理财产品当日到理财产品起息日间，客户的存款始终在其活期账户里，金额超过 5 万元，符合智能一天通知存款的计息规则，应当按一天通知存款计息。

② 理财收益：理财产品成立日至到期日间，按理财收益率计算收益。

③ 通知存款收益：理财兑付日至取款日间，客户活期账户中金额超过 5 万元，符合智能一天通知存款的计息规则，应当按照一天通知存款计息。

(2) 确定计息金额。

① 通知存款收益和②理财收益的计算同例 2-3。

客户理财产品兑付后，由于理财产品本息入客户活期账户，且理财产品起息前的通知存款收益于 2014 年 12 月 21 日入其活期账户，则理财产品入账后，有

③通知存款收益的计息金额 = 客户存入金额 + 理财收益

= 105 000 + 1248.07 = 106 248.07 元

(3) 计算计息期限。

客户理财兑付日为 2015 年 2 月 10 日，客户支取日为 2015 年 2 月 20 日，故其计息期间为 10 天。

(4) 分别计算出收益。

③通知存款收益 = 计息本金 × 通知存款利率 × 实际天数 ÷ 365

= 106 248.07 × 0.88% × 10 ÷ 365 = 25.62 元

(5) 计算出总收益。

客户至 2015 年 2 月 20 日取款，其应得的总收益为

总收益 = ①通知存款收益 + ②理财收益 + ③通知存款收益

= 1232.88 + 15.19 + 25.62 = 1273.69 元

拓展练习

例 2-4 中，若考虑活期存款利息，则活期利息应为多少？

实践 3 信用卡介绍

实践指导

本节根据实例详细讲解了信用卡的到期还款日、当期账单金额、最低还款额的计算方式，并在此基础上，进一步讲解了循环利息的计息方法。实践前需要了解信用卡的相关概念。

1. 定义

信用卡是由商业银行向个人和单位发行的信用支付工具。信用卡具有转账结算、存取现金和消费信用等功能。

2. 种类

信用卡按使用对象分为单位卡和个人卡；按信誉等级分为金卡和普卡；按币种分为人民币卡和外币卡；按载体材料分为磁条卡和智能卡；按是否向发卡银行交存备用金分为贷记卡和准贷记卡。

贷记卡是指发卡银行给予持卡人一定的信用额度，持卡人可在信用额度内先消费后还款的信用卡。

准贷记卡是指持卡人须先按发卡银行要求交存一定金额的备用金，当备用金账户余额不足支付时，可在发卡银行规定的信用额度内透支的信用卡。

3. 信用额度

信用额度是发卡行在核准信用卡时核定的最高透支限额，客户可以在该额度内刷卡消费。主卡和附属卡共享同一信用总额度，同时这一信用额度也可以人民币与外币共享。

4. 账单日

账单日是指发卡银行每月定期对持卡人的信用账户当期发生的各项交易、费用等进行汇总结算，并结计利息，计算持卡人当期应还款项的日期。

5. 到期还款日

到期还款日是指信用卡发卡行要求持卡人归还全部应还款项或最低还款额的最后日期。实际上也是免息还款期限的最后一天。

6. 免息还款期

免息还款期是信用卡持卡人除取现、转账结算外的消费类交易，从银行记账日至到期还款日间的这段时间。

免息还款日最长不超过 60 天。最短为账单日到最后还款日，最长为账单日次日到下月最后还款日。

持卡人在到期还款日前偿还所使用的全部银行款项即可享受免息还款期待遇，无需支付利息。

7．最低还款额

持卡人在到期还款日前偿还所使用全部银行款项有困难的，可按照发卡银行规定的最低还款额还款。

持卡人选择最低还款额还款的，不再享受免息还款期待遇，应当支付未偿还部分自银行记账日起按规定利率计算的透支利息。

8．滞纳金

持卡人在到期还款日实际还款额低于最低还款额的，银行将按最低还款额未还部分的一定比例收取滞纳金。

9．超限费

超限费是指超过信用额度使用的信用卡，发卡行将按超过信用额度的部分的一定比例收取超限费。

10．存款利息

发卡银行对准贷记卡账户的存款，按照中国人民银行规定的同期同档次存款利率及计息办法计付利息。

发卡银行对贷记卡账户内的存款不计付利息。

11．取现

贷记卡持卡人支取现金、准贷记卡透支，不享受免息还款期和最低还款额待遇，应当支付现金交易额或透支额自银行记账日起，按规定利率计算的透支利息。

12．循环信用

循环信用是指信用卡持卡人在到期还款日前按不少于最低还款额还款时，即可循环使用信用卡的剩余额度。

实践 3.1　还款金额计算

【例 3-1】 苏先生持有某商业银行人民币信用卡一张，信用额度为 2 万元，其账单日为每月 15 日，最后还款日为账单日后第 20 日。苏先生从 2014 年 9 月 20 日开卡，近期其账单如下：

2014 年 9 月 25 日网上支付消费 365 元；2014 年 9 月 30 日订机票消费 630 元；2014 年 10 月 6 日黄金周外出旅游期间刷卡消费 450 元；2014 年 10 月 16 日超市刷卡消费 200 元，2014 年 10 月 28 日通过支付宝缴手机话费 100 元，2014 年 11 月 2 日误将信用卡当成借记卡，通过 ATM 机取款 1000 元，后当即存入信用卡。2014 年 11 月 11 日网上购物消费 3500 元。

请分别计算：

(1) 苏先生 2014 年 10 月份账单的最后还款日。

(2) 苏先生 2014 年 10 月份的账单金额。

(3) 苏先生 2014 年 10 月份的本期账单未还金额。

【分析】

(1) 计算当期最后还款日。

(2) 计算当期账单金额。

(3) 计算当期未还金额。

【参考解决方案】

(1) 计算最后还款日。

上一月账单日的次日至本月账单日期间消费的金额为本期账单金额，需要在最后还款日还款。

根据题干信息，苏先生 2014 年 9 月 16 日至 2014 年 10 月 15 日期间消费的金额为 10 月份账单，其本期账单日为 2014 年 10 月 15 日，对应的最后还款日为 2014 年 10 月 15 日后的第 20 日，即 2014 年 11 月 4 日。

(2) 计算账单金额。

根据上述分析，苏先生 2014 年 9 月 16 日至 2014 年 10 月 15 日期间消费的金额为 10 月份账单，其本期账单金额如下：

账单金额 = 365 + 630 + 450 = 1445 元

(3) 计算本期未还金额。

由于 10 月份账单最后还款日为 2014 年 11 月 4 日，苏先生在 2014 年 11 月 4 日前已存入了一笔金额 1000 元，故其本期未还金额为

本期账单未还金额 = 本期账单应还款金额 − 本期已还款金额 = 1445 − 1000 = 445 元

深度扩展

【例 3-2】 沿用例 3-1 的资料，该信用卡相关规定为

还款顺序按先还已出账单欠款，再还未出账单欠款。按利息、费用、取现交易本金、消费交易本金的顺序还款。

最低还款额 = 当期全部费用和利息 + 当期信用额度内消费金额的 10%
+ 当期预借现金金额的 10% + 前期最低还款未还部分

信用卡取现手续费为取现金额的 3%，从取现当日起计收利息，按取现金额的日息 5‱，按月计收复利。

若苏先生于 2014 年 11 月 4 日转账还款 1500 元。

请分别计算：

(1) 苏先生 2014 年 11 月份的本期应还款金额。

(2) 苏先生 2014 年 11 月份的本期账单未还金额。

(3) 苏先生 2014 年 11 月份的最低还款额。

【分析】

(1) 计算当期的费用。

(2) 计算当期的利息。

(3) 计算当期的账单金额。

(4) 计算当期的未还金额。

(5) 计算当期的最低还款额。

【参考解决方案】

(1) 计算当期的费用。

苏先生通过信用卡取现，发生了取现手续费，其计费如下：

手续费 = 取现本金 × 取现手续费 = 1000 × 3% = 30 元

(2) 计算当期的利息。

苏先生取现的利息从取现当日，即 2014 年 11 月 2 日开始计息，日息 5‱，直至还清取现款为止。

由例 3-1 的分析可以得出，2014 年 11 月 4 日前，苏先生本期未还款金额为 445 元。

则 2014 年 11 月 4 日还款 1500 元后，其信用卡超存金额为

超存金额 = 实际还款金额 − 本期未还金额 = 1500 − 445 = 1055 元

还完已出账单后，未出账单依照利息、费用、取现交易本金、消费交易本金的顺序还款。超存金额还完利息、费用后，抵减取现交易本金。

则从 2014 年 11 月 2 日至 2014 年 11 月 4 日期间，其利息为

利息 = 取现本金 × 日利率 × 实际天数 = 1000 × 5‱ × 2 = 1 元

(3) 计算当期的账单金额。

根据题干信息，苏先生 2014 年 10 月 16 日至 2014 年 11 月 15 日期间消费和取现的金额为 11 月份账单，其当期账单日为 2014 年 11 月 15 日，对应的最后还款日为 2014 年 11 月 15 日后的第 20 日，即 2014 年 12 月 5 日。

账单金额 = 利息 + 费用 + 取现本金 + 消费金额

= 1 + 30 + 1000 + 200 + 100 + 3500 = 4831 元

(4) 计算当期未还金额。

当期未还金额 = 当期账单应还款金额 − 上期超存金额 = 4831 − 1055 = 3776 元

(5) 计算当期的最低还款额。

根据题干信息：

最低还款额 = 当期全部费用和利息 + 当期信用额度内消费金额的 10%

+ 当期预借现金金额的 10%

= 30 + 1 + (1000 + 200 + 100 + 3500) × 10%

= 511 元

实践 3.2　循环利息计算

【例 3-3】 高女士持有某商业银行信用卡一张，其账单日为 18 日，最后还款日为次月 8 日。其近期消费明细如下：

2014 年 7 月 20 日消费 500 元；2014 年 7 月 27 日消费 300 元；2014 年 8 月 15 日消费 800 元。所有的交易均在当日记账，该行信用卡循环计息规则为：若每期消费在最后还款日前未全额还款，则从消费记账日起按日息 0.5‰ 计息，至清偿日止。其最低还款额

为本期消费金额的 10%，若高女士最后还款日还最低还款额，请计算高女士当期的最低还款额及账单上的循环利息。

【分析】

(1) 计算最低还款额。

(2) 计算循环计息天数。

(3) 计算循环利息。

【参考解决方案】

(1) 计算最低还款额。

根据题干信息，高女士 2014 年 8 月账单包括 2014 年 7 月 19 日至 2014 年 8 月 18 日期间消费金额之和。当期账单金额为

当期账单金额 = 500 + 300 + 800 = 1600 元

则其最低还款额 = 当期消费金额 × 10% = 1600 × 10% = 160 元

(2) 计算循环计息天数。

高女士本期账单的循环利息的计算方式为从消费记账日起，算至本期的最后还款日。其对应的本期最后还款日为 2014 年 9 月 8 日，则高女士每笔消费对应的循环计息天数如表 S3-1 所示。

表 S3-1　高女士本期账单循环利息

记账日期	消费金额/元	计息金额/元	计息天数/天
2014.7.20	500	500	7
2014.7.27	300	800	19
2014.8.15	800	1600	24

(3) 计算循环利息。

根据表 3-1，高女士的循环利息为

循环利息 = 计息金额 × 利率 × 实际天数

$$= 500 \times 0.5‰ \times 7 + 800 \times 0.5‰ \times 19 + 1600 \times 0.5‰ \times 24$$

$$= 28.55 \text{ 元}$$

拓展练习

苏先生通过 ATM 机误取款又存入，是否收取信用卡取现手续费？为什么？

实践 4　财务指标分析

实践指导

财务指标分析是贷款项目分析的核心内容，是在吸收对项目其他方面评估成果的基础上，总结和评价企业财务状况与经营成果的指标，据以判断项目财务的可行性，为贷款项目提供决策依据。实践前需要具备的知识点如下。

1．偿债能力指标

(1) 流动比率：

$$流动比率=\frac{流动资产}{流动负债}$$

流动比率又称营运资金比率，是衡量短期偿债能力的重要指标，反映了流动资产在短期债务到期时可变现用于偿还流动负债的能力。

流动比率越大，说明短期偿债能力越强，流动负债得到偿还的保障越大。但该比率过大，有可能是存货积压，或者持有的现金资产过多。通常，生产企业合理的流动比率是 2，具体分析的过程中应根据不同行业特点做进一步分析。

(2) 速动比率：

$$速动比率=\frac{速动资产}{流动负债}$$

速动比率又称酸性测验比率，是衡量企业流动资产中可以立即变现用于偿还流动负债的能力。

构成流动资产的各个项目的流动性有一定差别，其中的货币资金、交易性金融资产、各种应收款项，可以在短期内变现，称为速动资产；存货、一年内到期的非流动资产及其他流动资产称为非速动资产。

流动比率是对短期偿债能力的粗略估计，速动比率是对流动比率的补充。与流动比率一样，不同行业的速动比率差别很大。

(3) 现金比率：

$$现金比率=\frac{现金类资产}{流动负债}$$

现金比率反映了企业现金类资产的直接支付能力，是最保守的短期偿债能力比率。

速动资产中，流动性最强、可直接用于偿债的资产称为现金资产，现金资产包括货币资金和交易性金融资产，本身就可以直接偿债。

该比率越大，表明短期偿债能力越强；反之，则越弱。通常，这一比率保持在 30%

左右为宜。若现金比率过高，表明企业持有过多的现金类资产，未能合理地运用该类资产，从而影响获利能力，使企业的机会成本增加。

(4) 资产负债率：

$$资产负债率 = \frac{负债总额}{资产总额}$$

资产负债率是评价企业负债水平和偿债能力的综合指标，表明债权人所提供的资金占企业全部资产的比重，反映了企业出资者对债权人债务的保障程度，是分析企业长期偿债能力的重要指标。

该比率可以衡量企业在清算时保护债权人利益的程度。比率越小，说明企业负债越低，偿债能力越强，贷款越安全；反之，偿债能力越弱。不同企业的资产负债率不同，与其持有的资产类别有关。

2. 营运能力指标

(1) 存货周转率：

在短期偿债能力分析中，存货周转率的计算公式如下：

$$存货周转率（次数）= \frac{营业收入}{存货平均余额}$$

其中，存货平均余额 = (存货期初余额 + 存货期末余额) ÷ 2

存货周转天数 = 365 ÷ 存货周转率

= 365 × 存货平均余额 ÷ 营业收入

存货周转率表示在一定时期内企业存货周转的次数，存货周转天数表示每周转一次所需的时间，指标用于衡量和评价企业在生产经营各环节存货营运的效率。

存货周转率越大，则存货周转天数越少，表明企业存货周转一次所需要的时间越短，存货的周转次数越快，营运能力越强。

存货周转天数并不是越低越好。存货过多，会积压资金，存货过少，则不能满足流转的需要，因此，在特定的生产经营环境下，存货应保持在合理水平。

(2) 应收款项周转率：

$$应收款项周转率（次数）= \frac{营业收入}{应收账款平均值}$$

其中，应收款项平均值 = (应收款项期初余额 + 应收款项期末余额) ÷ 2

应收款项周转天数 = 365 ÷ 应收款项周转率

= 365 × 应收款项平均值 ÷ 营业收入

应收款项周转率和应收款项周转天数从不同的角度反映了应收款项的回款速度和管理效率。通常，应收款项周转率越大，应收款项周转天数越短，表明应收款项回款速度越快，企业营运能力越强，反之则营运能力越弱。

应收款项周转天数并不是越少越好。应收款项是赊销引起的，若赊销比现销更有利，周转天数就并不是越少越好，收现的时间长短与企业的扩大销售的信用政策有关。

3. 盈利能力相关指标

(1) 总资产收益率：

$$总资产收益率 = \frac{息税前利润总额}{总资产平均余额} \times 100\%$$

其中，总资产平均余额 = (总资产期初余额 + 总资产期末余额) ÷ 2

总资产收益率是衡量企业利用资产获取利润的能力，反映企业总资产的利用效率。

总资产收益率越高，说明企业全部资产获利能力越强；反之，则说明企业全部资产的获利能力越弱。

(2) 净资产收益率：

$$净资产收益率 = \frac{净利润}{净资产平均余额} \times 100\%$$

其中，净资产平均余额 = (净资产期初余额 + 净资产期末余额) ÷ 2

净资产收益率又称所有者权益净利率，是反映企业运用自有资本及其积累获得报酬水平最具综合性和代表性的指标，反映企业资本营运的综合效益。

净资产收益率越高，说明企业自有投资的经济效益越好，投资者的投资风险越小；反之，则说明企业自有投资的经济效益越差，投资者的风险越大。

(3) 营业净利率：

$$营业净利率 = \frac{净利润}{营业收入} \times 100\%$$

营业净利率是评价企业经营盈利能力的综合指标。

该指标反映了每 1 元的营业收入带来的净利润有多少，营业净利率越大，表明营业收入的收益水平越高。

实践 4.1　偿债能力分析

【例 4-1】 某企业 2011～2013 年有关财务数据如表 S4-1 所示。

表 S4-1　某单位 2011～2013 年财务数据

千元

项　目	2011.12.31	2012.12.31	2013.12.31
货币资金	6 483 170	11 480 406	14 496 808
交易性金融资产	123 644	—	—
存货	5 363 430	8 978 036	9 324 800
应收款项	9 598 764	13 967 756	20 028 377
流动资产	30 486 661	42 676 095	55 593 903
资产总额	39 229 556	50 865 921	68 342 322
流动负债	20 938 653	29 996 836	41 095 060
负债总额	26 341 148	35 682 374	50 393 456
所有者权益	12 888 408	15 183 547	17 948 866
息税前利润总额	1 727 734	2 262 543	3 324 742
净利润	1 451 451	1 911 935	2 695 661
营业收入	34 777 181	44 293 427	60 272 563

请根据有关数据分别计算 2011—2013 年的流动比率、速动比率、现金比率和资产负债率，并对该企业的偿债能力进行分析与评价。

【分析】

(1) 计算三年的流动比率。

(2) 计算三年的速动比率。

(3) 计算三年的现金比率。

(4) 计算三年的资产负债率。

(5) 分析偿债能力。

【参考解决方案】

(1) 计算流动比率。

$$流动比率 = \frac{流动资产}{流动负债}$$

根据公式可算出：

2011 年：

流动比率 = 30 486 661 ÷ 20 938 653 = 1.46

2012 年：

流动比率 = 42 676 095 ÷ 29 996 836 = 1.42

2013 年：

流动比率 = 55 593 093 ÷ 41 095 060 = 1.35

(2) 计算速动比率。

$$速动比率 = \frac{速动资产}{流动负债} = \frac{货币资金 + 交易性金融资产 + 应收款项}{流动负债}$$

根据公式可算出：

2011 年：

速动比率 = (6 483 170 + 123 644 + 9 598 764) ÷ 20 938 653 = 0.77

2012 年：

速动比率 = (11 480 406 + 13 967 756) ÷ 29 996 836 = 0.85

2013 年：

速动比率 = (14 496 808 + 20 028 377) ÷ 41 095 060 = 0.85

(3) 计算现金比率。

$$现金比率 = \frac{现金类资产}{流动负债} = \frac{货币资金 + 交易性金融资产}{流动负债}$$

根据公式可算出：

2011 年：

现金比率=(6 483 170 + 123 644) ÷ 20 938 653 = 0.32

2012 年：

现金比率=11 480 406 ÷ 29 996 836 = 0.38

2013 年：

现金比率 = 14 496 808 ÷ 41 095 060 = 0.35

(4) 计算资产负债率。

$$资产负债率=\frac{负债总额}{资产总额}$$

根据公式可算出：

2011 年：

资产负债率 = 26 341 148 ÷ 39 229 556 = 0.67

2012 年：

资产负债率 = 35 682 374 ÷ 50 865 921 = 0.70

2013 年：

资产负债率 = 50 393 456 ÷ 68 342 322 = 0.74

(5) 分析偿债能力。

通过上述的计算可以得出：

从短期偿债能力指标来看：某企业 2011～2013 年流动比率逐年下降，而速动比率、现金比率升中有降，总体呈上升趋势，说明企业的短期现金支付偿债能力增强，而短期偿债能力逐年减弱，有可能是流动资产中的非速动资产存货管理不善，销售不畅引起的，需结合存货周转率进一步分析。

从长期偿债能力指标来看，该企业资产负债率总体呈上升趋势，说明企业的长期偿债能力减弱，财务风险进一步加大，企业的外部融资空间进一步压缩。

实践 4.2　营运能力分析

【例 4-2】 沿用例 4-1 资料，某企业 2010 年 12 月 31 日存货余额为 2481155 千元，应收款项余额为 7 581 921 千元。请根据有关数据分别计算 2011～2013 年的存货周转率和应收账款周转率，并对该企业的营运能力进行分析与评价。

【分析】

(1) 计算三年的存货周转率。

(2) 计算三年的应收账款周转率。

(3) 分析营运能力。

【参考解决方案】

(1) 计算存货周转率。

$$存货周转率（次数）=\frac{营业收入}{存货平均余额}$$

根据公式可算出：

2011 年：

存货周转率 = 34 777 181 ÷ (2 481 155 + 5 363 430) × 2

= 8.87

存货周转天数 = 365 × (2 481 155 + 5 363 430) ÷ 2 ÷ 34 777 181

= 41.17 天

2012 年：

存货周转率 = 44 293 427 ÷ (5 363 430 + 8 978 036) × 2

= 6.18

存货周转天数 = 365 × (5 363 430 + 8 978 036) ÷ 2 ÷ 44 293 427

= 59.09 天

2013 年：

存货周转率 = 60 272 563 ÷ (8 978 036 + 9 324 800) × 2

= 6.59

存货周转天数 = 365 × (8 978 036 + 9 324 800) ÷ 2 ÷ 60 272 563

= 55.42 天

(2) 计算应收款项周转率。

$$应收款项周转率（次数）= \frac{营业收入}{应收账款平均值}$$

根据公式可算出：

2011 年：

应收款项周转率 = 34 777 181 ÷ (7 581 921 + 9 598 764) × 2

= 4.05

应收款项周转天数 = 365 × (7 581 921 + 9 598 764) ÷ 2 ÷ 34 777 181

= 90.16 天

2012 年：

应收款项周转率 = 44 293 427 ÷ (9 598 764 + 13 967 756) × 2

= 3.76

应收款项周转天数 = 365 × (9 598 764 + 13 967 756) ÷ 2 ÷ 44 293 427

= 97.10 天

2013 年：

应收款项周转率 = 60 272 563 ÷ (13 967 756 + 20 028 377) × 2

= 3.55

应收款项周转天数 = 365 × (13 967 756 + 20 028 377) ÷ 2 ÷ 60 272 563

= 102.94 天

(3) 分析营运能力。

通过上述的计算可以得出，该企业 2011～2013 年存货周转率分别为 8.87、6.18、6.59，存货周转天数分别为 41.17 天、59.09 天、55.42 天，存货周转情况表现出一定的波动性。总体来看，存货周转天数呈上升趋势，表明存货周转速度减慢，有可能是发生滞销，存货积压，需要结合存货构成的具体项目作具体分析。同时，存货的周转速度减慢也进一步说明了例 4-1 中流动比率逐渐下降的原因。

该企业 2011～2013 年应收款项周转率分别为 4.05、3.76、3.55，应收款项周转天数分别为 90.16 天、97.10 天、102.94 天，应收款项周转天数逐年增加，应收款项周转率逐年下降，表明应收款项变现的能力在减弱，发生坏账的概率会变大，同时，也有可能是由于企业为扩大销售，实行宽松的信用政策引起的，需要结合具体的信用政策分析。

实践 4.3　盈利能力分析

【例 4-3】 沿用例 4-1 资料，该企业 2010 年 12 月 31 日总资产余额为 25 760 693 千元，所有者权益为 11 325 837 千元，请根据有关数据分别计算 2011～2013 年企业的总资产收益率、净资产收益率和营业净利率，并对该企业的盈利能力进行分析与评价。

【分析】

(1) 计算三年的总资产收益率。

(2) 计算三年的净资产收益率。

(3) 计算三年的营业净利率。

(4) 分析盈利能力。

【参考解决方案】

(1) 计算总资产收益率。

$$总资产收益率=\frac{息税前利润总额}{总资产平均余额}\times 100\%$$

根据公式可算出：

2011 年：

总资产收益率 = 1 727 734 ÷ (25 760 693 + 39 229 556) × 2 = 5.32%

2012 年：

总资产收益率 = 2 262 543 ÷ (39 229 556 + 50 865 921) × 2 = 5.02%

2013 年：

总资产收益率 = 3 324 742 ÷ (50 865 921+68 342 322) × 2 = 5.58%

(2) 计算净资产收益率。

$$净资产收益率=\frac{净利润}{净资产平均余额}\times 100\%$$

根据公式可算出：

2011 年：

净资产收益率 = 1 451 451 ÷ (11 325 837 + 12 888 408) × 2 = 11.99%

2012 年：

净资产收益率 = 1 911 935 ÷ (12 888 408 + 15 183 547) × 2 = 13.62%

2013 年：

净资产收益率 = 2 695 661 ÷ (15 183 547 + 17 948 866) × 2 = 16.27%

(3) 计算营业净利率。

$$营业净利率=\frac{净利润}{营业收入}\times 100\%$$

根据公式可算出：

2011 年：

营业净利率 = 1 451 451 ÷ 34 777 181 = 4.17%

2012 年：

营业净利率 = 1 911 935 ÷ 44 293 427 = 4.32%

2013 年：

营业净利率 = 2 695 661 ÷ 60 272 563 = 4.47%

(4) 分析盈利能力。

通过上述的计算可以得出，该企业 2011～2013 年总资产收益率分别为 5.32%、5.02%、5.58%，该企业的总资产收益率有一定的提高，说明该企业利用资产获取利润的能力得到了提高，资产运用的效率得到了改善。

营业利润率分别为 4.17%、4.32%、4.47%，近三年稳步提升，表明企业通过经营获取利润的能力在提高。

净资产收益率分别为 11.99%、13.62%、16.27%，有大幅度的提升，2013 年比 2011 年同比上升近 35%，说明企业运用财务杠杆获取利润的能力显著提升，其自有投资的经济效益取得了跨越式的发展。

实践 5 个人住房贷款还款方式

实践指导

个人住房贷款是商业银行贷款业务的重要组成部分，本节通过实例详细讲解了等额本金还款法与等额本息还款法，并结合实例介绍了两种还款方法的特点，对两种还款方式作了比较，要求学生了解等额本金还款法与等额本息还款法的原理。实践前需要了解个人贷款的相关概念、个人住房贷款的分类以及还款方式。

1. 个人贷款的定义

个人贷款是指贷款人向符合条件的自然人发放的用于个人消费、生产经营等用途的本外币贷款。

2. 个人贷款的申请条件

个人贷款的申请人应当具备以下条件：

(1) 借款人为具有完全民事行为能力的中华人民共和国公民或符合国家有关规定的境外自然人。

(2) 贷款用途明确合法。

(3) 贷款申请数额、期限和币种合理。

(4) 借款人具备还款意愿和还款能力。

(5) 借款人信用状况良好，无重大不良信用记录。

(6) 贷款人要求的其他条件。

3. 个人贷款的分类

个人贷款可以分为个人住房贷款、个人汽车消费贷款、个人耐用消费品贷款、个人经营性贷款、个人有价单证质押贷款、个人小额信用贷款、个人非住宅抵押贷款等。其中，个人住房贷款可以分为个人住房商业性贷款、个人住房公积金贷款和个人住房组合贷款。

4. 个人住房商业贷款

个人住房商业贷款是银行信贷资金所发放的自营贷款，指具有完全民事行为能力的自然人，购买城镇自住住房时，以其所购产权住房为抵押物，作为偿还贷款的保证而向银行申请的住房商业性贷款。

5. 个人住房公积金贷款

个人住房公积金贷款是政策性的住房公积金所发放的贷款，指缴存住房公积金的职工，购买、建造、翻建、大修自住住房时，以其所拥有的产权住房为抵押物，作为偿还贷款的保证而向银行申请的住房公积金贷款。

6．个人住房组合贷款

凡符合个人住房商业性贷款条件的借款人同时缴存住房公积金，在办理个人住房商业性贷款的同时还可向银行申请个人住房公积金贷款，即借款人以所购自住住房为抵押物可同时向银行申请个人住房公积金贷款和个人住房商业性贷款，简称个人住房组合贷款。

7．还款方式

目前，大多数银行提供的还款方式主要有以下几种：

(1) 等额本息还款。

等额本息还款法是将贷款的本金总额与利息总额相加，平均分摊到还款期限中，即整个还款期内，每期还款总额固定不变。

特点：每期的还款数额相等，便于还款人每期安排还款支出。但还款额中本金的比重逐渐增加，利息比重逐渐减少，不利于提前还款，总共还的利息较多。

(2) 等额本金还款。

等额本金还款是将本金分摊到每个还款期间内，同时付清上一交易日至本次还款日之间的利息，即每期还款抵减的本金数额是相等的。

特点：每期还的本金数额相同，利息随本金的减少而减少，可以节省大量的利息支出。但每期还款数额不固定，且前期还款压力较大，后期还款压力较小。

(3) 一次性还本付息。

一次性还本付息是针对贷款期限在一年以下的，实行到期一次还本付息，利随本清。这种还款方式操作较简单，一般只对小额短期贷款使用。

实践 5.1　等额本金还款法

【例 5-1】 客户王先生近期在某商业银行办理了贷款，贷款总额为 5 万元，5 年还清，贷款年利率为 6.5%，每年年末还款，若采用等额本金还款法，还款期间无利率调整，请计算出王先生每年的还款额。

【分析】

(1) 计算出每期的还款本金。

(2) 计算出每期的还款利息。

(3) 计算出每期的还款金额。

【参考解决方案】

(1) 计算出每期的还款本金。

$$每期还款本金=\frac{贷款总额}{还款期数}$$

根据相关信息可得出：

每期的还款本金 = 5 万 ÷ 5 = 1 万

(2) 计算出每期的还款利息。

每期的还款利息 = 贷款剩余本金 × 贷款利率

根据相关信息可得出：

第一年：

还款利息 = 5 万 × 6.5% = 3250 元

随着第一年还款，剩余本金减少一万元，则

第二年：

还款利息 = 4 万 × 6.5% = 2600 元

依次可计算出：

第三年：

还款利息 = 3 万 × 6.5% = 1950 元

第四年：

还款利息 = 2 万 × 6.5% = 1300 元

第五年：

还款利息 = 1 万 × 6.5% = 650 元

(3) 计算出每期的还款金额。

每期的还款金额=每期的还款本金+每期的还款利息

根据相关信息可得出：

第一年的还款金额 = 10 000 + 3250 = 13 250 元

第二年的还款金额 = 10 000 + 2600 = 12 600 元

第三年的还款金额 = 10 000 + 1950 = 11 950 元

第四年的还款金额 = 10 000 + 1300 = 11 300 元

第五年的还款金额 = 10 000 + 650 = 10 650 元

通过还款金额可以看出，采用等额本金还款法时，每年的还款是逐渐减少的。

深度扩展

在例 5-1 中，通过上述的计算可以得到客户还款的摊销如表 S5-1 所示。

表 S5-1　等额本金还款法摊销表

元

年度	初始借款	还款本金	还款利息	还款总金额	期末借款余额
1	50 000	10 000	3250	13 250	40 000
2	40 000	10 000	2600	12 600	30 000
3	30 000	10 000	1950	11 950	20 000
4	20 000	10 000	1300	11 300	10 000
5	10 000	10 000	650	10 650	0
合计	—	50 000	9750	59 750	—

从上表可以得出，采用等额本金还款法时，其还款本金、还款利息、还款总金额的变化如图 S5-1 所示。

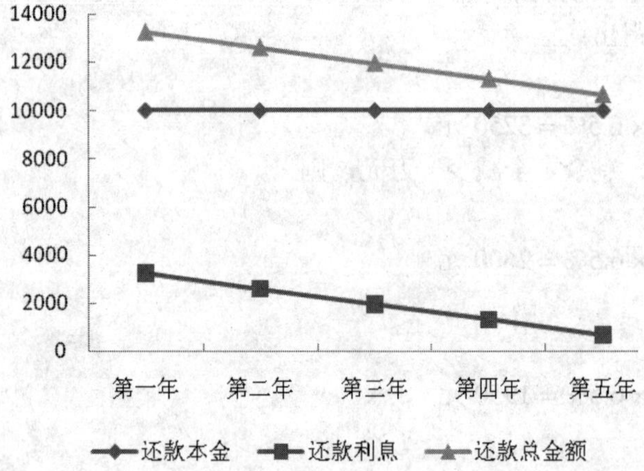

图 S5-1　等额本金还款法摊销图

从图 S5-1 可以看出，采用等额本金还款法时，每期还款的本金不变，每期还款的利息逐渐减少，还款总金额随着还款利息的减少而相应地减少。

由于等额本金还款法贷款初期还款压力较大，适用于现阶段收入处于高峰期的人士，尤其是预期以后收入会减少或家庭经济负担会加重，如养老、看病、子女的教育等，一般适用人群为中年人。

实践 5.2　等额本息还款法

【例 5-2】 沿用例 5-1 的资料，其他条件不变，若采用等额本息还款法还款，请计算每期的还款金额及每期还款的本金。

【分析】

(1) 计算出每年的还款总额。

(2) 计算出第一年的还款利息及本金。

(3) 依次计算出之后每年的还款利息及本金。

【参考解决方案】

(1) 计算出每年的还款总额。

客户采用等额本息还款法，令每期末还款金额为 C，每期还款数额为时间间隔相等、不间断、金额相等、方向相同的一系列现金流，如图 S5-2 所示。

图 S5-2　等额本息还款法现金流

令贷款金额为 PV，贷款利率为 R，结合货币贴现原理可以得出：

$$PV=\frac{C}{1+R}+\frac{C}{(1+R)^2}+\frac{C}{(1+R)^3}+\frac{C}{(1+R)^4}+\frac{C}{(1+R)^5}$$

根据等比数列求和原理可以得出：

$$PV=\frac{C}{R}\left[1-\frac{1}{(1+R)^5}\right]$$

将 PV = 5 万，R = 6.5%，代入以上公式中，可求出：

C = 12 031.73 元

即每期的还款总额为 12 031.73 元

(2) 计算第一年的还款利息及本金。

每期的还款利息 = 贷款剩余本金 × 贷款利率

根据相关信息可得出：

第一年：

还款利息 = 5 万 × 6.5% = 3250 元

还款本金 = 12 031.73 − 3250 = 8781.73 元

(3) 计算之后每年的还款利息及本金。

随着第一年的本金抵减 8781.73 元，可得出：

第二年：

剩余本金 = 50 000 − 8781.73 = 41218.27 元

还款利息 = 41 218.27 × 6.5% = 2679.19 元

还款本金 = 12 031.73 − 2679.19 = 9352.54 元

同理，可得出

第三年：

剩余本金 = 41 218.27 − 9352.54 = 31 865.73 元

还款利息 = 31 865.73 × 6.5% = 2071.27 元

还款本金 = 12 031.73 − 2071.27 = 9960.46 元

第四年：

剩余本金 = 31 865.73 − 9960.46 = 21 905.27 元

还款利息 = 21 905.27 × 6.5% = 1423.84 元

还款本金 = 12 031.73 − 1423.84 = 10 607.89 元

第五年：

剩余本金 = 21 905.27 − 10 607.89 = 11 297.38 元

还款利息 = 11 297.38 × 6.5% = 734.33 元

由于还款的最后一年涉及尾数调整，第五年还款利息为

12 031.73 − 11 297.38 = 734.35 元

深度扩展

在例 5-2 中，通过上述的计算可以得到客户还款的摊销如表 S5-2 所示。

表 S5-2　等额本息还款法的摊销表

元

年度	初始借款	还款本金	还款利息	还款总金额	期末借款余额
1	50000	8781.73	3250	12 031.73	41 218.27
2	41 218.27	9352.54	2679.19	12 031.73	31 865.73
3	31 865.73	9960.46	2071.27	12 031.73	21 905.27
4	21 905.27	10 607.89	1423.84	12 031.73	11 297.38
5	11 297.38	11 297.38	734.35	12 031.73	0
合计	—	50 000	10 158.63	60 158.65	—

从上表可以得出，采用等额本金还款法时，其还款本金、还款利息、还款总金额的变化如图 S5-3 所示。

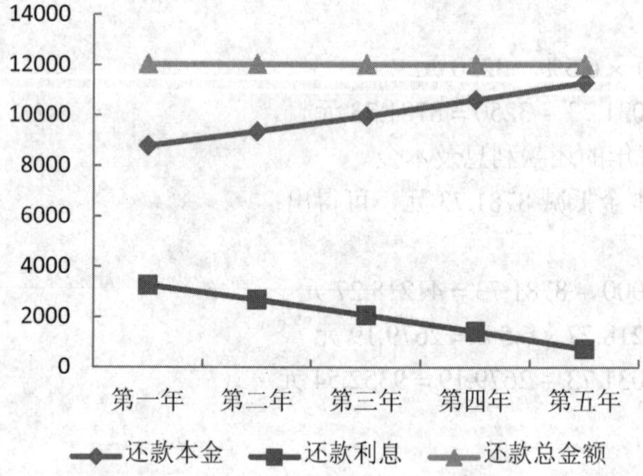

图 S5-3　等额本息法摊销图

从图 S5-3 可以看出，采用等额本息还款法时，每期还款的总额不变，每期还款的利息逐渐减少，还款本金随着还款利息的减少而增加。

由于等额本息还款法每期还款金额相同，便于借款人合理安排每月的生活和进行理财，如以租养房等，适用于现阶段收入少，预期收入稳定增加的借款人，一般适用人群为年轻人。此外，对于精通投资、擅长以钱生钱的人来说，也是不错的选择。

实践 5.3　两种方法的比较

根据例 5-1、例 5-2，将等额本金还款法与等额本息还款法综合比较，如图 S5-4、图 S5-5、图 S5-6 所示。

从图 S5-4、图 S5-5、图 S5-6 可以看出，在同等条件下，随着还款期次的增多，等额本息还款法还款本金逐渐增加，呈上升趋势，故不利于提前还款。

还款利息方面，除首次还款时，两种还款方式下的还款利息相等外，等额本息还款法的还款利息均高于等额本金还款法，其总计归还的利息高于等额本金还款法。

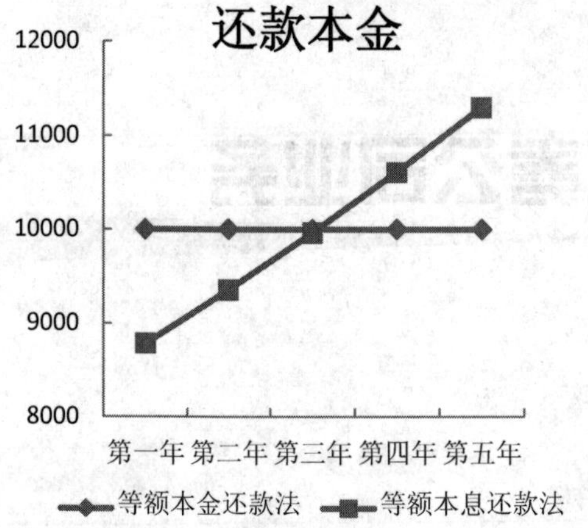

图 S5-4　两种还款方式下的还款本金比较

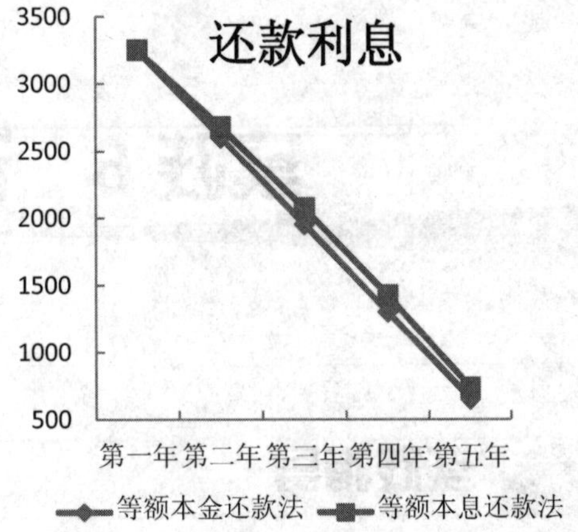

图 S5-5　两种还款方式下的还款利息比较

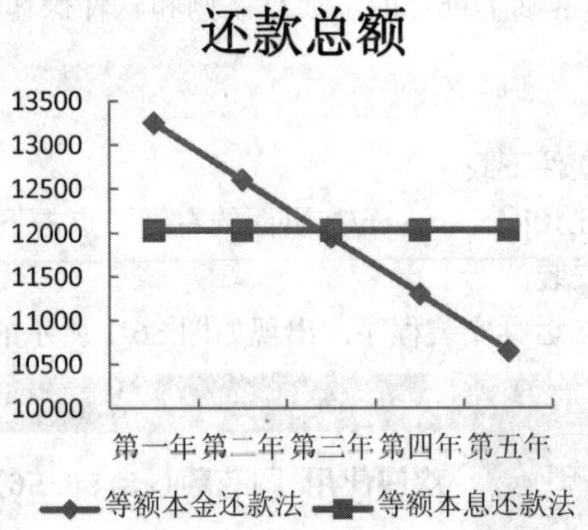

图 S5-6　两种还款方式下的还款总额

每年还款总额方面，等额本金还款法是逐渐减少，由于等额本息还款法其归还的全部利息高于等额本金还款法，故等额本息还款法的累计还款总额高于等额本金还款法的累计还款总额。

实践 6 证券公司业务

实践指导

本实践是在了解证券公司主要业务及业务特点、证券交易程序与相关交易费用、证券投资分析的基本内容的基础上进行的，通过案例和软件操作来强化对理论知识的把握和操作技能的提高。

实践环境搭建：

(1) 同花顺模拟炒股软件下载。

登录网站：http://moni.10jqka.com.cn/在页面的右侧，点击下载模拟炒股软件。

(2) 模拟炒股软件的安装。

双击 THS_monigw.exe 运行安装程序，出现如图 S6-1 所示的界面。

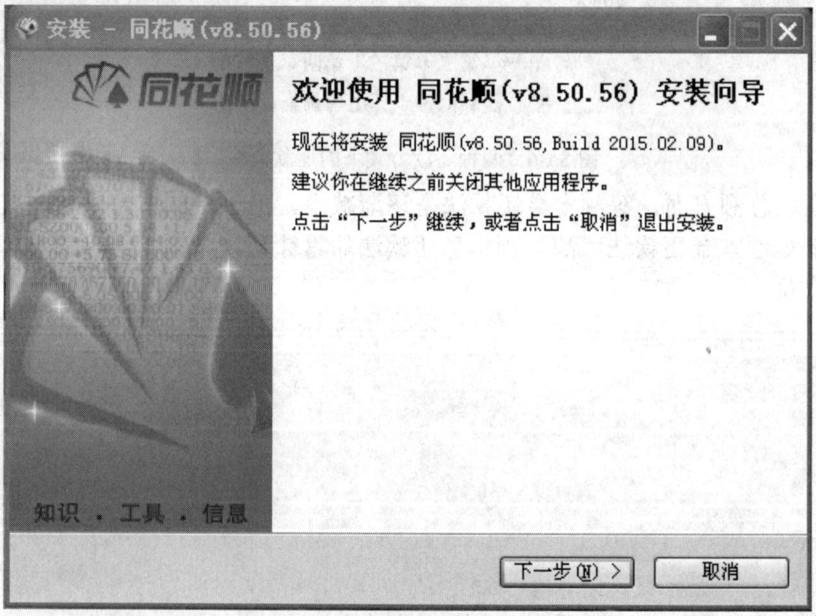

图 S6-1 安装程序界面

单击“下一步”，出现将软件安装在哪里的选择，如图 S6-2 所示。再次选择“下一步”，出现“选择附加任务”，一般只选择第一项即可，如图 S6-3 所示。继续单击“下一步”，进入正式安装阶段。

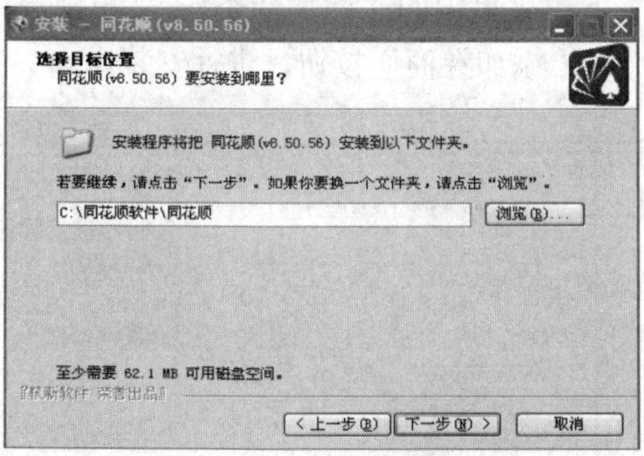

图 S6-2　选择目标位置界面

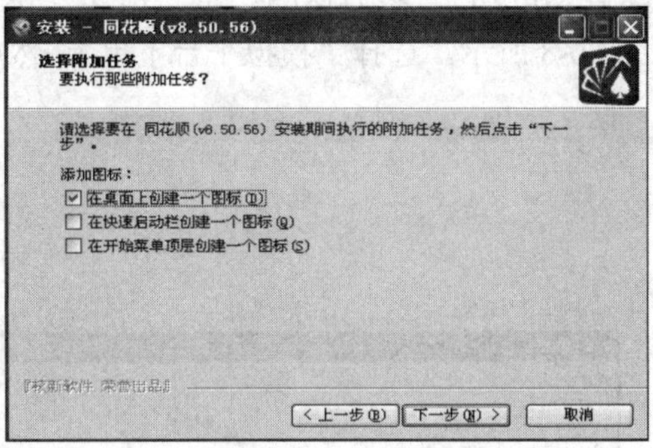

图 S6-3　选择附加任务界面

安装完成后，会自动运行行情软件，进入行情界面，如图 S6-4 所示。

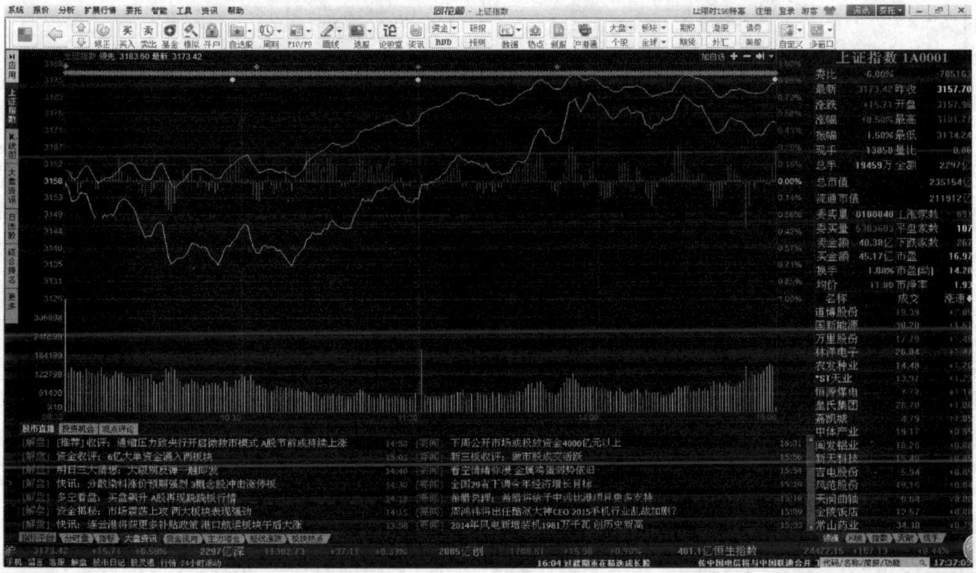

图 S6-4　行情软件界面

在最上层一栏中，点击“注册”按钮，完成注册，并记住自己的用户名和密码。如图 S6-5 所示。

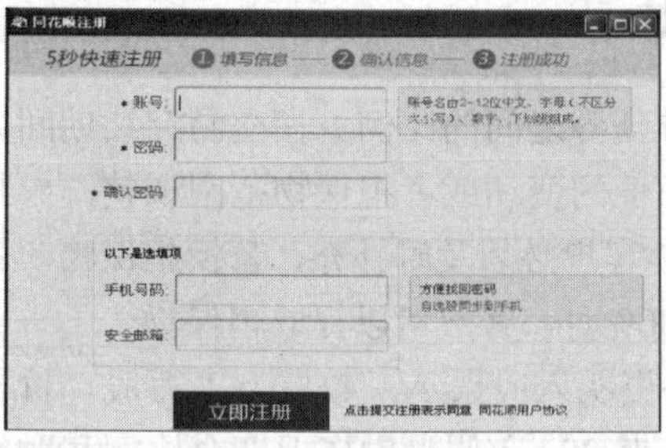

图 S6-5　注册界面

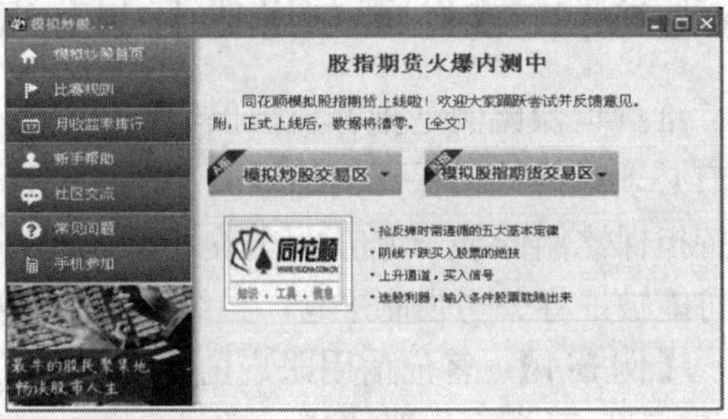

图 S6-6　激活账户界面

注册完成后，通过账号和密码登录，下面是申请模拟资金账户。点击行情界面最上一栏中的第五项“委托”，选择下拉菜单中的模拟炒股，要求激活账户，如图 S6-6 所示。选择模拟炒股交易区激活，出现界面如图 S6-7 所示，选择“直接激活”，提示“恭喜您开户成功”，然后返回。重新选择“委托”下拉菜单中的“增加新委托”，出现界面如图 S6-8 所示。选择“模拟平台下单”，然后点击“添加券商”按钮，进行安装。

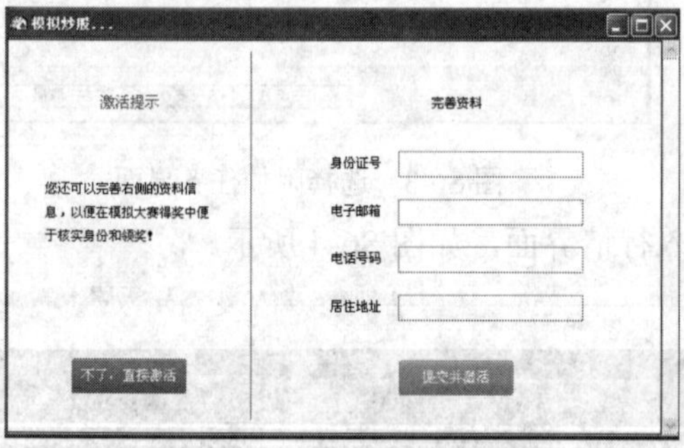

图 S6-7　激活资料界面

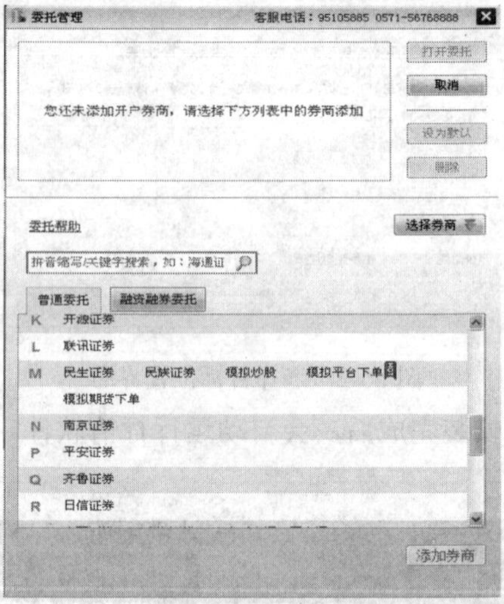

图 S6-8　委托管理界面

安装完成后，点击“打开委托”，出现如图 S6-9 所示。通过账号和交易密码，就可以登录资金账户，模拟资金账户里有 20 万元的初始资金用于进行买卖操作。资金账户登录后的界面如图 S6-10 所示。至此，证券账号和模拟资金账号全部申请完毕。

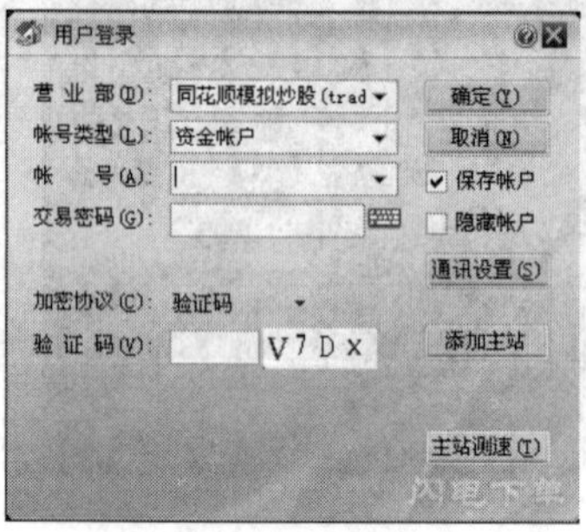

图 S6-9　登录资金账户界面

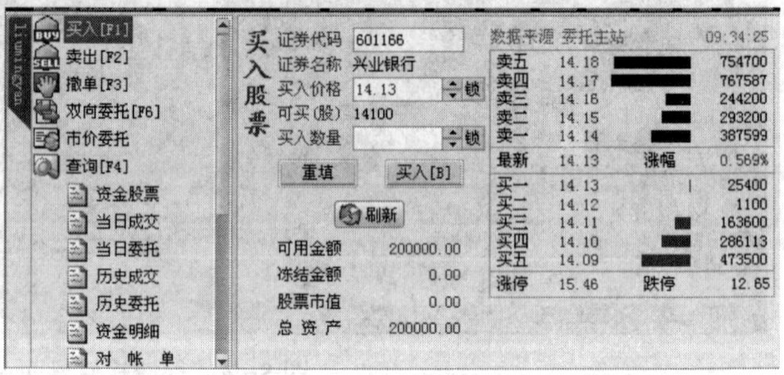

图 S6-10　资金账户界面

实践 6.1　融资融券中维持担保比例的计算

维持担保比例是指客户担保物价值与其融资融券债务之间的比例。在交易存续期间，客户必须对维持担保比例加以关注，如果因为证券市值的变动或者担保物范围调整，导致维持担保比例低于一定值(目前交易所规定为 130%)，客户必须及时补充、替换担保物，否则可能被证券公司强制平仓，当维持担保比例高于 300%时，客户可以提取担保物。

【例 6-1】 客户信用账户内有现金 10 万元，融资买入股票 A，数量为 1 万股，价格为 10 元；融券卖出股票 B，数量为 0.5 万股，价格为 20 元(假设融资保证金比例和融券保证金比例符合规定要求，利息、费用忽略不计)，计算此时的维持担保比例是多少？

【分析】

(1) 信用证券账户内证券市值的计算。

(2) 融资买入金额、融券卖出市值的计算。

(3) 融资买入股票或融券卖出股票的价格发生变动后维持担保比例的计算。

(4) 股票价格均不变，用现金偿还融资后的维持担保比例的计算。

【参考解决方案】

(1) 维持担保的比例的计算公式。

维持担保比例是指客户信用账户内担保物价与其融资融券债务之间的比例，即信用账户资产与负债之比，计算公式如下：

$$维持担保比例=\frac{现金+信用证券账户内证券市值总和}{融资买入金额+融券卖出市值+利息及费用总和}\times 100\%$$

其中，融券卖出市值 =融券卖出量 ×市价

(2) 计算结果。

此时信用账户内现金为：10万元+0.5万股×20元＝20万元。

信用证券账户内 证券市值总额＝融资买入金额＝1万股×10元＝10万元

融券卖出市值= 0.5万股×20元＝10万元

$$维持担保比例=\frac{20+10}{10+10}\times 100\%=150\%$$

(3) 维持担保比例降低。

当股票 A 下跌到 8 元，股票 B 上涨到 25 元时，维持担保比例为

信用证券账户内的现金是不变的，依然为 20 万元。

信用证券账户内的 证券市值总额=1万股×8元＝8万元

融资买入金额不变，依然为 10 万元

融券卖出市值＝0.5万股×25元＝12.5万元

$$维持担保比例=\frac{20+8}{10+12.5}\times 100\%=124\%$$

(4) 维持担保比例升高。

当股票 A 上涨到 15 元，股票 B 下跌到 15 元时，

$$维持担保比例=\frac{20万+1万\times 15元}{10万+0.5万\times 15元}\times 100\%=200\%$$

当股票 A、股票 B 价格均不变，用现金偿还 8 万元融资(或买券还券市值 8 万元)后，

$$维持担保比例=\frac{30-8}{20-8}\times 100\%=183\%$$

(5) 得出结论。提高维持担保比例有两种方式：一种是追加保证金，提高担保物价值，即(原有资产＋追加保证金)/原有负债；另一种是减少负债，用现金偿还融资额或是卖券还钱、买券还券等方式。

实践 6.2　证券逆回购交易

很多客户股票账户都有资金余额，有些是预备打新股但新股无发行或是新股破发，客户保持观望的，也有不少是客户卖出股票后，闲置的资金当天在没有好的投资途径下

都可以推荐其参加逆回购，可以很好地将客户资金挽留在证券账户，同时让客户获得一定的无风险收益。对一个职业交易者来说，掌握逆回购技巧及操作方法是一项基本技能。

【分析】

(1) 交易对象是在沪市和深市上市的国债。

(2) 通过本人申请的模拟账户，进入交易界面。

(3) 下单操作。

【参考解决方案】

1. 可交易的国债品种

上海证券交易所和深圳证券交易所上市的可交易的国债品种代码如表 S6-1 和表 S6-2 所示。

表 S6-1 沪市国债品种

代码	简称	证券品种	佣金费率
204001	GC001	1 天国债回购	成交金额的 0.001%
204002	GC002	2 天国债回购	成交金额的 0.002%
204003	GC003	3 天国债回购	成交金额的 0.003%
204004	GC004	4 天国债回购	成交金额的 0.004%
204007	GC007	7 天国债回购	成交金额的 0.005%
204014	GC014	14 天国债回购	成交金额的 0.010%
204028	GC028	28 天国债回购	成交金额的 0.020%
204091	GC091	91 天国债回购	成交金额的 0.030%
204182	GC182	182 天国债回购	成交金额的 0.030%

表 S6-2 深市国债品种

代码	简称	证券品种	佣金费率
131810	R-001	1 天国债回购	成交金额的 0.001%
131811	R-002	2 天国债回购	成交金额的 0.002%
131800	R-003	3 天国债回购	成交金额的 0.003%
131809	R-004	4 天国债回购	成交金额的 0.004%
131801	R-007	7 天国债回购	成交金额的 0.005%
131802	R-014	14 天国债回购	成交金额的 0.010%
131803	R-028	28 天国债回购	成交金额的 0.020%
131804	R-063	63 天国债回购	成交金额的 0.030%
131805	R-091	91 天国债回购	成交金额的 0.030%
131806	R-182	182 天国债回购	成交金额的 0.030%

2. 申报流程

打开交易界面，如图 S6-11 所示。步骤如下：

(1) 在交易界面的左栏，在股票、债券、基金栏里选择债券。

(2) 项目列表里选择“债券卖出”。

(3) 在交易界面的右栏中，自动显示投资者的股东代码，需要输入的是证券代码，如果想操作沪市一天期国债逆回购，则输入 204 001，卖出价格自动显示为目前的市场价，可以根据自身的资金情况进行卖出数量的选择。

(4) 沪市卖出数量最低为 1000 张，代表 10 万元，卖出价格是实时的年化收益率，5.205 即表示年化收益率为 5.205%，点击卖出下单。

(5) 如果是一天回购，则下一个交易日(T+1 日)资金可用但不可取，T+2 日可取。

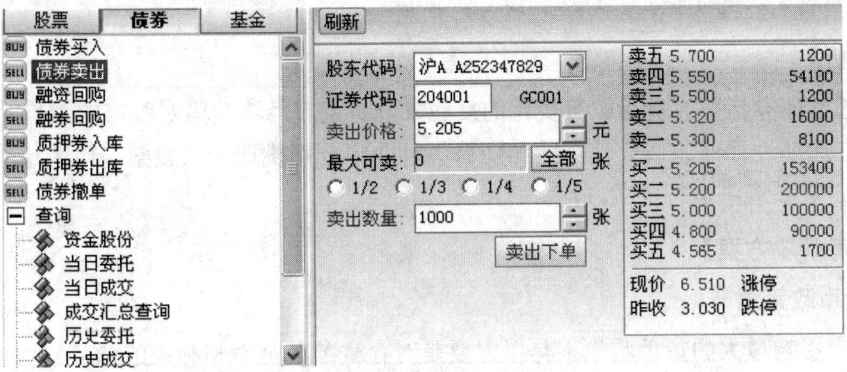

图 S6-11　交易界面

3．得出结论

(1) 有机会尽量参与。很多人不在乎这点逆回购的“小钱”，而往往把账户上暂时不用的现金闲置。以 100 万为例，如果不做回购，则一天的活期利息为

$$100\text{万}\times 0.35\%\div 360=9.7\text{元}$$

如果做回购，一般利率在 3%，则回购利息为

$$100\text{万}\times 3\%\div 360=83.3\text{元}$$

减去最高的佣金 10 元，剩余 73.3 元，比活期高 63.6 元。2007 年 9 月 25 号，一天期国债回购利率达到 100.26%，一天的利息就可以达到 2785 元。

(2) 国债逆回购并不是每天都有机会参与，特别是周五或是节假日要谨慎，周五应避免做逆回购，因为一般当天资金利率很低，且周末两天没有利息。特别是长假前一定要计算一下，把资金转出存入银行还是做回购。尽管长假前，前两天的利率很高，但却失去了长假期间的利息。

(3) 选择收益高的市场参与。沪深交易所都有回购品种，因为他们都没有什么风险，所以对于投资者来说肯定要选择收益高的，而实际上很多投资者并不了解这一点，比如 2010 年 3 月 25 日，深市回购利率最高达到 9%，而沪市最高才 4%。

(4) 逆回购交易一般没有风险，因为逆回购方直接针对的是结算公司这样的第三方。如果债券质押方到期不能按时还款，那么结算公司会先垫付资金，然后通过罚款和处置质押券等方式向融资方追诉。逆回购的风险就是机会成本，也就是失去了逆回购期间选

择其他更高收益品种的机会。

实践 6.3　宏观经济分析和行业分析

证券市场素有“经济晴雨表”之称，宏观经济的走向决定了证券市场的长期趋势。中国股市又素有“政策市”之称，国内宏观经济政策的变化对中国股市的影响也是不言而喻的，实时把握国家政策动向，对把握证券市场的走势尤为重要。在掌握了大势所趋之后，要进行行业分析，因为这是对上市公司进行分析的前提条件，正确选择行业，才可以灵活应对大势的变化。

【分析】

(1) 通过证券指数对货币政策变化的反应来分析宏观经济政策对股市的影响。

(2) 在周期性行业、成长性行业和防御性行业中分别挑选一只股票，用来说明它们与大盘整体走势和经济运行的关联度。

【参考解决方案】

1. 货币政策调节

对股市影响最大的货币政策工具，主要是对存款准备金率和利率的调节。

(1) 存款准备金率。

存款准备金是各银行向中央银行上交的准备金，最早是主要控制银行经营风险的手段，使中央银行具有最后支付人的角色，但由于存款准备金率中央银行具有调节权，而准备金率的变化直接影响商业银行的可贷款数量，因此使之成为货币政策手段重要的一项，而存款准备金率的上调或下降对整个股票市场的影响在于其总体对整个流通货币数量的影响。以下选择几次存款准备金率的调整对股市的影响情况，如表 S6-3 所示。

表 S6-3　存款准备金率的调整对股市的影响

公布日	大型金融机构		中小型金融机构		股市表现
	调整前	调整后	调整前	调整后	股指
2015 年 2 月 4 日	20%	19.5%	16.5%	16%	提前反应 +2.45%
2012 年 5 月 12 日	20.5%	20%	17%	16.5%	开盘高开 13 点
2012 年 2 月 18 日	21%	20.5%	17.5%	17%	开盘高开 26.51 点
2011 年 11 月 30 日	21.5%	21%	18%	17.5%	当天上涨 2.29%
2010 年 1 月 12 日	15.5%	16%	13.5%	13.5%	当天下跌 88.86 点
2008 年 11 月 26 日	17%	16%	16%	14%	当天高开 114.81 点

(2) 利率。

对股票市场及股票价格产生影响的种种因素中最敏锐者莫过于金融因素。在金融因素中，利率水准的变动对股市行情的影响最为直接和迅速。一般来说，利率下降时，股票的价格就上涨；利率上升时，股票价格就会下跌。利率的变动对股市的影响一般考虑两个方面：一是对上市公司来说的，利率上升，不仅会增加公司的借款成本，还会使公司难以获得必需的资金，这样，公司就不得不削减生产规模，从而导致公司未来利润的减少，引起股票下跌；二是对市场资金来说，利率上升，一部分资金从投向股市转向银行储蓄或是购买债券，从而减少市场上股票需求，使股票价格出现下跌。历年基准利率(一年期)调整对股市的影响情况，如表S6-4所示。

表S6-4 历年基准利率(一年期)调整对股市的影响情况

数据调整时间	存款基准利率			贷款基准利率			次日A股表现	
	调前	调后	幅度	调前	调后	幅度	上海	深圳
2007年7月21日	3.06%	3.33%	0.27%	6.57%	6.84%	0.27%	3.81%	5.39%
2007年8月22日	3.33%	3.6%	0.27%	6.84%	7.02%	0.27%	0.5%	2.8%
2007年9月15日	3.6%	3.87%	0.27%	7.02%	7.29%	0.27%	2.06%	1.54%
2007年10月9日	3.87%	4.14%	0.27%	7.29%	7.47%	0.18%	1.15%	1.1%
2008年10月9日	4.14%	3.87%	−0.27%	7.2%	6.93%	−0.27%	−0.84%	−2.4%
2008年10月30日	3.87%	3.6%	−0.27%	6.93%	6.66%	−0.27%	2.55%	1.91%
2008年11月27日	3.6%	2.52%	−1.08%	6.66%	5.58%	−1.08%	1.05%	2.29%
2008年12月23日	2.52%	2.25%	−0.27%	5.58%	5.31%	−0.27%	−4.55%	−4.69%
2012年6月8日	3.5%	3.25%	−0.25%	6.56%	6.31%	−0.25%	−0.51%	−0.5%
2012年7月6日	3.25%	3%	−0.25%	6.31%	6%	−0.31%	1.01%	2.95%
2014年11月22日	3%	2.75%	−0.25%	6%	5.6%	−0.4%	1.85%	2.95%

从上表中可以看出，股市对利率变动的反应没有什么规律，以2007年为例，为了抑制当时火爆市场，央行在这一年里持续加息，几乎达到每月一次的频率，可依然没能抑制市场的火爆。而在2008年，受美国次贷危机的影响，中国股市持续下挫，央行在这一年里持续降息，但效果并不明显。有机构统计了自2002年2月份以来的22次降息中，次日下跌的概率为40%，上涨的概率为60%。可见，仅仅从降息的消息并不能明确判断出次日是涨是跌。

股市自身有其运行的规律，货币政策的变化只会左右一时，无法改变其应有的趋势。通常情况下，降低存款准备金率或是降低利率等消息的刺激最多影响几个小时的走势，很难影响到一周的趋势，所以要通过这些政策背后的寓意来分析大盘所面临的环境以及走势。

2. 不同行业个股走势与大盘指数的关系

在前面理论篇的学习中，我们知道不同行业的变动与国民经济总体的周期变动有关系，但密切程度又不一样，根据不同可将行业分为三类：增长型行业、周期型行业和防御型行业。由于股市是经济的晴雨表，代表国民经济发展的趋势和未来，所以用大盘指数来表示经济的发展情况。

(1) 增长型行业。增长型行业的运行状态与经济活动总水平的周期及振幅并不紧密相关。如图S6-12所示。

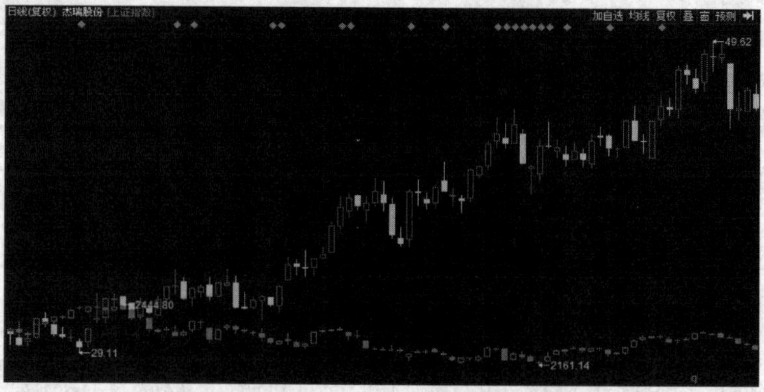

图 S6-12　杰瑞股份与大盘指数的对比情况

(2) 周期型行业。周期型行业的运行状态与经济周期紧密相关。具体如图 S6-13 所示。

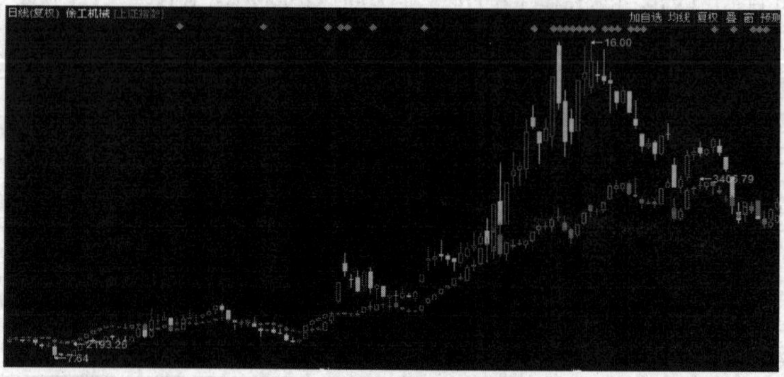

图 S6-13　徐工机械与大盘指数的对比情况

(3) 防御型行业。防御型行业的经营状况在经济周期的上升和下降阶段都很稳定，如图 S6-14 所示。

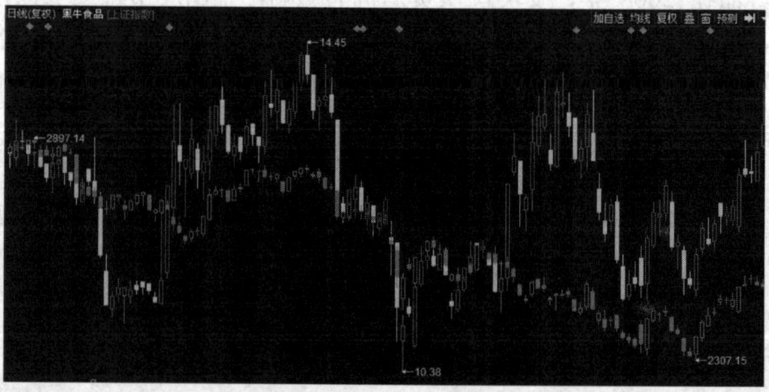

图 S6-14　黑牛食品与大盘指数的对比情况

实践 6.4　对贵州茅台公司投资价值分析

贵州茅台是根据贵州省人民政府黔府函(1999)291 号文《关于同意设立贵州茅台酒股份有限公司的批复》，由中国贵州茅台酒厂有限责任公司作为主发起人，联合贵州茅台酒厂技术开发公司，贵州省轻纺集体工业联社、深圳清华大学研究院、中国食品发酵工业研究院、北京市糖业烟酒公司、江苏省糖烟酒总公司、上海捷强烟草糖酒有限公司于 1999 年 11 月 20 日共同发起设立的有限公司。经中国证监会证监发行字 [2001] 41 号文核准并按照财政部企 [2001] 56 号文件的批复，公司于 2001 年 7 月 31 日在上海证券交易所公开发行 7150 万 A 股股票。公司的经营范围：贵州茅台酒系列产品的生产与销售；饮料、食品、包装材料的生产与销售；防伪技术开发；信息产业相关产品的研制、开发。公司 2010 年期末和期初的财务数据如表 S6-5、表 6-6、表 6-7 所示。

表 S6-5　资 产 负 债 表　　元

项　目	2010 年期末	2010 年期初
流动资产：		
货币资金	12 888 393 889.29	9 743 152 155.24
交易性金融资产	—	—
应收票据	204 811 101.20	380 760 283.20
应收账款	1 254 599.91	21 386 314.28
预付账款	1 529 868 837.52	1 203 126 087.16
其他应收款	59 101 891.63	96 001 483.15
应收利息	42 728 425.34	1 912 600.00
存货	5 574 126 083.42	4 192 246 440.36
一年内到期的非流动资产	—	17 000 000.00
流动资产合计	20 300 284 828.31	15 655 585 363.39
非流动资产		
持有至到期投资	60 000 000.00	10 000 000.00
长期应收款	—	—
长期股权投资	4 000 000.00	4 000 000.00
固定资产	4 191 851 111.97	3 168 725 156.29
在建工程	263 458 445.10	193 956 334.39
工程物资	18 528 802.46	24 915 041.53
无形资产	452 317 235.72	465 550 825.17
长期待摊费用	18 701 578.16	21 469 624.81
递延所得税资产	278 437 938.97	225 420 802.14
非流动资产合计	5 287 295 112.38	4 114 037 784.33
资产总计	25 587 579 940.69	19 769 623 147.72
流动负债：		
应付账款	232 013 104.28	139 121 352.45
预收账款	4 738 570 750.16	3 516 423 880.20
应付职工薪酬	500 258 690.69	463 948 636.85
应文税费	419 882 954.10	140 524 984.34

续表

项　目	2010年期末	2010年期初
应付股利	318 584 196.29	137 207 662.62
其他应付款	818 880 550.55	710 831 237.05
流动负债合计	7 028 190 246.07	5 108 057 753.51
非流动负债		
专项应付款	10 000 000.00	10 000 000.00
非流动负债合计	10 000 000.00	10 000 000.00
负债	7 038 190 246.07	5 118 057 753.51
股东权益		
实收资本(或股本)	943 800 000.00	943 800 000.00
资本公积	1 374 964 415.72	1 374 964 415.72
盈余公积	2 176 754 189.47	1 585 666 147.40
未分配利润	13 903 255 455.61	10 561 552 279.69
归属于母公司所有者权益合计	14 007 260 320.97	14 434 597 916.88
少数股东权益	150 615 633.82	185 582 551.40
股东权益合计	18 549 389 694.62	14 651 565 394.21
负债和股东权益合计	25 587 579 940.69	19 769 623 147.72

表S6-6　利　润　表

元

项　目	2010年期末	2010年期初
一、营业收入：	11 633 283 740.18	9 669 999 065.39
减：营业成本	1 052 931 591.61	950 672 855.27
税金及其附加	1 577 013 104.90	940 508 549.66
营业费用	676 531 662.09	621 284 334.75
管理费用	1 346 014 202.04	1 217 158 463.04
财务费用	−176 577 024.91	−133 636 115.78
资产减值损失	−3 066 975.05	−300 085.01
投资收益	469 050.00	1 209 447.26
二、营业利润	7 160 906 229.50	6 075 520 510.72
加：营业外收入	5 307 144.91	6 247 977.00
减：营业外支出	3 796 643.04	1 228 603.08
三、利润总额	7 162 416 731.37	6 080 539 884.64
减：所得税费用	1 822 655 234.40	1 527 650 940.64
四：净利润	5 339 761 496.97	4 552 888 944.00
归属于母公司所有者净利	5 051 194 218.26	4 312 446 124.73
少数股东损益	288 567 278.71	240 442 819.27
五：每股收益	—	—
每股基本收益	5.35	4.57
稀释每股收益	5.35	4.57

表S6-7　现金流量表　　元

项　目	2010年期末	2010年期初
一、经营活动产生的现金流量：		
销售商品、提供劳务收到的现金	14938581885.61	11756243820.83
收到的税费返还	181031.15	—
收到其他与经营活动有关的现金	138196684.26	185888008.21
经营活动现金流入小计	15076959601.02	11942131829.04
购买商品、接受劳务支付的现金	1669804222.04	1557075938.70
支付给职工以及为职工支付的现金	1492813443.35	1229305038.48
支付的各项税费	4885737303.37	4160350102.49
支付其他与经营活动有关的现金	827128112.69	771463605.18
经营活动现金流出小计	8875483081.45	7718194684.85
经营活动产生的现金流量净额	6201476519.57	4223937144.19
二、投资活动产生的现金流量：		
收回投资收到的现金	17000000.00	25000000.00
取得投资收益收到的现金	1731400.00	2080397.26
处置固定资产、无形资产和其他长期资产收回的现金净额	—	
收到其他与投资活动有关的现金	56315726.51	—
投资活动现金流入小计	75047126.51	27080397.26
购建固定资产、无形资产和其他长期资产支付的现金	1731913788.52	1356601530.09
投资支付的现金	50000000.00	10000000.00
支付其他与投资活动有关的现金	56522892.71	—
投资活动现金流出小计	1838436681.23	1366601530.09
投资活动产生的现金流量净额	−1763389554.72	−1339521132.83
三、筹资活动产生的现金流量：		
收到其他与筹资活动有关的现金	105801.61	158121.82
筹资活动现金流入小计	105801.61	158121.82
分配股利、利润或偿付利息所支付的现金	1292951032.41	1235143869.10
筹资活动现金流出小计	1292951032.41	1235143869.10
筹资活动产生的现金流量净额	−1292845230.80	−1234985747.28
四、汇率变动对现金及现金等价物的影响	—	—
五、现金及现金等价物净增加额	3145241734.05	1649430264.08
加：期初现金及现金等价物余额	9743152155.24	8093721891.16
六、期末现金及现金等价物余额	12888393889.29	9743152155.24
四、汇率变动对现金及现金等价物的影响	—	—

【分析】

(1) 对公司产品、所处板块及未来发展趋势等基本面的分析。

(2) 通过对公司的财务报表分析来判断公司的偿债能力、营运能力及盈利能力。

(3) 根据公司股票近期走势，通过技术分析判断未来走势。

【参考解决方案】

1．公司主要亮点

(1) 主营亮点——高端白酒典范。贵州茅台称为国酒，是世界三大蒸馏名酒之一。作为我国酱香型白酒典型代表，同时也是中国白酒行业第一个原产地域保护产品，是世界名酒中唯一纯天然发酵产品。2010 年 5 月 8 日《上海证券报》报道，贵州茅台董事长袁仁国指出公司已初步制定中长期发展目标，到 2015 年，公司主要产品产量预计超过 3 万吨，预计实现销售收入为 260 亿元；到 2020 年，产量预计超过 4 万吨，销售收入预计实现 500 亿元。

(2) 酱香型白酒行业垄断者。公司为中国白酒行业领先企业和酱香型白酒行业垄断者，其销售收入占细分酱香型白酒市场总收入的 80%，是典型的产品垄断。公司产品 90%以上进入高端市场，产品主要有 53 度、低度和年份酒。

2．公司所处板块分析(宏观、行业分析)

(1) 2010 年我国经济将呈温和上升态势，全年 GDP 增长速度为 10%左右。宏观经济的繁荣和工业化的快速发展，将促进白酒等消费品市场的放大，为白酒行业提供了更大的市场和生存空间。

(2) 我国白酒业正在逐步加快品牌升级，“高档酒”、“极品酒”发展势头见好。有研究预测，白酒一线企业将带动行业发展，一线龙头企业将保持 20%～30%的业绩增速，而白酒的消费市场增速也将加快。

(3) 白酒历史悠久，品类丰富，行业格局鲜明。中国白酒拥有上千年的历史，品种丰富，新中国成立以来白酒业得到长足发展，目前华东和西南地区是白酒行业的重要产销地。2004 年以来，白酒板块市场表现优异，宏观经济(需求)和行业政策(供给)决定了酒的价格，持续上涨的价格预示行业将继续高景气度的良好态势。产品结构升级，走中高端路线已成为未来白酒企业的发展方向。

(4) 白酒消费淡季，又逢酒驾处罚新规升级，高端白酒呈现量价齐跌的局面，据中信证券的调研显示，贵州茅台部分地区出现 4%左右的下滑，五粮液、泸州老窖一批价格也出现下滑，幅度在 5%～7%不等。如今各地严查酒后驾车，市场上白酒成交量进一步打折。对酿酒行业公司而言，酒驾处罚给销售带来的负面效应仍在延续，但这不是高端白酒价格回落的直接原因，因为春节前高端白酒价格上涨，旺季过后通常出现程度不同的量价齐跌。

综上所述，公司将面临着以下有利条件和发展机遇：一是全球经济已显现企稳回升迹象，国家继续实施积极的财政政策和适度宽松的货币政策，继续充实完善保增长、扩内需的一揽子政策措施，“转方式、调结构、促消费”的宏观经济政策为公司继续实现可持续发展提供了政策支持；二是从行业发展趋势看，白酒产业景气度依旧较高，盈利能力也将保持较好水平，随着国家产业结构调整，行业发展资源不断向名牌优势企业集中，健康的行业格局有利于公司长远健康的发展；三是省委、省政府对茅台发展的关心，各级地方政府对茅台发展的重视与支持；四是公司积累了在复杂环境中保持经济平稳较快发展的经验，对科学发展的认识更加统一，行动更加自觉。特别是经过连续多年的跨越式发展，企业规模、资源掌控力、市场话语权和抗风险能力显著增强，为未来的发展提供了广阔的平台和巨大的机遇。

3. 公司2010年财务报表分析

对公司的财务数据进行比率分析的结果如表S6-8所示。

表S6-8　财务数据的比率分析表

偿债能力比率	流动比率	2.89
	速动比率	2.09
	利息保障倍数	−39.56
	资产负债率(%)	27.51
盈利能力比率	销售毛利率(%)	90.9
	销售净利率(%)	45.9
	资产收益率(%)	23.55
	净资产收益率(%)	32
营运能力比率	应收账款周转率	1027.6
	存货周转率	0.22
	流动资产周转率	0.65
	总资产周转率	0.51
投资收益比率	普通股每股净收益	5.35
	股息发放率(%)	6
	市盈率	25.54
	每股净资产	19.49

(1) 从计算结果看，公司的偿债能力，从短期偿债能力指标流动比率和速动比率来看，两个数值都在200%以上，说明公司的短期偿债能力很强，但也透露公司存在流动性过剩的问题。从长期偿债能力指标利息保障倍数和资产负债率来看，公司的利息保障倍数为负，说明公司利息的收入大于利息的支出，在支付利息方面没有出现财务的压力，仅以利息收入就足以支付利息支出。公司的资产负债率为27.51%，相对于行业平均值45.8%低了不少，表明公司长期偿债能力仍然维持在一个好的水平上，但同样表明公司的资金利用率不高，大量现金被闲置而得不到合理的运用。综合分析，从公司的长期偿债能力和短期偿债能力来看，公司的债务水平很低，偿债能力很强，特别是短期偿债能力。存在的问题主要在于流动资产过剩未能有效利用，影响资金的使用效率。

(2) 对公司盈利能力的分析。从销售毛利率和销售净利率来看，公司营业收入所带来的利润是很高的。对于净资产收益率情况，通过与2010年上市公司财务平均指标进行对比，可得到公司的净资产收益率水平处在比较优秀的级别。

(3) 对公司的营运能力的分析。公司的应收账款周转率特别高，周转率高，流动资产变现能力强，也说明公司营运能力加强，管理效率提高。从上述数据可以发现，公司的存货周转率很低，周转速度很慢。不过这主要与其自身的行业性质有关。茅台生产的酒类产品生产周期一般要五年的时间，而且年份越久远价格越高，所以存货周转率较低。受到存货占用的影响，导致公司流动资产周转率也较低，进而导致公司的总资产周转率也偏低，公司的营运能力有待进一步提升。

(4) 公司投资收益分析。从每股净收益、每股股利和每股净资产来看，投资该公司的安全性比较高，是进行长线投资的理想标的。

4．从技术分析角度对贵州茅台 2010 年 6 月 4 日后的走势做出预测

长期来看，从贵州茅台的 K 线中可以看到两根压力线和两根支撑线，短期支撑线在 88.87 元附近，也是前期的一个压力位，一旦被突破，后期会成为强有力的支撑位，短期压力线在 130 元附近，一旦突破也会成为很强的支撑位，会进一步向中期压力位挺进。如图 S6-15 所示。

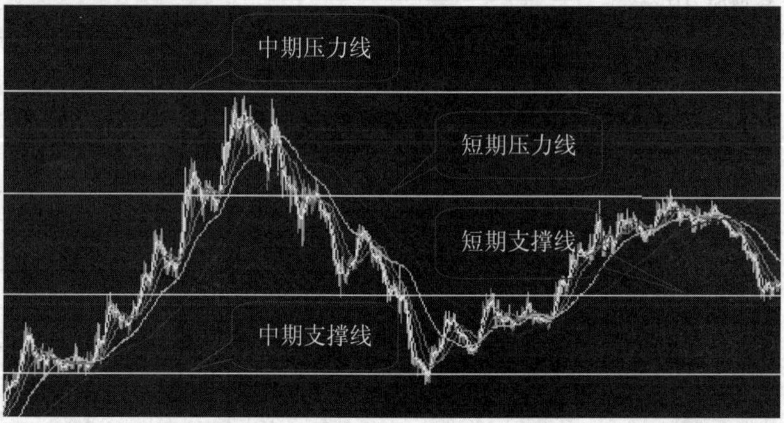

图 S6-15　贵州茅台的日 K 线图

从近期形态来看，呈现“W 底”信号，如图 S6-16 所示。

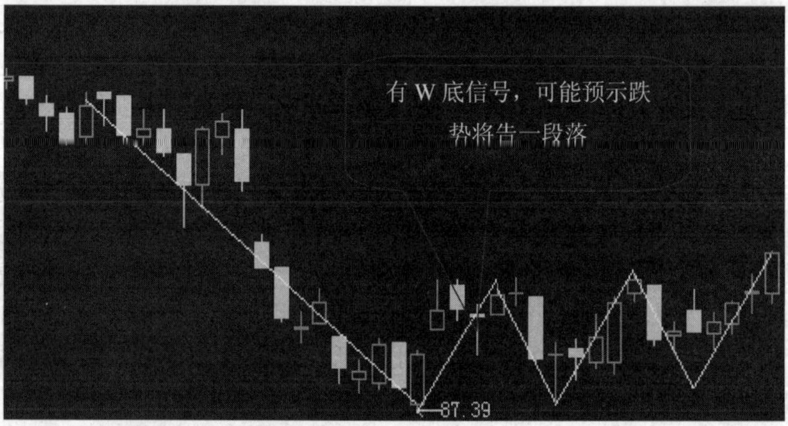

图 S6-16　W 底形态

同时也出现了其他见底信号，如图 S6-17 所示。

公司股价经过一段时间的下跌后，出现 W 底形态，同时也出现了见底信号，成交量随着股价的企稳有所增加，未来如果市场中出现诸多利好因素，那么这些利好因素将会增强市场预期向好的心理，换手会逐渐活跃。随着成交量的放大和股价的同步上升，买该股短期可能会有收益，如果做中长线投资，这里可以建立 1/3 的仓位，后期如果下跌到短期支撑位 88.37 元附近，就可以再稍微加仓，确定在该位置获得强有力支撑后，后期会止跌反弹，到短期压力线位置。

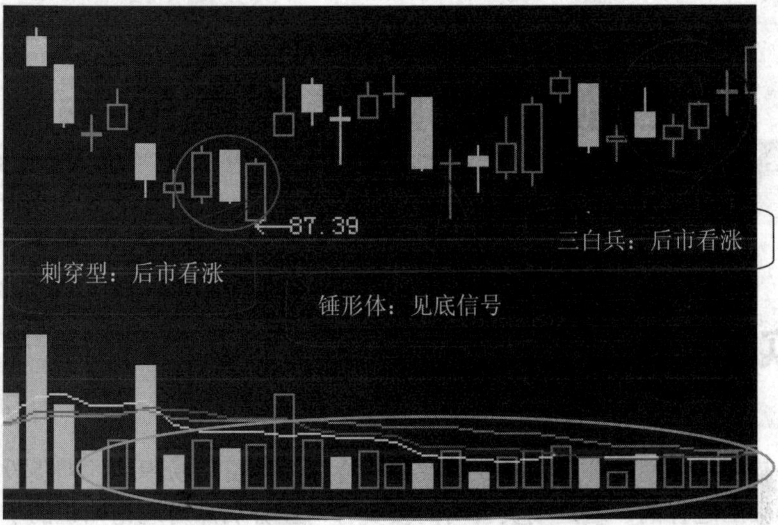

图 S6-17　其他见底信号

拓展练习

挑选一家自己感兴趣的上市公司，提交一份该公司的投资分析报告。

实践 7　期货公司业务

实践指导

本实践是在了解期货公司主要业务及业务特点、期货交易程序、期货投资分析的基本内容的基础上进行的，通过期货公司的投资咨询业务加深对理论知识的了解，通过对行情软件的操作来提高学生的实践技能。

实践 7.1　期货投资咨询业务

期货就是期货合约，投资者要参与期货投资，必须做好充分的准备，否则，盲目入市必然造成重大损失。期货投资专业知识、良好的资金管理与心理素质是期货投资成功的基础。掌握必要的期货专业知识并能够回答客户的各种问题，是期货公司或相关经营机构从业人员最基本的技能。

现有客户向你咨询以下问题，请你解释。要求表达流畅，条理清晰。咨询形式可选择现场咨询和电话咨询，学生也可自行设计咨询问题，并通过相互扮演相应的角色进行演练。

(1) 如何理解沪深 300 指数期货合约的主要条款？

(2) 我国有哪些商品期货品种，分别在哪些交易所上市？

(3) 期货头寸能否长期持有？能否用炒股的心态来操作期货？

(4) 优秀的期货投资者应具备怎样的心理素质？

【分析】

(1) 清楚解释期货合约的主要条款。

(2) 熟悉各项期货交易规则和制度。

(3) 理解心理素质对于期货投资的重要性。

【参考解决方案】

1. 沪深 300 指数期货合约

沪深 300 股指期货合约具体条款与其他品种相似，但也有自身的特点。沪深 300 股指期货合约文本如表 S7-1 所示。

表 S7-1　沪深 300 股指期货合约文本

合约标的	沪深 300 指数
合约乘数	每点 300 元
报价单位	指数点
最小变动价位	0.2 点
合约月份	当月、下月及随后两个季月
交易时间	上午 9:15～11:30,13:00～15:15
最后交易日交易时间	上午 9:15～11:30,13:00～15:00
每日价格最大波动限制	上一个交易日结算价的±10%
最低交易保证金	合约价值的 12%
最后交易日	合约到期月份的第三个周五，遇法定节假日顺延
手续费	手续费标准为成交金额的万分之零点二五
交割方式	现金交割
交易代码	IF
上市交易所	中国金融期货交易所

(1) 合约乘数。一张股指期货合约的合约价值用股指期货指数点乘以某一既定的货币金额表示，这一既定的货币金额称为合约乘数。股票指数点位越大，或合约乘数越大，股指期货合约价值就越大。沪深 300 股指期货的合约乘数为每点人民币 300 元。当沪深 300 股指期货指数点位为 2300 点时，合约价值等于 2300 点乘以 300 元，即 69 万元；当指数点位为 2567 点时，合约价值为 2567 乘以 300 元，即 77.01 万元。

(2) 最小变动价位。股指期货合约以指数点报价。报价变动的最小单位即为最小变动价位，合约交易报价指数点必须是最小变动价位的整数倍。沪深 300 股指期货的最小变动价位为 0.2 点，意味着合约交易报价的指数点必须为 0.2 点的整数倍。每张合约的最小变动值为 0.2×300 元，即 60 元。

(3) 保证金比例。在沪深 300 股指期货上市初期，按照中国证监会“高标准、稳起步”的指示精神，在 12%最低保证金标准的基础上，中国金融期货交易所实际收取的交易保证金上浮到 15%以上。但是，随着市场规模和套期保值需求的扩大，较高的保证金标准在抑制投机的同时，也对股指期货的整体运行效率造成了一定的影响。为了促进市场功能的发挥，中国金融期货交易所已将沪深 300 股指期货所有合约的交易保证金统一调整为 12%。

其他条款比较容易理解，在这里不做赘述，同学们可以自行练习。

2．我国的期货交易所及对应的上市品种

目前我国共有四家期货交易所。

(1) 郑州商品期货交易所。目前在该所上市交易的期货品种有普通小麦、优质强筋小麦、早籼稻、晚籼稻、粳稻、棉花、油菜籽、菜籽油、菜籽粕、白糖、动力煤、甲醇、精对苯二甲酸(PTA)、玻璃、硅铁和锰硅。基本形成的综合性品种体系覆盖农业、能源、化工、建材和冶金等国民经济重要领域。

(2) 大连商品交易所，目前上市交易的品种有玉米、黄大豆 1 号、黄大豆 2 号、豆粕、豆油、棕榈油、鸡蛋、纤维板、胶合板、线型低密度聚乙烯、聚氯乙烯、聚丙烯、焦炭、焦煤和铁矿石共计 15 个期货品种。

(3) 上海期货交易所，目前上市品种有黄金、白银、铜、铝、锌、铅、螺纹钢、线材、燃料油、天然橡胶、石油沥青、热轧卷板等 12 种期货合约，并推出了黄金、白银和有色金属的连续交易。

(4) 2006 年成立的中国金融期货交易所，目前上市品种为沪深 300 指数期货和 5 年期的国债期货。

3. 期货头寸能否长期持有

期货头寸是不能长期持有的，在期货交易中，期货合约是有期限的，目前国内商品期货的合约期限为 12～18 个月。商品期货合约到期，所有未平仓的期货合约必须进行实物交割，并且需要交付或者接受增值税专用发票。所以，投资者如果不想或者不能进行实物交割、无法交付或者接受增值税专用发票，就应该在交易所规定的期限前平仓，而不是像在股市里那样，只要上市公司不退市，就能一直持有股票。另外，在期货交易中，采用的是保证金交易和当日无负债结算制度，如果投资者行情方向判断错误，不能及时平仓，可能会面临保证金不足，在规定时间内，不能追加保证金的话，可能会面临被强制平仓，造成过大损失。

4. 期货投资者应具备的心理素质

无论是期货还是股票，资本市场的投资者所具备的素质是一样的，一要冷静，二要客观，三要淡泊名利，四要严格自律，五要善于思考总结，六要坚持按交易原则操作。

在实际操作中，交易者最重要的就是要遵守纪律。守纪律的含义就是要有原则地去进行交易。在所有交易原则中，普通投资者必须遵守的两点：一是止损原则，二是获利平仓原则。有人说，不懂得止损就等于不会做期货，可见止损的重要性。另一个就是获利平仓，让自己的资金稳步增长。

有人说，做投资就是做心态，所以培养良好的交易心态也是必需的。首先，尽量以平常心参与交易。任何投资者参与期货交易，其目的都是为了获利，但关键在于如何看待实现目的的过程。其次，克服“想盈怕输”的心理。最后是通过理性操作方法克服人性的贪婪和恐惧的弱点。我们可能无法做到大彻大悟，但完全可以通过制定交易纪律(操作方法)的形式回避这些心理弱点可能给我们带来的危害，如通过计划入市来克服恐惧，通过止损和获利平仓来扼制贪婪。

实践 7.2　期货行情解读

在期货市场投机，就是利用价格的上下波动来获取收益，因此行情分析很重要。进行行情分析，必须能够解读期货行情表所提供的期货交易的相关信息。了解各个要素所代表的含义，会看常见的期货行情图。

【分析】

(1) 下载安装期货行情软件，熟练操作。

(2) 对期货行情表的各个要素进行解读。

(3) 熟悉常见的几种期货行情图。

【参考解决方案】

1. 行情软件的下载

出于申请模拟账户的考虑，本实践选择中财期货博易大师 5 交易版(模拟)，登录 http://www.zcqh.com/fzkh_r.php 进入软件下载界面，如图 S7-1 所示。

图 S7-1　选择软件下载

下载完成后进入安装，安装完毕，显示登录界面，如图 S7-2 所示。

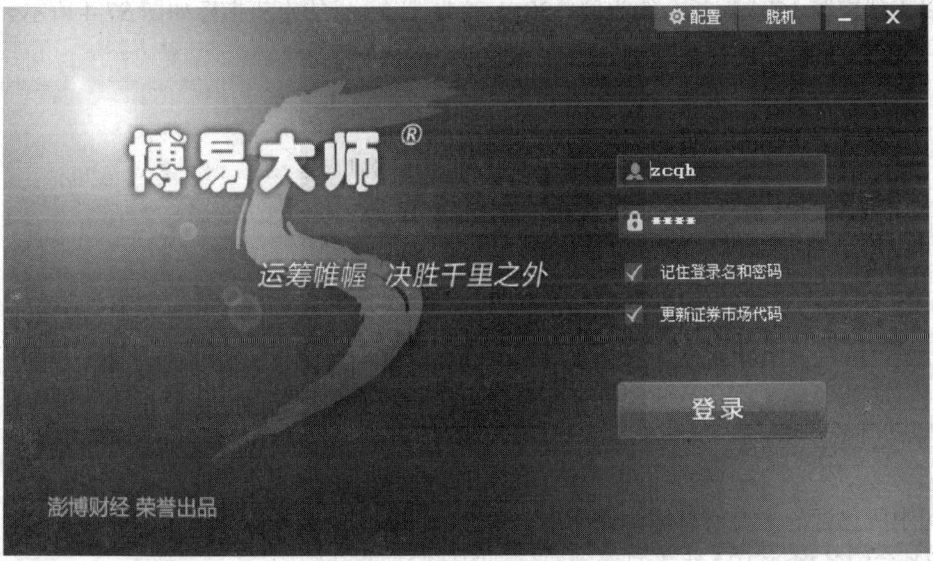

图 S7-2　登录界面

期货账号和密码统一默认为：zcqh。登录进入行情走势界面。

申请模拟账户，可以登录 http://www.zcqh.com/yykh.php，选择仿真预约开户，选择商品模拟，填写相关资料，如图 S7-3 所示，完成提交即可。

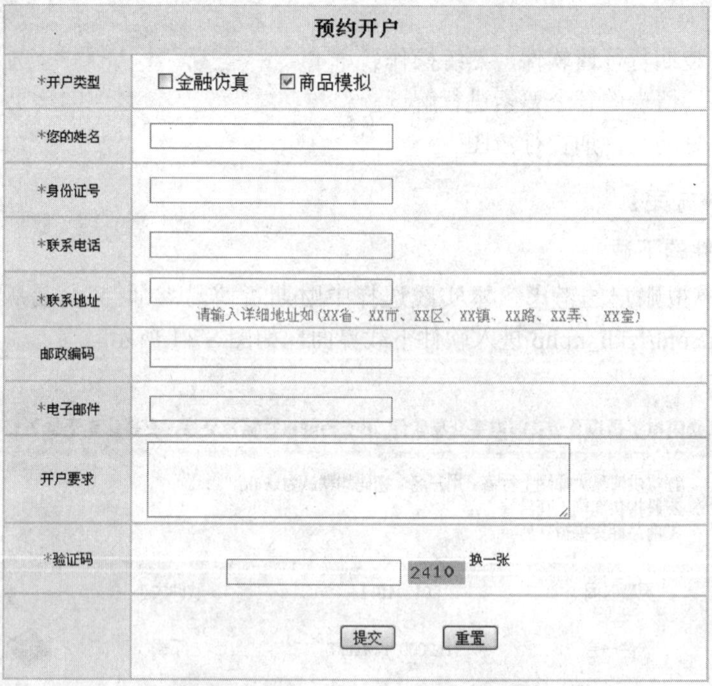

图 S7-3　仿真账户的申请资料

2. 行情解读

以天然橡胶 1501 期货合约为例，2014 年 11 月 18 日的走势指标如图 S7-4 所示。

图 S7-4　橡胶 1501 的期货合约

图中所包含的主要信息解读如下：

(1) 合约名称：2015 年 1 月份到期交割的橡胶期货合约。

(2) 该合约 2014 年 11 月 18 日当天收盘时的卖价为 1250 元/吨，卖量为 120 手。

(3) 当天收盘时买价为：1249.5 元/吨，买量为 12 手。

(4) 持仓量是多空双方持仓量总和，总量为 176 464 手。

(5) 仓差：表示今天与昨天相比总持仓量的增减，表明今天持仓较昨天减少了 194 手。

3. 常见的期货行情图

常见的期货行情图有分时图、K 线图等。

(1) 分时图。分时图是指在某一交易日内，按照时间顺序将对应的期货成交价格进行连线所构成的行情图。天然橡胶 1501 合约的分时行情图如图 S7-5 所示。

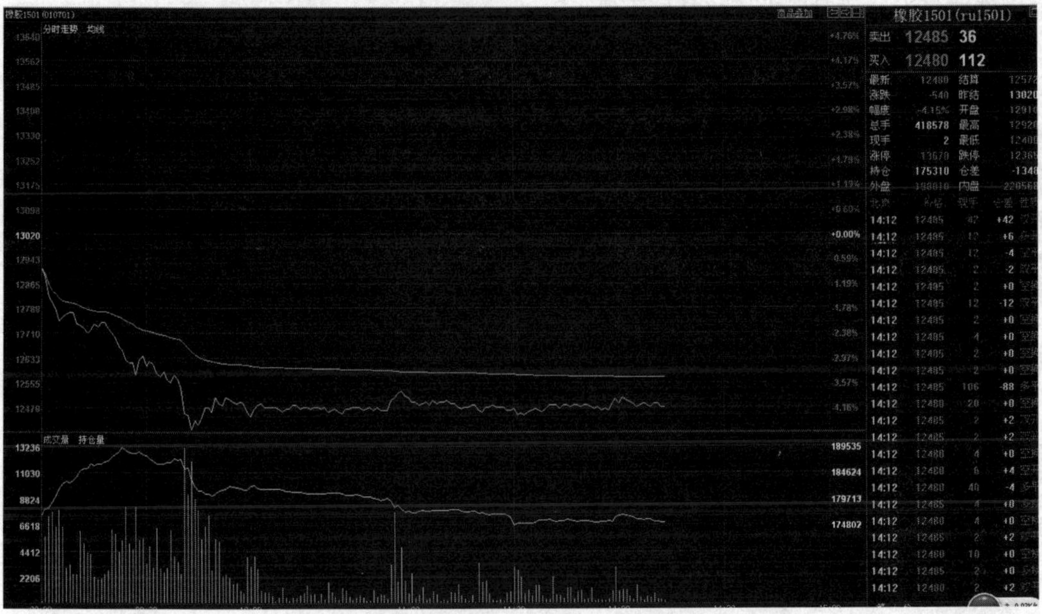

图 S7-5　天然橡胶 1501 合约分时图

(2) K 线图。K 线图也称蜡烛图，起先是应用在股票价格走势的分析中，经过 300 多年的发展，已经广泛应用于股票、期货、外汇、期权等市场。天然橡胶 1501 合约的日 K 线，如图 S7-6 所示。

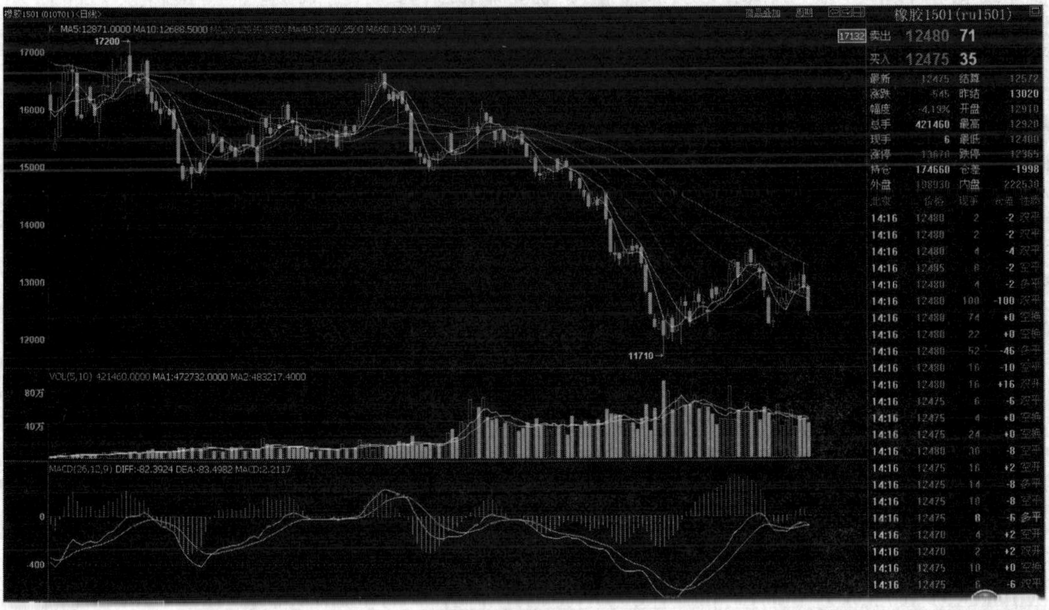

图 S7-6　天然橡胶 1501 合约的日 K 线图

K 线图中的每一根 K 线标示了某一交易时间段中的开盘价、收盘价、最高价和最低价。根据单根 K 线时间长短不同，可以画出不同时间段的 K 线图进行分析，如 5 分钟 K 线、15 分钟 K 线、30 分钟、60 分钟、日 K 线、周 K 线、月 K 线等不同的 K 线图。

根据天然橡胶的最近走势搜集资料分析影响天然橡胶期货价格的因素有哪些？什么原因造成最近一段时间的价格持续下跌？

实践 7.3　期货信息收集

收集整理期货市场信息及各类相关经济信息，研究分析期货市场及相关现货市场的价格及其相关影响因素，研判期货行情走势，是制定期货交易策略的前提。期货从业人员应具备一定的期货信息收集和研判能力。

【分析】

(1) 收集整理期货相关信息。

(2) 解读各类期货投资报告。

(3) 提供期货信息咨询服务。

【参考解决方案】

1. 期货信息分类

期货信息包括内幕信息和公开信息。内幕信息是指可能对期货交易价格产生重大影响的尚未公开的信息，包括国务院期货监督管理机构以及其他相关部门制定的对期货交易价格可能发生重大影响的政策，期货交易所做出的可能对期货交易价格发生重大影响的决定，期货交易所会员、客户的资金和交易动向以及国务院期货监督管理机构认定的对期货交易价格有显著影响的其他重要信息。普通投资者是无法获得内幕消息的，并且内幕消息也是非法的。实际上，普通投资者获得的内幕消息往往是小道消息，对期货交易参考价值不大，投资者不可轻信。期货相关公开信息大致可分为四类：一是期货价格(行情)信息；二是期货交易信息，指期货交易所发布的涉及交易的信息，如公告、通知等；三是期货行情分析信息，如各种市场分析报告、投资策略、市场评论等；四是影响期货价格的相关信息。影响期货价格的相关信息很多、来源广泛，如表 S7-2 所示。

表 S7-2　期货信息及其来源

期货信息种类	信 息 来 源
期货价格信息	期货交易软件、期货交易所、财经网站、期货公司网站
期货交易信息	国内外期货交易所
期货行情分析信息	财经网站、期货专业网站、财经类报纸、杂志、期货投资咨询公司、期货公司
影响期货价格的相关信息	国内外政府部门、期货交易所网站、相关行业网站、财经网站、财经报纸、杂志、现货市场、专业机构及各种小道消息

搜集期货信息主要的方法包括网络搜索、电话调查、实地调查、专业咨询等。读者可以通过浏览网站、阅读文件、报纸、杂志等文献资料，也可以通过收听广播、观看电视、参加会议交流、现场调查研究、深度访谈、向有关单位或个人发信请求帮助等途径获得所需信息。

期货市场对信息具有高度的敏感性，期货信息具有产生突发性、传播快捷性、受众群体性、影响广泛性和时效短暂性的特征，对期货价格有重要的影响。

投资者需要注意影响期货价格的相关信息会很快反映到期货价格走势中，公开信息往往已被市场消化，因此，在公开信息中挖掘未被市场反映的信息和获取第一手的信息才具有实际意义。实地调查是获得第一手信息的较好方法。

2．期货价格(行情)信息

在信息和网络技术高度发达的今天，通过期货软件、网络、手机等可以方便的获取期货行情信息。其中下载期货软件是获取期货行情信息最快、最好的方式，当然也可以通过浏览财经网站、期货专业网站、阅读财经报纸杂志等获得相关信息。

3．期货交易信息

期货交易信息是交易所公告、交易提示、通知以及期货交易规则、制度的调整等与交易相关的信息。

4．期货行情分析信息

期货行情分析信息指各种市场分析报告，如机构和市场专业人士撰写的年度、半度、季度、月度投资策略或投资分析报告，各种周评、日评、午评、早评等，这些信息是投资者的重要参考资料。

5．影响期货价格的相关信息

影响期货价格的相关信息主要包括：

(1) 供求状况，如期初库存、本期产量和进口量、国内消费量、出口量和期末库存的变化。

(2) 宏观经济状况，如经济周期、GDP 增长率、物价、利率等变化。

(3) 政治因素，包括国际国内政治局势、国际性政治事件的爆发及由此引起的国际关系格局的变化．各种国际性经贸组织的建立及有关商品协议的达成、政府对经济干预所采取的各种政策和措施等。如政变、内战、罢工、大选、劳资纠纷、战争、冲突等因素均会影响期价。

(4) 政策因素，如货币政策和财政政策、生产、消费和储备政策、贸易政策、政府对期市的干预以及相关国际组织、行业组织的协定，如 OPEC 增产、减产对油价的重大影响。

(5) 相关市场价格，如现货市场、国际市场相关价格的变化。

(6) 自然因素，包括气候条件、地理变化和自然灾害，如地震、洪涝、台风等。

(7) 心理和投机因素。大户动向、机构持仓、市场操纵对期价的影响。期货交易中的价格预期和投机心理对期货价格波动具有极强的推波助澜、加剧波动的作用。

投资者可重点关注政府部门、行业、现货网站、期货公司、财经网站的有关信息，相关现货的网站一览如表 S7-3 所示。

表 S7-3 相关现货网站一览

品 种	相 关 网 站
农产品	中国大豆网、中国棉花网、中国玉米市场网、中国菜籽信息网、中国橡胶市场网、中国粮油商务网、中国农业信息网、上海大宗农产品市场网、中国橡胶商情网、美国农业部、联合国粮农组织、加拿大农业及农食品部、马来西亚棕榈油局
金属产品	中金网、中铝网、中国铜网、上海有色网、全球金属网、中国有色金属信息网、上海黄金交易所、上海金属网
能源化工产品	中国石油网、世界石油网、中国石油和化工网、国际能源网、全球石油化工网、中国石油化工信息网
金融产品	中国证券网、东方财富、和讯网、国内外相关交易所、中国外汇网、搜狐财经等

实践 7.4 豆粕投资分析

对大连商品期货交易所上市的交易品种豆粕进行投资分析，主要从基本层面分析来研判 2014 年 9 月份以后的价格走势。

【分析】

(1) 从大豆的供给和需求角度分析。

(2) 通过豆粕连续行情走势，利用技术分析来研判未来走势。

(3) 得出结论。

【参考解决方案】

目前美国豆产区良好天气状况继续提振产量预期，本年度美豆丰产已成定局，美国天气炒作因素逐渐淡化，新豆集中上市后将明显改善美国大豆供应，全球大豆增产带来的供应压力仍有待时间消化，预计未来 2～4 个月豆粕期价将维持弱势格局。

1. 基本面分析

(1) 美国农业部报告奠定大豆供应增长格局。

当前市场关注的焦点是美国中西部地区的天气以及大豆作物状况。越来越多的报告显示，由于 8 月份降雨理想，大豆作物颈部长高，豆荚数量增加，抵消了病虫害传播引发的担忧。美国农业部发布作物进展周报显示，截至 8 月 24 日，美国大豆评级优良的比例为 70%，低于一周前的 71%，但仍然是过去 22 年来的同期最高评级。美国大豆单产强劲，美国农业部已经预期今年美国大豆产量将会达到 38.2 亿蒲式耳，大豆单产达到 45.4 蒲式耳/英亩，均为创纪录水平，汇总自 2001 年至 2014 年大豆的优良率和单产量数据如图 S7-7 所示。

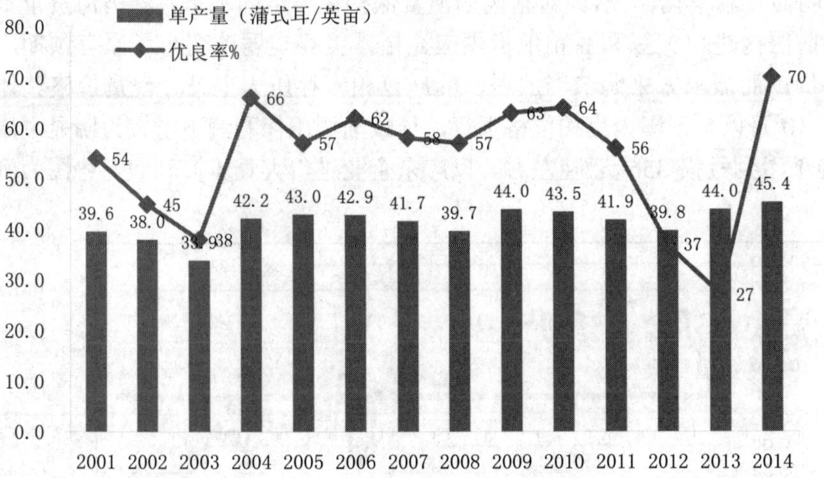

图 S7-7　美国大豆历年优良率和单产量

由于美国大豆丰产，德国汉堡的行业刊物《油世界》在最新一期的月报里称，2014/15 年度全球大豆产量预计为 3.122 亿吨，略高于早先预测的 3.121 亿吨，也高于去年产量 2.838 亿吨。油世界指出，由于美国大豆产量有望创下历史最高纪录，而竞争对手巴西的大豆库存异常偏低，因而买家可能转向采购美国大豆，从而导致未来几个月美国大豆出口步伐有望加快。2014/15 年度(9 月到次年 8 月)美国大豆出口量将达到创纪录的 4630 万吨，高于去年的 4465 万吨。相比之下，美国农业部预计 2014/15 年度美国大豆出口量为 4559 万吨。今年美国大豆产量可能在新市场年度的前 4 到 6 个月内迅速消化。美国农业部的周度销售报告显示，截至 2014 年 8 月 21 日，2013/14 年度美国对中国大陆大豆出口装船量为 2760.22 万吨，比去年同期的 2152.24 万吨增长 28.2%，增幅和前一周持平。

(2) 中国大豆需求有下降的迹象。

作为全球最大的大豆进口国，2013/14 年，中国共进口大豆约 6900 万吨，相比上一市场年大幅增加 1000 万吨。而 2014/15 年，美国农业部进一步认为中国大豆进口美豆将达到创纪录的 7400 万吨。海关数据显示，2014 年 7 月进口大豆 748 万吨，同比增长 28 万吨。2014 年 1—7 月份大豆进口量为 4167 万吨，较去年同期增加 20%。1—7 月份鱼粉大豆预计走货量为 3987 万吨，较去年同期增加 16%，预计 1—7 月份豆粕消费为 2988 万吨，较去年同期增加 14%。截至 8 月 26 日，进口大豆港口库存为 679 万吨，预计国内大豆库存压力在较长时间仍难以减轻。另一方面，在巨量的进口大豆面前，国内 1200 万吨的产量显得微乎其微。目前，国内进口大豆多数是通过芝加哥商品交易所旗下的 CBOT 进行点价交易，按照法律法规要求，进口大豆必须全部用于压榨。受经济增长放缓、肉类需求下滑的影响，下游饲料、养殖、餐饮等行业均不景气，导致市场对豆粕的需求持续低迷。农业部数据显示，截至 7 月份，生猪存栏量为 43024 万头，较 6 月份增加 129 万头，连续两个月存栏量上升，但仍属于历史低位区间。在养殖户压栏惜售心理增加、屠宰企业收购压力明显、节日市场终端消费偏强的背景下，目前猪价整体上扬。各地区均突破 14 元/公斤大关，部分地区已达到 16 元/公斤左右。随着生活水平的提高，猪肉消费淡旺季已经明显“扁平化”，居民对猪肉的消费保持在一定的水平，猪肉消费量不会有大的变化。当前国内进口大豆和豆粕现货供应充裕，美豆走弱改变市场原有预期，贸易商积极低价出货，而需求方采购节奏放缓，油厂豆粕库存压力上升，现货价格整体回落明显。2013 年 10 月以来，国内豆粕价格下行，导致油厂压榨利润下滑较为明显，压榨利润从 400 元/吨下滑到亏损 356 元/吨左右。以广东企业进口大豆压榨利润走势图为例，如图 S7-8 所示。

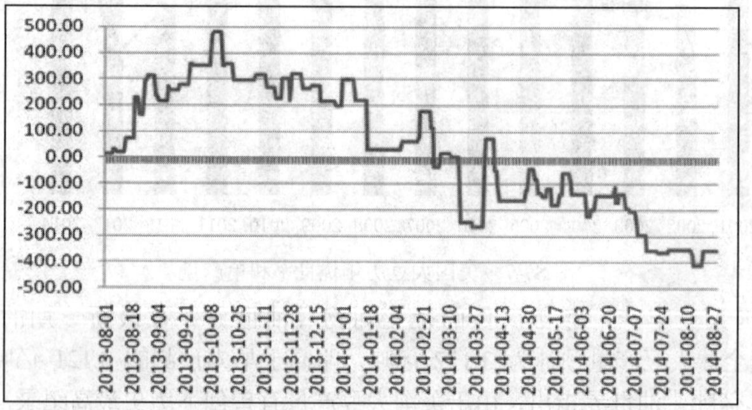

图 S7-8 进口大豆(广东)压榨利润走势图 单位：元

(3) 豆粕价格的季节性波动。

豆粕生产销售与季节性变化紧密相关，豆粕价格的季节性波动，主要是由于大豆价格和天气因素影响具有季节性。通过每年 12 个月中，豆粕价格的变动规律大体可以把握豆粕的价格走势。每年 10 月至 11 月是美国大豆收获季节，市场供给较为充裕，产量和单产等数据即将尘埃落定，大豆价格上扬炒作热点消失。根据对 2004 年至 2013 年豆粕主力合约月度涨跌的统计，可以发现，10 月和 11 月的下跌概率超过了 61.5%，具体如表 S7-4 所示。

表 S7-4 2004 年至 2013 年豆粕主力合约涨跌统计

月份	上涨年数	下跌年数	下跌概率
1 月份	6	7	53.8%
2 月份	8	5	38.5%
3 月份	7	6	46.2%
4 月份	4	9	69.2%
5 月份	8	5	38.5%
6 月份	9	4	30.8%
7 月份	8	5	38.5%
8 月份	9	4	30.8%
9 月份	6	7	53.8%
10 月份	5	8	61.5%
11 月份	5	8	61.5%
12 月份	7	6	46.2%

(4) 其他分析。

根据德国汉堡的行业刊物《油世界》总编辑托马斯·梅尔科表示，当前豆粕价格定价过高，未来三到四个月里可能下跌 10%。

根据黑龙江省大豆协会副秘书长王小语介绍，由于非转基因大豆采购成本高，其出油率、出粕率又与进口的转基因大豆基本相同，所以黑龙江省加工非转基因大豆的企业几乎都亏损。多数豆企停工停产，今年二季度实际开工企业只有 5 家，约占全省的三十分之一。统计显示，上半年加工进口大豆的沿海油厂每吨大豆盈利 40 元左右，但加工非转基因大豆的企业每吨亏损 500 多元。

2. 技术分析

豆粕指数自 2014 年 7 月 1 日跳空低开收出大阴线，从此步入下跌通道，于 7 月 23 日最低跌到 3233 点，随后开始反弹，但反弹力度不大，最高仅上摸至 7 月 30 号的 3371 点。当前技术形态处于下跌通道，下一个支撑位为今年 3 月 17 日的 3178 点，若继续向下跌破，则有可能挑战 2011 年 11 月 25 日的最低点 2740 附近，具体如图 S7-9 所示。

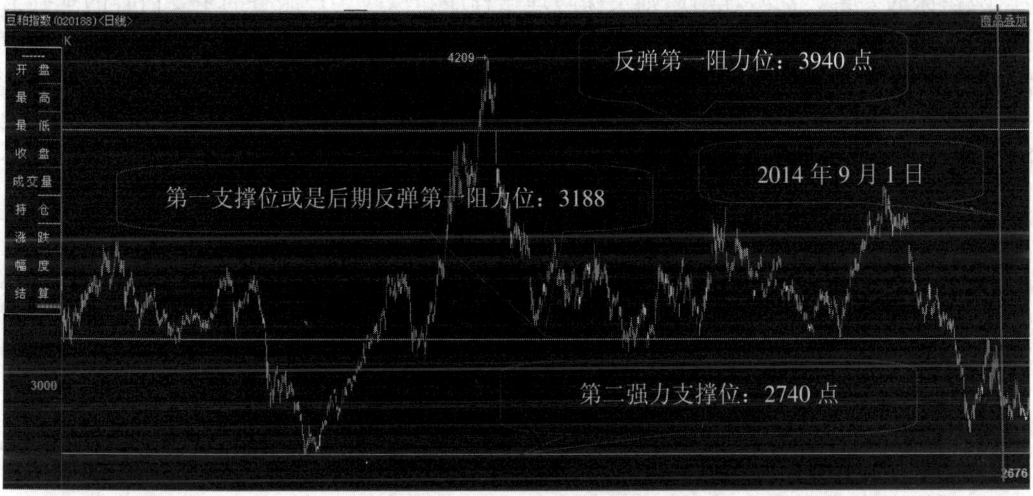

图 S7-9　豆粕指数(020188)的技术分析

3. 得出结论

豆粕实际操作中也应注意到影响豆粕走势的突发性因素，例如，2013 年一季度国内爆发的“禽流感”对于养殖业的冲击，豆粕作为禽类及生猪的主要蛋白类饲料也受到较大影响，但禽流感疫情得到控制后豆粕价格重拾升势。

综上所述，豆粕当前仍处于供应增长的利空环境中，豆粕价格处于易跌难涨阶段，可以考虑对主力合约做空。

拓展练习

利用自己申请的模拟账户，买卖一种期货品种，记录操作过程中的得失，结合对该品种的投资分析撰写一篇实验报告。

实践 8 保险公司业务

实践指导

本实践是在掌握保险营销的基本方法、保险承保的主要内容及程序、人寿保险和财产保险核保的要素、保险理赔原则及保险理赔程序和保险客户服务的主要内容的基础上进行的，通过财产保险的销售使学生掌握保险销售的实务流程。通过介绍中国太平保险公司推出的两款寿险产品，使学生对保险公司的产品有初步的了解。

实践 8.1 财产保险的销售

财产保险运行的五大环节(销售、承保、防灾防损、再保险和理赔)相互联系、相互依赖。销售是财产保险运行的前提和基础，保险人只有通过销售才能争取到众多的投保人，才能达到以众人之力补偿少数人损失的目的。我国保险销售渠道主要分为直接销售和间接销售。

【分析】

(1) 熟悉保险销售实务流程。

(2) 利用网络资源，掌握保险营销话术。

(3) 挑选两名同学各以投保人和保险人的身份进行现场保险产品的销售训练。

【参考解决方案】

1．保险销售流程

1) 寻找准客户

准客户：有经济能力、有决定权、有保险需求、身心健康、容易接近、有爱心和责任感。寻找准客户的方法包括：

(1) 缘故法：通过各种社会关系认识的人称为缘故法，销售成功的机会较大。

(2) 转介绍：请别人推荐，例如客户介绍客户，有影响力人士的运用。

(3) 陌生法：用于不认识的人，此方法的益处在于客户的来源很多，而且能够锻炼胆量和接触技巧。

2) 初步接触

初步接触时要做好准备工作，包括：

(1) 个人准备：衣着、谈吐、礼仪、时间的安排等。

(2) 客户资料准备：家庭背景、现有的保障、个人的性格爱好等，越详细越好。

(3) 展业工具：名片以及涉及的展业资料，如条款、投保单、费率表、计算器等工具。

(4) 选择恰当的时间地点：要事先电话约访，熟悉对方的时间，上班空闲等，无特殊情况避免在午休和双休日约客户，要做一个识趣的拜访者。

(5) 电话预约：要目的明确，言辞简洁，语气坚定。

接触的常用方法包括：

(1) 开门见山：一开始就道明来意，直奔主题。

(2) 讨教法：用讨教问题的形式与客户进行接触。

(3) 以故事引入法：以最近社会上的热点新闻或者我们生活中发生的故事引导与客户进行接触。

(4) 介绍法：利用介绍关系去接触客户，也称为转介绍。

(5) 推广新险种：利用公司推出的新险种作为与客户接触的话题。

(6) 休闲活动法：通过参加各种聚会、活动结交更多的朋友。

(7) 问卷调查法：通过调查市民对保险商品和服务的需求为主题，采用问卷的形式接触客户。

3) 帮助他们认识问题并激发购买欲望——即需求分析

探询客户需求，首先从客户资料以及对客户的观察来初步判断其可能的需求，最终还是以提问的方式来加以确认。

4) 提供信息与方案——即提出建议

以我们专业的知识为客户量身定做方案，设计方案的时候尽量站在客户的角度，多问自己如果我是客户需要什么保障，方案尽量全面让客户做减法，因为消费者在减法选项呈现框架下会选择更多数量和更高总金额的附加服务。

5) 帮助做出购买决定——即促成交易

促成是销售流程的关键步骤，再多的资料搜集计划与准备，最终体现在促成是否成功。促成的方法主要有：

(1) 推定承诺法：假设我们的解说已经很详细而且客户也被说动，就应该着手投保单的填写。

(2) 默认暗示法：在感觉促成时间出现时，不要犹豫迟疑，肯定客户对保险的认同。

(3) 利益驱动法：因为很多人都有怕吃亏，爱占小便宜的潜意识，所以可以利用一些优惠措施，让客户体会现在投保是最好的时机。

(4) 二择一法：由客户做出决定。

6) 确保客户满意——即售后服务

这是专业化销售流程的最后一个环节，好的售后服务可以给你带来忠诚的客户群，也可以带来更多的客户。通常可分为两种：

(1) 定期服务：定期做服务，让客户感觉我们时刻关心着他。

(2) 不定期的服务：过年过节电话联系客户建立感情，给客户提供感兴趣的咨询，通过一些小事，收到大的效果。

2. 保险销售话术

销售话术即说服技巧，是指销售员通过信息传递，让对方改变观点的过程。保险的销售话术就是把正确的保险意义与功用以客户喜闻乐见的方式、方法，组织语言传递出去。毋庸置疑，如果话术到位、切入及时，可以扭转客户的消极观念，从而使其正确理解保险。

既然话术是一种传递，那么面对性情不同、想法不同、脾气不同、爱好不同、环境不同以及心情不同的人，传递相同的意思但运用的语言一定是不同的，比如讲解疾病和风险，对有知识、能客观看待生命的人，保险销售人员可以比较直接传递保险的意义，如“每年存入一点钱，就可保证一旦有疾病或意外出现随时有一大笔钱可用；如果一生无恙，后人仍可领回这笔钱，只当储蓄何乐而不为？”但对于犯忌讳和迷信的人就不能这么直说，可以换一种这类人能理解接受的词语来表达，如“破财免灾，你看我们每年都要花些香火钱吧，只当是给疾病意外的一些香火钱，真有病了还能有一大笔钱可用呢！如果老天真保佑我们平平安安，最后还可给后人一大笔呢！”这可能就是我们说的什么样的人就予以什么样的对待。但要切记，不管怎么传递保险的功用，都不能错误传递、夸大和歪曲保险的功能。

3. 保险销售

可以挑选任意一家保险公司的产品，对产品进行全面了解后，开始做销售练习。宣传保险产品，一般包含本公司的品牌优势、实力优势、信用优势和服务优势；本公司机构网络、人才技术、名优工程等优势；所推销保险产品的特色和价格(费率)等内容。

实践 8.2　人寿保险产品特色分析

人寿保险是人身保险的一种，是以被保险人的寿命为保险标的，且以被保险人的生存或死亡为给付条件的人身保险。最初的人寿保险是为了保障由于不可预测的死亡所可能造成的经济负担，后来，人寿保险中引入了储蓄的成分。人寿保险作为一种兼有保险、储蓄双重功能的投资手段，越来越被人们所理解、接受和钟爱，各保险公司也陆续推出各具特色的人寿产品。示例利用网络资源，仔细阅读了太平洋红福宝两全保险和太平财富升平终身寿险(分红型)，概括了这两个产品的特色。

【分析】

掌握人寿产品的相关保险利益及特点。

【参考解决方案】

1. 太平洋红福宝两全保险

保险三巨头之一的太平洋保险公司推出的红福宝两全保险(分红型)主要满足广大客户对子女教育、婚嫁、创业、养老等中长期理财需求，它更注重理财，其次才是保障。作为一款新型的期缴分红产品，它打破了传统期缴产品缴费期长、缴费期与保险期相同的惯例，将缴费期限与保险期限分离，大大缩短了缴费期。具体如表 S8-1 所示。

表 S8-1　太平洋红福宝两全保险(分红型)

太平洋红福宝两全保险(分红型)		
该产品是由太平洋保险公司推出的一款保障理财型保险，特点突出		
承保年龄	出生满 90 天至 70 周岁	
保障期间	保险期限可长至 10 年、20 年、30 年	
交费方式	3 年、5 年交	
保险责任	生存保险金	如被保险人生存，自合同生效日起，每经过 2 个保单年度，按基本保险金额的 10%给付一次生存保险金，直至保险期间届满。首期生存保险金于合同第 2 个保单年度末给付
	意外身故保险金	如被保险人遭受意外伤害，并自该意外伤害发生之日起 180 日内以该次意外伤害为直接原因导致身故，合同终止。按如下约定的金额给付“意外身故保险金”：“意外身故保险金”=2×基本保险金额×被保险人身故时合同已经过的保险费应交期数。按条款约定给付“意外身故保险金”的，将不再给付“身故保险金”
	身故保险金	在合同生效或最后一次复效(以较迟者为准)之日起一年内，如被保险人身故，合同终止。按如下约定的金额给付“身故保险金”：“身故保险金”=您已交纳的保险费总额。在合同生效或最后一次复效(以较迟者为准)之日起一年后，如被保险人身故，合同终止。按如下约定的金额给付“身故保险金”：“身故保险金”= 基本保险金额×被保险人身故时合同已经过的保险费应交期数
	交通工具意外身故保险金	如被保险人以乘客身份乘坐经营客运业务的公共交通工具，在交通工具内遭受意外伤害，并自该意外伤害发生之日起 180 日内以该次意外伤害为直接原因导致身故，或者被保险人驾驶或乘坐非营运机动车，在车厢内遭受意外伤害，并自该意外伤害发生之日起 180 日内以该次意外伤害为直接原因导致身故，合同终止。按如下约定的金额给付“交通工具意外身故保险金”：“交通工具意外身故保险金”= 3×基本保险金额×被保险人身故时合同已经过的保险费应交期数。按条款约定给付“交通工具意外身故保险金”的，“身故保险金”和“意外身故保险金”均不再给付
	满期保险金	如被保险人在合同保险期间届满时仍然生存，合同终止。红利事项：在合同有效期间，每年根据本保险业务经营状况确定红利分配方案，并于每年合同生效日对应日分配红利。红利采用累积生息方式，即每年分得的红利按公司公布的累积利率以复利方式累积生息，在合同终止时给付。发生身故给付或退保时，给付累积到上一个合同生效日对应日的累积红利
	保单红利	分红是不保证的

该产品的具体优势主要表现在六个方面：

(1) 适保人群广，可给子女、孙辈投保，也可为自己或父母投保。

(2) 缴费短，3 或 5 年即可完成缴费。

(3) 保障功能强，最高三倍意外保障。

(4) 领取多，每2年就可领取一次生存保险金，也可存于账户累积生息。

(5) 保险期限灵活，可自主选择10、20或30年存取方式。

(6) 收益丰厚，兼有理财功能，每年可获得可观红利，若不提取按复利计息，是一款适合不同客户需求的新型两全理财产品。

2. 太平财富升平终身寿险(分红型)

太平财富升平终身寿险(分红型)是一款高性价比的终身寿险产品。低保费高保障，提供公共交通与私家车驾乘的双倍赔付，45 周岁(含)以下享有 100 万保额免体检。产品特色表现为：生命价值，终身守护；专项保障，双倍赔付；增额助力，水涨船高；百万身价，轻松获享。具体如表S8-2所示。

表S8-2 太平财富升平终身寿险(分红型)

<table>
<tr><td colspan="3">太平财富升平终身寿险(分红型)</td></tr>
<tr><td colspan="3">身故保障、双倍赔付、百万身价、轻松获保</td></tr>
<tr><td>适用人群</td><td colspan="2">出生28天至65周岁</td></tr>
<tr><td>保障期限</td><td colspan="2">终身</td></tr>
<tr><td>交费方式</td><td colspan="2">5年、10年、20年、30年</td></tr>
<tr><td rowspan="5">保障利益</td><td>一般身故保险金</td><td>若被保险人身故，将按以下方式进行赔付：18 周岁前，无息返还已交保费；18 周岁后，等待期内，无息返还已交保费；等待期后，按基本保险金额与累积红利保险金额之和给付</td></tr>
<tr><td>私家车驾乘意外身故保险金</td><td>若被保险人因驾驶或乘坐私家车期间发生交通意外伤害事故，且自事故发生之日起 180 日内因该事故导致身故。将按以下方式进行赔付：18 周岁后，70 周岁后首个保单周年日前，按基本保险金额和累积红利保险金额之和的 2 倍给付；70 周岁后首个保单周年日后，按基本保险金额和累积红利保险金额之和给付</td></tr>
<tr><td>公共交通意外事故保险金</td><td>若被保险人因乘坐公共交通工具期间发生交通意外伤害事故，且自事故发生之日起 180 日内因该事故导致身故。将按以下方式进行赔付：18 周岁后，70 周岁后首个保单周年日前，按基本保险金额和累积红利保险金额之和的 2 倍给付；70 周岁后首个保单周年日后，按基本保险金额和累积红利保险金额之和给付</td></tr>
<tr><td>保单红利</td><td>本产品的分红方式为增额分红，红利分配包括年度红利和终了红利。年度红利以增加保险金额的方式实现，增额部分也参加以后各年度的红利计算；满期、身故或其他原因导致合同终止的，将根据分红保险业务的实际经营状况进行核算，以现金方式给付终了红利</td></tr>
<tr><td>保单贷款</td><td>特设保单贷款功能，最高金额可达合同现金价值净额的 90%，贷款期间仍享受增额分红利益及保障利益(合同中止期间除外)</td></tr>
</table>

拓展练习

搜集保险公司推出的保险产品，挑选自己比较感兴趣的品种，撰写分析报告。

实践 9　金融信托与租赁

实践指导

本实践是在掌握信托投资公司的业务经营范围和种类、金融租赁公司的业务类型和租赁业务的操作流程的基础上进行的，通过信托业务的应用实例加深对个人信托的认识；通过对贷款类、投资类、融资租赁类集合资金信托计划的案例进行分析，加深对信托公司集合资金信托计划实务的认识；通过对融资租赁案例的学习，加深对融资租赁功能和租赁程序的掌握。

实践 9.1　信托业务应用实例

通过个人遗嘱信托的应用实例，了解个人信托业务的具体运用过程，从而加深对信托业务实务的认识。

【分析】

通过个人遗嘱信托的应用案例，理解个人遗嘱信托的设计原理。

【参考解决方案】

遗嘱信托是一个人立下遗嘱，将自己的遗产打包组成一个基金或者几个基金，并把它们委托给专业人士，由专门的机构进行打理。继承人作为受益人享受这些财产所产生的收益。这样，遗产本身永远不会被继承人轻易挥霍殆尽，而能代代相传。国内外运用遗嘱信托的案例很多，现列举一二，用于帮助理解个人遗嘱信托的设计原理。

西方的卡耐基、肯尼迪、洛克菲勒家族，为什么历经百年不衰，不仅没有因为创始人的让位、辞世而分崩离析，经过几代继承人也没有被切割分散，反而日益壮大呢？最大的原因是他们成功运用了遗嘱信托。

洛克菲勒等家族依靠信托，打破了“富不过三代”这个“魔咒”。他们的具体做法是：在其家族成员没有能力管理和掌控庞大的家族财产时，把财产以信托的方式，委托给了有能力的专业机构或人员进行管理，如洛克菲勒之父设立的著名的“1934 年信托财产”，就构成了洛克菲勒家族传承的主要财富。

香港艺人肥肥(沈殿霞)也采用了遗嘱信托的方法。肥肥去世时留下资产无数，除了香港、加拿大等地的不动产，还有银行户头资产、投资资产和首饰等，资产净值达 1 亿港元。鉴于当时其女郑欣宜刚满 20 岁，没有经验处理多种不同类型的资产项目，她在去世前已订立信托，将名下资产以信托基金的方式运作，并指定了资金用途的大方向。例如，等到郑欣宜结婚时可以领走一定比例的资金，或是一笔固定金额，如 1000 万港元等。这样就可以避免郑欣宜一下子把遗产花光。而且，将钱与不动产信托在受托人名下，动用时必须经过所有监察人同意，这样一来，可以避免别有用心的人觊觎郑欣宜继承的庞大财产。

在西方，遗嘱信托经常被比喻为“从坟墓里伸出来的手”，是指遗产委托人可以在死后继续按其遗愿操控信托资产的安排。从某种意义上说，遗嘱信托解除了富人们对“富不过三代”的担忧，弥补了许多财产制度的不足。财产的所有者不仅可以通过信托设计实现自己的各种未了的心愿，而且能够通过信托这一工具将财富传承的风险降到最低。目前在西方发达国家，个人信托已经占到了全部信托市场 70%左右。

实践 9.2　集合资金信托计划案例分析

通过对贷款类、投资类、融资租赁类集合资金信托计划的案例进行分析，加深对信托公司集合资金信托计划实务的认识。

【分析】

(1) 对贷款类集合资金信托计划的案例进行分析。

(2) 对投资类集合资金信托计划的案例进行分析。

(3) 对融资租赁类集合资金信托计划的案例进行分析。

【参考解决方案】

《信托公司集合资金信托计划管理办法》第二条规定：由信托公司担任受托人，按照委托人意愿，为受益人的利益，将两个以上(含两个)委托人交付的资金进行集中管理、运用或处分的资金信托业务活动。信托公司运用信托资金，应当与信托计划文件约定的投资方向和投资策略相一致。

1. 贷款类信托

委托人将自己无能为力亲自管理或国家限制其管理的资金，通过集合资金信托的方式委托给信托公司指定用于发放贷款，由受托人代委托人选定借款人，受托人以贷款人名义与借款人签订贷款合同并办理贷款手续，行使贷款人的权利。具体的贷款类信托计划如表 S9-1 所示。

业务流程如下：信托公司确定贷款对象——根据贷款项目制定《贷款集合资金信托计划》并向投资者推介——投资者确定投资意向——投资者与信托公司签订《贷款集合资金信托合同》——信托公司以贷款方式管理处分信托财产——信托公司按信托收益分配期向受益人分配收益——信托结束信托公司交付信托财产。

表 S9-1　融添 2 号信托贷款集合资金信托计划

产品名称	融添 2 号信托贷款集合资金信托计划		
信托公司	中融国际信托有限公司	募集账户	中信银行
产品类型	贷款信托	产品期限(月)	24
起点金额(万)	100	产品规模(万)	5000
推出时间	2015-01-08		
预期年收益率%	9.8%		
投资方向	信托资金向北大先行泰安科技产业有限公司贷款，用于采购设备、购买原材料		
风险控制	1．北大先行科技产业有限公司以北大先行泰安科技产业有限公司 92%股权质押 2．北大先行科技产业有限公司以北京普莱德新能源电池科技有限公司 36%股权质押 3．东圣投资有限公司、高力提供连带责任保证担保		
借款人	北大先行泰安科技产业有限公司 2004 年成立，注册资本 3000 万，北大先行科技产业有限公司、刘梅元分别持股 92%、8% 2013 年净资产 12258 万		
相关信息	东圣投资有限公司： 1999 年成立，注册资本 8000 万，王遵才、赵蕾分别持股 50%、50% 北京首联鑫河投资有限公司： 2004 年成立，注册资本 8000 万，王增金、刘延芬、王遵才分别持股 37.5%、25%、17% 烟台资产管理有限责任公司： 1997 年成立，注册资本 5000 万，北京首联鑫河投资有限公司、上海敬信投资有限公司分别持股 86.12%、13.88% 北大先行科技产业有限公司： 1999 年成立，注册资本 8000 万，东圣投资有限公司、北京首联鑫河投资有限公司、烟台资产管理有限责任公司、王遵才分别持股 21.26%、20.63%、20.63%、11.37% 北京普莱德新能源电池科技有限公司： 2010 年成立，注册资本 1 亿，北大先行科技产业有限公司、东莞新能德科技有限公司、北京汽车工业控股有限责任公司分别持股 41%、25%、24%，2013 年净资产 4454 万		
收益分配	每年分配 1 次		

2．投资类信托

信托投资公司作为受托人，将通过集合资金信托募集的资金，投资于优质项目、企业、法人股收购业务，或其他成长性好、风险可控、预期收益有保障的领域，为委托人获取较高的投资收益。具体的投资类信托计划如表 S9-2 所示。

表 S9-2　广州逸涛雅苑股权投资集合资金信托计划

产品名称	广州逸涛雅苑股权投资集合资金信托计划		
发行机构	中融国际信托有限公司	监管机构	银监会
投资方式	股权投资	产品期限	24 个月
投资门槛	100 万元	融资规模	5 亿
收益类型	固定收益	投资领域	房地产
募集时间	2012-12-03 至 2012-12-30		
预期年化收益率	100 万～300 万　9.5%；300 万～600 万 11%；600 万及以上　11.5%		
资金用途	用于广州南沙逸涛雅苑商住海滨城的开发		
风控措施	(1) 中融控股：信托计划直接持有项目公司 100%的股权，公司章程中约定中融信托拥有项目经营和控制权，变更项目公司法人为中融信托指定派驻人员。同时，中融派人员对项目资金监管和风险控制。 (2) 资金监管：中融信托有权派驻财务监管人员，对项目的财务进行监管，保证项目期初投资、开发贷款、销售回款等资金在项目公司内封闭运行。 (3) 日常管理：在项目公司管理层面，采用建设成本、开发进度、销售价格等指标进行控制，以保障信托资金股权投资的收益		
发行机构简介	中融国际信托有限公司，成立于 1987 年，注册资金 60 亿元，前身为哈尔滨国际信托投资公司。2009 年，经纬纺织机械股份有限公司以 12 亿元交易价收购中融信托 36%股权成为中融信托第一大股东。2008 年至 2011 年，中融信托资产规模分别为 708 亿元、1323 亿元、1820 亿元、1784 亿元，居同行业前列，截至 2011 年，公司净资产 33.21 亿元，全年实现净利润 10.53 亿元，居信托业第 5 名		
收益分配方式	按年付息		

3. 融资租赁类信托

融资租赁类集合资金信托是指信托公司作为出租人，利用集合资金信托募集的资金，应承租人的要求购买其所需设备并租给其使用，承租人按期支付租金。出租人在一个较长时期内(一般为二至五年)，通过收取租金的方式，收回投资的全部成本或大部分。租赁期满租赁物的所有权归承租人所有。

融资租赁类集合资金信托业务流程如下：

(1) 信托投资公司根据承租人提交的申请材料，通过实地调查和可行性分析，对承租人的营业状况、财务状况、信用等级、租金支付能力实施审查，确定融资租赁的项目主体、租赁期间、租金费用和其他相应事项。

(2) 信托投资公司根据融资租赁项目的资金使用需要、风险程度、预期收益和投资回报周期，制定相应的《集合资金信托计划》、《风险申明书》等推介材料，并在推介期内向广大投资者公开发售。

(3) 企业、社会团体、或自然人投资者通过信托投资公司的推介材料介绍，或通过咨询信托公司相关事宜，了解集合资金信托项目的风险收益情况，自主确定投资意向。

(4) 投资者与信托投资公司签订《资金信托合同》，将其合法拥有的资金委托给信托投资公司，并确定相应的合同条款和信托各方当事人的权利与义务。

(5) 信托投资公司作为受托人，依据《资金信托合同》的约定，以融资租赁方式，管理、运用和处分信托财产，严格防范风险，保障受益人的合法利益最大化。

(6) 信托投资公司按照合同约定的信托收益分配期，向信托受益人分配信托收益。信托结束时，信托投资公司按照合同约定向相关当事人交付信托财产。

案例：2002 年 12 月，国内第一个融资租赁信托产品——医疗设备融资租赁信托计划，由中国对外经济贸易信托投资公司设计完成，首批总规模 3000 万元的产品已经开始发售。该信托计划的信托规模不超过人民币 5000 万元，信托期限为 3 年，信托缴款期从 2002 年 12 月 9 日到 12 月 20 日。每一份信托合同最低金额为人民币 5 万元，可按人民币 1 万元的整数倍增加。该信托计划募集到的资金将购买通用电气(中国)有限公司的大型医疗设备，租赁给经过严格审查符合标准的医院。信托收益主要来自于租金收入和佣金收入。医院按照每年 6%的利率支付给对外经贸信托公司，佣金收入三年一次性按照 8%支付给对外经贸信托，这样在扣除信托财产承担的费用和营业税之后，预计收益人可获得 6%的年平均收益率。信托本金自信托成立之日起每满一年偿还三分之一，同时支付每年的信托收益。该信托产品是融资租赁和信托法律关系相结合的国内首次创新型金融产品。据了解，该信托产品还将针对不同的具体医院滚动推出不同系列产品。

该信托产品有三条措施保证其安全性：

(1) 对外经贸信托公司向医院收取医疗设备价款的 20%作为租赁保证金。

(2) 北京国兴基业投资管理公司对医疗设备进行回购，如果医院出现违约，将由国兴基业公司支付剩余应付租金。

(3) 对外经贸信托公司委托医院的开户行每天直接扣划医院的应付租金。

据了解，对外经贸信托计划每季度推出一期医疗器械融资租赁信托计划。该公司还正在或计划推出重组并购信托、中小企业发展信托、股权投资信托等品种。

信托和租赁的结合空间非常大，有比较广阔的发展前景。信托业和租赁业一样都是不同金融机构、不同非金融机构之间建立传导机制的桥梁，是不同金融产品之间进行合理组合的工具。信托业与租赁业在进行经营链条延伸，或通过战略合作实现优势互补时，可以在一定程度上促进当事人和合作方的生产经营成本、利润、资金、设备和税收资源的合理配置。

实践 9.3　融资租赁的案例分析

案例：内蒙古恒东立业有限公司 3 月份通过融资租赁方式采购一台 132 挖掘机，后来四个月内又连续采购了七台，总价 1750 万元，其目前资金使用额为 589 万元(保证金和月租金)，现月还 80 万，尚占有资金 1161 万元。具体的融资租赁程序如图 S9-1 所示。

【分析】

(1) 融资租赁所涉及的当事人。

(2) 融资租赁对不同当事人所起的功能。

(3) 融资租赁操作程序。

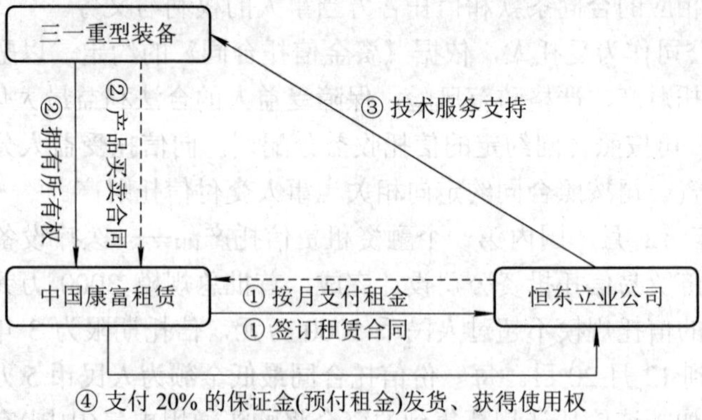

图 S9-1　融资租赁程序

【参考解决方案】

1. 融资租赁的当事人

融资租赁一般涉及三方当事人：出租人、承租人和供货商。在上例中，出租人为中国康富租赁公司，承租人为内蒙古恒东立业有限公司，供货商为三一重型装备公司。他们需要签订两个合同：中国康富租赁公司与恒东立业有限公司之间签订的租赁合同、中国康富租赁公司与三一重型装备公司签订的产品买卖合同。

2. 融资租赁的功能

(1) 融资功能。

对于内蒙古恒东立业有限公司来说，实现了融资，仅支付 589 万元即获得了 1750 万元的设备使用权，达到了借鸡生蛋的效果。对企业而言，保持较高的资金流动性是财务管理追求的重要目标之一，并不是每个企业都有充足的现金和流动资产，而且融资能力也受到多方面因素的限制，因而一种能很好提高企业流动能力的途径会受到相当多企业的欢迎。融资租赁由于其分期付款的特点解决了企业的投资需要，在不占用过多资金的前提下使其流动能力得到提高，是企业融资的一种较好方式。

(2) 促销功能。

对于三一重型装备公司来说，运用租赁形式可以创新商业模式，扩大客户群体。厂商采取融资租赁方式促销产品更有利于应收款的收回。相对于其他如分期付款、买方信贷等促销手段，融资租赁销售的货物有固定的用途，因而风险更小，未来的现金流更有保证，是企业尤其是设备生产企业实现促销的一种有利选择。当前，随着市场中买方对附加金融服务的产品或服务产生了更大的需求，制造商通过投资设立金融服务公司向顾客提供全面的产品服务正成为一种趋势，也是制造商进一步增强其在市场上的竞争力的必然选择。

(3) 投资和资产管理功能。

对于中国康富租赁公司来说，通过提供金融服务，实现资金收益。与银行贷款相比，由于融资租赁已经确定了资金的用途，并事先经过周密的项目评估，出租人始终参与设备采购、安装、使用的全过程，可以掌握承租人的更多商业信息，大大减少了出租人的风险；同时，出租人还可以利用拥有的所有权随时监督企业利用租赁设备经营的状况，即使发生风险，由于融资租赁中租赁资产所有权并不归承租人所有，在存在完善的二手设备市场条件下，可以通过出售的方式收回部分投资，减少出租人的损失，大大降低其投资风险；同时，租赁公司对租赁项目具有选择权，可以挑选一些风险较小、收益较高以及国家产业倾斜的项目给予资金支持。

3．融资租赁的一般程序

上述案例只是给出了四个程序：签订租赁合同、设备购买合同、提供技术服务和支付保证金获得设备的使用权，实际上融资租赁的程序应该如图 S9-2 所示。

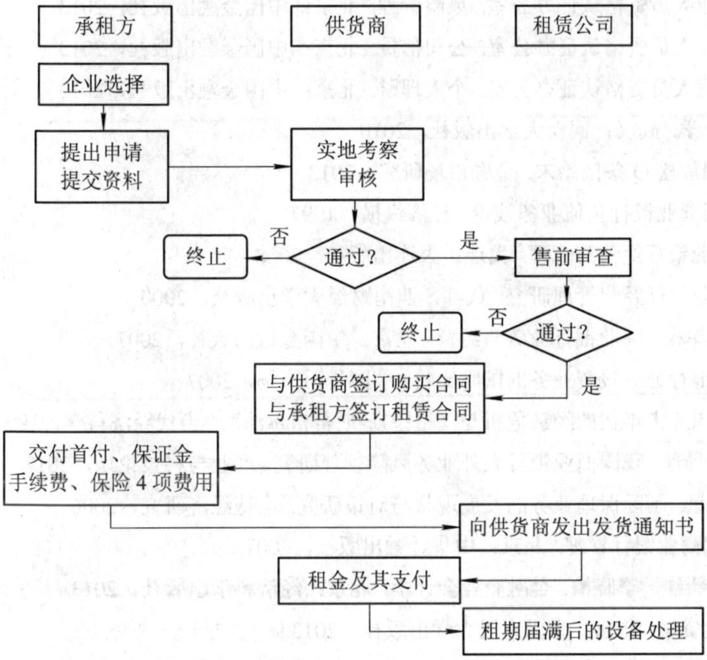

图 S9-2　融资租赁程序

可结合前面所讲的理论部分，帮助理解每一程序的含义。

拓展练习

搜集资料，汇总国内比较知名的信托投资公司，选择一家了解其推出的信托产品，并挑选出一个自己感兴趣的品种，说明理由，撰写一篇研究报告。

参考文献

[1] 庄毓敏. 商业银行业务与经营. 北京：中国人民大学出版社，2010
[2] 马亚. 商业银行经营管理学. 大连：东北财经大学出版社，2013
[3] 朱新蓉. 金融学. 北京：中国金融出版社，2005
[4] 中国银行从业人员资格认证办公室. 风险管理. 北京：中国金融出版社，2013
[5] 中国银行从业人员资格认证办公室. 公司信贷. 北京：中国金融出版社，2013
[6] 中国银行从业人员资格认证办公室. 个人理财. 北京：中国金融出版社，2013
[7] 余国杰. 会计学. 武汉：武汉大学出版社，2010
[8] 邢莹莹. 美国放松 Q 条例始末. 金融市场研究，2013
[9] 牛天雪. 我国商业银行负债业务浅论. 经济纵横，1997
[10] 满玉华. 商业银行经营与管理. 大连：大连出版社，2008
[11] 曾康霖. 商业银行经营管理研究. 成都：西南财经大学出版社，2000
[12] 王红梅，吴军梅. 商业银行业务与经营. 北京：中国金融出版社，2007
[13] 胡斌. 商业银行证券投资业务的国际比较. 中国货币市场，2007
[14] 马俊起. 美国三十年代的经济危机与《格拉斯-斯蒂格尔法》. 当代经济科学，1997
[15] 范彩凤，赵丹丹. 我国商业银行表外业务风险管理研究. 产业与科技论坛，2012
[16] 杨红，项卫星. 国际保理业务的发展现状与对策研究. 当挖经济研究，2006
[17] 韩文亮.现代商业银行管理. 北京：中华金融出版社，2007
[18] 王允平，关新红，李晓梅. 金融企业会计学. 北京：经济科学出版社，2013
[19] 李英.证券投资学. 北京：中国人民大学出版社，2012.9
[20] 赵武，朱明宣. 证券投资理论与实务. 西安：西安电子科技大学出版社，2012
[21] 中国证券业协会. 证券市场基础知识. 北京：中国金融出版社，2013
[22] 中国证券业协会. 证券投资分析. 北京：中国金融出版社，2013
[23] 中国期货业协会. 期货市场教程. 北京：中国财政经济出版社，2013
[24] 张建军. 保险理论与实务. 西安：西安电子科技大学出版社，2013
[25] 尹蔚民. 中华人民共和国社会保险法释义. 北京：法律出版社，2012
[26] 张洪涛，王国良. 保险核保与理赔. 北京：中国人民大学出版社，2011
[27] 王淑敏，陆世敏. 金融信托与租赁. 北京：中国金融出版社，2005
[28] 张迎春. 金融信托与租赁. 大连：东北财经大学出版社，2011